图书在版编目（ＣＩＰ）数据

投资心学：量化交易、天道与内功心法 / 江涛，迅
迅著． -- 太原：山西人民出版社，2023.9
ISBN 978-7-203-12953-0

Ⅰ．①投… Ⅱ．①江… ②迅… Ⅲ．①投资－经济心
理学 Ⅳ．① F830.59

中国国家版本馆 CIP 数据核字（2023）第 132282 号

投资心学：量化交易、天道与内功心法

著　　者：江　涛　　迅　迅
责任编辑：孙　琳
复　　审：崔人杰
终　　审：贺　权
装帧设计：李家晔　　卜翠红

出 版 者：山西出版传媒集团·山西人民出版社
地　　址：太原市建设南路 21 号
邮　　编：030012
发行营销：0351 - 4922220　4955996　4956039　4922127（传真）
天猫官网：https://sxrmcbs.tmall.com　电话：0351 - 4922159
E - mail：sxskcb@163.com　发行部
　　　　　sxskcb@126.com　总编室
网　　址：www.sxskcb.com

经 销 者：山西出版传媒集团·山西人民出版社
承 印 厂：廊坊市祥丰印刷有限公司

开　　本：710mm×1000mm　　1/16
印　　张：37.5
字　　数：740 千字
版　　次：2023 年 9 月　第 1 版
印　　次：2023 年 9 月　第 1 次印刷
书　　号：ISBN 978-7-203-12953-0
定　　价：198.00 元

如有印装质量问题请与本社联系调换

写在前面

为投资筑基
为交易铸魂

本书以逝者的鲜血和生者的眼泪铸成。

谨以此书献给此书的第二著作人——投资界的才女佳人迅迅。在本书即将付梓之际，迅迅却因意外香消玉殒，永远地离开了我们，最终也没能看到自己著作的出版。

迅迅的一生短暂，冥冥中，似乎她来人世间走一趟的目的，就是上天派她来帮助我们写这本书的，现在使命完成了，天国的女儿回天国去了，我们将无比怀念她……

迅迅：天国的女儿，作者之一

目录 CONTENTS

投资之路需常思常悟

　　盈利和稳定盈利是两个看起来近似而实际上迥异的投资理念，大部分投资者都有过盈利（甚至短期暴利）的交易记录，但今天在三十余年的中国证券期货市场上能做到稳定盈利的又剩几何？正所谓一年三倍者如过江之鲫，三年一倍者却寥寥无几。

　　我们身边常常有这样一些做投资交易的朋友，对国家宏观形势、公司基本面和大宗商品的行情走势说得头头是道，但在市场实战操作中，总是陷入长期亏损的泥潭。一个稳定盈利者的特质到底是什么？这似乎就是一个普通投资者心中"会呼吸的痛"和"千万次的问"，甚至穷尽各种方法，耗尽半世一生苦苦追求其中的"财富密码"，就是一直找不到。《道德经》有言：有术无道，止于术。没有正确的投资理念，仅凭一些自认为有效的"术"，想在投资市场上稳定盈利，真是比登天还难呀！

　　我和江涛兄相识于市场，在我的印象中，他是一位经受住了市场洗礼的实战派，也是一位对投资之道有独特和深刻理解的布道者。多年来他一直致力于给投资市场不同段位的交易员传道授业解惑，如今已是桃李满天下，其中有弟子更是雄霸一方的私募公司基金经理。记得几年前的一次私聊中，江涛兄谈起准备将自己对投资的所思所得，做一些系统性的梳理，毫无保留地与读者分享，一直颇为期待，今天终于可以付梓面市，他还诚邀我为本书作序，真是倍感荣幸。

本人浸淫投资市场几十载，虽小有所成，但深知投资市场博大精深变幻莫测，时时提醒自己投资之路需常学常新、常思常悟。

上面分享了一点市场投资心得，与读者朋友们共勉。

洼盈投资　周伟

2022 年 9 月于上海

投资是一件很奇妙的事情

去年的一天，我到深圳水贝珠宝城朋友的一家公司做客，他是做珠宝实业生意的，手上有很多闲置资金，之前很多资金都是交给别人打理，股票、期货、基金、理财产品什么的。现在，他也想搞一家私募基金，由自己的公司来做，顺便也可以帮朋友投资理财。

"江老师，您说搞一家私募基金公司需要准备多少钱呢？二三百万元够吗？"我问了珠宝老板现在的一些具体情况以及对投资的认识后回答："还不够，应该要两三千万元才行。"

"相差十倍？怎么会这么多呢？不就是开办费用、房租水电、办公费用、人员工资吗？就算我们预估前面三年不赚钱，五百万元也就到顶了吧。投资有那么难吗？我虽然之前没怎么做过投资，但是也曾经买过几只股票，有的还涨过好几倍呢。我做珠宝生意也经常囤一些货，低买高卖嘛，我也赚过不少差价啊。"

"你少算了两笔最大的费用。首先，你开私募基金，不管是做股票还是做期货，必须有两三套成熟的能够长期赚钱的交易系统，你以为你现有的这个技术策略买的股票赚过大钱，未来它就可以长期赚钱吗？要研发一个完整有效的、能够长期稳定盈利的交易系统，没有个三四年的时间是不够的，而交易系统的前期开发、模拟交易、参数优化、策略迭代等等，这些都是需要花费很大成本的，特别是后期的真金白银的实战试错成本，这些学费是绝对少不了的。老板，根据我的统计，一套长期有效的能实战的量化交易系统，前前后后至少要花费个四五百万元。股票、期货，你各来一套，多少钱呢？"

"是啊，这笔钱的确没有事先考虑进去。江老师，那还有一笔费用呢？难道比交易系统的研发还要贵吗？"

"这笔费用可大可小。小的话，一本书一节课的费用；大的话，千万级，而且这笔费用不在别人而在老板你自己。这笔费用就是你对投资的认知费。做投资与做实业完全是两回事，如果你以实业思维来做投资，固守己见，那么你的投资将是一个无底洞！"

其实普通投资者也和这个想做私募基金的老板一样。一个普通家庭，吃穿住行花不了多少钱，甚至车贷、房贷、孩子教育以及父母生病养老等费用都还能咬咬牙挺住，而一个家庭里面最大开销就是：以"为这个家好"的名义，在外面胡乱做投资而交的学费（主要包括计划外的投资认知费与实战试错成本），它才是一个真正的"吞金兽"。

投资是一件很奇妙的事情！投资不像其他的事情，一就是一，二就是二，简单就是简单，复杂就是复杂，非常确定。投资既难又易！而且难与易在一线之隔，一念之间。认知不同，天壤之别！难时，登天之难；易时，反掌之易！

难时，你可以去当一个首相却做不好投资（如丘吉尔），你可以去当一个科学家却做不好投资（如牛顿），你可以去当一个哲学家却做不好投资（如马克思），你可以去当一个经济学家却做不好投资（如凯恩斯）……

易时，甚至一条单均线就能驰骋天下，笑傲江湖几十年，而且投资与生活可以两全，工作轻松、生活悠闲、财富自由、潇洒自如、周游世界、边玩边赚钱，而且你还可以兼顾家庭，持家带娃，侍奉老人，而且你自己还可以永远不退休，越活越智慧，一直干到100岁。

投资具有不确定性，那真正的投资是什么呢？到底有没有长期稳定盈利的交易秘籍呢？

在投资交易领域，只要我们掌握了真正的交易之经，领悟了兴衰起伏的投资天道，顺天应人，那么投资将是一件非常容易与简单的事情！否则，投资比登天还难！

这就是我要在本书讲的一些投资心学理念，再送一首苏轼诗与大家共勉。

"庐山烟雨浙江潮，未到千般恨不消。到得还来别无事，庐山烟雨浙江潮。"

江涛

2022 年 11 月

引　子

深圳东门[①]，曾经最热闹的商业街区之一。在这样一个寸土寸金的地方，其街口至今仍然矗立着一栋几十层高的烂尾楼（下图左上方），时间已经超过了二十年。大楼孑然的身影与周边喧嚣的环境，形成了鲜明的对比，仿佛告诉我们：这里曾经发生过一场惊心动魄的关于投资的传奇故事。

图 001：深圳东门

---

① 本书所有人名、地名、机构名称（有的用 * 代替），除新闻报道外，全为代称，不与现实对号入座。本书完稿时间除个别交待，以 2022 年 12 月为准，之前时间按此推算。

二十多年前，接近年底的一个深夜，"嘀铃铃"一阵急促的电话铃声，吵醒了即将入睡的我，电话那头传来了安东证券总经理辉总的声音：

"小江，我们证券部现在还差你多少钱的电脑设备款？"

"不多吧，好像就三四万元。辉总，不用着急，我们都是老朋友了，这点钱，不算什么，您什么时候付款都是可以的。"

"现在到年底还有几天时间，你赶紧到我们证券营业部来结款吧，否则你可能再也收不到钱了。就说到这吧，挂了。"

辉总今天电话里的声音怪怪的，和他以前开朗的性格判若两人。放下电话，我陷入了沉思，难道这个证券公司也会出什么意外事件吗？这些年，我认识的很多证券公司的老总、员工、客户，出事的不少。破产的、贪污的、坐牢的、逃亡的……什么都有，我亲眼看到破产跳楼的也有一两起。不过，这家证券公司应该不会出什么事情吧？他们公司实力超强，其大股东可是深圳市某个区的首富啊，光在深圳罗湖区就有几栋住宅大楼，在整个珠三角地区还有几千套房产，在深圳最繁华的东门路口还有一栋几十层楼高的商住两用楼，而且马上就要竣工了。据说这家公司老板在印度尼西亚还拥有一个好几艘轮船的商业船队。这么有实力的证券公司，怎么可能会出事呢……

（音频 1：作者江涛老师的投资经历）

第一章：投资的难与易

投资和修禅一样，说难也难，说易也易。在投资交易领域，只要我们掌握了真正的交易心学，领悟了兴衰起伏的投资天道，顺天应人，那么投资将是一件非常容易与简单的事情！否则，投资比登天还难！

| 1 |

二十多年后，深圳香格里拉酒店会议厅，我正在给来自全国的投资爱好者上一堂名为"投资心学"的投资理念课。

我先问各位同学一个问题："这个世界上最难做的生意是什么？"

"是投资，江老师。投资太难了！"福建学员老严说道。

答案正确。这个世界上最难做的生意的确就是投资与交易，其中包括股票、期货、期权、外汇、虚拟货币，等等。

投资与实业相比，表面看起来很简单，入门条件也不高，启动资金也不大，不需要你考虑公司的发展战略、不需要你聘请很多员工。只要价格合适，一定有客户来买你的货（投资标的），所以也不用做市场营销与广告宣传。你不需要聘请专门的财务人员，也不需要考虑库存与仓储费用，更不需要处理复杂的人际关系，总之，表面上看，投资比实业简单得多。

我们做投资最初的梦想，应该都是：坐在市中心豪华的办公室里或者直接就在自己的家中办公，泡泡茶，喝喝咖啡，听听优美的萨克斯音乐，然后动动手指、敲敲键盘，成千上万的财富就来了。收市后，我们去健身房跑跑步，或者去恒温游泳池游上两圈，晚上再和投资界的朋友谈股论经。对了，每隔一段时间，还可以带上家人或者约上朋友，来一场说走就走的旅行，周游世界美景，尝遍各地美食，而且还可以边旅游边赚钱。总之，做投资，工作轻松、生活悠闲、财富自由、潇洒自如。

"对啊，这的确就是我们开始做投资时的梦想。但是，入门后，我才发现，投资哪里有这么简单，根本就不是我们当初想象的那个样子，甚至刚好相反。投资往往是敲敲键盘，我们成千上万的财富就轻轻松松给亏完了。"福建老严抱怨道。

老严，你说得很对。有过几年交易经验的成熟的投资者都深知，投资，偶尔赚点钱甚至偶尔赚点大钱并不难。但是，想要长期稳定地盈利，真正做到以交易为生，能靠投资赚钱养家的人凤毛麟角。不懂交易之道，没有老师的正确指引，投资比实业可要难多了，甚至就像李白诗里所讲的那样"难于上青天"。

"是啊，江老师。我来自福建漳州，做实业快二十年了，开过好几个工厂，都挺成功的，最差也不会亏损。这些年，我觉得实业不太好做了，再加上自己身体越来越差，所以，听了朋友的介绍，开始做点股票投资。刚开始的时候，行情好，买了几只股票，几个月下来就赚得翻了倍，感觉还是投资来钱快，我以为这下子终于可以转行了，所以我准备将工厂卖了，专门来做这件事情。可是万万没有想到，后来就遇上了股灾，不但前面的利润全部化为乌有，最后连本金都亏掉了一大半，太惨了！最让人郁闷的是，钱亏了也就算了，关键是投资还搞得我身心疲惫、心力交瘁。本来就是因为自己精力与身体状况下降，才准备转行的，现在可好，做投资，建完仓买完股票后，更累，心脏经常怦怦地乱跳，血压升高了，晚上觉也睡不好了。这样下去，估计不出一年，就算身体不垮，神经也会搞出毛病来。做投资真的是太难啦！江老师，我来这里听您上课，就是想找到一个轻轻松松赚钱的交易秘籍。江老师，投资到底有没有秘籍呢？"福建学员严明山又问道。

投资秘籍当然是有的。我们在互联网上向全国公开展示的账户，大家上课前都已经看到了，最久的账户，资金曲线已经公开展示了快十年，一直都是稳定向上的，跨越了很多次的牛市、熊市，最高时的净值将近12.0（100万元本金九年半时间，最高赚到1200万元，而且每年都能稳定盈利，九年半的平均年化收益率为30%）。所以，大家不要着急，跟着我们的节奏，先耐心上课，后面一定会学到真正的交易秘籍。

刚才问了各位同学一个问题"这个世界上最难做的生意是什么"，现在我再问大家另外一个问题："这个世界上最容易做的生意又是什么呢？"

问完，安静了许久……

没人回答吗？从大家的眼神中，我看到了疑惑：这个世界上还有容易做的生意吗？

似乎没有吧，就算有的话，竞争对手和同行马上就会复制粘贴，任何行业，竞争大了，好做的生意马上又难做了。

请大家再仔细思考一下，这个世界上还真的有一个容易做的生意，而且，请你们放心，竞争对手与同行就算知道了，甚至我们亲手演示给他们看，亲手教他们去做，他们也是复制不了的。

"世界上还能有这样的生意，不可能吧，不会也是投资吧，哈哈……"学员崔胜笑着说道。

回答正确！

| 2 |

这个世界上最容易做的生意，也是投资！

工作轻松、生活悠闲、财富自由……这些并不是遥不可及的梦想，而是活生生的现实，是通过我们的努力，完全可以实现的奋斗目标。我的好几个学生已经基本上实现了这样的目标。他们现在的确可以做到一边开车自驾游，一边做投资赚钱，完全不耽误。

学员崔胜满腹狐疑地看着老师："最容易的怎么可能也是投资呢？我刚才就是随口说说而已，没想到蒙对了。最难与最易竟然是同一个行业，真是搞不懂为什么。再说啦，如果有一门生意真的很好赚钱，而且还很轻松，还能自驾游，边玩边赚钱，怎么可能没人模仿与抄袭呢？天下的人都傻了吗？绝对没有可能！"

其实，投资的难易和佛教禅修的难易非常相似。

中国五代十国的时候，北方有个居士，道行很高，名叫庞居士，他家里非常富有，但是他从不贪恋钱财。为了修行，他将家中所有的金银财宝都沉入江中，甘愿过清贫的生活，自己耕田，女儿与妻子编竹为生。闲暇时，他们经常一起参禅论道。

一日，他们讨论到了禅修的难与易。

"难，难，难，十担芝麻树上摊。"庞居士认为修行非常难，就像将十担芝麻均匀地摊在树上一样。十担芝麻可不是个小数目，要把它们均匀地摊在树上而且不会掉下来，是一件非常不容易做到的事情。

"易，易，易，百草头上祖师意。"庞夫人却认为禅修非常容易，就像地里百草一样，风往左边吹，百草就顺势向左边倒；风往右边吹，百草就顺势向右边倒，禅修就是这么简单。

那么禅修到底是难还是易呢？

禅修亦难亦易！投资其实与禅修也是一样的，亦难亦易！

下面，我们用具体的案例来说明投资的易与难。

我们先来说说投资之易！

通常说的"易"，有三个含义：一是交易的"易"，二是《易经》的"易"，三是容易的"易"。在投资交易领域，只要我们掌握了真正的交易之经，领悟了兴衰起伏的投资天道，顺天应人，那么投资将是一件容易与简单的事情！否则，投资比登天还难！

投资很容易，甚至比庞夫人说的百草还容易。我们做投资最初的梦想完全可以实现！坐在豪华办公室里或者舒适的家中或者自驾去川藏的路上，泡泡茶，喝喝咖啡，听听音乐，跑跑步，游游泳，旅旅游，顺便敲敲键盘、下下单，人民币就轻松地流到了我们的口袋中。这些都不是梦想，也不是海市蜃楼，它们都是真真切切的存在，完全可以通过我们的训练与努力而实现的！

马云曾经说过："梦想还是要有的，万一实现了呢？"今天投资心学江老师在这里郑重承诺：投资梦想也是要有的，它不是万一可以实现，而是千真万确地可以实现的。也就是说，轻松悠闲赚钱的投资梦想，只要我们努力学习，百分之百能实现！

几年前一个周末，我在深圳罗湖区的一个停车场里洗车，突然遇到了一位多年未见的老朋友。他就是以前安东证券的电脑部工程师程勇。多年不见，程勇也慢慢升职了，现在已经是安东证券珠海分公司的总经理了，周末的时间他回深圳休假。

很久没见，大家自然聊得很开心，聊完过往的事，又聊起现在。

"你最近做什么呢？好久不见，你还在做计算机系统集成的生意吗？"

"不做了，转行了，我现在专业做投资，搞了一个私募投资基金，业余时间我还做投资者与职业交易员的培训。"我回道。

"哇，能以交易为生的人都很厉害哦！做投资，偶尔赚几次钱，当个投资明星很容易，但是，想要长期稳定盈利，当一个投资寿星，可是一件非常困难的事情，那可是要有真本事的。对了，你现在主要做哪些方面的投资呢？"

"我们的投资标的有股票、商品期货、股指期货等，只要是市场上的合法交易品种，基本上都做，最近这段时间，我们以股指期货为主。"

"什么？股指期货你也敢做？自从股指期货上市以来，特别是股灾之后，我们公司的期货客户几乎全军覆没了，我就没有遇到过赚钱的。甚至连那些硕士、博士、海归等高学历人士也都是一样亏钱的。期货，特别是股指期货，风险太大了！"

"期货赚钱也很容易啊，特别是股指期货，我们也一直都是赚钱的啊。"

"真的吗？"程勇露出了怀疑的表情……

同学们，做期货，风险真的很大吗？股指期货真的很难赚钱吗？

我相信你们也是持怀疑的态度。下面，我讲一个只有初中文化的农民葛大叔做股指期货赚钱的真实故事。

| 3 |

图 0101：快捷下单拍拍器

大家估计猜到了，这个是与电脑相连接的设备叫"拍拍器"，是为那些不懂电脑，又不会用鼠标的人量身定制的，它是能够快速地进行股指期货下单的电子设备（拍拍器代替鼠标，简单、方便、即拍即成，极易上手，极易成瘾，很像赌场里的老虎机）。投资者拍一下红色的按钮，就开多单1手，拍两下就开2手，依此类推；拍绿色的按钮，代表开空单。红、绿按钮下方对应的黄色按钮，则是各自的平仓键。这个设备，用在股指期货上，下单特别方便，也特别刺激，代入感很强，非常适合文化程度不高、赌性较强的人玩股指期货，葛大叔就是这样的一个人。

葛大叔，老家农村的，初中文化，务农为生，生活一直不温不火。后来，由于土地开发的原因，他收到了政府的征地补偿款300万元，福从天降，他一下子暴富起来。他们村的多数人也收到了类似的拆迁补偿款。由于手上有钱，他们便开始有了投资理财的需求。再后来，2014年底，股市行情开始启动，随着价格的逐渐上升，股指期货行情也火爆起来。由于股指期货操作相对简单（相当于就一只股票，不用再去分析几千只具体的个股），盈亏金额大（每个点300元，每天盈亏可达几万，甚至数十万元），涨跌都能赚钱（而股票只能做多赚钱）。加上拍拍器用户体验非常好，因此特别吸引像葛大叔这样赌性较强，钱来得容易的暴发户。随着"隔壁老王发了大财"式的赚钱效应，村里很多拆迁户也都参与了进来。

葛大叔搞股指期货，刚开始的时候还是比较小心的，先期投入了20万进去试试水，很快就发了点小财，几天的工夫，20万就翻了一倍。其实，基本上所有的投机活动，刚刚参与的新人，往往运气都非常好，葛大叔也不例外。

股指期货的首次暴利让葛大叔的自信心爆棚，他觉得自己很了不起，非常适合做投资。他打心底里觉得："我的交易方法世界最牛！我盯盘的第六感也是世界上最强的！我老葛完全就是为交易而生的！我有与生俱来的交易天赋！"葛大叔非常后悔自己怎么没有早一点发现自己的投资天赋，否则自己早就成为投资之王了，害得自己白白种了几十年的地。随着葛大叔投资自信心的增强，没过多久，他就将自己所有的拆迁补偿款全部砸进了股指期货。

"葛大叔危险啦！我就是这样自信心爆棚，刚开始时目空一切，然后暴亏爆仓的。"福建老严替葛大叔担心。是的，我相信在座的各位同学都已经猜到了葛大叔后面的遭遇。不到一个月，葛大叔就将前期所有的利润以及一半的拆迁补偿款给亏了。

其实，我相信大家应该都有类似的新手经历，因为我也感同身受。我是在三十多年前初涉投资市场的，时间非常早，可以算是第一代股民。当时中国证监会还没有成立。那个时候，股票还没有电子化，还是纸质版，我当时做交易的场所是在成都红庙子市场，大家就像在菜市场买菜一样，将手中的股票认购证倒来倒去，换取差价。在那里，我曾经辉煌过，一个多月就赚到了13倍的利润；也是在那里，我经历了人生的第一次倾家荡产，一天之内，亏掉了之前赚到的所有利润并且还亏光了本金。光阴荏苒，第一次的投资经历，一转眼距今已三十多年。当年我的言行举止、自信心以及我的破产经历，与葛大叔以及各位同学何其相似，至今仍刻骨铭心。

葛大叔后来通过朋友介绍认识了我，并邀请我到他们那里，对其股指期货操作进行技术指导。基于葛大叔文化程度不高，比较适合简单易行的交易方法，所以我教了他一个最简便的交易方法——原理其实就是"均线突破"，同时我也给他制定了一套详细的交易流程，并在流程中设置了非常严格的止盈、止损规则，搭建好了必要的资金管理制约机制。至于具体的进场、出场信号则非常简单，他只需要按照流程一步一步地操作即可。总之，尽管这是"傻瓜式"的交易方法，但有效。

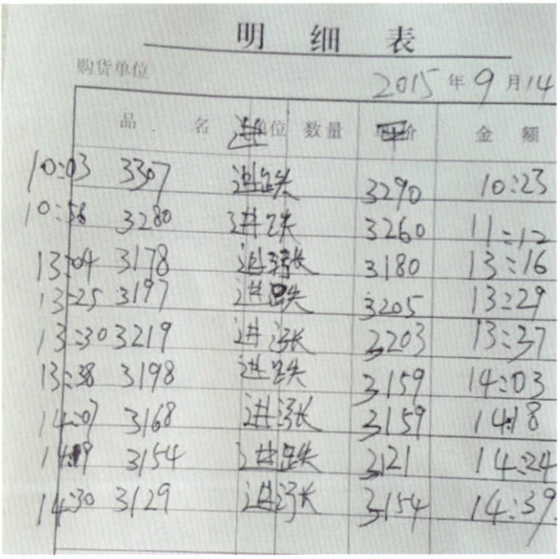

葛大叔经过一周的模拟训练后就进入了实盘操作。这里我给大家展示的就是葛大叔2015年9月14日这天的操作记录（左图）。

图0102：2015年葛大叔的开单记录

大家仔细看一下这张交易记录（图 0102），不难发现这的确出自一个非金融专业人士的手笔。不但字写得潦草，而且投资的专业术语"买多""卖空"，到了葛大叔这里变成了"进涨""进跌"。这张交易明细表记录了葛大叔一天的交易总共有 9 笔，既有盈利也有亏损，盈亏相抵最终盈利约 90 个点，按照 IF 加权每个点 300 元来计算，也就是说这一天，他合计一手股指就赚了 2.7 万元。实际上，在我对他进行辅导之后的几个月之内，葛大叔基本做到了每天都有盈利，就算有亏也是小亏损。后来他不仅把之前自己亏掉的钱都赚了回来，另外还多挣了 100 多万元。

通过这件事，我们可以看到，一个只有初中文化水平，连鼠标都不会使用的农民葛大叔，竟然在股指期货上打败了诸多名校毕业的本科、硕士、博士等高学历人士，取得了令人羡慕的成绩。那他究竟靠的是什么样的投资秘籍而取得了这样的成功呢？肯定不是学历，也肯定不是厉害的技术分析（因为他用的也仅仅是一个很简单的均线突破策略）。农民葛大叔竟然能在股指期货上稳定盈利，其中的道理值得我们去深思。

投资很简单！我们再来一个比葛大叔还简单的方法。

我们不看盘，不看 K 线，甚至连股指期货的行情我们都不看，我们一样能赚钱！

| 4 |

大家请看图 0103，它就是我们生活中熟知的骰子（俗称"色子"）。那么，它和投资有什么关系呢？我们接下来用骰子决定交易，我们只扔骰子，不看行情，我们一样可以赚钱。

在做股指期货的时候，我们直接屏蔽掉行情，也不看 K 线图，只通过掷骰子来决定当天的多空

图 0103：骰子

进场。具体的操作规则：每天上午开盘前，掷一次骰子，如果投出的骰子是单数，那么在开盘 5 分钟后我们就做多股指；如果投出的骰子是偶数，那么在开盘 5 分钟后就卖空股指。不管是多单还是空单，我们都会持仓到当日下午收盘前的两分钟，然后手动全部平仓，结束当天的交易。一天只做一次这样的交易。

这个策略连股指期货的行情都不看，只掷骰子我们就可以赚钱。

虽然这样的结果让人匪夷所思，但它的确就活生生地呈现在大家眼前。

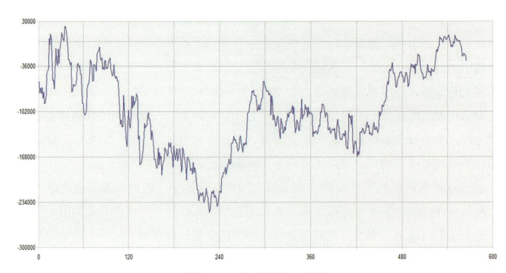

图 0104：两年的资金曲线

大家再请看图 0104：就是掷骰子不看行情策略的两年资金曲线。资金曲线显示，最后的权益是赚钱的，尽管赚得不多。

"真的是赚钱的啊！不过我还是不太敢相信这是真的。"学员崔胜上台又仔细看了一次资金曲线后说道。

不相信很正常，我以前也是绝不相信的！那个时候，我坚信越复杂的技术策略才越有效，结果自己白白地走了十几年的弯路。后来，随着自己交易经验与道行的逐步提高，现在，我坚信大道至简，越简单的东西可能越有效。我现在实盘运行的策略，无论是股票还是期货，其原理都不复杂。大家如果还是不相信，可以将刚才这个掷骰子决定交易的过程进行计算机量化编程，其实就是根据一个随机函数进场，一个确定的时间出场，程序非常简单，然后将这个量化程序加载到沪深 300 加权股指期货上，进行历史大数据回测，其资金曲线基本上和图 0104 的资金曲线差不多，你不难发现这个简单的、连行情都不用看的股指策略，真的就是赚钱的。当然，2015 年 9 月 3 日后，国家对股指期货交易进行了限仓等人为的干预，所以这个时间之后的历史数据回测，资金曲线会发生一定的变形。

我们不看行情，不看 K 线，仅仅是用了一颗简单的骰子，一个奇数买多、偶数卖空的无比简单的方法，最后就能赚钱。大家一定都知道：在股票市场上 70% 的人都是亏钱的，在期货市场上亏损的人更是高达 95%。而我们却用了一个连行情都不看，简单得不能再简单的策略就能赚钱。一个骰子就能战胜市场上 70% 的股民与 95% 的期民，这样的结果不值得我们去深思吗？

接下来，我们在上面的游戏规则上稍微作一些修改：还是掷骰子，还是奇数买多，偶数卖空。不过，这次我们设置了一个止损条件，即如果股指期货朝着我们建仓的方向反向运行并超过 50 个点，我们马上止损平仓；如果无需止损平仓，那就还和前面一样，在收盘前两分钟平仓完成当天的交易，一天同样只做 1 次交易。不变的是，我们还是不看 K 线、不看行情。

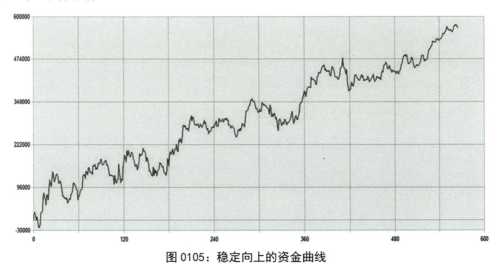

图 0105：稳定向上的资金曲线

大家请看图 0105，这个时候的资金曲线已经明显好于前面一个策略，资金曲线开始稳定向上，赚钱的效果开始显现。

大家是不是感到很震惊？一个小小的骰子，再加一个简单的止损，就能取得如此喜人的成绩，两年多的时间里，一手股指期货就能赚到好几十万的利润。股指期货是大家公认的比较难做的品种，连我的老朋友程勇，一个证券公司的老总，都承认整个公司的客户几乎都没有在股指期货上赚到过钱。而上述投资方法，连股指的行情都没有看一眼，就战胜了市场上绝大多数的交易者，做到了稳定盈利。

长期稳定盈利不难吧？

┃ 5 ┃

这里我们补充说明一下资金曲线图的重要性。

大家以后做投资，特别是做期货投资，一定要学会画这样一条资金曲线。数据表明，无论是何方神圣，无论他用什么方法做投资，无论之前他赚了多少钱，如果他不使用资金曲线，那么这个交易者基本上没有可能在投资市场上存活三年，这是央视财经频道统计出来的数据结果。

事实上，很多人做投资不能成功的第一个原因就是他们判断成功的标准一开始就是错误的！他们总是以最近的一笔、几笔交易或者最近的一周、几周的交易结果去衡量投资的成功，并将其作为判定成功的标准。正因为如此，他们最终的投资结果自然也就只能是偶尔成功一两次、一两周，注定昙花一现。

你成功的标准是什么，最后的结果就是什么！

比如我们常常会听到某些投资者说：我最近做股票赚了很多钱、我做期货翻了好几倍、我做比特币买车购房等等，诸如此类的成功说辞，其标准的话术为：某人，在很短的时间内，在某项目上，暴赚了多少倍。然而，很遗憾地告诉大家，这种话术仅仅适用于业余选手、投资小白、交易韭菜，这绝对不是我们专业投资者成功的评判标准。其实一个人的投资水平高不高，只看他成功的判定标准就可以得知。

入门休问荣枯事，观看标准便得知。

专业判断投资是否成功的唯一标准是：一条连续的、稳定向上的、涨跌有节奏感的、底部逐步抬高的资金曲线。这条资金曲线的纵坐标是资产总额或者利润，横坐标是时间。资金曲线要求至少两年且含 100 笔以上的连续交易记录。

职业投资者的成功标准话术一定不是"我最近赚了 XX 倍"，而是"请看我们长期的资金曲线"。我们仅仅凭这两种不同的话术，就能判断出谁是真正的职业交易者。

我有一位学生，经常吹嘘他打得州扑克[①] 的水平有多高，在某项比赛中获得过大奖。我只回了一句：你敢打带资金曲线的得州扑克吗？

"这有什么不敢的？"他不屑地回答。

好，那就请你将每次打得州扑克的资金曲线图发给我看一看，不要老吹嘘你在某一次上赚了多少钱。记住，要连续的资金曲线，中间不要间断哦，每打一次，不管盈亏都要画在资金曲线上。结果他只坚持发了不到两个月的资金曲线，就不敢再发了，从此再也不敢到处炫耀他的得州扑克水平。

同样的，有一家基金公司老总介绍了一位民间的股指期货高手给我，说他的业绩非常优秀，曾经获得了 XX 大赛的冠军，几个月翻了 XX 倍，问我能否研究一下他的策略，给他投资一下。

每年各类投资比赛获奖的盘手太多了，我们不可能每个都去研究，也不可能每个都去投资，再说了，盘手也不可能告诉我们其策略的详情。不过还好，我们有一个判别投资高手的试金石——资金曲线！我这里有一张表格，盘手每天只要将他账户的权益填上去，表格会自动画出他的投资资金曲线。这个工作很简单，盘手每天花 1 分钟就可以

---

① 这是得克萨斯扑克的简称，简称"打得州"，是一种玩家对玩家的公共牌类游戏。

完成，然后将资金曲线发给我留档。6个月后，如果觉得他的资金曲线可以的话，我们就上会研究他的策略看看是否值得投资。

结果不到三个星期，这个盘手就坚持不下去，不敢再将资金曲线发给我们，说是每天发资金曲线，压力山大，精神受不了，快抑郁了。殊不知，我们就是把资金曲线当成过滤器，将投资领域中的假成功者给自动过滤掉。

"啊，江老师，投资成功还有真假之分吗？那什么是假成功呢？"老严迷惑地问道。

投资成功当然有真假之分，而且假成功与真成功的比例高达20：1，也就是说20个表面投资成功的人之中，你最多能找到1个真正的成功者。至于你问的什么是真成功，什么是假成功，我们后面的课程中，会用大量的篇幅详细讲解幸存者偏差与选择性偏差。老严，请你现在先记住，我们有资金曲线这个工具，就可以过滤真假成功。

同学们一定都听说过大数据这个词，我们只有画出资金曲线才能保证是大数据，大数据需要时间足够长、交易次数足够多。而诸如：我最近做投资赚了多少倍之类的说法，都是小数据，不具备统计意义，因为数据量太少，很有可能只是偶然成功或者是靠运气成功，这样的成功不能复制，也不能持续，最为典型的就是彩票。彩票中奖就是小数据，彩票中奖靠的只是运气，所以彩票不具备可复制性，你用他的方法再去购买彩票你肯定中不了大奖，他自己也不行。

我们千万不能将偶然当必然！更不能将运气当实力！我们不能在投资刚刚开始的时候就犯下致命的错误。有一句话很时髦，精辟地总结了这类错误："前几年靠运气赚的钱，这几年凭本事全亏光了。"

容易犯这样错误的人，最典型的就是赌徒。赌徒经常去赌场赌钱，偶尔赚一两次钱，甚至偶尔赚一点大钱，都是有可能的。这种偶尔赚钱的经历往往让赌徒印象深刻，很容易让赌徒想当然地认为这种赚钱方式会经常发生，于是产生赌博容易赚钱的幻觉。

赌博、彩票都可以让人偶尔成功，但如果你想靠赌博与彩票长期、稳定地成功，你想以赌博或彩票为生，那是根本不可能的！你可见过哪个赌徒、哪个彩民画过资金曲线吗？为什么他们不画？因为所有的赌徒和彩民都无法做到稳定盈利，无法做到资金曲线稳定向上（恰恰相反，如果他们画，其资金曲线一定是稳定向下的而不是向上的），他们一画资金曲线，马上就会露馅。所以赌场老板从来都不敢告诉赌徒还有资金曲线这么一回事。不过，赌场老板自己的资金曲线却一定是稳定向上增长的。

资金曲线是投资寿星的专用工具；而某一次赚大钱是投资明星们显摆的喇叭。

我们是以交易为生的专业投资者，不能是偶尔赚钱，更不能是靠运气赚钱，而是要靠实力靠真本事去长期稳定持续地赚钱，这也是投资与赌博最大的区别。所以在一开始的时候，我们就要在成功的判定标准上，严格地同赌徒区分开来。

资金曲线就是判断投资能否长期稳定成功的唯一标准！也是我们区分投资者与赌徒的试金石！所以我们一定要学会并坚持使用这条资金曲线。

赌博嗨一时，投资嗨一世。画资金曲线，就是投资！不画资金曲线，就是赌博！

未来只要是我们讲投资课，都会涉及资金曲线，都会以历史大数据作为投资分析的基础，绝对不会只根据几次成功的小数据来盲目地推断结果，更不会只用一个特殊的品种或者一段特殊的行情，来证明自己策略的有效性。比如，未来我们讲股票或期货量化交易系统的时候，我们不会只抽取像贵州茅台这一类的好股票或者 1996 年、2006 年、2014 年等几段暴涨的行情来讲。我们会让大家随机抽取几十只的股票，每一只都进行 10 年以上的历史大数据回测，其结果证明都是可以稳定盈利的，那样的话，我们才会得出该交易系统有效的结论。而且，我们还会特意选取一些诸如像乐 * 股份、獐 * 岛、中 * 石油这样的爆雷股票进行历史大数据回测。那些只选好股票不选烂股票进行验证的交易系统，大概率会存在问题。

"江老师，我也做了好几年的投资，资金曲线之前别说画过，连听都没有听说过，您刚才说到了资金曲线对投资的重要性，我似乎听懂了，也似乎没有听懂，您能不能再通俗地讲一下，我们要稳定盈利，要靠投资养家糊口，为什么就必须画资金曲线呢？不画不行吗？"福建老严继续问道。

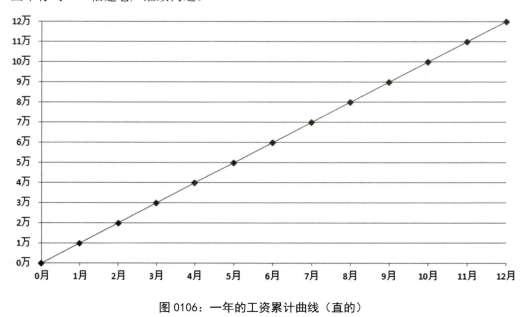

图 0106：一年的工资累计曲线（直的）

那我就再讲通俗一点。请问，社会上多数人养家糊口，靠的是什么？

"工资！"老严回答道。

回答正确。工资收入的稳定，是一个社会绝大多数家庭最基本的保障。其实工资是有资金曲线的，只是太过平常，每个月又是固定发放，工资金额也基本一样，所以大家没有留意，没有画出来而已。大家请看工资的资金曲线（图0106）。

大家看一下这条工资的资金曲线，横坐标是时间，纵坐标是收入。假设这个人每月工资是1万元，一年工资收入是12万元。如果你是这个人的老婆，你有什么感觉？

稳定。对，这个人的收入很稳定，老婆可以安心地根据这个收入情况来安排家庭的衣食住行以及子女的教育等支出。

"每月都是1万元，3个月3万元，6个月6万元，12个月算下来12万元，我们没有必要画资金曲线也能方便地安排家庭支出啊。"老严又问道。

是的，如果收入是稳定增长的，的确没有必要画资金曲线，比如买国债的收入，也是固定不变的，所以国债也没有必要画资金曲线。正是绝大多数人，也包括我们自己，学校毕业刚进社会的时候，都是工资收入，所以大家就没有养成画资金曲线的习惯。收入稳定的时候还好，画不画无所谓，但是，当收入不稳定的时候呢？大家再请看另一个人的工资的资金曲线（图0107）。

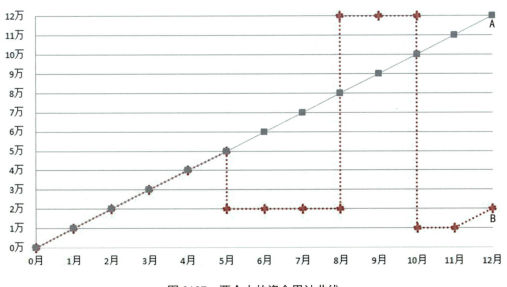

图 0107：两个人的资金累计曲线

图0107是两个人的资金累计曲线，第一个人收入稳定人的资金曲线是灰色实线(A)，第二个人的资金曲线我们用红色虚线（B）表示。大家看一下B这个人的资金曲线，他前五个月收入还比较稳定，每月1万，前5个月收入5万元（到此处与A是一样的），但

是在第 6 个月的时候，B 亏了 3 万元，总收入跌到了 2 万元，而且在随后的 3 个月里面，他没有挣到钱，没有收入。不过在 8 月份的时候，B 发了一个小财，一个月就挣了 10 万元，总收入到了 12 万元，然后又两个月没有开张，没有了收入，而且在第 10 个月，B 又亏了 11 万，总收入跌到了 1 万元，11 月没有收入，12 月挣了 1 万元。各位同学，如果你是 B 的老婆，你此时此刻有什么感觉？

老严，现在知道为什么我们一定要画资金曲线了吧？你不是有女儿吗，假如图 0107 资金曲线上面的 A 和 B 是你的准女婿，你最终会选哪一个人做你的女婿呢？

"那肯定是选收入稳定的第一个人 A 做女婿啦。"老严坚定地说道。

为什么你不选第二个人 B 呢？B 在 9 月底的时候，总收入可是 12 万啦，比 A 在 9 月底的收入 9 万元还高出 3 万元。

"江老师，我现在终于明白您刚才说的'资金曲线是试金石，是判断投资是否成功的唯一标准'这句话的真正含义了。如果没有图 0107 资金曲线的对比，而是光听别人报喜不报忧地只说 9 月份的收入，那么，我的女婿肯定就会选错啦，好悬，差点误了女儿的终身大事，幸亏有资金曲线这个法宝。"老严恍然大悟道，"由于我们养家糊口需要一个稳定的收入，而投资又是一个不确定、不稳定的活动，所以我们做投资时就一定要画出长期的资金曲线，通过图形、表格等方式，一目了然地知道自己投资的真实水平以及自己真实的收入情况，以方便家人合理安排家庭支出，让老婆放心，让父母宽心，让孩子安心成长。"老严讲得不错。

"这个选女婿的案例很好，我一下子就理解了。江老师，我最佩服您这点，雅俗共赏——雅的时候，可以谈经论道；俗的时候，讲的故事和举的案例通俗易懂，您可以将高深的投资理论接地气地讲给普通大众听。江老师，那我们什么时候可以开始学习股票与期货的交易系统呢？"学员老崔问道。

大家不能急，我们还是要先打好基础，改变之前错误的投资认知，建立起正确的交易理念，然后我们再去学习投资技术，那样才会有真正的效果，否则就是昙花一现的花拳绣腿。比如我们做投资必须画资金曲线就是一个正确的投资认知，大家必须建立起来，不画资金曲线，你学再多的交易技术都是徒劳。

"好的，好的，那江老师您继续讲，谢谢。"老崔说道。

下面，我们继续讲投资之易。

前面我们讲到，只用一个骰子外加一个非常简单的止损策略，就能做到普通交易者梦寐以求的稳定盈利。下面我们将该策略再做一些细微的调整，我们就会看到一条更加完美的资金曲线。

　　这次我们将交易策略与行情 K 线图稍微联系一下：开盘后，如果价格向上穿越当天第一根 5 分钟 K 线实体的上沿，我们就开仓做多；如果价格向下穿越当天第一根 5 分钟 K 线实体的下沿，我们就开仓做空。和前面的方法一样，我们设置一个五十个点的止损，如果价格当日达到止损线，我们就马上平仓；如果价格没达到止损线，我们就在收盘前两分钟平仓，同样，这个策略一天只交易 1 次。

　　这个交易策略和行情稍微沾了一点点边，也是一个非常简单的策略，几乎就不算是什么交易技术，没有均线，也没有任何技术指标，就是一个裸 K 线，简单到技术分析的高手一定会说这样的策略太粗糙，不可能跑出好的结果，自然也不会用在实盘操作上。但是，事实胜于雄辩，有兴趣的朋友可以自己编写计算机程序加载到电脑上，运行一下沪深 300 加权合约，进行历史数据回测。时间有限，这一步，我现在帮大家做完了，得到了一条资金曲线（图 0108）。

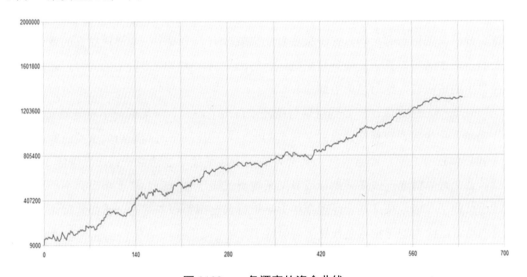

图 0108：一条漂亮的资金曲线

　　"这条资金曲线很漂亮啊！这不就是咱们多年以来梦寐以求的完美的交易方法吗？"崔胜与老严两个人都忍不住叫了起来。

　　的确，这条资金曲线非常漂亮，光滑、稳定、连续向上，回撤也不大，盈利非常可观，一手股指两年多的时间就可以赚很多钱。投资简单吗？大家想不想用这个策略？

　　"谁不想要这样的交易策略呢？又简单又能赚钱。"大家眼里充满了无限希望。

　　我们前面提到庞居士的夫人认为禅修非常容易："易，易，易，百草头上祖师意"。投资与禅修一样，也非常容易，甚至比地里的百草还容易，因为我们用骰子，连行情都可以不用仔细看就能赚钱。这个世界上最容易做的生意的确就是投资！

既然如此，为什么广大的股民、期民并没有赚到钱呢？甚至亏损巨大，经常会被市场割韭菜。下面我们就来谈一下投资之难。

| 6 |

前面我们讲了投资之易，这一节再来谈谈投资之难。

说到投资之难，相信大家一定会感同身受地说："那是真的难。"我们再次借用李白的诗句"投资之难，难于上青天"！

一个人在投资的道路上，偶尔赚到一些钱，那是很容易的事，甚至偶尔还会赚一两次大钱；但是一个投资者想要在市场上长期、稳定地盈利，想让自己的资金曲线光滑、稳定、连续地向上，能做到以交易为生，靠投资来养家，真正实现财富自由，那是一件非常困难的事情！另外，在投资的道路上，可能有一些人的确掌握了某些方法，赚到了钱，但是，他们做交易时精神压力巨大，工作强度颇高，吃不好饭，睡不好觉，血压高，肠胃、颈椎、腰椎都有毛病，三十来岁看起来就像五六十岁……难道这些真的就是我们想要的投资生活吗？真正能做到轻松赚钱、悠闲生活，实现财富自由的同时，还能实现精神自由的投资者，绝对是凤毛麟角！

"江老师，您好像已经做到财富与精神双自由了吧？"深圳学员小明笑着问道。

哈哈，你说呢？我现在操盘几亿资金的同时，还能抽出时间来给大家授业解惑哦。

我们做投资之前，经常听到"某某人最近用某某战法抓住了一只妖股连续 10 个涨停板，上个月隔壁老王做某某期货或者某某现货又赚了几百万，楼上那个穷小子这周买比特币又翻了 N 倍，某某基金经理今年上半年排名全国第一"等等，诸如此类让人热血沸腾的话语，给人的感觉就是投资太好赚钱了！

钱多、人傻、速来！投资真是这样的吗？还记得我前面刚刚强调过的那句话吗？

"记得，判断投资成功的唯一标准是资金曲线！"学员小明回答道。

小明的回答非常正确！

资金曲线是试金石、是照妖镜，当我们面对那些所谓的成功案例时，一定要拿出来照一照，否则很容易就被表象迷住了双眼，误读了真正的投资成功。

上面提到的所谓成功，它们有没有展示两年以上的资金曲线？它们有没有连续 100 笔以上的交易记录？只要你拿出"照妖镜"一照，就立马原形毕露。原来这些所谓成功的案例，基本上都是偶尔成功，基本上都是靠运气在赚钱，然而多数投资者常常把这种偶然当成必然，这是错误宣传。随着我们投资时间与交易次数的增加，你就会慢慢发现：投资，想长期、稳定盈利是非常困难的！你经常听到的、看到的成功，基本上都是昙花一现式的成功！那么投资之路到底难在哪里呢？我现在就来给大家演示两个案例，看过之后你们自然有所领悟。

第一个案例，我们来对比两个交易系统。第一个交易系统，八年的时间从100万做到了900多万，净值从1.0到了9.0，这个系统好不好？"这个系统好啊！八年翻了九倍多。"某基金公司的风控总监樊总评论道。

那我们再来看看第二个交易系统。该系统震荡了两年半，资金曲线一直未创新高，不仅如此，它的权益还从383万元回撤到了237万元，最大回撤率高达38%，这个系统大家又认为如何呢？"这个系统和前一个相比较，相差太多了吧！"樊总皱了皱眉头。

经过短暂的讨论，大家一致认为系统一完胜系统二。

第二个案例，大家请看下面的资金曲线（图0109）：

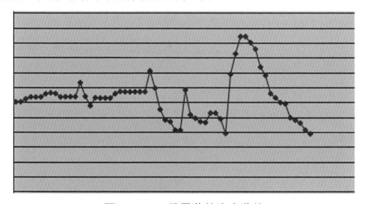

图0109：一段震荡的资金曲线

这是某个投资策略运行以后画出来的资金曲线图。100万元的本金，开始的时候，一直都在震荡，不赚钱，每次涨上去了一点点，又跌了下来。后来往上冲到过120万元，不过很快又跌了下来，甚至还发生了亏损，最多时跌到80万元以下。然后资金曲线又在亏损与保本线之间来回震荡。后来，突然来了一波较大的行情，资金曲线猛地往上冲，从亏损20万元，一下子涨到了盈利45万元，当时内心还是挺高兴的。不过，好景不长，没过多久，资金曲线又开始回撤，这次回撤比较大，不但将前期的利润45万元全部吐了回去，而且资金曲线又回到了历史的最低位置，甚至又亏损了20万元……这样上上下下反复波动，一直持续了很久。请问这样的交易策略，大家觉得如何呢？有愿意使用的同学吗？

"这是什么破烂策略啊！费力又不赚钱，太折腾人了！"老严与崔胜不屑地表示自己肯定不会使用这样的策略。

真的没有人愿意使用吗？

"不敢用！"樊总与小明思考了一会，也拒绝使用。

再看看整个会议室，也没有任何人表示愿意使用。

那让我们回过头去看看第一个案例中图 0108 的资金曲线，刚才不是所有的人都表示要使用这个策略吗？大家不是哭着喊着要使用这个策略去发财吗？那为什么第二个图 0109 的资金曲线，就没有一个人愿意使用呢？

"那是因为图 0108 的策略比图 0109 的策略好太多了，大家又不是傻瓜！"崔胜笑着说道。

真的吗？大家真的不傻吗？真的很聪明吗？就不怕聪明反被聪明误吗？

"是的，我们都不傻哦！我们这里多数人可都是本科以上毕业的，还有硕士、博士，智商一点问题都没有！"崔胜略带嘲讽地说道。

问题是，在前文中，我反复强调：投资多数时候与学历、智商没有太大的关系！甚至是反向关系！更有甚者，有的时候"聪明反被聪明误"。

"怎么可能。"崔胜忍不住笑了起来。

不信吗？不信的话，大家再仔细对比一下图 0108 与图 0109，它们可是同一个策略、同一条资金曲线啊！

"啊！怎么会这样？"大家异口同声问。

"啊！不可能吧？这究竟是怎么回事？"崔胜大吃一惊。

| 7 |

它们的确就是同一个策略做出来的同一条资金曲线。大家请看图 0108，这根资金曲线的前面部分，我们将它局部放大，左下角正好就是图 0109 的这条资金曲线！还没有看出来吗？大家再仔细看看，看不清的同学，拿放大镜看图 0110。

图 0110 与图 0108 是完全一样的图，只是前面部分我们用红色图框标识出来了。红色图框里面的资金曲线就是图 0109。

"真的是一模一样呢。"崔胜瞪着眼睛叫了起来。教室里，突然安静了下来，大家都没说话，都在回味这不可思议的一幕。

"曾经，有一个真正赚钱的投资策略放在我们面前，我们没有珍惜，等到失去时才后悔莫及，人世间最痛苦的事莫过于此……如果上天能够给我一个再来一次的机会，我会对那个策略说三个字：我爱你。如果非要在这份爱上加上一个期限，我希望是一万年！"我们改用周星驰《大话西游》里的电影台词来描述一下大家现在的心情。

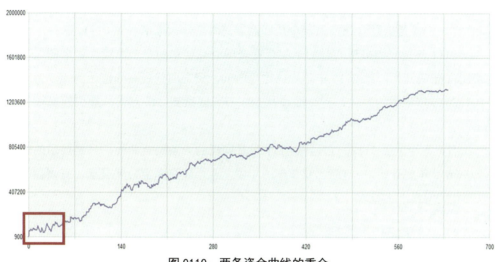

图 0110：两条资金曲线的重合

一个很赚钱、又很简单的投资策略，摆在了大家的面前，大家并没有珍惜。资金曲线只跑了前面的一段时间，还没有赚到钱，大家就半途而废地放弃了。资金曲线一震荡一回撤，大家就坚持不住，那么，这个策略后面赚再多的钱，与你又有什么关系呢？大家思考一下，问题到底出在哪儿呢？

我们再来看看第一个案例，两个交易系统的对比：

第一个交易系统，八年的时间从 100 万做到了 900 多万，净值从 1.0 到了 9.0。

第二个交易系统，震荡两年半，一直不创新高，权益的最大回撤率高达 38%。

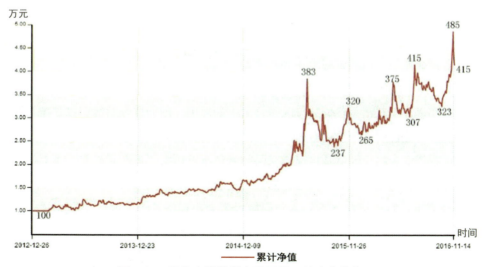

图 0111：投资心学的学生公开展示的资金曲线

其实这两个交易系统也是同一个交易系统，同一条资金曲线，只是在两个不同的时期而已，一个是上升时期，另一个是回撤震荡时期，大家请看图0111。

图0111就是我们投资心学的学生，在全国公开展示的资金曲线。这个图展示时间从2012年年底开始，到2016年年底。这段时间，资金曲线最高峰值达到485万元，这其中在2015年年中的时候，资金曲线从383万元回撤到237万元，最大回撤幅度高达38%。

我们再看一下图0112，它与图0111也是同样的一条资金曲线，只是展示的时间更长，从2012年底开始，一直到2022年的年中，至今还在网上公开展示，有兴趣的同学可以到相关网站上去查看一下。

图0112：一条九年半的资金曲线

怎么样？交易很难吧！

就算送给大家一个又简单又赚钱的投资策略，怎么没人愿意要呢？之前大家可是抢着争着拼命要的。问题到底出在哪儿呢？

"是啊，问题到底出在哪儿呢？"樊总自言自语道。"江老师，虽然我还不知道问题出在哪里，不过至少我们能排除是技术上的原因。因为资金曲线可以稳定盈利，而且赚得很多，这说明这个策略在技术层面是没有问题的。我来您这里学习之前，一直都认为自己投资亏钱的原因就是自己的交易技术还不够厉害。现在看起来是不对的，就算是一个非常赚钱的交易系统，自己竟然会中途放弃掉。"

"江老师，我想请问一下：这个问题经常会出现吗？一个好的交易方法，大家会执行不下去吗？"学员小明略有沉思地说道。

小明的问题问得非常好！我现在就可以回答你：这个问题具有普遍性，经常会出现。

第一个案例，我的这个投资心学的学生从100万元赚到1000万元，当年，在教这个学生交易系统的同时，我还教了其他很多个学生，当然，当时上课没有今天的人这么多。我讲授的投资方法都是一样的，并没有厚此薄彼，但是，在后来交易系统运行的过程中，多数的学生半途而废地放弃了。第一个交易系统（案例一）的 9 年 10 倍的投资结果（折算 30% 左右的年化收益率）是需要你中途扛住 40% 左右的最大回撤才能得到的，如果大家都像刚才举手的那样，在高潮期追进去，在回撤期放弃掉，那么，一模一样的交易系统，别人可以从 100 万元做到 1000 万元，你最多能做到 237 万元就不错了。这还算是好的，至少是赚钱离开的。如果一个交易系统是先回撤后赚钱呢，你很有可能扛不住压力，刚开始亏钱，你就马上离场。最后的结果是：一模一样的投资交易技术，别人赚到 10 倍 1000 万元，你却如图 0109 那样亏了 20 万元就骂娘，大家还敢说投资仅仅是技术问题吗？

再请大家看看图 0113 这个人，大家认识吗？

他就是投资界大名鼎鼎的理查德·丹尼斯，他创造的"海龟交易法"在投资行业非常有名，他应该算是趋势追踪与量化交易系统的鼻祖，现在市面上所有的真正赚钱的量化交易系统，多多少少都吸收过海龟交易法的精髓。我们投资心学的股票与期货的量化交易系统也不例外，也是博采众家之所长，站在

图 0113：理查德·丹尼斯

巨人的肩膀上，青出于蓝而胜于蓝。有时间，同学们一定要去买一本海龟交易法则的书，仔细阅读。虽然里面的具体技术指标可能有点过时，需要修改升级，但是书中的投资思想与理论体系是非常值得我们学习的。另外我也非常赞成丹尼斯对交易员的培养理念，他认为通过严格的训练可以将任何人变为优秀的交易员，为此，他和他的好朋友同时又是交易搭档的比尔·埃克哈特产生了分歧。他们在新加坡一家海龟农场进行了一场面红耳赤的争论，从而诞生出投资史上一个非常著名的"海龟计划"。大家有兴趣的话可以去网上查一下相关的历史资料。

我们投资心学与丹尼斯有同样的理念，认为优秀的交易员，完全可以通过后天的培养而产生，实践恰恰证明了这一点。这些年，严格遵守了我们投资心学理念的学员，后来都能做到持续稳定地盈利，还能多次在各种投资比赛中获奖。对此，我感到无比的

骄傲与自豪，比自己赚钱还开心。

理查德·丹尼斯曾经说过一句话非常有名的话："我说过很多次，你可以把我的交易法则登在《华尔街日报》上，但是没有人能遵守它。"

这句话的意思是——海龟交易法则不用保密，一个人如果没有经过系统的训练，没有强大的内功法，就算是我们将能赚钱的海龟交易法则送给他，他也执行不了。

理查德·丹尼斯的这句话与我们刚才现场做的案例测试是多么的相似。我讲授的交易策略与丹尼斯提供的海龟交易法则，本身都是能够稳定盈利的，而且还会盈利很多。但是这些很好的投资策略与交易系统放在大家面前，并没有多少人会珍惜。多数人都会半途而废，却多年苦苦地去追寻虚无缥缈、本不该属于自己的交易"圣杯"！

你手捧着金饭碗，却还在苦苦地乞讨。

大家不应该从中有所感悟并反思吗？

第二章：不负此生

在投资领域，最曲折的路就是最近的路，最直的路就是最远的路！证券投资应该和武术一样，既练招式又练内功，文武合一，术道兼修。只有私欲，没有信仰，没有利他心，你在投资行业注定走不远！

| 1 |

投资与禅修有颇多相似之处。前面上课时，我们对比了投资的难易和禅修的难易。未来，当大家悟到：做投资其实就是在修行，下单的键盘声，其实就是敲木鱼的声音。到那个时候，稳定盈利对大家来说，就是一件极其简单、轻松、自然而然的事情。

"江老师，您刚才提到投资与禅修的关系，是不是要告诉我们：投资最好先去修行，然后等自己道行提高到一定程度再来做交易呢？"学员小明问道。

小明的问题，问得非常好。正所谓万法归一，一即一切，一切即一。其实，投资就是在禅修，禅修也是在投资，是一体两面的关系，它们之间并无时间上的先后顺序。俗话说：小隐隐于野，大隐隐于市；我给它补充了一句：超隐隐于股与期。 股票、期货、期权、外汇、虚拟货币等等投资市场，人心浮躁、物欲横流，普通人在里面被外境所转，追名逐利；而在我们投资心学眼里，投资市场却是一个比林泉野径更好的修行之处。禅修，只要心定，何处不是道场？投资，只要心定，何处不是堆金积玉之地呢？如果你能修到心定的境界，你的禅修就功成圆满，与此同时，你的投资也会很成功，稳定盈利可以轻松实现。

"原来投资与修行，可以同时兼修，同步进行，真是太好了！江老师，您前面讲到了投资的难与易，那么投资到底是难还是容易呢？"小明继续追问。

佛家说，一念成佛，一念成魔。确实，一念之间，一线之隔，截然不同。好与坏，成与败，得与失，善与恶，一念之间，已然明了！

投资与禅修一样，难与易，也完全在你的一念之间！

如果你的交易方法符合天道，你的内功心法深厚，做投资时你能做到一心不乱，那么你的交易就将无比容易；相反，如果你的投资方法逆天而行，你的交易内功浅薄，做投资时五心不定，心随境转，那么你的交易将无比困难！

投资的技术与方法和投资的难与易关系并不大。

多数投资者都普遍认为，基本面分析或者技术分析在金融证券投资领域的作用是最重要的，甚至是唯一的，只要交易技术好，分析够全面，投资策略优异，在选股、择时、进场、出场等方面做得到位，那么投资就一定能稳定盈利。

我们投资心学认为，想在金融领域长久稳定盈利，只有技术分析、财务分析、价值分析、基本面分析等等还远远不够。三十年的实战经验和几千个券商大数据分析告诉我们：交易的内功心法以及投资者对天道循环的领悟也是决定交易结果的核心要素。

游泳池里游泳与在大江大河里击楫，用木棍拼刺刀与在战场上刀光剑影，感受肯定是不一样的，对心理的冲击更是天壤之别。同样的道理，教室里、黑板前、电脑上的花拳绣腿与用真金白银的资金在证券市场上纵横驰骋，其感受肯定也是不一样的。这也是很多科班出身的金融专业人士，仍然做不好交易的重要原因。难道他们的证券分析水平不够好吗？肯定不是，是他们的交易内功心法还不行，容易受心理与情绪的干扰。在投资的"战场"上，他们心里发慌，腿脚发软，头脑迷糊，哪里还记得用理性去分析呢。实盘更需要将军，较少需要参谋。

古人云"纸上得来终觉浅，绝知此事要躬行"，所以，证券投资应该和武术一样，既练招式又练内功，文武合一，术道兼修。否则，一定是独腿前行，就算偶尔走得快，但一定走不远。

| 2 |

"江老师，怪不得您的这门课全名叫《投资心学——量化交易、天道与内功心法》。江老师，您讲授这门课有十几年了，好几天的投资认知理念课，您一直都不收学费，学员只均摊场地费，做一件事情，既不为名，又不为利，那您到底是为了什么呢？不好意思，江老师，我只是挺好奇的。"福建老严问道。

情怀！我只为了两个字："情怀！"

说完这两个字，我眼中湿润了，时间仿佛穿越回到了很多很多年以前……

24年前的一个夜晚，天空乌云密布，雷鸣电闪，一场暴风雨马上就要来临。深圳华强南路的赤尾村，当年深圳创业者非常喜欢住的地方，毗邻华强北电子一条街。进村后向前200米左右的一个川菜馆，我与安东证券电脑部经理老尹正在喝酒。

"辉总确定出事了吗？"我抿了一口酒问道。

"确定出事了！年底最后一天，收盘后，辉总带了两个大行李箱刚一出证券公司的大门，就被四个警察拦住，直接带上警车，据说是调查部门直接来抓的人，行李箱里有几百万的现金。"老尹惆怅地说道。

"不过，我感觉辉总还是一个好人，知道自己要出事，还在出事前两天的晚上给我打了一个电话，让我赶紧来你们公司收取货款，否则我的那笔货款就很危险。"我感恩地说道。

"辉总的确待人不错。其实，这次公司出事，和辉总没有太大的关系，他只是一个职业经理人，负责管理我们的营业部。其实是我们的大老板，那个首富自己出事了，牵连到了大家。我作为电脑部经理，也难脱干系，估计很快也要轮到我进去。"

"不可能吧，和你有啥关系呢？"

"没有不可能，我们老板挪用股民的钱去印度尼西亚建商业船队，我在电脑部后台也参与了转款，虽然股民的钱我自己一点都没用过，但毕竟也是参与者。唉，话说回来，当时老板都发话了，谁敢不听呢？对了，门口那两个人，你注意到没？"老尹低头说道。

我偏过头去看了一眼，发现的确有两个人坐在门口的一张桌子上默默地吃着菜，时不时还往我们这边瞧上几眼。

"那两个人，最近几天一直跟着我，我到哪儿，他们就跟到哪儿，也不说话，所以我感觉快轮到自己了。正因为如此，所以今天特意来找你，有一事相求。"

"危难时刻，你来找我，说明看得起我这个兄弟，但说无妨。"

"我来之前，已经咨询过了律师，像我这样的情况，一般来说，进去至少1年，最多5年。未来如果我进去了，需要花钱的地方肯定很多，所以我想向你借几万元救急。不过，我没有什么东西来做抵押，只能用我的诚信和我们之前的交情来做担保：未来如果我没啥大事出来了，我会加倍偿还；万一出了大事，你这个钱也就只能当打水漂了。你考虑一下，如果愿意帮我这个落难之人，我现在就给你打个借条。"

"第一次碰到像你这样豪爽、坦率的借款人，借钱之前还告诉债主有打水漂的可能，别人借钱可都是信誓旦旦还款的，哈哈哈。来！我敬你是一条汉子！我们先喝一口……其实，我平时就非常敬重你的为人，你的这个忙我帮定了！这样，你也不用给我打什么借条，太见外了。钱，我帮你准备好，你什么时候要，提前一天告诉我就行。至于能不能还，你根据以后的具体情况自己决定，我就当交你这个朋友啦！"

"兄弟，大恩不言谢，我会记住你的这份情谊！我知道你现在也并不富裕，一年前你刚经历过一次倾家荡产，这个时候，你还能帮我，非常感谢！对了，今晚过后，你我就不要再联系了，我怕牵连到你。钱最近都不需要，等我真正进去后，需要的时候，我会让家人来找你。来，走起，干了这一杯，好兄弟！"

"好，干了！……老尹啊，怪我多嘴问一句，你们老板到底出了什么事情啊？"

"一言难尽啊！具体过程非常复杂，简单来说，就是太过贪心、自信爆棚，杠杆放得太大，项目搞得太多，加上运气不好，碰到了亚洲金融危机。咦，可惜了！我们老板是潮汕人，吃苦耐劳，白手起家，为人处世、言谈举止都是相当厉害的。"

"这个我也深有体会。我到你们公司收货款时，你们老板见到一个像我这样的普通的小供应商，都是客客气气的，还一起喝茶聊天，看得出来你们老板的厉害。"

"我们老板来深圳不到十年就搞了这么大的产业，在大家心目中，早就知道他是罗湖首富。你别看他只是初中毕业，但是眼光非常独到。你看我们这家证券部，就是三年前，证券行业比较低迷的时候接过来干的。结果不到一年，股票就来了大行情，一下子就赚得盆满钵满的，不但手续费上赚钱，自营盘也大获丰收啊。你看看，我们老板厉害吧。"

"厉害啊，那是真的厉害！你说他学历不高，以前又不是搞金融的，怎么就知道股市会来行情呢。真是个怪才！"

"最近一两年，我听说他又看上了房地产行业，已经开始在布局。罗湖东门这一带，好几栋大厦都是他的，你看到东门路口的那个商住楼了吗？快完工了，也是他的。除了深圳，他还在广州、惠州、东莞等珠三角地区，拥有多套房产。兄弟，你说说看，房子不是拿来住的吗？难道还能像股票一样，可以拿来炒吗？现在房价每平方米都要到3000元，真是搞不懂。对了，听说你也买了一套房？"

"我幸亏买了一套房，要不然可真要倾家荡产、露宿街头。你知道的，去年我透支买的 *凤凰股票，内裤都快亏掉了，本金480万啊，基本上全亏完！那真是一个惨啊！归还完透支款，只剩30万出来的，走在路上，双腿发软，抬头看太阳都是黑色的。"

"我之前一直不能理解你倾家荡产后，看太阳是黑色的说法。最近我们公司出事警察找上门后，我才真正体悟到。那你后来为什么买房呢？"

"我就是听了你们老板的建议，才买了一套房。我应该算是中国第一批购买商品房的人吧？本来我在买 *凤凰股票之前就有480万元，可以在深圳买将近20套房子，现在可好，买一套房的钱都不够，还要去银行办了一个叫'按揭'还款的手续，我搞了一个最长期限的按揭，九年。银行要是有几十年甚至更长期限的按揭就好了，可以月供少一些。我以后不炒股票了，戒了，这可是我第三次倾家荡产，而且比前面两次都要惨，以前只是把本金亏完了，现在是负资产，倒欠着银行一屁股债。唉，投资太难做了！"

"你不炒股票？你不做投资？我才不相信呢！我从你平时盯行情的眼神中，就看得出你对投资有多么热爱。对了，兄弟，你现在每月还要还银行的贷款，钱够吗？不够的话，就不要太为难，我可以再想想其他办法去借。"

"看你说的，帮你们是我义不容辞的事情。我第三次倾家荡产后，幸亏你们证券部给了我计算机系统集成的生意做，赚了一点钱，这才缓过劲来，不然真的不知道该怎么办，估计现在连月供都还不上。后来，我总结了一下，投资与实业，必须虚实结合一起做，否则心里是慌的。普通人做投资，千万别孤注一掷，有实业的和工作的，千万别丢，千万不要辞职去炒股、炒期货，否则压力山大，你根本冷静不下来做交易。"

"我赞同你的观点，长期看，有保障才靠谱，投资不能孤注一掷。"

"老尹，你们的滴水之恩，我当涌泉相报。所以，啥都别说了，有困难尽管说，我一定会倾尽全力！来，咱兄弟接着再喝一杯……对了，你继续讲讲你们老板呗。"

"一年前的这波股票大行情，我们老板赚了很多钱。慢慢地，我发现老板开始膨胀了，自信心爆棚，认为自己做啥都能发财，听不进反对意见，整个人有点飘。这男人吧，都是爱折腾的动物，说得一点没错。你说我们老板放着好好的证券部与房地产生意不做，偏要去印度尼西亚折腾什么运输船队，而且一折腾就是好几艘轮船。唉，也是被他那个远房亲戚煽动的。我们一开始都不赞成老板投资建船队，因为太费钱了。就算要搞，我们也建议他可以先去租船，可他却偏要买船，买船多贵啊。而且老板还投资那么多的房产，占用着大量的现金。没钱怎么办？老板就盯上了证券部股民的钱！唉，这个念头一旦动起来，结局基本上就注定了。潘多拉的盒子一旦打开，凶多吉少啊！"

"股民的保证金，你们老板都敢动吗？"

"老板的胆子可比我们这些打工的人大太多了。逼急了，他什么都敢做。再说了，他以前能发财，又是做证券，又是做房产，购买商业大厦，不就是用了加杠杆的方法大刀阔斧地融资做起来的吗！尝到了甜头，怎么可能收得了手？到最后他就是个赌徒！"

"这点我倒是深有体会。借钱放杠杆这种事，有点像饮鸩解渴，真的会上瘾。刚开始放杠杆的时候，真是爽啊，因为涨得高，跑得快啊，就像是汽车加了一个涡轮增压器。对了，涡轮增压器都不够形容的，应该是汽车加了两个翅膀，都飞起来啦。"

"哈哈，我忘记你了，你不就是一个奇迹吗？一个穷光蛋，一年的时间，从一个蹭沙发睡觉的穷打工仔，转眼就变成一个几百万身价的小富豪。股市是一个能产生奇迹的地方，杠杆就是一个能产生奇迹的方法。"

"关键是如何安全地加杠杆！你看，我现在不是又变回了穷光蛋，而且还是一个欠钱的穷光蛋。真是成也萧何，败也萧何啊！加杠杆是一把双刃剑，既可以产生奇迹，也可以让人瞬间陷入万劫不复之地。我是一个体验过加杠杆完整轮回的人，一个踢了上半场又踢了下半场，全程都经历过的人。对了，还不止一次，整整三次轮回！"

"兄弟，我都告诉你我们老板的事情了，你也说说你自己呗，我感觉你的故事，精彩程度不亚于我们老板。"

"我自己的投资经历，至今回想起来，仍然感觉像是一场梦，可以说，到现在我还没能彻底回过味儿来，好像还在梦中。我第一次倾家荡产是在成都红庙子炒股票认购证，这个你是知道的。第一次破产后，我来到了深圳。之所以选择深圳，是因为我认为深圳的证券营业部很多，交易的机会自然也应该不会少。我骨子里的确非常喜欢投资，喜欢交易时无拘无束、天马行空、不用看别人脸色的那种感觉（尽管我后来知道，其实这种感觉多数时候都是致命的）。那个时候，我还只是个菜鸟，天真地认为炒股票就是炒消息，所以我觉得应该应聘到证券部去上班，因为那里的股票消息肯定很多。不仅如此，为了得到更多的股票消息，我觉得只去一家证券营业部上班还不够，所以，我最终应聘到一家计算机网络公司，公司的主营业务就是计算机系统集成，专门帮助各个证券公司搭建计算机网络后台系统。"

"你这个方法真是高明啊。我们证券部就是其中一家吧，你们公司好像做了十几家证券部的系统集成生意吧。这样看来，没有人会比你的股票消息更多。佩服！佩服！"

"佩服个啥啊，如今回头看，我这就是耍个小聪明而已。我现在算是领悟了那句话：机关算尽太聪明，反误了卿卿性命。我后面的两次倾家荡产都是因为消息给害的，教训深刻啊！"

"你现在这么深恶痛绝靠消息炒股啊。在中国炒股票不都是靠内幕消息吗？反正我们证券部的客户谈起内幕消息来都是眉飞色舞的。"

"那是他们只看见了贼吃肉，没见过贼挨打。消息可以让你走得快，但是往往走不远。新手、散户才完全靠消息炒股，就拿我的第二次倾家荡产说吧，龙海证券公司的老总们开会，我在旁边调试电脑设备，听到他们在谈论一只股票，暗自兴奋。第二天我就偷偷买进去了，不但是全仓买入，还把我的供应商的货款给挪用了，心里做着美梦，盘算着先赚一把快钱，翻倍后再马上将货款还回去。"

"哈哈，和我们老板一样，你这也是自作聪明，挪用别人的钱，估计结果不妙。"

"股票买了后，前两天还是赚了一点，第三天就开始下跌。后来供应商催货款催得紧，没有办法，只能卖股票了。一看价格，已经下跌了30%多。我自己3万元，放杠杆挪用货款6万元，一共9万元买的股票，结果卖完股票，结算完货款，自己3万元只剩下了16元，爆仓了。这件事，害得我很长一段时间都没钱交房租，晚上到处蹭你们这些证券公司的沙发睡觉，还好与你们很熟。最可气的是，那只股票在我卖了没多久，价格又涨回去了，而且还屡创新高。唉，消息准了，判断也准了，股票最后也涨了，而自己的钱却亏空了，投资市场最痛苦的事，莫过于此吧。"

"想开些，不错啦，你最后还剩16元至少还是正数，比我们老板好。我们老板现在卖房还股民的钱都不够啊。老板现在躲在印度尼西亚不敢回来，远程操作卖资产。你说得对啊，判断准了，价格也涨了，钱却没了，这的确是投资最痛苦的一件事情。我们老板那么多房产，平均每平方米不到1000元买的，你说，万一以后真像我们老板预测的那样，深圳房价真的涨到每平方米一两万元，那他会不会为今天加杠杆去搞船队的事而后悔终生呢？用杠杆进行投资，就是为了快嘛，但是，现在看起来，发展的速度反而更慢。我现在突然明白了乌龟与小白兔赛跑这则寓言的真正含义。以前我老觉得那些童话、寓言等等，都很幼稚，现在才发现原来真正幼稚的，却是我们自己。"

"兄弟，你说得很对，那些童话、寓言能流传千年，肯定是有道理的。我在第三次倾家荡产后，总结了一句话：最曲折的路就是最近的路，最直的路就是最远的路！"

"说得很有哲理哦！但是，又有多少人能真正理解呢？特别是在投资市场，物欲横流，大家都想去快速发财，都拼命往最直的那条路上去挤，结果绝大多数人都掉到坑里了。嘿，不说了，还是接着说说你的第三次倾家荡产吧。"

"那就更精彩了。不着急，我们先吃口菜，慢慢聊。"

"兄弟，其实我挺佩服你的。你说你一个穷光蛋小伙子，最早的时候啥人脉关系都没有，一个人就敢跑到深圳来闯世界，住过十元店，摆过地摊，卖过菠萝，听说还因为没有暂住证被当成三无人员抓过。再怎么说，你也是名牌大学毕业的，怎么能拉下脸来吃这些苦呢？你拿得起放得下，这方面我是不行。听说你的第一桶金缘于一根网线，也是很传奇的哦。"

"谢谢你的夸奖。那是我们的客户松河证券公司的张总，自己家里要布一根网线看股票，他们家是复式两层楼，网线需要从楼下布置到二楼楼上，房子早就装修好住人了，只能走明线，我花了四五个小时的时间才将这根网线布置好，主要是因为他家的踢脚线是大理石的，很难固定住网线的线扣，得一颗一颗地用榔头使劲敲进去，还要注意不要敲坏了墙体，我干得满头是汗，非常认真，最后还是张总叫停的，他自己都认为不用那么仔细，我说那可不行，要么不干，要干就要干仔细了。可能就是这句话感动了他。当时我也没有在意，干完活，饭也没吃就走了。一年多以后（1996 年初），当我自己在赛格单干的时候，张总不知道从哪里得来的消息，知道我在创业，于是就介绍了很多业务给我做，赚的钱，就是我的第一桶金，也是我后来做股票的本钱。我当时只是公司的一个小员工，说得好听一点是计算机系统集成工程师，说得不好听就是施工现场的一个小工，张总能够放下身段，平易近人，真诚地对待我，我至今都很感谢他，张总是我的恩人，也是我后来学习的榜样。"

"还是你工作认真，有责任心，敢担当，待人真诚，不要小聪明。其实任何公司的老总们都喜欢像你这样的年轻人，有机会肯定愿意提携与帮助。我们公司的老板也很喜欢你啊，不是也介绍了很多业务给你做吗？对了，你做投资时的那种屡战屡败，屡败屡战，锲而不舍，东山再起的精神，那也是杠杠的。未来你的投资前途无量啊。来，来，来，我敬你一杯。"

"惭愧，惭愧，还能有啥投资前途的，本金都亏得差不多了，另外，我可不希望再来一次倾家荡产，那可真是受不了。"

"我觉得你应该不会了，你是一个善于总结的人，而且你给各家证券部做的工程那么多，看到的、听到的各种投资者的兴衰起伏故事一定也不少，你肯定会从中总结经验教训的。请继续讲讲你的经历吧。"

| 3 |

"我的第三次倾家荡产，真的很残酷！也很精彩！"

股市的确是一个能产生奇迹的地方，尤其是插上杠杆的翅膀。1996 年的春节，我是一个人在深圳过的，因为我连一张回家过春节的硬座火车票都买不起。春节过后，我觉得应该改变一下，于是我从原来上班的计算机公司辞职了，然后在赛格大厦里面租了一个档口，开始做计算机、网络设备的销售与集成，主要的客户当然还是那些以前服务过的证券营业部的老客户。

人啊，运气来的时候，挡都挡不住。我才租下档口没多久，股市就开始回暖，而之前的两年，都没有什么大的行情。借着股市的小阳春，我的电脑生意逐渐变好，因为证券部的客户多，需要的电脑设备也随着股市行情而增长。不到半年，我的电脑生意就挣了 28 万元。为了满足生意需要，我还花了 1 万多买了中国移动第一批 139 字头号码。看着日益增加的本金，我深埋在心里的那颗热爱交易的心又开始躁动起来。之前两次倾家荡产，吃饭、睡觉都很困难，哪有钱做投资，现在终于有本钱重新开始做投资。

五月底的一天，我去江富证券公司维修，与他们的电脑部经理刘明一起吹牛，他告诉我一件非常奇怪的事情：他们公司昨天来了一个美女客户，一来就存了150万的保证金，然后1：2配资300万元，合计450万元全部买入一只股票*发展。

　　"她是不是傻啊？*发展最近三个月已经涨了1倍多了，她现在还配资追高，疯了吧？"我认为很奇怪。

　　"我也是这样认为的，看她是美女的份上，真想提醒她一下。"刘明说道。

　　"我支持你，去呗，顺便要个她电话号码，哈哈。"我笑着说。

　　"我可不敢，特高贵的那种美女，容易惹火上身。"刘明吐了一下舌头。

　　一个多个月后，我又去给刘明送电脑配件。他告诉我那个美女客户发财了，*发展10送10后，最近一个多月又涨了一倍，450万元变成900多万元，还掉配资款，现在账户资金近500万元。

　　"这么快啊！之前我们还嘲笑她。看样子这个女人不简单。刘明，你帮我死死盯紧她，她买啥股票，赶紧通知我。"我说道。

　　在随后的半年，我悄悄跟着这位美女客户做股票，而且是配资放杠杆地做，20多万的本金很快就变成了100多万。搞金融做投资来钱快，之前我只是听说而已，这次我算是真真切切、实实在在地体会到了。做投资赚快钱，那是真的爽啊！

　　看样子，我从成都辞职来深圳，先做证券公司的计算机系统集成生意，顺便搜集股票消息，这条路算是走对了。一步一步地走来，虽然过程艰辛，有过两次倾家荡产，但只要咬牙坚持挺住，一切都在掌控中，我不禁开始暗暗佩服起自己的小高明来。

　　1996年底，12月中旬的一天，离下午收市不到1小时，刘明突然打电话给我："那个美女客户，突然将所有的股票清空了。"

　　啊，为什么啊？今年股票几乎大涨了一年。最近更是暴涨，上证指数最近二十多天上涨了30%，所有的股民都乐开了花，美女的账户已经快到1500万元，怎么会突然就把股票全部清空了呢？是不是有什么重大利空消息？我的心一下子紧绷了起来，那我怎么办？卖还是不卖？卖完了，万一踏空又怎么办？踏空可是比套牢还难受的，因为赚钱的希望没有了……我的大脑高速运转了起来。卖吧，既然信她就信她到底！

　　我迅速地清空了股票，然后也顺便通知了周围的亲朋好友，可惜他们没有一个听我的，因为当时的股市实在是太火爆了！

　　"老尹，我发现，要在投资市场里最终赚钱，必须逆人性，如果一味追随大众的羊群效应，结果一定是亏钱。我当时清空股票，需要很大的勇气，完全逆人性，周围没有一个人相信我，包括同学与亲人。卖完股票时，心里空荡荡的，那个难受啊，万一真的踏空了怎么办呢？"

结果，跌得太惨了！连跌四天！特别是前两天，上证指数都会跌停！是股票指数连续两天跌停，不是个股跌停哦！我觉得中国的股民比国外的股民厉害，啥阵仗都遇到过。上午一开盘，上证指数就在跌停位置，然后全部绿油油地横向拉直线，一条笔直的横线，一直拉到下午收盘。上证指数跌停，也就是说所有的股票都跌停，肯定是前无古人，估计也是后无来者。我们开了眼界，见证了历史！太吓人啦！我坐在一家证券部大厅的椅子上，许久都没有回过神来。四天时间上证指数最多暴跌了 31%。

"指数跌停，是很惨啊！还是中国股民见多识广，什么大风大浪都经历过，估计以后再有股灾，也没有这么狠的，至少下跌速度没有这么快。你当时的运气可真算得上是极好的，幸亏你跑得快，当时我们公司所有的配资客户基本上都爆仓了，你却还能全身而退。"老尹赞叹道。

我还是后怕得要死。如果那天没提前跑，一定又倾家荡产。那时，我的杠杆已经放到 1∶3，下跌 25% 就会倾家荡产，如果没跑，又要被股市洗白一次。

通过这件事，我对这位连面都没见过的神秘美女佩服得五体投地！股神啊！我的股神！我从此坚定了跟着她做股票的决心，她买啥股票我就买啥股票，买卖时间、配资比例等等，我都力求做到一模一样，完全复制粘贴。

那一年中国股市真的是好行情啊，暴跌后，股市又重拾升势，1997 年过完春节后，大盘竟然又创了新高，各个证券公司人声鼎沸，热闹非凡。

在这几个月的上涨过程中，我跟着这位美女又做了几只股票，赚了不少钱。特别是郑州百*这只股票，我赚了好几倍，账户资金已经 480 万，又可以买十几套房子了。那时我经常感觉是在做梦，分不清楚这笔钱到底是在自己的账户上还是在梦中。一个穷小伙子，一年的时间，白手起家，从没钱吃饭、没地方睡觉的窘态，咸鱼翻身，一不小心就成了个小富翁……投资市场真是一个梦想成真的好地方！

"然后呢？是不是头脑开始发热了，感觉自己就是股市之王，是无所不能、运气特好的那种股神。"老尹笑着说。

哈哈，你说得太对了，和你们老板差不多。不对，应该是和投资市场上所有的暴发户都一样的。随着账户上的资金越来越多，我逐渐骄傲起来，自信心也随之爆棚，贪婪心也越来越大。总感觉自己特别牛，消息特别准，炒股能力超强，红运也特别好，真是那种无所不能的感觉。

暴发户的所有恶习也随之而来：

• 贪图享受，从不坐公交，甚至去马路对面，都不走路，打车过马路……

- 整天无所事事，浑浑噩噩，下午收盘夹个包就开始琢磨晚上到哪里去潇洒……
- 衣锦还乡，专门坐飞机回大学，住最好的酒店，包整层，回忆穷学生的日子……
- 把偶然当必然，定投资计划好大喜功：今年 1 倍，明年 2 倍，后年 3 倍……

"哈哈，你这头猪当定了，还两倍三倍的，第二年你能保本就谢天谢地了。你这是和我们老板一模一样，非常危险的信号。"老尹很担忧。

是啊，但那个时候，自己已经忘乎所以，目空一切，哪里还听得进去别人的善意提醒。

| 4 |

其实爆仓前，老天爷给了两次机会让我跑的，可惜我当时根本没有意识到，利令智昏，脑袋里塞满了浆糊。等到后来烟消云散，冷静下来后，才追悔莫及。

爆仓前的两个月，那个美女股神突然销户，离开了刘明所在的证券公司，不知道去哪儿了。我当时急得团团转，账户上有 400 多万的资金啊，不知道该买哪只股票。

"这是老天爷在救你啊！"老尹感叹道。

你很厉害，真是旁观者清啊。现在冷静回头看，就是这样的。但是，当时我可不是这样想的。我感觉老天爷这是在害我，不让我继续发财。对了，这就和逆反期的年轻人一样，长辈的苦口婆心全当是耳旁风，一点都听不进去，偏要自己去亲自体验一下。为此，我总结了一句话，与你老尹分享：**人非体验不能学习！人非跌到深渊不能反思！**

"这句话总结得非常好，的确是这样的，有些事情必须自己亲身经历，有些道理必须自己吃了亏后才会真正懂得。别人说什么，至多只能算是埋了一颗种子而已。"

我发动了自己熟悉的另外十几家证券公司的电脑部工程师，帮我盯着，看看最近有没有一位美女客户来新开户做股票，资金量比较大的那种。

果然，不到一周，长城大厦附近滨海证券公司的高工通知我，今天来了一个美女大客户，正在开户，3000 万元，还开了一部红色的跑车。

没错，就是她。1997 年能开红色跑车拉风，账户上还有 3000 万元，能有几个人？

绕了一圈，我又顺利地登上那位美女股神的"大船"，心里那叫一个开心啊："你想销户，想跑，门都没有，你根本就跑不出我的手掌心，哈哈……"

唉，老尹，你说要是我后来找不到这个美女股神该多好啊。

人不作死，就不会死！

"是啊，自找倾家荡产。这一次老天爷都救不了你吧！"老尹总结道。

暴发户一般还有一个爱好，就是喜欢烧香拜佛，表面上附庸风雅，骨子里求的仍是名利，求的还是自己的好运常驻。

　　做投资一定有风险，现在我明白了，正确的方法应该是进行风险管理，做好风控，做好投资组合。但是，普通投资者哪里懂这个道理，他们往往将风控工作交给了"菩萨"。

　　我和佛法结缘，应该起于郑州百＊这只股票。当时那个美女股神买后，我也按照1∶3的配资比例买入。殊不知刚刚买入，这只股票就连跌了5天，从9.5元跌到8.1元，下跌幅度达到了15%。由于放杠杆的原因，我的资产几天就缩水一大半。苦闷、烦恼、恐惧……各种巨大的压力无处释放。下午收盘后，我和当地一家证券公司的老总闲聊，他告诉我，弘法寺烧香很灵验，我听后马上打车前往。

　　弘法寺，位于深圳市有绿色心肺之称的梧桐山麓仙湖植物园内。它背靠陡峭叠翠的山崖，前临波光涟漪的仙湖，一派意境盎然的景象。

　　从此，凡是建仓买票，或者碰到一些投资上的疑难杂症，我都是去弘法寺烧香许愿来解决，那时，我从来就没有想过去学习一些投资技术与现代金融学知识。

　　"俗话说，人有善念天必佑之，而你保的却是自家富贵，经常去烧香也不灵的。"老尹评论道，"说得很对，现在我是懂了。只可惜我当时已经完全被贪欲迷住了双眼，没有抓住最后的逃生机会。"

　　1997年的五一节刚过，那个不曾见面的美女股神买入＊凤凰股票，我还是按照老规矩1∶3配资全仓杀入，买入价15.5元左右。买完后，我突然有一种不祥的预感。当时我并没有在意，仍然抱着侥幸心理。不过第二天我还是将配资比例降到了1∶2。幸亏做了这个决定，至少爆仓的时候还剩下半套房子钱，如果按照之前的1∶3来配资，内裤都要输掉了。唉，早知道这么危险，＊凤凰这只股票不配资，不加杠杆做就好了。

　　"天下哪有'早知道'这样的后悔药呢？我就是很奇怪，为什么所有用杠杆做交易的人，最后的结果都差不多呢，你有没有总结一下？你当时的心理状态是怎样的？老天爷这么明显的提醒，甚至还将美女股神都为你支走，为什么你还是收不住手呢？问题到底出在哪里呢？"老尹很是遗憾地问道。

　　是啊，问题出在哪里呢？我一直在反思。你可以去问一下你们首富老板嘛，他的钱更多，我相信他现在也在反思，会有更深刻的体会。

　　"哈哈，我们老板还在印度尼西亚躲债呢，我也找不到他，你没看到吗，门口吃饭那两个跟踪的人，表面是在跟着我，实际也是在找他呢。我还是问你吧，我发现你特别善于总结，作死必有因。"

　　那半年，没少反思，几次倾家荡产，学费交了那么多，还是要总结一些东西吧。杠杆交易容易失败的原因到底是什么呢？其实，我觉得不只是杠杆交易，就算是非杠杆交易，例如普通人炒股就很容易失败，区别只是杠杆交易爆仓死得更快更惨，非杠杆交易会长期套牢，死得慢一些。不过，钝刀子割肉的长期压力也是很难受的。

我感觉有三点非常重要。其中两点涉及科学，另外一点可能涉及玄学。

第一点，仓位容易不受控地被放大。当时我自己交易已经上瘾，赌得非常大，玩的就是心跳。如果你让我再玩小点，比如不配资去做股票，心跳不起来，感觉不到狂热，就会觉得浑身没劲，这很像吸鸦片上瘾后的感觉。你打过麻将吧，打麻将从1元打到100元，没有问题；已经打到100元，你再让我打回1元，比"杀"了我还难受，心里就像有无数只蚂蚁在挠痒痒。最后你只能一直往上打，仓位也就不受控地越来越重，一直打到爆仓为止。所以做投资，特别是做杠杆交易，坚决要小心上瘾，投资与赌博其实就是一纸相隔。

第二点，交易次数越多，成功胜算越小。在你的仓位被放大，越来越重的同时，随着交易次数的增加，你获胜的概率却越来越小。以我为例吧，我跟着那个美女股神操作，虽然她的股票消息很准确，但也不可能每次都是100%获胜吧，我们假设有八成（0.8）的胜算，在投资领域已经相当不错。单次八成胜算，两次都获胜的概率呢？是乘法关系。两次就是两个八成相乘（0.8×0.8），变成六成四（0.64）的胜算；三次呢？三次就是三个八成相乘（0.8×0.8×0.8），就变成五成左右的胜算……以此类推，总之连续获胜的概率肯定是越来越小。我跟着这个美女做过至少10只股票吧，等到我买＊凤凰的时候，其实连续获胜的概率已经降到0.1左右（0.8×0.8……10个0.8相乘），也就是说失败一次的概率已经暴涨到90%左右（1～0.1），这么高的失败率，基本上就变成必然要失败一次了。

"失败一次也没有关系啊，总结经验下次再来嘛，失败是成功之母。"老尹疑惑道。

关键是不是谁都有下一次！当失败的概率越来越大的时候，由于第一点的原因，我们自己的贪欲被点着了，下注的金额越来越重，根本收不住手，因为如果收手，心里会特别难受啊。最后一把，在胜算最小（失败概率最大）的时候，比如当我买＊凤凰股票的时候，失败概率已经上升到90%时，我下注的金额却是平生最大的一笔赌注。90%失败的概率时，我却下注1500万元（含加杠杆的1000万元），你说说看，我当时是不是疯了？

"你的意思是跟着美女股神做股票，第一次胜率80%最高时，你只下注了几十万，到第十次时，胜率只有10%最低时，你却下注了1500万元，这种下注方式，肯定必输无疑。看样子，当时你的确是疯了，那时的1500万元可是天文数字！"

当时那种下注方式，哪有不死的道理啊，最后必然崩盘！

"你分析得太对啦！几乎所有的投资客，特别是放杠杆交易的，都是死在最后一把重仓上的，其中的道理原来在这里啊！你解开了我困惑多年的问题。这样看来，以前的那种投资方式，完全是错误的，时间一长，必死无疑！太可怕了！要是我们老板早点听到你今天的分析，也不会流落他乡，有家不能回。他现在肯定还认为失败的原因是运气不好，遇到了亚洲金融危机。其实，我们老板破产的真正原因是用加杠杆的方式，早就注定了最后的悲剧。就算这次不挨打，下次也会挨打。因为连续赌对的概率逐级下降，而他投资的项目却越来越大，他的下注金额也在逐级上升。一个下降，一个上升，最终的结果一定是倾家荡产。"老尹分析道。

你很聪明哦，一下子就学会了。连续放杠杆做投资，必然倾家荡产。究其原因，是运气不好吗？不是！是技术不行吗？不是！是内幕消息不够多吗？不是！是能力不够吗？也不是！这就是一个简单的纯数学推导就能证明的问题——必然爆仓！

用连续放杠杆的这种交易方式来做投资，本质上属于偷鸡行为，其最后成功的关键，并不在于我们前面偷鸡赚了多少钱，其成功的关键在于：最后一把你能不能跑掉！特别是在你被贪欲迷住双眼而上瘾的时候。

"别看最近闹得欢，小心日后拉清单"，"不是不报，时候未到"……其实古人早就总结了很多类似的谚语，但要真正从心底去理解，可能需要一个漫长的亲身经历的过程，我就是走了很多弯路，最近才真正明白这个道理，否则我早就提醒你们老板了，否则我也不会好几次倾家荡产，否则刚哥也不会跳楼……

"刚哥，是哪个刚哥？是那个配资比例很大，早上开奔驰去证券公司炒股，下午收盘就爆仓，把奔驰车抵押给证券公司，换回一辆单车骑回家的那个传奇大户吗？"

不是，骑单车回家的那个是陈哥，他心态好得很，能屈能伸，听说最近做生意又发达了，又搞了一点钱回证券公司炒股。

"想起来了，刚哥，是金城大厦的国宾证券公司那个喜欢打扑克、中午经常请吃盒饭的那个客户吗？什么时候的事情，我怎么不知道？"

不是你们公司的客户，你不知道很正常。他去世的时间比我第三次破产的时间晚了一个月。刚哥从十几万元起家，炒股票三年多做到200万元。刚哥人好，自己发财了，还想着带亲戚朋友一起赚钱，亲戚朋友也都愿意拿钱给他操作。1997年五一前行情好，刚哥一直在赚钱，胆子也越做越大。五一节后的这波下跌，刚哥重仓还配了资，具体比例我不是很清楚，估计不会小，结局比我惨——爆仓被强平。

刚哥好面子又不服输，这是做投资最忌讳的性格缺陷，也是压垮他的最后一根稻草。自己亏钱事小，无法面对亲戚朋友的指责事大。金城大厦后面的那栋住宅楼，你去过吗？下午收盘爆仓后，他就从那里跳了下去。我当时正好在他们证券公司搞电脑的售后服务，听到人群的嘈杂声，赶忙跑出去看，大家都仰着头朝着他喊：别跳！别跳！唉，没办法，谁也拦不住啊。

刚哥至死都不明白自己破产的真正原因，太可惜了。他一直认为是有庄家在搞他。这就像我们普通散户，一亏钱就骂管理机构、骂上市公司、骂庄家一样。

人性的弱点：赚钱的时候都是向内找原因，以证明自己的确很牛；亏钱的时候都是向外找原因，以证明自己很无辜，结果永远都找不到真正的失败原因。殊不知，正是我们自己的赌性和不正确的投资方式，决定了最后悲惨的命运。

"照你这么说，面对最后的崩盘，我们一点办法都没有了吗？"

那也不是，我前面不是说了吗，我已经总结了两点原因，还有一点是玄学。

"投资还有玄学？那是什么？赶紧说来听听。"

| 5 |

最后一次破产之前，其实都会有一些表象来警示我们危险即将到来。如果投资者在这个时候头脑冷静，见微知著，及时止损，不那么贪婪，那么就有可能避开最后的灾祸。其中一个就是凑整数现象。

投资容易失败的第三点原因：就是总想凑整数！在关键整数位置附近，形势非常容易发生逆转。做投资，当你想凑整数的时候，往往就是危险即将来临的时候。

"不太懂，请解释一下呗。"

绝大多数人做投资，都会情不自禁地主动地去犯一个致命错误：以整数位来决定自己收手或出场的时间。就像我吧，第一次破产，是在成都红庙子市场炒股票认购证，手上的钱很快就翻了十几倍，我还不满意，发誓一定要赚够二十倍才收手，最后破产爆仓。第二次破产，听到一个内幕消息时，刚好做完一个小生意，赚了一点钱，有供应商的货款在手未还。抱着偷鸡的心理，想打个时间差，做个短平快，定了一个整数小目标——赚1倍就平仓还货款，结果聪明反被聪明误。第三次破产之前的两个月，我的资产已经在450万元附近波动，几只股票，买了又卖，卖了又买，折腾了几次，虽然都赚了一点钱，但是赚的都不多，总之离500万元还差一点。其实当时我已经有了不祥的预感，根据我炒股多年的第六感觉，赚的钱快要到顶了，差不多了，应当见好就收。尽管有不少警示，但我还是不服气：资产不达到500万元，绝不收兵！结果峰值到了480多万元，然后就一路下跌，可以买十几套房子的钱，最后只能买半套房。

"经你这么一说，我发现好像的确有这么一回事。我们公司好多破产客户，应该都是在整数位附近出问题的，我回头去后台查一下数据看看。"

肯定是这样的，我已经观察很久了。还比如：陈哥、刚哥、小曹、小瞿……都是整数位附近出事的。对了，我刚刚提到的，我一直跟着做股票的那个开红色跑车的美女股神，你知道她最后的结果吗？

"正想问你呢。"结局和我一样！只是她的钱是我的十倍，在峰值5000万附近出了事。她全仓买入＊凤凰，不过由于她的资金量太大，当时没有哪一个公司有那么多的钱为她做大比例配资。所以这次她的配资比例不高，好像是1∶1。

＊凤凰那只股票，我们买了以后就一路下跌，不是暴跌，而是温水煮青蛙式的那种阴跌，这种下跌往往更致命。通过＊凤凰这只股票，我算是领悟了老股民说的：阴跌比暴跌更可怕。暴跌，价格一般都能快速返回来很多，而且你很容易下决心割肉。阴跌属于钝刀割肉，今天跌0.7元，明天跌0.5元，当你下决心要平仓了，后天它又涨回了0.6元，让你一直抱有希望。好，当你决定不卖了，大后天它又继续开始下跌……痛苦难受啊，为此我还气得摔坏了几只股票呼机。这就好比：你直接给我一枪打死算了，偏偏第一枪是哑弹，第二枪哑弹，第三枪还是哑弹……就是这种痛苦的感觉。

"那个美女不是股神吗？有消息，很厉害，每次买的股票都会涨，每次利空大跌前都会跑吗？"

当时我也是这样想的啊，所以刚开始下跌的时候，我根本就不在意，死扛！以前只要她不卖的股票，都能扛回来，至少最后也能平本出。不知道为什么这次她就不准了，而且还是很不准的那种！她一直扛到自己账户上的5000万元本金全部打水漂，最后还是证券部强制平仓的，她自己一直都没有进行任何操作。

"不会吧，这也太能扛了，她傻吗，怎么一点动静都没有吗？"

我也很奇怪啊，眼睁睁看着她账户上的5000万元，烟消云散，一点渣渣都不剩。我中途好几次使劲拍打自己的头，感觉像是在梦中：那可是真钱啊！以前上小学的时候，总被教育说经济危机期间，资本家将牛奶倒入下水道里，我还不相信，这次可是开眼界了，简直就是直接倒钱进下水道！

后来，我实在是挺不住，提前跑了，还好最终剩下一点渣子，买房还可以交一个首付款。我猜想了各种可能：脑梗、心肌梗死、飞机失事、被绑架、车祸、贪污被抓……总之，至今仍然还是一个谜，希望有生之年，我能解开这个谜底。这种情形，让我想起一首诗："悄悄地我走了，正如我悄悄地来；我挥一挥衣袖，不带走一片云彩。"这位美女股神，更牛，连衣袖都没有挥一下，因为再也没有见到这个人。一片云也没带走，因为她账户上一分钱都不剩，从此她就消失了，江湖上只留下她的一个传说……

"真是一个传说，像是在梦里一样。来，我们再喝一杯，庆祝一下你碰到一个神仙姐姐。你就当她是仙女下凡，然后又回天宫去了。小江，不对，应该可以喊你江老师，你的经历非常传奇，你总结的东西太值钱了。特别是这个投资不凑整数原则，未来应该能挽救很多人。那你再仔细分析一下，为什么我们做投资，在整数位容易翻船呢？"

不仅仅是做投资，做实业生意，也经常会发生这样的事情。你知道的，我也是做实业生意的，常常碰到这种现象。至于原因嘛，我现在还没有能力去解答，未来研究好了，再告诉你吧。不过，研究复杂问题的先后顺序我现在大概想清楚了：能用科学的时候，先用科学；科学无法解决的时候，我们再用玄学。比如我说的第一点和第二点倾家荡产的原因，就能用科学里的概率很好地做出解释，这个时候，就不要用玄学，不要将自己的破产都归结为运气，或者都归结为别人的责任。不过，在倾家荡产的时间节点上，这个就很难再用科学去解释，所以我们可以选择用玄学去理解。例如：整数位非常容易崩盘，那么以后我们做投资，做实业，就不要去凑整数，我们可以设置非整数，比如在整数位上打一个折或者结尾处取一个不好听的数字，不要 100 万元，也不要 99 万、98 万、95 万，而是在 93 万、94 万、96 万、97 万的时候选择撤出，这是能救命的。

"这个我认可，有点像在我们老家，给男孩取小名，都取一些阿猫阿狗那种不好听的小名，用乡下人的话讲，就是名贱好养活。看样子真的是不能凑整数。可惜了我们公司那么多阵亡的客户，亏钱都不知道是在哪里亏的。"

"兄弟，谢谢你今晚给我分享了这么多精彩的故事和重要的投资经验。时间不早了，我担心门口的两位同志等得太久，所以准备撤了。我还想请教你最后两个问题：你既然已经总结出投资失败的主要原因，那做投资怎样才能成功呢？怎样才能稳定盈利呢？到底有没有真正的投资秘籍呢？我在这个行业混了很多年，电脑数据很多：一年翻 3 倍发财的明星多得很，但是 3 年来每年都能稳定盈利的寿星，几乎一个都没有。看到客户大起大落，悲欢离合，最后的归宿基本上都是破产或者深度套牢，虽然亏钱的不是我，但天天看着，心里还是很难受的。"

我坚信投资市场一定有稳定盈利成为寿星的投资秘籍！不过我现在还没有研究出来。唉，说句实话，有时候我自己都想放弃，不想再做交易，投资太难了。但我不甘心啊！我喜欢交易，否则也不会来深圳。每个人都应该有一个梦想，我的梦想就是能在投资市场上用交易秘籍笑傲江湖，并且还能将秘籍兼济天下。这就是支撑我坚持下去，屡战屡败、屡败屡战的原因。

"我坚决支持你继续探索下去，因为你有做投资的梦想，又有做投资的天赋，而且还有适合做投资的性格。你已经有了几次倾家荡产的经历，虽然过程很痛苦，但是它们却是你未来宝贵的财富。未来，面对投资市场穷奢极欲的诱惑，你已经有了免疫力，有了'泰山崩于前而色不变，麋鹿兴于左而目不瞬'的强大的交易内功，你一定会取得最后的成功。对了，你还有十几家证券部无数客户的兴衰起伏的投资案例，这些都是你未来研究交易秘籍的珍贵素材。兄弟，那你准备从哪个方向入手研究呢？"

几次倾家荡产的经历，已经让我彻底放弃靠内幕消息做投资的想法，我现在正准备着手学习技术分析，我感觉投资秘籍应该在技术分析中。

"这一点我却不敢苟同。技术分析的确有用，不过，我却感觉真正的交易秘籍不在技术分析中。章华，这个人你认识吗？"

当然认识啊，他在深圳投资圈里很有名气的，他和我以前的老板熊总关系也很好，还经常来我们公司喝茶，好像是北京哪个名牌大学国际金融专业毕业的。他可是各个证券公司争抢的大户啊，有钱，好几千万，而且特别擅长股票短线，快进快出。证券公司都非常喜欢这类客户，几乎每个公司，都会为他准备一个大户室，里面配置8~10台大屏幕显示器，下单的电脑有3~5台。对了，还专门为他配备了下单的靓女帅哥。我是做证券公司电脑系统的，我在深圳都为他配置了七八个这样的大户室，你们公司不是也有一个专为他服务的大户室吗？

"是啊，这些我知道，不过章华有两个第一，你知道吗？首先，他是深圳业余乒乓球的冠军；其次，他的技术分析水平，深圳第一。"

乒乓球，我知道啊，因为我以前的老板熊总也非常喜欢，他们经常一起切磋球技。至于技术分析嘛，我以前都是靠消息炒股的，所以也没有留意过，想来章华应该不会差，短线快进快出嘛。对了，配备的8~10台大屏显示器，就是为了方便他拿来看各种技术指标的。不过，老尹，这和我研究交易秘籍有啥关系呢？

"关系大着呢！章华最近一年经常在我们公司做股票，他的投资水平与交易记录，我在后台都看得到。他的短线技术的确很厉害，快进快出，止损也控制得不错，不过，我感觉他好像也无法稳定盈利，他以前应该就是靠着几笔赌博式的交易发财的。现在他做交易，虽然经常可以赚点钱，不过赚完钱后，慢慢又吐回去，赚钱与亏钱之间的差额是负数（也就是我们在学校里学的：期望收益为负），他的本金在逐渐减少。不过因为他的名气很大，所以大家都在宣传他赚钱的那几笔传奇的交易，至于亏钱的交易，大家都绝口不谈。我作为电脑部经理，在后台却能够看到他长期的连续的真实的交易水平。章华很少用杠杆做交易，所以不会一下子爆仓。但是照他现在这样交易下去，温水煮青蛙，用不了几年，本金也会被慢慢消耗干净的。"

你的意思是说投资有两种亏钱方式：一种是像我这样，前面很多次一直都在赚钱，突然爆仓式的惨烈亏钱；还有一种是像章华那样，平时有赚有赔，甚至偶尔也能赚个大钱，但是赚与赔之差，长期看是负数，所以本金会像温水煮青蛙式地慢慢亏掉。

"是的，另外，我主要是想提醒你一下，作为深圳技术分析第一名的章华，10 个大屏幕显示器加 5 台电脑同时看技术指标，外加两位美女帅哥专属下单员为他服务，他都无法长期稳定盈利，你还觉得投资的秘籍真的就在技术分析里面吗？请问你准备用几台电脑去研究技术分析呢？我只是怕你才爬出了内幕消息炒股的陷阱，又跳进了技术分析的陷阱，我担心你又要走很多年的弯路。"

你说得有道理。这个世界上懂编程、会技术、偶尔赚钱的人多如牛毛；但是，能够长久、稳定、让人放心地赚钱的人却凤毛麟角！

谢谢你的提醒，那你说技术分析到底起什么作用呢？投资的秘籍又在哪里呢？

"秘籍在哪里，这个我就不知道了，希望你未来能研究出来。不过，我做证券部的电脑工程师已经很多年，多少表面风光的投资明星、大师、股神等等，在我这里都近似于裸奔，他们真实的交易数据我在后台都可以看得到。所以，我觉得投资的秘籍应该是多维度的，绝不仅仅是技术。我建议你除了交易技术以外，还应该从另外两个方向着手研究，胜算可能大一些。一个是人性，另一个嘛……是天道，这个词，你听说过没？"

好像在哪里听到过天道轮回这样的句子，然而，我感觉应该是年纪大的人，才有兴趣研究这个吧？我们才 20 多岁不到 30 岁。不过，我在最后一次倾家荡产的过程中，出现了一个怪事，不知道算不算是天道。我买的 *凤凰一直下跌，就像是流鼻血，止都止不住，将之前一年的 450 万元的炒股利润全部亏进去了。可奇怪的是，当我还剩下 30 万左右的时候，*凤凰股票神奇地止跌，而且怎么都跌不下去。后来我突然想到："这 30 万不正是我做电脑生意赚的血汗钱吗？"

"天道的确很玄妙。总之不管怎么说，我的直觉告诉我，投资真正的秘籍还应该与天道和人性有关。单单只走技术的路，我估计你应该很难走通。"

谢谢你的建议，我一定会仔细斟酌这个问题的。老尹，那你下一步有啥打算呢？

"走一步看一步呗，如果这次没事，我还是会在证券公司的电脑部做事，大不了换一家公司；如果这次有事进去了，唉，我的性格和刚哥差不多，宁折不弯，又特爱面子，所以可能我就彻底离开证券行业，不好意思再回去干了。再说，耳闻目睹了这个行业太多的悲欢离合，烦了，也累了……"彼此又默默地静坐了 10 分钟，抽完一支烟，大家互道珍重，就此告别。

走到门口，老尹突然回转身，盯着我郑重其事地说："兄弟，我坚信你一定会研究出投资秘籍的！如果你研究出期货或者股票加杠杆的秘籍，既可以使用杠杆，又不至于破产，还能长期稳定盈利，那这种秘籍可就值钱啦。不过你得答应我，当你研究出来后，一定不要独善其身藏着掖着，请将它们广而告之，以此挽救那些还深陷其中的可怜散户，以此纪念那些曾经与你我并肩作战但不幸提前倒下的老朋友和老同事。请答应我！"

我答应你！说完此话，彼此眼中湿润，真是"执手相看泪眼，竟无语凝噎"。

望着老尹以及两个"保镖"远去的背影，我突然想起了一句话：

风萧萧兮易水寒，壮士一去兮不复还。

| 6 |

时间又返回到二十多年后，2022年深圳的投资心学课堂。

室内鸦雀无声，没有人说话。

过了许久，老严开口说道："江老师，您刚才回忆的投资故事真的是惊心动魄，我现在算是彻底明白您一直以来强调的'情怀'这两个字的真正含义。江老师，我还可以问您几个问题吗？"

让我来猜猜你想问什么：老尹后来坐牢了吗？出来了没有？现在还在做投资吗？那个红色跑车美女股神的谜底揭开了没有？到底是出了啥意外事件？……

"江老师说得对，我的确是想问这几个问题。"老严说道。

一个政治人物离开了政治中心，一个职业交易员离开了投资市场，他们本身肉体的存在以及他们后来再做什么其他事情，其实已经不重要了。对投资市场而言，他们已经牺牲了、阵亡了，他们的故事只能作为后来者的前车之鉴。

我是一个运气比较好的人，加上自己的努力、性格上的优势以及屡败屡战的韧性，算是从投资的"死人堆"里爬了出来。现在，我的股票与期货投资终于可以做到长期稳定地盈利了，而且还能利用空闲时间来给大家授业解惑，我感到非常的荣幸与感恩。

正所谓"一将功成万骨枯"，我眼前经常会浮现出当年在投资市场上曾经一起拼搏过的熟悉的面孔：美女股神、老尹、小曹、小瞿、萍姐、陈哥、刚哥、辉总、章华、彭飞……虽然他们多数人还在世上，但是都已经与投资行业渐行渐远……我感谢他们，我还感谢当年那十几家证券公司的老总、客服以及成百上千的投资客户，他们现在绝大多数已烟消云散了。正是有他们这些真实的案例，为我研究出真正的投资秘籍提供了宝贵的素材与原始数据。

在这里，我郑重提议给他们一点掌声，没有他们，就没有我们今天上课的内容。

真正的交易秘籍一定是顺天道、逆人性的！而且往往与我们的常识相悖！所以探索之路非常艰辛，非常曲折，特别是在没有名师指点的情况下。如果大家不上升到信仰的层面去研究投资，而只是为了自己发财去研究，那么由于你的格局太小，眼界太窄，

最后，你根本就没有成功的可能。

中国禅宗的二祖慧可大师断臂求法；叶曼老师 103 岁还颤巍巍地亲自登台讲授佛经……这些高僧大德的故事，无不彰显着信仰的力量。

过去三十多年，当我研究投资秘籍遇到困难的时候，刚哥自杀时那绝望的眼神与最后的惨烈，还有老尹离别时的谆谆话语，无不激励着我，让我时刻保持前进的动力！我不只是为了我个人的利益而努力，我是为了揭示交易的本质，探寻投资的真谛而努力，我是为了防止我们以前的悲剧在下一代年轻人身上重复上演，我是为利他而努力！

投资行业是一个很现实的行业，是一个"但见新人笑，哪闻旧人哭"的行业，每天都会涌现出"赚了多少倍，赚了多少亿"的交易明星，但是，不管是"旧人"还是"新人"，其最后的结局往往都跳不出："眼见他起高楼，眼见他宴宾客，眼见他陷深渊"的历史兴衰规律。投资行业不缺明星，但缺寿星！

如果不研究出真正的投资秘籍，不研究出长期稳定盈利的方法，那么刚哥、美女股神、罗湖首富、彭飞……这样大起大落的投资悲剧会反复上演，我感到我有责任、有义务去阻止这样的事情再次发生！正是这样的责任心与使命感，促使我克服了前进中一个又一个的艰难与险阻。

信仰的力量是无穷的！只有私欲，没有信仰，没有利他心，投资行业注定你走不远！

阻止你投资发财的最大阻力，恰恰就是你自己这颗想快速发大财的心！

最近有一个励志短视频《不负此生》[1] 很火，我想借用里面的台词作为本章的收尾，献给每一位在拼搏的人。

> 人要怎样度过这一生？
> 有的人二十岁已经"死"了，
> 有的人七十岁还在发现生命的可能。
> 有的人终其一生不知道自己要的是什么，
> 有的人为一件事着迷，简单执着，一直到老！
> ……
> 忠于自我未必有结果，
> 坚持努力也不一定换来成功，
> 但有天回望过往，
> 是胸怀壮阔，

---

[1] 感谢此视频给予我的创作灵感，特此借用歌词，以示致敬。

还是满心懊悔，

取决于我们的每一个当下。

愿你我皆能不负此生！

第三章："如有"与"天道"

→ 真正的投资秘籍，必须满足两个条件：一是秘籍要符合天道；二是执行者具备强大的内功心法。否则，任何交易秘籍，不管理论上、技术上再牛，最后一定都会失效，从"有"变成"无"！所以，在风险与收益之间，能够达到动态平衡的人，才是大智慧。

| 1 |

世界上最早的证券交易所在 1610 年前后成立于荷兰，距今已经有 400 多年。几百年来，全球投资市场研究最广、最深的一个问题：投资是否有成功的秘籍？或者叫秘诀、圣杯、法门、永动机、降龙十八掌等等。

我相信在座的各位，自从进入交易市场的第一天开始，一定都在孜孜不倦地苦苦寻找这个东西！我从事证券投资 30 多年，前面二十多年都花在找秘籍这件事情上。既然我和大家一样，花了大量的时间与精力来寻找投资秘籍，那么，今天我来做一个调查统计，认为自己已经找到了右图这一类的投资秘籍的，请举手。

图 0301：江湖"投资秘籍"

台下鸦雀无声，没有一个人举手。

崔胜同学，我看到你想举手，又不敢举手的样子，你到底找到秘籍没？

"江老师，我寻找神奇技术指标与交易秘籍，从来就没有间断过。有一次，我被一个所谓的投资大咖忽悠，花了 8 万元，买了一个 VIP 会员，搞了十几个技术指标秘籍，兴奋的几个星期都没有睡好觉，认为自己这次肯定能稳定赚大钱了。后来发现这些指标其实就是花架子，根本就不能稳定盈利，只能偶尔赚点钱，甚至长期看，不使用比使用效果还好。投资秘籍这个东西吧，我觉得很玄，有时候你感觉已经找到了，因为最近一段时间你靠它赚钱了；可是，当你信心满满地确认自己已经找到了秘籍，准备大干一场的时候，这个秘籍往往又开始失效了。江老师，您是不是偶尔也遇到过类似的情况呢？"崔胜疑惑地问道。

崔胜同学，不是偶尔遇到，而是大家这种寻找秘籍的方式，百分之百一定会遇到秘籍失效、先准后不准的问题。各位同学，大家可以谈一下为什么一直都没有找到投资秘籍的原因吗？

"我认为原因是：多数人找到的秘籍是一个假秘籍，真正的秘籍应该一直都是赚钱的。"福建老严说道。

"我现在感觉到投资秘籍不应该只包括技术分析，也应该包括基本面分析、财务分析、成交量分析、消息面分析等等一系列交易技术的组合。江老师，你说要是我能够提前发现一只翻十倍的牛股，我还能不赚钱吗？闭着眼睛轻轻松松都能赚钱嘛。"崔胜补充道。大家参与讨论的积极性很高，七嘴八舌，热闹得很……

其实我以前也和大家一样，也认为找不到秘籍或者秘籍失效的原因是自己的技术分析能力还不行、基本面分析还不够、内幕消息还不多，等等。总之，根本原因就是"术"还不够精。只要将"术"的问题解决了，秘籍自然就来了。为此，我花费了近二十年的时间去研究"术"，付出不可谓不多，吃不好饭，睡不好觉，经常熬夜研究行情与技术到凌晨两三点钟。另外，我还在外面参加过几十种的投资技术培训（既有民间派的，也有清北等学术派的），碰到的"高手""大师"不计其数，花费的学费累计下来也有好几十万元。

结果呢？和崔胜同学说的一样：投资秘籍这个东西，玄妙得很，时有时无。当你觉得有吧，它很快就失效了，没有了；当你失去了信心，觉得它无吧，秘籍又回来了、又准了、又有了。投资秘籍就像一个精灵，时常在你眼前晃动，挠你的痒痒。它近在咫尺，仿佛唾手可得；当你想抓住它吧，却有登天之难，因为它又远在天边。

我现在很后悔当初没有听老尹的话。老尹二十多年前就以深圳技术分析第一高手章华为例，提醒过我——投资的真正秘籍应该不只在技术层面。可惜我不信，偏要自己试试，结果浪费了大量的金钱，关键还耽误了近二十年的宝贵时间。唉，人非体验不能学习啊，就只能当作是试错成本吧。

"江老师，那你认为到底有没有投资秘籍呢？我们也担心走错路，浪费时间与金钱。"学员周琰衍问道。

你这个问题问得好。投资市场到底有没有投资秘籍？现在我们投资心学给大家一个最佳的答案：既不是有，也不是无，而是"如有"！

"如有？什么意思？听不懂，似乎很高深啊。"学员周琰衍继续问道。

"如有"这个词，的确有点难理解，它是我们投资心学原创的一个词。

"如有"的意思是：有时候有，有时候又没有；你可以让它有，你也可以让它没有。

大家一定都听说过"如来"这个词吧。《金刚经》上有解释："如来者，无所从来，亦无所去，故名如来"。我们可以借用它来解释"如有"："如有者，无所有，亦无所无，故名'如有'。"

"江老师，还是听不懂啊，能再解释一下吗？"学员周琰衍接着问道。

你听过大柔非柔，至刚非刚吗？如有，就是大有非有，至无非无！

如果再通俗一点解释"如有"：在一定的条件下，"有"投资秘籍！甚至无所谓"有和无"，因为这个时候对你来说，市面上所有的策略、系统、方法、指标、技术都是投资秘籍，哪怕再简单的投资策略，就算是一条单均线，你都能用它稳定盈利；与之相反，不满足这些条件，就是"无"投资秘籍！甚至无所谓"有和无"，因为这个时候对你来说，哪怕给你世界上最好的技术、系统、策略与方法，比如：形态、波浪、缠论、价值、因子等，你最后还是赚不到钱。周琰衍同学，明白了吗？

"懵懵懂懂的。不过，上节课您送给了我们一个优秀的交易策略，它的资金曲线非常漂亮，大家都举起手抢着要；后来，该交易策略执行过程中，遇到了回撤，大家都恐惧、害怕，最后又都全部放弃了。我对您举的这个例子印象很深刻，这应该就是'如有'吧，我们自己将一个很赚钱的投资策略搞得最后没有了。"周琰衍说道。

很好，周琰衍同学，你已经开始明白"如有"了。

各位同学，如果大家还是不太懂，也没有关系，明后天我们还要做一个游戏《十倍牛股游戏》。崔胜同学，你刚才不是说：如果你能够提前发现一只翻十倍的牛股，那么自己一定能闭着眼睛轻轻松松地赚钱，真是这样的吗？做游戏的时候，我会现场送大家一只百分之百肯定能涨十倍的牛股，这就代表着你已经掌握了世界上最好的技术分析、基本面分析、价值分析、宏微观分析、财务分析、消息面分析、成交量分析……大家做游戏时自己去领悟一下，这个时候你是不是会百分之百地赚钱？

另外，我们未来有机会讲投资玄学的时候，会用量子力学的知识，进一步阐述"如有"中的深刻道理。其实，大家以前一定多多少少听到过类似的东西，比如我们刚才说的"如来"，还有"道可道非常道"，还有光的"波粒二象性"——光既是粒子又是波；还有"薛定谔的猫"——既是活的也是死的……大家可以去网上找点资料先看一下。

"好的，谢谢。江老师，您刚才提到了交易秘籍'有'与'无'的转换，那请问具体的转换条件是什么呢？"周琰衍问道。

条件有两个：天道与内功心法。我们投资心学的全部投资课程，都将围绕着交易的量化系统、天道与内功心法展开。

上节课谈投资的难与易的时候，我们已近涉及一些内功心法的知识，这节课我们来简单地谈谈天道。所有的投资技术、策略与方法，不管简单的还是复杂的，不管民间的还是学术的，不管有名气的还是无名气的，其最底层的核心逻辑必须符合天道！否则这个技术、策略与方法，不管之前赚过多少钱，随着时间线的拉长以及交易次数的增多，其必然失效，"有"将变成"无"！

大家之前一定会疑惑：为什么一个只有初中文化的农民葛大叔在股指期货市场上能战胜95%以上的投资者，甚至还能战胜很多金融学的硕士与博士；更有甚者，一个连行情都不用看，只是凭骰子的单双数来决定开仓的交易策略，竟然也能够稳定盈利。

这些不可思议的奇迹，究其原因是它们的底层逻辑符合天道！

一个策略，一个战法，一个大师，一个博士，甚至就算是一个著名的诺贝尔奖获得者，哪怕他的智商再高，计算再精确，名气再大，只要你不符合天道，最后的结果注定是昙花一现的！

| 2 |

我们先来聊一个国际资本市场上有名的案例吧。

美国长期资本管理公司（简称"长期资本"）是一家主要从事债券套利业务的对冲基金。该基金创立于1994年，主要活跃于国际债券和外汇市场，专门从事金融市场的对冲交易。它与量子基金、老虎基金、欧米伽基金并称为国际四大"对冲基金"。长期资本是那个时代，甚至是整个金融史上最牛的对冲基金之一。

长期资本的掌门人约翰·梅里韦瑟，被誉为能"点石成金"的华尔街债券套利之父。他聚集了华尔街一大批证券交易的精英加盟，甚至包括诺贝尔经济学奖得主默顿和迈伦·斯科尔斯，他们因有名的期权定价公式而荣获桂冠，现在大家只要看看全球期权市场的规模有多大，就可以明白这两位的成就有多高。各位同学，如果我们大家要参加期货从业或者期货投资分析的考试，默顿与斯科尔斯的期权定价模型是必考的项目。

长期资本这个精英团队荟萃了投资巨星、公关明星、学术巨人，可称之为"梦幻组合"。默顿和斯科尔斯将金融市场历史交易资料、已有的市场理论、学术研究报告和市场信息有机结合在一起，形成了一套完整的计算机量化交易系统。他们利用计算机处理大量历史数据，通过连续而精密的计算得到两种不同金融产品之间的正常历史价差，然后结合市场信息分析它们之间的最新价差。如果两者出现偏差，并且该偏差正在放大，计算机立即建立起庞大的债券和衍生工具的投资组合，大举放杠杆入市进行套利交易。市场经过一段时间的调节，当放大的价格偏差逐步恢复到正常轨迹后，此时计算机下指令，平仓离场，结束一次套利交易。

长期资本管理公司的投资策略，理论上可以让投资者获得超乎想象的财富（大家可以把他们的策略当作一个巨大的真空吸尘器，吸取全世界投资市场上的巨额资金）。在 1994—1997 年间，长期资本管理公司业绩辉煌骄人。1994 年，长期资本的收益率达到 28%。1995 年，他们的收益率高达 59%。1996 年，他们的收益率是 57%，1996 年公司一共赚了 21 亿美元。这家对冲基金总共只有一百多名雇员，但是麦当劳在全世界卖那么多汉堡包，也没有他们赚得多。长期资本赚的钱超过了美林，也超过了迪士尼、施乐、美国运通、耐克等等明星企业。1997 年，尽管爆发了东亚金融危机，长期资本的收益率仍然达到了 25%。长期资本成立四年来，每年的回报率平均超过 40%。而且，更令人惊叹的是，他们几乎从无亏损，资金曲线成直线上升，几乎没有回撤，没有波动，这也意味着没有风险。著名的金融学家也是诺贝尔奖获得者夏普，疑惑不解地问迈伦·斯科尔斯："你们的风险在哪里？"斯科尔斯回答道："我们也不知道风险在哪里？"长期资本管理公司吸引了众多的投资者：几十家银行、高盛、摩根、雷曼兄弟、美林、摩根士丹利，还有索罗斯的青睐，投入的总资金有 1000 亿美元，风险敞口高达几万亿美元。这么厉害的公司，这么厉害的团队，又似乎掌握了金融市场赚钱圣杯，那么，长期资本管理公司最后的结局是什么？大家可以猜一下。这个公司最后连续多少年稳定盈利？这个公司最后获得了多少巨额的财富？

长期资本公司最后是不是成为一个巨无霸、不倒翁呢？

我想大家一定想不到，长期资本公司最后的结局却令人唏嘘！长期资本管理公司在 1998 年达到了最高峰。但是，高峰过后的仅仅半年，也就是 1998 年的 9 月份，公司竟然破产了！史上最牛的长期资本管理公司最后竟然倒闭破产！

至于破产被收购的原因，官方的说法是：长期资本管理公司的计算机套利量化交易系统，虽然优点很明显，但也有一些致命弱点。首先，系统模型的假设前提和计算结果都是在历史统计基础上得出的，但历史统计永不可能完全涵盖未来。其次，长期资本管理公司的投资策略是建立在投资组合中两种证券的价格波动正相关的基础之上。尽管它所持核心资产德国债券与意大利债券正相关性为大量历史统计数据所证明，但是历史数据的统计过程忽略了一些小概率的黑天鹅事件，亦即忽略上述两种债券的负相关性。

长期资本管理公司万万没有算到，1998 年俄罗斯爆发金融危机，并引发了全球的金融动荡。然而公司做空的德国债券价格在却上涨，做多的意大利债券等证券价格却大幅下跌，它所期望的正相关突然变成了负相关，导致两头亏损。长期资本管理公司的计算机量化交易系统面对这种原本可以忽略不计的小概率黑天鹅事件，不但没有及时止损，反而错误地不断放大杠杆，进行逆势加仓操作。长期资本管理公司疯狂下注去赌：德国债券与意大利债券之间的价差可以很快地回归到均值水平。

长期资本公司将投资变成了赌博！

公司利用从投资者那里筹来的 22 亿美元作资本抵押，买入价值千亿美元的证券，杠杆比率高达 60 倍。残酷的现实却是：德国债券与意大利债券之间的价差没有均值回归，反而越来越大，由此造成了该公司的巨额亏损。长期资本管理公司从 1998 年 5 月俄罗斯金融风暴到 9 月全面败北，短短的 150 天，资产净值下降了 90%，出现 43 亿美元的巨额亏损，仅剩下 5 亿美元，游走在破产边缘。直到 9 月 23 日，美联储出面组织安排，以美林、摩根为首的 15 家国际性金融机构注资 37 亿美元购买了该公司的 90% 股权，共同接管了该公司。公司原来的合伙人与高管几乎失去了他们在公司的一切，纷纷选择离去，其中包括梅里韦瑟、诺贝尔经济学奖得主默顿和斯科尔斯。

美国长期资本管理公司的破产案例，非常有名，有兴趣的同学还可以去网上查看其详细的资料。大家都知道，国债投资与股票期货投资相比较，其风险很小。如果又是国债的对冲套利交易，那么风险就更小。另外，套利的计算机模型又是由获得诺贝尔奖的经济学家开发的，而且该系统还在实战中连续稳定地盈利了 4 年，每年的回报率平均超过 40%（巴菲特的年化收益才 25% 左右）。所有这一切看起来都天衣无缝，无懈可击，仿佛持续、稳定、暴利地赚钱是天经地义的一件事情。正是因为如此，长期资本管理公司才敢放 60 倍的杠杆来做投资。然而，最后的结果非常惨烈，长期资本管理公司突然就破产了。长期资本并不长期，仅仅运作了不到 5 年，因破产被收购了。

为什么地球上最聪明的一群人却输得这么惨呢？

有人说他们最大的错误是过于相信自己的模型和策略，但模型始终不能量化大众情绪疯狂时的情景。就像《黑天鹅》的作者总结的那样："他们过于相信自己的模型，完全没有考虑自己也有错误的可能。"

有人说他们的运气不好。毕竟，一个国家的国债都能违约这种事情，并不是所有人都可以轻易碰到的，俄罗斯好歹也曾经是地球上的双霸主之一。如果市场服从正态分布，那么长期资本所经历的是 8 个西格玛之外的事件。什么意思？就是说发生的概率非常小，超级大国国债违约这样的黑天鹅事件，应该几千年才能发生一次，长期资本却不幸遇到了。

也有人说树大招风，他们被盯上了。确实，在他们最困难的那些天里，市场的流动性消失，没有人愿意跟他们交易。整个市场都在跟他们作对，等着他们撑不下去了好来趁火打劫。金融市场是一个弱肉强食的丛林。你看似是顶级的猎手，不料到头来却被更加凶残的猎手捕杀。

以上这些因素，是长期资本管理公司失败的真正原因吗？

┃ 3 ┃

"我觉得还是他们运气不好。一个国家的国债哪里这么容易违约的，又不是地方债券，更不是企业债券。我也买国债，从来都没有碰到过违约的情况。长期资本公司这是碰到黑天鹅事件，估计千万分之一的概率都被他们碰到了。"老严非常遗憾地说道。

其实，绝大多数人都会认为是长期资本公司运气不好，这其中也包括公司的创始人梅里韦瑟，以及诺贝尔经济学奖获得者默顿与斯科尔斯。

当年长期资本公司出事，我也听说了。那是在 1998 年，我在做股票投资，还很年轻，当时我的想法和多数人一样，也是觉得他们运气不好。不过后来的一件事，却改变了我的想法。

"江老师，是哪一件事呢？"老严迫切地问道。

长期资本公司出事一年以后的 1999 年，梅里韦瑟与之前团队中的几位合伙人，并不甘心投资失败的命运，又发起成立了一个新的基金"JWM 合伙人"，用的策略基本上还是以前的投资策略，他们认为上次的失败一定是因为运气的原因。然而，过了几年，在 2008 年的金融风暴中，他们的新基金公司 JWM 合伙人公司再次严重亏损。梅里韦瑟在 2009 年 7 月关闭了该基金并选择了退休，永远离开了投资市场。

各位同学，大家好好思考一下吧：这些人可是地球上最聪明的人，做的又是风险最小的国债对冲交易，用的又是世界上最先进的量化交易系统，为什么会在同一个地方跌倒两次呢？不可能两次都是运气不好吧？就像老严刚才说的，千万分之一的概率，还碰到两次，你信吗？

"江老师，我觉得应该不是技术方面的原因，因为长期资本的股东们都是高智商的金领人士，又获得过诺贝尔经济学奖，他们的老总还有几十年的华尔街工作经验。我觉得是他们的风控系统没有设计好。当套利产品之间的价差过大，超过一定阈值的时候，还是应该严格止损，而不是继续放杠杆进行加仓交易。"风控总监樊总说道。

樊总说得很好，做投资特别是杠杆交易，我们必须设定一个止损，否则非常危险。问题在于，止损这个道理，长期资本公司的高层一定是懂的，毕竟都是有经验的华尔街人士，为什么他们没有严格执行呢？反而像赌徒一样，还进行反向加仓操作呢？

我前面说过，任何投资策略与交易秘籍，都处于"如有"状态。如果你想将它固定住，彻底变成"有"，变成真正的投资秘籍。**秘籍必须满足两个条件：一是它要符合天道；二是执行者具备强大的内功心法。否则，任何交易秘籍，不管理论上、技术上再牛，最后一定都会失效，从"有"变成"无"！**

华尔街也一样！诺贝尔经济学奖也一样！天道面前人人平等！

现在大家认真思考一下，长期资本公司的投资秘籍符合天道吗？

"江老师，长期资本公司的投资策略肯定非常复杂，我们得不到，就算得到也看不懂，怎么知道符不符合天道呢？"老严说道。

我们并不需要知道他们策略的详情，我们可以从公开的资料中得到他们的历史数据以及他们当时的所作所为，并反推出他们的投资目标。下面我们来图 0302：

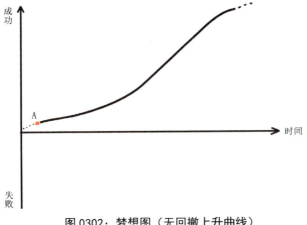

图 0302：梦想图（无回撤上升曲线）

非常遗憾地告诉大家，不管长期资本公司的投资策略如何，单从投资目标来看，已经是违反天道！目标违反天道，必死无疑！只是来早与来迟的问题。

其实这个图，并不仅仅是长期资本公司梦想的投资目标，也是江老师我三十年前投身于股票市场的梦想，更是所有初入投资市场人的梦想目标。

其实，有这样的投资目标与梦想，是很正常的，因为它符合人性。马云曾经说过，梦想还是要有的，万一实现了呢？

这条梦想的资金曲线，当然是最好的资金曲线！不过，非常遗憾地告诉大家：它只能存在于梦想中，而在真实的投资领域，它是不可能实现的，甚至连马云说的"万一"的可能性都没有。为什么？因为它不符合天道！这条资金曲线非常光滑，代表着没有回撤，没有失败，只有成功。大家觉得在真实的投资市场里面，真的存在只有成功、没有失败的交易吗？

"江老师，我记得您上节课讲资金曲线的时候，画了一条工资的资金曲线，它好像与您刚刚展示的梦想图就很像啊，也是没有回撤地从左向右噌噌地上涨啊。"老严好奇地问道。老严同学的学习态度非常好，可以前后对比，学以致用。

我们前面第一章展示图0106时，工资的资金曲线就是一条直线，没有回撤地往上涨，类似的资金曲线还有大家去银行买的诸如国债等固收类产品的资金曲线。

但是大家千万要注意的是，不管是工资还是国债收益，其收入都是固定的，而且数量是不多的。定期存款与国债的收益，年化普遍都只有百分之2点几。所以它们的资金曲线呈直线上涨是可以的，不会出问题。一般来说，一个年化超过5%的资金曲线，就不可能再是光滑的、没有回撤的资金曲线，何况长期资本公司的年化40%的收益。

图0302这条资金曲线呈指数型增长，增长的速度非常快，然而在真实的投资市场里面，这绝对不可能！或者说，偶尔一年可能，长期来说绝对不可能！我们就以美国长期资本公司前四年的平均年化收益率40%为例，要是能以这样的速度一直稳定增长下去，要不了二三十年，长期资本公司将把美国投资市场上所有其他投资者的钱都赚进自己的腰包，大家单凭自己的直觉去想想：最后会出现这样的结果吗？

我们可以设想一下，假如有一个人打麻将的水平在自己家乡是第一名，逢打必赢，从来就没有输过，打麻将的钱从来也没有回撤过，没有先亏后赚的情况，因为每次打都赢。大家可以想象一下最后的结果：这个人能将家乡所有打麻将人的钱全部赢光吗？

"的确不可能，最后的结果肯定是：要不了多久，这个人就出名了，家乡再也没有人敢和这个人打麻将，大家都知道这个人超一流的麻将水平，谁还敢和这个人打麻将呢？到时这个人还能赢谁的钱呢？"崔胜说道。

这次崔胜终于答对了一次！恭喜你！

我们小的时候都有一个梦想，梦想长大了能掌握一个独门秘籍，仗剑天涯，华山论剑，笑傲江湖！殊不知那是童话，现实的世界远比我们想象的复杂得多。假使我们真的掌握了独步天下的秘籍，去麻将馆，谁和我们打麻将呢？去华山，谁和我们论剑呢？参加足球比赛，我们每次都打对手50比0，这样的比赛还有观众买票看吗？用投资的专业术语来说，没有流动性！秘籍失效了！秘籍从"有"变成了"无"。

投资大师、"宽客之父"爱德华·索普，年轻的时候玩21点游戏非常厉害，还写过赌场秘籍《战胜庄家》。这本书出版后，迅速登上了《纽约时报》的畅销书排行榜，一时成为赌徒们的葵花宝典，争相抢购。结果呢？爱德华·索普成为赌场之王了吗？没有！爱德华·索普被所有的赌场列为黑名单，永远不让他进入赌场。他最后是没有办法，只能放弃赌场，而转入股票与期货交易。

技术差，秘籍会失效；技术太好，秘籍也会失效！违反天道，太好也没用！

┆ 4 ┆

其实，因为流动性缺失而引起投资秘籍的失效，其结果还算是不错的，毕竟只是没有了交易对手，但我们投资本金还是安全的，还在自己的腰包里。更残酷的现实是：指数型且没有回撤的资金增长，最后失效的方式很有可能是图0303这样的：

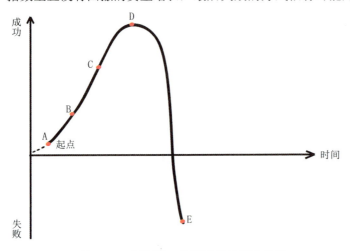

图 0303：无回撤、指数型增长落空曲线

投资秘籍，开始的时候非常有效，呈光滑、无回撤、指数型增长，资金很快从 A 点爆增到 D 点。然而，突然某一天，不知道什么原因，就会出现意外或者黑天鹅事件，秘籍突然失效，资金曲线一夜暴跌，不但将前期利润全部亏完，而且本金也瞬间荡然无存，甚至还跌到 E 点，倒欠一屁股债！秘籍失效了，"有"变成了"无"。这是投资秘籍更为惨烈的一种失效方式，而且，还会经常出现，并不是大家以前认为的小概率事件。

"天哪，就是这样下跌的！多数倾家荡产的人，就是这样的过程。前面一直都赚钱，然后突然不知道什么原因就破产了。"老严叫了起来。

我们来复盘一下那些倾家荡产的人与事件，在关键的时间节点 D 点附近都发生了什么。首先是我本人：最早在成都红庙子炒股票认购证，两个多月赚了十几倍，后来，一只股票一天就全部亏完。1996 年的资产暴增 2000%，前面 10 只股票全对，但 1997 年年中，买 * 凤凰股票，2 个月不到就倾家荡产。

再看看其他人：

长期资本公司：4 年的暴利增长，1998 年俄罗斯国债违约事件，被破产收购。

长期资本后续公司——JWM 合伙人公司：2008 年金融危机，又破产解散。

跑车美女股神：前面 11 只股票连续赚钱，1997 年，就 1 只股票，5000 万元灰飞烟灭。

深圳罗湖首富：亚洲金融危机，一夜倾家荡产，被判无期徒刑。

"太可怕了，我的朋友也是因为这样的意外事件而出事的！江老师，为什么会是这样的呢？概率论告诉我们，小概率事件应该不容易发生的啊。"小明问道。

表面看，这些暴跌与倾家荡产的原因都是因为某一次意外或者黑天鹅事件，是当事人运气不好碰到了千万甚至亿万分之一的小概率事件，实质上却是因为当事人的所作所为不符合天道。不符合天道的资金曲线，其回撤的方式一定就是这样：一夜回到解放前！暴跌根本就不是因为运气不好，不是因为碰巧遇到黑天鹅，而是必然会碰到黑天鹅！必然会暴跌！

大家看个案例，中国股神级的人物、"私募一哥"、涨停板敢死队的总舵主——徐某，在投资界赫赫有名，他出事也是因为逆天道。他以前一定会认为做股票很容易，因为他走的是捷径（涉嫌操纵证券市场与内幕交易），资金曲线长期就如图0302一样，呈指数型火箭式增长，成功率非常高，基本没有回撤。殊不知，过了某个关键的时间节点，违背天道，一夜被打回原形，被没收90亿不说，另罚款110亿，还要坐牢。

春生，夏长，秋收，冬藏，这是自然规律，也是天道。有秋收一定就有冬藏，有了冬藏，来年才能获得更大的秋收；没有了冬藏，来年就不会有秋收。同理，投资时，我们过分追求没有回撤的增长，本身就是违反了天道。如果投资只有"秋收"，一直都没有"冬藏"，那么老天爷会发火，会让你最后一次回撤个够！让你永远"冬藏"！

其实中国古人早就发现了增长必须有回撤这个规律，古语说得好：不是不报，时候未到；时候一到，自然就报。我自己当年就是因为在最后一次放杠杆炒股票的时候，消息的来源突然中断，而将当时的巨额资产瞬间亏完，而在这之前，我已连续做对了10次股票，次次都赚钱。

投资想快速、无回撤、走捷径、暴发式地发大财，这个想法人人都有，但问题是这个想法违反天道，违反天道的事情不会长久，最后一定暴跌！无数事实证明：违反天道的事情，最后谁都跑不掉！

暴利投资的关键不在第一把，也不在第二把、第三把，而在最后一把！不要炫耀你最近赚了多少钱，想想最后一把你跑得掉吗？大家以前思考过这个问题吗？

这个问题你必须处理好，否则你就会重蹈很多人的覆辙，这个名单可以列一长串（表0301只是几个代表），大家有兴趣可搜一搜"中国股市第一代操盘手的悲惨下场"。

投资市场不缺明星，只缺寿星！看完以上这些，大家现在还认为投资明星们最后的崩盘是小概率的黑天鹅事件吗？大家还认为最后的崩盘一定不会发生在自己的身上吗？希望我们投资心学弟子的名字永远都不要出现在黑名单中。

表 0301：股市操盘手的下场

姓名	属性	下场	经典案例	学历	风格
*晓	私募	赔光	*龙实业	高中	激进
*万新	私募	赔光	*火炬	大专	重组
*晓阳	券商	入狱	*华股份	本科	差价
*晓雁	券商	逃亡	*常柴	本科	双轨
*少鸿	期货	入狱	*发展	中专	策动
*新建	私募	逃亡	*科创业	本科	重组
*晓雪	券商	禁入	*亚快餐	本科	重组
*寒冰	券商	逃亡	*民源	本科	差价
*明	券商	窘况	*虹控股	硕士	双轨
*荣	私募	转行	*地板块	大专	重组
*岭	券商	逃亡	*源得享	大专	差价
*志远	私募	逃亡	*纪中天	硕士	收购

市场终有一天要向超额利润者，展示它残酷的一面！到时，投资明星们所谓的交易秘籍，会瞬间从"有"变成"无"！

| 5 |

"江老师，按照您创立的投资心学理论，小概率事件一定会演变成最后的必然崩盘事件，您刚才也给出了很多的案例，我非常赞成您的观点，甚至连《股票作手回忆录》的作者，有史以来最伟大的投资者之一，富可敌国的利弗莫尔最后也没有跑掉，归宿是开枪自杀。江老师，为什么黑天鹅不是小概率事件而是必然事件呢？您刚才给出的理由是：如果一个交易策略或者交易系统，其利润很高，风险又很小，这样的策略要不了多长时间，全世界的钱都要被这样的交易系统给赚完，这样的事情肯定不会发生，否则股票、期货、外汇、虚拟货币等等这样的投资游戏就进行不下去，因为流动性枯竭了。这个理由我很认可。不过，江老师，您那里还有更严谨更富有逻辑的理由吗？毕竟现代西方金融学理论普遍认为黑天鹅事件属于小概率事件，所以我们在事前制定交易计划的时候可以忽略不计。"小明追问道。

你的这个问题问得很好。大家的确要去学习现代西方金融学理论，丰富自己的知识体系。不过，我们更要知道西方金融学理论成立的几个重要的假设条件：人是理性的；市场符合正态分布；市场流动性充足；交易对手无反制等等。这几个条件，在正常的情况之下，的确没有啥问题。我们可以用正态分布模型，通过概率论等数学工具，计算后发现上述那些黑天鹅事件（例如俄罗斯国债违约等）发生的概率非常小（几千年才能发生一次），有些甚至比陨石撞地球的概率还要小。但是，那是在正常的情况之下；如果我们碰到极端的情况，黑天鹅事件发生的概率将会急剧上升。因为极端条件之下，西方金融学理论的假设条件不再成立。那个时候，人是疯狂而非理性的；市场不符合正态分布；市场流动性枯竭，你只有很少的交易对手，并且针对你的交易策略，交易对手会有大量的反制措施（谁都不傻，不可能呆呆地等着你来摸他的口袋）。这时我们还用概率学里面的正态分布模型，必然会得出错误的结论。

混沌现象（即黑天鹅事件），是一种典型的极端情况。

混沌现象是指在确定性系统中出现的无规则的运动。一个确定性描述的系统，其行为却表现为不确定、不可重复、不可预测，这就是混沌现象。混沌是非线性动力系统的固有特性，是非线性系统普遍存在的现象。其实，现实的生活、工作、投资，都是非线性的（人类由于数学能力有限，只能用线性的方法近似代替非线性），所以混沌现象无处不在。混沌学理论是近代科学里非常引人注目的热点研究课题，它掀起了继相对论和量子力学以后基础科学的第三次大革命。

飞机失事、大桥垮塌、金融风暴、投资爆仓、生意崩盘、违法被抓、大脑短路、情绪失控、疫情暴发、负油价、战乱冲突等等，均属于混沌现象。其实，我们经常碰到的：大病、癌症、车祸、意外等等，也都属于混沌现象。

图 0303 所展示的就是混沌现象：一个投资策略或交易模型之前一直稳定盈利，呈指数型增长。但是，当超过一个关键的时间节点后，它突然就失效了，资金曲线突然暴跌，一夜倾家荡产，甚至负资产。

不符合天道的交易行为，极易触发混沌事件！此时，黑天鹅事件不再是小概率事件，它变成了必然事件！投资界很多人多次倾家荡产，都是因为混沌事件。

"江老师，看样子我这次从外地赶过来上课，是来对了，找到真正要学的东西。我 50 多岁了，经历了很多，做投资挨过'打'，做实业经历过倾家荡产，总之，我确实碰到过很多混沌事件。通过您刚才的讲解，结合自己的经历，我现在终于知道：违反天道去赚钱，容易引起混沌事件，而混沌事件又容易触发崩盘。其实，我认为不仅仅是投资行业存在混沌现象，实业领域也是如此，典型的就是中国的首富都不长久，一轮轮在换，短则每月都在换。真是高处不胜寒，自己辛辛苦苦拼了很多年，冲到云端，一夜又回到解放前。江老师，我想问一下：为什么混沌事件容易引起倾家荡产与崩盘呢？"福建老严认真地问道。

老严的问题与刚才小明的问题一样，都想更深入地去探寻混沌与崩盘的奥秘，好啊，要防微杜渐，居安思危。这个问题要想解决，大家应该去找一些混沌学的书籍看看。但是，我不建议大家去研究得太深，因为这里面会涉及大量的数学与物理学的知识，很多非线性的东西，科学家与博士生都觉得很难研究，更不用说普通人了。现代金融学基本上都是建立在线性的基础上，较少涉及非线性分析（只有期权涉及一些非线性，而股票与期货多数都是线性的）。所以，我建议大家去看一些关于混沌的科普通俗类书籍就可以了，学术书籍就算了吧。这里推荐几本书给大家：《增长的极限》（作者德内拉·梅多斯、乔根·兰德斯、丹尼斯·梅多斯等）《混沌与秩序》（作者克拉默）《迭代 混沌[①] 分形》（作者李忠）。

当然，大家还有一个简洁快速的方法，那就是学习我们投资心学，也能解决这个问题。毕竟我们投资心学是揭开事理之究竟、探寻投资之本原的学问。投资心学将现代科学（数学、物理学、相对论、量子力学、混沌学、系统科学等）与中国传统国学相结合，提炼出精髓，然后大道至简、通俗易懂地介绍给普通大众与投资者。投资心学在投资上的应用就是我们的这一门投资实践课。

我们投资心学根据混沌学的相关理论，制作出了一张表格，可以大致地给大家展示一下混沌发生时的情景，大家看完就明白为什么走了极端以后黑天鹅事件一定会发生，以及混沌发生后一定会倾家荡产。大家请看表0302，投资心学用这个表格来模拟一个开始有规律的确定性的系统，后来突然发生混沌的情形。

表 0302：混沌迭代公式（增长率为 130%）

1	增长率	1.3						
2	迭代次数		1	2	3	4	5	6
3	社会平均资产	1.00	2.3	5.29	12.17	27.98	64.36	148.04
4	超额倍数	1.00	2.3	5.29	12.17	27.98	64.36	148.04
5	迭代公式	X1=1/2×r×t×x0^2						
6			1.65	5.02	12.12	27.98	64.36	148.04

上表第 3 行的资产 1.00，代表我们的初始的投资本金为 1 份。第 1 行的 1.3 代表单次增长率为 130%。第 2 行的 1~6 的数字，代表我们将以 130%/ 次的增长率迭代次数（可以理解成复利增长了 1 到 6 次）。最下面的第 6 行的数字，代表经过相应次数的迭代，本金到了相应的倍数。例如：第 6 行的最后的数字 148.04，代表经过 6 次、增长率为 130%/ 次的迭代，本金最后增长到了 148.04 倍（具体怎么算是一个复杂过程，只要看每一次迭代增长的倍数就行）。

常识告诉我们：单次增长率越大，本金增长也越快，经过几轮次的迭代（复利增长）后，最后翻番的倍数也越大。所以我们在做投资或者做实业生意的时候，都希望一本万利，每次增长的速度越快越好，倍数越大越好，是不是这样，各位同学？

---

① 本书封面写 "浑沌"，CIP 数据则写 "混沌"。

"必须的！谁不希望单次增长率越大越好呢？最好一次投资或者一只股票就能赚个十倍八倍的。"大家异口同声地附和道。

好，为满足大家越大越好的需求，我们将增长率加大到170%，请看下表0303：

表0303：混沌迭代公式（增长率为170%）

1	增长率	1.7					
2	迭代次数		1	2	3	4	5	6
3	社会平均资产	1.00	2.7	7.29	19.68	53.14	143.49	387.42
4	超额倍数	1.00	2.7	7.29	19.68	53.14	143.49	387.42
5	迭代公式	X1=1/2×r×t×x0^2						
6			1.85	6.68	19.36	53.06	143.48	387.42

表0303显示：第1行的增长率已经变成1.7。经过6次、增长率为170%/次的迭代，本金最后增长到387.42倍（第6行最后的数字）。真的是每次的增长率越大，本金增长得越快，最后翻番的倍数也越大。

我们继续来看下表0304：

表0304：混沌迭代公式（增长率为220%）

1	增长率	2.2					
2	迭代次数		1	2	3	4	5	6
3	社会平均资产	1.00	3.2	10.24	32.77	104.86	335.54	1073.74
4	超额倍数	1.00	3.2	10.24	32.77	104.86	335.54	1073.74
5	迭代公式	X1=1/2×r×t×x0^2						
6			2.1	8.91	30.82	100.68	316.35	668.48

请看表0304：当第1行增长率为220%/次的时候，经过6次，本金最后增长到668.48倍（第6行最后的数字）。

好了，我现在请问大家一个问题：如果当增长率再大一点，比如为230%/次的时候，即第1行的增长率从2.2变成2.3时，大家估计一下，第6行最后的数字能翻到多少倍？

700倍、900倍、1000倍……大家七嘴八舌地议论着。

"我觉得江老师能问这个问题，肯定最后增长的倍数一定不会少！虽然第1行的数字从2.2变成2.3，只增加了一点点，但是，我猜第6行最后的迭代结果一定很可怕！这样，我猜5000倍！"崔胜答道，并且露出了志在必得的笑容。

| 6 |

好的，我们现在继续上课。我现在将增长率 2.2 改为了 2.3，大家已经猜了最后的结果，看看最后的迭代是不是真的很高很可怕？请看下表 0305：

表 0305：混沌迭代公式（增长率为 230%）

1	增长率	2.3						
2	迭代次数		1	2	3	4	5	6
3	社会平均资产	1.00	3.3	10.89	35.94	118.59	391.35	1291.47
4	超额倍数	1.00	3.3	10.89	35.94	118.59	391.35	1291.47
5	迭代公式	X1=1/2×r×t×x0^2						
6			2.15	9.37	33.28	110.46	315.21	−5376.05

哇……哇……教室里一片惊叹声！

"我答对了，大家看啊，最后真的是 5376 倍吧！"崔胜高兴地说。

"哥们，你哪里答对了，你再仔细看一下，倍数比较接近，但是 5376 倍前面有一个负号啊！"老严提醒崔胜。

"那怎么可能是负数！一个正的增长率，对应的复利增长，最后怎么可能是负数？数学我虽然不精通，起码大学里还是学过指数函数的，指数函数不可能是负数，肯定是老师的笔误！"崔胜急急辩解。

"老师，崔胜说得有道理哦，指数函数的确不可能是负数啊！我刚刚上网查了一下指数函数的图形，您请看，指数函数的值的确都在 0 轴线之上啊。"学员樊总将手机里的图片展示出来。

崔胜同学说对了一半，复利增长的结果是很可怕，最后的确到了 5000 多倍；但是更为可怕的是，前面还有一个负号！非常遗憾地告诉大家，这个负号不是笔误，是千真万确的！

"啊！真有一个负号啊！"崔胜再次惊讶得下巴都快掉下来。

是的！就是一个负号！正是这个小小的负号，让江老师我有了好几次倾家荡产的经历；正是这个小小的负号，我的朋友刚哥二十多年前跳楼自杀；正是这个小小的负号，深圳罗湖首富在亚洲金融危机时一夜崩盘；也正是这个小小的负号，中国涨停板敢死队的舵主倒下了；也正是这个小小的负号，让地球上最聪明的华尔街长期资本公司破产被收购，而且还两次栽在了同样一个地方……爆仓史上有一长串名单，上面的人都栽在了这个负号上。

指数增长的确不可能是负数！正是因为这点，投资领域的绝大多数人自作聪明，认为反正都不可能为负数，为了多赚钱，拼命地放杠杆做交易，无所不用其极，结果混沌就发生了。翻 N 倍的梦想倒是实现了，但是老天爷特别爱开玩笑，偷偷地在巨大的倍数前面，突然给你加上一个负号！结果，投资者一夜崩溃，不但本金亏完，还有可能倒欠钱。

为什么会这样呢？大家一定想不通。指数增长的确不可能是负数。但是，谁说你的投资一定就是指数增长呢？你的常识发生了错误！比如前一段时间发生的负油价事件，谁说原油的价格不能跌到负数呢？常识错误才是最可怕的错误！常识错误不但要破产，还有可能要跳楼，要死人的！

大家可以再看一下表 0305，交易以 230% 的增长率，迭代了 5 次以后，其本金已经翻到了 315 倍，大家肯定非常开心，自信心爆棚，一定认为自己找到了交易秘籍，就这样一直搞下去，以交易为生，可以一辈子赚大钱！殊不知，就在下一次（第 6 轮）的迭代过程中，突然发生了混沌，结果是：-5376 倍，这个数远远大于前面的 315 倍，前面你辛辛苦苦赚的钱，哪怕是总的合计数，都不够这次混沌事件塞牙缝的，瞬间就跌到了地狱！

纯数学意义上的增长，才有可能是真正的指数增长，才不会出现混沌现象，例如最典型的就是 2 的 N 次方，也是大家梦寐以求的指数增长方式：2、4、8、16、32、64、128、256……一直到无穷大。但是，这种增长方式不可能一直发生在现实生活与投资中。如果真有哪种交易秘籍可以按照这样的方式一直增长下去，要不了几年，这个人将把全世界的钱都赚完。你愿意当它的交易对手吗？不愿意吧！你自己都不愿意，那凭什么你可以这样去赚别人的钱呢？

2 的 N 次方，这样的公式，通常用在没有天花板和约束条件之下的纯指数增长；但是，我们都是在有天花板、有约束条件之下做股票与期货投资的，因为自然资源是有限的，社会总财富就是我们的天花板，我们再有本事，赚的钱也不可能超过社会总财富，超过股市或期市的总市值。

一个机构，财宝箱里面堆满了金银财宝，但是总的财富值却是有限的。我们在股票或者期货市场，不管使用的是什么技术方法或者交易秘籍，获得的财富，最多就是股市这个财宝箱里的所有的股票市值之和。不管我们再怎样腾挪与折腾，我们最多只能在这个三维财富空间中忙活，我们的财富增长是有极限的！

在有约束条件下，我们的增长将不再是 2 的 N 次方这样的指数增长公式，而是上面几张表格中的迭代增长公式。

这个公式是我研究混沌学后，自己创造出来的，可以用来模拟投资：当交易系统从有序进入混沌时的一个近似的迭代公式。你们就把它当作成一个天道公式吧。大家并不需要定量地去看懂它，我们只要能从定性的角度理解这个公式就可以了。我们只要知道，做投资，不能用 2 的 N 次方这样理想的指数增长公式，而要用有天花板、有约束条件之下的混沌迭代公式。这个公式模拟了混沌事件的特点，本身带有内禀随机性，而且在关键节点附近的一个微小的变动（例如表 0305 里的增长率 2.2 变成 2.3，只是小数点后面变动了 0.1，而在 2.2 之前即使是较大的变动值也没事）就会触发混沌现象，造成我们之前辛辛苦苦靠复利迭代赚的巨额家产，瞬间归零，甚至还要倒欠钱。大家应该听说过蝴蝶效应吧：一只南美洲亚马逊热带雨林中的蝴蝶，偶尔扇动几下翅膀，可以在两周以后引起美国得克萨斯州的一场龙卷风。蝴蝶效应，指在一个动力系统中，初始条件下微小的变化能带动整个系统的长期的巨大的连锁反应。蝴蝶效应是一种混沌现象，说明了任何事物的发展均存在定数与变数，事物在发展过程中其发展轨迹既有规律可循，同时也存在不可测的"变数"，一个微小的变化会严重影响事物的发展，因为事物的发展还具有复杂性。我们投资心学的天道公式就是用来形象模拟这种投资领域的混沌蝴蝶效应的。

由于在关键节点之前（例如表里的增长率 2.2 之前），哪怕是较大的变动都没事，所以给常人造成了错觉，以为自己的增长是像 2 的 N 次方式的指数型增长，结果放松了警惕，自己的欲望越放越大，直至最后一个表面看起来微小的变化就触发崩盘，倾家荡产后才反应过来，追悔莫及。

比如我的第一次倾家荡产，在成都红庙子市场，我炒股票认购证，一个月就赚了十几倍，增长速度惊人。当时脑袋发热，也坚信 2 的 N 次方的增长方式，只想更快地赚钱，所以最后一把全仓杀入，期盼马上又翻一番，哪里知道增长应该是用上面的混沌迭代公式。结果辛辛苦苦几个月挣的钱，只用了一个下午就混沌赔光了。

再比如我的第二次倾家荡产，我做网络工程，供应商的货款，不愿意马上还，要个小聪明，挪用一下，全仓买入一只股票，计划翻倍后，可以多赚一倍的钱，然后再还货款。结果聪明反被聪明误，把做网络工程的本金与前期利润一并亏完。老天爷已经让我在网络工程上赚过一次钱了，怎么可能又马上让我再在股市上赚一倍的钱呢？俗语说：福无双至，祸不单行！现在回头看，明显违反天道！但是当时我利令智昏，一旦被贪念绑架，就马失前蹄啊。

说到这里，大家肯定又有疑问：哪些行为符合天道？哪些行为又违背天道呢？大家不用着急，我的这门课全篇都是符合天道的理论，大家以后慢慢学习。不过，在这里，先可以教大家一个判断天道的小技巧。我们的先贤留下了很多有哲理的话，这些可以用来评判我们的行为是否符合天道。《论语》《道德经》《增广贤文》《菜根谭》《心经》

等等里面有很多。成语中就有物极必反、乐极生悲、日中则昃、月满则亏、居安思危、诸行无常、过犹不及这些词。对了，我们投资心学经常讲：走得快一定走不远，最曲折的路就是最近的路，最直的路就是最远的路等等，都是同样意思。

我的第三次倾家荡产，前面都详细讲过了，这里就不再赘述。你们在阅读过程中一定会发现，当时的我和一个小人得志的暴发户没有什么两样，我当时的所作所为与点点滴滴，基本上都是违背天道的，自然最后的结果一定不会好。这几次倾家荡产的原因，根本就不是我当时认为的运气不好，也不是因为那个美女股神失踪。现在我算是彻底弄明白了：其实，就算美女股神不失踪，也会出其他混沌事件，让我把不符合天道赚的钱全部吐出来。混沌事件的外在表现形式就是各种各样、奇奇怪怪的、表面上看起来概率非常小的黑天鹅事件。

"江老师，您说得太对了！我要是早点听您的课，现在也不会这么惨了，1000万元的投资款啊，一两天就打了水漂。我以前认为破产也是因为自己的运气不好（那天是我小孩突然发烧了，必须送到医院去打针，耽误了止损下单，后来还反向加仓），现在听了您的投资心学理论，看了您的混沌表格，我终于彻底搞明白了。事实上，只要你走极端，言行违背天道，一触碰关键节点，意外事件必然要发生！我的破产是必然的，根本就不是用正态分布计算出来的小概率事件。"樊总懊悔地说道。

"江老师，我知道前人确实说了很多物极必反之类的话，而且数量不少，以前不知道是干啥用的，现在知道了，都是感叹人生的无常，用来劝人少走极端，劝大家为人处世要符合天道。我再贡献出几句话供同学们学习：但将冷眼观螃蟹，看你横行到几时；头上三尺有神明，不畏人知畏己知；其进锐，其退速；别看现在闹得欢，小心日后拉清单；欲使其灭亡，必先使其疯狂……江老师，我以前没有留意，经您一指点，发现古人其实早就在苦口婆心地提醒我们了。"美女学员兼助教迅迅同学说道。

不错，不错，感谢你推荐的格言警句。其实中国古代劝人少走极端，最系统最完整的，应该算是儒家的中庸之道。中庸之道才最符合天道，中庸之道才不容易产生混沌现象。儒家认为，中庸之道是自然界的无上法则，是平衡之道，不多不少，不偏不倚，不增不减。孔子曰："中庸之为德也，其至矣乎！民鲜久矣。"意思是：中庸作为一种道德，应该是最高的了！但是人们却很少知道，更别说是做到。孔子还说："君子中庸，小人反中庸。"孔子将是否采用中庸之道作为判别一个人的道行与行为的标准依据，甚至提升到君子与小人的高度，认为君子用中庸，小人反其道而行之，小人爱走极端。

"江老师，您刚才讲的，技术差，秘籍会失效；技术太好，秘籍也会失效！反而是中庸的技术不会失效。"迅迅说道。

迅迅说得很对。大家刚才看到的，我们全国展示的那个账户，采用的就是中庸的交易技术，很平常，但是很实用，用了快10年，也没有失效过，也没有改过参数。相对比，现在很多做量化交易的高手，每周，甚至每天都在辛辛苦苦地忙于优化与修改参数。不过，选用中庸的交易技术，放弃耀眼的所谓投资秘籍，需要我们具有强大的内功心法以及对天道的正确理解。

其实，违反天道走极端，容易触发混沌，从而引发崩盘，这种事情不仅会发生在投资领域，在平时的生活、工作、实业过程中也会经常遇到，而且历史上这种事情也是数不胜数。胡雪岩几十年挣的家产一个星期就亏完的故事，大家听说过吧？刘瑾、和珅是怎么倒台的，听说过吧？李自成是怎样失败的，听说过吧？对了，还有吴晓波写的《大败局》中的无数案例。所有这些，无不是因为"一招不慎满盘皆输"的混沌现象而造成的。这种事情，中国历史和世界历史中，举不胜举。甚至一个朝代，也会因为混沌现象而终结，最典型的就是明朝。明朝末年，由于朱姓的皇家贵族太多（多达几十万人），这些人无所事事，游手好闲，明朝政府根本无法负担他们的开支。而且这些贵族还大量兼并农民土地，到了让普通大众无法生活的地步。最后终于动了国本，触发了一系列的混沌事件：小冰河、鼠疫、旱灾、奸臣当道、宦官专权、农民起义、满族崛起等等。大家以前一定很奇怪，这些事件都是小概率事件啊，为什么会在明末的时候一起发生？现在大家知道了吧：过了时空的关键节点，这些看似小概率的事件，一定会发生！最为奇特的是，当崇祯皇帝自杀，明朝灭亡的第二年，这些事件仿佛一夜之间又都快速地自动消失了。大家以前一定感叹世事无常，将它们归为天命与气数，现在大家应该懂了吧？这有点像我当年买的＊凤凰股票，发生混沌后，一直下跌，像流鼻血一样，止都止不住，将我之前赚的450多万元全部洗白。可是，当账户上还剩下30万元做电脑生意赚的血汗钱的时候，＊凤凰神奇地止跌了，而且怎么都跌不下去。

真是神奇的"如有"——宛然有而毕竟空，毕竟空而宛然有！

违反天道后因为混沌而崩盘的事件，人类一直会有，而且还会永远地重演下去。

最新的案例是：据和讯网2022年4月28日新闻，老虎基金前高层、韩裔基金经理Bill Hwang（比尔黄）以及公司首席财务官帕特里克·哈利根在家中被美国曼哈顿检察官以"操纵市场、电信欺诈和证券欺诈、共谋勒索"等11项刑事罪名一同被逮捕。他们是"史上"最大爆仓事件的主角，一天就亏损掉了150亿美元（约合人民币984亿元），刷新了投资史上个人投资者单日亏损的世界纪录。

| 7 |

"江老师，您的这项研究成果太伟大了，既能揭开历史上许多兴衰起伏之谜，又能帮到未来的后浪们，让他们少受混沌暴跌、家破人散之苦，这是无量功德之事！我觉得您的模拟投资的混沌学迭代公式真是了不起，您竟然能将投资领域的黑天鹅事件的关键节点给模拟出来，真是太好啦。您是我唯一碰到的既有独创的投资理论体系，又能自己做实盘交易来长期稳定盈利，还敢在网站上全国公开展示自己资金曲线的老师。"学员小明赞叹地说道。

当初我研究投资，研究兴衰之道，可不是只为了名利。我搞研究，一是有兴趣，二是为了情怀两个字。前面讲过，刚哥绝望的眼神、老尹谆谆的话语以及成百上千投资客的兴衰故事，无时无刻不在激励着我，是我坚持探索、不断前进的动力。现在我终于可以扬眉吐气地说：我做到了！我可以兑现当初的承诺：将真正的投资心学与秘籍传播出去，以挽救那些还深陷其中的可怜散户，以此纪念那些曾经并肩作战但不幸提前倒下的投资前辈。

"江老师，我想问一个重要问题：我们当初进入股市或者期市，就是抱着一颗想快速发大财的初心而来的，谁不想早点发财早点实现财务自由呢？但是现在，您用您的混沌投资理论，用数学公式清晰地表明：暴利就是违背天道，暴利会产生混沌从而触碰天花板，那您的意思是不是要告诉我们不能追求暴利？这不是和我们做投资的初心相悖吗？那我们为什么还要做投资呢？做股票，特别是做期货，不就是想快一点挣大钱吗？否则还不如老老实实去打工，或者靠工资吃饭算了。"学员小明又急切地问道。

小明的问题问得相当好。

的确，我们投资心学用天道公式证实：太快、太多、太暴利的投资，最后的结果一定会适得其反！阻止我们投资发财的恰恰就是我们这颗想快速发大财的心！

这个结论，表面上看和我们进入投资市场的初心相矛盾，但是实际上，我们的这个结论，并不是要阻止大家去投资发财，恰恰相反，我们是要帮助大家更好地、更安全地去发大财！

大家做股票或期货，都想快，不想慢，都想发大财，不想发小财，这非常能理解，人性使然，而且很多人都急着要去挣钱养家糊口，这也是没有办法的事情。我当年也是从穷小子这样过来的，我非常能感同身受。但是，古语说"过犹不及"，我们现在学习了投资心学的投资法，已经知道，太快的、太大的财，容易会引起混沌，一旦超过安全边界，越过了关键节点，不但挣不到钱，混沌还会将你的老本瞬间吃掉，到头来竹篮打水一场空。

求快、求多，其实不难，只要你的胆子大就行；难的是，在不超安全边界、不触发混沌的条件之下，你还能实现收益的最快化与最大化！在风险与收益之间，达到动态平衡，意即：在风险一定的情况之下，达到收益的最大化；或者在收益一定的情况之下，达到风险最小化。这可是最厉害的平衡中庸之道，需要相当高的水平，也是我们投资心学要教授给大家的最重要的本领。

美女股神、刚哥、辉总、章华、长期资本、涨停板舵主、逍遥哥等人，为什么不能善终？不就是因为动态平衡这件事只做了前面的一半嘛？他们只追求最快最强最大最多，而不管后面的风险，最终触发混沌，被瞬间洗白，教训深刻啊。很多人甚至还付出了生命的代价！最遗憾的是，他们至死都不明白其中的道理，还以为破产的原因是自己的消息还不够多、策略研发能力还不够强、技术或基本面分析还不够精……，如果能再快一点、再多一点、再大一点，就没事了。这种想法真是可怜啊，再大、再多、再快，死得可能就更快啦！

我们来总结一下：

做投资，不管风险只想着暴利，不难！只要你亏得起！难的是：在风险可控的情况下，你能做到不亏，还能长期稳定地盈利，你能够以交易为生！所以说，走极端不难！中庸才难！

在我们生活中，处处需要中庸之道！都需要真才实学！光靠胆子大是远远不够的！否则，一旦发生了混沌，最快就变成了最慢！"有"变成了"无"！

"老师，您说得太对了！光靠胆子大、运气好，只能偶尔成功一两次，这样的成功无法复制，也无法长久。在不发生混沌、没有破产风险下，还能稳定盈利，那需要大本事；在风险与收益之间，达到动态平衡，那需要大智慧！江老师，我主业是做游戏的，大家肯定认为游戏行业都是暴利行业，其实游戏行业风险很高：升级换代风险、国家政策风险、游戏运营风险、法律风险等等，不管你前面赚得再多，最后都有一把被洗白的风险。"学员小明一边感慨，一边问，"既要控制风险防止混沌，又要找到投资秘籍，然后尽量快一点、多一点地去赚大钱。江老师，那我们到底应该怎样去做呢？"

不用着急，我们后面都会慢慢地展开。

下节课，我们就讲讲投资的基本原则——守正出奇。

第四章：守正出奇

投资的基本原则就是：守正出奇！人生稳定发展的原则也是：守正出奇！凡是想有所成就且能长久成功的人，无不是以守正出奇为做事的基本原则。因为，只有守正出奇，才符合天道，符合能量守恒定律，符合人生规律，才能长久地做投资寿星。

| 1 |

课间休息时，学员蔡忠涛问了江老师一个问题："做投资，我们可以等有行情的时候再做；没行情的时候我们不做吗？"

在座的各位同学，赞同这个观点的请举手。

教室里多数人都举起了手。

我们来做一个统计，请在纸上写下你参与投资的年限，然后刚才举手的同学分为一组，取一个平均数；没有举手的同学分为另一组，也取一个平均数，然后两组将各自的平均数写在黑板上。

统计结果：第一组平均投资年限 1.2 年；第二组平均投资年限 4.3 年。

樊总，请问你刚才为什么没有举手呢？

"江老师，我觉得蔡忠涛的问题表面看没毛病，甚至很吸引人，但是它就像上节课您画的那条没有回撤的、指数型增长的资金曲线一样，尽管动人，但是没有实现的可能。有行情做，没行情不做，只是刚刚参与交易的投资小白自以为是的幻想而已。我这里不是在嘲讽他们，而是在懊悔自己。我以前刚做投资的时候，也是想当然这样认为的。当我研究 K 线图的时候，我发现中国股市的特点：多数时候不温不火，K 线上下起伏很小，这个时候你买股票，股票价格上下波动就几毛钱，你再有本事，技术再厉害，也不可能赚到钱。所以我自然而然地认为应该在股市有行情的时候再做交易，没行情的时候就不做交易。不仅如此，我还想得更美：由于没有行情的时候占大多数，我也不能长期闲着啊。没行情时，我股指期货可以做震荡模型，价格到高点的时候我就卖空，等价格到低点的时候我再做多，这样，就算没有什么行情，我也能赚一些小钱；等到了股市有大行情的时候，我不但可以做股票个股，另外股指期货我还可以改做趋势模型，朝着行情的方向，重仓去做，让利润奔跑赚大钱。一切都看似非常完美。当时我都暗暗佩服自己……"

"樊总，这样的想法，没毛病呀，我就是这样想的啊！"蔡忠涛插话说道。

"哈哈，蔡忠涛，世间的事情，没毛病可能就是最大的毛病！我敢断定你参与投资的时间肯定没超过一年。从前我和你一样，坚信我刚才的想法是完全正确的，也是完全能够实现的！暂时没有做到的原因是自己的技术不行，为此我研究了很多年的技术分析，准备去过滤出震荡行情与趋势行情，因为'有行情做，没行情不做'的前提条件就是能够提前准确地预测未来是震荡行情还是趋势行情。"

"那你研究的效果怎么样啊？"蔡忠涛追问。

"经过几年的研究与实战验证，我现在就可以告诉你答案：没效果！甚至是反效果！其实我的 1000 多万元就是因为老想着准确地去预测行情给亏完的。有行情做，没行情不做，过滤震荡与趋势，长期来看，这些完全就是初级、天真、一厢情愿的幻想，与守株待兔、天上掉馅饼、不劳而获等想法没有太大的区别，是小白、菜鸟、韭菜的专属想法。老师让我们分组计算参与投资的平均年限，我猜想其目的应该就是这个。初级投资者的想法太过理想化，尽管很符合人性，但是就像江老师上节课说的那样：违背天道！违背天道的事情肯定长久不了！如果真能准确预测趋势，并过滤掉震荡行情，那么，趋势的钱你能挣，震荡的钱你也能挣，所有的便宜你都占了，那天下所有的钱都要被你挣完了，请问，这可能吗？江老师，我说得对吗？"樊总说得有些激动。

樊总说得很好，是用心听课的人，值得大家学习。《道德经》说，"反者，道之动"，"以不争为争，天下莫能与之争"。如果你以争为争，什么钱都想挣，什么便宜都想占，最后的结果一定是什么都赚不到。

"谢谢江老师的夸奖。不过，我的内心还是有点不甘啊，江老师，震荡与趋势真的一点都过滤不了吗？我 6 年的研究时间，白白给浪费掉了，就想问个究竟。"樊总遗憾地问道。

樊总，你的研究方向错了！别说 6 年，再花 60 年、600 年你都研究不出来！其实，我和樊总一样，也曾经花了近十年时间，研究如何过滤掉震荡行情而只去做趋势行情，在震荡行情时休息。这应该也是所有初、中级交易者都感兴趣的课题。我们以后讲量化交易系统的时候，会讲真正有效的处理震荡与趋势的方法。这里我先告诉樊总以及各位同学一句话：

震荡不能过滤只能对冲！因为过滤会把最赚钱的那一把交易也给过滤掉了。

请大家一定要牢记住这句话！以后同学们就知道这句话有多值钱。

我们继续。樊总刚才说的话以及问的问题，可能有点难懂，毕竟樊总做交易做了很多年，已经是中高级水平。初级交易者比较难听懂，我看蔡忠涛就一脸雾水。

这样，蔡忠涛，关于能不能实现"有行情做，没行情不做"的愿望，我们暂且先放一边。请问你是做什么行业的？

"我是做食用油批发生意的，我的菜油、豆油、花生油质量可好啦，很多酒家、餐馆都来我这里批发，我在深圳市场占有率已经有15%了。欢迎大家来深圳我的公司做客，到时我送大家每人一桶最好的花生油和橄榄油。"蔡忠涛热情地说道。

太好了！大家都鼓起掌来。来听课不仅仅是学习知识，还能认识很多志同道合，理念与认知相同的投资界的朋友。

看样子食用油这个行业的生意不错嘛，赚钱也很多。那么蔡忠涛，我也想做做食用油的生意，可以吗？

"当然可以啊，热烈欢迎！"蔡忠涛高兴地说。

不过我还有其他很多生意，平时还要参与股票与期货交易，忙不过来。蔡忠涛，你看能不能这样：当食用油有大涨行情的时候，我再来找你一起合作做生意；食用油没有行情的时候，我就先观望。你看这样行吗？

"那怎么可能呢？江老师，如果你真想做，你就得早一点入行，等食用油大涨的时候，就晚了。"蔡忠涛着急地说道。

为什么不可能呢？你的市场占有率已经高达15%，食用油什么时候大涨，你应该能预测到吧？

"我哪里能每次都预测到呢，我又不是神仙，否则早就大发特发了，我能预测个六七成就算不错了。再说，食用油大涨的时候并不多见，几年才能碰到一次，靠囤货赚钱的机会很少。我们平时赚钱主要还是靠几个大客户与批发商来我这里采购进货，虽然单价很低，但是订货量大，薄利多销，靠量取胜。"

那能不能当有新的大客户来的时候，我再做食用油生意呢，没有大客户，我就不做。

"那也不可能啊！你怎么能预先知道今天来进货的客户里面有没有大客户呢？平时公司来的客户很多，但是脸上又没有写着大客户几个字，你只能每一个客户，不管大小，都笑脸相迎，服务到位。小客户虽然赚得少但也总好过没有钱赚嘛，蚊子肉也是肉啊，打平点费用也是好的。对了，还有，真正的大客户，第一次订货的时候，往往采购量也不大，只是后面大家混熟了，客户感觉我们产品质量不错，服务也很到位，才逐渐加大采购量的。这都需要时间的积累，都需要从小客户开始慢慢培养的。" 蔡忠涛热情地分享着自己的生意经。

好的，我听明白了，蔡忠涛的意思是：我们不能等到有大行情或者有大客户的时候才开始做食用油生意，对吧？

"对啊，江老师，天下哪有刚刚一做就能碰到大行情或者大客户的好生意呢？"蔡忠涛说道。

蔡忠涛，既然你强烈地认为我们做食用油生意，不能等到有大行情或者有大客户的时候才开始做，那么，之前你为什么会认为做股票和期货，就可以等到有大行情的时候才做呢？这两者之间有区别吗？

"这……这……"蔡忠涛默默地坐在自己座位上，不说话了。

| 2 |

课间休息结束后，我来到黑板前，写上三个字——"蒜你狠"。

大家知道这个词吗？

"我平时爱做饭，所以知道，蒜你狠，是指 2010 年大蒜的价格猛涨，甚至超过了猪肉和鸡蛋，有些地方大蒜的零售价每斤高达十几元，当时真的是吃不起大蒜了，炒菜的时候都要少放一些蒜甚至不放。"福建老严回忆道。

回答正确。不过，大家知道 2009 年初，也就是大蒜在暴涨之前一年的价格吗？每斤只要几角钱甚至几分钱。也就是说，一年的时间，大蒜的价格翻了 100 倍。

"一年 100 倍，太惊人了！要是我抓住这样的机会就好了，发财啦！要是大蒜有期货就更好了，10 倍杠杆，可以赚 1000 倍！"崔胜惊叹起来。

看到大家都很遗憾的样子，那我们这里做一个调查，抓住"蒜你狠"机会发了财，别说 100 倍，赚了 10 倍的就请举手。

没有人举手，说明大家都没有抓住这样的发财机会。那好，我请问大家：为什么我们都没有抓住"蒜你狠"的机会呢？大家可以先分组讨论一下。

"我认为很难抓住，至少不可能在大蒜行情刚启动的时候抓住，要抓也只能是在大蒜已经涨了很多以后，比如从几角钱涨了 10 倍，到了每斤几元钱的时候，我们才有可能发现它，不过那个时候蒜价已经很高了，估计我们也没有胆量进场了。就算我们敢进场，蒜价再从几元钱涨到十元钱，也没有多少利润空间了。总之，抓住'蒜你狠'，应该很困难。"樊总回答道。

"我代表我们小组回答一下。我们认为基本上没有可能抓住'蒜你狠'的行情，除非我们就是蒜农，专门做大蒜的生意，之前就非常熟悉大蒜的生产与流通环节，特别熟悉大蒜价格的常年运动规律以及大蒜的供求关系。"来自奥地利的吴求是评说道。

很好，大家基本上得出一个结论：如果我们自己平时不是干大蒜这一行的业内人士，那么能够抓住"蒜你狠"这样的暴涨行情的可能性微乎其微。

崔胜同学刚才说的"一年100倍，太惊人了！要是我能抓住这样的机会就好了，发财啦！"这句话，表面看抓住大机会的可能性很大，实际上却是事后诸葛亮，可能性基本上为零。其实，崔胜这句话与下面这句话可画等号："这期福利彩票大奖号码为******，2元就可以赚500万，早知道是这组号码，我就买了，发财啦！"

教室里传来了大家的笑声。

我们将上面的两句话，并列在一起：

1. "一年100倍，太惊人了！要是我能抓住这样的机会就好了，发财啦！"

2. "彩票大奖号码为******，2元可赚500万，早知道我就买了，发财啦！"

刚才大家都在笑后面的第2句话，因为大家一定觉得关于彩票的话是很幼稚的、可笑的；然而，崔胜在说第1句话的时候，我可是发现大家并没有笑，脸上还露出遗憾的表情。

大家仔细琢磨一下，两句话有区别吗？其实没啥区别！

既然你事先无法预测到今晚要开奖的彩票号码，那么，你又凭什么断定你能准确预测哪一年的大蒜价格能翻100倍呢？事实也证明了这一点，我们这么多同学，并没有一个人抓住了"蒜你狠"行情。

大家看到后面一句话的幼稚，却不去笑前面的那句话。这其中隐含的深层次原因，值得大家认真思考一下。这个原因，会深刻影响我们未来投资交易的结果。

俗话说："三百六十行，行行出状元！"其实，我们还会发现："三百六十行，行行出机会，年年来行情！"每年总会有一个或者几个行业出现大行情，出现赚大钱的机会，例如，2000年的互联网；2004年的网店；2008年的美股暴跌做空；2009年的黄金；2010年的棉花；2010年的煤矿；2012年的比特币；2013年的P2P；2018年的PTA期货；2020年的负油价做空、口罩、呼吸机、黄金、白银……另外，涉及中国投资领域大行情的有：1996—1997年、2005—2007年、2014—2015年的几次股票大行情以及2015、2016、2020年的商品期货行情等等。

这些大行情，抓住四分之三的请举手……没有；抓住一半的请举手……没有；抓住 5 次以上的请举手……还是没有；抓住 1~2 次的请举手……很好，有几个人举了手。

还是前面那个思考题：为什么大家没有抓住多数的发财机会呢？答案刚才大家分组讨论后已经得出：人如果没有在一个行业里摸爬滚打、深耕细作很多年，想直接抓住这个行业的大行情，基本上就只能靠中彩票那样的运气。

最后一排的韩总，我看你刚才举了下手。你抓住哪一次的发财机会？

"我抓住了 2009 年的黄金行情。不过，江老师，你说得很对，想跨行业去捕捉大行情，可能性基本为零。我在深圳水贝珠宝市场做黄金饰品生意快二十年，之所以能抓住 2009 年与 2020 年两波黄金大涨行情，那是很正常的；其他没有做黄金生意的人，能抓住黄金行情，我反而觉得那是不正常的，纯属于瞎猫碰到死耗子，没有可复制性。"韩总深有体会地说。

很好，看来韩总感悟很深啊。蔡忠涛，你有问题请说。

"江老师，我收回我刚才课间休息时问您的问题。听完您刚才的分析，我突然觉得我前面提的问题很幼稚。我想股票来行情的时候再做股票，没有行情的时候就不做。我发现这是一个不可能实现的幼稚的想法，是一个典型的事后诸葛亮。我们怎么可能会事先知道彩票的号码呢？我们怎么可能事先知道哪一年食用油或者大蒜的价格会暴涨呢？同样道理，我们怎么可能会事先知道股票、期货什么时候来行情呢？等到有大行情或者有大客户的时候才开始做食用油生意，与等到有大行情的时候才开始做股票或期货交易，这两者之间没有本质区别，都是不可能完成的任务！"蔡忠涛感慨地说，"江老师，您说的上面这些大行情，我一个都没有抓住，不过我抓住了 2006—2007 年食用油暴涨的大行情，资产翻了将近十倍，赚到了人生的第一桶金。我非常认可您刚才说的这句话：没有在一个行业里深耕多年，是没有可能抓住这个行业的大行情的。就像在座的各位同学，不可能抓住食用油暴涨的大行情，甚至大家可能听都没有听说过食用油这个行业，就更别说要赚到钱了。食用油暴涨的行情只有我才能抓住，当然我也没有可能抓住韩总说的黄金行情。"

蔡忠涛说得很好。我们只能事后才知道食用油、大蒜、棉花、黄金、白银在哪一年出了大行情，你只有之前在这个行业里长期关注，才有可能把握住这种大行情的机会。

我们如果想做食用油的生意，对该行业专业人士蔡忠涛说：食用油来行情时再做；没有行情时我先不做。蔡忠涛会觉得我们很聪明吗？不，他一定会觉得我们很幼稚！

我们如果想做黄金的生意，对该行业专业人士韩总说：黄金来行情时再做；没有行情时我就先休息先不做。韩总会觉得我们很聪明吗？不，他一定会觉得我们很幼稚！

同样道理，如果一个人想做股票与期货，对该行业专业人士江老师说：股票、期货来了行情时再做；没有行情时我就先休息先不做。大家现在会觉得这个人很聪明吗？

如果一个人去买彩票，对彩票店老板说：我买一张今晚开奖能中大奖的彩票，不能中奖的彩票我就先不买。大家觉得彩票店的老板会怎么想？

走！能走多远走多远！

听到这里，学员崔胜举手说道："原来听江老师说，投资是逆人性、逆认知、逆常识的，我无法理解，今天开始有点感觉了。我研究技术分析 K 线图有几年了，你说一个搞投资技术、交易策略的人谁不希望通过自己的努力钻研去找到一个有行情做、没行情不做的永远都赚钱、永远都不会亏钱的投资秘籍呢？以前，我认为这种想法只有世界上最聪明的人才能做到，没想到这种想法和去彩票店购买'只买今晚能中大奖的彩票，不买不能中大奖的彩票'这样的想法一样的天真、一样的幼稚。真是震撼到我了，真的太逆常识与认知了。不过，江老师，那这样的话，投资不是就发不了财吗？"

不！投资不仅能发财，还能发很大的财，要不我们讲这个课干什么？不过，投资发财得绕一个弯，不能直来直去发财。最曲折的路才是发财最近的路，最直的路反而是阻止我们发财的死路。

"江老师，您说得很对，所谓'没行情不做，有行情再做'的想法，表面看聪明，符合人类投机的本性，但实际上却是一个很幼稚很侥幸的想法，基本上属于童话故事，是聪明反被聪明误的典型，基本上没有实现的可能。我在国外是做碳排放生意的，这个行业近年也出过几波大行情，但是如果我不说，旁人不可能抓住。就算是瞎猫碰到死耗子，抓住了，一定也只是抓住行情的小尾巴，赚不了大钱，甚至，还很有可能是庄家发出来找接盘侠的假消息，不懂的人最后多半会买在山顶上站岗。"吴求是同学总结道。

是啊！碳排放可以拿来做交易，估计这个教室里的多数人之前都没有怎么听说过吧，更谈不上抓住碳排放的大行情。国外早就有了碳排放的交易，广州交易所可能明年才会推出。

如果我们不想耕耘，只想在食用油行业偷"鸡"，看到食用油出行情时想赚一把快钱，蔡忠涛会怎么想？他会夸我们厉害吗？不，他一定会暗自高兴：韭菜来了！赶紧卖给他。

如果我们不想耕耘，只想在黄金行业偷"鸡"，看到黄金出行情时想赚一把快钱，韩总会怎么想？他会夸我们厉害吗？不，他一定会暗自高兴：韭菜来了！赶紧卖给他。

同样道理，如果我们不想耕耘，只想在股票、期货等投资行业偷个"鸡"，看到股票、期货出行情的时候赚一把快钱，投资领域的专业人士会夸我们厉害吗？ 不，韭菜来了！赶紧出货给他。

| 3 |

在一个行业默默地耕耘——就是正！用各种方法捕捉大行情——就是奇！

投资的基本原则就是：守正出奇！甚至，人生稳定发展的原则也是：守正出奇！

"奇正"之说最早出自老子《道德经》中的"以正治国，以奇用兵"，它告诉我们：对内治理国家，要依靠法律与制度，用光明正大与正义的方法安邦定国；对外用兵打仗开疆拓土，则要善用计谋，出奇制胜，灵活用兵。

历史上，系统地阐述"奇正"的是《孙子兵法·势篇》。孙子将"奇正"作为战略上升到了一个新的高度，指出"三军之众，可使必受敌而无败者，奇正是也"，意思是说：统率三军将士，能使他们在遭受敌人的进攻，而不至于失败的，要靠用兵的奇正变化。

孙子还揭示了用兵的根本之道在于"以正合，以奇胜"，并指出奇正的变化是"战势不过奇正，奇正之变，不可胜穷也"。大凡用兵作战，一般都用"正兵"当敌，以"奇兵"取胜。善于出奇制胜的将军，其战法如同天地运行那样变化无穷，像江河涌动那样奔流不竭。

历史上对孙子这句名言理解透彻，并经常按此名言去实践的，要算秦汉之际的名将韩信。韩信奉命伐赵时，两军在井陉口相遇。韩信先使万人出战，背水立阵，赵人开壁垒迎击。韩信军佯装弃鼓旗而败走，赵人空其壁垒出击而争夺汉军的鼓旗，并追逐韩信军。韩信军因背水立阵，皆殊死战斗，双方打得难分难解。这是韩信的正兵，意在牵制赵军主力。此时，韩信又出奇兵二千骑，从侧翼驰入赵国的壁垒，拔掉全部赵旗，换上了汉军的旗帜。赵军战不胜韩信的水上军，欲还归壁垒时，见壁中皆汉军旗帜，大为惊恐。赵兵遂乱作一团，纷纷逃逸。于是，汉兵两面夹击，大破赵军，生擒赵王歇。在秦汉之际统一中国的战斗中，韩信屡次运用奇兵配合正兵的战法，攻灭魏、赵等群雄割据的诸侯国，取得了辉煌的战绩。

现代商业领域，推崇守正出奇的商界领袖也非常多，例如：高瓴资本创始人兼首席执行官张磊、万通地产的冯仑等等，他们都将守正出奇作为自己公司的核心价值观或者经营哲学。守正出奇，既恪守正义，按常规发展，守法经营，正道而行，但又不固守常规，能突破思维定式、出奇制胜。企业家要用百分之八十的时间去想"正"的事情，用百分之二十的时间去研究变通。既不墨守成规，又有创新，只有如此，方可在商战中出奇制胜。

我们再从"正"与"奇"字体的结构分析，也能略知守正出奇的含义。

"正"，上面一，下面止。上面"一"代表一致与统一，统一的法律、制度、规则、纪律、流程、纲领、道德规范，等等；下面"止"代表当上面政令统一后，下边应令行禁止，严格执行。

"奇"，上面大，下面可。代表：可以放大做大的意思。可以放大什么？放大目标、放大梦想、放大杠杆、放大手段，寻找各种可以的、可能的、有效的做大做强的方法。

我们还可以从中国传统哲学中，寻找守正出奇的含义。

中国传统的双鱼太极图，大家一定非常熟悉。在太极图中，双鱼就是正与奇，阴中有阳，阳中有阴，相辅相成，相互转换，辩证发展，对立统一。守正是前提，是基础；出奇是发展，是升华。无守正，出奇就如断线的风筝，虽然飞得高飞得花哨，但是长久不了；无出奇，守正犹如断翅之雄鹰，无法一飞冲天、翱翔战斗。

楚汉相争，刘邦获得了最后的胜利，建立了汉朝，大家应知道，最后分封大臣的时候，谁是排名第一的开国功臣？

萧何！

为什么不是带兵打仗、多多益善的韩信，也不是出谋划策、运筹帷幄的张良？

因为萧何为"正"，韩信、张良为"奇"，正本应在前，奇理应在后。

刘邦这个人，表面上不学无术，其实内心里聪明得很，孰轻孰重，刘邦把握得非常到位，因此分封功臣时，将萧何排在了第一位。这一点，从刘邦的另一个谋士关内侯鄂君的评论中可以佐证，他说："在楚汉战争中，陛下有好几次是全军溃败，只身逃脱，全靠萧何从关中派出军队来补充。有时，就是没有陛下的命令，萧何一次也能派遣出几万人，正好补充陛下的急需。不仅是士兵，就是军粮也全靠萧何转漕于关中，才保证供应。这些都是创立刘家天下、流传后世的巨大功劳，怎么能把像曹参、韩信、张良等人一时的战功列在万世之功的前面呢！"

刘邦将军队建设、兵员培养、后勤保障、规章制度、行政法规、安抚百姓、国家管理等等放在"正"的首要位置，属于万世之功；而将带兵打仗、出谋划策归为"奇"的次要位置，属于一时之功。轻重缓急，刘邦拿捏得非常准确。刘邦还用打猎的比喻来解释，诸位将士在战场上厮杀像是猎狗追逐猎物，是"功狗"，而萧何是指挥猎狗追逐猎物的猎人，是"功人"。

在本章的前面，蔡忠涛、韩总、吴求是等同学都讲到了他们各自行业的特点，当然也包括了各自行业的守正与出奇。关于这个话题，其他同学也可以畅所欲言，谈谈各自的看法。石建军同学，你是深圳的老学员，我看你举了手，你来说一下吧。

"江老师，我在深圳华强北路的赛格广场有一个档口，专门做各种智能音箱的批发。我谈一下我肤浅的想法。我这个行业的守正应该是：遵纪守法，进货的时候严把质量关，不卖假货；增加音箱的花样品种，满足不同年龄阶段客户的需求；热情接待每一个客户，不歧视小客户；加强售后服务，客户的音箱有问题，该换马上换，该修马上修，甚至先提供一台备用机；等等。我这个行业要出奇应该是：学习外语，多和老外交流。国内竞争大，争取搞定几个外国的大客户；多从厂家申请一些营销费用，经常搞一搞促销活动，多和客户搞一些联谊互动，增强情感等等。"

说得很好，也非常接地气，简单，实用。还有同学要说一下吗？

"江老师，我刚才听了很多同学的发言，非常有收获。不过，他们要么是做生意的，要么是做投资的，而我只是一个在公司上班的员工，才开始学习投资。我的困惑是：我现在的风口在哪里呢？我的守正出奇又是什么呢？"来自某燃气公司的财务总监智丹女士问道。

你的守正就是做好你的本职工作。你们公司是上市公司，财务部的岗位职责与工作任务一定是有的，上面列明的每个目标任务，都是你守正所要做的工作。你们一年或者半年肯定会有一次述职会议吧？会上你还应该上台发言，总结这一段时间的工作，台下的领导还会对你的工作进行监督、测评与绩效打分吧？人力资源部应该会根据你的工作绩效、领导测评等等发放工资与奖金吧？这个就是你守正应该得到的报酬。

"守正，我懂了，那像我这样的上班族想出奇，又在哪里呢？"智丹继续问。

像你们这样的上市公司一定有股票期权激励制度吧？甚至都行过权了，这些额外的收入就是你们出奇的报酬。另外，你不是来我们这里学习投资方法吗，未来你的股票、期货的投资收益，也是你的出奇带来的啊。

"懂了，二级市场的资本利润，就是我们这样的上班族出奇来的。我们燃气集团的中层干部，每人平均有几万股的期权，去年行的权，的确挣了一些钱。守正出奇，经老师您的指点，这一下子我有了更深刻的理解，谢谢江老师。"智丹说道。

"我来说几句。我来自湖北洪湖，来闯深圳之前是一名警察。我学历不高，是一个粗人，中国传统文化我不太懂，我理解的守正出奇很简单，就是撑死胆大的，饿死胆小的。我之前办过一个案子，是一个网上开设赌场案，案件的主谋小匡，年轻，销售能力强，以前是一个游戏公司的业务主管，做游戏道具的推广，其收入构成是基本工资加业务提成。这个应该就是他的'守正'吧。只要他循序渐进，慢慢积累客户，随着时间的推移，他应该能够慢慢做起来。但是，只做正当的游戏道具业务，小匡嫌挣钱太慢，什么时候能挣钱买房买车娶漂亮老婆呢？他梦想着马上就能赚大钱的生意。后来小匡选择'出奇'的办法是网络赌博游戏，他靠开设网络赌场来赚快钱。赌博符合人性，所以小匡搞的网络赌场，生意火爆，来钱非常快，满足了小匡赚大钱、赚快钱的需求。在暴利的迷雾之下，小匡被迷住了眼睛，风险、道德对他来说已经不算什么了，完全忘记了'守正'。所谓撑死胆大的，饿死胆小的，开赌场赚钱太快太多，这种无守正只出奇，只考虑暴利而不考虑风险与道德的底线，肯定违反天道，注定是不长久的。不到一年，小匡东窗事发，被我们洪湖警方抓获。所以我认为江老师说得很对，必须在守正与出奇之间达到一个动态的平衡，不能只想出奇而不守正，否则一定会撑死胆大的！"

张林同学举的案例很好，通俗易懂，引人深思，只出奇无守正是年轻人非常容易犯的错误，我们自己年轻时也犯过。在座的同学中有没有愿意点评一下的，可以上台来讲一讲。对了，我来给大家介绍一下，这位是吴总，我清华大学的同学，20 世纪 80 年代中期的湖南省高考状元，现在是好几个上市公司的董事，这次也来这里支持我的讲课。吴总，你的学历高，经验多，您来评说几句吧。

| 4 |

"江老师客气了，那我就献丑几句。守正是根，出奇是花与叶。一种植物要长得茂盛，必须守正用奇，根与叶与花必须相辅相成，有机统一。只有根没有花，过于保守与迂腐，年轻人无法引人注目，无法脱颖而出；但是，如果没有根，只有花和叶，就算花朵再美，树叶再绿，注定也不长久，整株植物最后都会死掉。我和江老师也都经历过 20～30 岁这个年龄阶段，谁都年轻气盛，心高气傲过。这个年龄段，由于面临事业、婚姻等急迫的问题，所以自然而然对大钱、快钱感兴趣，都梦想一夜暴富，梦想着鲜花、金钱、地位、美女蜂拥而至。这个时间段的年轻人感兴趣的就是术，也就是今天所说的'出奇'，而对道与守正并没有什么兴趣。孙子兵法、三十六计、窥心术、心理学、演讲术、营销学、成功学、社交学、人脉学、阴谋论、内幕消息、武侠秘籍、快速致富法，等等，这一类快餐式博眼球的文化、书籍、课程等等，在这个年龄段非常流行，年轻人都幻想靠着一招鲜出奇的技术、方法与秘籍，一步登天、出人头地。不过，老天爷还真给机会和运气，在 28～35 岁这个时间段，多数年轻人大概率会获得第一次比较大的成功，在事业、金钱、婚姻上，会登上一个新台阶。第一次成功后，年轻人往往自信心爆棚，目空一切，他们通常会认为是因为自己出奇的方法和个人能力促成了第一次的成功。其实，首次成功的原因，95% 以上是因为运气的加持而获得的。因为在这个时间段，年轻人急需结婚生子，急需奶粉钱，所以老天爷'考虑'到这点，往往会给 1～2 次的好机会、好运气、好贵人给年轻人。但是，这个时候，年轻人往往会被胜利冲昏了头脑，自高自大，根本认识不到这一点，他们坚信成功就是因为自己敢出奇，就是因为自己的能力强、方法好而取得的。另外，人性本来还有一个弱点：成功时人喜欢找内因；失败时人喜欢找外因。

因此，短暂的成功更加强化了年轻人的观点——我是最棒的，我是最强的，我的成功已经验证了我的能力。方法与能力是可以复制的（而运气不行），既然出奇才能制胜，既然自己的能力超群，那么年轻人自然而然地就会想到再多复制几次，趁热打铁，更上一层楼，好上加好。他们将第一次成功的所谓经验简单地复制粘贴，并加大投入，扩大规模，甚至借钱放杠杆也在所不惜，完全忘记了守正这个'根本'，完全不会去考虑风险、道德、底线，更不懂中国传统文化里的进退之道，只知道冲、冲、冲……结果突破临界点，超过安全边界，发生了江老师前面提到过的混沌事件，一夜回到解放前，有的人甚至还会触犯法律，身陷囹圄。最有意思的是，失败以后，刚才提到过的人性弱点——成功时人们喜欢找内因，失败时人们喜欢找外因，这个时候，年轻人不会再将失败的原因推给自己，而是推给了外因，感叹运气不济，开始怨天尤人。"

"吴总，您点评得太好了，将年轻人第一次成功与失败的轮回原因解释得非常透彻，受教了。我也是年轻人，真的要好好领悟，以免重蹈覆辙。我周围的朋友犯同样错误的，真的是太多了。最为叹息的是，他们至今都不知道犯错的真正原因是什么？基本上还都在找外因，都在感叹运气不好，环境不好，甚至还去咨询各种不着边际的易理，而从不去总结内因。"张林感叹道。

"第一次成功与失败的轮回结束后，人开始喜欢运气、风水之类的书籍。这些人自认为比别人聪明，看的书似乎也很高大上，玄之又玄，殊不知他们现在的喜好与第一次成功时的高傲一样，完全都是人性驱使的结果，一切都在人性的轨迹之中，一切都早已写在人类的基因之中。这时候，喜欢研究运气、风水的人，其实他们的潜意识是，第一次的失败不是因为我的本事不够，而是因为运气不好，所以我现在要研究一下运气；我的能力本来就很强，加上这次我又研究了运气与风水，那么，我的第二次成功很快就能到来，而且成功后再也不会失败了。"吴总继续说。

"那要是万一又经历第二次的成功到失败的轮回呢？"张林好奇地问道。

"不是万一，而是百分之百要经历！一个人，在经历第一次的失败以后，如果不能够躬身自省，深刻地在自己身上找原因，而是将责任外推，那么第二次的轮回很快就会到来，甚至还有第三、第四次的轮回……因为他们没有找到真正的轮回原因。守正用奇，是天道，只用奇不守正，人没有'根'，违反天道，容易引发混沌从而触发崩盘（江老师前面已经用表格以及大量的案例论证过）。违反天道的事情一定不会长久，违反天道博运气的事情不可复制，就算侥幸成功一次，接下来的一定不会是继续成功而是惨烈的失败。认识不到这些，人就永远都跳不出轮回。"吴总继续耐心地评说着。

"吴总，我想问一下：我们能不能通过一个人现在感兴趣的书籍来判断这个人处于什么阶段呢？"张林的好奇心被打开。

"我们的确可以通过书籍反推出一个人的大致情况。命理、八字、风水、奇门遁甲等运气玄学之类的书籍，一般是 30 岁左右，在第一次轮回结束后看的书籍；而易经、道德经、哲学等书籍，一般是 30~40 岁之间的人，经历过第二次轮回以后感兴趣的书籍，这个年龄段的人，会对道行、兴衰、进退、辩证感兴趣；如果一个人再经历第三次、第四次轮回，年龄在 40~60 岁之间，则会对佛学、宗教、天命之类的书籍兴趣盎然，已经有看破红尘的味道。当然，这些只是一个粗略的划分，因人而异。"吴总感叹说。

"那 60~70 岁呢？"张林又问。

"普通人 60 岁左右很少看书，因为都在忙着带孙子，自己这辈子已经没有什么盼头了，退休了，认命了，把希望留给下一代。至于 70 岁以后嘛，则喜欢看养生这一类的书籍，希望身体健康，多活几年，少给子女添麻烦就是这个阶段的成功。"吴总回答。

"那人的这一生，都是宿命论了，一切都是命中注定，一切都是老天爷安排好的吗？"张林有些悲观。

"我可没有这样说，我刚才说的是普通人的一生。如果你不想成为普通人，不想屈服于命运，不想臣服于基因，认真听江老师的投资心学课啊，江老师教大家如何战胜命运，在守正的前提下，成为投资界的精英人物，八九十岁都还可以笑傲投资江湖嘛。"吴总说道。

"感谢吴总的建议，我会认真学习的。对了，吴总，您是几家上市公司的董事，你们上市公司的守正出奇又是什么呢？"张林继续问道。

"投资心学提出的随缘适变的思想，我是非常赞成的。不同公司，有不同的守正出奇。上市公司一般规模都比较大，管理也很规范，员工数量也很多，不能瞎折腾，所以上市公司 80%~90% 的时间与精力都放在守正上，出奇只占很少的一部分（营销、公关、品牌部门会涉及一些）。如果你只有 10 万元，肯定是以出奇为主；但是，如果你有十个亿、几十个亿，你的投资必须以守正为主，投资的标的应该主要放在国债之类的固定收益产品上。我们上市公司的守正通常有：战略发展方向、经营方针、组织架构、流程再造、财务管理、预算决算、人力资源管理、对外经济合作等等。"吴总回答。

"非常感谢吴总，使我对上市公司有了一定的了解。吴总，我以前看过江老师的投资心学中级视频，其中提到一个人一生只有 3~6 次的大机会，机会用一次就会少一次。如果我们每次都是在重复'成功—失败'的轮回，每次结束时都还在原地踏步，做不到稳定上台阶、稳定进步，那么人的这一生就很难有所作为。吴总，面对人生第一次'成功—失败'的轮回，我们年轻人正确的做法应该是什么呢？"张林又问道。

"这个问题，我觉得还是交还给江老师来回答吧，我讲得不少了。"吴总微笑着谦虚说道。

吴总过谦了，刚才您的讲话非常有水平，都是干货，都是我们人生的真实感悟，让我们再次用掌声感谢吴总。

张林的问题问得很好。胜败乃兵家常事，经历人生第一次的成功与失败轮回并不可怕，任何人都会经历，关键是面对轮回的认知不能出偏差。有一句话很流行，说得非常好——你永远赚不到超出你认知范围外的钱，除非你靠运气，但是靠运气赚到的钱，最后又会靠实力亏掉。这是一种必然！你所赚的每一分钱，都是你对这个世界认知的变现；你所亏的每一分钱，都是因为对这个世界的认知有缺陷。这个世界最大的公平在于：**当一个人的财富大于自己认知的时候，这个社会有 100 种方法收割你，直到你的认知和财富相匹配为止。**

我们年轻人要掌握的最重要的一个认知，就是针对"成功—失败"轮回原因的认知。第一次的成功与失败来临时，我们的年龄都很小，工作经验和社会阅历都不足，所以不管你是做实业的、打工的，还是做投资的，第一次成功以后必然会遇到挫折与失败。我们不能掌控第一次的成功，也不能掌控第一次的失败，但是我们能掌控对第一次"成功—失败"轮回原因的反思与认知，从而达到对第 2 次、第 3 次、第 4 次人生大机会的把握，进而确保人生曲线稳步抬升而不是原地踏步，更不会大起大落，否则人一生屈指可数的 3~6 次大机会用完可就没有了。

这里我们直接引用投资心学中级课程里面的标准人生曲线图，可以形象地进行说明，大家请琢磨图 0401。

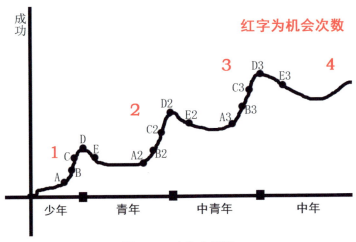

图 0401：人生曲线图

如果我们能够做到守正出奇，标准的人生曲线图应该与图 0401 相似，每一次人生的大机会来临时，人生曲线都会稳步上一个台阶。而当台风式的大机会走后，当曲线从局部高点 D2 开始回撤的时候，由于我们守正做得不错，人生曲线就能稳住阵脚，不会大幅下降，在 E 点附近开始构筑平台，等待下一次台风机会的到来。曲线的 A-B-C-D 段为上升阶段，也是出奇阶段，其特点是时间短，增长快，需要有外因、机会或者贵人的帮助，个人的能力差一些也不要紧，台风来了猪都能上天。当然，能力强的，出奇手段多的人，增长的幅度会更大一些，增长的速度会更快一些，增长的斜率会陡峭一些；曲线的 D-E-A 段为守正阶段，其特点是打根基、筑平台，时间长，增长缓慢，此时能稳住平台，不下跌就已经不错了，守正阶段靠的可是个人的真才实学。

针对"成功—失败"轮回原因的认知，错误的观点，刚才吴总已经说过了；正确的认知则刚好相反，而且还是逆人性的。当面对第一次成功时，我们一定要认识到：是外因特别是运气促成了我们的成功，内因只占很少的一部分。有一句话说得很好："人类每一次正视自己的渺小，都是自身的一次巨大的进步。"当面对第一次失败时，不要怕丢人，我们一定要认识到，外因、运气的影响因素很小，失败主要是由内因造成的，是我们自己的能力不够、本事不强。我们哪方面的能力不够呢？多数是因为我们守正的能力不够！我们只知道出奇不知道守正；只知道进不知道退；只知道秋收不知道冬藏；只知道"术"而不知道"道"。其最后的结果一定是：其兴也勃焉，其亡也忽焉！如何跳出历史周期率呢？守正是关键：打好根基，筑好平台。

我们再来看图 0402：

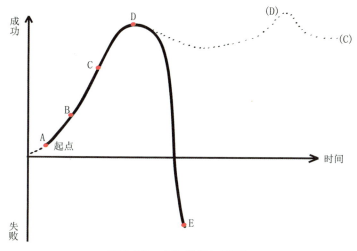

图 0402：人生升起与跌落

如果我们只出奇不守正，当台风来临时，由于猪都能上天，我们的人生曲线自然也会在运气的推动之下，从 A 点快速增长到 D 点。此时，如果我们守正做得好，人生曲线本来会沿着虚线部分，构筑平台横向走下去，等待下一个台风机会的到来。如果我们守正做得不好，只知道冲冲冲（甚至拼命放大杠杆冲），急功近利，特别容易发生混沌现象，所以当台风与运气消失后，曲线就从高点 D 开始大幅回撤，根本止不住跌势，最后暴跌归零，甚至负债累累。如果之前你是放杠杆式的操作，甚至回撤到负资产或者进监狱的 E 点，比台风来之前的 A 点还要低，人生越混越差。

"江老师，您的这两张图真是太有用了，有了这两张图，就非常容易解释您前面讲到过的那些大起大落的案例了。我们年轻人可要好好珍惜这两张图，要仔细研究，因为图中 A-B-C-D-E 的人生大机会只有 3~6 次，用一次少一次！"张林感叹道，"对比这两张图，小匡的案例我一下子就清楚了，小匡干的本来就是违法的事情，肯定是无法守正的，小匡只是胆子大，冒着坐牢的风险，疯狂地在 A-B-C-D 段出奇而已，由于没有守正的 D-E-A 平台作支撑，最后只要是碰到一次下跌（江老师前面讲过，就算他单次下跌的概率不大，但是连续获胜的概率会越来越小，失败一次的概率会越来越大），肯定会一跌到底，根本就收不住，直到破产坐牢为止。"

我们的年轻人张林进步也很快哦！

大家一定要牢记：不管是实业还是投资，不管是常人还是大师，判断一个人是否有真才实学的标准，不是看他春风得意的 A-B-C-D 上升暴涨阶段，而是要看他失魂落魄的 D-E-A 下跌回撤阶段还能守正。

"我坚决牢记。A-B-C-D 上升阶段，凭的多半是运气，台风来了，猪都能上天，猪能有真才实学吗？D-E-A 下跌期，台风走了，运气、贵人也没了，只能靠自己，这个时候，你还能挺住，不一跌到底，那可真是要点本事的哦。我做生意几起几落，对此特别有感受，光是回撤期间养家糊口的巨大压力，我相信很多人都会受不了的。"福建老严感叹道，"江老师，我现在更加明白您前面一直强调的画资金曲线的重要性了。只有画出一涨一跌完整的资金曲线，才能看出一个人真实的交易水平，特别是才能看到他在 D-E-A 回撤阶段的腾挪水平。"

老严，你"腾挪"两个字用得很好，看样子你是个会下围棋的人。

蔡忠涛、韩总、石建军等同学一直都在食用油、黄金饰品、智能音箱等各自的行业中默默耕耘，对各自的行业结构、供求关系、产品链、库存等等都非常熟悉，并且还有大量的分散的客户群体，腾挪守正的工作做得认真细致，根基打得牢，D-E-A 段平台筑得扎实；在守正的基础上，他们就能够找准时机，发现台风机会，大胆出击，靠事先囤货，在 A-B-C-D 段赚取价格波动时的大额利润。就算是价格波动判断错误，价格下跌，囤积的货物也会因为有很多分散的客户拿货而被消化掉，不至于长期积压在手，造成巨额的损失，人生曲线不会暴跌归零。

回到前面谈到过的刘邦为什么将萧何排在开国功臣的第一位，从图0401看就很容易理解。曹参、韩信、张良等人的能力体现在上升期的A-B-C-D这些出奇的时间段，而萧何的能力则体现在了D-E-A守正的时间段。A-B-C-D时间段保证你在走运的时候，上升的幅度更快、更多一些。而D-E-A时间段则保证你活得更久、更稳一些，特别是在你运气不好、面临失败的时候，保证你下跌的幅度不会太大，保证你有强大的后盾与根据地做支撑，保证你还有东山再起的机会。正因为如此，楚汉战争时，刘邦好几次全军溃败后，全靠萧何守正的不世之功，才有了后来的屡败屡战的机会。

与此相对的，则是个人能力超群的西楚霸王项羽。项羽的个人作战能力应该是中国历史上数一数二的。成语"破釜沉舟"就是形容项羽5万精兵以少胜多，巨鹿之战大败秦国名将章邯40万大军的故事，至今如雷贯耳。项羽几乎每战必胜，出奇的能力绝对出神入化，独步天下。然而楚汉相争，最后获胜的，却是刘邦，而非项羽，其结果令人唏嘘，其中最重要的原因就是项羽在D-E-A段的守正能力太差！比如，识人、用人、奖赏分明是一个统帅非常重要的守正能力，项羽在这方面就非常差。韩信原来本是项羽的手下，最后却投靠了刘邦。韩信这样描述项羽"战胜而不予人功，得地而不予人利"，项羽舍不得拿出真金白银和高官厚禄来犒赏部下，项羽在封赏功臣时，会把印玺攥在手心里揉搓半天，犹豫不决，迟迟不肯松手，最后不了了之，以至于印玺都被磨破了棱角。将士们拿性命厮杀换来的战功，却得不到应有的爵位和赏赐，作战积极性越来越低，人才流失严重，多数人跑到刘邦那里。范增，秦末谋略家、政治家、项羽的主要谋士，与刘邦的谋士萧何齐名，也属于守正式的人物。然而刘邦用得好萧何，项羽却用不好范增。范增跟随项羽参加巨鹿之战，攻破关中，屡献奇谋，被项羽尊为亚父。鸿门宴时，范增多次示意项羽杀刘邦，劝说项庄舞剑，借机行刺刘邦，终未成功。后来，陈平施离间计，使范增受到项羽猜忌，辞官归家，途中病死。从此项羽身边几乎就没有一个会守正的能人，最后哪有不败之理？

项羽一生只失败过一次，就是最后的垓下之战；而刘邦对项羽，则屡战屡败，似乎只赢过项羽垓下这一次，但笑到最后的却是刘邦，并建立了大一统的王朝——汉朝。项羽骨子里只喜欢出奇，对守正没有兴趣，也没有那个耐心，所以项羽完全不具备刘邦那种屡败屡战的韧性。项羽垓下之战，大败突围到乌江边，最终不肯屈身过江东的情形，司马迁的《史记》描述得很清楚："项王乃欲东渡乌江，乌江亭长檥船待，谓项王曰：江东虽小，地方千里，众数十万人，亦足王也。愿大王急渡。今独臣有船，汉军至，无以渡。项王笑曰：天之亡我，我何渡为……"这是项羽对待根据地的态度，我们也可以看出他与刘邦的差距。在中国历史上，想要逐鹿中原，夺取天下，最为核心的守正任务就是经营好自己的根据地！根据地之重要性，如大树之根。如果扎实，任外界环境风吹雨打，地动山摇，也难撼动。如曹操虽败赤壁，但后方安稳，仍不失为最强势力。相反，苻坚后方不稳，虽拥兵百万，淝水之战一战即溃，国亡身死。其实苻坚的军事失利根本不算什么，这个失利只是一根导火索而已。而曹操之败远甚于苻坚，但因后方稳固，及时补充，孙刘两家并不能取得更大利益。项羽垓下之败，本来还有机会退回江东，积蓄力量，东山再起。然而由于项羽只喜欢 A-B-C-D 段的冲冲冲，看不起 D-E-A 段的守正，不懂根据地的重要性，加上自己特别好面子，自觉无颜见江东父老，最终在乌江自刎而亡。历史上，除刘邦、曹操重视根据地建设外，最终获得成功的，还有朱元璋的广积粮缓称王策略等等。凡是不重视根据地的守正工作，战略发展错误的人，最终都会在中原逐鹿的战争中落败。除项羽、苻坚外，还有很多案例。例如，明末的李自成，连明朝的首都北京都攻打下来了，但是由于自己守正能力不行，小农意识严重，小富即安，目光短浅，没有稳固的大后方，山海关一片石之战后，李自成军队得不到及时的休整补充，结果一败再败，被敌人追着到处乱跑，只一年，李自成就兵败身死九宫山，最后还在历史上背负一个流寇的骂名。太平天国顶峰时，占据大半个中国，而且还包括富饶的江浙地区，然而，洪秀全定都南京后，不但没有经营好自己的大本营，还出现了严重的窝里斗，杨秀清、韦昌辉被杀，石达开负气出走，太平军元气大伤，丧失了乘胜歼灭清朝的有利时机，天京事变是太平天国由盛转衰的转折点。

综上所述，**凡是想有所成就且能长久成功的人，无不是以守正出奇为做事的基本原则，因为，只有守正出奇，才符合天道，才能长久，才可能做寿星。**

我的总结：奇正的关系，和术道的关系，其实也是相通的。正所谓：有道无术，术尚可求也，有术无道，止于术。同理：有正无奇，奇尚可求也，有奇无正，止于奇！

正所谓：孤阴不生，独阳不长。同理：守正不出奇则愚，出奇不守正则邪！

我们既要守正，也要适当地出奇，并在不同的外部环境条件之下，保持一种正与奇、阴与阳的动态平衡关系。

（视频 1：守正出奇与多因子选股策略）

第五章：一个月 20 倍

股指期货这波行情到来，就 1 个月时间赚了 20 倍，1.35 万元变成了 28 万元。这波行情持续了 7 个月时间，总共赚了快 70 万元。这次行情能从头到尾完美获胜，其原因是我们会买，同时也会卖，我们守正出奇做得到位；而普通投资者，只知道出奇，不知道守正，更不知道杠杆是一把双刃剑啊！

| 1 |

"江老师，上一章，您讲的守正出奇，真是讲得太好了，我有一种醍醐灌顶的感觉！作为年轻人，如果能早一点掌握的话，为人处世就可以少走很多弯路，甚至谈恋爱都能用上。比如，谈恋爱时，男方人要正，心要诚，要有学识、内涵、修养，当然也要有一定的经济基础，这些就是守正；而大胆出击献殷勤，切磋兴趣爱好，或通过浪漫的文艺约会创造条件，这些则属于出奇。"小明马上就能活学活用。

是的，小明，你要抓紧啊，30 多岁，年纪不小了，不能光出奇不守正，光挣钱不结婚。现在学到秘籍了，赶紧找一个老婆成家吧。

"谨记老师的教诲！江老师，既然守正出奇非常重要，又是做大事的基本原则，那么一定能用在投资上吧？"小明问道。

当然啦！我们做投资必须守正出奇！

前面说过，守正出奇也是我们做投资的基本原则，它使我们投资的行为规范合于天道，顺天应人，既能保证我们投资的结果可以做到长期、稳定地盈利，又能将投资变成一件轻轻松松、悠闲自得、非常容易的事情，达到投资、生活、修行的天人合一。

然而，非常遗憾的是多数的投资者做投资的时候，只注重出奇，忽略了重要的守正环节，最后往往都是以悲剧结束。因为：守正不出奇则愚；出奇不守正则邪！

我早年的三次倾家荡产，表面看都是各种各样的原因，其实根本上看就是只出奇没有守正。那个时候，我才二十六七岁，年轻气盛，哪里懂阴阳和谐、守正出奇的道理。当时在出奇的 A-B-C-D 的上升阶段，只知道拼命放杠杆往上多冲一点，拼命研究各种能快一点发大财的"术"，哪里知道台风来了以后还会走？哪里知道人生的曲线还有下降的 D-E-A 阶段？我当时的投资靠的就是两招：消息与杠杆，外加胆子大，根本就不知道投资还需要守正，还需要术道兼修，也没有学习任何现代金融学与投资学的理论知识，现在回想起来，真是初生牛犊不怕虎，自己当时就如同水上漂那样的无根之木，时间一长，哪有不败之理啊。最后一次倾家荡产，前面靠消息做对了 10 只股票，但是最后一次，消息稍有偏差，市场稍有风吹草动，就满盘皆输，爆仓出局。

"江老师，我认为绝大多数的人，在 A-B-C-D 的上升阶段，天天想的都是怎样快速发展、快速赚钱，要更上一层楼，哪怕是非常有名的人物也都是这样的，几个直播带货的头牌就翻了车。走运的时候，谁会去想下跌那些不好的事情呢？中国人平时最忌讳说的是：死、亏、输、病之类的词。江老师，怎样才能做到守正出奇呢？就算我们知道要守正出奇，但是要想真正做到，我猜也是很困难的事情吧。"小明继续提问。

小明同学，你的问题非常好，"如何做到守正出奇"这个题目非常大，我们后面的章节全部都是围绕投资如何做到守正出奇而展开的。不过，在解决"如何做到守正出奇"之前，我们要先解决"是什么"的问题。为此，我们这里还要先讲讲投资守正出奇的具体量化目标。

"老师您这里还有投资守正出奇的具体的量化目标，真是太好了！"小明高兴地说。

守正出奇，正为体，奇为用！体尽量如如不动，稳定发展；作为用的奇，则可以如天地运行那样变化无穷，像江河那样奔流不竭。用兵的根本之道在于"以正合，以奇胜"，大凡用兵作战，一般都用"正兵"当敌，以"奇兵"取胜。做投资，正面当敌的"正兵"，即我们的大部分的资金，要保证长期稳定盈利，其年化收益率应保持在 20%~30%。大家不要嫌少，请注意我这里说的是两年以上长期的平均年化收益率，而不是仅仅指你最近几次或者几个月的收益率，投资领域都是"一年三倍犹如过江之鲫，三年一倍却凤毛麟角"；而负责取胜的"奇兵"，即我们的灵活使用的资金（大约占总资金的 20%—30%），则要在正兵对峙的情况之下，善于发现台风机会，大胆出击，以小博大，争取几倍甚至几十倍的超额收益。这就是我们做投资守正出奇的具体量化目标。

| 2 |

"一年几十倍，这个赚钱的量化投资目标太牛了！我超喜欢。江老师，赶快教我们这样的投资秘籍吧！"崔胜兴奋地说道。

"哈哈，崔胜师兄，老师刚刚说完守正出奇，你马上就忘记了。老师说过：孤阴不生，独阳不长。守正出奇，正为体，奇为用，两者缺一不可。我们不能只谈出奇的一年几十倍的收益。我们应该将主要的精力放在守正这个体上，那才是我们真正的量化目标。我们要让我们的'正兵'，即我们的大部队资金的年化收益率保持在 20%～30%，至于'奇兵'的几十倍，我们只需为台风机会的到来时刻做好准备就可以了。因为那是可遇不可求的事，要随缘：有，更好；没有，也不强求！"蔡忠涛纠正崔胜。

"蔡师兄，你才听完一节课，道行就提升了很多嘛，佩服！我一听到一年能赚几十倍，兴奋得不得了，什么都忘记了。看样子，只想出奇不想守正的习惯，很难一下子改掉啊。" 崔胜笑笑说。

"主要是江老师教得好！另外，活学活用嘛，我将江老师的理论去结合自己的本职工作，就特别容易理解。我的食用油批发生意，靠出奇，如果运气好，囤货赚差价，偶尔一两次也赚过几倍、几十倍的。或者，碰到一个大客户，一下子也能赚个百八十万的。但是，我心里明白，这些出奇，都是可遇不可求的，不是天天都有天上掉馅饼的好事。我主要的精力还是放在守正上面：严把进货的产品质量关、多渠道开发上下游、服务好每一个大大小小的客户……只要守正做得好，出奇赚大钱的好事，自然跑不了！就算暂时没有，平时也能赚点小钱，养家糊口没问题。其实我觉得江老师说到守正的长期年化收益率能做到 30% 就非常厉害了，巴菲特平均年化收益率还不到 25% 呢。我们要是超过他，不是比巴菲特更神？"蔡忠涛说道。

蔡忠涛活学活用，值得大家学习。蔡忠涛刚才说的食用油的守正出奇的生意经，很符合天道，符合天道就能长久。有人喜欢将天道说得玄乎其玄，以显摆自己的水平。其实，大道至简，天道就在我们日常的工作、生活中。古代的庄子，甚至认为道在蝼蚁、稊稗、瓦甓、屎溺中呢。我们要在平时的点点滴滴中，发现天道，遵守天道，依道而行，这样才是长久之计。正为体，奇为用，两者缺一不可。我前面提到出奇的几倍、几十倍，一定是以守正的 30% 为前提的。抛开正，只谈奇，抛开稳定盈利，只谈多少倍的暴利，是没有意义的！普通投资者，如果眼中只看到相，只看到用，而忽略了体，只想走捷径学习出奇的秘籍，不去踏踏实实学习守正的基本功，那将是非常危险的事情！不但赚不到钱，而且还有爆仓与倾家荡产的风险。另外，还记得第二章我们讲到的"如有"吗？你学习出奇的秘籍，如果没有"守正"的根基，秘籍将成为"如有"：时有时无，时而有效时而无效，投资对你来说将变成一件非常困难的事情。

我再举个例子，大家就更明白。我们走进果树林，看见枝繁叶茂、硕果累累，非常羡慕，也想拥有一片自己的果树林，长年累月都有水果吃。我们能不能只拿走树枝与树枝上的果实，而不要树根呢？肯定不行！我们必须将整棵果树都带走，回去栽种才有意义，树上的果实才能连绵不断地经常有。守正出奇与此同理！出奇是树叶、果实；守正是树干、树根。出奇是果；守正是因。我们不能只要果，不要因。我们不能只要果上出奇的几倍、几十倍，而不要因上守正的 30% 的稳定盈利。因为：没有因哪有果？没有根哪有叶呢？

这就好比蔡忠涛的食用油生意，靠囤货的价差赚大钱或者搞定一个大客户，这都属于果。这个果是蔡忠涛平时积累生意经验、服务好每个客户等等这个因所产生的果。没有平时的耕耘与积累，哪有最后的辉煌呢？

同理，投资与交易，靠一波大行情，靠出奇赚上个几倍、几十上百倍，这都属于果。这个果是我们平时按照量化交易系统做好每一笔交易，保持 30% 左右的年化收益率的这个因所产生的果。没有平时的耕耘与积累，哪能发现大行情？哪有最后的辉煌呢？

这些就是天道！这些才是赚大钱的真正秘籍！天道平坦宽敞，天道简单易行，天道也很容易理解，但是，为什么大多数的众生却找不到天道或者经常违反天道呢？老子的《道德经》五十三章给出了答案："大道甚夷，而民好径"。因为多数众生骨子里不喜欢大道而喜欢捷径，不喜欢简单而喜欢复杂，不喜欢规则制度而喜欢阴谋论，不喜欢道而喜欢术，不喜欢正而喜欢奇，不喜欢慢而喜欢快，不喜欢耕耘而喜欢直接拿结果！骨子里都不喜欢的东西，再找也找不到啊！就算直接给他，他也会视而不见，更不会采用。最典型的例子就是："江老师，您教我的投资方法好是好，就是太麻烦，干脆你就直接告诉我明天哪只股票会涨吧！"哈哈，他们不需要解题的方法，他们就想直接要明天考题的答案！

"江老师，《道德经》提出'大道甚夷，而民好径'，为什么百姓喜欢走捷径呢？这不是符合人性吗？"小明问道。

小明同学的这个问题问得非常深，涉及更深层次的人性问题。印光法师说得好："众生怕果，菩萨畏因。"为什么我们常人达不到菩萨的境界与智慧，为什么不能去因上找方法呢？常人往往都是图省事直接在果上去找。那是因为从因到果是需要时间的，有时间延迟，因的效果往往要花较长时间或者付出更大的代价才能显现出来。

人性中有一条最基本规律——"遵循阻力最小之路"（应该也是自然界的普遍规律，电也走最近的路），由此可知，常人一定会图省事直接在果上去找捷径，如果要像菩萨那样去因上找，则需要更多的智慧、更高的维度、更多的耐心与更大的勇气。

"民好径"是人性的弱点，它决定了绝大多数投资者根本就没有可能找到投资的真正秘籍。投资秘籍到底有没有？有！但在因上不在果上！然而，绝大多数的众生喜欢捷径，所以会直接在果上去找投资秘籍，结果往往南辕北辙，根本找不到（或者暂时找到了，也是一个"如有"的时效问题）。他们犯了头痛医头、脚痛医脚的毛病。我们应该学习菩萨，在因上去找方法、寻原因，而不是图省事直接在果上去找，这样我们才能真正地找到投资的本质。

举几个例子更好理解。

井陉之战，韩信出奇兵二千骑，从后面包抄突入赵国的壁垒，大破赵军，生擒赵王歇。如果我们学习韩信的用兵谋略，只在果上去找方法，那我们就会认为井陉之战，韩信获胜的原因就是善出奇兵。殊不知，出奇制胜的根本原因是韩信守正守得好，韩信的几万正兵平时训练有素，在阵前与赵国的大部队殊死搏斗，打得难解难分，有效地牵制了赵国的主力部队，这才为韩信的奇兵创造了有利的时机。守正出奇，以正合，以奇胜，正为体，奇为用，正才是主角和根本！就算韩信不出二千奇兵，我们相信韩信也不会失败，靠正兵对阵也能慢慢蚕食赵国的部队，只是获胜的时间会延后。但是，如果我们眼中只看到相，只看到用，而忽略了体，只想走捷径只想出奇兵，在没有正兵对峙的情况之下，直接派奇兵从后偷袭赵国的大本营，其结果肯定不是大获全胜，而是全军覆没。三国时马谡失街亭就是这样活生生的案例。马谡不在街亭的山下扎寨，而是跑到远离水源与粮草的山上去扎寨，想学习霸王项羽破釜沉舟的巨鹿之战。马谡就是只从相、从果上找原因，而没有从因上、根子上去寻找原因。他认为巨鹿之战项羽获胜的原因就是破釜沉舟，置之死地而后生。殊不知，项羽获胜的根本原因是他的部队作战勇猛、单兵能力史上最强，可以以一当十，另外加上秦朝失掉人心，天下之人都希望早一点推翻暴秦的统治，破釜沉舟、置之死地都只是一个助力和外因而已，并非根本原因。

马谡纸上谈兵，兵败身死，教训不可不谓深刻。我们如果只从相、从果上找方法，寻原因，甚至还会亡国！鸦片战争后，清政府也想励精图治，想再现辉煌。清政府从外国列强用坚炮利舰打开中国国门这个果出发，得出一个错误的结论：只要武器好，就可以实现强国之梦。清政府，特别是洋务派，花了很多钱，通过购买外国军舰，建立起北洋水师，号称亚洲第一、世界第八。结果呢？清政府实现强国之梦了吗？没有！能买回来一个现代化吗？不可能！1894—1895 年，北洋水师舰队在中日甲午战争中全军覆没，它标志着洋务运动的破产。1895 年 4 月，清政府被迫签订了《马关条约》。1912 年 2 月 12 日溥仪颁布退位诏书，清朝寿终正寝。清朝末年，中国落后挨打的原因，绝对不是武器不够好、设备不够精良这么简单，清政府不从制度、文化、用人、科技和腐败统治等深层次方面找原因，肯定不能发现问题的根结，自然也无法找到真正的强国之法。

"江老师，我明白了。您的意思是广大的投资者以前一直都在找投资的秘籍，结果南辕北辙，总也找不到。其实根本的原因不是没有投资秘籍，而是由于人性的弱点，大家喜欢省事、喜欢捷径，直接跑到果上去找，结果肯定找不到。就算找到了，也是'如有'的方法，更是违反天道的方法，时间久了，一定失效。投资者应该学习菩萨的智慧，不要嫌麻烦，要从因上去找秘籍，这样才能找到真正的符合天道的长期有效的投资秘籍！江老师，我说得对吗？"小明兴奋地说。

你说得非常对！其实这个道理很简单很好理解：如果投资秘籍真在"捷径"上，那一定符合人性，肯定好找，既然好找，那么多数人一定都能找到。事实上有"如果"吗？多数人能找到的赚钱方法和秘籍吗？并且还能长期有效吗？

《道德经》说"反者，道之动"，还说"以不争为争"，我们投资心学也提出："最曲折的路才是最近的路。"所有这些都是要告诉大家，直接在看似最近的"果"上去找秘籍，一定是错误的，越找越远，越找越找不到。而是应该转一个弯，在远一点（甚至是反面）的"因"上去找，我们才能找到。有时候，远就是近、近就是远，反就是正，正就是反。还有一些投资者，被几倍、几十倍暴利的外相迷住了双眼，直接将果和因、奇与正割裂开来，他们只看果不看因、只要出奇不要守正，其结果，近却变成了远，他们不但找不到秘籍，还会适得其反，沉迷于相，最后走上了倾家荡产的邪路！"出奇不守正则邪"！

比如有些人，守在福彩中心领奖大厅，想学习别人中彩票大奖的秘籍。中奖者那天刚好穿了一条红内裤。学习者想当然地认为，中大奖的秘籍就是要穿红内裤，以后每次买彩票，他都穿红内裤去买。大家认为他学到秘籍了吗？他会中大奖吗？肯定不会！不但不会，甚至还有一些人会沉迷于研究某些所谓的彩票选号秘籍中，不能自拔，严重"着相"，到最后，破产还是小事，甚至有牢狱之灾，甚至丢掉了性命。大家可以网上去查一下2007年邯郸农行金库被盗案，罪犯任晓峰竟然将偷来的几千万元全部用于购买彩票，结果赔了个精光，还被判处死刑。常规福利彩票最高的中奖金额才500万元，拿几千万元去博500万元（结果还没有博中），疯了吧？这就好比偷了辆奥迪车去跟别人换了辆奥拓，正常人谁都不会干这种傻事。任晓峰沉迷于彩票，丧失理智，反误了卿卿性命，这个案例值得大家深思啊！

比如还有一些人，看到别人做期货、做外汇、炒比特币等短期内赚了大钱，而这些投资案例都有一个共同的特点，就是放大了杠杆。投资者马上想当然地认为，别人做投资发大财的原因一定是因为胆子大，敢借钱，敢放杠杆。投资者有样学样马上也去借钱，去抵押家中的房产，一头扎进期货、股票、外汇等市场中。大家认为他学到真正的投资秘籍了吗？未来投资他真会发大财吗？

"真是聋人不怕雷，不先好好学习，就去直接玩期货与外汇，危险啊！杠杆是把双刃剑，未来他不倾家荡产就要烧高香，老师前面讲了那么多的案例，包括很多'上天台排队'的案例，真值得我们深思啊。江老师，我想请教一个问题，您刚才说我们不要从果上直接去找原因、方法和秘籍，那我们到底应该怎样去找秘籍呢？我认为还是要从投资的结果入手吧？要不我们怎么知道哪一个人的投资水平高呢？我们究竟又应该向谁学习呢？"小明不解到。

是的，我们寻找投资秘籍，学习别人的成功经验，首先还是要从果、从根上入手，但是，是入手而不是直接去找，更不能迷于外相。

为了让大家更好地学习掌握正确的方法，我举一个发生在我自己身上的真实案例——股指期货，一个月 20 倍的奇迹。大家试着从这个案例中，从因上和根源上去寻找真正的投资秘籍。

"一个月就 20 倍，太吓人了！江老师，是真的吗？"崔胜两眼又开始放光。

江老师看了崔胜一眼，微微一笑：哈哈，刚说完不要迷于外相的……

| 3 |

2014 年 11 月下旬，一个周末，深圳华强北路赛格广场附近的星巴克咖啡，我以前的小弟牛海请我喝咖啡："江总，您看我跟您十几年啦，您如果有好的发财机会一定要带上我啊。"

牛海，你这些年一直跟着我，我很感激，这不是我已经将赛格档口的股份全送给你了吗，往后我就不再做计算机系统集成生意了，你自己做，自己当老板了。我年龄大了，不太适合再做这些实业生意了，我还是专心专意做好我的金融投资。

"江总，我说的不是赛格的生意，我是想跟着您利用业余时间做点投资，股票、期货、期权都可以，总之你搞啥我就搞啥。您是知道的，现在客户都网上购物，档口生意不像以前了，发不了大财啦，只能养家糊口。"

金融投资需要专业知识，需要经过很多年的训练，你现在做实业生意，恐怕很难有那么多的时间来学习投资吧？

"江总，不对，现在应该叫您江老师了，我是准备拜您为师认真学习投资的，不过，学习需要好几年的时间啊，等不及了！"

为什么等不及了？我好奇地问。

"江老师，您网上的投资心学互动交流会，我可是每次都认真收听的，您说的每一句话我基本上都记得。最近这次投资心学互动交流会，您亲口说的：一个千载难逢的投资机会已经摆在了我们的面前。您预测今年股票市场会迎来一波大行情。您说我要先跟着您先学几年的投资课程，然后再去操作，黄花菜都凉了。江老师，眼前的这一波股票行情，我就想抓住它，您千万要带上我一起发财啊，边赚钱边学习，不是更好吗？"

哈哈，牛海，你一定是看到我在 7 月 22 日股市行情启动以来，这几个月赚到了一些钱，心动了吧。我是说过千载难逢这样的话。我做股票三十年，根据我的股市经验与基本面分析能力，再加上我们投资心学量化交易系统的技术指标信号，未来大概率是有一波股市行情。不过，具体什么时间来行情，我无法准确预测，应该就是在最近，上证指数再涨个 50%～100%，还是有可能的。

"江老师，我才开始学投资，技术分析、基本面分析都还不懂，我就是相信您这个人。您说咋搞我就咋搞，最好马上就搞起来！"牛海急切地说道。

牛海，我们用来做投资的钱一定要是闲钱，你最近才开始创业，你有闲钱做投资吗？

"江老师，您这是说到了我的痛处。马上年底了，很快就要交档口租赁费了，一次就要交一年的。我算了一下，扣除档口费与做生意的流动资金以及我预留的两个月生活费，剩下我就只能拿出不到 15000 元来搞股票投资。"牛海不好意思地说道。

就一万多元？这么少，怎样做投资？我们做投资讲的是守正出奇，没有几十万，怎样守正啊？只出奇吗？那是非常危险的。

"守正不出奇则愚；出奇不守正则邪！江老师，我知道您投资的原则是守正出奇，这不是没钱来守正嘛，加上行情不等人啊。守正做到了，但行情错过了，也是没用的啊。股票下次再来行情，又不知道要等上个多少年。江老师，看在我帮您打工很多年的份上，帮一下我呗，这次由您来守正，我来出奇，再危险也干，大不了就是一万多元嘛，就当打水漂了，赌一把！"牛海坚定地说道。

你说的也有道理，中国股市一般要七八年才有一波大行情，行情不等人啊，随缘适变，先将这一波行情抓住再说。另外，一万多元的确也不多，就算你全亏完了，也不会伤筋动骨，不会影响到你的实业生意，那就将你的实业生意算作是守正吧。看在多年交情的份上，我就帮你这一回。不过，牛海，你要做好本金一万多元全部亏完的准备哦。其实，我们只有 3～4 次下注的机会，不排除 4 次全输的可能性。4 次下注能抓住台风的概率，我估计有六七成。

"七成够了！江老师，非常感谢。我已经做好全输完的准备。"牛海再次坚定地说道。

那就好，全输完别怨我就行。对了，我们再确定一下交易的盈利目标。刚才我们定好了最大的亏损金额，就是你这 1 万多元的闲钱。那如果我们 4 次机会赌对 1 次，赚钱了，你的盈利目标是什么呢？这决定了我们将采用什么样的交易工具。

"您刚才不是说上证指数预计会涨个 50%～100%，那我的盈利目标定个翻一番吧，一万多的本金赚到 3 万元，您觉得怎么样？"牛海看着我小心地说道。

我摇了摇头。

"那赚 50% 吧，到 2 万元，如何？再少，赌一把就没啥意思。"牛海说道。

我摇头的意思不是认为你定的目标太高了，而是定得太低了！太保守了！

"啊，是这样的啊！能往高处定吗？那太好了！我本想一波行情来了，翻一番就很满足了，再多就不敢去想了。江老师，那我斗胆定个 3 倍吧，您看如何？"牛海小心翼翼地说。

看你就这点出息，还是太保守了。我预计这波行情如果真的来了，应该能延续个半年到一年的。这样，咱们定个 20 倍吧，半年 20 倍的投资目标，怎么样？

牛海瞪大眼睛，惊奇地看着平静的江老师，吞吞吐吐地说道："江老师，我没……没听错吧，20 倍？"

没听错，就 20 倍！

"江老师，这好像不是你的投资风格啊，平时您做投资都是小心谨慎的，开口闭口谈的都是守正与风险，很少谈收益，就算谈，也最多是年化 30% 左右。这次您是怎么了，一上来就是 20 倍，怪吓人的，是不是有点高啊？"

守正出奇，大资金守正，当然要小心谨慎，以风险控制为第一位，年化 30% 左右已经很不错了。而我们现在谈的是你的出奇，你已经将风险资金 13500 元单独计提出来了，钱不多，又不影响生计，还有什么担心的，大不了全部亏完。再说，中国股市 7～10 年才来一波大行情，间隔那么长时间，来了不抓住，不将杠杆用到极致，那不是可惜了，下次再来行情的时候，我们人都老了。诸葛一生唯谨慎，但也有唱空城计大胆演一出的时候。这就是我们投资心学的核心思想——随缘适变！对了，知道为什么我之前去了好几趟川藏吗？

"不知道哦，我也在疑惑，川藏有那么好玩吗？"

你们年轻，不太懂，去川藏可不是单纯去旅游的。主要目的有两个，一是洗心之旅，边走边修行，边走边悟道；二是冒险之旅，川藏线 318，新藏线 219，路途遥远，道路艰辛，还有塌方泥石流的风险，是训练勇气与心理承受力的好去处。这两个目的，也是投资能做到守正出奇最需要的内功。

守正，需要明心见性，需要等待与安静的力量；出奇，需要冒险激进。

打仗，关键是看将军的勇气而不是参谋的聪明；投资需要随缘适变，该守正的时候安静守正，该出奇的时候迅雷出奇。

"我有点懂了。江老师，您一直说随缘适变，这次我算是受教了，佩服！人和人的差距，不服不行啊。一般的人，只会'猴子掰苞谷，掰一个扔一个'，学完新的忘了旧的；或者学了守正就只知道一味守正，大机会来了也不出奇；或者学了出奇就只知道冒险激进，忘了守正的根本。厉害的人，会将之前所学的知识融会贯通，然后随缘适变，根据不同的外缘环境与前提条件，采用不同的方法来处理问题，而且还能随时调整权重比例，动态平衡，以保证各种方法不超过各自的适用边界。这些您以前讲课的内容，原来懵懵懂懂，这次我才真正地明白了是什么意思，看样子人还是要经历事才能成长。江老师，您这次答应亲自出马帮我操作，真是太谢谢了。那我们这次盈利的目标就定半年20倍！"牛海赞叹道。

定好了亏损与盈利的目标后，下一步我们来确定投资交易工具。

"不是买股票吗？我的股票账户都准备好了，我这就将股票账号与密码告诉您，您买哪只股票都行。"

目标20倍，怎么可能炒股票，一波行情，炒股票半年大概率最多赚个2~3倍，离目标差得太远了。

"难道是做期货？做股指期货吗？关键是我还没有期货账户啊，还有，股指期货好像要50万的本金才能做，我也没有这么多本钱啊，我只有13500元啊。"牛海为难地说道。

期货也很难做到20倍的目标，我们要用期权工具。

"期权？太吓人了吧，好几十倍的杠杆，再说中国股票市场现在暂时也没有股票期权这个交易品种啊。"

没有不要紧，我们自己创造一个期权。

"自造期权？太神奇了吧，投资市场闻所未闻的事情。江老师，靠谱吗？能用吗？"

既靠谱也好用，比上市的普通期权还好用。普通期权是有到期时间限制的，普通期权即使标的物的价格没有任何涨跌，期权每天都在自动贬值，离到期时间越近，贬值得越厉害。到期日当天，期权价值自动归零，所以普通期权不可能放很久。而我们自己创造的期权，是没有到期时间限制的，标的物的价格没有变化，我们自造的期权也可以一直持有，没有自动贬值的风险。另外，自造期权不用交期权费，而购买普通期权需要交期权费，期权费一般都不便宜，金融市场上，期权费通常都是本金的4%上下，也就是说玩 25 把期权，没有赌对大的行情，就算平进平出，本金也会被消耗光。

"江老师，原来您这里还有投资的独门秘籍啊，怪不得可以笑傲江湖。自造期权具体怎样的搞法，赶快说给我听一下。"牛海瞪大双眼。

牛海，不要着急，在说秘籍之前，我先郑重地申明一下。任何秘籍都是一把双刃剑，我现在告诉你自造期权的秘籍，相当于打开了你欲望的潘多拉盒子，是福是祸还真不好说。本来这种出奇的秘籍，必须等到我的弟子连续两年守正都能稳定盈利，并且还要经过掷骰子模拟投资游戏的内功心法训练后，才可以传授。不过，由于这次时间紧迫，股票大行情呼之欲出，来不及再等了，加上你我多年的情谊，所以我破例先教你如何使用，先上车后补票。不过，如果你的道行不高，内功不行，嗜欲过深，这次如果你靠投资心学自造期权的方法赚了大钱，我估计你很容易会对出奇制胜暴利上瘾的，以后做投资，你只愿意出奇，只想拼命地放大杠杆而不愿意再踏踏实实地去做守正的工作，因为守正的 30% 的年化收益率与出奇的几十倍相比较，真的是太少了。打完大麻将，再打小麻将就没啥兴趣。所以先打预防针，如果真出现这样的情况，你可不要怨我哦，是帮你还是害你，你可要自己拿主意。

"江老师，我这里郑重承诺一定不会出现你担忧的情况！我绝对不会对出奇上瘾的！以后也绝对不会埋怨您的！如果真的挣了几十倍，我会将这些钱拿去守正，拿去做您的趋势组合投资。我不会经常使用自造期权的秘籍，也不会贪得无厌地连续放杠杆的。江老师，总之，您放心，我当小弟跟了您这么多年，耳闻目睹了很多兴衰起伏的故事，您经常提到的本罗湖首富、美女股神、刚哥、辉总、章华、彭飞、长期资本等等投资案例，我都烂熟于心。我对守正出奇还是有一定了解的，出奇只是我们偶尔为之的一个工具，而守正才是我们立身处世的根本。就像是我们做档口的电脑生意，多找客户、多装电脑、多做点系统集成的生意，这些就是守正；偶尔囤积点内存条，待价而沽，靠差价赚大钱，属于出奇。内存条大涨价，几年才有一次机会，哪能天天搞啊。"牛海努力解释着。

那我就放心了。看样子你平时是一个有心人，偷偷学艺，学了不少东西嘛，哈哈。

"江老师，强将手下无弱兵。不过，我有几斤几两，自己还是有自知之明的。守正出奇的道理虽然我已经懂了，但是，守正出奇的力度与火候把握，守正出奇的权重分配，守正出奇的边界，守正出奇的动态调整，特别是出奇成功后如何收手，如何避免触发混沌破产，这些我掌握得还远远不够，所以这次还得请您亲自出马，帮我操盘才行，否则我怕白白地浪费了一次宝贵的股市台风机会。台风来了，没抓住，没跟上，或者台风走了，又从天上摔下来，都是很郁闷的事！我可不愿意像您推荐的电视剧《天道》[①]

---

① 强烈推荐投资者看《天道》这部剧，下面说三人扒到井沿又掉下去，是将他们三人比喻为井底之蛙。

里的刘冰、冯世杰、叶晓明三个人那样，只是扒着井沿看了一眼外面的世界又掉了回去。"

你考虑得很细致嘛，能发现这些问题，就证明你的水平已经不错了。那这次我帮你算是帮对了，我还是很有信心让你很快就赚到第一桶金的。

我们做的标的物还是股指期货，不过用的是期权的手法。你不是还没有开股指期货账户吗，因为要 50 万才能开股指账户。没有关系，你可以用江老师我的期货账户直接操作，每次只建仓 1 手，我们每天收盘后对一下账就好了。

"江老师，好像还是不行吧。做生意都要本钱，股指期货也不例外，也是要本钱的吧。我查了一下，开 1 手股指，保证金要近 8 万元。可我没有本钱啊，我只有 13500 元。"

之所以叫自造期权而不叫期货，就是这个道理啊。有本钱 8 万元，就叫期货；没有本钱 8 万元，才叫期权。你的 13500 元就不是本钱，而是期权费，或者叫风险金。

"江老师，我还是搞不明白。13500 元不管名字叫什么，就算是叫期权费吧，但还是不够 8 万元啊，钱不够还是不能开股指期货啊。"

钱不够，刷信用卡！

"江老师，您这也太猛了吧。您可是一直教我们做投资一定要用闲钱的。这下可好，不但不是闲钱，而且还是银行欠钱。借钱搞投资，这也太激进了吧！"

现在懂什么叫随缘适变了吧？我们要学会根据不同的外部情景，采用不同的方法，不要故步自封。我这里的刷信用卡，和别人借钱欠钱刷信用卡，文字一样，但本质上是不一样的。正所谓见山是山、见水是水，但是我们眼中的山水与其他人眼中的山水是不一样的。别人刷信用卡是拿钱去消费，而我们刷信用卡是拿钱去投资。别人刷信用卡的钱是要用掉的，而我们刷信用卡的钱是当本金使用的，你可以理解成押金。这个钱一分钱都不能动，绝对不能花掉或者亏掉。

"江老师，我有点明白了，刷信用卡的 8 万元是绝对不能亏的，要亏只能亏 13500 元里面的钱。前面是押金，后面是风险金，对吗？"

就是这个意思，13500 元你可以叫它期权费、风险金、保证金等等都可以，总之只能亏它，绝对不能亏本金，因为本金是借来的，这样就相当于我们自造了一个期权。记住本金 8 万绝对不能动，一动本金，就不是期权了，就是借钱炒股，借钱炒期货，本质就变味了，风险巨大且不可控，不但有倾家荡产的可能，还有可能变成负资产，甚至有跳楼的可能性。自造期权，本身方法并不难，难的是执行，难的是风控，难的是心魔，难的是内功心法，你必须做到：不起心、不动念，理性地面对投资的天敌——贪婪与恐惧。

13500 元，我们将分成四份，每份 3300 元左右，对应股指期货止损 11 个点。明天开始一天用一份，一天只买一次。当建仓完毕后，我们马上设置一个电脑自动止损单，当股指期货的价格下跌 11 个点即亏损 3300 元时，电脑会自动平仓，不用我们人工操作。如果当天的下注没有成功，被电脑自动止损了，当天就不再建仓，第二天再建仓。我们一共买四天。

"江老师，这样的流程设计很好啊，又是电脑自动止损，不需要人来操作，我感觉不需要用到什么内功心法了嘛？"牛海说道。

那是因为你现在还没有开始建仓，当你开始建仓之后，内功心法就重要了，因为那个时候你的贪婪与恐惧开始起作用了。建仓后我们会遇到下面三种情形：（1）原计划要买四天，每天下注一次。当前面三次下注都失败以后，你就只剩下 3300 元，这个时候你的恐惧心很有可能升起来，输怕了，没有胆量了，不敢再第四次下注。（2）原计划的四次下注都买失败了，自己咽不下这口气，认为行情一定会来，但是风险金 13500 元已经全部用完，赌口气拼老命，把刷信用卡的本金也买进去了，而且还不设置止损，大不了 8 万元的本金全部也亏完。（3）四次下注，终于赌对了其中的一次，股指期货大涨，一下子就赚了很多钱，开心之余你开始有点后悔：为什么当初不多买几手股指呢？一手股指赚的还是太少了，毕竟是千载难逢的大行情。你的贪欲被激发起来了，本来计划赚到钱后，第一时间应该赶紧去还信用卡，结果你没有及时还。不但不还而且还将赚到的钱又全部投入股指期货，用所谓浮盈加仓的方法，满仓又干了好几手，幻想着杠杆上再加杠杆，好上再好，让自己还有更多、更疯狂的收益。这些还不算，你甚至还有可能向亲朋好友到处借钱或者挪用公款或者抵押房产等等，只要能放杠杆，无所不用其极。潘多拉盒子被打开了！你收不住手，最终触发混沌，违反天道，崩盘破产。

牛海，我说的这几个情形，你选一个吧。你千万不要说自己道行很深，经得住考验，不会这样。我几十年的投资经验，接触过上千个投资客户，没有人能够逃得脱人性的羁绊，只是来早与来迟的分别而已。

"江老师，经您这一提醒，我发现还真是个问题，是我把人性想简单了。您提到的三个情形，我想我至少要占一个，搞不好三个都有，不好说，因为我现在还没有到那一步。菜刀既可以切菜，也可以致命伤人。自造期权、技术分析等等术的东西，在江老师您那就是赚钱的秘籍，而在我这或者在一个没有内功心法的投资者那里，就有可能变成了倾家荡产的催化剂。欲使人灭亡，必先使其疯狂。江老师，等这波股票行情结束后，我一定静下心来，认认真真地向您学习交易的内功心法。不过，江老师，鉴于这次行情紧迫，来不及马上提高内功，所以我想到了一个折中的办法，就是您来做我的风控。我如果恐惧，不敢建仓，你来帮我建仓。如果我贪婪，建仓手数超标，你马上帮我平掉。您看怎么样？"

这倒不失为一个权宜之计，不过也只能这样了。但是我们话要说清楚，我执行风控是毫不留情的。

"您千万不要留情。您都不用和我商量，直接干就行了，该建就建，该平就平。江老师，那就这么定了，我今天就去刷信用卡筹集本金，然后存入您的账户，明天就开始，希望第一把就赌对。对了，江老师，还有一个问题，建仓的手数我们确定了，就买1手股指，但是，什么时候买？什么时候卖？建仓的时机怎么定啊？"牛海问道。

这个问题属于择时问题，要用到技术分析，本来这是比较困难的事情，不过江老师研究了十几年的交易技术，现在投资心学的量化交易系统终于大功告成了。如今对你们来说，进场、出场已经很简单了，你们只需要按照股指期货系统的交易信号直接操作，简单易行，你们都不需要问为什么。明天一早，我就将股指的量化交易系统安装在你的电脑上。现在我先给你在图0501中展示一下，明天安装的时候再详细教你如何使用。

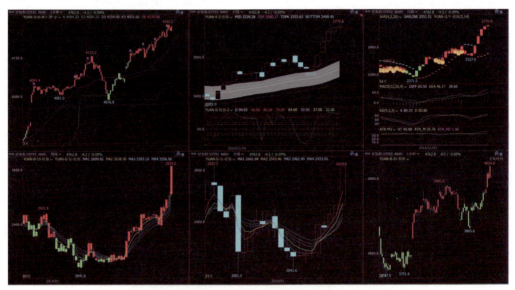

图 0501：量化交易系统的界面

"太好了！谢谢江老师，您这是又教了我一个择时的投资秘籍。我知道您从事投资行业近三十年，前十几年您都是在研究技术分析与基本面分析，最近几年您又研究量化交易系统、天道与内功心法。记得是在哪本书上看到过，说是任何行业你只要沉淀下去1万小时就可以成为专家，我估计您这搞投资研究也有2万多个小时了吧，所以我对您的量化交易分析系统非常放心，我将严格地按照您的量化交易系统的进出场信号不折不扣地坚决执行。《天道》剧里的刘冰、冯世杰、叶晓明三个人，为什么像'井底之蛙'？我总结的原因就是他们既没有那个水平，又没有坚定地相信丁元英。特别是在最困难的回撤期，他们选择了退股，信仰不够坚定，最终功亏一篑，死在黎明之前。"

牛海，你说的都不错，希望你能做到知行合一。现在我们该谈的已经谈完了，那你赶紧回去准备吧，我们明天就开始，20 倍的好戏在等着我们。

| 4 |

7 个月后（2015 年年中），俄罗斯远东最大的港口城市海参崴①，鹰巢山观景台，我和牛海居高临下，鸟瞰整个海参崴。

"江老师，您看，这里风景不错吧，整个海参崴基本上看得完，你看右边，停有几艘军舰的地方，那就是俄罗斯太平洋舰队司令部所在地。江老师，我帮您照几张照片吧。"牛海说道。

不错，海参崴的确是一个好地方，可惜当年的清朝政府腐败无能，丢掉了祖宗打下的江山，使中国整个东北地区没有了出海口。这些年，中国的东北经济很难搞上去，和东北没有出海口有很大的关系。

"老师，我以前就常常听您念叨这件事，所以这次旅行专门挑了海参崴这个地方，让您亲眼来看一看。中国其他的地方，估计您都自驾去过了。"

牛海，你是一个有心人。感谢你这次盛情邀请，也圆了我这个梦。

"江老师，瞧您说的，应该感谢您才对，股指期货这波行情，去年 12 月，就 1 个月时间，您就让我赚了 20 倍，1.35 万元变成了 28 万元。而到今天为止，7 个月下来总共赚了快 70 万元。我无以报答，能请您出来旅游一趟，那是我的荣幸。江老师，记得以前您说过一句话：人非体验不能学习。之前我不太能理解，这次暴利增长，我算是彻底理解了，也彻底服气了。过去我只是耳朵听说过期货、期权好赚钱，真没想到这么好赚钱！1.35 万元，半年就增长到 70 万，直到现在，我还感觉是在梦里一般。"

我也没有料到这么短的时间股指期货就有这么一大波行情。不过，虽然涨幅很大，但是持续的时间，我估计不会太长，根据我们的量化交易系统显示，这一波股票行情大概率已经结束了。

"江老师，行情确定结束了吗？这一波行情只持续了不到一年，而 2005—2007 年的那一波股票行情可是持续了 2 年多的时间，为什么这次会这么快就结束了呢？"

来得快，去得就快嘛。这波行情是杠杆行情，多数的参与者都采用了杠杆方式，

---

① 海参崴即俄罗斯的"符拉迪沃斯托克"，清朝时为中国领土，1860 年 11 月 14 日《中俄北京条约》将其割让给俄罗斯帝国。根据中国海关总署公告，自 2023 年 6 月 1 日起，在原有吉林省内贸货物跨境运输业务范围的基础上，增加符拉迪沃斯托克港为内贸货物跨境运输中转口岸。本书根据国人习惯沿用海参崴旧称。

平均都放了 2~3 倍的杠杆在做交易。用放杠杆的办法做投资，是把双刃剑，赚钱的时候赚得多；亏钱的时候同样亏得也多。股市从去年的 7 月 22 日开始涨到今年的 6 月中旬，一直都没有经历过一个像样的调整。本来 6 月份开始的这次调整是很正常的，但由于大家普遍都是杠杆在身，特别是还有很多投资者，之前尝过了杠杆的甜头，杠杆倍数越放越大，最后没有收住，有的人的杠杆甚至到了 10 倍、20 倍。其实，大盘涨了 1 倍再调整个 10%~20%，本来也算正常，然而由于杠杆太大，这个调整幅度，很多人就要爆仓了，证券公司与配资公司也没有办法，只能强制平仓。大家都在同一时间平仓，容易形成踩踏事件，结果恶性循环，造成天天跌停，谁都跑不出去，从而引发了股市最可怕的流动性危机（相当于银行发生挤兑事件），造成大盘最后的连续暴跌。

"江老师，这应该就是您常说的'如有'吧。本来中国股市从去年开始慢牛、长牛，来一波十年的大行情，结果由于我们太贪婪，多数人都放杠杆，而且杠杆放得又太大，活生生将一波超级大牛行情透支成一波暴涨暴跌的短行情。有变成了无！"

我若有所思地看着远方（图 0502），多好的一个地方啊！

图 0502：鸟瞰海参崴

"江老师，这个港口这么好，您觉得我们中国以后还能要回来吗？另外，我们这一代的年轻人又可以做点啥贡献呢？”

理想还是要有的，不过难度很大啊。唉，都是清政府造的孽啊，丢掉了这块宝地。现在毕竟不是冷兵器时代，年轻人为国争光，不能再靠打打杀杀了。作为金融从业人员，我们为祖国做贡献的方式，已经不再是在战场上去搏命，而是应该在没有硝烟的国际金融市场上，靠自己的真才实学去拼搏，去努力赚外国人的钱，然后回馈社会、报效国家，这才是现代版的精忠报国。古代刀光剑影的江湖已经转移战场了，金融市场才是现代战场的真正江湖。仗剑走天涯是每个年轻人心中的梦想，不过手中的剑，已经不是以前的刀剑，而是量化工具、内功心法以及对天道运行规律的掌握，现在我们要靠投资的真本事去华山论剑、去笑傲江湖！

“谨记江老师的教诲，我以后会更加刻苦地学习金融知识，提高内功心法。江老师，再次感谢您亲自出马，帮我出奇制胜，完美地抓住了这波大行情，特别是这波行情的暴跌阶段，我们还能顺利地大逃亡。没有您的话，我要么根本就抓不到这次的台风大行情，赚不到钱；要么就会在这次的暴跌中亏掉之前的全部利润。好悬啊！6 月 15 日上午 11 点 15 分以后，我们就再也没有碰过股指期货。您的 MACD 与 KDJ 双死叉的暴跌预测，真的太准了，都精确到了分钟，不服不行啊。另外，说到加杠杆，我们的自造期权法，杠杆幅度应该比普通股民高了不知道多少倍，应该得有好几十倍杠杆吧，但最后我们依然能全身而退，所以我觉得广大股民最后亏损的原因，应该不是杠杆本身，而是对杠杆的科学使用以及交易的内功心法问题。菜刀既能切肉，也能砍人，关键看谁用与如何用。”牛海感叹道。

你说得不错。绝大多数的投资者，对台风大行情的理解非常片面，只理解了一部分，只考虑上升，不考虑下跌。他们只知道：台风来了，猪都能升天。所以他们的注意力全部放在：如何放杠杆？如何将台风的红利发挥到极致？然而，他们忘记了更重要的另一半，那就是台风走了之后，猪还在天上，该怎么办？本来，没有台风或者没有抓住台风，猪虽然只在地上，但至少是安全的，可以慢慢发育长大。这下可好，抓住了一次风口机会，虽然升得高、快、远，玩得开心，但是台风走后，猪却摔死了，那还不如没有台风。股民、期民，亏大钱都是在有台风大行情的时候。没行情没有台风的时候，没有人参与，谁又会亏大钱呢？

“会买的是徒弟，会卖的才是师傅。江老师，根据我的理解，这次我们能从头到尾完美获胜，其原因是我们会买，同时我们也会卖，我们守正出奇做得到位；而普通投资者，只知道出奇，不知道守正，不知道杠杆是一把双刃剑啊！江老师，您觉得我说得对吗？”

　　现在这波股市行情基本上告一段落，我们需要好好总结一下，找一找我们获胜的原因到底是什么。既然你问到了这个问题，那刚好，古人有华山论剑，我们在海参崴来一个鹰巢山复盘吧。

（视频 2：牛海一个月 20 倍的出奇策略）

第六章：出奇制胜的首要因素

出奇制胜的首要因素非常难找，因为它是一种隐形因素，要么逆人性，要么逆常识，所以不容易引起人的注意。成功的因素非常多，哪些是最重要的，哪些是要首先考虑的、要解决的，能够区分最重要因素、首要因素，并能够找到打开这些因素的"钥匙"，你就找到了真正的交易秘籍。

| 1 |

时间转回到深圳投资心学课堂。刚才我们讲了牛海自造期权以小博大、出奇制胜的投资案例。我和牛海在 2015 年股市的大行情结束后，在海参崴的鹰巢山进行了复盘论道，现在我请在座的各位同学也积极参与一下，帮助牛海找一找他最终能够以小博大、投资成功的根本原因。牛海这次投资，肯定不属于守正，而属于出奇，最后制胜了，这里面一定是有原因的。只有找到了真正的原因，未来大家才有复制成功的可能。

大家不是都想在投资市场出奇制胜以小博大，想赚大钱，赚快钱吗？这个想法不丢人，江老师我一直都想。所以我们必须找到出奇制胜的首要成功因素，然后照着干就是了。大家现在分别来找一找吧。

"我认为还是方法论的问题，江老师您的自造期权这个投资秘籍太牛了。同样的大行情，不大胆地放杠杆，最多赚 1~2 倍就到头了。2014—2015 年这波行情我亲历过，股灾之前，我炒股票，最多只赚了不到 2 倍。老师您这里是一个月 20 倍啊，上课之前，我听都没有听说过，更是想都不敢想。这个世界上，竟然还有用自造期权的方法来做投资，将杠杆用到了极致。西方经济学与金融学的书，我也接触过一些，也没有介绍过这样的奇招。"崔胜赞叹道。

"我觉得牛海以小博大成功的原因是江老师的技术分析系统非常厉害，应该算是投资里的武林秘籍了吧。会买的是徒弟，会卖的才是师傅。牛海的这句话，我非常赞同。江老师的技术秘籍，既涵盖了如何买，又涵盖了如何卖，徒弟与师傅的本事全包括进去了。自造期权，只是一个放杠杆的方法而已，放得更大、更猛一些罢了。如果没有进场与出场技术的配合，或者进出场信号错误的概率较大，那么杠杆越大，可能死得也更快。因此我认为进出场的技术、策略、方法才是牛海投资成功最重要的因素。大家可以再看一下江老师刚才展示的股指量化交易系统的截图，光看一眼这个图，我都觉得这个交易系统很牛，江老师，什么时候也可以教一下我们吧。"福建老严说道。

"崔胜与老严同学分析的原因，值得商榷，虽然也是出奇制胜成功的因素之一，但绝对不是首要因素。江老师上节课提醒我们，不能直接在果上去找原因、寻秘籍，我们应该从因上去寻找原因，否则越找越远，甚至还有反效果。2015 年的股灾，输得最惨的那批人，多数都是配资放杠杆的人，进场与出场技术应该也不会差，前面也赚过钱，不过股灾的时候全部都吐出来了——淹死的都是会游泳的人。牛海成功的原因，我认为是资金管理与风险控制的问题，这个非常重要。江老师后来直接做了牛海的风控员，一直强调只能开 1 手股指，不能超标。我们假设如果牛海没有江老师这个风控，赚了钱以后，贪得无厌，搞浮盈加仓，开仓手数不再是 1 手，而是 2 手、3 手、4 手……甚至钱不够的时候，又去刷卡、借钱、贷款、配资等等，那么我估计牛海最后能全身而退的可能性就非常小。投资市场，会玩配资与资本运作，懂择时与技术分析，会基本面或财务面选股的人都不少，但是真正懂资金管理与风险控制，且能做到知行合一的人，却寥寥无几。投资行业最推崇的书《股票作手回忆录》的作者杰西·利弗莫尔，后来就是因为风控出了问题，将之前赚的钱全部吐了回去。那可是 1922 年时的几亿美元啊，全亏没了。"风控总监樊总给出了他的分析。

赛格老板石建军说道："江老师，各位同学，我来说几句吧。我和牛海都在赛格电子市场里做档口生意，彼此较为熟悉。我们这次培训，牛海去云居山禅修去了，所以没能亲自到场来分享他那段传奇经历。我们平时在档口的闲暇时间里，经常一起海阔天空吹牛，自然也少不了探讨投资的奥秘。这里我代表牛海分享一下他自己对那次几十倍暴利原因的分析。这是一个从果入手，逐渐深入的过程。牛海告诉过我，他最早认为投资的秘籍在进场，最好能以最低价买入，而且最好一买就涨。后来他逐渐认识到，那是天真的想法。进场就是一个试错的过程，只要概率够大，就大胆地试，错了就止损，只要是台风大行情，多试几次总能抓住，所以进场并不重要，重要的是出场。如果出场出得不好，前面进场赚的利润，很快就会被侵蚀掉。投资最好能准确预测到台风什么时候走，在台风走之前以最高点位出场。后来牛海又逐渐认识到，以最高点在精确的时间出场，那也是天真的想法，是不可能完成的任务。牛海为此又认真学习了江老师的期货短线量化交易系统，掌握了分批逐次出场的方法。现在的牛海认为出场也不是成功的最重要因素。现阶段牛海认为投资最重要因素是内功心法，因为投资这个行业，从因到果，需要一个过程，不是一蹴而就的，对了，江老师告诉他叫'路径依赖'。江老师告诉牛海：我们做投资只要找到了真正的秘籍方法，且这个方法是符合天道的，那么，投资就是一件很容易的事情，最后一定会结出胜利的果实。尽管前途是光明的，道路却是曲折的，因为从因到果的这条路径上，还有一个重要因素会起作用，处理不好，就会阻断已经设计好的成功路径，这个重要因素就是投资者的内功心法。比如，恐惧心控制不好，你就会因为害怕而放弃自己正在使用的进出场策略，哪怕是江老师讲授得非常好的量化交易系统；又比如，贪婪心控制不好，你的资金管理会失控，本来开 1 手股指的，最后却开了 5 手，风险被无限放大，一旦台风大行情走了或者一个上涨过程中的正常调整，你都会受不了，甚至因为杠杆过大，半路就倾家荡产。牛海告诉我，在 7 个月 50 倍的道路上，江老师提醒过他这三种情形，第一个就差一点没挺过去，他还拿出当天的日记给我看过。对了，在这里我分享出来给大家听一下。"

石建军拿出了手机，找到一张截图，朗读起来："牛海投资日记，2014 年 11 月 27 日，下午 14 时左右，电脑旁，绝少抽烟的我，实在忍不住行情的煎熬，点着了一支从朋友那里借来的烟。怎么办？我只剩下 3300 元了，这是最后的'子弹'，只剩最后一把下注的机会。如果再买错的话，可就没钱了。这次还建仓吗？还买吗？我看了一眼电脑：按照江老师的交易系统，没有错，交易信号非常明显。特别是，现在的点位不正是多周期共振的黄金建仓点吗？错过了，有可能真要错过一波大行情。但是，从 24 号到今天，4 天的时间，我已经建仓失败了 3 次，虽说有止损，但是 3 次亏损金额累计也达到了 1 万元，现在就只剩下这最后的 3300 元了，11 个点的止损，万一这次又输了呢？真能有一波江老师预测的历史大行情吗？万一没有呢？万一江老师搞错了呢？江老师也不是百分之百正确啊。怎么办呢？我只有 5 分钟的思考时间！我拿起了笔与纸，用老师教的方法，再次计算下注四次成功一次的概率：90%。这么高的成功概率，为什么我现在还犹豫不决呢？对！江老师说得一点没错，人到关键的时候，只要起心动念，就一定会患得患失。我现在完全被人性中的恐惧心给控制住了，前面错了三次，现在第四次的时候，该建仓却不敢再建仓，我到底在怕什么呢？不能再犹豫了！错过了，有可能会悔恨终生。马上建仓！现在就做！我一看建仓价：2741.2 元，建仓时间：14 点 05 分。然而，刚建完仓，价格就开始下跌：2740—2739—2738—2737—2736—2734—2733……离我的止损点 2730 只有 3 个点，风险金最后只剩下不到 900 元。完蛋了！还是没有发财的命。不看了！烦死了！心都快跳出来了！我离开了电脑，到外面找了一把椅子坐了下来，又点了一根烟，狠狠地抽了两口，然后闭上眼睛，做了一个深呼吸。听天由命吧！不看了……"

"看样子，做投资真的是路径依赖，听了牛海股指期货的下单的心路过程，真是太刺激啦，这需要强大的心理承受力，也怪不得很多人对股指期货谈虎色变。那牛海后来怎么样了啊？"学员张林急切地问石建军。

"在最后 1.6 个点，离全部亏完不到 500 元的地方，即 2731.6 元，股指神奇地止跌回稳了，1 个小时后，即当天收盘，牛海赚了 5000 元，第二天赚了 2 万多，第三天微调，第四天爆赚 200 个点，6 万元，从此一发不可收……最终一个月赚了 20 倍，7 个月后赚了 50 倍。牛海告诉我，想想都后怕，假如最后一把，最后的 1.6 个点没有扛住，那么牛海连扒着井沿看一眼的机会都没有。所以现在牛海做投资，对内功心法最为看重，空暇时间，都会去各地参禅打坐，修身养性。"

谢谢牛海的同事石建军的分享，还有其他同学发表关于牛海成功因素的见解吗？

"我认为牛海成功最重要的原因是有自知之明。之前牛海在投资行业从来就没有做过守正的事情，甚至就没有做过任何投资，一上来就直接出奇。没有守正而直接出奇制胜，还能全身而退的最重要原因是牛海谦虚示弱，真诚邀请一直在投资行业守正的江老师做军师，不但是军师，而且还是风控。出奇方面：牛海使用的自造期权方法是江老师提供的，进出场技术信号也是江老师的量化交易系统提供的；守正方面：风险控制由江老师亲自监控执行，资金管理涉及的开仓数量也是由江老师确定的。而投资过程中最需要的内功心法，牛海自己没有，但受到了江老师自己三十年股票期货大风大浪经验的全程加持。现在回过头来看，守正与出奇，牛海因为有了江老师的加持什么都不缺，牛海并不是靠运气而获胜的，靠的是实力，当然是加持后的实力。记得江老师在投资心学中级视频里面曾经说过：你想进入一个陌生的行业，只有三个途径：打过工知道里面的门道，与熟悉该行业的人合作，交得起学费。牛海很聪明，选择了相对容易、成本较小的第二种途径，牛海需要的就是听话照做就好了。但是，听话照做这一条，说起容易，做起来也很难，特别是在投资过程中遇到困难与瓶颈的时候，需要我们对江老师以及他的量化交易系统的信任达到信仰级甚至崇拜级，但凡有一点点信心动摇，都会造成半途而废，从而满盘皆输。投资在回撤期，不需要技术，需要的是坚定的信仰！否则就像《天道》里的刘冰、冯世杰、叶晓明三个人那样，在公司遇到困难的时候，对丁元英产生了怀疑，缺少了信任，而剧中的欧阳与亚文为什么能成功笑到最后？尽管她们的经营水平很一般，甚至都不懂音响技术，但她们认为自己不行，认为丁元英行，她们对丁元英言听计从，她们对丁元英的信任达到了信仰级！"

吴总发表的观点一针见血，切中要害。牛海大智若愚，的确很聪明。

承认自己没有能力是一种很高级的能力。在投资市场上，当你认为自己行的时候，其实你还不行；当你认为自己不行的时候，其实你已经行了！

| 2 |

时间有限，我们华山论剑，帮牛海找成功原因的讨论就暂时到这里。大家发言都很积极，也发表了各自认为出奇成功的最重要因素。我们这里先提出问题，暂时不评判大家观点的优劣，我这里先说两点。

第一点，成功的因素很多，特别是投资里面的成功。成功需要的因素肯定不是单独的一两个。大家刚才提出来的成功因素，其实都是有用的，甚至都是缺一不可的，差一个可能就无法成功。这就像人的身体，眼睛、鼻子、耳朵、嘴巴以及指挥它们的大脑，所有器官都很重要，都是不可或缺的。

每个人局限于自己的学识、阅历、偏好等等，可能只会注意到其中的一个或几个成功因素，而忽略掉其他的因素，这样就容易只见树木不见森林，以偏概全，了解不到事物的真相，从而犯"盲人摸象"的错误。同样道理，技术分析、基本面分析、财务分析、宏微观分析、价值分析、消息面分析、成交量分析、交易工具选择、进出场点策略、止损止盈方法、加减仓、资金管理、风险控制等等，哪一个因素不重要呢？你摸到了哪一个呢？盲人摸象，大象最后到底像什么呢？投资交易，成功因素到底又是什么呢？

第二点，成功的首要因素非常难找！刚才我列出了很多的投资成功因素，也是同学们刚才热烈讨论的结果。然而非常遗憾地告诉大家，这么多同学参与讨论，列出的因素也非常多，但是，牛海出奇制胜成功的首要因素却没有人提出来。

"江老师，我数了一下，刚才我们一共提出了十几个成功因素，都是大家集思广益讨论的结果。俗话说三个臭皮匠，抵上一个诸葛亮。这么多人的智慧，难道都没有发现牛海出奇制胜投资成功的首要因素吗？"崔胜惊奇地问道。

很遗憾地告诉大家，真的没有发现。要不这样，我再给10分钟时间，大家再讨论一下，看看能否找到。

10分钟后，崔胜代表大家说道："江老师，我们又分析了一下，实在找不出还有什么因素造就牛海的成功，而且这个因素还是首要的因素。刚才说到内功心法，我们想补充一个，就是您前面提到过，我们的投资方法要符合天道，对吗？"

投资想要长久成功当然要符合天道。天道、内功心法当然都算成功的重要因素，不过我们现在是在"术"的层面上讨论问题，还没有上升到"道"的层面上，我们先要在"术"上找到牛海能够出奇制胜的首要因素。

投资的原则是守正出奇，守正的成功因素与出奇的成功因素肯定是不太一样的。今天我们要解决的是出奇成功的首要因素是什么？因为我们多数的投资者都是才来到投资市场上不久的新人，大家都想以小博大地、短平快地取赚取暴利，所以大家都对牛海一个月20倍、海棠先生十几万赚到几个亿的投资传奇故事非常有兴趣，我们不能只听故事，我们必须从这些故事中找到他们出奇制胜的关键因素，特别是首要因素，未来我们才能复制他们的成功。

出奇制胜的首要因素非常重要，没有首要因素，其他成功因素就起不了作用，因为根本就到不了后面的因素。前面我们从因上去找方法、寻原因，而不是图省事直接在果上去找，这样我们才能真正地找到秘籍。那我们怎样才能在因上找原因呢？因在果前啊，成功因素尽管有很多，但会有一个先后顺序，我们可以沿着时间轴，逆流而上，反向去寻找，这样就容易发现成功的首要因素。这和禅修的办法有点相似。禅修的最终目的是明心见性，但是难度非常大，世上禅修的人多如牛毛，真正明心见性的人却少之又少，究其原因是大家没有找到真正的禅修方法，多数人只会向外求法，只会在表面上做文章。比如参禅，我们不要向外妄求，而要"反闻"。听经时，要经常参悟"听经的是谁"，这就是"反闻"，这样才有可能见到本性，而向外求法只会越求越远。大家现在要找成功的首要原因，就要采用"反闻"的方式，逆时间轴，往根上、因上去找。

首要因素非常难找，有一个重要原因，就是首要因素一般是隐形因素，要么逆人性，要么逆常识，所以不容易引起人的注意。我们举一个例子，假如我们发现一个贫困户，家里很穷，吃不起饭，上不起学，我们非常愿意帮助他。我们不能直接给钱，因为救急不救穷，想要从根子上解决他们的贫困问题，就必须找到他们贫穷的首要原因。如果我们认为他们贫穷的原因是住的地方太偏远，那我们出钱将他们搬出大山，住进城镇，然后他们就一定能富裕了吗？如果我们认为他们贫穷的原因是没有一门技术，那我们出钱培训他们，根据当地的环境特点，种植茶叶、柑橘、养猪、养鸡等等，然后他们就一定能富裕了吗？如果我们认为他们贫穷的原因是不懂营销，产品没有销路，那我们出钱帮他们建立网络营销、直播带货等等，想尽办法帮他们推销产品，然后他们就一定能富裕了吗？ 其实刚才我提到的偏远、无技术、不懂营销等等，都是"相"上的、"果"上的原因，而不是"因"上的原因。只有解决"因"上的根本原因，才能真正地帮贫困户脱贫，否则要不了多久，脱贫者又要返贫。

"江老师，那他们贫困的首要原因是什么呢？"崔胜不解。

前面举例的三个脱贫的办法，其实都含有一个隐含的前提假设，这个假设就是首要原因：这个贫穷的人愿意通过自己的劳动来摆脱贫困。如果一个人，他贫穷的原因是好吃懒做，那么我们想到的三个果上的办法根本就扶不了贫，不但如此，甚至还会伤了去扶贫人的善心。

"江老师，真的有不愿意脱贫的人吗？"福建老严奇怪地问道。

如果躺在床上就能脱贫，我相信不愿意脱贫的人几乎没有。但是要靠勤奋劳动来脱贫，就有一些人不愿意了。就算在城市里也有不少这样的人啊，沉迷于手机网络游戏，或者宅在家里啃老的大有人在。我有一个初中的同学，还是 985 毕业的大学生，一次创业失败后，就宅在家中啃老 20 年啊，直到他的父母亲前年全部去世为止。

老严刚问的这个问题，很有代表性，说明老严很好奇。为什么老严好奇呢？因为老严觉得还有人不愿意脱贫这件事是逆常识的，逆老严的常识。老严是一个白手起家的人，辛辛苦苦搞实业，拼搏了好几十年，所以他的常识里会认为每个人都会和他一样勤劳，这就是老严的常识。常识是天经地义、理所当然的认知，这种认知，已经进入了老严的骨髓中，形成了潜意识，而潜意识是不需要通过大脑思考的，所以老严认为愿意通过劳动脱贫是自然而然的一件事情，根本就不值得去提，所以也就不再是一个原因，因此老严在找原因的时候自然而然就会忽略了这个首要因素。

多数时候，这种忽略是没有什么问题的，但在有些时候、有些地方、有些场合，这种忽略却是不行的，甚至是致命的，因为有些因素可能就是决定性的因素，它却被你的常识与潜意识给忽略掉了。最为稳妥的方法就是：当我们在分析一件重要事情的时候，我们需要逆着时间轴，将所有的因素全部列出来，然后将这些因素全部分析一遍，不需要的直接丢掉即可，不要怕浪费时间，这样你就不会忽略掉任何因素。否则，你有可能不经意地忽略掉了首要因素。比如你去一个重要地方旅游，想全程都很顺利、完美，那你就需要尽量将所有的因素都列出来，并考虑清楚。

"江老师，那不是需要将空气都列出来吗？空气肯定是首要因素，但是我们是去旅游，就没必要考虑了吧？啥都要考虑，很麻烦的！"崔胜开玩笑地说道。

你答对了。需要列明空气。"不会吧？真答对了？"崔胜一脸发蒙。

我说的重要旅游，就是要自驾去西藏，必须将空气因素列出来。因为我们去别的地方，的确不用考虑空气的问题，然而要去高海拔的川藏，首要考虑的就是空气因素，每个去的人都要考虑到由于空气缺氧而产生的高原反应。我们的常识里空气随手可得，所以我们特别容易忽略掉这个因素。不信，你可以去拉萨的机场看看，坐飞机来西藏旅游的人，很多人一下飞机，就有强烈的高原反应，只能马上又买机票迅速返程。他们所有的旅游计划与准备，都因为首要因素没有考虑到位而打了水漂。

不考虑空气问题，后面会有更大的麻烦！

我们再举一个例子：《新概念英语》是中国学生学习英语的必备教材，该教材第二册 38 课讲述了一个经典的故事，懂英语的朋友应该都学过："哈里森曾多年居住在地中海地区，他常梦想退休后到英国养老。哈里森一到英国便买下一幢房子住了进去。不过他很快就不能适应英国的天气。因为即使是夏季，雨都会下个不停，而且常常冷得厉害。最后，他再也忍受不住，卖掉房子，离开了英国。哈里森把每件事情都考虑到了，唯独没想到天气。"

哈里森以前常年居住在地中海地区，那里气候宜人，阳光普照，而哈里森退休养老想去的英国，气候则不好，经常下雨。哈里森在地中海地区住得太久，天气好已经变成了他的常识，形成了潜意识，他的潜意识会认为任何地方天气都和地中海地区一样好。显而易见，这种潜意识是错误的，因为是常识，所以人很容易忽略掉这个重要的因素。

课文最后一句值得我们深思："哈里森把每件事情都考虑到了，唯独没想到天气。"同学们，你们刚才讨论牛海案例时，每个成功因素都考虑到了，唯独没想到首要因素。没有考虑到首要因素，后果很严重：游客刚到西藏马上又要离开川藏；哈里森才买别墅马上又要卖掉别墅。没有考虑到出奇制胜的首要因素，我们的投资是要破产的。

投资，你的"术"再牛，但是如果你的首要因素搞错了，不但赚不到钱，可能还有严重的反效果。比如我们发现隔壁老王最近发财了，如果你认为他成功的首要因素是放大杠杆，敢下注，就像崔胜认为牛海成功是因为有自造期权法。那你接下来会怎样做呢？你也会拼命地去借钱、去刷卡、去放杠杆啊，然后收不住手，直至违反天道，爆仓破产为止。这样的案例少吗？多如牛毛啊！前面我讲过的刚哥、罗湖首富、美女股神、长期资本公司等等，不都是这样的吗？对了，还包括江老师我的三次倾家荡产经历，幸好我没跳楼，要不就没有机会来给大家讲课。

"江老师，你经常讲课，又在写书，怎么可能跳楼，哈哈！"福建老严笑着说。

谁说写过书的人就不会倾家荡产？如果你抓不住投资的本质，发现不了投资的首要因素，就算之前你写过书，讲过课，出过畅销书，照样可能破产、自杀，这样的案例不少哦。美国股票首富，写过《股票作手回忆录》的利弗莫尔；基金经理，技术分析了得，多点共振操盘系统发明者，写过《期货大作手》的逍遥哥；深耕橡胶行业二十年，基本面分析了得，平生只做一个期货品种的橡胶大王傅小俊等等，他们最后的结局，大家自己去了解一下。

| 3 |

"江老师，那投资出奇制胜的首要因素到底是什么嘛，赶快告诉我们吧。"崔胜代表大家急切地问道。

我不能直接告诉你们答案，我怕大家印象不深，记不住。我这里引导大家去思考去分析，最后大家尽量自己能找出答案。找首要因素，是一个很重要的能力，需要我们多练习，训练多了，你透过现象看本质的功力就会大幅提升。美国奥斯卡经典电影《教父》里面有一句台词非常好："那些一秒钟就看透事物本质的人，和花了一辈子都看不懂本质的人，注定有着截然不同的人生。"

首要因素往往是隐性的，想找到它，的确有难度，我们要多练习，这里我们先来训练大家一次。请问：人为什么喜欢储备钱财？

"这个问题很简单啊，因为钱重要啊，没有钱你怎么能养家糊口啊，怎么来做事情，现在哪里不需要钱呢？"崔胜抢答道。

崔胜，你的这个回答，就没有抓住本质哦，钱重要不假，但它并不是我们存钱的首要原因。刚才这个问题看似简单，其实能找到正确答案的人并不多。崔胜，你认为钱重要，所以我们要储备钱。好的，那我来问你，有一个东西比钱还重要得多，但是我们并没有储存它。没有钱，人起码还能活一阵子，哪怕去要饭。但是如果人没有这个东西，几分钟就要完蛋。这个东西是什么呢？就是空气！空气可比钱重要得多，但是除了去西藏旅游或者病人在医院吸氧以外，我们平时有人储备空气吗？没有！为什么不储备？

"江老师，我知道了。我们对未来的预期，才是我们储备钱财的原因。由于我们对未来挣钱能力预期不足，我们产生了不安全感，所以我们只能通过储备钱财来消除这种不安全感。空气是随时都有的东西，取之不尽用之不竭，我们预期充足，所以根本就不会考虑储备。"小明兴奋地回答道。

回答得很好，人对未来的预期才是储备钱财的首要原因，而重要性只是人喜欢储备钱财的另外的一个原因，并非首要原因。我们假设一下，如果江老师教会了你们一个投资挣钱的方法，这个方法非常牛，当你没钱的时候，随时随地都可以从投资市场中赚钱回来用，而且这个方法你百试不爽，并且你对这个方法的预期已达到了信仰级，这个时候，你还会存钱吗？

"那就肯定不会存钱哪！其实储存钱财挺麻烦的，平时怕偷、怕抢、怕贼惦记，以后还要交遗产税、房产税等等。如果储存得太多，还会养懒人，子女还会啃老，还会游手好闲，肇事惹祸，耽误青春。最后搞不好分家产的时候，兄弟姊妹还会吵吵闹闹，反目成仇。授人以鱼不如授人以渔，财富如果真能做到现用现取，像天上的空气，像山上的泉水，该多好啊。对了，当自己快离开人世的时候，这个'钓鱼'的方法还可以传承给下一代，子女谁缺钱，谁自己去钓鱼，公平合理，真是太完美了！我原来心目中的世界首富应该是盖茨、马斯克、巴菲特这些人，现在突然感觉世界首富应该是另一个样子，哈哈。"老严评论道。

老严，你提升得很快嘛。你说得很对。假设你带着 1 亿吨的空气去到月球，在月球上的人眼中，你老严就是世界首富。但是回到地球上，在地球上的人的眼中，你老严的 1 亿吨空气，根本就不值钱，储存空气完全是多此一举，因为空气可以随时随地地呼吸到。在空气面前，其实我们每一个人都是世界首富！

"还是江老师教得好！江老师，是不是真有这样的投资赚钱方法啊？"老严半开玩笑半认真地问。我笑而不答："你说呢？"

首要因素不一定是最重要的因素，但在时间的先后顺序上一定是我们要首先考虑的、首先要解决的，否则，先处理其他因素，就会浪费时间、精力和资源。这就是从因上去找原因，而不要先从果上找。

不考虑空气的首要作用，游客乘飞机刚到拉萨又要离开拉萨；不考虑天气的首要作用，哈里森刚买别墅却又要卖别墅；不考虑投资出奇的首要因素，投资者即使用了再牛的技术策略一样还是赚不到钱。先处理首要因素，再处理次要因素，这才是事半功倍的明智之举。

我们刚刚训练了一次，下面再给大家 10 分钟，帮牛海找一下成功的首要因素。

10 分钟后，从大家的表情中，我已经知道这次大家又没有找到首要原因，不过没有关系，要是首要原因好找的话，投资市场每个人都能赚钱。

正是由于成功的原因很难找，所以很多大的证券公司、期货公司，都设置了专门的岗位，配置了专业的人员进行投资绩效分析与业绩归因分析，每个月都会提供绩效分析报告给大客户。如果大家有兴趣，课间的时候可以来找我，或者邮箱联系我，大家可以学习正规公司的专业做法。另外，大家参加过基金、证券或者期货从业人员的资格考试吧，这些考试的教材中一般都有专门的一章来讲绩效分析与业绩归因，大家都可以去看一下。总之，专业投资机构对待成功因素的分析是多么的认真，而对比一下我们散户平时随意的态度，其实交易还未开始，胜负已判。

那我再来给大家做一些训练与提示，讲一个寓言故事《摘水果》。

春秋战国时期，有一个赵国人、一个郑国人和一个楚国人，三个人是好朋友，且有一个共同的爱好，喜欢吃水果。一日相约出去旅游，发现了一片果树林，情不自禁冲了进去。赵国人与郑国人爬上树梢，各自用镰刀与剪刀，采摘了一大堆水果。楚国人带有竹竿，站在地上，也打下来不少水果，三个人都欢天喜地、满载而归。饱食一顿水果后，三个人却发生了激烈的争吵。

赵国人说：今天我们能够大获丰收，能饱餐一顿水果的原因是我的镰刀锋利。

郑国人说：不对，水果吃得饱全靠我的剪刀好，有剪刀采水果时剪得多。

楚国人说：你们说的都不对，是我的竹竿有用，不用上树，一样可以打下水果吃。

三个人谁也说服不了谁，甚至动手打了起来。

"三个人是猪脑袋吗？水果丰收在前，工具使用在后。能吃上水果的根本原因明明就是在采摘之前，树上就已经结满了水果，与使用什么工具有什么关系呢。只要树上有水果，什么工具都可以让自己大吃特吃一顿，镰刀、剪刀、竹竿都可以。如果树上没有水果，就算你的工具再好再多，也没有水果吃啊。天底下竟然还有这么傻的人，哈哈……"福建老严嘲笑起来。

老严你可不要笑，投资市场多数是这样的人，你也是，等一会儿你就知道了。

"不可能！绝对不可能！我怎么可能这么傻呢？"老严急着争辩道。

"江老师，江老师，我明白了，这个寓言的意思是不是……"做风控的樊总眼睛突然发亮，似乎知道了答案。

樊总，先不要着急说出你的答案，还有些同学没有彻底明白，再给他们一点思考的时间，因为这个问题太重要了。来，我再举一个例子，这次我们来讲讲做鱼的故事。

我们投资心学的学生除了要学习投资技术与内功心法以外，还需要掌握一门厨艺，厨艺对交易结果的影响，甚至并不逊色于投资技术，其原因后面我们会讲到。江老师以身作则，蒸的武昌鱼应该在深圳蒸鱼排行榜位列前五名吧。回头我们投资心学搞团建活动，一定请大家品尝我的手艺。我把这道色香味俱全的武昌鱼拼成下图0601。

图 0601：江老师蒸好的武昌鱼（旁有盐袋）

怎么样？看着都想吃吧。

酒足饭饱之后，一个土豪学员突发奇想，大声说道："同学们，江老师蒸的这条鱼非常好吃，为了回报老师的辛苦，也为我们这次的聚会助兴，我准备开出一个盘口，大家可以下注与我对赌。我们就赌江老师的这条鱼有没有放盐。如果大家下注赌这条鱼里放了盐，那我就赌鱼里没有放盐，我和大家是对手关系，赌多少我都接。"

各位学员，如果你当时在现场，你准备和这个土豪赌多少？以你身家的百分比为准。

"我都尝过鱼了，那么好吃，里面肯定放了盐，我赌家产的 20%"石建军说。

"土豪喝多了吧？这种赌局，土豪包输啊。我赌家产的 50%。"张林说道。

"太保守了，这种赌局百年难逢，趁着土豪喝多了脑袋迷糊，我多下一点，我将家产全部赌上，100%，如果可以的话，我抵押房产、借钱、配资、放杠杆，5 倍、10 倍，多少都行。"崔胜兴奋地说道。

崔胜同学这次答对了，好不容易碰到一次千载难逢的大机会，土豪喝多了，而且我们先吃了鱼，知道鱼的味道，肯定能确定鱼里是否放过盐，所以我们没有任何风险，为什么不全力以赴下注呢？机不可失，时不再来，放杠杆去干！有多大放多大！

结果这次聚会，土豪学员输惨了。

后来，我们投资心学又搞了一次聚餐，这次聚餐又买了武昌鱼，不过这一次，江老师有事没来参加。这次谁来蒸这条鱼？还不知道。

鱼才洗干净，放在菜板上，见下图 0602：

图 0602：刚洗净的武昌鱼（旁有盐袋）

土豪学员这次又说话："同学们，为了增加我们聚餐的乐趣，这次我准备又开出一个盘口，大家可以下注与我对赌。不过这次我们反过来下注，当这条鱼放了盐后，我们来赌这条鱼清蒸以后好不好吃。如果你们下注赌清蒸鱼好吃，那我就赌清蒸鱼不好吃，我们是对手关系，赌多少我都接。"

各位学员，如果你当时在现场，你准备和土豪赌多少？以你身家的百分比为准。

"我还是赌家产的 20%。"石建军说。

"江老师不在，别人蒸的鱼不一定好吃，我不敢赌 50% 了，我只赌 20%。"张林说。

崔胜，你咋不说话了呢？你这次赌多少？还抵押房子吗？这次准备放多大的杠杆？

"这次似乎和前一次下注不一样哦。我怎么感觉哪里不对劲。"崔胜疑惑地说。

鱼还是武昌鱼，盐还是那种盐，不就是熟鱼与生鱼的区别吗？

"好像没有那么简单。前一次是先吃熟鱼后下注，赌有没有放盐；这次是先放盐后下注，赌生鱼蒸熟了后到底好不好吃。前面一次我已经吃到鱼了，放没放盐，我尝得出来；而后一次，盐肯定放了，但不知道放多少，鱼还是生的，还没有蒸，嘴里还没有尝到，怎么敢确定鱼好不好吃呢？所以我感觉是一个坑，我不赌，我的脑袋是清醒的，我不傻。"崔胜说。

崔胜，你说你不傻，不下注。那为什么在做投资的时候，你又敢下注呢？

"真的吗？我做投资时是这样干的吗？我怎么一直都认为我做投资时是很聪明的呢？江老师，愿闻其详。"崔胜困惑地说。

福建老严似乎明白了点什么："我觉得崔胜说得对，这里面明显有一个坑。前一次先吃鱼，放没放盐一定知道，所以可以重仓、全仓或者借钱下注；这一次，只知道放了盐，但是鱼还没吃，猜鱼好不好吃没有定数。鱼好吃，肯定能推出放了盐（因为不放盐鱼肯定不好吃），但是反过来，放了盐，不一定能推出鱼好吃。老师，我突然明白了！真的明白了！"

"我也好像明白了！"崔胜附和说。

好，既然大家都明白了，再给大家 10 分钟，你们讨论一下，然后告诉我答案。

| 4 |

10 分钟后，风控总监樊总代表大家发言："在江老师耐心的提示与引导下，我们终于发现了牛海投资出奇制胜的首要因素，的确非常隐蔽，那就是：江老师提前告诉牛海在哪里、在哪个时间会来台风大行情。中国有好几十个期货品种，几千只股票，为什么江老师让牛海用自造期权的方式下注股指期货 IF[①]，而不是下注其他期货品种或者某只股票呢？这才是问题的关键所在！这才是真水平！如果这个出奇的首要因素不对，假如牛海下注的品种不是股指期货 IF，而是下注了玉米期货，或者下注的虽然是股指

---

① 股指期货即股票指数期货，其中的 IF 是 Index Future 的缩写。股指期货 IF 表达的是以沪深 300 指数为标的物的期货，这类期货都是在中国金融期货交易所完成。

期货 IF 但是下注时间早了半年，比如是 2014 年的 1 月份，那么我们前面想到的其他成功因素：技术分析、基本面分析、财务分析、宏微观分析、价值分析、消息面分析、成交量分析、交易工具选择、进出场点策略、止损止盈方法、加减仓战法、资金管理、风险控制等等，根本就不会起作用，甚至是起反作用，比如牛海在那段时间不是在股指期货 IF 上使用了自造期权战法，而是在玉米期货上使用，那牛海就不会是 1 个月赚 20 倍了，可能 4 天就亏完了。"

樊总回答得很好。那你们是怎么突然开窍想到这个首要因素的呢？

"江老师，还是您的寓言故事好啊。寓言故事虽然简短，但是含有暗喻与明显的教育意义，使我们能在简单的故事中明白深刻的道理。寓言《摘水果》中的三个人，暗喻了投资市场的投资者，他们在一波行情之后，总结赚钱原因。赚钱的因素其实有很多，镰刀、剪刀、竹竿暗喻了成功的各种因素，比如技术、策略、战法、基本面、价值投资等等，但是很明显，它们都不是首要因素。在这个寓言里，发现长满果子的果树才是问题的关键。只要树上有水果，镰刀、剪刀、竹竿等等什么样的工具都可以让我们饱餐一顿，暗喻在投资市场，只要我们能提前发觉到台风大行情机会，任何技术、策略、系统、战法其实都是有效的，差别只是赚多赚少的问题。另外，时间的先后顺序也非常重要，我们先发现树上有水果，然后才用工具去摘取。顺序正确，我们大概率会有果子吃；如果顺序反了，如果先拿工具，后去找水果树，这个逻辑可能就有问题了，大概率就没有果子吃。后面您讲的清蒸武昌鱼的故事，其实也暗喻了这个道理。同样是鱼和盐两样东西，如果先后顺序错了，结果可能天壤之别。先尝武昌鱼，然后下注赌有没有放盐，我们大概率会赢钱，重仓下注的话，还会盆满钵满；如果顺序反了，先放盐，然后下注赌鱼好不好吃，我们大概率会输钱，重仓下注的话，还有可能会倾家荡产。"樊总补充说道，"比如，先放盐，暗喻我们发现一只股票的价格低于价值；我们马上就赌鱼好不好吃，暗喻我们马上重仓下注这只股票一定会大涨。这是非常危险的！"

樊总总结得很好，不愧在投资行业混迹了很多年。请大家先务必牢记我们投资心学总结的一句非常重要的话：事前、自动、大概率、低成本、非遗漏、可复制地捕捉台风大行情的方法，才是投资市场能出奇制胜的首要因素！这个方法才有资格称为交易秘籍（即秘笈、秘诀、捷径、圣杯、法门这类词汇，这句是全书的核心点）。

其他的成功因素，都不能算是交易秘籍，只能叫作交易技术，或者叫作交易技巧、交易指标、交易手法等等都可以，总之就是不能叫作交易秘籍，因为不够资格，首要因素才是真正的交易秘籍。投资者之前经常接触到的交易方法、技术指标、进场出场策略，就像寓言里的镰刀、剪刀、竹竿一样，只能算是工具。

投资的成功因素可分为两大类：一类是道，一类是术。

道，一般都是形而上的，内功心法、投资天道、运气德行等属于道。道很重要，但不属于术，所以不把它们叫作秘籍。道，是天经地义必须满足的基本条件，就像人能工作、能赚钱、能养家的前提条件必须是有饭吃、有水喝、能呼吸空气。

术，形而下的成功因素均属于术。术里面包含有秘籍，但不是所有的术都是秘籍。投资的术又分为两类，一类是"发觉技术／发觉术"，这个就是我们刚才说的首要因素，它称得上是交易秘籍。发觉技术使我们能够在众多的行业或者众多的交易品种中，经过漫长的交易时间发现台风大行情的赚钱机会。另一类是"转化技术／转化术"，前面提到的技术分析、基本面分析、财务分析、宏微观分析、价值分析、消息面分析、成交量分析、交易工具选择、进出场点策略、止损止盈方法、加减仓战法、资金管理、风险控制等都是，虽然因素众多，但是都不属于发觉技术，而属于转化技术，也叫工具。转化什么？就是将前面发觉技术发现的暴利机会，有效地转化成为我们口袋里的钱。转化技术也很重要，没有它们，发觉技术发现的台风机会就不可能转化为我们的利润，或者尽管能转化，但是转化效率很低，最后获得的利润很少，白白地浪费了一波大行情，毕竟暴利机会是很难得的。

我们不能说发觉术与转化术哪一个重要，哪一个不重要，这就像问一个小孩子：爸爸重要还是妈妈重要一样。但是，我们需要知道的是先有发觉术，后有转化术。通过研究先发现大行情机会，然后转化术才能跟进起作用，时间次序千万不要颠倒。普通投资者由于投资的利润直接跟转化术有关，所以很容易忽略掉与利润间接有关的发觉术，他们的潜意识会认为发觉术不重要，甚至会将时间次序颠倒，错误地认为是转化术发现了台风大机会（而事实真相却是：先有发觉术——发现台风大机会——然后转化术转成利润）。大家千万不要小看时间次序颠倒这个错误，这个错误很有可能就是投资领域最严重的一种错误，也是广大投资者最大的困惑，轻则亏钱破产，重则跳楼自杀。

《摘水果》寓言故事中，发现哪里有大片的水果树，属于发觉术，而镰刀、剪刀、竹竿等工具属于转化术，先发现水果，后用工具去采摘。发觉术在前，是饱餐一顿的首要因素。如果我们能发现哪里有水果，就算没有采摘的工具（相当于投资的转化术不是很好），至少我们还能用手去摘、用脚去踹（比如投资中只用一条最简易的单均线作为交易技术），虽然效率低一些，至少还是有水果吃。但是如果我们将时间次序搞反了，认为只要采摘工具厉害就能发现哪里有水果，那么即使我们今天将镰刀、剪刀、竹竿等工具都带在身上（相当于我们即使掌握了最牛的转化术），最后的结果大概率是找不到水果树，或者是时间不对（比如冬天）。

我们基金公司有一个美女分析员，研究生毕业，证券分析工具都懂，也会编程，电脑里有好几百套交易策略，特别擅长量价分析，但就是不能稳定盈利，长期的资金曲线很难看，稳定向下。有一天她问我："江老师，我有一个投资方面的问题困扰了我很多年，我想请教您一下。我看了很多书，查了很多资料，有一些实战经验了，那些大涨特涨的股票，成交量一般都会放大。但是，我股票池里选出的股票，成交量放大了，为什么它就不涨呢？我百思不得其解啊！"

福建老严突然举起了手："江老师，我也正好想问这个问题，我炒股票也经常根据量价分析入场，也发现有这个问题，为什么进去后就不涨呢？"

老严同学，前面讲《摘水果》寓言故事的时候，你不是嘲笑那三个人是猪脑袋吗？你不是信誓旦旦地说自己不可能那么傻吗？其实，你与美女分析员的量价分析工具和寓言《摘水果》的三个人的镰刀、剪刀、竹竿有区别吗？你们都犯了同样的错误！

我们先发现树上水果茂盛，然后用镰刀、剪刀、竹竿等工具，将树上的水果转化成自己的美食，没毛病！我们先在历史数据K线中发现某些十倍牛股，然后用量价等技术分析工具去套，发现牛股的成交量一般都会放大，这也没毛病。但我们一旦将时间的先后顺序颠倒过来，就有大毛病！大涨的股票一般成交量都会放大，但是，成交量放大不能直接反推出股票一定会大涨啊。这就像是我们今天带上了镰刀、剪刀、竹竿等工具，就能推出我们今天一定能饱餐一顿水果吗？不一定吧。我们前面蒸鱼的故事，揭示的也是这个道理。尝过鱼后我们可以推出放了盐，没毛病，你可以下注，甚至可以重仓下；但是放了盐就反推出鱼一定好吃，有毛病，不能下注，如果要下也得轻仓，重仓必死。

前面刚说过，由于太重要，所以我再重复一遍：大家千万不要小看时间次序颠倒这个错误，这个错误是投资领域一个很严重的错误，也是广大投资者很大的一个困惑，轻则亏钱破产，重则跳楼自杀。普通投资者接触到的所有的技术分析、指标、策略、战法、金融工具等等，均属于转化术，它们可以将发觉术发现的台风机会高效率地转化成自己的利润，但是它们并不能直接发现台风大机会，如果你将时间次序颠倒了，会有大毛病，后果相当严重！

牛海出奇制胜的案例，由于牛海平时不做投资，没有研究，他不可能懂投资发觉术，他也不可能发现重大台风机会，是我发现台风大机会——股指期货IF将有一段大行情的这个信息告诉了牛海，然后牛海用我提供的转化术——进场出场策略以及交易工具（自造期权法）、止损止盈战法等等，将这次暴利的机会有效地转化成牛海口袋里的70倍利润。在整个过程中，牛海在"术"这个方面不需要动脑筋，只需要听话照做，坚决执行江老师提供的转化术就行；牛海自己则要在"道"这个方面努力，学习投资天道、提高内功心法，既要避免因为恐惧半途而废，也要避免因为贪婪上瘾而最终爆仓。

福建老严突然又举起了手："江老师，这次我算是彻底懂了！时间次序颠倒这个错误，的确太隐蔽了，现在看来，我犯这个错误已经很多年，只是一直都没有发现而已。这些年我花了很多学费，学了很多交易技术，看样子学的都是转化术而非发觉术，一只股票如果它本身就不涨，你的技术再好也没用。我一直都认为我自己很聪明，其实是聪明反被聪明误啊，我和寓言里的三个人一样，都是猪脑袋。时间次序颠倒了，不能直接反推！现在想想，这个错误比较容易发现啊，为什么常人就发现不了呢？花了很多学费不说，还白白耽误好多年的时间。幸亏江老师现在指点迷津，否则可能要耽误一辈子。"

老严，你知道你为什么一直都没有发现这个错误吗？或者说为什么常人都很难发现投资出奇制胜的首要因素吗？还是我们前面提到的"民好径"。大家前面已经知道投资的原则是守正出奇，然而普通人都只想出奇，只想快速地成功而不想花时间去做默默的守正工作。殊不知，事前、自动、大概率、低成本、非遗漏、可复制地捕捉台风大行情的方法，是发觉术，不是转化术。牛海投资 1 个月赚 20 倍，属于出奇，而出奇制胜的首要原因，我们却不能在出奇的转化术中直接去找，那样是头痛医头脚痛医脚，我们必须在守正的发觉术里去寻找。而常人图省事，直接在"果"上去找，结果越找越远。

"出奇成功的原因不能在出奇里面直接去找，而应该在守正里面找！真是让人想不到啊。江老师，我现在有点明白了您之前说过的'最远就是最近，最近就是最远'的内涵了。"老严感慨道。

| 5 |

福建老严说完，又回过头去对崔胜说："崔师兄，你课间和我讨论的你的箱体突破秘籍，好像也有这个问题哦。那可是你花了 8 万大洋请回来的。有行情，箱体肯定会突破；但是箱体突破，不一定有行情哦，对吧。"

"严总，做人要厚道，我正郁闷花了那么多的学费只是学了一个转化术而已，你这个时候还笑我。严总，你倒是学得很快嘛，现学现用，都用到我身上了。不过我很早以前就发现了这个问题，只是没有江老师厉害，可以上升到理论的高度。我是几年前购买的这套箱体突破软件的。开始的时候还是比较好用的，我现在总结，好用的原因主要是该系统用在了股票上面，因为股票的进场与出场间隔的时间很长，人感觉不出来。另外，股票又不能放杠杆，系统就算错了，亏钱了，我们还可以咬牙坚持不卖，迟早都能挺回来的，所以给人的感觉好像是该系统提示操作的股票多数是赚钱的，胜率很大。后来我将该系统用在了期货上面，很快就原形毕露。期货可以做多也可以做空，期货有

10 倍左右的杠杆，而且是 T+0 交易，进出场间隔时间较短，系统准不准、好不好，马上就能感觉得到。还有，期货亏损时，你不能硬扛着不卖，期货公司会强制平仓的。箱体突破系统用在期货上面，10 次连 2 次都对不准，我上了这个系统后很快就亏钱。去年，我们基金公司聘请了一个水平很高的程序员，专门编写公司的量化交易策略。我私人请他将我高价买回来的箱体突破系统编写成了量化交易程序，然后用历史大数据回测，其结果很悲催——这是个稳定亏钱的系统。强烈建议大家以后碰到任何交易'秘籍'，一定要编写成量化程序，然后用历史大数据与资金曲线去进行回测验证。8 万元学费还是其次，关键是后来实盘又亏了很多钱，还浪费了我宝贵的时间。我现在知道了，其实我花高价学到的只是一个转化术而已，借用江老师讲的寓言，就是花高价买了一把镰刀、剪刀回来，而真正的交易秘籍——发觉术却没有学到。有大行情时，箱体肯定会突破；但箱体突破了，不一定有大行情。不过，江老师，我还是有一点没有想明白，我上箱体突破课程的时候，卖软件的投资大咖亲自回测了 3~4 个期货品种与 5 只股票，都是赚钱的啊，为什么我购买使用后就不准了呢？问题出在哪里呢？真的很郁闷！"崔胜说道。

问题就在：时间次序颠倒了，转化术混淆成了发觉术。这个错误非常隐蔽，包括崔胜在内得很多同学，估计还是没有彻底搞懂。这样，我再举一个例子。

图 0603：2010 年 9-10 月郑棉加权暴涨行情

大家知道我们投资心学的投资出奇策略中，除了牛海使用过的自造期权法以外，还有一个更为激进的出奇策略——全梭哈[①] 暴风交易法。图 0603 是棉花 2010 年 9—10

---

① 梭哈，又称沙蟹、谷啤、港式五张，学名 Five Card Stud，是扑克游戏的一种。此游戏简单激烈，既含有技巧也有很大的运气成分，在全世界都很流行。

月两个月的暴涨行情的 K 线图。大家估计一下，如果你抓住了棉花的这段大行情，你猜最多能赚多少倍？

"两个月棉花的价格翻了一番，我如果抓住了至少能赚 2 倍吧？"老严猜测地说道。"太保守了，我来算一下就知道了。期货价格翻了一倍，期货 10 倍杠杆，所以我满仓干至少应该能赚 10 倍！"崔胜自信地说道。"江老师，2014 年 7 月—2015 年 6 月，股指期货价格上升了大约一倍，您的自造期权法帮牛海赚了 70 倍，这波棉花行情如果用全梭哈交易法，应该也能赚 70 倍左右吧。"小明猜测说。

大家还是保守了。期货市场上将行情转化成利润，效率最高的就是我们全梭哈暴风交易法。2010 年 9 月这波千载难逢的棉花行情，使用这个交易法可赚 1000 倍！

"两个多月 1000 倍，眼珠都要掉下来了！真的吗？"崔胜颤抖地问道。

当然是真的！就是这两个月的棉花，造就了中国期货行业很多的传奇人物，例如棠哥、茂哥，你说是不是真的？

大家看一下图 0604，这是全梭哈交易法复盘的资金曲线图。从 8 月 23 日 的 257742 元 到 11 月 8 日 的 202179495 元，这是一条火箭的曲线。

是的，大家没有看错！两个半月 20 万元能赚到 2 个亿，增长了约 1000 倍。

"江老师，那还有啥好说的，赶紧教我们吧！"崔胜眼睛发亮地说道。

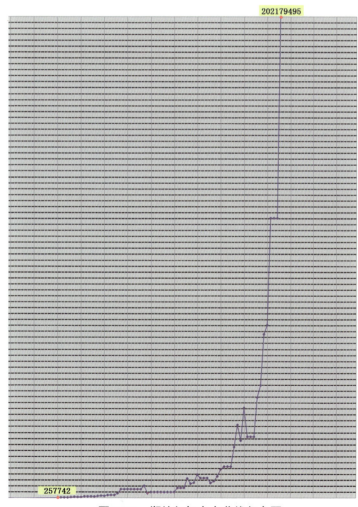

图 0604：郑棉加权实点曲线复盘图

"崔胜，最曲折的路，就是最近的路，学习也一样。不要急嘛，江老师现在不是在教我们吗？"清华吴总此时忍不住说道。

"啊，我怎么感觉没有教啊，我感觉江老师现在教的应该是正确的投资理念与认知啊，没有教全梭哈方法啊。"崔胜说道。

"崔胜，江老师现在就是在'因'上教你，而不是在'果'上教你。崔胜你却老是着相，着果上的相。你还没有明白吗：全梭哈、自造期权都属于守正出奇里面的'出奇'。出奇能成功的原因，我们不能在出奇里面直接去找，而应该在守正里面去找！否则找到的只是一些事后诸葛亮式的转化术，而不是最重要的发觉术。如果那样的话，你不但发不了财，可能还会倾家荡产。例如：崔胜你 2010 年 9 月用全梭哈押的不是棉花，2014 年 11 月牛海押的不是股指期货 IF，就是完全不同的结果。"吴总开导道。

吴总说得很对，全梭哈、自造期权等等，这些出奇的具体操作方法是"果"上的，是术，以后有机会我都会教大家的，我不会藏着掖着；不过，我只会教给那些投资的守正工作做得好的学生与弟子，你们要先练好内功心法，否则就是害了大家。

"我有点明白了，江老师，那您继续讲守正。"崔胜自言自语道。

大家知道我是怎样发明全梭哈暴风交易法这个出奇策略的吗？我是被激以后才发明的。有一个杨姓的网络课程推销员，一直盛情邀请我去参加他们的课程，由于曾经一起吃过饭，不好意思拒绝，几次邀请后，没有办法，只能去捧一次场。他们的大咖老师讲授的是布林线战法，这个战法本身没有错，属于转化术，长期来看，只要你严格执行进出场信号与止损止盈，肯定是可以赚一些钱的，只是赚钱的转化效率低一些。他们的老师讲完原理以后，开始讲具体案例，他选取了四段行情来验证其理论的正确性，分别是 2019 年上半年的铁矿石、2018 年 7 月份的 PTA、2014—2015 年的 IF 股指加权，最后一段行情就是 2010 年 9 月的棉花行情，结果全部都是赚钱的，而且还赚了很多钱，其中棉花赚了 10 倍。崔胜，这个情景是不是与你当年上课的情景很相似？

"简直是一模一样的。我当年的软件老师也是选了四、五段的行情，结果全部都是赚钱的，所以我才花高价买的软件。"

崔胜，其实所有的投资课程都是这样的流程，这也无可厚非，无论谁的理论一定都要拿出一段非常耀眼的赚钱样本来做演示嘛，做任何生意都是这样的，能理解。不过，当时讲布林线的大咖轻视的口气激怒了我："布林线就是好！我们股指能赚 4 倍，大家鼓掌；我们棉花能赚 10 倍，大家欢呼！"似乎布林线天下无敌，似乎天底下只有这位大咖的技术才能赚钱。这不是误人子弟吗？我从事投资行业 20 多年了，什么技术不懂？什么"秘籍"没见过？包括我自己的技术指标在内，所有的技术、指标、策略、战法，只要是单一的，都是转化术，都不是发觉术，如果纯粹是单独使用的话，绝难捕抓住台风大机会。发觉术属于守正，发觉术一定是一套组合拳，包含各种技术、指标、策略在内的量化交易系统。单独一个布林线，怎么可能发现台风机会？明明是先有台风机会（你已经知道历史数据上 2010 年棉花有大行情），后验证布林线技术起作用来转化成利润，这个次序被这个大咖老师偷偷给颠倒过来了，而且还这么高调炫耀。如果真正牛，不要说过去，而应该说未来，说一下未来哪一个期货品种或者哪一只股票会有大行情？

"江老师，那布林线战法到底有没有用呢？"崔胜问道。

当然有用啊！而且还会很有用。在我们后面的课程中大家就知道像布林线这样的技术分析工具的真正用途。但绝对不是单独拿来预测行情或者选台风品种的。

其实不管是崔胜当年的箱体突破也好，还是这位大咖的布林线，基本上所有的大师上课举例的时候，都会情不自禁、有意无意地使用一个小技巧，都会站在上帝的视角，在已经发生的历史上，去选择某个品种、某个时段来进行数据回测，以验证自己理论的正确性与有效性，而这段行情往往都是台风大行情。正是因为这个小技巧，大师就将时间次序颠倒了过来，将转化术变成了发觉术，使学生们感觉到正是因为使用了箱体突破、布林线战法、量价分析、波浪理论、江恩理论、缠论等等策略与神奇技术，我们才赚到了大钱。殊不知，只要事先选出一段特定的大行情来进行数据验证，任何技术、指标、策略与分析方法都能赚大钱！2019 年的铁矿石、2018 年的 PTA、2014 年的 IF 加权，2010 年的棉花，这四段行情，任何策略都是赚钱的，并不只是布林线。问题的关键是你怎么能事先精确地知道这四个时间段会有大行情的？我们现在进行数据回测的时候，当然可以精确地知道历史啦，因为历史行情已经走完，K 线图就摆在电脑里，看得到嘛，自然能准确选出一段最好的大行情。但是，未来的数据在你的电脑里吗？未来的大行情你可以事先精确地选择吗？我们站在 2021 年，以上帝的视角去看 2010 年，当然看得清楚，选出棉花没问题。但是如果我们现在是 2009 年，你看得清楚 2010 年吗？如果我们事先真能知道 2010 年棉花有超级大行情的话，我们还用布林线去赚 10 倍吗？太少了吧！我们可以用全梭哈暴风交易法，我们赚 1000 倍不好吗？

正因为有了上述这个小技巧，时间次序颠倒了，本来是先要先发现果树，再用各种工具去采摘水果，结果变成有镰刀等工具，就想当然以为可以发现一大片果树；有了这个小技巧，本来是先尝鱼好吃然后推出放了盐，结果变成了只要先放盐就能推出鱼好吃。很明显，颠倒次序推出的结论并不靠谱。但是在投资市场上，很多不靠谱的结论（类似只要使用布林线战法、箱体突破、量价分析、波浪理论、形态理论、江恩理论、缠论等等技术，就一定能找到大行情）却能大行其道，非常受初级投资者的欢迎。

小技巧，可以用来忽悠，但是，真钱上实盘的时候，还能用小技巧吗？

我们来看一下图0605：

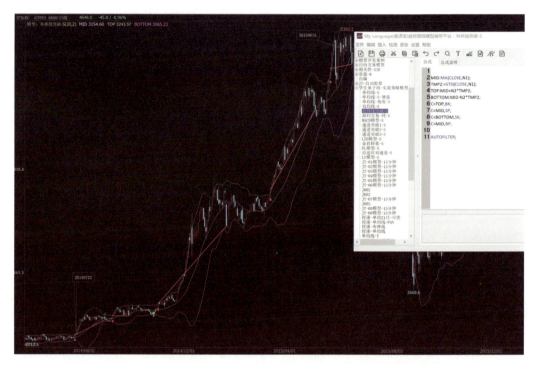

图 0605：左为 2014—2015 年股指 IF 行情，右白色为布林线模型

图0605左边是我们特别选出来的台风大行情（2014—2015年股指IF的行情）。我们事先已经知道了历史上这个时间段股市是有大行情的，我们选出这段行情后，再用右边白色部分的布林线模型去验证，时间次序颠倒，我们当然可以赚不少钱啦。这就像图0601已经吃过的武昌鱼一样，我们先尝过图中左边蒸好的鱼，再去验证图中右边是否放盐，必然非常准确，自然敢重仓下注。

但是，同学们，千万注意：图0605中的右边布林线模型，并不能直接推论出左边的行情哦！直接推，后果很严重，可能要倾家荡产！

这道理跟蒸鱼一样，放了盐不能推出蒸的鱼一定好吃；使用技术分析布林线，不能推出股指IF一定有行情。这个顺序，在投资中一定不能反。

第七章：起跑线上的错误

→ 选择性偏差是一种人性的偏差，它会让投资者犯起跑线上的错误：将转化术无意识地变成发觉术，错误地认为正是因为自己的转化术好用，所以才能发现好股票或者期货大行情。这类投资者将无比坚信自己选择的正确性，其自信心越来越强，然后仓位越来越重，杠杆越放越大，直到错误爆炸……

| 1 |

"江老师，我明白了：一些投资大咖在推销产品，在讲成功案例的时候，会在历史数据中有选择性地挑选那些对自己有利的大行情，以证明自己理论或者技术的正确性。由于历史已经发生，所以很容易发现这样的时间段与大行情。某某理论、某某技术、某某产品，在历史上的好的时间段进行数据回测验证，当然无比正确啦。但是，未来不是这样的，未来谁都不知道，所以无法选择，日子只能一天一天地过，好也过、坏也过，好行情你要交易，差行情你也要交易，这个时候，某某理论或者某某技术就不一定正确，甚至多数时候是错误的、亏钱的。"崔胜总结道。

不错，崔胜，你开窍了。我们在很高视角去选择历史没有问题，但你能选择未来吗？

"那这是套路啊，绩效展示的时候，软件与产品的推销员基本上都使用了这个小技巧，这不是在忽悠人吗？"崔胜气愤地说道。

你说得不对，这并不一定是套路。其实，绝大多数的推销员或者老师并没有忽悠人，因为他们自己也不知道，老师自己实盘也在用他讲课的策略，老师自己也坚信他的转化术一定能找到大行情，一定能赚大钱。刚才说的那个刻意选择的小技巧，在多数情况下，并不是人们有意识在使用，而是在潜意识的驱使下，有意无意地就使用了，推销员或者老师自己可能都没有注意到这点（事实上多数投资者都没有注意到这一点）。自己不知道，怎么能说是忽悠人呢？

举个例子来说吧：谁都早恋过，谁都知道早恋不对，但是早恋的时候，谁都没有听进去父母的教诲。情人眼里出西施，早恋的时候，我们眼中看到的全是恋人的优点，几乎没有缺点。这种带选择性的偏见，是自然而然的人性使然。后来，当恋人分手，甚至彼此成为仇人的时候，这种带选择性的偏见依然存在，此时眼中看到的全是缺点，没有了优点。其实，我们心里清楚这种偏见是不对的，但是我们的潜意识就是会这样控制我们去想、去做。这种选择性的偏见与刚才说的选择性的小技巧是一个意思，都属于选择性偏差。选择性偏差是人性使然，人骨子里就是喜欢这样做。

崔胜、老严以及在座的各位同学们，你们以前在恋爱的时候，在见重要客户与领导的时候，是不是都要梳洗打扮得漂漂亮亮、精神抖擞的，这就是选择性偏差，这就是人性！其实，不出门仍然漂亮的女人才是真正漂亮的女人，没有行情的时间段仍然能赚钱或者少亏钱的策略才是真正好的好策略。这个道理，又有多少投资者能懂呢？

同学们，设想一下，假如你们自己花了几个月的时间，研究出了一个股票策略，你们要去找股票进行历史数据回测验证，你们第一个想到的股票是什么？

"肯定是贵州茅台，港股肯定要找腾讯控股。"老严、崔胜分别抢答道。

对了，这就是选择性偏差！你们辛苦了好几个月，付出了大量的时间与精力，得到了一个属于自己的投资"秘籍"，你的潜意识自然希望这个"秘籍"无比正确、无比好用，那么在选择股票样本进行验证的时候，潜意识自然而然会带偏见地去选择那些好股票。其实，贵州茅台、腾讯控股这些好股票，任何投资策略去验证都是赚钱的。但是，选择性偏差让时间次序颠倒，让你产生幻觉，认为是自己的股票策略好，所以发现了贵州茅台、腾讯控股这些好股票，你的潜意识将投资的转化术变成了发觉术，而且你自己都没有意识到自己犯了这样的错误。其实我们每个人都是戴着有色眼镜来看属于自己的东西，一定会有选择性偏差，最典型的例子除了情人眼里出西施以外，还有就是父母看自己的小孩，永远都是学校里面最漂亮、最聪明的那一个。

我们前面再三强调，人性里的选择性偏差会让投资者犯时间次序颠倒的错误，将转化术无意识地变成了发觉术，错误地认为正是因为自己的转化术好用，所以才能发现好股票或者期货品种的大行情。如果碰上运气好，他实盘再蒙对几次，就更加强化了这种认知，那么这个投资者将无比坚信自己转化术的正确性，坚信是自己的能力造就了最近的成功。他的自信心越来越强，然后仓位越来越重，杠杆越放越大，他的所作所为逐渐突破天道的临界点，最后一次，触发混沌，满盘皆输，轻则亏钱破产，重则跳楼自杀。

这种错误是投资领域最严重的错误之一，更为可怕的是，由于这种错误顺人性，犯错误的人可能一辈子都无法认清这个错误或者打死都不承认自己犯了这个错误。不只是普通投资者会犯这样的错误，就算是在投资界待了很多年的大咖，也会犯这样的错误。

美国股票首富《股票作手回忆录》的作者利弗莫尔、基金经理《期货大作手》的逍遥哥、橡胶大王傅小俊等等，这些人可都是投资界的顶尖人物，但是，为什么他们最后一把的结局都很悲惨呢？

比如，利弗莫尔、逍遥哥在研究股票和期货的时候，发现那些有大行情的品种，其价格都是沿着最小阻力方向运行的（他们书中所写）。这句话没有毛病，但是他们的选择性偏差将时间次序直接颠倒使用，就出了问题，而且是大问题。他们认为：凡是价格沿着最小阻力方向运行的股票或期货，一定会有大行情。这句话就有毛病了，特别是在自己的仓位越来越重的情况之下。

又比如，橡胶大王傅小俊错误地认为：橡胶有行情，推出橡胶基本面好——这没毛病，可以下注，重仓也可；但是，基本面好，就推出橡胶一定有行情，这是非常危险的结论，次序颠倒了！

"唉，人间的悲剧啊！人性中的选择性偏差情不自禁地将时间次序颠倒，将转化术当成发觉术来使用，这一类的错误，我刚才还认为应该很容易被发现，而且认为只有像我们这样的投资散户才会犯这样的错误。现在看来，在人性面前、暴利面前，只要是人，不管是出名的，还是不出名的，都有可能犯错！常识错误与潜意识错误，太可怕了，太隐蔽了。估计这些名人，最后爆仓破产时，也不知道真正的失败原因是什么？"福建老严不禁地感叹道，"崔胜，听懂了吗？不要再怪卖你软件的推销员了，要怪只能怪自己，出了问题从自己身上找原因才能进步。推销员选择的推销方法无可厚非，你看，哪一个女孩子约会的时候，不是将自己打扮得漂漂亮亮的。再说了，崔胜，你会选一个约会的时候都不化妆的女孩子作自己的老婆吗？哈哈。"

老严话刚说完，会议室的后面突然传来了一阵呜呜的哭声，所有的人都情不自禁地回过头去。

| 2 |

原来是来自广州的女学员舒月在哭，她是这次来参加投资心学投资课程中比较年轻的学员，大学毕业才 3 年。同学们赶紧安慰她，并询问她哭泣的原因。

"我就是因为犯了刚才江老师说的那个错误，将所有的钱亏光了。我自己的 30 万，我亲戚让我代为操作的 50 万，还有我爸爸妈妈为了支持我的投资事业将房产抵押贷款的 120 万，全部都亏完了。好惨啊，能不伤心吗？自己的钱都无所谓，父母房子的钱，亲戚的钱该怎么还啊？我是去年跟着广州的一个'大师'做期货的，学习了一个听起来很牛的抄底战法，教我们越跌越买，亏了就加倍买。前两次抄底成功，还赚了 40 万左右，我以为找到了投资赚钱的永动机，可以躺赚了。殊不知，后来这个方法就不准了，抄个底，还有更低的底，再抄，再低，一直抄到你没钱加仓而爆仓。刚才听了江老师的课，我突然发现我爆仓的原因。我学的抄底的战法，其实也是转化术，必须通过发觉术找到真正强势的品种后才能用抄底技术。强势的品种，因为强势，所以下跌幅度有限，很容易抄到底；弱势的品种，一次到底，后面还跟着十八层地狱，怎么可能抄到底？我也是将时间次序搞反了，把属于转化术的抄底技术当成了发觉术去找强势品种，结果越抄，底越低，直至倾家荡产。如果时间次序正确，先用发觉术找到强势品种，后用转化术的抄底战法，一般抄两三次底，就能抓住真正的底部。终于明白了，但是钱也亏完了，教训惨重啊！呜呜呜……"

"舒月同学，别哭了，哭也没有用啊。至少你还找到了真正的亏钱原因，很多亏钱的人，最后都还没有找到原因呢！找到了原因就好办，只要人还在，好好学习投资心学的理论，你应该很快就能赚回来的。别忘了，全梭哈暴风交易法，最高可以赚到 1000 倍呢！哈哈。"崔胜笑着鼓励。

"我必须好好学习啦，以后全靠江老师的投资心学！呜呜呜……"舒月哭着说道。

投资，有一个"靠"字，还是不够完美的。你自己要努力，踏踏实实地学习才是正道。你要先学习守正的发觉技术，再去学习出奇的转化技术，这才是正确的学习顺序，千万不能再急功近利直接在"果"上学习各种神奇的技术、指标、战法，否则的话，最近的路就是最远的路啊。

舒月同学，你之前学的这个转化术，应该叫"马丁基注码法"，它有两个成立的前提条件，一是你的钱要足够多，因为你的仓位在呈指数增长。二就是你刚才说的，一定要有发觉术打前站，要提前大概率找到强势的台风品种才能用，否则，弱势品种，错误十几次、二十次的平方啊，哪怕你有巴菲特那么多的钱，你都是会亏掉的。人喜欢贪便宜，所以抄底技术非常符合人性。但是我们一定要知道，抄底技术是转化术，不是发觉术，抄底技术一定要有发觉术配合才行，单独使用抄底技术，又不懂资金管理，时间一长，必死无疑。守正出奇，正为体，奇为用，两者缺一不可。以后千万别单独使用那些花哨的、吸引眼球的所谓交易秘籍了。孤阴不生，独阳不长啊！

另外，舒月，马丁基注码法的反复抄底与加倍下注，非常符合人性。我不知道你看过我的投资心学中级视频没有？我早就讲过：人性与天道刚好是相反的，越符合人性的东西（例如吃喝嫖赌）越违反天道，所以马丁基注码很容易触发混沌的临界点，就像前面图 0303 展示的那样，开始一直比较赚钱，但是往往最后一把都是倾家荡产的悲惨后果。我们在投资心学掷骰子的模拟投资游戏里面，专门模拟了马丁基注码法的资金曲线，这里给你看一下，你就会发现其实这个方法破产是注定的！请看下图 0701。

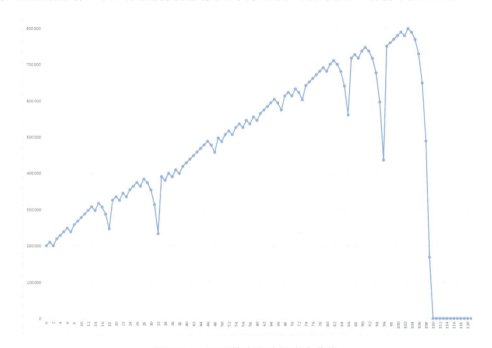

图 0701：马丁基注码法的资金曲线

前面资金量小，混沌的波动幅度不大，一条直线往上涨，但是越到后面，随着资金量越大，混沌得就越厉害，最后一把被洗白是板上钉钉的事。

"真的是这样啊！太触目惊心了！江老师，我要是能早点做这个掷骰子的模拟投资游戏就好了。江老师，我以后再也不会犯这样的错误了，我会认真学习的，希望早一点将损失弥补回来。不过，江老师，您有一个观点，我有点不认可，能发表一点反对意见吗？"

当然可以了，长江后浪推前浪，学问只有青出于蓝而胜于蓝，才能发展壮大。请你说说你的反对意见。

"您认为发觉术与转化术一样重要，我不太认可。经过一次倾家荡产后，我现在认为发觉技术要重要得多！这就像我们去勘探石油，发觉术就是发现哪里有石油，从哪里打井下去能挖出石油；转化术就是如何将石油挖出来的技术，当我们知道了哪里有石油后，转化术就去负责将石油挖出来。如果我们不能正确地找到石油，就算转化术再厉害，也是白费，因为这块地本身就没有石油嘛。而且有可能挖得越多，死得越快，毕竟挖井是有成本的。就像我吧，折腾了一年多，胡乱做了几百次交易，和挖了几百口井有啥区别呢？最后还是倾家荡产。如果先有发觉术的话，挖到石油的概率会大幅提高，可能只需要挖几口井，一年只做几次最多十几次的交易就能大获丰收。"

舒月，你能有这样的见识，很不错。的确，如果你从成本角度考虑，发觉术的重要性的确要远远高于转化术。"事前、自动、大概率、低成本、非遗漏、可复制地捕捉台风大行情的方法，才是投资市场能出奇制胜的首要因素！这个方法才是发觉技术，才有资格称为交易秘籍。"前面这句话里面，我也已经提到了。

其实，判断一个技术是发觉术还是转化术的一个重要的标准就是低成本。否则，任何人都可以吹嘘他的技术是发觉术啦。布林线、量价分析、马丁基等等投资技术，如果不考虑成本的话，你说它们是发觉技术，谁也没有办法否认。但是当你使用它们，你会发现试错成本太高了，你要试错无数次才能正确一次，而正确的那一次赚到的钱根本就不够覆盖前面很多次亏损的钱，尽管你最后抓住一次台风大行情，那还有什么意义呢？当然，使用选择性偏差，在历史数据上直接用大行情的股票或者期货品种去回测验证，肯定不会出现成本问题，可惜未来我们无法做选择，所以我们做实盘的时候必须考虑试错成本。

"是啊，我学抄底战法，抄了个倾家荡产，成本 240 万元打水漂，前面抓住一两次小台风，赚了 40 万元，但没用啊，最后还不是倾家荡产！我觉得那些夸耀'台风来了猪都能上天'之类的理论，其实挺害人的。为了吸引眼球，台风理论只说抓住了台风怎么办？没有说台风走了怎么办？没有说到哪里去抓台风？没有说哪个时间点会来台风？更没有说抓台风需要花费多少成本？没有说抓住台风后的利润是否能覆盖掉抓住台风之前耗费的成本？而这些可都是抓台风行情缺一不可的因素啊。台风理论选择性地只说抓住台风的那一次的暴利，而不说抓住台风之前试错的 N 次成本。如果我们不懂这些，直接就想去抓台风，无异于刀口舔血。难道凭一次运气就能抓住台风吗？台风理论只负责点燃普通人的贪欲，而不管其他因素，这是不厚道的。我就是被贪欲遮住眼睛的那个人。"舒月止不住又抽泣道。

停了一会儿，舒月又说道："江老师，我还有一个问题想请教一下，您刚才说，崔胜师兄花了大价钱购买的软件没啥用途的这件事，不一定是套路，不一定是被人忽悠，因为任何人在推销产品的时候，都会选择性地展示自己的优点，而对自己的缺点讳莫如深。这点我认可，因为大家都是这样做的，就像任何女孩子出门都要化妆，我自己也化妆。男人结婚选错了对象，总不能埋怨女人化妆或者使用美颜相机吧。所以在学习广州的那位'大师'的课程之前，我是特别小心的，专门仔细看了他们的交易记录，发现是真实的，业绩非常惊人，他们的交易方法抓住了去年上半年铁矿石的大行情，赚了好几倍。另外，我怕他们报喜不报忧只展示优点，不展示缺点，所以我还通过他们的交易记录，亲自算了一下他们的最大回撤与最大亏损额，发现不是很大，-20% 左右，在我的承受范围之内。但为什么我后来在使用的过程中就爆仓破产了呢？我是百思不得其解。"

舒月，你真的确定你亲自看了广州这位'大师'的实盘交易记录了吗？

"百分之百确定啊！不过交易记录不是'大师'本人的，而是她的两个学生的，大师本人工作忙得很，没有时间做实盘交易。"

舒月，那我知道原因了。原因就是你的这位"大师"没有自己的交易记录与资金曲线，她自己并没有用她的交易方法去做实盘交易。

"她亲自做交易与她的徒弟做交易有区别吗？大师本人很忙，盯盘没有时间。她的徒弟用她教的方法做交易是一样的吧？她的徒弟都能用这个方法赚钱，师傅肯定没有问题的啦，包赚啊。"舒月不解地问道。

谁说包赚？舒月，你以为投资是武术比赛吗？徒弟都能赢，师傅大概率也会赢。你的想法太幼稚了，你的常识与认知出了问题。投资与其他行业是不一样的，其他多数行业徒弟行可以直接推论出师傅行，唯独投资行业不能直接这样推论。

大师是否亲自上场，是验证一套投资理论是否有效的关键所在。

如果一个"大师"只在讲台上纸上谈兵地讲理论，不亲自验证自己的理论，不亲自用自己的真钱上实盘去买卖，也没有展示过自己 2 年 100 笔以上的实盘资金曲线，那么这个"大师"就有问题。哪怕是大师的学生展示再多的业绩，只要不是"大师"本人操盘的，都没用！

"江老师，这真的有点逆常识，我还是没有搞明白这里面有什么玄机，能告诉我吗？"舒月问道。

人性中有两个认知偏差非常厉害，对投资结果有重大影响，甚至你的投资还没有开始，你就注定失败了！因为你在投资的起跑线上还没有出发就犯了错误。两个认知偏差非常隐蔽，常人很难发觉。前面我们已经讲了一个选择性偏差，它会使人情不自禁地将时间次序颠倒，将转化术当成发觉术来使用。现在我们再来介绍一个认知偏差，舒月，你倾家荡产的另一个原因正源于此。这个偏差更厉害，更为隐蔽，甚至事先提醒你也没用。

"真的吗？这么厉害吗？再怎么样我也是 985 大学毕业的，智商不差啊，我还是有点不相信。"舒月疑惑地说道。

| 3 |

人性面前，人人平等，与学历、智商无关。

我先举一个简单的例子，大家先感受一下人性的弱点。

舒月，最近你手头紧张，想去贷款借钱，有两家公司给你报价，你选哪家？

A. 我们公司的贷款利息是年化 18%，借 10000 元，每年还款 1800 元。

B. 我们公司是年轻人的知心朋友，不好意思借钱的可以来我们这儿借，借 10000 元，1 天只需 5.5 元，每天利息低至万分之 5.5，便宜得很哦。

"那肯定是从 B 公司借款啦，利息又低，说话又好听。"舒月终于露出了一点笑容。

风控总监樊总，你是经常评估项目的，比较理性，请你来点评一下吧。

"舒月同学，你被忽悠了，你怎么能选 B 公司呢？就因为他们的广告做得好？说话好听吗？你自己算一下就懂了，每天利息万分之 5.5 元，一年 365 天，两者相乘，就是 B 公司真实的年化利率啊，你赶紧用计算器算一下是多少钱。"樊总提醒舒月。

"真是不算不知道，一算吓一跳，B 公司的年化利率都超过 20% 了，A 公司才 18%，我怎么想都没有想，就直接选 B 公司呢？"舒月惊讶地说。

这就是人性的弱点！他们要的就是你不会去想，要的就是你的非理性！知道他们为什么说话好听了吧？人性的弱点非常厉害，刚才举的例子还是很初级的，舒月，你这都选不对，那以后诸如：两套交易系统哪一个厉害，或者两个培训老师哪一个好，或者两个私募基金哪一个业绩牛，类似这样的选择题，你又如何抉择呢？

"我以前真没有想到人性还有弱点，特别是我们这些全日制本科毕业生，还能被别人忽悠？"

当你理性的时候，自然别人是很难忽悠你的；但是，当你处于非理性的时候，当你的人性弱点起作用的时候，是很容易被忽悠的，这个事情和你是什么学历关系不大。

我们再来举个复杂一点的例子。舒月，以及同学们，大家请看左图：

中国福利彩票
CHINA WELFARE LOTTERY
玩法:双色球-单式   83020571
6846-2E26-4657-0C8D-06C9/71339223/B0D0D

A.06 11 17 24 28 29+06 x2
B.10 11 15 20 22 25+13 x3

已兑奖
¥600

开奖期:2017037 17-04-02   ¥:10
销售期:2017037-88   17-03-31 20:03:35

图 0702：2017 年买的一张彩票

这张彩票是真实的彩票，是江老师亲自掏钱买的。

请问第一个问题：这张彩票中奖了，中了多少元？

"600 元。"舒月回答。答对了。

我的第二个问题：为了中这 600 元，我这张彩票的成本是多少元？

"10 元。这两个问题的答案太简单了，彩票上都写得非常清楚 。"舒月非常轻松地回答。

舒月同学，你的第二个答案不对，成本不是 10 元。这就是我准备讲的第二个认知偏差——幸存者偏差。这个认知偏差比选择性偏差还要隐蔽。你在广州就是犯了幸存者偏差的错误。

"成本白纸黑字写在了彩票上面，10 元呀，哪里不对呢？"舒月不解地说。

这样，我再讲一个稍微简单一点的故事。在国铁 12306 网上购票推出以前，每逢春节去火车站、代售点买火车票，是不是人山人海？这种场面记忆深刻吧。以前春运火车票难买，这是一个铁的事实。有一年，春运期间，一家调查机构的记者想去实地采访一下，看一看火车票到底是不是真的很难买。他走进火车站的候车大厅，在准备检票进站的人群中进行了随机采访，结果每一个人都掏出火车票，非常高兴地告诉记者，今年的火车票特别好买，我们都买到了。看到大家开心的笑脸，调查机构的记者得出了一个结论：春运火车票难买，完全是乱说，根本没有经过实地调查。

"哪里来的这么笨的记者，也太傻了吧！哪能来候车大厅采访呢，那里肯定都是买到火车票的人，他们肯定认为火车票好买啊。记者咋不去福利彩票领奖大厅，中大奖的人还会告诉他彩票中大奖其实也不难呢。"舒月笑着说。

舒月，你没有发现这个故事和我那张 600 元中奖彩票的原理是一样的吗？如果那张彩票的成本真的只是 10 元，彩票中奖可以领 600 元，10 元赚 600 元，这样的生意太完美了。这样吧，舒月，我现在给你 10 元，然后你去买彩票，得 600 元，你我对半分，我只分 300 元，剩下的都是你的，行不行？

"江老师，这怎么可能，彩票又不是每期都中的。"

那没有中奖的彩票，你需要花钱买吗？

"当然要花钱买啊，彩票开奖之前，每张彩票都要花钱买。你总不可能给彩票店的老板说：我只买中奖的彩票，不买不中奖的彩票。彩票开奖之前，谁都不知道哪张彩票会中奖的。等等，哇，我好像明白过来了。江老师，您的意思是不是那 10 元钱只是这一张彩票的成本，彩票中奖 600 元的真正成本应该要包括那些没有中奖，又被我们扔掉的作废彩票是吧？"舒月惊奇地说道。

答对了，这时候有点像 985 大学本科毕业生。600 元中奖彩票的真正成本绝对不只是 10 元，否则这个生意太好赚了，60 倍的盈亏比，如果真是这样，谁都会抢着买彩票发财了。为了我们上课的需要，为了中这个 600 元的奖，我按照图 0702 这样的购彩方式，基本上每个星期都会去买彩票，大家知道我买了多少年才中的这 600 元吗？整整五年！我粗算了一下，前后总共花了将近 1000 元才中的这张彩票。600 元中奖背后的成本是 1000 元，根本就不是 10 元！只是没有中奖的彩票早就被我丢到垃圾桶去了。

买到火车票的人，相对于那些没有买到火车票的人而言，他们是幸存者；这张中奖彩票，相对于那些没有中奖被扔掉的彩票而言，它也是一个幸存者。如果我们忽略了那些春运没有买到火车票的人，忽略了那些被扔掉彩票的成本，只考虑买到火车票的人，只考虑一张彩票 10 元钱的成本，那么这种认知就是"幸存者偏差"。

幸存者偏差非常隐蔽，更加不容易被发现，因为没有中奖的彩票已经扔掉了，没有买到火车票的人根本就进不了火车站候车厅，所以，就没有人会去留意。一将功成万骨枯，人性只关注胜利者，只关注亮点，谁会去关心失败者呢？

"江老师，经您这么说，我就懂了。不过，我以后注意幸存者偏差就行了，将以前被忽略的成本统计进来，这和投资与交易又有什么关系呢？"舒月又问道。

关系大得很啊！舒月！600 元的中奖彩票的真正的成本是 1000 元。这个数据是江老师我统计出来的，因为所有的彩票都是我买的，江老师自己能统计清楚。有了这个数据，江老师我自己肯定不会为了赚钱去大量购买彩票的，因为明显是亏本生意嘛！买着玩或者为了慈善去买彩票，这是可以的。舒月同学，600 元的中奖彩票的真正的成本是 1000 元，这个数据只有江老师知道，假如我隐瞒数据不告诉你，或者我告诉你 600 元的中奖彩票的真的就是 10 元钱的成本，会发生什么事情呢？

"江老师，如果您真不告诉我，我肯定不知道真实的成本是 1000 元，毕竟彩票是您买的，不是我买的，您不说或者乱说，谁知道呢？不过，人都是善良的，应该不会乱忽悠人吧？"舒月好奇地说道。

舒月，你大学毕业不久，科学知识肯定最丰富，但是社会阅历特别是关于人性的认知还太少，需要补一补。你想一下，假如我是彩票业务员，如果你买彩票，我还会告诉你彩票真正的成本是 1000 元吗？傻姑娘，我们不要只笑那个春运采访记者笨哦。

（视频 3：选择性偏差与幸存者偏差）

| 4 |

我再举个例子，大家请看图0703。

这个作文题目来自2018年重庆高考卷，也是高考全国Ⅱ卷，就是关于幸存者偏差的。

我们做数据统计，必须科学完整，必须将所有的数据都考虑进去。重庆这个题目告诉我们，飞机上哪个部位弹痕多，不能只统计飞回机场的飞机，还要将那些牺牲的不能返航的飞机全部统计进去。能飞回机场的飞机，是战争中的幸存者，如果只统计它们，就会犯幸存者偏差错误，得到的结论肯定是不正确、不全面。本例中，可能真正应该加固的是飞机后部，却由于后部中弹的飞机多数被击落，飞不回机场参加统计，能飞回来的都是前部中弹的飞机，如果我们做统计时不懂得幸存者偏差，只统计

2018年重庆高考作文题

"二战"期间，为了加强对战机的防护，英美军方调查了作战后幸存飞机上弹痕的分布，决定哪里弹痕多就加强哪里，然而统计学家沃德力排众议，指出更应该注意弹痕少的部位，因为这些部位收到重创的战机，很难有机会返航，而这部分数据被忽略了。事实证明，沃德是正确的。

要求：综合材料内容及含意，选好角度，确定立意，自拟标题；不要套作，不得抄袭；不少于800字

图0703：2018年重庆高考作文题

幸存飞机，那么肯定得出要加固飞机前部的错误结论，最后造成飞机性能反而下降的后果，甚至会造成输掉整个战争的结局。

我们只看到中大奖的彩票在大力宣传，看不到无数未中的彩票牺牲了，看不到无数战斗机被击落了。同样道理，我们在做投资的时候，面对两种选择（诸如A公司前景好还是B公司前景好；A技术策略好还是B技术策略好；A老师好还是B老师好；A基金业绩好还是B基金业绩好；A盘手好还是B盘手好等等），如果A刻意隐瞒较差的数据，只展示较好数据来参加统计，而B老老实实展示全部数据参与统计（包括好的也包括差的），那么我们最后能得出正确的结论吗？选择比努力更重要，不懂幸存者偏差，我们的投资还没有开始，就由于选择上的错误，输在了起跑线上！这点必须警示自己！

"看样子，幸存者偏差真的很厉害啊，会严重干扰到我们投资决策的正确性。"舒月认真地说。

舒月同学，我问你：为什么国家会在高考试卷上出这样的涉及幸存者偏差的作文题呢？"江老师，这个问题我也想不太清楚。是啊，为什么国家要让高中生这么早就学

习幸存者偏差呢？"舒月不解地问。

我来告诉大家答案吧。现代社会，由于信息的发达，到处都是摄像头与监控设备，DNA 检测技术也非常完善，所以在现代社会，有计划的大案、要案、刑事案件（抢劫、盗窃等）减少很多了。现在最多的刑事案件就是互相不见面的电信诈骗。由于骗子都是通过电话、微信、QQ 等联系苦主，而且很多罪犯都在国外，所以监控设备根本就没有用武之地。另外，现在各种培训、传销、励志、集资、养生、招商等类似课程泛滥，人一旦被卷入其中，轻则负债累累，重则祸害他人和社会。受害的人多了，还有可能引发大量的刑事案件，扰乱社会治安，危害国家安全和政治稳定。

电信诈骗与各种洗脑类课程，之所以泛滥，其核心原因就是骗子普遍使用了幸存者偏差这个人性的弱点。其标准的话术与流程差不多都是这样：向你推荐某某好项目、好产品、好课程等等——非常赚钱的那种，你可以一夜暴富——讲一些你基本上听不懂的技术和理论，而且还都是国外先进的——然后开始分享某某人因为这个项目获得巨大成功——最后是现场刚好有优惠活动，机会难得，赶紧认购吧。

请注意，骗子分享的这些成功案例不一定是虚无缥缈或者瞎编的，多数可能还是真实的，因为真实的才更有说服力，甚至还会请真人上台来分享他们参与其中的感受。比如前几年流行的 P2P、虚拟货币等等。你听完后可能还会半信半疑，然后你去调查一下，发现这些分享的案例是千真万确的，所以你就毫不犹豫地投钱加入。经过了一段时间后，你发现最后还是被忽悠了。你很郁闷，不知道被骗的原因究竟在哪里？

"是啊，是啊，我经常将闲钱对外找好项目进行投资，但是往往都会遇到这样的情况，我也非常困惑。明明这些项目之前有人赚到了钱，为什么我一投钱进去，就亏得厉害，我就想不明白。投项目之前，我都仔细调研过的啊，似乎没有漏洞啊。"福建老严深有同感地说。

幸存者偏差这个人性的弱点，如果被不怀好意的人利用，这种骗术相当厉害，又相当隐蔽，骗你没商量，被骗后，不但不会找骗子算账而且还有可能帮他们数钱。舒月、老严、各位同学，其实这些骗人的项目，由于参与的人很多，总能在其中找出一两个成功的案例，不过他们都是万里挑一被挑出来的幸存者，一个幸存者能上台分享，背后却是千千万万个失败者在台后倒下，只是骗子永远都不会将失败者展示给你们看而已。你们想想看，那些没有中奖的彩票被扔掉，那些被击落的飞机回不了机场，那些买不到春运火车票的人进不了候车厅，道理是一样的。

国家为了防止电信诈骗与洗脑类课程的泛滥，从娃娃抓起，在高考作文题目中就将幸存者偏差的话题让青年学生去思考。未来每届的高考生，在高考复习的时候，都会认真学习往届高考作文题，这样就将幸存者偏差这个人性弱点，潜移默化地告诉广大青少年，使他们未来上当受骗的可能性大幅降低。

"啊，要是我当年高考复习时就遇到这个题目就好了，就不会倾家荡产了。我现在才反应过来，我之前学习的那套反向加仓、越跌越买的投资理论，全是忽悠人的。当时，我之所以掏钱购买，就是因为有两个同学上台分享了他们的使用心得，他们使用效果真的不错，抓住了去年上半年的铁矿石的大行情。现在才知道，上台分享的那两个同学，其实是幸存者偏差。我好无知啊！真是追悔莫及！"舒月又抽泣起来。

过了2分钟，舒月又问道："江老师，幸存者偏差理念太厉害了，我们应该怎样预防呢？"我们不能光指责某某人是骗子，其实很多老师也没有办法，所有的学生都喜欢成功的案例，老师举例的时候自然会迎合这种心理，任何老师都不会举失败的案例。其实幸存者偏差，多数时候是我们自己找的。各位同学请记住，自己就是幸存者偏差的根源！要怨，首先要怨自己！要防，首先要防自己！

"为什么是我们自找的呢？我们不可能自寻烦恼啊。"舒月问道。是我们寻找成功的方法出了问题，而且是一开始就出了问题。我们骨子里太喜欢幸存者偏差了。

我刚才讲了一个调查机构记者去火车站候车厅验证春运火车票是否难买的故事，这个故事里，调查机构的记者就是在自找幸存者偏差。

"那是调查机构的记者太傻了，这样的错误太幼稚了。"舒月说道。

幼稚吗？那我们再来一个。这次记者不去火车站，而是在单位等着。调查机构为了验证春运火车票是否难买，在电视上做了一个广告，召集那些已经成功买到春运火车票的人，来一趟调查机构，做一个问卷调查。舒月以及同学们，调查机构这次的做法，能得出正确的结论吗？

"那也得不出正确的结论，只召集已经成功买到火车票的人来调查机构做调查，不去调查那些没有买到火车票的人，怎么可能得到正确的结论，这个方法也是自找幸存者偏差，与去火车站候车厅本质上没有啥区别，还是很幼稚的。"舒月评论道。

那我们又来一个。这次记者既不去火车站，也不在家里等，而是上门采访。调查机构根据火车站提供的信息，找到那些成功购票的人。记者挨家挨户地上门采访，上门进行问卷调查。舒月以及同学们，调查机构这次的做法，能得出正确的结论吗？

"还是有问题。如果只找那些成功购票的案例进行调查，就算是上门调查，也是幸存者偏差啊，结论也不可能是正确的。这个方法同样是自找幸存者偏差，还是挺傻、挺幼稚的。江老师，你这是在讲故事吧，现实生活中应该没有这样傻的人吧？"舒月不相信地问。是吗？投资市场中这样的傻人傻事可多了去了。

| 5 |

舒月，这次我们来一个不幼稚的，而且是有难度的。

调查机构准备搞一个副业，开一家火车票代售点，代售全国的火车票，特别是要帮客户抢购春运的火车票。调查机构在电视上做了一个招聘广告，高薪聘请那些可能掌握了抢票秘籍的人，招聘条件是必须有春运抢票成功的经验，欢迎他们来调查机构面谈。舒月以及同学们，调查机构这次的做法，能真正招聘到掌握了抢票诀窍的人吗？

"江老师，好像真的有难度了。同样是在调查机构等，同样是有人带着春运的火车票来调查机构，前面一次是问卷采访春运火车票是否难买；后面一次是应聘掌握了春运抢票秘籍的人。不过就算你今年抢到了春运的火车票，也并不代表你掌握了抢票的秘籍，因为多数抢到火车票的人，只是运气好而已，比如抢票当天正好家里的网速够快等等。前来应聘的，有抢票成功经历的人，有可能还是幸存者偏差哦！前面一次，能来调查机构参加问卷调查的人，肯定都是成功抢票的人，他们肯定会认为春运火车票好买；后面一次，能来调查机构应聘的人，肯定也是成功抢票的人，他们肯定认为自己的春运抢票能力超强，能胜任工作，就算有所怀疑，也会因为有高薪拿而不告诉调查机构的，先应聘上了再说。"

不错，舒月，你分析得到位。那我们换一种招聘方式呢？我们不在单位等，而是主动出击。我们根据火车站提供的购票信息，找到那些成功购买了今年春运火车票的人。我们挨家挨户地上门寻找那些掌握了抢票秘籍的人，感召他们加入我们公司。舒月以及同学们，我们的做法，能真正招聘到掌握了抢票诀窍的人吗？

"江老师，我感觉还是一样。就算我们上门招聘，还是一样存在幸存者偏差，鬼知道他们抢购到春运火车票是因为本事大还是因为运气好？想招到真正掌握了抢票秘籍的人，不能只看他是否买到过春运的火车票，好像还得仔细研究其他方面的问题，我一下子想不清楚。这里面应该挺复杂的，总之需要我们从长计议，如果仓促决定，很有可能还是招到幸存者偏差的人。江老师，你举这些例子与投资有什么关系呢？难道投资也存在这样的问题吗？"舒月问道。

投资不是存不存在这样的问题，而是多数的时候都存在着幸存者偏差的问题！

我们做投资一定绕不开"成功"这两个字，大家务必牢记，只要涉及"成功"这两个字的，脑海中一定要想到幸存者偏差。我们刚开始做投资，一定会去寻找成功的方法，例如：寻找成功的策略、寻找成功的交易员、寻找成功的老师、寻找成功的基金等等，所以我们一开始做投资，就会遇到幸存者偏差的问题，如果我们不能擦亮眼睛去辨别，只按照"最近一段时间谁成功了就找谁"的思路进行下去（因为我们骨子里太喜欢幸存者偏差式的暴利发财成功案例），那么我们最后的结局一定会很悲惨。

做过投资一段时间的人，一定会遇到"不准"的问题。自己精选的技术指标、交易策略，没用多长时间就不准了；自己公司最近精心挑选的之前业绩很牛的交易员，高薪招聘来公司上班不久，交易水平就大跌眼镜；自己在基金网站上千挑万选的投资基金，之前业绩好得惊人，年化收益率 100% 以上，资金曲线嗖嗖地直线向上冲，但是，自己购买以后，业绩就下滑得不行，资金曲线持续下跌等等。

"是啊，是啊，老师您说得太对了，我对外投资经常遇到这样的问题，我精选的基金或者股票好像就等着我这点钱似的，一投进去就开始下跌。不投不跌、一投就跌，没有比这个还准的啦！真是气死个人！老师，这到底是啥原因啊？"福建老严愤愤地说。

老严，原因就是你自己在找幸存者偏差！

"幸存者偏差，还是自找的，我还是有点没搞懂。"老严疑惑道。

你没搞懂很正常！很多基金公司、证券公司、期货公司这样的专业机构，在招聘交易员、研究员的时候，他们的招聘人员、面试人员，甚至最后负责拍板的高管、老总，都会犯这样的错误。

我们需要真正有本事的交易员，于是在报纸、电视、网络上做广告，高薪招聘。广告发出后，来公司应聘的，肯定都是最近交易做得很成功的交易员，因为如果最近做得不成功，也不会聘他，这就是典型的"自找"幸存者偏差。就像战争中飞回来的都是前部中弹的飞机，而真正需要修补的后部中弹的飞机是飞不回来的，因为都被击落啦。

如果你只从业绩、收益率上面来找交易员、找基金公司，你就大概率会掉入幸存者偏差陷阱，所以说你们一定是"自找"幸存者偏差。

我们需要购买真正能持续盈利的基金，在基金网站上挑选的时候，如果只按照去年的业绩排名从上往下地去找优秀基金，这个动作和我们刚才讲到的，根据火车站提供的购票人员信息，找到那些去年成功购买到春运火车票的人，挨家挨户地上门去谈，去找掌握春运抢票秘籍的人，又有什么区别呢？今年抢票成功的人中，多数人并没有掌握抢票秘籍，只是运气好而已，是幸存者偏差，不一定有真本事。为什么后一种情况，大家基本上都能反应过来，而前一种情况就从来没有人怀疑过幸存者偏差的存在呢？事实上，大部分基金投资者都是这样挑选基金的。

我们来做一个调查，以前是这样挑选基金的，请举一下手。大家都举起了手！

"江老师，普通投资者都是从基金排名或者从股票期货比赛排名中寻找优秀的基金与操盘手，您说这里面存在大量的幸存者偏差，这个结论非常逆常识，估计很多人还是想不明白，老师您能再解释一下吗？"

想不明白是很正常的，否则怎么说幸存者偏差隐藏得很深呢，就算我告诉了你答案，你很有可能还是照样选择幸存者偏差。我现在已经告诉大家答案了，下次你如何选呢？

前年我被邀请去参加一个投资者交流会，我是以一个普通投资者的身份去参加的。我同桌一位姓杨的女士很有钱，有好项目她都会跟投，她也选了很多操盘手帮她做资产管理，但是普遍效果不好。我问她选操盘手的标准是什么？她说她一直关注全国范围内的各种股票、期货大赛，谁是比赛前三名，她就千方百计地去寻找他们。我告诉她这个方法值得商榷，因为存在幸存者偏差，她听不懂，不认可。

后来我一急之下，就说："杨姐，我也可以让你来当股票、期货大赛的前三名！"

杨姐说："开玩笑了，怎么可能？我的交易水平很烂的，我还是有自知之明的。"

我回答道："这和你交易水平没有关系，你只要按照我的方法做就行了。由于你的资金足够多，你可以去各个期货公司开户，开40个期货账户，每个账户存30万，所有账户全部参加期货大赛。然后每个账户天天满仓干，每个账户就做一个期货品种，这样做个半年，你肯定有一个账户可以获得比赛大奖。你获得大奖后，肯定有人找你杨姐来当操盘手的。"

杨姐说道："期货杠杆有10倍，满仓干一个品种，赌对了，收益率惊人，还真有可能获得大奖。不过那些赌输的其他的账户很有可能会全部亏完啊。40个账户合计肯定是亏钱的啊。"

我解释道："你不告诉其他人，谁会知道你还有39个亏损账户呢？你是为了获得比赛大奖而来的，你是来挣名气的又不是来挣钱的，其他39个账户的亏损，你就当成是广告宣传费啦。"

"每次股票、期货大赛，参赛的人有几千上万人，最后总有人得冠军，总有人得大奖，鬼知道这个获奖的冠军有几个参赛账户。就算大家都只有一个参赛账户，但是一个人重仓一个期货品种，另一个人重仓另外一个期货品种，几千上万人中总有人押中有大行情的品种，押中的人肯定会获得大奖。这种形式的押中，与杨姐你搞几十个账户押中的性质有区别吗？都是运气使然，都是幸存者偏差，并没有任何成功的指导意义，这种成功不能复制！杨姐，你因为多个账户参赛，最后获得大奖，然后有人请你去当操盘手，你未来能为客户挣钱吗？"我补充问道。

"我这个菜鸟要是都能为客户挣钱，那可真就是笑话了，哈哈。你说得还真有道理哦，看样子，股票期货大赛的前几名，不一定真是有本事，有可能仅仅因为是运气好而已。我现在才知道，市面上这个战法、那个胜道的，比来比去，原来最牛的可能就是幸存者偏差战法。"杨姐感叹地说道。

| 6 |

杨姐的故事讲到这里，大家对幸存者偏差应该有更深刻地了解了吧？

"我们公司成立的时候，花大价钱聘请了一位投资'高人'作我们公司的交易员，他以前获得过当地的某某投资比赛的大奖，他使用的交易方法听说很牛。我们公司还为他专门配置了一台8个屏幕的顶级电脑，还租了最高档的商品房给他住，甚至还特批他可以穿拖鞋到公司上班。结果怎么样？业绩就好了2个月，然后就不行了，交易做得越来越差，公司账户亏了很多钱，最后那个'拖鞋哥'自己都不好意思就辞职了。幸存者偏差的特点就是：本事没有，身上名头与光环倒是吓死个人，唬一唬不懂的人而已。幸存者偏差另一个特点就是不长久，只要用资金曲线验证，很快就会原形毕露。有句话说得好：你永远赚不到超出你认知范围外的钱，除非你靠运气，但是靠运气赚到的钱，最后往往又会靠本事全部亏回去，这是一种必然！"风控总监樊总说道。

樊总说得很好。以后大家碰到名字很牛的交易方法，千万不要以为这个交易方法真的很牛，很有可能它只是取了一个你喜欢听又感觉很牛的名字而已。

"江老师，我有一个疑惑，像我们这样的普通投资者，想找高手帮我们管理资产，或者想找好的投资培训老师教授投资方法，如果不从股票、期货大赛中去找优秀的人才（担心有幸存者偏差），那我们又能从哪里去找呢？我们不找排名靠前的，总不能去找排名靠后的吧。"学员蔡忠涛疑惑道。

蔡忠涛这个问题有反向思维，问得很好。前面我告诉大家各种基金、股票、理财等网站里面，或者各种投资比赛的排名里面，或者前来你公司应聘的交易员里面，存在大量的幸存者偏差现象，大家要小心。我并非要阻止大家去找排名里面真正的高手，因为高手与幸存者偏差同时都在排名里面。这里面的逻辑关系大家一定记住：高手排名靠前，但是排名靠前的可不一定是高手！运气也有可能让非高手排名靠前。然而，运气不能复制，运气不能保证长久成功（真本事才能保证），单靠运气的就是幸存者偏差！

根据我多年的经验，这个比例基本上是5：95，排名里面，只有5%左右的人是真正的投资高手，其他95%的人都是靠运气的幸存者偏差。央视的证券资讯频道，以前也进行过类似的大数据统计分析，统计前些年在央视各种证券大赛中获奖的选手，又经过了5年以后的存活率，其结果低得惊人，高手的确就在5%上下。

为什么我们必须从各种排名中过滤出真正的投资高手呢？因为高手最重要的特点是：业绩稳定，不存在前面提到过的"不准"现象，他的成功可以复制。一个不能复制的仅仅靠运气的成功，尽管看上去很美很牛，对别人来说都是没有意义的。

购买春运火车票真正的高手，可以持续、重复地购买到春运火车票，而幸存者偏差没有这个本事，只能凭运气偶尔买到一两次春运火车票。你向幸存者偏差学习购买火车票的方法，结果最多是偶尔成功一两次。你怎么可能以代购火车票为生呢？

购买彩票的真正高手，可以持续、重复地购买到中奖的彩票，而幸存者偏差没有这个本事，只能靠运气偶尔买中一两次彩票。你向幸存者偏差学习购彩方法，结果最多是偶尔成功一两次。你怎么可能以彩票为生？例如，前面说过的，江老师我也买中过600元的彩票，但是我在彩票领域，我亏得更多，不足以效仿。

同理，投资的真正高手，可以长期、持续、稳定地盈利，而幸存者偏差没有这个本事，只能靠运气赚点快钱。你向幸存者偏差学习投资方法，结果最多是偶尔成功一两次而已。

大家做投资是想持续稳定盈利？还是想偶尔成功一两次呢？

大家是想以交易为乐？还是以交易为生呢？这个问题很重要。我们最后会揭晓。

"那肯定是持续稳定地盈利啦！我们必须以交易为生！江老师，我懂了，您的意思是我们要学习正确的投资方法，从一开始就要非常小心！不管是公司找交易员，还是个人找投资培训老师，或者是找基金经理去理财等等，都要防止幸存者偏差，因为单从业绩排名里面去找高手，成功的概率只有不到5%。"福建老严说道。

你说得很对，想找真正的投资高手与正确的投资方法，第一步的确是要在业绩排名靠前的人里面去寻找，但是，千万要记住，这只是第一步！普通人为了图省事，或者因为被洗脑的缘故，只进行到第一步就结束了，自认为选出了真正的高手，其实这时高手的概率只有不到5%，还有95%大概率选出来的是幸存者偏差。幸存者偏差会在接下来的时间里，慢慢耗掉你的金钱，悄悄耗掉你的时间，等你反应过来、发现"不准"的时候，你的资产可能已经缩水了一大半，时间可能也折腾掉了好几年。然后，你又去其他的排名赛中去寻找高手，大概率还是会遇到幸存者偏差，然后再次重复前面的轮回。你的精力与耐心，能支撑你这样折腾多少次呢？最终你很有可能失去信心，灰溜溜地离开投资市场。令人唏嘘的是，当你离开的时候，你还是不知道如何找真正的高手。

为什么江老师要花这么多的时间去讲解选择性偏差与幸存者偏差？就是因为我怕大家输在起跑线上（江老师自己亲身的投资经历，也多次验证了这点）。表面上你省事了，好像选择了一条最容易成功的直线跑道，实际上你选择的却是一条最弯、最曲折的跑道，只是这条跑道的前面10米很直，你以为后面的跑道也很直，其实后面的弯道隐蔽在层层迷雾之中，你暂时看不到而已。而那些看起来比较弯曲、比较难走的跑道，其实就只是前面10米难走而已，后面的路会越走越顺。

输在起跑线上，你后面花再多的努力、再多的金钱、再多的时间，都是白费！

选择比努力重要，幸存者偏差是选择的天敌！

第八章：量化交易

专业地、学术地、慢工出细活地识别幸存者偏差的方法是量化交易！量化交易可以有效地防止幸存者偏差与选择性偏差！我们时刻保持清醒头脑，识别他人的幸存者偏差，并时常怀疑自己也是幸存者偏差，虚心地进行量化编程，在历史大数据中进行任意数据回测，以验证策略的有效性。

| 1 |

"最近的路就是最远的路；最远的路往往却是最近的路！江老师，您前面经常总结的这句话太对了！正好用来解释如何冷静面对幸存者偏差。江老师，您刚才讲，为了找到真正的投资高手与真正的投资方法，第一步还是要在业绩排名靠前的人里面去寻找，只是我们不能只停留在第一步。那后面的步骤又是什么呢？"学员蔡忠涛继续问道。

我来回答这个问题，小明同学站起来抢答道："第二步肯定是要在我们初步筛选出来的人里面验证资金曲线。江老师前面一再强调：判断投资成功的唯一标准是资金曲线！我当时不懂是为什么，现在知道就是为了防止幸存者偏差，防止人性的弱点，防止我们输在起跑线上。江老师的话，我都记在笔记本上，借花献佛，再读一遍给大家听：资金曲线是试金石、是照妖镜，当我们面对那些所谓的成功案例时，一定要拿出来照一照，否则很容易就会被表象迷住双眼，永远找不到真正成功的办法。我们遇到的所谓成功，它们有没有展示过两年以上的资金曲线？有没有连续100笔以上的交易记录？只要你拿出照妖镜一照，它们立马就原形毕露——原来这些成功的案例，绝大多数都是幸存者偏差，是偶尔的成功，是靠运气赚的钱。令人遗憾的是多数投资者却常常把这种偶然当成了必然。"

小明同学笔记写得非常认真，值得表扬。第二步的确是要认真验证资金曲线，以过滤掉幸存者偏差。

幸存者偏差的最显著的特点：是事后诸葛亮式的后端留痕，而前端则没有任何留痕。真正的投资高手和正确的投资方法都应该是两端留痕的。我们可以通过这个特点来过滤掉幸存者偏差。

什么是两端留痕呢？我们举一个例子，大家先请看图0801。

图0801：停车场的一辆宝马车

有一个人炫耀说："我选车的技术非常厉害，这个城市有几百万辆汽车，刚才我在楼下停车场一下子就发现这辆牌号为 *88D88 的豪车，我选车的水平很高吧？"

各位同学，你们认为这个人选车的水平真的很高吗？你愿意向他学习选车技术吗？愿意的请举手？

没有人举手，请问为什么？他的确在几百万辆车中发现 *88D88 这辆车，几百万分之一，这么小的概率，他都成功找到了车，还不厉害吗？

"他是忽悠人的，他明明就是在楼下的停车场先看到 *88D88 这辆车，然后上来忽悠说他的选车技术厉害。"舒月蔑视地说道。

舒月回答得很好。那请问在什么样的情况之下，你才会认可他选车的水平厉害呢？

"除非他昨天就跟我说今天会在楼下的停车场找到这辆车，或者我随便告诉他一个车牌号，他告诉我这辆车现在停在哪个位置。"

回答正确。如果一位同学突然告诉我们他找到了一辆车，车牌号是 *88D88，而之前没有事前申明，这就是后端留痕，属于事后诸葛亮，是典型的幸存者偏差。如果一位同学昨天就和我们约定在今天的某某时间、某某地点能够找到车牌号是 *88D88 的汽车，并且今天的确又在约定的时间、约定的地点找到了这部车，昨天与今天都留痕了，这就是两端留痕。如果能做到两端留痕，就有较大可能排除幸存者偏差。两端留痕，才是真本事，单纯的后端留痕，那是瞎忽悠。

后端留痕式的幸存者偏差有很多，例如：

· 我早就知道某地方／某环节／某人／某事要出问题，只是我没有说出来；

· 我早就知道某某股票、某某期货会大涨，只是那时我因为没钱，所以没有去买；

·我早就知道今晚的彩票会出 ** 号码，只是我因为某原因，所以没买；

·收盘后，某某顾问说：我昨天就说过今天的某某股票某某板块会涨吧；

·我们的技术指标早就提示，要卖出 ** 了（或买进 ** 了）；

·我早就知道世界杯决赛，** 国家队会赢，怎么样，我说的没错吧。

······

同学们，这类幸存者偏差的例子是不是很多？

"是很多，江老师，我也想到了一个。冬天，电视里经常会播放冬泳可以健身的视频，记者会采访冬泳爱好者，问他们冷不冷？问他们冬泳后身体的感受怎么样？冬泳爱好者都会说冬泳实在太好了，可以强身健体，可以预防感冒等等。其实这样的采访就是后端留痕的幸存者偏差，冬泳对身体到底好不好其实是有待商榷的，因为冬泳后身体出问题的人今天是不会来冬泳并接受采访的；今天能来冬泳的，肯定是没有出问题的人，他们身体较棒而已。如果真的要统计冬泳的益处，就得采访正在参与这项运动的人，还得采访那些参与后又退出这项运动的人，否则只是后端留痕，就是事后诸葛亮式的幸存者偏差。"迅迅同学举例说道。

迅迅同学举的例子很好，神医看病也是用的这个原理。

"像这些事后诸葛亮式的忽悠，会经常遇到，以后凡是看到采访、分享之类的东西，自己就要留一个心眼。如果遇到了，就当是听故事，看表演，不要当真就好。江老师，像您刚才说的选车厉害的故事，我一听就发现里面有问题，我是绝对不会上当的。凡是碰到成功的案例，必须两端留痕，否则不能轻易相信。"舒月信心满满地说道。

哈哈，舒月，你也别太自信，刚才选车的故事太简单，我们再来个难一点的，看咱们的舒月会不会被忽悠。

"好啊，来吧，我不相信现在谁还能忽悠我？"舒月脸上露出了笑容。

投资理念课讲完后，我就要讲量化交易技术与投资秘籍。我先教大家的是投资心学的股票量化交易系统，这个系统非常厉害，2022 年 5 月份我们的系统就发现登上美股的蔚来汽车这只股票，并给出了买入信号，结果短短几个月的时间就翻了 10 倍，10 倍牛股的选股技术非我们莫属！在座的各位同学，愿意报名学习的请举手，名额有限。

一瞬间，会场里几乎所有的人都举起手，舒月还跳起来举手。

哈哈，舒月，你这么积极啊，都跳起来报名了。你刚刚不是说没有人能忽悠你吗？我随便说一个幸存者偏差，就把你给忽悠了！

"啊！"几乎所有的人都愣在座位上。

舒月，你刚才不是说，凡是碰到成功的案例，必须两端留痕，否则打死都不要信吗？

我说的蔚来汽车，就是成功案例啊，姑且不论江老师是不是真的发现了这只股票，就算是真发现了，也仅仅是后端留痕啊！我之前有没有进行前端留痕呢？有没有提前告诉过你们呢？有没有在网上等地方留下过痕迹呢？如果没有，那就是幸存者偏差！千万不要因为上台发言的是名人、大师，大家就忘记了验证两端留痕。再说，就算江老师真的买了蔚来汽车，也还有可能是幸存者偏差，因为江老师当时可能买了几十只股票哦，有一只股票翻个十倍也不稀奇嘛。同学们，小心啊！越是出名的人，越要小心！越是说话好听的，越要注意！

正确的方法是冷静，不要急匆匆报名，把上述这些问题搞清楚了，确认不是幸存者偏差后再报名也不迟啊。大家记住：只要一急，幸存者偏差就要来找你了！当然，如果你就是幸存者偏差，那么就要想办法让别人急起来。

好了，我们继续总结。听了上面案例，大家对比两句话：

· "我选车的技术非常厉害，深圳有几百万辆汽车，今天上课之前，我在一楼的停车场一下子就发现了这辆 *88D88 这辆豪车，我的水平很高吧？"

· "我选股的技术非常厉害，上海、深圳两市有几千只股票，截止到今天上课之前，我选的一只股票已经连续 20 个涨停板，我的涨停敢死队战法厉害吧？"

舒月、同学们，这两句话有本质区别吗？一个是选车，一个是选股，其实根本就没有什么区别！都是幸存者偏差陷阱！为什么第一句话大家一下子就发现了猫腻。而第二句话，却很容易忽悠人。昨天能忽悠，今天能忽悠，明天还能继续忽悠，就算江老师现在说出了真相，照样还能忽悠你们，照样有大把人相信。

大家真的需要认真思考一下。

| 2 |

"江老师，今天我终于领悟到什么是'利令智昏'！第一句话是选车技术，由于和自己没有任何关系，所以听到这句话的时候，头脑清醒，很容易发现是幸存者偏差；第二句话是选股技术，能有 20 个涨停板，能快速发大财，典型的利令智昏，我们的双眼马上被迷住，脑袋即刻发昏，自然忘记什么叫幸存者偏差。投资还没有开始，就直接就输在起跑线上。您刚才说'急'很容易招惹幸存者偏差，我们急着去发财，结果财还没有发，幸存者偏差这个大忽悠却先来了。我现在终于明白为什么牛海同学坚定地认为投资最重要的因素是内功心法，并且坚定地要跟着江老师学习模拟投资掷骰子的游戏，也明白为什么很多投资高手都喜欢去寺庙修行打坐的缘由了。内功心法不行，投资还没有开始，起跑线上就已经输了！还谈什么技术分析与基本面分析呢？你跟着一个幸存者

偏差'大师'选股票、学投资，最后能有什么好结果呢？"深圳赛格石建军茅塞顿开。

石建军的回答非常正确。幸存者偏差一旦与名、利、欲挂钩，你的智商基本上会下降到零，很容易被忽悠；还有一些幸存者偏差特别隐蔽，你基本上会失去辨识力和抵抗力。更有甚者，一些人还设计出了更为高级的两端留痕的幸存者偏差。

"真的吗？真有这么厉害吗？"石建军问。

两端留痕可以过滤掉大部分的幸存者偏差，但还是有一些人为设计的、更为隐蔽的幸存者偏差不能过滤掉。这种逻辑关系我们前面已多次提到过：有真本事的成功，一定是两端留痕的；但两端留痕的，不一定是真本事。我们还需要在两端留痕的基础上，再进一步过滤。

我们平时经常会收到的一些荐股电话与荐股微信，就是故意忽悠人的、非常隐蔽的幸存者偏差。大家第一次收到某个推销员的荐股电话，肯定是不会相信的，推销员也知道你不信，留下2~3只股票让你观察，然后就挂电话了。过了几天，观察结果不错，推荐的股票涨得又特别好，该推销员就会继续给你来电，不过你还是半信半疑，业务员又留给你几只股票，让你继续观察，结果还是表现得不错。这个时候你可能就相信他了。为什么你会相信，因为推销员推荐的股票的确是两端留痕了：先告诉你哪些股票会涨，隔几天这些股票的确也涨了。

"江老师，没毛病啊，股票推销员提前告诉了我哪些股票要涨，这属于前端留痕，后来的行情证实它的确涨了，这算是后端留痕，我看不出哪里有问题，这里面怎么还会存在幸存者偏差呢？"舒月不解地问道。

舒月，你还是太年轻了，这里面隐藏着大秘密呢！没有真本事，照样可以准确预测股票的涨跌！没有真本事，你照样可以当股神、基神、期神、房神等等！靠的就是这种最隐蔽的幸存者偏差。

公司推销员在荐股时，的确是两端留痕了，但是我们要求的是两端唯一留痕！唯一，懂吗？荐股电话、荐股微信，前端是留痕了，但不是唯一留痕。荐股推销员每天会给不同的客户推荐不同的股票，基数大了，总有准的，也有不准的。推荐不准的，业务员很知趣，就不再联系了；推荐准的，再次联系，再次荐股。经过2~3次这样的轮回之后，剩下的客户对这家公司佩服得五体投地，完全就是股神嘛，每次都准，加上你被名利等贪欲迷住了双眼，降低了智商，这个时候，荐股公司就可以随便忽悠你。

"太不可思议了！江老师！这个幸存者偏差也太隐蔽了吧！只要荐股公司不说，鬼知道他们给多少人打过荐股电话，发过荐股微信。"舒月感叹道。

投资领域、营销领域、培训领域等等，这样隐蔽的幸存者偏差有很多，很多人都是这样干的，只是舒月你对里面这些潜规则了解得太少而已。凡是涉及名利，涉及显摆，涉及朋友圈，涉及急切，大家都要小心，不要冲动。令人唏嘘的是，幸存者偏差忽悠你以后，你不但不生气，不但不报警，你还要帮它数钱，还要帮它站台。

比如有一个有名的分析师，基本上在任何时间都会说股市在底部，大家放心购买，被套也不怕，会出现政策底、钻石底、婴儿底……他经常说，总有被他说中的，结果这个分析师在散户眼中变成了股神——抄底技术太厉害了，1849点的历史大底都能预测成功啦！（大盘从5000多点开始下跌时，这位分析师就开始预测底部在4500点、4000点、3500点、3000点、2500点、2000点、1850点，最终大盘跌到1849点，分析师终于预测成功了一次）。这就是典型的非唯一前端留痕，非常隐蔽的幸存者偏差，有本事你就只预测一次底部啊。其实，每天都预测底部，任何人都能准确预测到最后的那一个底部，根本不需要什么专家。但是没有办法，散户被名利迷住双眼，就是喜欢听这样的股评，愿意听这样的预测！买了股票的人，只愿意听股票已经到了底部马上要涨的预测，谁愿意听股票还有可能下跌的预测呢？真相往往都是招人讨厌的。网红分析师、网红培训师、网红操盘手等，他们不需要说出真相，大众喜欢听什么就说什么好啦！最终，网红自己能赚到钱就好，哪管后面洪水滔滔。地产界不是有很多老板喜欢听经济学家忽悠吗，其实也不怪那些经济学家，是那些金主们自己想要听，以此来割大众的韭菜……

有一张漫画很形象地说明了上述这种现象：街上有两个"算命大师"的摊子——"说动听的谎言"摊子前人满为患，挤满人来找他算命；"说难听的真相"的摊子前，没有一个人来找他算命。

如果你是经常排队想听动听的谎言，基本上就掉入了幸存者偏差的陷阱。

"还真是这么回事。看样子，没有强大的内功心法，幸存者偏差真的就是自找的，自己本来就喜欢听谎言，真不怨别人。"舒月说道。

再比如，与刚才提到的那个股票分析师恰恰相反，大约在十几年前，有一个叫"刘刀"的所谓房地产专家，基本上在任何时间都会说房价在顶部，随时都会暴跌。经常说、每次说，终于在2008年说准了一次，他运气特别好，还赢了一场与北大教授的赌约，北大教授最后还登报道歉。这个道歉让当时许多没有买房的国人欢呼雀跃，也让"刘刀"成为房产牛人。"刘刀"也是典型的非唯一前端留痕的幸存者偏差。事实上，这位"专家"从深圳房价还在5000元/平方米的时候就开始预测房价要下跌了，预测了无数次，就预测准了2008年的这一次，即房价在15000元/平方米位置的这一次。然而，现在深圳的房价大家应该都知道吧，截至2020年10月，深圳二手房均价为5万~6万元/平方米，南山、福田得很多房子价格在15万元/平方米的样子。当年在房价15000元时欢呼"刘刀"胜利而坚决不买房的人，现在还好吗？最具讽刺意义的是，房神专家"刘刀"本人，自己偷偷地在深圳购买了住房，时间大约就在 2008 年，当时他认为的高点。

还是我们的老祖宗孔子说得好：听其言，观其行！重点是观其行。专家说什么不重要，因为那是他的工作，到处宣传就是专家的工作。工作嘛，怎么能赚钱就怎么样说，不需要对错，很多时候，明知是错也要说。专家不需要说真相，只需要说出流量。所以我们自己要小心：专家说什么不重要，但专家干什么却非常重要！因为那是利益，涉及专家自己切身的经济利益，专家一定会小心谨慎，认真对待，不会乱说、不会乱搞。

股票是不是底部，听专家说没用，要看专家自己买了股票没有？

房价会不会下跌，听专家说没用，要看专家自己是买房还是卖房？

网红直播带货的产品好不好，听他说没用，要看网红直播自己是不是长期在使用？

培训大师传授的投资方法能不能赚钱，听他说没用，要验证培训大师本人的资金曲线，一定要实盘！

| 3 |

"江老师，刘刀这个人，我怎么没有听说过呢？"张林好奇地问道。

没有听说就对了！幸存者偏差，最怕什么？最怕时间！时间一长，幸存者偏差一定原形毕露！我前面说过，如果没有真本事，只是幸存者偏差，一定会出现"不准"的现象，经常不准，谁还信呢？刘刀在 2013 年以后就慢慢没有啥动静了。张林同学，这就是幸存者偏差的最终归宿。幸存者偏差的存活期短则几个月，长则几年，而有真本事的专家，一定是长久不衰的。投资行业不缺明星但缺寿星，就是因为投资行业绝大多数的所谓成功人士，其实都是幸存者偏差（95%），大家追风之前，一定要擦亮自己的眼睛。

虽然说，幸存者偏差最终会原形毕露，但是被忽悠的苦主，往往都要浪费好几个月甚至好几年的时间才能反应过来，金钱、时间、精力、情感上的损失在所难免。比如，你高价购买的炒股软件，或者你学到的指标策略，或者你购买的基金产品，或者你找的操盘手等等，刚开始的时候可以赚一点钱，慢慢地你会发现越来越不行了，赚的根本不够弥补亏损，完全不够养家糊口，最终你不得不放弃。但是，这个时候，你可能几十万已经没有了，几年的时间也已经过去了，另外，如果之前你在家人、朋友、同事、邻里之间树立了本事大，能靠投资赚大钱的人设，这个时候，你碍于面子，只能哑巴吃黄连，有苦说不出！根本不好意思说自己被忽悠了，甚至自己都会被憋出了抑郁症。

非常遗憾，本来这个钱你是可以不用亏的，本来这个时间你是可以不用浪费的，本来这个精力你是可以不用投入的，本来这个脸你是可以不用丢的……你只需要在选择之前，头脑稍微冷静一下，用两端唯一留痕或者资金曲线的方法，去验证一下，就能发现端倪。你太急了，你急着去发财，结果却是：别人靠你的急发了财！

做时间的朋友，而不要做幸存者偏差的朋友！

"江老师，我现在也明白内功心法的重要了，尤其是刚开始在起跑线上的选择阶段，头脑一定要清醒，一定不要被洗脑，特别是像我们这样的年轻人，青春期荷尔蒙分泌旺盛，血气方刚，容易冲动，特别要小心！不能只听专家在台上讲什么，一定要看专家在台下做什么！江老师，我也想马上学习掷骰子游戏，可以吗？"张林急切地问道。

学习不能急，要按部就班，循序渐进，我们先学好现在的投资理念课程，然后再去学内功心法。什么东西太快了，都会有问题。慢，是一种昂贵的奢侈。

"好的，江老师，听您的！江老师，我想再请教一下，过滤幸存者偏差的方法，资金曲线与两端唯一留痕有什么区别呢？"张林又问道。

资金曲线是连续的两端留痕，资金曲线每天都要留痕。在投资领域，资金曲线更有效，更能反映投资者的真实水平，因为每天都要留痕，因此很难作假。所以我前面一再强调：判断投资成功的唯一标准就是资金曲线！注意：是唯一标准！投资没有实盘资金曲线的所谓"大师"，都是瞎扯淡，都是要掉坑里。

舒月同学，我看你又举了一下手，你还有问题吗？你好像又流泪了？

舒月回答道："这次是感慨的流泪，已经不是刚才的伤心泪了。江老师，您这两次课讲起跑线上的错误——选择性偏差与幸存者偏差，特别是后面一个幸存者偏差，真是太重要了！不然，像我们这样的投资'小白'，还没有出发，就已经注定要失败！因为之前选择的成功标杆本身就是错误的，那你未来怎么可能长久成功？如果不先来听江老师您的课，肯定我还要去听那些乱七八糟的所谓'大师'的技术课程，这些课程95%的概率都是幸存者偏差，只有5%的可能学到真东西，如果连老师教的都是错的，都是靠运气成功的，那么学生怎么可能投资长久成功呢？所以我现在内心是深有感触的。"

是的，成功可以复制，但是运气是无法复制的！

"巴菲特曾经说过，人性的贪婪与恐惧对交易结果有重大的影响，我现在认为选择性偏差与幸存者偏差对交易结果的影响可能更大！贪婪与恐惧应该是在交易执行层面上的问题，而江老师您刚才讲的选择性偏差与幸存者偏差，对交易的影响则是在起跑线上的，更重要！我们还没有开始交易，人性里的两种偏差就已经开始影响我们，如果你不懂识别这两种偏差，我们还没有出发，就已经错了，根本就到不了贪婪与恐惧这样的交易执行层面上。大家选择的，诸如投资培训老师、交易策略与战法、操盘手、交易员、基金经理……这些投资的成功标杆，表面上是成功的，甚至是光鲜耀眼的，但是其本质却是错误的，多数是幸存者偏差，之前都是靠运气赚到的钱。如果一味相信，就要把运气赚到的钱全部亏回去。"

"比如这次让我倾家荡产的广州的那个所谓'大师'讲授的抄底战法，当时上课的时候，她讲了一大堆的理论，其实我是听不懂的，或者说是懵懵懂懂的，我也不知道她的课程是不是真有效果。这个时候，她的两个学生上台分享了自己的使用心得，似乎效果不错，他们抓住了铁矿石的大行情，还拿出来交易记录给台下的同学看，就是这个分享让我确认了这位'大师'策略的有效性。我现在才恍然大悟，其实这个分享案例是有严重问题的，明显就是幸存者偏差的'坑'——因为这两位同学并不是两端唯一留痕的，而只有后端留痕，并没有前端留痕，完全属于事后诸葛亮式的分享。除非这位'大师'在很久以前就明确指定这两位同学的投资业绩来作为判断这位'大师'抄底策略有效性的唯一判断标准。因为，这位忽悠'大师'的学生有很多，其中出现一两个成功案例根本不足为奇，根本就是典型得非常隐蔽的幸存者偏差！所以我现在觉得江老师说得非常对，任何老师教授的成功方法，为了稳当起见，必须看老师本人的实盘资金曲线或者本人的实盘交易记录清单，绝对不能只看学生的。在座的各位同学，听一下我的肺腑之言吧，这是我倾家荡产的血泪教训，那些不敢展示本人实盘业绩的'大师'，不管他们说的理由再冠冕堂皇，都不要相信！我的教训惨痛啊！"

舒月说完，蔡忠涛又激动地接着说道："非常感谢舒月师妹的分享！我一定汲取你的经验与教训。江老师说得好，凡是涉及'成功'二字，里面的水一定很深，坑一定很大，各位同学真的要擦亮眼睛，头脑冷静，否则，自己的欲望一旦被引发，人会瞬间晕菜，就会掉入幸存者偏差的陷阱。记得有一次，我报名参加了上海一位股票大师的培训班，先讲了一大堆的股票的形态理论，然后该老师举了一只股票的例子——贵州茅台。当时贵州茅台的价格是500多元，处于回撤下跌阶段。这位股票大师指着一段K线说道：'大家看，这个位置，要不要走？这种形态肯定是要出场啊！不走就被套牢啦！'后来，过了一年，我又参加了这位大师的复训，没有想到这位老师还是继续举贵州茅台的例子，这个时候，贵州茅台已经涨到了1000多元。这位股票大师指着K线图（一年前的同样位置）说道：'大家看，这个位置，500多元，敢不敢进？这种形态肯定是要进场啊！你们不敢进吧，老师我就敢进！不敢进你们就失去了一个重要的发财机会。'我当时很惊讶，为什么同一个K线位置说的话刚好相反呢？我现在终于明白了，这位大师就属于事后诸葛亮式的幸存者偏差，没有前端唯一留痕。贵州茅台500多元的时候，该老师前面预测下跌，后面又预测上涨，横竖都是他有理。幸亏我两个时间段都去听了，否则很难会发现这里面的玄机。"

舒月、蔡忠涛的评说都很全面。这类口气大得惊人的"大师"不管是线下还是线上，到处都有。"大师"的语调、口气、名头、服装、气场与演讲环境等等，啥都有，啥都很优秀，啥都很牛，唯一没有的就是"大师"本人的实盘资金曲线。缺资金曲线的理由非常冠冕堂皇，他总是千篇一律说自己很忙，没有时间做实盘之类的托词，只好美其名曰："我的学生都能赚大钱，难道老师还不如学生？老师我还需要展示资金曲线吗？"

| 4 |

"江老师，我还想问一个问题，除了资金曲线，还有没有其他更为便捷与快速的识别幸存者偏差的方法呢？毕竟有时候拿到其他人的资金曲线还是有困难的，投资做得不好的人，谁愿意公开展示自己的资金曲线呢？"舒月问道。

如果是参加投资培训课程，必须有资金曲线！我们刚才讲了，培训老师是否亲自使用他传授的交易方法，是否敢展示实盘资金曲线或者实盘交易记录清单，就是判断幸存者偏差的唯一方法。拿出来，大家看不太懂都不要紧，至少这个老师要敢拿出来。如果这个老师真的没有时间做交易，也不要紧，他可以展示自己学生的资金曲线，不过必须前端唯一留痕，事先必须明确指定未来要展示哪一位学生的资金曲线，不能事后诸葛亮式的后端留痕，不能在事后讲课的时候只请业绩好的学生上台来分享。

"江老师，那选投资基金经理有没有很好的办法去过滤掉幸存者偏差呢？毕竟我们常人选择基金可都是在基金网站上按照排名的先后顺序来选择基金的，非常容易选到靠运气成功的幸存者偏差的基金经理（95%），比如去年、前年业绩好的基金经理，他们的基金今年就没有赚到钱，还亏了30%左右。"舒月又问。

选基金与基金经理的正确方法，我们会留到以后重点讲，因为涉及很多人的切身利益，我们还是要慎重一些，晚点讲才好，大家学完才能知行合一地执行。

"江老师，针对那些股票或者期货的投资比赛，您是如何快速地甄别幸存者偏差的呢？按照您之前讲课所说，排名靠前的那些参赛选手，95%以上都有可能是幸存者偏差。一个比赛，只要报名参赛的人多了，总有人要获得大奖。排名靠前，并不一定要靠真本事，靠运气也可以获得冠军与名次。当然，想要长期多次获奖，需要真本事，然而我们没有那么多的时间去长期观察一个参赛选手，那么我们如何快速地甄别出那些投资比赛的冠军是否有真本事呢？"舒月接着又问。

如果从股票或期货比赛最后的结果上去甄别，工作量很大，很难一下子就能甄别出来。我们要从比赛的根子上去识别幸存者偏差。其实，尽管各种投资大赛琳琅满目，但是其根子上只有两类比赛：第一类是找投资客户与业余盘手的比赛；第二类是找职业交易员与专业投顾的比赛。我们要在第二类的投资比赛中去寻找真正的交易高手或者投资策略，因为这类比赛的规则会自动地将幸存者偏差过滤掉一大半。

第一类业余选手的比赛规则往往很简单，基本上就是在规定的时间之内，谁的收益率高，谁获胜；第二类职业选手的专业赛，其比赛规则往往比较复杂，除了收益率以外，还有很多其他因素也会考虑在内，有时其他因素会占很大的权重。

对了，大家知道业余选手与职业选手的差距有多大吗？我记得有一个网红写了一篇文章，名字好像叫《我曾对这种力量一无所知》，文章里面的两句话可以分享给大家：

"不要拿你的爱好挑战别人的饭碗。爱好是吃饱后的放松，专业是为了吃饭而工作。业余就是勉强做到位，专业就是偶尔会做错。"

话里面的"勉强做到位"，说的就是幸存者偏差嘛，而专业人员，多数时候做得都到位，只是偶尔才会出错，幸存者偏差自然就过滤了不少。

第二类职业选手的比赛规则，我找到一份发给大家看一下，请看图0802：

这个是国内比较知名的网站组织的职业选手的比赛规则，大家可以看一下，比的根本就不再是简单的收益率，而是一整套立体的作战体系。这类职业比赛的获胜者，获得的并不是什么奖状、奖杯与一点点的奖金，获得的是资方机构给出的几百万、几千万的管理型资金，获奖者可以拿来做股票或者期货的实盘投资。奖状与奖杯并不值钱，而资方机构的管理型资金可是真金白银，要是亏了，可不得了。所以说专业机构选职业交易员的比赛规则，就是快速过滤幸存者偏差的有效手段，大家可以搭一个顺风车。

"江老师，您说得太有道理了，证券公司、期货公司等专业金融机构，它们挑选职业投资顾问的标准肯定不会差到哪里去，规则里面肯定要想方设法地尽量过滤掉幸存者偏差，否则，轻率选盘手，资方又要投钱出来给他们做，未来不知道要亏掉多少钱啦。江老师，图0802上的几个要点，我们看不太懂，您能解释一下吗？"舒月问。

不用着急，以后我们讲量化交易系统的

每一届大赛结束时，综合积分前10名的卓越交易者，符合以下条件，我们将给予单笔100万元-1000万元的管理型资金：

1.日最低权益＞10万(不足部分次日补齐)

2.最大回撤＜10%

3.收益率/最大回撤＞3

4.收益率/最大风险度＞2

5.净值＞1.4

6.盈利品种来源于三个以上板块，单板块单品种占比不能超过34%，超过部分不纳入考核成绩

7.盈利月份不能少于三个月，单月盈利占比不能超过34%，超过部分不纳入考核成绩

8.参赛期间无出金，如有出金次日重新计算成绩

图0802：某专业机构选职业交易员的规则

时候，会详细给大家解释的，现在就算说了，估计你们多数人也听不太懂。你们现在只需要知道的是：业余选手的投资比赛与职业选手的投资比赛是完全不一样的，我们要找真正的投资高手或者交易策略，一定要到专业比赛中去寻找，因为那里的幸存者偏差要少得多。而业余比赛的获胜者，绝大多数都是幸存者偏差，与彩票中奖者的性质差不多，不信的话，你可以去福彩中心的领奖部门，找一个彩票中奖者，让他帮你买一张彩票试试，看看你未来能中奖不？

"彩票中奖，幸存者偏差就不是95%了，我估计是99.9999999%！江老师，我明白了，我们要找投资高人，必须去专业投资比赛中去找，不能在只以收益率为标准的业余投资比赛中去找。专业与业余比赛的区别，我们可以从最后的奖励设置中一眼分辨出：凡是奖杯、奖状、少许奖金的比赛，多半都是业余投资比赛；如果获奖者能得到的是资方提供的管理型投资资金，那么多半是职业类的投资比赛。"张林如获至宝地说道。

张林同学你很聪明嘛，一下子就明白了。

"谢谢老师夸奖，江老师，我还想问一下，您上面的截图0803的内容与判断要点，好是好，然而在执行上是不是有点过于复杂了，会不会影响挑选高手的效率呢？"张林同学接着追问。

不复杂，这些规则的执行，是计算机自动执行的，参赛盘手只需要将自己的实盘账户登记上去就可以了，经过一年以上的时间，如果盘手真有水平，他的排名自然会在排行榜的前列。我们只需在这一类职业比赛的排行榜中去寻找排名前列的选手，大概率会找到真正的投资高手，至少也比业余投资比赛的概率要大得多。

"江老师，那需要一年的观察期，是不是有点太长了呢？"张林同学继续问道。

一年还长吗？你们知道那些大型的投资机构，比如头部的券商、银行，你要想进入他们公司的白名单，需要被考察多长时间吗？三年！而且还要对其所管理的资金规模加以限制，比如不能低于1000万。三年、1000万的限制，起什么作用？就是为了自动过滤掉幸存者偏差啊，否则每年都要出那么多的投资明星（95%以上都是靠运气的），银行、证券哪有那么多的人力物力去甄别呢？时间长达3年，交易的次数一定很多，几百上千次的交易，光靠运气，肯定不行；资金规模大，1000万，避免我们前面讲过的投机取巧行为——几十个交易账户，每个账户只有几万几十万用来做交易，最后总会出现厉害的账户，但是如果管理资金的规模很大，上千万，就没有人再敢乱搞了。

所以我们广大的散户，要找真正的投资高手，一定尽量满足图0802上的条件要点。便捷的方法是在专业选手比赛的网站上直接选，不过，你选出来的职业投资顾问一定要长期稳定地在排行榜前列至少一年以上，才能保证大概率不是幸存者偏差。怎么选？大家请看图 0803：

综合排名	参赛选手	净值	净值排名	账户权益	盈利金额	盈利金额排名	参赛日期
1	亿佳信价值1	4.26	15	2924639.95	5519578.74	14	2020-03-19
2	亿佳信产业1	2.73	31	1279538.66	1360067.15	71	2020-04-29
3	五声之变	1.26	171	5899617.38	4848886.56	22	2020-11-25
4	铅笔画	4.00	18	2449461.01	1928404.15	49	2020-08-26
5	大自然3号	2.05	62	7272974.42	3236526.46	30	2020-07-17
6	宁水	1.14	205	53141717.4	4855555.6	21	2020-12-10
7	世纪3号	1.56	109	11436374.65	3277202.97	29	2020-07-17
8	开元通宝LP	5.41	10	2165764.19	2015154.87	46	2020-03-19
9	大自然	2.06	61	2159799.6	1698518.43	61	2020-07-01
10	开元笃诚量火	1.45	127	3932461.68	1227179.23	79	2020-08-19
11	重庆美好	1.81	80	2666606.06	2288593.42	43	2019-08-16
12	立川资本	1.59	103	1512520.14	562420.14	124	2020-12-15
13	恩泽投资	1.86	77	3622453.25	1711094.21	59	2019-12-23
14	致良知	3.99	19	305769.33	357250.65	165	2020-03-31
15	jh0820wdy	1.08	237	10895699.29	895699.29	94	2021-01-18
16	久银量化CTA2	1.15	200	8444779.51	1413238.97	67	2020-10-22
17	顺然共赢2号	5.42	9	2624124.78	4858991.58	19	2020-03-30
18	长安财富3号	1.71	91	5008589.77	1807640.24	54	2020-10-27
19	久银量化CTA5	1.09	232	26994805.46	2310190.2	42	2020-10-22
20	zgsy88051	1.05	265	24208143.39	1308143.39	74	2021-01-28
21	毛主席说我丑	2.15	54	8609770.03	4653658.44	23	2019-01-11
22	久银量化CTA1	1.25	172	3829447.96	1432342.99	66	2020-10-22
23	FXT_管军	1.97	69	5266146.98	5299727.51	15	2020-06-22
24	曦琳凯轩2号	2.70	33	928089.5	658458.48	114	2020-06-29
25	九个果子	1.86	76	1268175.28	481691.72	137	2020-11-03

图 0803：某专业投资比赛的排行榜

这就是某专业投资比赛的排行榜，大家请看。如果你要选职业投资顾问，你选几号选手？

"那肯定选排行前五位的选手啦，这是职业比赛了，又都是职业选手嘛，排在前列就更厉害。"崔胜马上做出了选择。

舒月反驳道："崔胜，你太急了！江老师前面不是说过吗，你急着去发财，结果往往都是别人靠你的急发了财。"

舒月说得对，急，是幸存者偏差赖以生存的土壤。多数幸存者偏差都是我们自己找的，怨不得别人，怨不得忽悠。投资领域，任何事情，你都应该让子弹飞一会儿！

"江老师，我选 11 号和 21 号选手，因为他们虽然排名不是最前列的，但是上榜时间已经 2 年以上了，能在这样的专业盘手大赛中，稳居前列 2 年以上，这才是真本事，才能大概率排除幸存者偏差的嫌疑。"舒月回答。

回答正确，看样子我们的舒月进步很大嘛。我们应该先找 2 年以上的选手，再去看排名。其实大家仔细看一下，这个网站的本身，就已经用红颜色 VIP 标记出来了谁是最厉害的角色啦，你甚至直接读出来就可以了。

我们的学生、弟子，也包括在座的各位同学，等学习结束上了实盘后，我们投资心学规定，必须将自己的账户挂在这些专业的网站中去做全国展示。当然，江老师本人的实盘业绩也已经长期在做全国展示，欢迎大家查阅与监督。公平、公正、公开，权力与绩效都应该在阳光下运行，任何人都应该这样！不敢公开，肯定有猫腻。光话说得好听是没有任何意义的，而且极有可能说得越好听，背后的问题越大。

"江老师，我想再问一下，那朋友圈里面的显摆，有没有快速识别幸存者偏差的方法呢？"舒月问。

这个问题，我看就不用再回答了吧。朋友圈里显摆的东西，还值得我们花费时间与精力去识别幸存者偏差吗？

"舒月，凡是涉及显摆的，几乎全部都是幸存者偏差或者选择性偏差，不需要我们再花精力去专门识别。不好的东西谁会放在朋友圈呢？没有意图，谁又会去炫富呢？"小明说道。

"江老师，谢谢您刚才教了我们一些快捷的识别幸存者偏差的方法，那我想再请问一下：专业地、学术地、慢工出细活地识别幸存者偏差的方法又是什么呢？我平时除了风控的本职工作以外，也喜欢学习研究各种交易策略与技术分析指标，甚至包括复杂的技术，诸如形态理论、波浪理论、价值投资等等我也有涉及。研究过程中，我发现一个问题，哪怕是自己亲自开发的一些策略和指标，也存在不准的问题，开始的一段时间可能赚钱，后来慢慢也会失效。我现在觉得这里面也可能存在幸存者偏差的问题。"风控樊总虚心地请教。

专业的、学术的、慢工出细活的识别幸存者偏差的方法是：量化交易！量化交易的第一作用就是防止我们输在起跑线上！量化交易可以有效地防止幸存者偏差与选择性偏差！

| 5 |

"啊，量化交易的作用首先是为了防止幸存者偏差吗？我以前一直认为量化交易与人工智能一定是掌握了赚钱的圣杯，是赚钱的永动机，一旦它们参与了投资必胜无疑，对吗？"舒月疑惑地说。

那是你以前没有接触过量化交易，对它缺乏了解。量化交易的作用有很多，随着我们课程的展开，大家后面慢慢都能学到。不过量化交易的第一作用的确就是纠正我们的认知偏差，防止掉入幸存者偏差的陷阱，让我们始终保持理性投资的状态。刚才樊总的问题非常好，因为它引出了一个更需要我们小心面对的问题：我们用幸存者偏差自己忽悠自己。前面讲的幸存者偏差，基本上都是涉及"他人"的，比如我们都有被"他人"有意无意设置的幸存者偏差忽悠的经历。其实，最难防范的幸存者偏差却是我们自己设置的，我们最要小心的是自己把自己给忽悠了！

"江老师，自己还能忽悠自己？"舒月不相信地问道。

这种现象不但有，还非常普遍，而且更为隐蔽，甚至就算别人提醒你，你也不一定会虚心接受，哪怕你接受了但也很难改正。其原因，还是我们前面谈到的人性弱点——"成功时人喜欢找内因；失败时人喜欢找外因"。比如我前面讲过，作为工作的一部分，我经常会面试职业交易员。其实来我们公司应聘的，肯定都是最近的成功者（业绩差的人根本不会来面试）。这其中，多数人都是幸存者偏差，这点我是知道的，但是来面试的交易员自己却不知道，就算个别盘手知道也不肯虚心承认。当事人会信誓旦旦地说："我最近一年的确都是赚钱的，业绩也是真金白银赚到手，为什么我却成了幸存者偏差？我是因为运气而不是因为本事赚钱的？我不服！"这就是自己忽悠自己的幸存者偏差。

"成功时喜欢找内因；失败时喜欢找外因"——这是人类经过千百万年的进化，写进人类基因里的人性弱点，所以自己忽悠自己的现象很常见，连彩票中大奖的人，都认为是自己选号的策略牛，而不是因为自己的运气好。当然，彩票不像投资，彩票很好验证，中大奖者再买一次彩票就能验证了，然而投资却很难马上得到验证，需要未来很长一段时间才能显露出本质来。本来幸存者偏差就很隐蔽很难被发现，现在又加上一个更为隐蔽的人性弱点，所以自己忽悠自己的幸存者偏差就更难被发现。

自己忽悠自己的幸存者偏差比一般的幸存者偏差危害更大、杀伤力更强。就像刚才樊总所说，如果你喜欢研究交易策略、技术分析、基本面分析等，加上你最近投资又做得不错，赚到了不少银子。本来，这个时候理性的思维方式应该是：我有可能是幸存者哦，最近的成功多半是因为运气好的缘故，而不是因为自己很牛或者自己发现了投资秘籍。然而，此时此刻如果你不谦虚戒躁，很容易就掉到幸存者偏差的陷阱中去。并得意地反驳：江老师，你说得不对，我就是靠本事赚的钱。凭什么说我是幸存者偏差，而别人就不是？我最近赚的比别人还多呢。随后你的做法一定是自信心爆棚，贪婪自负，增加资金乘胜追击，一定会重仓、满仓甚至借钱或者抵押房产去做投资（如果你认为是运气使然，后面一定不会那么偏激）……直至你的策略、方法"不准"，最后触发混沌而爆仓。前面讲过的美国长期资本公司就是典型的"自己忽悠自己"的案例代表，自己对自己策略的弱点一无所知，或者因为面子问题（报纸等媒体已经广泛宣传，投资界的大佬已经投资），自己掩耳盗铃根本不想去知道真相。

老子的《道德经》上说："知人者智，自知者明"，看懂别人容易，看明白自己却很难，所以自己忽悠自己的幸存者偏差的危害非常大，投资还没有开始，人还在起跑线上，最后的结果已经注定会失败。这里面最为典型的就是在投资目标的设定上。我们在第五章的时候，提出了守正出奇的具体量化目标：做投资，正面当敌的"正兵"，即我们的大部分的资金，要保证长期稳定盈利，其年化收益率要达到 30% 左右；而负责取胜的"奇兵"，即我们的灵活使用资金（占总资金的 20%~30%），则要在正兵对峙的情况之下，善于发现台风机会，大胆出击，以小博大，争取一年几倍甚至几十倍的收益。大家请注意我的用词，守正的目标 30% 左右年化收益是要"保证"，而出奇的目标几倍、几十倍是要"争取"！守正的目标是带强制性的，必须完成；而出奇的目标是带随缘性质的，争取完成，完不成也没有关系，谋事在人，成事在天！大家懂我的意思吗？

"江老师，我最懂您的意思了！因为我就是这样做的。我的食用油批发生意，在守正方面，进货、仓库、质保、渠道批发、档口零售、客服，等等，这些工作做下来，一年的目标至少要赚个 50 万左右吧，这个目标必须完成，否则档口租金、人员工资、养家糊口都不够；而出奇的好事，例如抓住一个大客户或者囤积了一批货等着涨价等等，则是可遇不可求的，有，更好，没有，随缘，如果真碰到了出奇的好事，争取一年搞个几百万，再买一套房，哈哈。不过那要运气特别好才行，我做食用油批发生意二三十年了，这样的好事也只遇到三四次而已。"蔡忠涛说。

蔡忠涛的做法完全正确，出奇的暴利暴富的好事，不是年年都有的，这与股票、期货不是经常有行情是一个道理，让驴都能上天的台风毕竟是很少的。很多人，由于行情好、运气佳的原因，最近一年做投资赚了 3 倍的利润（年化高达 300%），喜笑颜开的同时，情不自禁地将成功的原因归为自己的投资能力强、交易策略牛，他们不知道自己很有可能只是一个幸存者（就算知道他也不愿意承认），他们坚信自己未来肯定还能够长期稳定地获得这么高的收益。在被短暂的运气取得的胜利冲昏了头脑的同时，他们将需要随缘完成的出奇目标当成了必须完成的守正目标：今年赚 300%，明年一定要更上一层楼，必须赚 400%。同学们，你们觉得这样合理吗？

"不但不合理，我还嗅到了极度危险的味道。年化 300%，偶尔一两年是有可能的，比如 2006—2007 年的股票大行情、2014 年 7 月—2015 年 6 月的股市、2016 年双十一之前的大宗商品，2020 年的期货行情。但是，这些暴利都是因为有大行情的配合，是我们运气好碰上了台风，而不是因为我们个人的技术、策略有多牛。大行情不是年年有，如果是碰到诸如 2017—2018 年的烂行情，你就算有天大的本事，也做不到 300% 的年化收益率，那两年不亏就是本事，更别说赚钱啦。如果那两年你还是按照 300% 来做投资计划，你死定了！因为你为了完成任务，一定会在没行情时还瞎折腾，会死得很惨的，你的交易可能连手续费都是赚不回来，本金都会被你折腾亏空殆尽。"风控樊总评论道。

樊总回答得很好，是啊，没行情的时候，重要的是休养生息，积蓄力量，苦练内功心法，等到天时地利人和后，再行出击。可惜当局者迷啊！当局者也就是前期暴利者，那时候赚了，自信心完全爆棚，沾沾自喜，得意忘形，眼中充满了贪欲，怎么可能还会去关注风险。他们此时目中无人，旁人的善意劝告根本就听不进去，反而会将他人的善意当成嫉妒。就算你这个时候告诫他要小心"自己忽悠自己的幸存者偏差"，他听得进去吗？他不骂你就不错了："你赚得还没有我多，我一年赚 3 倍，你赚了多少？你有什么资格来教训我？"

我现在还清晰地记得，1997 年我第三次倾家荡产之前，在定交易目标的时候，我给自己定了一个 200% 的年化收益的目标。这个目标，同学们觉得怎么样？现在大家处于理性的状态，都会觉得目标定得太高，因为巴菲特的年化收益率也就在 25% 上下（但是并不否认巴菲特的某些股票赚了几百几千倍）。当时，我不但不认为这个目标激进，反而认为这个目标已经是很保守了，因为之前的一年，我的股票投资已经赚了 17 倍。我当时甚至还在朋友面前夸口：未来一年赚不到 2 倍，我就是一头驴。最后的结果呢？我不仅利润一分钱没赚到，480 万的本金倒是一分钱没剩下，全部亏完，落得个倾家荡产！现在回头看，自己当年利令智昏，真的笨得像一头驴。如果我当时认识到自己之前的 17 倍利润是幸存者偏差，是运气使然的缘故，我打死都不可能定 200% 的投资目标。如果目标定得稍低的话，自己也不可能乱操作、瞎折腾。可惜自己当时头脑发热，整个脑袋都是蒙的，根本就没意识到自己正一步步走向悬崖边缘。

"江老师，从您的教训来看，面对投资市场，我们一定要提高自己的内功心法，始终要保持一颗敬畏之心，敬畏市场，保持低调、谦卑的心态，特别是在我们偶尔发财的时候，脑袋不要发热，不要将偶然当成必然，谦虚谨慎，戒骄戒躁，时时刻刻居安思危，如履薄冰，谨小慎微，再加上我们可以使用您刚才提过的量化交易的方法，应该就可以有效地防范幸存者偏差。江老师，请问具体的量化交易步骤该怎样做呢？它是如何过滤掉幸存者偏差与选择性偏差的呢？"风控总监樊总问道。

| 6 |

量化交易是专业的识别幸存者偏差的方法，这个方法不但可以有效识别他人的幸存者偏差，对更为隐蔽的自己忽悠自己的幸存者偏差也有很好的辨别效果，可以为我们节省大量的试错成本与试错时间，避免我们做投资时在起跑线上就输掉大量的金钱。这里我举一个例子给大家展示一下，大家先请看图0804：

这个是一位据说非常厉害的培训师，被人称作"大师"，在上期货课时分享的一套交易策略。在理论讲完后，这个培训师举了左图应用的例子：2019 年 1 月 1 日 —2019 年 9 月 30 日的铁矿石，他的这套策略非常厉害，让他在铁矿石上赚了很多钱。我们用电脑程序将这位培训师的交易策略量化出来，然后加载到铁矿石

图 0804：某培训师铁矿指数的交易策略 K 线

上进行数据回测，回测的时间段就是这个老师上课讲的 2019 年 1 月 1 日—2019 年 9 月 30 日。具体的回测数据与效果大家看课件，我挑出几个重要数据，大家感觉一下怎么样？

资金分配量：500000 元

最终受益资金：2385000 元

盈利率：377%

"我看一下，铁矿石从 2019 年 1 月 1 日开始，用了 9 个月的时间，50 万元的本金，只用四成左右的仓位，权益就到了 238 万元，赚了 377%。我觉得这个交易策略的确非常不错。要是满仓做的话，一年下来能赚 10 倍啦！"周琰衍同学认真地分析。

同意周琰衍同学观点的请举手。好，有一大半的人都认为这个策略不错。很好。那不同意周琰衍同学观点的请举手。舒月同学，你说一下你的反对意见吧。

"各位同学，哪里还能赚 10 倍啊！大概率几个月就倾家荡产！"舒月激动地反驳说。

"这么好的数据，而且江老师不是一直说做投资要看资金曲线吗？资金曲线它也有啊，你们大家看看图0805，不错吧。这个策略未来就算不能一年赚 10 倍暴利，也不

至于亏损吧？"周琰衍激动地回应道。

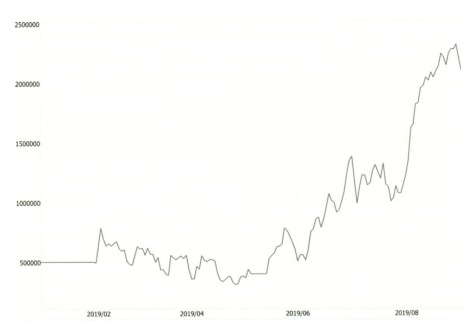

图 0805：某培训师铁矿指数的资金曲线（2019.1.1—2019.9.30）

"同学们，千万不要被表象迷惑了眼睛！表面上，它的回测数据与资金曲线都不错，但是它存在有选择性偏差与幸存者偏差啊，都是事后被刻意挑选出来的！我在广州就是这样被迷惑导致倾家荡产的。回测数据本身是没有问题的，但是最大的问题是回测的品种铁矿石以及回测的时间 2019 年 1 月 1 日—2019 年 9 月 30 日，这两条就是选择性偏差，这是上课的"大师"事后站在上帝的视角上刻意挑选出来的。我们事先在 2019 年 1 月之前，我们怎么知道铁矿石未来会有一波大行情呢？事情发生以后，我们当然知道台风是什么时间来的，以及台风是在哪里登录的，但是事前我们是无法提前预知的。铁矿石在 2019 年 1 月 1 日—2019 年 9 月 30 日这个时间段，如果事后看的话，其实绝大多数的其他的策略一样都会赚大钱，这个所谓的'大师'，明显就是将转化术偷偷变成了发觉术！我在广州就是这样被忽悠的，广州的'大师'也是举例这个铁矿石，找了这个被刻意选出来的时间段，只是交易策略不一样而已。江老师的寓言不是告诉我们：只要先找到了茂盛的水果树，不管是镰刀、剪刀还是竹竿，都可以摘下水果吃啊！只要用发觉术发现了好的交易品种与交易机会，绝大多数交易策略（转化术）都是赚钱的。这个老师的策略与我在广州学的那个'大师'的策略都只是转化术而已，根本就不是发觉术，更不是什么交易秘籍！而且当时在广州，我比你们还多挨了一个陷阱：幸存者偏差陷阱。

当时在分享铁矿石案例时，并不直接是那个广州'大师'分享，而是她的两个学生，声情并茂地介绍了他们的策略有多么牛，赚了多少倍的钱，实现了财务自由，那个表情、气场，我根本就没有抵抗力。殊不知，学生仅仅是那位'大师'得很多个学生中的两个而已，仅仅只是一个幸存者。几十人、几百人使用，有一个人抓住一波行情是很正常的，根本就不值得炫耀，而台下还坐着几百个失败者，只是没有说话而已。这个上课的小技巧如果这次江老师不透露给我们，估计我们一辈子都蒙在鼓里。结果，不到半年时间，广州'大师'的策略就让我把自己的、父母的、亲戚朋友的钱都亏完啦！呜呜呜……"舒月说到这里，又忍不住开始了哭泣，"最为讽刺的是，台下坐着的几百个失败者，至今估计还不知道问题出在哪里了。可能他们还在自责：为什么自己没有学好'大师'传授的交易秘籍呢？为什么我的同学就抓住了铁矿石赚了大钱，而我却没赚到钱呢？赶紧回家努力在电脑K线图上走走线，赶紧认真地复习一下讲义。"

"舒月，不好意思，我之前没有亲自做过实盘交易，对江老师前面讲的两个认知偏差，也是懵懵懂懂的。经你刚才的一分析，好像真的有点道理，也使我对选择性偏差与幸存者偏差有了更形象的了解。江老师，舒月同学说的是对的吧？"周琰衍安慰道。

舒月说得没有错！2019年1月1日—2019年9月30日铁矿石的回测数据与资金曲线，尽管很漂亮，但的确属于事后诸葛亮式的选择性偏差和幸存者偏差。如果你不加辨别，直接使用，危害巨大，的确要倾家荡产，大家请看图0806：

图0806：某培训师铁矿指数的交易K线（2019.10.1—2020.3.31）

如果我们没有验证选择性偏差与幸存者偏差，而又对"大师"精选的2019年1月1日—2019年9月30日铁矿石的这段行情的业绩坚信不疑，那么我们就会直接将这个策略运用到铁矿石随后的交易中。我们看一下图0806，这就是铁矿石在随后的半年的时间（2019年10月1日—2020年3月31日）的进场与出场信号情况，那运行效果怎么样呢？我们再来看一下这个时间段的回测统计数据。各位同学，请看课件，这里展示几个重要数据，我们一切以数据说话，大家可以先预估一下，后面半年的收益率是多少？

资金分配量：500000元

最终受益资金：-4000元

盈利率：-100.8%

周琰衍同学，还是你来分析一下吧。

"回测数据太震撼了！在2019年前9月漂亮数据之后紧接着的半年，从2019年10月1日到2020年3月31日，铁矿石50万元的本金，不但没有赚钱，居然全部亏光了，最后还成了负数，倒欠4000元，盈利率为-100.8%，太震惊了。相同的交易策略，相同的交易品种，时间顺序还是紧挨着的，最后的投资结果却有天壤之别！怪不得舒月同学说，她就是在铁矿石随后的日子里，亏得倾家荡产的，现在我终于亲眼看到了。太颠覆三观了！江老师，您赶快讲讲：怎样才能科学、有效地防范选择性偏差与幸存者偏差啊？这太可怕了。"周琰衍仔细看着数据，吓出一身冷汗。

2011年之前，中国几乎没有量化交易，想要科学地防范选择性偏差与幸存者偏差非常费时、费力。因为只要当事人不告诉你：在挑选交易品种、交易时段以及分享成功人选的时候带有选择性偏差或幸存者偏差，你想验证当事人的策略的有效性，非常困难。你只能在另一个账户上使用他的交易策略，慢慢地做交易，慢慢地统计数据，这个方法存在很大的风险，有可能像舒月一样，亏得倾家荡产，而且验证时间至少要个一年半载的，才能发现里面的端倪。为什么之前我一直强调必须展示实盘的长期资金曲线呢？就是为了减少验证的工作量。有资金曲线才有资格进行评估；至于那些连资金曲线都没有的所谓"成功案例"，就不要再浪费时间了，赶快扔掉。

2011年之后中国开始出现量化交易，到现在已经十多年了。我们现在想要科学地防范选择性偏差与幸存者偏差就方便多了。只要我们将当事人宣传的策略、战法、系统、秘籍等等，进行量化编程处理，然后在历史大数据上进行任意选择数据回测，就能快捷地发现选择性偏差与幸存者偏差。请注意：是任意选择，也可以叫它盲盒选择、随机选择，就是不能刻意选择，更不能先看着K线图挑选那些有大行情的品种或者大行情的时间段来进行特定回测。再强调一次：是任选不是特选！

那我们再来试一下吧。舒月，你先试试，不看行情，不看K线，闭着眼睛随便选一个时间段、一个交易品种吧，然后用这个交易策略模拟、验证一下。

"任选不是特选！那我就选铁矿石出漂亮数据之前的一年，也就是 2018 年进行数据回测吧，品种暂时不变，还是选铁矿石吧。"

5 分钟后，江老师将 2018 年铁矿石的回测结果展示了出来，图 0807 是交易 K 线，回测数据在课件里，这里展示几个重要数据。

资金分配量：500000 元

最终受益资金：12600 元

盈利率：-97.48%

图 0807：2018 年铁矿石交易 K 线

"我就是这个世界上最笨的驴！用量化编程验证的方法，竟然 5 分钟不到就可以发现这个策略是有问题的！点点鼠标就能发现的问题，我却用了半年时间，交了 200 万元的学费，血泪教训啊，悲伤欲绝！量化交易在我这里就值 200 万元！呜呜呜呜……"舒月刚看完截图，又伤心地哽咽起来，"验证投资理论的有效性，要任选不要特选，一字之差，天壤之别啊！我随便挑选了一个时间段：2018 年全年，50 万元的本金，这个交易策略，最后亏得只剩下 12600 元，盈利率为 -97%。如果我之前看到的是 2018 年的数据，而不是 2019 年上半年的数据（被广州大师事后刻意挑选出来），那么，这个策略谁还敢用呢？江老师，赶紧教我们如何进行量化交易吧！我一定要认真学习。我就是输在起跑线上的那个人！我急着去发财却被别人利用了。"

舒月，我充分理解你的心情，也对那些有意利用选择性偏差与幸存者偏差的人深恶痛绝。不过，你之前的老师是不是有意骗你们的，这还不好说。据我所知，绝大多数的培训老师，都还是不错的，只是很多老师的知识面需要更新了，他们中很多人也不懂量化交易（毕竟在中国，量化交易是在 2011 年后才逐步出现的），他们也不懂历史大数据进行任意随机回测，他们还在使用以前赚钱的经验与方法在教人，他们其实也是选择性偏差与幸存者偏差的受害人。我相信未来他们如果懂了量化交易，将自己的策略在历史大数据中任意随机回测，发现绩效不好，他们也不会昧着良心再授课的。

其实，相对于别人的选择性偏差与幸存者偏差陷阱，自己忽悠自己的选择性偏差与幸存者偏差才最为可怕，因为其隐蔽性更强，危害性更大，特别之前你还靠它赚过钱，那么更加会强化这种错误的认知。这个时候，你的内功心法尤为重要，它能让我们克服人性的弱点，让我们保持头脑清醒，并时常怀疑自己之前的成功是不是幸存者偏差，然后虚心地进行量化编程，并且在历史大数据中进行任意数据回测，以验证策略的有效性。我们自己的交易系统进行量化编程处理是很容易的，因为策略原理与底层逻辑自己最为清楚。比如 2019 年上半年铁矿石，你自己研究的策略赚钱了（其实是铁矿石在这个时间段上任何策略都能赚钱），这个时候，你一定要谦虚谨慎，充分怀疑自己的成功只是由于自己的运气好。你要赶紧将自己的交易系统进行量化处理，然后在铁矿石的历史数据中任意抽取其他的几个时间段，进行对比验证。如果多数时段也能赚钱，那就可以初步排除幸存者偏差，你的交易系统才有可能是真正有效的交易系统。否则，你之前铁矿石的成功大概率就是幸存者偏差，你的交易系统需要重新修改，在修改之前，你唯一正确的做法应该是暂停你的交易（普通常人的做法恰恰南辕北辙，由于之前成功了，赚钱了，不但不停止交易，反而会加大仓位，甚至重仓、满仓铁矿石的交易，最后的结果自然凶多吉少）。未来上量化交易实操课的时候，我们教大家的任何一个交易策略，都会让大家在历史大数据之中，任选 5 个时间段进行量化验证，然后去掉一个最高分，去掉一个最低分，剩下的三个时间段取一个平均分，这才是科学有效的验证方法。

"江老师，我刚才也被震惊到了。您之前老说选择性偏差与幸存者偏差会让我们输在起跑线上，我听后似懂非懂的。通过刚才这个案例，这下子算是彻底明白了。其实我们在上实盘之前，稍微上点心，用量化编程的方法，就能方便快捷地过滤掉幸存者偏差。如果你的交易策略、战法、系统本身都是亏钱的，只是靠着幸存者偏差、运气赚钱，那么这种策略长期使用，必死无疑。个人再努力都没用（甚至越努力亏得越多），这个结局其实在交易还没有开始就已经注定了。量化交易真的是一把照妖镜啊，我们一定要学习掌握好！江老师，我还再请教一下：培训老师的交易策略，我们可以把它量化出来，看看是不是幸存者偏差，这应该没有啥问题了，毕竟上了他们的课，学习了他们的策略。然而，那些公募或者私募基金，以及各类股票与期货比赛排名靠前的交易策略又该怎么去量化呢？他们会让我们去量化、检验他们的交易系统吗？这可是他们吃饭的家伙事，他们会告诉我们交易的核心原理吗？"石建军同学询问道。

公募或者私募基金以及各类股票与期货比赛名次靠前的交易策略，由于当事人需要保密的缘故，他们不可能给我们源代码，甚至也不会告诉我们交易原理与赚钱的核心逻辑，所以我们想用量化编程的方法去验证他们的幸存者偏差基本上不可能。不过，大家可以使用我前面第四节介绍的那些方便与快捷的方法去识别幸存者偏差。对了，还有一个简单便捷的方法，就是将我们这两天的上课内容和当事人沟通交流，如果当事人认可我们投资理念，也对自己业绩是否存在选择性偏差与幸存者偏差表示担忧，那么这个当事人就有很大的可能不是幸存者偏差；反而那些矢口坚决否认自己业绩存在幸存者偏差的当事人，反而大概率就是幸存者偏差。根据我以往的经验，口气越大，幸存者偏差的可能性也越大。

当然，这只是我的个人经验，比较稳妥的方法还是要长期观察他们账户的实盘资金曲线，这个长期最好要两年以上，至少要跨越一次牛熊的完整周期，一个轮回全部走完，你才能看到这个策略的完整表现。（特别是在回撤期、行情上升期，台风来了，猪都能上天，何况是一个机构或盘手呢？）沧海横流，方显英雄本色，巴菲特也说过，只有在潮水退去时，你才会知道谁在裸泳。只有经历过回撤期，公司或盘手才可能涅槃重生，真正地成熟起来。不经历风雨，怎能见彩虹？所以我们要沉得下心，耐得住寂寞，慢慢地去寻找那些真正的高手（基金经理或者盘手），千万不要图方便、求省事，直接在基金网站上，按照业绩排名从上往下找，这种办法就是在自找幸存者偏差！

当然，如果自身处于强势地位，倒还有一个比较容易且快速的方法去鉴别幸存者偏差以防止投资风险，那就是要求对方必须跟投，甚至要求对方提供劣后资金。如果你真对自己的策略、系统有信心的话，为什么不敢自己也投一点钱进来呢？敢不敢提供劣后，很多时候倒是一块极为好用的试金石，说什么不重要，关键还是要看作什么。

"江老师，那还是你们公司好啊，大公司强势，应该不会掉到幸存者偏差的陷阱中去的。"樊总评论说。

樊总，那可不一定哦！我刚才说的只是一个权宜之法，其实很多大公司，面对幸存者偏差，特别是比较隐蔽的幸存者偏差，也是很难办的。如何正确评估公募、私募基金的真实业绩，不被短期的表面业绩所迷惑，是投资界的一大难题，我们普通投资者难以评判，大的机构其实也好不到哪里去。正因为如此，市面上出现了很多专业的评级机构，试图用科学有效的方法过滤掉幸存者偏差，评估出基金公司的真实水平。比较出名的评级机构有：晨星基金评级、理柏基金中心、惠誉基金评级、融航信息，等等。我这里有一份他们出具的期货绩效分析报告模板，内容详尽，有好几十页，有兴趣的同学课间休息时可以找我要，或者给我发邮件索取。

第九章：10 倍牛股游戏

→ 通过量化交易修炼心性，提高自己的内功心法是投资的重中之重。否则，就算告诉你答案，告诉你 10 倍牛股的项目，你也一定抄不好作业！知行合一，投资走的是一条弯弯的长路，最曲折的可能就是最近的！

| 1 |

我们现在开始上课，舒月，绩效分析报告你看了吗？你怎么又流眼泪了？

"江老师，我以前好幼稚，太儿戏了！大家看看这个分析报告：净值曲线分析、规模变动分析、资产配置、基金经理分析、收益分析、回撤分析、收益风险比分析、月周日盈亏分析、持仓市值、多空盈亏分析、保证金占比、品种盈亏统计、日内与隔夜统计、周期胜算统计、交易板块分析、成交排名分析等等，全是量化的数据，内容丰富，图文并茂，分析翔实。这些大公司、大机构，为了防止幸存者偏差，为了找到真正的投资高手与投资策略，真的是拼了！相比于他们的认真态度，我之前就是聋人不怕雷，太不把钱当回事了！甚至在今天上课之前，我还幼稚地认为江老师花这么多的时间去讲选择性偏差与幸存者偏差，是不是有点小题大做。看到这些大公司认真的做法，我是惭愧地流眼泪啊！大公司这么有实力，面对选择性偏差与幸存者偏差的时候，都这样认真，都这样严谨，我们作为投资新人，更应该责无旁贷地用心学习啊。"舒月内疚地说道。

舒月同学能真心地认识到自己以前的无知与错误，非常好，希望大家和舒月一起努力，相互鼓励，相互帮助，共同完成后面的学业。

舒月你也不要太难过，因为任何投资者都会经历这个过程。所有的投资者，在前面很长的一段时间内（包括江老师本人做投资的前二十年），都认为自己是在寻找投资秘籍的路上奋斗，其实大家都是在与幸存者偏差进行搏斗。

这点估计大家有点难理解。其实不管是股票投资，还是期货、期权、虚拟币等等其他投资，只要是每次出现一波较大的台风行情之后，大家就会发现，地上突然"冒出"了很多专家、大师、高手、明星（下文统称"明星"）等，他们都在这波行情中赚到了大钱，开心之余，这些"明星"们还会将他们这次捉住台风行情的所谓的经验、技术、策略加以分享，甚至还会写出书，上升到理论高度去指导其他没有捉住台风行情的投资者。其他投资者由于自己没有捉住这波行情，看到"明星"们赚了大钱，不但贪欲上脑，而且强大的好奇心魔也会驱使他们认真研究"明星"们的投资理论（为什么别人捉住了台风而自己没有捉住呢）。最典型的就是 2019 年、2020 年的价值投资理论的风靡一时。谁不想在投资秘籍上面分得一杯羹呢？谁不想快点发大财呢？当然，这里我并不是说价值投资理论不正确，而是想告诉大家：价值投资理论并不能保证你未来每年能赚 100%（2019—2020 年可以），价值投资理论真正的长期年化收益率大约就是百分之十几（未来股票实操课我可以指导大家用量化软件去进行随机抽样验证），多出来的部分就是选择性偏差与幸存者偏差，是通过运气赚的大钱。价值投资理论在随后的 2021—2022 年，其巨大的回撤也充分证明了这点。到了此时，那些价值投资理论的"明星"们突然又不见了踪影，其理论也没有什么人再去仔细研究了。

这种现象，在投资市场上每隔两三年就要上演一次（不知道下一次又是什么投资理论会流行？）普通投资者需要擦亮眼睛，切忌盲目跟风，以为自己掌握了"投资秘籍"，更不能使用这些"投资秘籍"去重仓下注（一定要理性）。请记住：是先有台风行情造就了明星们，而不是先有明星的投资理论造就了台风行情。时势造英雄，不是英雄造时势。下面我们就要讲后续课程，鉴于识别两种偏差的重要性，我们最后还要出两个题目来考一考大家，检验一下同学们是不是真的掌握了辨别幸存者偏差的方法。

题目一：

君国证券有一位老总，很想招一位厉害的投资总监，但是一直未能如愿。

有一次他问我：江老师，您讲课一直都强调资金曲线的重要性，所以我招投资总监的时候，有一个硬性的指标，必须有 3 年以上的实盘资金曲线。

去年我招进来一个金融学的博士，有国外留学与工作的背景，也亲自操作交易账户，实盘资金曲线的时间长达 4 年。但是，招进公司的投资部，过了半年左右的时间，我们发现他的水平一般，而且他本人的资金曲线也开始回撤，还超过了历史上最大的回撤，交易策略有失效的嫌疑，现在我们暂停了他的交易。

江老师，我们这么小心谨慎，为什么还是会出现这样的情况呢？

题目二：

前几天，一家上市公司发布了公告如图 0901，下面是公告内容（公司名称隐藏）。

> 截至 2021 年 10 月 11 日，公司 2021 年度开展期货投资累计投入 15310 万元，占公司 2020 年经审计净资产比例为 5.49%；产生累计亏损（含浮动亏损）6934.15 万元，占公司 2020 年经审计净利润比例为 11.52%。
>
> 期货投资具有高风险性，其收益具有极大不确定性。江苏▆▆进行期货投资虽不影响公司正常的生产经营，但江苏▆▆平仓损益将计入公司 2021 年度损益从而对公司 2021 年度的业绩产生影响，但公司主营业务发展经营情况良好。鉴于目前焦炭、焦煤价格波动依然较大，风险系数较高，公司全体董事、监事、高级管理人员高度重视期货投资的潜在风险，公司将有序终止焦炭、焦煤期货的操作，对目前持仓择机进行减仓、平仓，尽快终止期货业务。
>
> 杭州▆▆护理用品股份有限公司董事会
2021 年 10 月 13 日

图 0901：杭州某上市公司公告（资料来源：巨潮资讯）

网上新闻稿是这样写的：

10 月 12 日晚间，豪＊护理公告称，旗下子公司江苏豪＊投资期货遭遇亏损，截至 2021 年 10 月 11 日，累计亏损 6934.15 万元，占公司 2020 年经审计净利润比例为 11.52%。从公告披露的"期货投入汇总表"来看，豪＊护理 2021 年 1 月—6 月期间持续投入资金，累计盈利突破 100 万元。尝到甜头之后，豪＊护理放开了投资期市的脚步。同年 7 月—10 月，又连续追加 500 万元、6000 万元、4000 万元和 4010 万元，却开始由盈转亏，且亏损逐步加深。截至 10 月 11 日，豪＊护理在期货投资的资金达 1.531 亿元，累计亏损达 6934.15 万元，亏损比例达 45.29%。投资期货市场亏损近 7000 万元之后，豪＊护理发出将终止期货交易的声明。

说明一下，豪＊护理 2020 年 9 月 11 日在 A 股主板上市，主要从事妇幼、成人卫生护理用品的研发、制造与销售业务，产品主要包括婴儿纸尿裤、成人纸尿裤以及卫生巾等。上述声明，豪＊护理方面的解释是，鉴于前期新建厂房，钢材等原料需求较大，为间接对冲相关材料价格，决定进行期货套期保值操作。不过，股民纷纷质疑其打着套期保值的名号，实则参与焦煤、焦炭期货，因做空煤炭导致亏损。

表 0901：杭州豪＊护理公司期货投入汇总（资料来源：巨潮资讯）

（单位：万元）

时间	投入资金	累计投入资金	当月盈亏金额	本年累计盈亏金额
2021 年 1 月	200	300	37.24	37.24
2021 年 2 月			6.47	43.71
2021 年 3 月				43.71
2021 年 4 月				43.71
2021 年 5 月			-3.35	40.36
2021 年 6 月	500	800	63.27	103.63
2021 年 7 月	500	1300	-363.14	-259.52
2021 年 8 月	6000	7300	-1160.30	-1419.82
2021 年 9 月	4000	11300	-3700.77	-5120.58
2021 年 10 月 11 日	4010	15300	-1813.57	-6934.15

表 0901 是豪＊护理这家上市公司 2021 年的"期货投入汇总"，大家仔细研究分析一下，作为作业，将你认为的豪＊护理公司折戟期货市场的主要原因写下来（至少要写三个），发到我的电子邮箱：9n@163.com，我单独批改，课上我们就不再讨论了。

舒月，这次我看到你破涕为笑，不容易哦，为什么呢？

"江老师，我还以为只有像我这样的投资小白，才会犯起跑线上的错误，没有想到很多大公司，甚至上市公司也会和我们一样犯相同的错误。我们现在的投资水平已经超过了很多上市公司的董事长、总裁与公司高管啦。我们亏的还是小钱，他们亏的可是千万、亿级的大钱啊。"舒月微笑地说道。

是的，舒月，你的这句话尽管带玩笑性质，但却是正确的。在座的各位同学，尽管你们是投资的初学者，但是也没有必要妄自菲薄，你们已经上了几天的投资理念课，你们现在的水平已经超过投资市场上大多数人了，因为他们在起跑线上就已经输给你们了。根据我的了解，市场上 95% 的散户以及 50% 左右的机构，并不懂得幸存者偏差与选择性偏差（甚至就没听说过这两个词），他们根本就没有用量化的方法，将自己的交易策略在历史大数据中进行随机检验；还有一些人，虽然懂编程，但是他们喜欢掩耳盗铃，沉迷在最近一两次赚钱的梦幻中，不愿意去进行量化检验，害怕捅破那层遮羞的窗户纸。

投资市场上的绝大多数投资者，都只是对交易的"术"感兴趣，都急着想去快速发大财，对慢工出细活的守正、认知偏差、天道、内功心法、德行等等没啥兴趣，所以他们难免最后都会掉入各种投资陷阱中去。

投资市场专治各种不服，无情的交易规律将碾破那些无知的赚钱幻想，让你靠运气赚的钱靠本事吐回去。

"江老师，我现在才真正明白您常说的'投资市场很多时候是知识越多越容易出错'这句话的含义了。在起跑线上，成功的标杆与方向都选错了的话，的确是技术越多，亏钱的可能性就越大。江老师，还是我们运气好，能遇到您这样一位有理论知识，又亲自做实盘交易，还敢全国展示资金曲线，关键是还敢说真话的老师。"樊总评论道。

"江老师的投资理念课，是在做善事，是一种情怀！江老师在投资市场能长期稳定地赚钱，当然敢讲真话了，正所谓'无欲则刚'嘛。老师，认知偏差讲完了，下面您是不是要教我们长期稳定盈利的方法呢？"深圳学员小明问道。

是的，小明。江老师想把大家培养成为投资领域的寿星，而不是昙花一现的明星，所以江老师教授的投资方法，一定是量化的交易系统！一定是长期稳定盈利的！一定是既守正又出奇的！一定是符合天道的！一定是发觉术而不是转化术！一定是靠本事而不是靠运气！一定不是幸存者偏差而是所有学员都能赚钱！一定不是故弄玄虚而是简单易行与知行合一的！一定不是身心交瘁、劳心劳肺的，而是闲情逸致、悠然自得的！一定是可以到处悠闲旅游，边玩边赚钱的投资方法。

教室里顿时响起雷鸣般的掌声……

那我们现在就开始讲长期稳定盈利的方法。这里我先简单介绍一下总的轮廓。

我们投资心学投资课程包含两大部分，第一个是方法论"术"的部分，它又分为守正与出奇两大块。其中，守正部分主要讲授可以经受历史大数据随机检验的投资心学量化交易系统，它是一个多品种多周期多策略的趋势组合系统，是我们前面多次强调的发觉术（注意不是转化术哦）。它要保证我们的大部分资金的年化收益率在20%～30%，在完成守正任务的基础上，我们投资心学的量化交易系统，还要能事前、自动、大概率、低成本、非遗漏、可复制地去捕捉台风大行情机会。有了守正，接下来就是出奇部分——投资心学全梭哈与自造期权等交易系统，去努力争取几倍几十倍的超额收益，当然，全梭哈与自造期权等出奇的方法，也是需要量化的。

我们投资心学投资课程第二大部分，是与方法论相对应的"道"的部分——投资天道与内功心法训练之掷骰子模拟投资游戏，主要作用是领悟天道轮回规律，掌握资金管理诀窍，提高投资者的道行与心理素质，培养投资者控制情绪与战胜心魔的能力，树立正确的价值观与投资理念，确保属于方法论的投资心学量化交易系统一直保持"有"的状态而不会是"如有"的时有时无的状态。

投资心学课程的这两大部分，两者一阴一阳，相辅相成，从而可以保证投资者长期稳定的盈利，做到良性循环发展，最终达到术道双馨的境界。

教室里再次响起了雷鸣般的掌声……

"江老师，我们投资心学的量化交易系统，是一个守正的交易系统，它长得是个什么样子的呢？能不能提前先给展示一下，这样的话，未来我们学习就更有兴趣；另外，您一直强调守正的交易系统除了本身要完成20%～30%的年化收益目标以外，还要能做到"事前、自动、大概率、低成本、非遗漏、可复制地去捕捉台风大行情机会"，老师，像自动、低成本、大概率、非遗漏等等这些词语，我有点疑惑我们真的能做到吗？能否也有图片展示一下，毕竟眼见为实嘛。还有，我是才进入社会的年轻人，身上就只有几万元的闲钱，与当年您的小弟牛海差不多，几万元，我估计通过守正去做多品种趋势组合，钱肯定不够吧？我估计我只能出个奇，重点出击一下。那么像我们这样的年轻人如何在守正与出奇之间达到动态平衡呢？您可以帮牛海守正，帮他找到即将来台风的大行情，但是您不可能帮到所有的年轻人吧？"张林同学问道。

张林同学进步真的很快，提的问题都很厉害，也很实在，给你点个赞！

大家先来看看守正的投资心学量化交易系统长什么样子，看图0902：

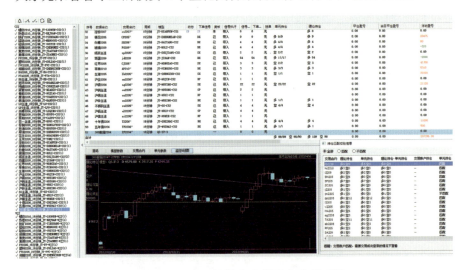

图0902：守正的投资心学量化交易系统

是不是有点复杂？大家现在看不懂没有关系，未来我们会在量化实操课上单独详细地讲解量化交易系统的，并带大家实操，我们现在先学习理念，摆正交易认知。看了上面的图0902，大家只要知道，我们的交易系统几乎涵盖了市面上所有的交易品种（篇幅有限，股票的量化交易系统，后面另行展示），我们不会事先分析哪个品种未来会有台风行情，更不会重仓下注去赌行情或者赌赛道。在守正的交易系统里，所有交易的品种都是平权的，每个品种每次出击，冒的风险都是一样的（风险评价模型），大家一视同仁，不带任何预测性质；连股指期货这么重要的投资标的，也只是我们趋势组合系统中间的一个品种而已。这个守正的投资心学量化交易系统，是计算机全程序化自动交易的，我们不需要盯盘，并且能保证我们大资金 20%~30% 的年化收益率。

大家再请看图 0903：

品种	合约	多...	总...	可...	今...	>...	开仓均价	盈利价差	逐笔浮盈	浮盈... ▼	损	价值	保证金 ^
原油	sc2204	多	1	1	0	0	559.90	246.70	246,700	269.12%		806,600	91,668
LU	lu2205	多	1	1	0	0	4471.0	1486.0	14,860	224.17%		59,570	6,629
沪镍	ni2204	多	1	1	0	0	179160.0	88540.0	88,540	203.66%		267,700	43,474
纸浆	sp2205	多	4	4	0	0	6226.0	1212.0	48,480	169.84%		297,520	28,544
PTA	TA205	多	1	1	0	0	5710.0	842.0	4,210	168.02%		32,760	2,506
红枣	CJ205	空	2	2	0	0	15795.0	3640.0	36,400	163.54%		121,550	22,251
沥青	bu2206	多	1	1	0	0	3796.0	612.0	6,120	149.93%		44,080	4,082
LPG	pg2204	多	1	1	0	0	5862.0	1043.0	20,860	140.14%		138,100	14,885
短纤	PF205	多	4	4	0	0	7594.0	886.0	17,720	136.22%		169,600	13,008
郑油	OI205	多	1	1	0	0	12178.0	1412.0	14,120	133.48%		135,900	10,578
沪金	au2206	多	1	1	0	0	376.880	40.280	40,280	124.74%		417,160	32,293
郑醇	MA205	多	2	2	0	0	2898.0	392.0	7,840	121.03%		65,800	6,478
EG	eg2205	多	1	1	0	0	5147.0	643.0	6,430	104.72%		57,900	6,140
PP	pp2205	多	1	1	0	0	8717.0	959.0	4,795	102.95%		48,380	4,658
EB	eb2204	多	1	1	0	0	9430.0	1080.0	5,400	87.49%		52,550	6,172
纯碱	SA205	空	3	3	0	0	2686.0	181.0	10,860	76.21%		150,300	14,251
塑料	l2205	多	4	4	0	0	9053.0	640.0	12,800	68.84%		193,860	18,594
SS	ss2204	多	2	2	0	0	18632.5	2437.5	24,375	66.50%		210,700	36,652
尿素	UR205	多	2	2	0	0	2476.0	270.0	10,800	65.12%		109,840	16,584
沪银	ag2206	多	1	1	0	0	4996.0	375.0	5,625	60.64%		80,565	9,275
铁矿	i2205	多	3	3	0	0	751.50	61.00	18,300	60.16%		243,750	30,420
淀粉	cs2205	多	32	32	0	0	3136.9	242.1	77,470	59.04%		1,081,280	131,213
焦炭	j2205	多	1	1	0	0	3349.50	421.00	42,100	56.04%		377,050	75,120
菜粕	RM205	多	1	1	0	0	3878.0	253.0	2,530	53.58%		41,310	4,722

图 0903：软件自动筛选有行情的品种

投资心学守正的量化交易系统收盘后，都会自动生成一个这样的持仓品种清单，这个清单按照浮盈的比例来排序，持仓品种中，赚钱多的品种，排名靠前。我们就是用这个清单来自动捕捉台风大行情的机会，这个清单就是我们出奇交易系统的第 1 道筛网。市场上可以交易的品种包括股指在内有好几十个，我们不可能都去下注赌台风大行情，那样的话，我们的试错成本非常大，抓住一次台风的利润（哪怕是暴利）根本不够覆盖之前多次的试错成本。我们要通过图 0903 这样的筛网，自动筛选出哪个品种大概率会来台风（注意不是预测），这种技术才是发觉技术！才是真正的交易秘籍！

在这个图中，排名靠前，浮盈比例超过 100% 的强势品种，就是未来大概率会来台风的交易品种（期货自带 10 倍杠杆，浮盈 100%，价格才涨 10%，未来大概率还有 3 浪大涨）。

投资心学量化守正交易系统初选筛出这些品种后，再交给我们投资心学负责出奇的全梭哈交易法或者自造期权交易法，那里面还有第2、3道筛网进行筛选，筛选都完成后，我们再分批逐次加仓下注。通过这样的操作法，我们最终能做到"事前、自动、大概率、低成本、非遗漏、可复制地去捕捉台风大行情"，争取几倍、几十倍的超额收益。如果使用这个系统，2022年3月初，我们就可用这个方法抓住沪锡、原油等台风品种。

"有点感觉了，江老师，2015年的股指行情，您也是这样一步步帮牛海抓住的吧？看来还是挺科学的，我之前一直以为您是用什么神秘指标或者是用周易八卦推演出来的呢，哈哈哈。"张林说道。

我们做投资，能用科学的时候，必须用科学；科学无法解决的时候，我们再用玄学。做投资，那些装神弄鬼、故弄玄虚的方法，一般都有问题，里面含有大量的幸存者偏差与选择性偏差，至少它不具备我们前面说的"可复制"。而科学的、量化的交易系统可以做到——可复制地去捕捉台风大行情。什么意思？也就是说，我用这个方法，大概率可以抓住台风品种；而我的学员，你们使用了这个量化方法，每一个人也都能捕捉住这个品种（注意：不是幸存者偏差的某一个学员，是所有学员）。另外，可复制性，还要求我们使用了这个量化的方法后，任何一个来台风的品种，我们都能去捉，而不是只捉特定的某一个品种或者某一个板块或行业赛道，不能只捉股指，不捉原油；不能只捉白酒股，不捉金融股……可复制性与幸存者偏差成反比关系，可复制性越高幸存者偏差越少。以后大家不管是搞技术分析，还是搞基本面分析、价值投资分析、宏微观分析、财务分析、消息面分析、成交量分析等等，都要重视可复制性，并将其作为验证我们的量化交易方法是否真正有效的一个重要标准！可复制的交易系统才值钱！而那些神秘指标、策略或者八卦等玄学的交易方法，并不具备可复制性，使用后，有的人捉得到台风，有的人捉不到台风，或者因为运气好，只能捉到某个板块、某个赛道的台风，而对其他的行业或品种就无能为力。

"江老师，就您这个话题，我想再请教一下，您的量化交易系统应该属于技术分析流派，系统可以做到事前、自动、大概率、低成本、非遗漏、可复制地去捕捉台风大行情机会，那么传统的另外一些交易技术，比如基本面分析、价值投资分析、宏微观分析、财务分析、消息面分析、成交量分析等等，又起到什么作用呢？"樊总好奇地问道。

樊总这个问题问得很专业，这里我可以简单地回答一下。以上樊总提到的这些传统交易技术，属于转化术，而非直接的发觉术，转化术的作用就是将发觉术捕抓住的台风机会，高效率地转化成我们口袋里的利润。再具体一点说，它们有两点作用：（1）这些交易技术，相当于又提供了几道筛网，可以将我们投资心学量化交易系统筛选出来的大概率的台风品种，再过滤几遍，进一步提高台风品种的胜率。台风机会不多，我们的资金也有限，所以我们最后的下注一定要下在台风胜率最高的品种上面。（2）投资心学量化交易系统筛选出来的预备台风品种，如果也符合基本面分析、价值投资分析、宏微观分析、财务分析、消息面分析、成交量分析等等的进场标准与条件，那么我们下注的仓位就可以重一些，甚至更重一些，使用的资金数量多一些，未来转化成利润的效率就会相应地提高。

"江老师，我懂了，非常感谢您。另外，我还有一个问题想咨询一下，不过您要先答应我不能生气。"樊总担心地问道。

但说无妨！

"那我可说了。江老师，基本面分析、价值投资分析、宏微观分析、财务分析、消息面分析、成交量分析等，这些分析系统能不能作为主角，作为第一道筛网去筛选台风品种呢？而您的量化交易系统只作为配角，作为后面的过滤网或者重仓下注的辅助条件呢？"樊总问道。

当然可以啊！我们投资心学的量化交易系统从来都持开放的心态。投资市场，没有最好的交易技术，只有适合自己的交易技术！投资和实业完全不一样，那些舍我其谁，唯我独尊的做法，用在实业上还可以，用在投资上不行。

投资市场上，心有多宽，利就有多大！

投资市场上，利己不能利己，利他才能利己！

基本面分析、价值投资分析、宏微观分析、财务分析、消息面分析、成交量分析等交易技术，只要满足两个条件，都可以做主角去当第一级筛网。第一，作为守正的交易技术或者交易系统，本身就能够长期稳定地盈利，长期年化收益率至少 15% 以上吧，所以大家一定要去验证你的交易技术的长期的资金曲线与长期年化收益率。第二，这些交易技术，在出奇的时候，必须能够做到事前、自动、大概率、低成本、非遗漏、可复制地去捕捉台风大行情，特别是要保证做到非遗漏。

"江老师，能否解释一下非遗漏呢？"樊总追问道。

第一级筛网，不能遗漏掉任何台风的机会，否则就会出现选择性偏差，是在赌运气、赛道。比如财务指标就最好不要作为主角，不要作为第一级筛网。假如你樊总选的财务指标是净资产收益率要高于 8%，2019—2020 年这个条件没有问题，但是在其他年份，股市上有大把的暴涨的股票，其净资产收益率都低于 8%，甚至有的 2% 都不到。这样，你的第一级的筛网就遗漏掉了很多的台风大机会。另外，你的 8% 是怎么来的，是拍脑袋想的吗？有历史大数据支撑吗？为什么不可以是 5% 或 10% 呢？你能说出理由吗？

"哇，我懂了！太宝贵的实盘经验。我回去马上验证一下我现在使用的交易系统。太谢谢江老师了。"樊总激动地说道。

好的，我们就先简单地介绍这么多吧，以后具体讲量化交易系统的时候，我再详述。张林同学，希望你看了上面两张图后，会增加你继续认真学习投资的兴趣。

"看了图片，非常有感触，学习兴趣大增！"张林答道，"而且，我现在也基本上明白了江老师您一直强调的发觉术必须保证'事前、自动、大概率、低成本、非遗漏、可复制地去捕捉台风大行情'这句话的含义了。"

张林，你问的第三个问题，请容许江老师先卖个关子，暂时不回答你，明天再回答，我们得先打一些基础才行。不过，你完全可以打消没有钱去守正的顾虑，钱少又没有江老师的帮助，大家照样能守正出奇，每个人都能。只要按我们投资心学的交易方法去做，就可以事前、自动、大概率、低成本、非遗漏、可复制地去捕捉台风大行情。

| 2 |

通过前面课程的学习，大家已经知道，我们投资的初心是想获得暴利增长，不想平平淡淡。想暴利增长，我们就必须出奇制胜。但是，在哪一个品种上出奇呢？这是问题的关键所在！否则偶尔出奇的暴利也覆盖不了之前大量的试错成本。事后诸葛亮式的、在历史数据中直接去找台风行情的品种，以验证自己策略有效性的方法，是不靠谱的，是选择性偏差或者幸存者偏差，这种技术是转化术，而不是发觉术。这种技术拿来讲课是可以的，纸上谈兵、夸夸其谈效果很好，但实战是没啥用途的，实战要靠发觉术！

我知道有很多同学胆子大，敢押注，敢梭哈，敢全仓。但是你押哪一个品种、哪一只股票啊？这才是出奇的关键啊！光靠胆子大是不行的。投资市场上，一百多个期货期权品种、几千只股票、几百个行业赛道（几千分之一的胜率），你随便押吗？历史数据当然没有问题，你可以特选台风品种（百分之百的胜率），但是未来呢？你能选择未来吗？同学们，事前、自动、大概率、低成本、非遗漏、可复制地押注，才是真正有效的出奇制胜方法。

崔胜听到这里忍不住举手说道："江老师，我现在明白了，原来我之前花几万元请回来的箱体突破等技术分析战法，在历史数据的特选品种上的胜率是百分之百，为此我就想当然地幻想我未来使用这个投资技术押注台风行情的胜率也是百分之百，这种想法是非常幼稚与错误的，因为前者只是选择性偏差与幸存者偏差而已。那我请问江老师，技术分析、基本面分析、财务分析、价值分析等等投资技术与策略战法，这些出奇的转化术在未来实盘中发现台风行情的概率大约又是多少呢？总不会只有几千分之一吧。"

那倒不会。我并没有说技术分析、基本面分析、财务分析、价值分析等投资技术与策略战法这些转化术不好，我自己也经常使用，在投资时使用肯定比不使用的效果好，但是好多少呢？这需要量化，肯定不是像普通投资者想当然认为的百分之百胜率。我给大家一个初步数据吧，直接使用出奇的转化术发现台风行情的胜率大约只有几十分之一到百分之一；而使用守正的发觉术发现台风行情的胜率可达几分之一到十几分之一，胜率要大得多，试错成本要小得多。当年牛海一个月 20 倍的收益，就是试错 4 次后成功的，如果胜率再低，牛海就不可能出奇成功，因为牛海已经没钱再去试错。

出奇要做得好，并不直接在于你的出奇技术，而是在于你的守正技术！要想获得几倍、几十倍的暴利增长，我们的主要工作就要放在年化 30% 的非暴利上。

争为不争，不争为争，天下莫能与之争！我们首先要将守正的投资心学量化交易系统做好，做精致，未来你才有出奇制胜的可能。出奇不能出奇，守正才能出奇！

"江老师，您的这句话我很认可，就像我们要去直接挣男人的钱很难，因为男人太理性了，但是我们绕一下，通过女人或者小孩去挣这个男人的钱，那就容易多了，哈哈。"福建老严评论道。

所以，同学们，我们应该将大量的时间与精力放在学习守正的量化交易系统上面，而不是直接放在出奇的奇门技巧上面。只要我们守正工作做好了，出奇制胜到时候就变成一件水到渠成的事情了。

下面我们继续上课，这节课的内容是要做一个游戏，通过这个游戏让大家去领悟一个守正的量化交易系统，怎样才能做到长期稳定地盈利？其理论依据是什么？

大家来上投资心学投资课程之前，一定多多少少地学习了一些其他的投资课程，有基本面分析，有技术分析，有价值投资，有财务分析，等等。根据我们之前的统计，大家学完了以后，能做到长期稳定盈利的人还是不多。为什么呢？

市场上普遍的答案都是："我的技术分析水平还不行，或者基本面分析还不够全面，或者价值投资的精髓还没有完全掌握，财务分析工具使用不够熟练，甚至还包括消息不够灵通等，所以我还需要进一步提高'术'的水平。"

这些答案，看似天经地义，但真是对的吗？

普通投资者普遍都有一个认知——股票炒得好不好，最重要的就是选股或者选赛道。选股有各种各样的方法，有各种各样的选股因子。我们这里来做一个调查，请问通过技术分析选股的请举手。崔胜，你是通过技术分析选股的，很好。那过去三年，你选出的股票平均能涨多少呢？最厉害的一只又涨了多少？

"我通过技术分析选的股票，平均能涨多少，我没有统计过，不过最多的一只，三年好像涨了六七倍。"崔胜回答道。

很好，那我们同学之中，通过财务面选股的请举手，你选出的股票平均能涨多少呢？最厉害的一只又涨了多少？

"我是通过净资产收益率、PE 等财务指标选股的，股票的平均收益也没有统计过，有赚有赔，20% 左右吧，最多的一只股票赚了七八倍，不过我没有拿住，后来被震出来了。"严明山同学遗憾地说道。

老严，没赚到的也算，只要事先选出来了就算。

我们同学之中，像巴菲特一样，通过价值分析选股的请举手，选出的股票三年平均能涨多少呢？最厉害的一只又涨了多少？

樊总马上举手说道："看三年的收益率，关键是要看哪三年，价值投资最火的时间是 2019 年与 2020 年，但是从 2021 年上半年到 2022 年上半年，则跌得稀里哗啦。价值投资的股票贵州茅台，从 2018 年年初的 600 多元一直涨到了 2021 年的 2 月最高点的 2600 元，三年翻了 4 倍多。"

那就算你是 4 倍吧。大家以各种选股方法选出来的股票，三年最多的有七八倍的，平均收益则没仔细统计过，估计有 20% 左右。我们的调查先到这里。

前天我们上课时，我记得崔胜同学的一句话，很有代表性："江老师，要是我能够提前抓住一只翻十倍的牛股，我还能不赚钱吗？我的资产一定可以翻十倍！闭着眼睛轻轻松松赚钱。对吗？"

"江老师，这句话的确是我说的，您要是真能给我一只百分之百确定涨十倍的股票，我肯定能轻轻松松、百分之百地赚上个十倍的钱。这句话没毛病啊。如果我的股票个个都是能涨十倍的牛股，说明我的技术分析、基本面分析、财务分析、价值投资等等的水平都是世界一流的，怎么可能还不能稳定盈利呢？江老师，您不是最重视资金曲线吗，10 倍牛股一定能让我的资金曲线嗖嗖地往上蹿着涨。"崔胜补充道。

真的吗？崔胜。如果我真给你一只牛股，而且确实能涨十倍，你能保证一定赚钱吗？你能保证资金曲线嗖嗖地往上涨吗？

"绝对保证！签对赌协议都行，江老师，我还不信了，选中的股票都涨十倍，我还能赚不到钱？"崔胜雄心勃勃地说道。

哈哈，蛮有信心的嘛！那我们就小赌一把：如果你赚不到钱，请大家吃大餐；如果你赚到了钱，或者我给你的股票没有涨十倍，那么我请各位同学吃大餐。

"一言为定！江老师，那就不好意思了哦，我赢定了！"崔胜愉悦地说道。

好的，一言为定，那我们就开始吧。各位同学，下面我们要做一个游戏，名字就叫"投资心学 10 倍牛股游戏"。这个游戏也是我们投资心学自主研发的、拥有自主知识产权的投资模拟游戏。在这个游戏中，我给大家提供的股票，个个都是百分之百能涨十倍的牛股。大家还记得我们刚刚做的调查吗？各位同学不同的选股方法，选出的股票平均收益为 20% 左右，最多的一只股票涨了七八倍，这次江老师直接给你们提供股票，平均收益就是 10 倍！每只股票都能涨十倍，开心吧？看你们最后能不能赚到钱哦。

"太好了！江老师，您的课程将复杂的投资理论寓教于乐，使我们在轻松、快乐的氛围下快速掌握投资的诀窍，这种上课的方式，我们超喜欢。另外，我想请问一下，这个投资心学 10 倍牛股游戏与您经常提到的掷骰子模拟投资游戏有什么区别吗？"风控总监樊总问道。

两个游戏的相同之处在于两者都属于模拟投资游戏，而区别在于：掷骰子模拟投资游戏是正式的内功心法训练游戏，不但让你知道正确的投资认知是什么，而且还要教你如何做到，并将正确的投资理念与认知，形成你的条件反射与肌肉记忆，进入你的骨髓中、基因里，使你达到知行合一的境界。该游戏持续的时间比较长，需要好几个月的时间；而投资心学 10 倍牛股游戏的时间很短，每位同学做完游戏只需要一两个小时，该游戏能让大家在很短的时间领悟：一个符合天道且能长期稳定盈利的守正的投资方法应该是什么样子，以及在交易的过程中，我们会遇到哪些情况，如何处置，等等。至于说领悟后如何去做，还需要我们进一步学习投资心学的其他理念。

"江老师，10 倍牛股游戏是关于知道的游戏，掷骰子模拟投资游戏是关于做到的游戏。我明白了，请您继续。"樊总说道。

我们做投资的时候，很多因素对最后的交易结果都有显著的影响，如果我们的交易成功了或者失败了，究其原因，总是公说公有理，婆说婆有理，技术分析、基本面分析、财务分析、价值投资、消息面等等各种原因似乎都有道理。所以，10 倍牛股游戏中，我每次给大家一只股票，而且保证这只股票都能涨十倍，这代表了各位同学你们已经掌握了世界顶级水平的技术分析、基本面分析、财务分析、价值投资等等（因为世界一流的水平，诸如巴菲特、彼得林奇等人也做不到每次每只股票都能百分之百确定赚十倍），而且本游戏还提供源源不断的确切的市场主力消息，因为在游戏中，只要你愿意，你每次下注前，都能清楚地知道市场主力什么时候开始拉升这只股票。

"炒股的条件这么优厚吗？我的技术是世界一流的，连市场主力都向着我，而且股票还包涨 10 倍，那我现在完全就是投资领域的王者！我赢定了！大家给我一个失败的理由，我实在想不到还有哪些因素能让我失败。在这种天时地利人和的情况之下，如果我还赚不到钱，我就是一头大笨驴，我就从此戒股啦！我有信心百分之百会赢！江老师，赶紧开始吧，晚了就赶不上您请的大餐啊，哈哈。"崔胜信心满满地说道。

| 3 |

好的，我们现在就去找 10 倍牛股，而且我们是开车去找。崔胜，你会开车，你来当司机。我们有一部商务车，所以每次做游戏 7 个人参加，其他同学后面分批逐次参加。没参加的同学现在可以在教室里复习我们之前的上课内容，也可以收看我精选的 CFA 考试的视频：风险管理、技术与基本面分析、IPS 写作等等，看看西方的投资学、金融学都在学习哪些内容，开拓一下我们的眼界。另外，做完游戏的同学，千万不要剧透，因为这样会剥夺其他新同学的独立思考的机会，我们要保护每个同学的学习权益。

这样，老严、樊总、舒月、王建军、迅迅，你们来参加第一次的游戏，我们下楼准备出发吧。

香格里拉酒店的停车场，一部图克（品牌代称，下同）商务车蓄势待发，崔胜开车。

"江老师，同学们都上车了，车也准备好了，可以出发了吧？去哪里找 10 倍牛股？对了，股票的市场主力又在哪里呢？"崔胜已经迫不及待。

好的，我来告诉大家答案：10 倍牛股就在我们的车上！崔胜你自己就市场主力！

"我就是市场主力？"崔胜丈二和尚摸不着头脑。

"10 倍牛股就在我们车上？不可能吧。江老师，您把我们搞糊涂了。上车前，我一直就很困惑，您告诉我们，做游戏需要一两个小时，什么东西能在这么短的时间之内就能涨十倍呢？做模拟投资游戏，您给我们的肯定不是真股票，再说了，真股票要是涨十倍的话，至少也需要一年半载吧？"福建老严疑惑地问道。

从前我讲投资课的时候，直接就告诉学生符合天道且能稳定盈利的投资方法是什么。但是这样直接讲的效果并不好，特别是那些没有怎么在实盘上做过交易的初学者，他们听完后懵懵懂懂、半信半疑的，更别说能知行合一地做到了。电视剧《天道》里的一句话说得非常好："只要不是我觉察、领悟到的，你给不了我，给了我也拿不住。只有我自己找到、悟到的，我才有可能做到，我能做到的才是我自己的！"

所以，后来我决定一定要让大家自己去找，自己去领悟，看看到底哪种方法才能长期稳定盈利。自己领悟到的东西，未来自己才可能做得到！当然，拿真金白银去实盘上直接做交易，去试错，是最好的方法。不过，初学者能经得住几次这样的倾家荡产呢？江老师我是经历了三次倾家荡产，又研究了二十年才摸索出来稳定盈利的方法。模拟投资游戏是一个寓教于乐的好方法，能帮我们节省二三十年的交易试错时间，能节省出几十万、几百万的交易试错成本。

不过想要找到一个能快速涨十倍的模拟股票的标的物，真的很费脑筋，为了达到培训效果，我冥思苦想了十年，终于在三年前的一个凌晨，突然得到了天启，发现了一个好的投资模拟标的物。

"是温度吗？温度可以随着天气的变化增加或者减少。"舒月问道。

我曾经想到过使用温度，不过它的变化率还是太慢了，前前后后要一年的时间，然而，我们只有一两个小时的游戏时间。

"到底是啥嘛？江老师，啥能在很短的时间之内就能确定涨十倍呢？"老严瞪大眼睛问道。

车速！10 倍牛股就是我们这个车的车速！我来说一下具体的游戏规则。

司机崔胜要将这辆图克汽车的车速最终加速到 100 公里／小时，大家可以视为：崔胜这个股票市场主力，准备拉升一只股票，股票的名称为"图克汽车"，最终拉升的价位为 100 元。大家可以在车速还没有升起来的时候下注，比如 10 公里／小时的时候，可视为股价 10 元买入。车速从 10 公里／小时上升到 100 公里／小时，相当于股价涨了 10 倍！崔胜今天一定要想办法将图克汽车加速到 100 公里／小时，相当于图克汽车这只股票今天百分之百会涨到 100 元，另外司机崔胜准备要加速的时候，可以大声告诉其他同学，相当于股票市场主力和大家是一家的，绝对的主力秘密消息了，甚至崔胜你这个司机自己也可以下注，自己赌自己会赢，这个炒股条件够优惠的吧，实盘中绝对没有这样的丰厚炒股条件。我们选迅迅为裁判员与记账员，其他同学要下注的时候，吼一嗓子，迅迅就记一下账。各位同学，你们下注的对手方就是我。比如你在车速 10 公里的时候下注，最后车速涨到了 100 公里时，我就赔你 10 倍的钱。咱们以游戏小赌怡情，每次下注就 100 元，你赢 10 倍的话，我就赔你 1000 元。当然，如果你不是在车速 10 公里处下注，而是在车速 20 公里处下注，那我就只能赔你 5 倍……以此类推，股票买得越晚，自然赚的也就少。当然，你也可以稳当起见，在车速 90 公里处才开始下注，那就赚得更少了。记住，最后这辆图克汽车一定会从低速的状态加速到 100 公里／小时的（相当于"图克汽车"的股票一定能涨到 100 元）。大家一定要全力以赴去赢我，最好每次都能赢到 1000 元。

"好的，一定要赢 1000 元！而且还要多下几次注，赢个几千元，哈哈。江老师，我是司机，也是图克股票的市场主力，我真的自己可以下注吗？真有这样的好事吗？那我就不客气了，既然是游戏，不赚白不赚！江老师，您是不是有点吃亏呢？您可不要后悔哦！"崔胜兴奋地说道，"我怎么感觉今天天上在掉馅饼呢？"

当然可以下注，不过你还是要谦让一点，让其他同学先玩游戏，你最后一个下注。

"那没有问题，谁让我是一个善良的好司机、好庄家呢，哈哈。"崔胜说道。

"江老师，我还有一个问题，我是裁判与记账员，按照规矩应该不能下注，但是我还是想参与一下江老师您原创发明的这个10倍牛股游戏，亲身参与了，印象才深刻嘛。"迅迅问道。

有一个好办法，你不下注，但是你可以买码。

"好的，谢谢江老师，真是一个好办法。"迅迅言谢。

游戏开始前，还有一件重要的事要确认一下。我的私募公司发行了基金产品，假设你们是我公司的客户，你们购买了我公司的产品，购买时的净值是1.0，未来你们最多可以忍受多大的产品回撤幅度呢？20%可以忍受吗？能忍受净值跌到0.8吗？也就是说你们投入100万元，最多能容忍跌到多少万？超过了这个数，你们就要赎回。

"80万元！如果投资100万元亏了20万元，也就是跌到了80万元，我就要赎回，免得继续再亏，万一亏个倾家荡产就麻烦了，我要及时止损。"学员老严回答。

90万、85万、70万……大家七嘴八舌地说着自己心中的答案。

有没有同学可以忍受40%回撤的？你交给江老师100万元理财，江老师上来就先帮你们亏了40万元，还剩下60万元。

"不可能！没有人可以忍受这么巨大的回撤。刚才我说我能忍受15%，那还是针对我个人的，如果是像我公司这样的行业机构，一般都是93%~95%，即：回撤5%就预警，且不能再开新仓；亏到93%时，公司就强制平仓了。江老师，您刚才说的40%的回撤（本金亏损四成），我估计几乎没有人能扛得住。如果真发生这种事情，哪怕您是老师，到时候也要被大家毫不客气地骂娘的。"风控樊总说道。

樊总说得很对，几乎没有人能忍受40%的回撤！哈哈，樊总，江老师的客户是没有机会骂娘的，因为如果我管理的基金回撤超过20%，客户都跑光了。我们守正的产品有安全系数，年化收益30%左右，回撤不能超过20%。当然，江老师我本人扛最大回撤的能力还是比较高的，40%左右吧，毕竟扛回撤能力是内功心法最重要的组成部分之一，对投资收益有重大的影响，以后大家就知道了。

10倍牛股游戏既然是我们在模拟投资，那么，我们会尽可能地把交易中遇到的各种情况都放到游戏中来进行模拟体验。40%基本上是所有投资者对回撤的最大忍受极限，我们也要将其模拟进10倍牛股游戏中，让你们见证一番惊心动魄。股市里有很多股票都涨过十倍，但都不是一下子就非常顺利地涨到了十倍，上涨期间，跌跌撞撞，起起伏伏，都要走很多弯路，都要经历回撤，没有任何东西是一条直线往上涨的，哪怕是春夏之交，气温上升的过程中也会出现倒春寒现象。前途是光明的，道路是曲折的。自然与社会规律非常吻合。

大家知道为什么多数人炒房子炒得很成功，连清洁工阿姨、保安大叔都能成功；为什么炒股票与期货，却很少有人能成为常胜将军，连金融博士、华尔街精英都很难持续成功。其实最根本的原因就是中国的房子在城镇化过程中是刚需，并且在二十年的上涨过程中很少有回撤，特别是没有很大的回撤，所以早期在风口上炒房的人，只要是个人都能成功。而对于股票期货，回撤简直是家常便饭，几乎天天都要遇到。所以我们的模拟股票投资的游戏，一定要将回撤的因素考虑进去。大家看下图 0904，就能很好地解释这个现象。

图 0904 ：不同人眼中的股票走势

图 0904 中，不只是分析师，所有普通投资者眼中的股票走势会是直线上涨的，但是真正现实中的股票期货行情走势，却永远都不会是一帆风顺的！狂风、暴雨、暴晒、烈火、煎熬，那都是家常便饭，对了，最后还有虎视眈眈的"北极熊"庄家正等着收割我们呢。

当图克汽车从低速的状态开始加速上升后，车速不可能一下子就能直线涨到 100公里／每小时，中间也有涨涨跌跌。当车速从一个相对高点开始下降，幅度超过 40% 的时候（比如车速从 10 公里上升到 70 公里然后下降到 42 公里／小时，相当于"图克汽车"

的股价从 10 元起步上涨到 70 元然后又跌到 42 元），下跌幅度超过了常人的最大忍受极限，这时，你一定会因为恐惧而提前抛出股票（因为你怕的是，万一股价还要继续下跌）。既然你的股票都卖掉了，你怎么可能还能等到车速最后到达 100 公里呢？所以在我们的 10 倍牛股模拟投资游戏中，为了真实地还原上述的交易场景，制定了一个约束条件：在图克汽车到达 100 公里前，如果出现车速从相对高点回落 40% 的情况，则视为你们下注者输而江老师赢，你们输掉下注本金；只要在图克汽车上升过程中，车速没有出现过回落 40% 的情况，最终当车速到达 100 公里 / 小时，你们下注者就赢，而江老师则输，你们获得相应倍数的奖金。游戏规则公平吧？你们都清楚了吧？

"都清楚了，我们赶紧开始吧！"同学们异口同声地回答道。

现在游戏开始了，谁先来？老严你先举手，那你先来下注。开车前，你要先戴上眼罩，不能看前面的路。道理我相信大家都懂吧？我们进入游戏之前要把眼睛蒙住，这也是在模拟投资。因为在实盘交易中，你无法提前准确看到一只股票或者一个期货品种在上涨或下跌过程中会遇见什么样的情况。这些意外的事情也需要模拟进到我们的投资游戏中，相当于你在游戏中看不到前面的路况，所以我们要把大家的眼睛蒙起来。不过，老严，蒙住眼睛后，你并不是啥都不知道。我坐在副驾驶位置，会实时读出现在的车速是多少，也就是现在图克汽车的股价是多少，由你自己来做判断，选择你认为合适的时机下注。这类似于实盘操作中，你随时可以接收到来自市场的股票报价，而买入与卖出则由你自己做主。你喊下注，迅迅同学就记下你下注时的车速（相当于记下了图克股票的价格）。另外，你还可以通过耳朵听发动机的响声，这象征着股票交易上的成交量。崔胜司机踩油门，汽车的车速会持续上升，发动机的声音也会越来越响，表明成交量在不断地放大。你可以根据成交量的放大与缩小来进行辅助判断，决定你的买点与卖点。车速模拟的是价格，发动机声音模拟的是成交量。车速与发动机声音，这两点在我们的游戏中是已知的，其他则是未知的，大家要根据已知的信息，决定你下注的价格与时间节点。其实，我们的游戏就是在模拟真实的投资交易，大家可以回想一下自己在做股票或期货交易的时候，除了价格和成交量这两个比较直观的信息以外，你还能知道其他什么信息呢？其他信息你基本用不上吧，你实盘上也是根据这两个信息决定你的买入与卖出的。

"江老师，那股票的财务信息算不算呢？"崔胜问道。

你知道财务信息的作用主要是干啥的吗？就是选股用的啊。我们炒股票的时候不就是希望利用基本面信息、财务信息，还有其他信息，筛选出能涨 10 倍的牛股吗？而我现在已经送给大家一只 10 倍的牛股——"图克汽车"！我们现在做游戏的图克汽车，就代表了我们的基本面分析与财务分析都没问题，已做好了充分的准备，它只要一启动，理论上都能上涨十倍。如果你最终的收益不能赚到 10 倍，并不是图克车不能涨到 100 元（100 公里），而是可能由于路况等其他原因导致的，也就是说，图克汽车的性能，开到 100 公里（100 元）以上是绝对没有问题的，这是一只好股票。如果我们的基本面、财务面水平不行，那我们选择的可能就是一辆拖拉机，那肯定是开不到 100 公里的，最多开到 50 公里就很不错了，或者你选了一辆电动自行车，那能开到 30 公里就不错了。映射到实盘中，就相当于我们选出来一只百分之百会涨 10 倍的牛股，如果没有意外状况，一路顺畅的话，它的车速很快就能飙升到 100 公里。你把各种分析都做到位了，每次都能选到 10 倍的牛股，现在就要看看你最后到底能不能赚到钱。

"必须且一定能赚到钱！"老严信心十足地回答道。

好的，10 倍牛股游戏准备开始，老严已经戴好了眼罩，崔胜司机，我们出发啦！

| 4 |

"崔胜开始加速了，5 公里，10 公里，15 公里，20 公里，25 公里……"江老师口中报着实时的车速。

"下注！"老严大吼一声。

"老严，25 元买入图克汽车股票。"迅迅记账。

"30 公里，35 公里，40 公里。"江老师继续报着车速。

"升、升、升！100 元，必胜！"老严开心地吼道。

"45 公里，50 公里，40 公里，30 公里，20 公里，10 公里，0 公里，停车了。"江老师说道。

"车怎么停下来了，崔司机？"老严问道。

"能不停吗？前面有红绿灯啊，交通法规，闯红灯罚款 500 元，还要扣分呢！"崔胜无奈地说道。

"公布一下老严下注的结果：图克汽车从相对高点 50 公里下跌到 0 公里，下跌超过 40%，最终下跌了 100%。老严，你输了 100 元，迅迅记账。下一个同学来吧。"江老师说道。

"啊，红绿灯停车也要算呀？"老严问道。

老严，各位同学，你们觉得应不应该算呢。先问大家一个问题：大家有没有参加过证券从业资格考试、期货从业资格考试或者基金从业资格考试？

"我都参加了，而且三科都考过了。在中国，只要你从事股票行业、期货行业或者基金行业的工作，都必须有从业资格，必须通过从业资格考试。"迅迅自豪地说道。

"迅迅，你好优秀啊！股票、基金、期货你全部都考过了，我只考过了基金从业考试。迅迅，你好像是中文系毕业的，为什么金融方面也这么厉害呢？你这么年轻，平时也没有感觉你在做投资啊，为什么江老师这么有深度的课程内容，你一听就懂呢？听说你还在帮江老师整理课件，准备出书，以帮助更多的投资者，真是善事一件啊，辛苦辛苦！佩服佩服！"王建军夸奖道。

"建军师兄，你过奖了。认知错误、常识错误才是最大的错误，最难发现最难纠正，江老师帮我们纠正了这些错误，节省了大量的金钱与时间成本。老师讲课的内容超群绝伦，之前闻所未闻，而今我们有幸得闻，那是前世修来的福分，我们的投资为此可以少走多少弯路啊！我帮助江老师整理课件，将语音转成文字，相当于又多学习了一遍，感恩还来不及呢，哪里谈得上辛苦。"迅迅谦虚地说道。

江老师"说"的水平要远远高于"写"的水平，"写"的确是我的短板，一句话写出来的难度要远远高于说出来，所以还真的要谢谢我的弟子迅迅。另外，出书的影响覆盖面要远远大于上课，迅迅这是在帮我尽早实现当年的愿望与承诺："将真正的投资秘籍传播出去，以挽救那些还深陷其中的可怜散户，以此纪念那些曾经并肩作战但不幸提前倒下的人！"真的要谢谢迅迅同学！好的，我们继续游戏。

"证券类、期货类与基金类的考试，考的基本上都是两门课，一门课是各自的专业课，另一门课是什么课呢？迅迅同学，请你说一下。"江老师问道。

"另一门考试的科目都是关于相关行业的法律法规。"迅迅回答道。

"回答正确。不管是在中国，还是美国，在金融证券行业，普遍都对法律、法规异常重视，因为这些行业最容易出现违法犯罪行为。各国都制定了完善的、严格的法律来规范大家的投资行为。没有红绿灯，没有交通法规，道路秩序不就乱套了吗？同样道理，投资没有法律法规，没有公平、公开、公正的良好环境，人人都可以操纵证券市场，人人都可以内幕交易，那么，普通投资者更要被割韭菜了，证券市场也很快就会凋零。我们模拟投资游戏中的红绿灯，代表的就是证券市场的法律法规。崔胜坐庄图克汽车股票，想拉伸 10 倍的价格，在拉升上涨的过程中，必须合理合法，不要违规，否则就要被查，被监管，甚至还有坐牢的风险。"江老师评论道。

"老严，江老师说得对，没有交通法规怎么行，乱套了，红绿灯必须算，否则，我这个图克汽车的市场主力，钱没赚到还要坐牢的哦！"崔胜说道。"再说，不遵守交通规则，出了交通事故，图克汽车就要翻车了，人都不保，还谈什么保值增值！"

"好，这把我认输，我先考虑一下如何下注才能赢江老师，其他同学先上。"老严说道。

"我戴好眼罩了，我来。"风控总监樊总跃跃欲试。

"崔胜启动汽车，5公里，10公里……"江老师报着车速。

"10元，我下注！"樊总说道。

"好的，我记下了，祝你好运！"迅迅记录着。

"15公里，20公里，30公里，35公里，40公里。"江老师继续报着车速。

"不行啦，不行啦，有点塞车了，必须减速啦。"崔胜说道。

"30公里，25公里，20公里，图克汽车缓慢通过塞车路段继续前行，继续上升，30公里，40公里，50公里，60公里，80公里，90公里，100公里。"江老师说道。

"哈哈，我获胜了，100公里，10倍利润就是1000元哦！"樊总开心地说道。

"哈哈哈，老樊，你已经输了，你还不知道吗？刚刚，图克汽车股票从相对高点的40公里向下回撤，下降到20公里，回撤幅度已经过了40%，超过了你的回撤忍受极限，相当于你已经卖出图克汽车的股票，提前领盒饭了。不管崔胜这个庄家后面再如何拉升速度，不管图克汽车的股票后面再怎么涨，涨到100元，与你也没有关系啦！"江老师评论道。

"是哦，是有这个游戏规则，那我认输！不过，我现在比赢钱还开心，因为我刚才一下子茅塞顿开，游戏让我解开了一个困扰我多年的投资问题，江老师，您这个模拟游戏设计得太巧妙了，您真是得到了天启！"樊总输钱却开心地说道。

"那赶紧说给我们听一下，是啥问题？"大家都问道。

"我是学科班出来的，大学学的是金融专业。十几年了，西方投资学上有一处地方我一直都搞不太明白，就是投资者做投资时的业绩，不但和技术分析、基本面分析、财务分析等有关系，而且还和投资者自身的风险偏好有重要关系。风险偏好是投资的一个重要影响因素！各位同学，你们能理解吗？"樊总问道。

其他同学你看看我，我看看你，都摇了摇头。

"樊总，不要说理解，我们以前都没有听说过有风险偏好这个词。我们以前都认为，投资效果只和投资方法有关系，谁的分析能力强，谁的方法好，谁有交易秘籍，谁就能最后赚到大钱，这和我自身的情况有啥关系嘛。难道我们的认知又出问题了？樊总，啥叫风险偏好啊？"老严回答道。

"我读书的时候也是知其然不知其所以然，我刚才是彻底明白了，而且通过10倍牛股游戏我还亲自领悟了风险偏好的重要作用，我分享给大家听一下。影响投资的因素，之前江老师上课的时候已经讲了很多，但是不管数量再多，我认为都是外因；影响投资效果的，还有一类重要的因素就是内因，风险偏好就是内因。投资里的风险有很多，它们作用到股票或者期货上，表现为价格的上涨与下跌，最大回撤就是风险的一个重要的表现。一个人的风险偏好，我的理解就是这个投资者对风险、回撤的极限忍受程度。我刚才通过游戏领悟的重要一点就是，个人的风险偏好，即对最大回撤的极限忍受程度将严重影响到最后的投资收益（我们之前却以为投资收益只与外部的因素，如技术分析、基本面分析、财务分析有关）。以刚才我参加的 10 倍牛股游戏为例，市场主力崔胜操作图克汽车股票，将股价从 10 元拉升到了 40 元。任何股票或期货的上涨都不可能是一帆风顺，总是有干扰，有波动，就像是车速、气温一样，不可能一条直线地往上升。我刚才就遇到了塞车的干扰，当图克股票的价格从 40 元下跌到 20 元（即超过 40% 的回撤），因为我的风险偏好没有 40%，所以我恐惧了，我害怕了，我抛出了股票。后来过了塞车点，主力崔胜重新拉升股票，不管再拉升到多少钱，已经和我一毛钱的关系都没有了。大家说说看，风险偏好（即对最大回撤的极限忍受程度），是不是对最后的投资收益有重大的影响呢？同样是下注 100 元，如果我的风险偏好不高，小于 40%，那我最后的收益为 -100 元；如果我的风险偏好大一点，假如有 50%，那么塞车的时候，我就扛过去了，最后的收益就是 10 倍利润——1000 元！市场主力崔胜拉升股票的手法一样，我的股票分析方法也是一样的，不一样的只有风险偏好，最后的结果却相差十万八千里，大家说风险偏好难道不是投资的一个重要影响因素吗？我甚至觉得内因比属于外因的各种股票分析方法还要重要。比如刚才那种情况，我的下注的分析方法与另外一个人假如是王建军吧，他的下注分析方法，能有多大区别呢？最多就是我在 10 公里下注，王建军是在 20 或 30 公里处下注，只是早点与晚点下注的差别，只是赚多与赚少的差别，都不大；但是我的风险偏好是回撤不能超 35%，假如王建军的最大回撤极限是 45%，虽然相差只有 10%，但是最后的业绩，可不是只是相差 10% 啊。这有本质上的差别，我是亏钱的，-100 元，而王建军是赚钱的，+1000 元啊！"樊总认真地总结道。

"樊总，经你这一提醒，我也是茅塞顿开啊！就凭着我们以前对交易的幼稚认知，如果没有这个 10 倍牛股游戏的加持，我打死也想不到投资的效果竟然与自己的个性特征有这么大的关系！江老师，上课以来，我一直奇怪你开口一个内功心法，闭口一个内功心法，而这个词，我以前既没有在投资类的书籍上看到过，也没有听周围的其他老师或投资者谈起过。我嘴上没说，但是心里却认为江老师这么重视内功心法，完全是多此一举甚至是在故弄玄虚，内功心法看不见摸不着的。不好意思，江老师，我错了！我向您正式道歉。就像刚才樊总说的那样，通过 10 倍牛股游戏，内功心法活灵活现地摆在了我们的面前，而且它对投资绩效的提升可以起到事半功倍的巨大效果，就像刚刚樊总的举例——王建军的扛回撤能力比樊总只多了 10%，最后的投资收益可不是 10% 的差距，而是差距悬殊，一个亏 100 元，一个赚 1000 元，这还只是举例。如果换作是投资技术上的差距，王建军的技术比樊总强 10%，最后的收益差距绝对不会有这么大，最多差个 20% 就不错了。看来这个人偏好，影响可不是一星半点，而是天壤之别！"老严也恍然大悟道。

樊总、老严的总结都很到位，大家知道未来的努力方向了吧？普通投资者想提高自己的交易绩效，首先想到的都是要去提升自己的交易技术，其实这是一种错觉。"交易技术的提升——推出——交易绩效的明显提升"这个逻辑一般都是在投资者最初级的阶段。一个交易小白，之前什么都不懂，跟着消息或者跟着感觉选股与下单，绩效一直不好也不稳定，后来他学了一门交易技术，不管是基本面、财务面还是技术面或者其他，假设他学了一个最简单的单均线技术或者 MACD 指标，那么，有技术去交易和没有技术乱去交易相对比，这个交易小白的投资绩效将有大幅的提升。之前一年交易下来稳定亏钱，现在能稳定赚钱了，还能赚个百分之十几的年化。他非常开心。这样的经历，自然会让他产生这样的错觉认知：只要再学习一门交易技术或者几个牛的技术指标，自己的交易业绩将有同样比例的大幅提升，之前学一个，提升 10%，那学两个不就是 20% 吗？学 10 个技术，不是一年可以稳赚 100% 的收益率吗？如果再持续下去，最终一定能搞出一个百分之几百的年化收益率。

"我们上课前的确都是这样想的，江老师！原来这些都是不正确的认知！"樊总代表自己与其他同学回答道。

是的，是错觉！"边际效益递减"，这个词大家以前听过吗？

为了大家更好地理解，我举一个例子来解释。我十几年前，除了做交易以外，还在做一些实业的项目。我曾经代理过一款汽车节油器的项目，这款产品据说节油的效果非常好，我调研了很多使用过的私家车司机，他们回答的确如此，省油效果非常明显，至少省油 30% 以上。我感觉一个发财的机会到了。我当机立断地花钱签下了本地的独家代理，然后开始拓展市场。由于我认识几个出租车公司的老总，所以我对这个节油器项目非常有信心。一开始，我在十几辆出租车上试用。但是试用效果却出人意料，出租车司机使用节油器后，几乎没有任何效果！我百思不得其解，困惑了很长时间后，我才发现了其中的奥秘。原来这款节油器节油的原理是通过指示灯来纠正司机的不好的驾驶习惯，比如猛加速、猛打方向、猛踩刹车，这些不良的习惯是造成汽车油耗过大的重要原因。私家车司机的驾驶水平普遍不高，所以开车都比较费油，安装了该款节油器后，省油效果立竿见影；而出租车司机都是职业选手，言传身教，早练就了好的省油驾驶习惯，所以这款节油器在出租车司机上几乎没有任何效果，省油不到 2%。因此这个项目最后没有做起来。

与节油器的道理相类似，投资小白、菜鸟、韭菜等等都是业余选手，之前没有任何交易技术在身，所以经常亏钱；当他们的交易技术有了一点点提升的时候，则交易业绩会有明显的改善；但是，当他们已经掌握了一些交易技术，已经是初中级的交易选手后，再想靠提高交易技术来大幅提高交易绩效，往往都是事倍功半、得不偿失的。边际效益递减，你花费巨大的成本（时间、金钱等）学习或研究出来的交易技术，对最后的交易结果的影响会越来越小，到最后，哪怕你只是想提升 5% 的绩效，都是"蜀道难难于上青天"。而这时，一个简单有效，能大幅提高绩效的方法就是训练自己的内功心法，提高自己的扛回撤能力。刚才大家通过 10 倍牛股游戏已经初步领悟了它的威力。请大家一定记住一个数据：世界上最好最优秀的投资技术或交易策略与世界上最普通最一般的投资技术或交易策略之间相对比，在长期平均年化收益率上的差距不会到 10%。普通投资者不用去迷信那些诸如：算法、建模、高频、机器学习、人工智能等高大上又听不懂的学术用语。量化交易有用但不是普通投资者想象的那样有用。

"看样子我们以前都错了，修炼自己的交易内功，提升自己的扛回撤、抗挫折能力，才是学习投资的重中之重。我们以前花了太多的精力在提升自己的交易技术上面，其实是事倍功半、南辕北辙的，特别是我，花了十几万的学费，只学了一个幸存者偏差回来，还将老本都给亏干了。10 倍牛股游戏最大回撤忍受能力是 40%，樊总都被震出来了，而普通投资者最大回撤的极限忍受能力普遍只有 10% 左右，更容易亏钱，投资道路上随便遇到一点情况，回撤就会超过 10%，一定会把你给震仓震出去的，后面的暴利与你已经没啥关系了，只有当观众去后悔的份了。江老师，什么时候我可以学习掷骰子内功心法游戏啊？我要赶紧提升自己投资的抗跌打能力！"舒月迫不及待地问道。

舒月，不要急，我们一步一步走。知行合一，我们先解决知的问题，至于行的问题，后面我一定会帮大家解决的。

"好的，那我先认真学习您的投资理论。江老师，那我还有一个问题，像我们这样的投资者，在实盘交易中，多大的扛回撤能力是比较好的呢？"舒月又问道。

我们的 10 倍牛股模拟游戏，回撤幅度的设计肯定要大一些，而在实盘交易中，则要相对小一些。普通个人投资者实盘的最大回撤能力我建议为 30% 左右。只要你的股票或者期货的交易系统稳定（或者你购买的基金产品的业绩稳定），以这个扛回撤的幅度，你基本上能安全度过数量 80% 以上的不利行情，熬到行情重拾升势的那一天。如果没有经过投资心学内功心法的专业训练，普通投资者扛回撤能力一般都只有 15% 左右，这个幅度就过于小了，你只能挺过数量 20% 左右的不利行情，那么你大概率会错过不利行情之后的有利行情，甚至你会错过台风大行情。

举一个具体例子大家就更清楚了。大家请看图 0905，这个图是 2021 年初的时候，中国最红的一个基金经理——昆哥管理的一个产品 2019—2020 年的资金曲线，大家有兴趣可以到网上查到更为详细的资料。

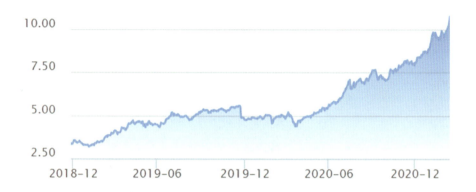

图 0905：昆哥基金 2019—2020 年的资金曲线

乍一看资金曲线图，大家就会觉得这个基金经理太牛了，我们计算一下数据，就更牛了！

2019 年 01 月的净值为 3.23，到了 2021 年 02 月春节左右，两年的时间，净值就巨升到了 10.46。平均年化收益率达到了惊人的 110% 左右。如果再是单独看 2020 年 3 月—2021 年 2 月，年化收益率更是高达 170%。因此，这个基金经理的名声大震，管理的资金规模迅速达到了 1000 个亿。

我们假设王建军同学在 2019 年 01 月购买了这个基金产品 10 万元，到了 2021 年 02 月，王建军账户权益就达到 33 万元，挣了不少钱，那么请问大家，这次王建军同学购买基金，投资成功的主要原因是什么？

"应该是王建军同学挑选基金的能力强，能选出这么牛的基金经理！另外，应该也有部分运气成分，毕竟中国有太多的基金产品。"崔胜评论道。

"这些是表面的原因，常人都能看得到，但不是主要原因哦。"江老师说道。

"江老师在前面的课上告诉我们，菩萨畏因，众生畏果。案例中王建军同学在两年的时间之内购买的基金权益翻了两倍多，这个是结果，前面一定有原因。江老师，您这里有昆哥基金 2019 年 01 月之前，也就是 2018 年全年的资金曲线图吗？王建军一定是看了之前的资金曲线图而购买该基金的。"樊总说道。

江老师又在电脑上展示了之前 2018 年的资金曲线，看图 0906。

"啊！2018 年这么差啊！总体是下撤。"崔胜惊奇地说。

图 0906：昆哥基金 2018 年的资金曲线

乍一看资金曲线图，大家就会觉得这个基金经理太差了，我们计算一下数据，就更差了！

在图 0906 中，2018 年 01 月，该基金的净值为 3.85，2018 年 06 月中旬，该基金的最高净值为 4.4，到了 2018 年的年底，该基金的净值跌到 3.3，年化收益率为 -14.3%，年最大回撤高达 -25%。大家现在还觉得昆哥基金经理牛吗？崔胜，你还认为王建军同学挑选基金的能力强吗？

"江老师，我知道了！2018 年时间段，2019—2020 时间段，在这两个时间段中，基金是同一个基金，基金经理也是同一个基金经理昆哥，数据对比却是天壤之别。我们现在不知道，王建军挑选基金的能力到底强不强，但是我们至少知道，王建军的内功心法很强大！他至少扛住了这个基金 -25% 的最大回撤！就算一个人的投资技术与交易工具很强大，扛不住回撤也是白搭！普通投资者最大回撤的极限忍受能力一般只有 15% 左右，昆哥的基金在 2018 年回撤了 -25%，这时我估计多数人都因为害怕而赎回了，而王建军同学却在别人赎回的时候进行认购，反其道而行之，在 2019 年 01 月也就是昆哥基金最困难的时候王建军却进场了，别人在退，他却在进，佩服！佩服！我认为这才是王建军同学投资成功的主要原因。内因的作用要远远大过外因！"樊总评论道。

樊总评论得很好。这里我们不评判一个基金产品的优劣，但是，正如前面所说，大家一定要知道，不管股票、期货还是基金产品，它们的上涨都不可能是一帆风顺，总是起起伏伏的波动，就像是车速、气温一样，不可能一条直线地上升，哪怕是投资界的明星与大佬，他们的资金曲线也是有回撤的，而且幅度都不小，所以我建议个人投资者实盘的扛最大回撤能力一定要训练到 30% 左右，因为这是常态，大家请看图 0907，这些都是之前的投资明星最近的收益率表现和资金曲线。

图 0907：三个基金经理管理的产品收益表现

"哇，这些名字可都是去年和前年响当当的、高攀不起的大人物啊。我还以为投资只有我在回撤，原来他们也都有回撤啊，而且差不多都有百分之二十几至三十的最大回撤。怪不得江老师建议我们一定要有百分之三十左右的扛回撤能力，否则就算上了这些明星的船也会半道被震下船的。"舒月评说道。

不管是樊总 10 倍牛股游戏领悟的，还是昆哥基金的两段资金曲线，抑或上述投资大明星最近的较大回撤，都告诉了我们同样一个道理：投资者对最大回撤的极限忍受程度对最后的交易结果有着决定性的影响作用。不经历风雨怎么见彩虹？所以作为投资者而言，修炼心性，提高自己的内功心法才是重中之重，我们不要将太多的精力放在交易技术上面了，否则，就算我告诉了你答案，你也一定做不好作业。

"就算我告诉了你答案，你也一定做不好作业。江老师，此话怎讲？"樊总问道。

刚才我告诉了大家做投资的答案：王建军同学 2019 年初在昆哥基金回撤 -25% 的地方进场购买了该基金，这是"因"，那么"果"呢？"果"就是王建军同学的账户在随后的两年里投资获得了非常大的回报。

大家现在知道了答案，好了，我现在问大家：你知道了答案，但是你能做到吗？

"肯定能做到啊，抄作业这么简单，谁不会呢？"崔胜说道。

| 5 |

真的吗？大家请看图0908，这就是昆哥基金截止到2021年11月的资金曲线。

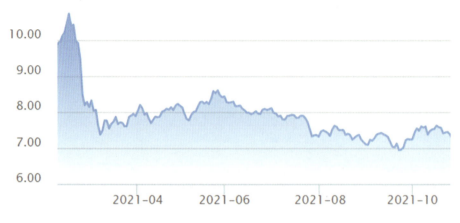

图0908：昆哥基金2021年的资金曲线

乍一看这条资金曲线图，崔胜同学，请抄作业吧！准备好钱，明天进场哦！

崔胜扫了一眼资金曲线，没敢接话。

不敢了吧！我们来计算一下数据，估计你们更不敢进场了。2021年02月春节前后，昆哥基金达到了最高的净值10.46，然后资金曲线开始掉头向下，截止到2021年11月，已经回撤了很长一段时间，最近的净值为7.38，最大回撤-29.45%，回撤幅度已经达到甚至超过了2018年王建军认购时的回撤幅度。我们的各位同学，现在有人需要认购昆哥操盘的基金吗？

所有的同学，你盯着我，我盯着你，都没有人敢接话。

我知道同学们现在在想什么：2021年昆哥基金的最大回撤比2018年还要大，不会是出啥事情了吧？ 2021年的资金曲线图比2018年还难看，是不是他们的交易系统失效了呢？昆哥是不是应该修改一下参数或者投资风格，因为过去不代表未来，2018年回撤了还能涨回来，2021年回撤了万一就涨不回来可咋办？这可是要倾家荡产的啊……

其实大家有类似的顾虑是很正常的，现在你们的态度已经好过昆哥基金的很多实际投资人。你们最多就是不认购而已，2021年年末昆哥基金得很多投资人已经开始愤怒了，而且说话很难听。正是这些人，一年多前，人前人后地夸赞"昆哥"！

樊总，现在你明白我刚才那句话的含义了吧？

"明白了！明白了！修炼心性，提高自己的内功心法才是投资的重中之重，才是王道。否则，就算告诉了你答案，你也一定抄不好作业！知行合一，我们还有很长的路要走！"樊总说道。

樊总又问道："江老师，我想另外请问您一个问题，刚才分析昆哥的两段资金曲线，即 2018 年时间段与 2019—2020 时间段，是不是有选择性偏差的嫌疑？另外，如何验证昆哥这样的基金经理是不是幸存者偏差呢？我感觉 2019—2020 时间段，昆哥是靠运气赚的钱哦。如果不排除这两种偏差的嫌疑，我们就选不到真正有水平的基金经理。江老师，我刚才不敢在回撤的时候认购昆哥基金的原因，除了我的内功心法还不够强大以外，我对昆哥 2019—2020 时间段的业绩有所怀疑，因为数据有点太过于好了。中国 A 股 2021 年的总市值不到 100 万亿，我计算了一下，以昆哥 110% 的年化加上 1000 亿的规模，经过约 9.5 年时间，昆哥基金可以将中国所有股民的钱都赚到自己的腰包中，这个结论显然是荒谬的，所以昆哥有可能是幸存者偏差。毕竟靠运气赚的钱，后面迟早要亏回去的。"

你能问出这样的问题，证明樊总的水平已经有了很大的进步，已经将我们前面的学习内容做了认真思考并学以致用。评判一个基金或者基金经理是不是幸存者偏差、选择性偏差，是一个很复杂的问题，我们这里不再详述，大家可以去复习我们前面讲过的内容。不过，由于昆哥基金上市很久，数据比较多，为了筛除偏差，这里我们有一个简单的方法，就是取大一些的时间周期进行检验。统计分析，时间越长，数据越多，就越可靠。请见图 0909：

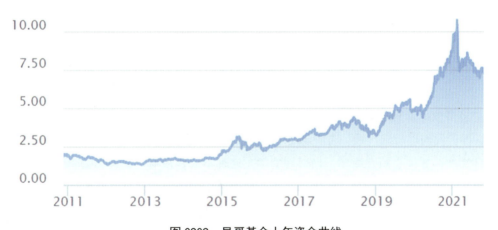

图 0909：昆哥基金十年资金曲线

苏东坡有一首非常有名的诗《题西林壁》："横看成岭侧成峰，远近高低各不同。不识庐山真面目，只缘身在此山中"。其中上半句讲的是看问题的角度，下半句讲的是看问题的高度。如果是我们做投资，那还不够全面，我们投资心学再补充一点：时间纵度！投资要做得好，除了看问题要注意转化角度与提升高度外，你还要延长时间纵度来看问题，你将看得无比清晰。俗话说得好，日久见人心嘛。上图是昆哥基金近十年的资金曲线图，樊总及各位同学请看一下，是不是比你单独看 2018 年时间段、2019—2020 年时间段要清晰得多？

"将时间纵度一拉长，的确就清晰了很多。总体看，昆哥基金近十年表现还不错，资金曲线稳定向上。不过我将该基金的数据进行计算，发现它的业绩并不算太优秀，从 2011 年 01 月到 2021 年底，其十年的长期平均年化收益率为 14.65%，只能算基金中的中等偏上水平。这样看来，2019—2020 时间段的 110% 的年化收益率真的有幸存者偏差的因素。"樊总边看计算器边说。

"14.65% 的年化收益率，真的比较一般，看样子 2021 年初急急忙忙抢购该基金的人，现在肯定后悔了。江老师，如果真要买基金，那我还不如买您的基金产品，您的可是 9 年平均年化 29.8%，要高出一倍呢。"舒月说道。

不能这样简单地比较。昆哥基金是股票型基金，我们是管理期货 CTA 基金，类型不一样。另外昆哥基金管理规模巨大，现在有 1000 亿的规模，自然它的年化收益率不可能太高。总体来说，昆哥基金 14.65% 的年化收益还是很不错的。不过，如果你是盯着 110% 年化去的，那肯定得掉坑里去。

"江老师，您这个时间纵度补充得太好了。我们国企最近几年也投了几家基金公司，不过效果一般，都是前期业绩优秀，后面慢慢就表现平平。看样子也是忽视了时间纵度问题，犯了选择性偏差的错误。我之前一直很奇怪：巴菲特的年化收益率只有 25% 左右，中国几千个基金经理中 10 年以上资管年限、年回报在 20% 以上的却只有 4 个人，而来找我们合作路演的基金，特别是年轻的基金经理，个个业绩超群，PPT 数据翔实，旁征博引，引人入胜。搞得我们都不好意思选年化 100% 以下的产品。现在看来，来路演的人可能多多少少都有些瑕疵，是不是幸存者偏差不好说，但精美的 PPT 肯定是选择性偏差。看样子我们以后选投顾、选基金经理还得将时间拉长，要选那些穿越过牛熊市的人。耐得住寂寞，才能守得住繁华，做时间的朋友还真不只是在嘴上说说那么简单。"王建军若有所思地说道，"另外，江老师，我还想请教一个问题：通过您刚才的讲解以及我这些年的投资经验，不管是刚才讲课案例里的昆哥基金还是其他的基金产品，我们如果真的要购买，最好选择其回撤期，千万不要在暴涨期间购买，回撤期购买的基金，在别人回本的时候，你已经赚了 20% 以上的利润。不过由于多数投资者的内功心法不行，回撤期的时候不抛出就不错了，哪里还敢再购买。我参加过江老师的掷骰子游戏，我交易内功没有问题，我就敢回撤期购买；不过，具体在回撤期的哪个时间节点上购买，我一直很困惑。是在回撤 10% 的时候买？还是回撤 20% 或 30% 的时候购买呢？买了，如果继续回撤怎么办呢？不买，回撤结束了，涨上去踏空了怎么办呢？这可是两难啊！谁也预测不了每次资金曲线回撤的最底部。"

王建军，恭喜你现在已经是中级交易员了！你的这个问题是非常值钱的一个问题。不过我现在也不能回答你，我们还是要先讲一些基础的知识后，在本课程的最后，我们会详细讲解基金如何进行量化交易，以及我们普通投资者如何科学地购买基金产品。不过你放心，投资心学量化交易系统，肯定能解决这个两难的棘手问题。

"看样子我还是初级交易员，王建军你和江老师的对话，我都听不太懂的。不过刚才学了一个时间纵度的概念，我也很开心了，时间纵度真牛，一下子就能过滤掉幸存者偏差与选择性偏差。"崔胜评论道。

崔胜，没有那么简单，还是我们之前一直强调的那个逻辑：有行情，成交量会放大；但是成交量放大，不一定有行情。有行情，箱体肯定会突破；但是箱体突破，不一定有行情。同样的道理，有真本事，不是幸存者偏差或者选择性偏差，那么他的业绩经得住长时间纵度的考验；但是在长时间纵度上赚钱的策略、投顾、基金经理等等，不一定就不是幸存者偏差或者选择性偏差。我们还需要进一步用其他的方法去判别。

"这个我懂，前面您已经讲过，不过，至少我们减少了幸存者偏差或者选择性偏差的概率，至少我们不会输在起跑线上了。江老师，我还有一个问题很困惑：您前面讲解幸存者偏差的时候，绝大多数的冠军、盘手、大师等等人的长期的资金曲线很难获得，所以我们判断幸存者偏差的难度很大；但是，这次昆哥基金不一样，在基金网站上，明明就有十年以上的资金曲线可以随时查阅，而且还能像我们刚刚那样，轻轻松松地计算出昆哥长期的真实的年化收益率为 14.65%，但是为什么大量的年轻的普通初级投资者，却会被他 2019—2020 两年短期的 110% 的年化收益率所迷惑呢？大家宁愿相信短期的110% 的明星神话会继续，也不愿相信十年的长期统计数据 14.65% 的年化收益，为什么啊？"崔胜困惑地说道。

"这个问题我能回答。"迅迅抢答道。"这就是人性啊！典型的利令智昏，前面我们对比选车技术与选股技术的时候，就提到它了。昆哥基金快速发大财的 110% 的暴利，让我们的双眼被迷，脑袋发昏，失去了正常的理性，谁还会去验证长期的资金曲线吗？这就像一个男孩子痴迷于一个年轻貌美的女孩儿一样，眼里全是优点，哪还有心思去验证缺点呢？崔胜师兄，你性格外向，做事豪爽，特别要小心哦！"

"迅迅师妹，你说得太对了，我在暴利与美女面前，基本上没有任何抵抗能力，哈哈！俗话也说过，死在花丛下，做鬼也风流，美女、暴利之下，死都不怕，谁还会怕爆仓呢？"崔胜自嘲道。

"另外人性还有一个弱点，投资心学中级视频里，江老师有讲过，那就是：近因效应，人在记忆一系列事物时，对末尾部分的记忆效果明显优于中间与前面部分。普通人不是以重要性来记忆事物的，而是以时间的先后顺序来记忆事物的。近因效应，最为典型的，就是好了伤疤忘了痛。当昆哥基金最近两年获得巨额收益时，以前的不好的业绩，大家早就忘记了，平均业绩 14.65% 年化收益更是没人会去计算，哪怕就是简单地点点鼠标就能完成的任务。"迅迅说道。

迅迅同学说得非常好，的确，近因效应厉害的人，看问题过于片面，不能从整体与高度上看问题，只能看到树木，看不到森林，所以真的不太适合做投资（他们可能更适合做演讲老师）。近因效应厉害的人，市面上流行什么就说什么，2019—2020 年，张口闭口都是价值、巴菲特、护城河、时间的朋友等，2021 年底 2022 年为什么不说了呢？为什么不再做时间的朋友了呢？

成功的投资，不是选到了最好的机会，而是熬过了最艰难的时刻！

"江老师，真是受益匪浅！另外，迅迅师妹，你学习太认真了，投资心学中级视频的细节你都记得很清楚，真心佩服。怪不得你能帮老师写书。暴利、美女、近因效应、扛最大回撤、选择性偏差、幸存者偏差、贪婪、恐惧等，投资领域全是逆人性的！这么多人性的弱点在影响着投资者，怎么可能还会进行理性分析呢？投资不输才怪呢！"崔胜感慨道。

迅迅马上又补充说道："所以我认为，现代金融学理论里面的理性人假设，其实多数时候是不成立的，特别是在投资者在做交易时，交易权力没有制约，根本就不可能自律，不可能理性思考。我觉得，现代金融学应该搞一个是非理性人假设才对。崔师兄，再次提醒你，你要特别小心哦！"

第十章：投资轻松翻倍的魔法石

→ 魔法石起作用的时候，可以点石成金；不起作用的时候，它就是一块普通的石头。收益风险比就是这样的魔法石——对懂行的投资者来说，它有神奇的作用，可以让你轻轻松松绩效翻倍，而且比提高交易技术要简单与轻松得多。

| 1 |

"崔胜，这次投资理念课结束后，你赶紧参加江老师的掷骰子模拟投资游戏，训练自己的内功心法吧，这样才能理性与自律。江老师，我们继续做10倍牛股游戏吧。"舒月提醒说，"该我了，我已经迫不及待了。不过，戴上眼罩前，我请教一个问题，刚才樊总做模拟游戏的时候，遇到的塞车代表了投资里面的什么情况呢？股票拉升的过程中，真会遇到塞车吗？"

你们以为股票庄家、市场主力拉升股票的过程是一路顺风的吗？庄家也是有艰难险阻的，需要克服各种各样的困难。除了我们前面说的政策法规与职能部门的监管外，市场主力资金链条断裂、庄家股东分歧与内讧，都是阻碍股票拉升的重要原因。10倍牛股游戏中的塞车，代表的就是这一类现象。

"康达尔股票，在2000—2001年期间，更名为中科创业。这只股票在2000年左右的上升期，股价从不到10元，暴涨到84元。后来由于吕梁和朱大户的内讧，加上资金链的断裂，这只股票连续暴跌，中间还经历过连续9个跌停，最低跌到股价1.60元。"

"江老师，您的投资经历真是丰富啊，股市里的传奇与故事让我们这些投资小白收益多多，今晚回家我就去查查这只股票的资料。我们游戏里的图克汽车股票与康达尔股票还真的差不多，也是从10元起步去上冲100元。可惜康达尔股票最终只冲到了84元，我今天一定要冲到100元。市场主力崔胜同学，开车吧，拉升股票吧，我已经准备好了！"舒月兴奋地说道。

"好嘞，大家坐好啦，出发。5公里，10公里，15公里，20公里，25公里……"崔胜情不自禁地报着车速。

"25元，买！"舒月下注。"好的，25元。"迅迅记录着。

"30公里，35公里，舒月，你碰到监管了，红绿灯。25公里，20公里，10公里，0公里。"崔胜说道。

"不算不算，重新来，运气好差，出发就遇到红绿灯监管。"舒月遗憾地说道。

"重新来可以，不过这局你已经输了100元，我们得按照规则执行。"裁判迅迅强调地说道。

"记完账，完了一起算，我还不信了，会老遇到监管，崔胜继续。"舒月说道。

经过了4次红绿灯监管，并输掉400元后，图克汽车终于上了深圳的滨河大道快速路。

"舒月，估计这次你要赢啦，上了一条快速路，我帮你拉升图克汽车股票。"崔胜笑着说。

"崔胜你这个股票庄家真心不错哦，不断向市场发布利好消息，舒月你这样的散户有福气啊。"江老师评论道。

"哈哈，15公里下注！"舒月说道。

"20公里，30公里，40公里，50公里，60公里，感觉这次能赢哦。"崔胜也替舒月开心。

"100公里，冲呀！"舒月吼道，似乎找到了一点感觉。

"75公里，往下掉了，70公里，60公里，50公里，40公里，舒月，不好意思，滨河路塞车，我坐庄的股票的资金链断裂了，股价拉不上去了。"崔胜遗憾地说道。

又输了100元后，舒月不服地说道："江老师，我觉得游戏规则能不能改一下，我的心理素质强大，我扛回撤能扛90%，属于风险爱好型。规则里的40%回撤就算输，对我不公平。"

"舒月同学说能承受90%的回撤，真的吗？你确定你实盘真能承受这么大的回撤吗？而且我可没说过投资的绩效只和风险偏好有关哦，更没说过风险偏好越大越好哦。这样吧，舒月既然你想试试，那我们就为你特批一下，同意为你临时修改规则，你是90%的回撤才算输，其他人还是40%。我们这一把不算，咱们重新开始，总可以了吧。"

江老师爽快地答应道。

深圳滨河路的路况就是不错，加上回撤放大到了90%，舒月果然顺利地赢下了一局，20元下注的，图克股价冲到100元，舒月赚了5倍，扣除之前亏的400元，舒月净赚100元，舒月开心地问道："江老师，我已经找到了稳定赢你的秘籍，咱们能不能每次多下一点钱，每次都是100元下注怪没意思的。"

"那你想下多少？"江老师问道。"500元吧，如何？"舒月问道。

"可以呀，来吧。"江老师微笑道。"10公里，买！"舒月下注。

"这次要是赢了，舒月可以赚5000元，发财啦！那我开始拉升图克股票了，20公里，30公里，40公里，50公里，60公里，80公里啦！"崔胜报着数。

"90公里，100公里，加油！"舒月红着眼睛大吼道。

"哦，前面又塞车了，70公里，60公里，50公里，40公里，35公里。"崔胜告诉舒月。

"没事，有90%的回撤呢。"舒月很有信心地说道。

"30公里，20公里，10公里，0公里，塞死了，汽车彻底停车，100%的回撤，股价到了0元，这下子彻底回不来了。不好意思，舒月，你输了500元，这次输的有点多哦。"崔胜遗憾地告诉舒月。舒月戴个眼罩愣在那里，半天没有说话。

"舒月，要不要我们总结一下你刚才下注的问题？"江老师关心地问道。

"其他同学继续，我先缓缓劲。为什么我扛90%的回撤最后还是会输呢？另外，我是算准了后才加仓下注的，没想到滨河路还是会塞车，而且快速路竟然会塞死。"舒月又有了一点流泪的迹象。

"舒月，你先缓缓劲，我来，我来！"老严、樊总都抢着要再试几把。

又经过了几轮游戏，迅迅随后公布结果："老严又试了5次，失败4次，1次成功赚了2倍，合计亏200元。樊总试了6次，失败5次，1次成功赚了4倍，合计亏100元。王建军同学你还没有玩游戏，要不要试一试？"

"好的，我也试试，不过我一直在思考有没有一种方法，可以稳定地战胜江老师？"王建军回答道。

"王建军是一个爱思考的同学，非常好，不过也需要行动力哦，很多事情需要边干边想边总结的。"江老师提醒道。

"好的，那我就大胆试几次，边试边摸索。"王建军戴上眼罩。随后迅迅公布结果："王建军做了5次游戏，失败3次，2次成功，1次赚1倍，1次赚3倍，合计赢100元。王建军同学最后赚了100元，不容易啊，分享一下成功的经验呗。"

"我认为江老师的10倍牛股游戏设计得非常巧妙。实盘中，一只股票能不能涨十倍与很多因素有关，一旦成功后，公说公有理，婆说婆有理，很难知道哪种因素才是获胜的主要原因。为了找到主要原因，在这个模拟投资游戏中，江老师首先让庄家站在了我们散户这一边，然后让图克汽车的速度从 10 公里一定能上升到 100 公里，确保能涨 10 倍。这代表着我们这些散户的交易技术包括技术分析、宏观分析、基本面分析、价值投资分析、财务分析等，都是世界顶级水平的。散户梦寐以求的，通过庄家与世界顶级交易技术相结合，我们是不是就一定能赚到钱呢？刚才几位同学的数据告诉我们：即便万事俱备，还是不一定赚钱！这个结论完全超出了我们之前的认知。技术一流，不能推出业绩一流！庄家一流，也不能推出业绩一流！本游戏中，决定最后绩效的主要因素都是对我们散户有利的，而且都是确定的，现在唯一不能确定的就是风险——红绿灯是风险，路况和塞车也是风险。那我们有没有事前就能将风险也确定的方法呢？如果风险也能预测，做好规避，那么我们就能百分之百地战胜江老师！这个就是我一直在思考的要点。当然了，这些是外因，还有属于内因的扛回撤能力也是非常重要的成功因素，不过风险要是能预测，那么也就不需要扛什么回撤了，因为图克汽车出发前，我们能准确预测到这次有风险，那我根本就不下注了，哪里还有回撤呢。所以关键的问题就是：风险到底能不能事先预测并规避！"王建军总结道。

"王建军同学的思路清晰，逻辑合理，我们非常赞同。建军同学，那你觉得风险可以预测吗？另外你能找到预测并确定风险的好方法吗？"风控总监樊总问道。

"暂时还没有，刚才我的胜率比你们高一些的原因是我用上了发动机声音这个变量，它代表着实盘中股票的成交量。图克汽车上升过程中，如果我听到发动机声音比较匀速地上升，我就认为前面没有塞车或者没有红绿灯，然后我再下注。相对于图克汽车的价格也就是游戏中的车速，我们加上成交量（发动机声音）进行辅助判断，相当于我多用了一个维度来考虑问题，所以胜率比你们高了一点。不过我还是不太满意，感觉是侥幸获胜而已，长期来看，还是江老师的赢面大一些。风险的预测真的很难，只有老天爷才能确切地知道下一个路口会不会出现红绿灯或者塞车。"王建军自我评论道。

王建军同学总结得很好，其实在这个 10 倍牛股模拟投资游戏中，影响你绩效的各种变量都是确定的，而且还保证你是最优秀的，唯一不确定的就是风险。没有做游戏的同学们请仔细思考一下，有没有办法去准确地预测风险，从而能够有效地规避风险。

"江老师，我还有一个问题，游戏中，崔胜这个庄家是站在我们散户这一边的，但是在实盘中，这种情况绝对不可能发生，所以我想请问：如果崔胜是我们的对手，不站在我们这一边，结果会怎么样？游戏中能不能演示一下。"王建军好奇地问道。

这个好办，崔胜司机，知道该怎么做吧？你要站在江老师这一边，不要站在王建军那一边。不过最终还是要将图克汽车的股价拉升到 100 元。江老师赚钱了，分给你一部分，哈哈。

"那简单，我有办法。王建军同学，坐好了，我们出发。"崔胜笑着说道。

"崔胜开始加速了，5 公里，10 公里，15 公里，20 公里，25 公里。"江老师读着车速。

"下注！"王建军说道。"25 元买入。"迅迅记账。

"30 公里，40 公里，50 公里，45 公里，40 公里。"江老师读着车速。

"崔胜，你的车速怎么降下来了，为什么不拉升了，是塞车吗？我有眼罩看不到。"王建军问道。

"王建军，我是图克汽车的庄家，你我现在是竞争对手，我没有必要告诉你吧，车速下降，有可能是红绿灯监管，有可能是我们资金链短缺，也有可能是我们主力故意震仓、吸筹、对倒，把你们这些散户洗盘洗出去，如果我们拉升，让你们去轻松赚我们的钱吗？肯定不行啦。"崔胜又笑着说道。

"对！对！对！站在你们庄家的立场，的确应该这样做。"王建军说道。

"35 公里，30 公里，40 公里，50 公里，60 公里，55 公里，50 公里，45 公里。"江老师报着车速。"各位同学坐好了，前面转弯降速，40 公里，30 公里，25 公里，20 公里，低速通过转弯处。"崔胜说道。

裁判兼记账员迅迅说道："王建军，你输了 100 元。刚才崔胜转弯处，车速从相对高点 60 元回落到 20 元，回撤幅度超过了 40%。"

"崔胜，你明明可以不转弯的，偏要转弯，你是故意让我输。不过规则容许，也没有办法，实盘的庄家肯定会这样干的。江老师，我懂了，彻底懂了。如果崔胜这个庄家不站在我们散户这一边，故意为难我们，那就相当于我们散户多了几十倍数量的红绿灯与塞车，还有弯道。红绿灯、塞车这样的风险已经够我们喝一壶的了，现在又再多了市场庄家的各种诱导、推拉的操盘手法，散户可怜啊，实盘基本没有获胜的可能！我这次是彻底领悟了！"王建军感叹道，"老严、樊总、舒月，你们要不要也试一下庄家是我们对手方的情况，未来做实盘交易的时候肯定都要遇到的哦！"

"算了，算了，这个游戏中，庄家是对手时，我们绝对是输的，玩多少次都是在给江老师送钱！"老严、樊总、舒月三人异口同声地回答道，"不过，江老师，真的没有办法可以稳定获胜、稳定赢钱吗？那谁以后还去做实盘投资呢？"

庄家是对手，在股票市场，普通投资者 7 成亏 2 成平 1 成赚，而在期货市场，9.5 成的人亏。这个数据你们以前肯定是知道的，只是我们现在用模拟投资游戏让你们重新领悟一遍而已，以便我们找到真正有效的、稳定盈利的、确定能在实盘中盈利的方法。

在这个游戏中除了风险以外，其他的因素对你们都是最有利的，选出的股票也能涨 10 倍。如果你们在这个游戏中，都想不到办法去稳定战胜江老师，那么未来上实盘战场时，你们又靠什么去赚钱呢？你们赶紧想办法啊。不过我这里可以明确地告诉你们，的确有一个办法可以稳定战胜江老师，而且这个办法就是未来我们做真实交易时稳定盈利的办法！所以大家一定要开动脑筋去思考，而不是让江老师直接告诉你们答案。

"我想到一个办法，不知道对不对，就是我们要在夜深人静的时候，比如凌晨 3 点，才和江老师比试。那个时候，肯定不塞车，而且红绿灯也少，获胜的概率大。"老严说道。

"我也想到一个办法，不知道对不对，就是我们要在快速路或者高速公路上和江老师比试，在城市低速路上我们肯定战胜不了江老师。"舒月也动起了脑筋。

"哈哈，我想到了一个更妙的方法，可以准确地预测风险，可以稳定地战胜江老师。比你们两个人想到的还好，老严、舒月想到的办法只是获胜的概率大一点而已，并不能保证长期稳定地战胜江老师。"崔胜似乎茅塞顿开地叫道。

| 2 |

"赶紧说来听一下吧，馋死我们了。"大家都期待着崔胜说出他的妙计。

"用手机地图啊，比如高德地图、百度地图、腾讯地图都可以的，哪里有塞车，哪里有红绿灯都显示，有了这个下注利器，赢江老师肯定没有问题。"崔胜兴奋地说道。

"10 倍牛股游戏，我们可以看地图，可以选择凌晨时间，可以上高速路，问题是，在股市和期市实盘操作中，哪里去找地图指明正确的投资路径呢？"樊总提出异议。

"先不管实盘，先把江老师口袋里的钱赚到再说，有了手机地图，塞车、红绿灯的地方我不去，我不下注就行啦！这个办法一定能赢江老师。"崔胜兴奋地说道。

裁判员迅迅望了一眼江老师，似乎在咨询老师的意见。

"没有问题，赛前不是承诺过崔胜吗，司机也可以参与游戏。其他同学都做完游戏了，该轮到崔胜了，批准崔胜使用手机地图。"江老师回答道。

"谁来开车，我要做游戏了。老严你用你的手机地图告诉我路况。"崔胜说道。

"不用换司机，还是你崔胜来开车。"江老师说道。

"还是我开车？戴眼罩怎么开车？"崔胜好奇地问道。

"你开车，不用戴眼罩，老严不但可以用手机地图告诉你路况，你还可以用眼睛来看前面的路况以便及早发现红绿灯或者塞车，怎么样？双重保险哦。"江老师说道。

"江老师，这样不好吧！交通监管、资金链断链等等都不考虑了吗？另外，我的交易技术世界第一，选的股票包涨 10 倍，我还是庄家，还可以自己下自己的注，既当运动员又当裁判员，那我百分之百赢定了，我可不想太占您的便宜了。再说实盘交易也没有这样的好事啊。"崔胜不好意思地说道。

"哈哈，我们就是要测试一下在这样的极端利好的情况之下，你到底能不能百分之百稳定地盈利。放心吧，不会差你钱的，大家都遵守游戏规则。庄家崔胜，开车吧，尽管提速。"江老师信心满满说道。"那我就不客气了，开始！"崔胜信心满满。

果然，睁开眼睛比戴眼罩好多了，加上有老严的地图加持，崔胜连赢江老师2局。崔胜司机一路喜笑颜开："江老师，这样的有利条件，我赢定了！而且每次都能赢！老严的地图告诉我前面不塞车，我肉眼远远望去又没有红绿灯，而且安全起见我把速度加到40~50公里稳定了以后我才下注，我也不贪，赚您1倍就行。稳定盈利就是这个方法了，百分之百赢您！怎么样，江老师我答对了吧？不过，江老师，每次都下注100元不刺激，您容不容许我多下一点呢？每次300元如何？"

"可以呀，加一点，刺激一点，同意。"江老师回答道。

"好嘞，又出发了！"崔胜得意地说道。

"崔胜，你都转了10多分钟了，走走停停，到什么时候下注啊？"裁判员迅迅问道。

"快了，这不是300元下注的吗，仓位重，还是要稳当一点，看准了再下。"崔胜答道。

"没事，不急，让崔胜将眼睛擦亮一点再下注也不迟。20公里，30公里，35公里，40公里。"江老师读着车速。

"下注！"崔胜大吼一声。"崔胜40元买入。"迅迅记账。

"45公里，30公里，20公里，0，崔胜，干什么突然刹车啊？"江老师故意问道。

"崔胜，你输了300元，车速从45公里直接掉到了0公里，回撤超100%，啥情况？"迅迅说道。

"你们以为我想刹车啊，煮熟的鸭子都飞了！刚才你们看到没？路旁边突然蹿出一个骑电动车的，上面有个阿姨啊，吓死个人！还好我反应快，如果撞上了，可不是赔300元就能走路的啦，估计30000元都不够。"崔胜手握方向盘，心有余悸地问，"江老师，这种意外情况算吗？"

我们做10倍牛股游戏，还是要安全第一。崔胜，那你认为我们开车的时候要不要考虑刚才这种意外情况呢？

"我认为开车必须考虑到一些意外情况，路旁边突然蹿出一个电动车，蹿出一个行人，这种情况不少见啊，也是风险之一。"王建军评论道。

"开车的时候，我们肯定应该要考虑，否则就撞上去了。不过我们这不是在做模拟投资游戏嘛，我只是觉得我的运气差，如果刚才是在快速路或者高速路上，就没有这样的电动车乱蹿的情况，肯定能稳定获胜！"崔胜遗憾地说道。

真的吗？那我们就直接去高速路。现在是笋岗路，前面红岭路左转，然后过三个红绿灯，就可以上清平高速路。

"江老师，您对崔胜也太好了，崔胜可以睁开眼睛下注，他还是股票庄家可自行下注，我这里有手机地图帮他导航，您还亲自给崔胜指明高速路，您这是故意输钱的节奏啊，江老师不公平哦。"福建老严开玩笑地说道。

那我们就看看崔胜在占有了世界上最优质的资源以后，能不能稳操胜券，这样所有好的条件齐全也是要模拟的。

"必须赢！我这次下注500元。"崔胜抱着必胜的信心说道。

过了3个红绿灯后，车上了高速路，车速逐渐拉了起来。

"40公里，下注！"崔胜说道，迅迅记录。

"50公里，60公里，70公里，55公里，40公里，20公里，崔胜，你又输了，为什么突然减速了？这可是高速啊！"江老师问道。

"你们没有看到吗？前面有一个货车本来就跑得慢，刚才右边还蹿过来一个加塞的猛打方向的宝马轿车。靠，会不会开车的，不减速就要追尾的。"崔胜很是生气。

"崔胜，又输了500元。"迅迅记账。

"这把运气不好，不过已经上高速了，不用担心，再来。"崔胜信心满满地说道。

"30公里！这次下注200元。"崔胜喊道。迅迅又记录。

车速越来越快，崔胜情不自禁地哼起了歌，眼看就要冲到100公里，车速又慢了下来。"哦豁，前面这些车在干什么？怎么又慢下来了呢？这可是高速公路！完了，完了，到高速公路收费站了，我竟然忘记了上高速先要过收费站的，刚才是正式进高速之前的辅道，我笨死了。江老师，这一局我脑袋短路了，可以不算吗？"

"崔胜，江老师这么帮你，给你这么好的下注条件，你还好意思不算吗？"连裁判迅迅都看不下去了。

"毕竟脑袋短路在实盘投资上很少遇到嘛。"崔胜辩解道。

数量不多但后果很严重！在投资市场，脑袋短路的情况的确不多，然而，一个投资者，一旦脑袋短路，后果都是致命的。大家都学过数学：100-1=99；然而在股票市场，特别是在期货市场：100-1=0。因为只要你的脑袋短路一次，你就有可能将前面20年，或者几百次投资赚到的钱一次就亏完！脑袋短路也是一种混沌事件，必须算。

我们前天上课的时候，提到过橡胶大王傅小俊跳楼自杀的故事，我们没有细讲，但相信不少同学已经上网查询过这个悲剧事件的来龙去脉。傅小俊，平生只做一个期货品种——橡胶，他深耕橡胶行业二十年，橡胶基本面分析水平独步天下。你们说傅总能在橡胶期货与现货行业跌爬滚打 20 年，他能不知道止损的重要性？他能不知道重仓交易的危害性？绝对不可能！否则，他不可能在一个有十倍杠杆的行业里呼风唤雨这么多年。我们猜测，傅总肯定是在 2017 年 9 月中旬的那一天，心情不好，脑袋短路，忘记了止损与不重仓交易的重要性，从而产生了始料未及的不可控的连锁反应，结果以最惨烈的悲剧方式告别了期货市场。崔胜，你还觉得脑袋短路不危险吗？这就像你平常走路可以摔倒无数回，一旦到悬崖你摔倒一次试试。

"危险！危险！脑袋短路，一招不慎满盘皆输！这局我的确失败了，我认输。江老师，现在终于上高速公路了，前面一马平川，应该不会再出现什么风险了，我们开始吧。我先下注 100 元。"崔胜说道。

崔胜，下注前，你没有啥说的吗？

"还能有啥说的，赶紧开始吧，这一局我肯定能赢。"崔胜着急地说道。

真的没啥说的吗？好吧，我们开始吧。

高速路的确路况不错，没有红绿灯，没有遇到塞车，也没有碰到横冲直撞的低速车，崔胜顺利地完成了这一局，赢下了 100 元。

"江老师，我已经掌握了高速公路下注的方法了，咱们再来5局，每局800元如何？"崔胜信心满满地说道。

各位同学，崔胜下注 800 元，还一下子来个 5 局，你们谁愿意当他的对手方？

"我们傻啊！明摆着输钱，谁去啊！"所有的人都摇了摇头。

崔胜，现在我们已经在高速公路上，确实没啥风险了，而且，崔胜，你可是庄家自己下注，可以不戴眼罩睁着眼睛下注，可以用手机地图指路，所有的便宜你都占完了，你 100% 赢的节奏。现在这个局面你能看得到，同学们也能看得到，当然江老师也能看得到。投资领域，谁都能看得到的且没有任何风险的机会，你觉得还是机会吗？你包赢，别人包输，谁愿意当你的对手方呢？谁也不傻啊！

江老师宣布："10 倍牛股模拟投资游戏全部结束，回程。"

迅迅同学公布最后的结果："最后结算，老严亏 200 元；风控樊总亏 100 元；舒月亏 400 元；王建军，不赚不亏；庄家崔胜亏损最多 800 元；对了，我也下注 3 次，赢 2 次输 1 次，赚 100 元。"

"还是发牌的荷官[1] 赚钱，来美女，收钱，愿赌服输！"崔胜笑着刷微信。

"我是在帮师傅做善事，帮大家学秘籍，顺便赚点小钱，我可不是荷官哦，荷官

---

[1] 荷官，又称庄荷，是赌场内负责发牌、杀（收回客人输掉筹码）、赔（赔彩）的一种职业。

是要收小费的哦。崔胜，你愿意给小费吗？"迅迅也笑道。

"那我错了，小师妹，道歉道歉。"崔胜笑着回应。

今天晚上大餐的钱够了，哈哈。

| 3 |

经过多轮模拟游戏，教室里所有的同学都做完了10倍牛股游戏，大家总结一下吧，谁先来？崔胜，你先来吧。所有同学中，就你的下注条件最好，不用戴眼罩，庄家自己下注，还有手机地图指路，结果呢？输得最多的就是你，你不想说点啥吗？

"我也郁闷中，我想不通哪里出了问题。江老师，在投资的实盘操作中，这种现象普遍吗？条件越好，输的反而越多，会是这样吗？"崔胜问道。

很普遍！大家知道打得州扑克时，什么时候输得最多吗？肯定不是你拿着2与7时，因为这种牌，你肯定不打，或者打得很小。打得州扑克，输得最多的时候就是你拿到最大牌AA的时候。

大家知道做股票时，什么时候输得最多吗？肯定不是在熊市中，因为这个时候，你肯定不买股票啦，或者买得很少。做股票，输得最多的时候就是碰到像2015年这样的超级大牛市的时候。

"输钱的原因到底是什么呢？是我的运气不好，路上遇到了意外，行人和电动车乱蹿，还有就是不知道为什么我的脑袋突然短路，下错了单。"崔胜总结道。

这时，福建老严实在是看不下去了："崔胜，咱们在做10倍牛股游戏之前，你可是亲口说过，在这种天时地利人和的情况之下，如果还赚不到钱，你就是一头大笨驴！结果你最后还是输了，而且你的下注条件比其他同学都要好。你的确需要认真反省了，而不是怨天尤人，将失败简单地归结于运气等因素。"

"崔胜，老严说得很有道理。遇到事情，碰到问题，躬身自省，才能成长，否则就会越来越笨，可真要变成大笨驴的。我记得江老师之前课上说过，我们常人普遍具有人性的弱点：赚钱的时候向内找原因，以证明自己很牛；亏钱的时候向外找原因，以证明自己很无辜，结果永远都找不到真正的失败原因。崔胜，你现在亏钱了，向外找原因，将失败全部归于意外与运气，甩锅的做法肯定是错误的。"王建军诚恳地批评道。

"我接受批评，估计是人性的弱点在我这里显得特别明显的缘故吧。我再想想自身的原因，深刻反思一下，你们先总结吧。"崔胜说道。

"崔胜是个性情中人，所以很容易被我们投资心学经常提到的人性中的'本我'所控制，让他先静一静，我先来总结一下。我觉得10倍牛股模拟投资游戏最牛的地方，就是让我们能真真切切地领悟风险时刻存在着，使我们重新认识了什么叫风险。"风控总监樊总评论道。

"别看我的职业就是风控总监，其实我之前对风险也是一知半解的。后来我在期货市场亏了几百万后，让我亲身感悟了什么是风险以及风险的巨大破坏作用。然而，即便是经历过一次倾家荡产，像崔胜一样，我还是将失败的原因归结于交易技术不够精通以及运气还不够好，我并没有将风险视为常态，视为必然，我仍然和普通投资者一样，妄想通过提高交易技术来预测风险，从而规避风险，幼稚地认为只要我们能将成功的概率提高到百分之百，不就没有风险了吗？ 10 倍牛股模拟投资游戏让我们彻底死了心！游戏中，我们所有的人途中都遇到了风险，所有的人基本上都有过亏钱的，而且我们最后也没有找到一个百分之百能赢江老师的方法。模拟游戏最终让我们领悟了自己以前的认知是无比幼稚的。天下没有百分之百的成功预测技术，根本不存在百分之百成功的方法和技术，有的却是百分之百的风险！"

"为了避免我们将失败的原因归咎于交易技术（包括基本面分析、技术分析、财务分析、价值分析等等），江老师将我们的交易水平提升到了世界顶级水平，保证我们选出的股票每次百分之百能涨 10 倍；为了避免我们将失败的原因归咎于市场主力，江老师将图克汽车的股票庄家崔胜划归为我们散户的这一方，甚至干脆庄家自己也可以参与进来，自己下注赌自己赢，既当运动员也当裁判员。这些优厚的交易条件是绝无仅有的，在真实的投资领域也是肯定不会出现的。然而即便如此，我们获胜了吗？没有！而且庄家输得最惨。甚至我们发现交易绩效与交易条件成负相关关系，交易条件越好，投资收益可能会越差！崔胜就是典型的例子。这真的是颠覆了我们的投资三观。我刚才思考了很久，百思不得其解，不知道为什么会出现这样的情况，恳请江老师指点迷津。"风控总监樊总疑惑地总结道。

樊总与刚才的王建军总结得都很好，我来讲一讲。大家可能觉得江老师原创的这个 10 倍牛股游戏，现实中不会出现，其实错了，我正是根据投资实战中的真实案例，进行深刻反思后而设计的此款游戏。前面说过的案例，康达尔的庄家做庄的时候，就有一个账户开在我熟悉的证券公司，而且我和那个操盘手关系也很熟，他也让我提前买一点康达尔的股，当时的价格只有几块钱。后来呢？后来康达尔股票涨到了八十多元，在整个康达尔股票拉升的过程中，我进进出出，赚赚赔赔，瞎折腾了很多次，最后只赚到了不足五元钱，十分之一的涨幅都没有赚到，和今天大家游戏的结果差不多。

我希望各位同学下课后，可以自己开车或者几个同学合作开车，多做几次这个 10 倍牛股游戏，目的有三个。第一，一只确定能涨 10 倍的股票，你亲自开车，自己坐庄自己下注，这么优厚的条件，你最后都不能稳定盈利，那你未来上实盘的时候，还能赚钱吗？绝对不可能！请你在实盘交易之前，先把这个游戏做到稳定盈利之后再说。第二，请你找到一个百分之百能战胜江老师的下注方法。10倍牛股游戏里面一定有一个轻轻松松包赢江老师的方法，这个方法就是未来我们投资心学量化交易系统的底层逻辑与赚钱的理论依据。记住，是轻松赚钱，不是艰难赚钱。看看你们今天游戏的结果吧，多数人是亏钱的，就算赚钱，也是赢得很辛苦。还记得我们这个课程的第一课吗？投资的难与易，怎么说的——在投资交易领域，只要我们掌握了真正的交易之经，领悟了兴衰起伏的投资天道，顺天应人，那么投资就是一件非常容易的事情！否则比登天还难。记住，每个同学都要开车去找啊，必须找到一个轻轻松松稳定盈利的方法。第三，正确认识风险！在我们这个10倍牛股模拟投资游戏中，影响我们绩效的各种变量都是确定的，而且还保证我们是最优秀的。现在不确定的只有两个，一个外因，一个内因。外因就是意外的风险，内因是我们对风险的认知、忍受程度与处理方法。大家在10倍牛股游戏中的成绩并不好，这可是在其他变量都占绝对优势情况下的成绩，这说明了什么？这充分说明，我们之前的投资认知"技术因素是投资业绩的最主要影响因素"是不正确的！投资绩效最重要的影响因素是风险以及我们对于风险的认知、忍受程度与处理方法，其他因素对交易结果的影响作用并不大。至少我们要先处理好风险与风险认知问题，再去处理技术问题！这个结论已经超出了普通投资者的常识，但的确就是真理！如果你的认知都是错误的，那你后面的努力都是白费，而且可能是越努力死得越快、输得越多。

通过大量重复进行10倍牛股游戏，同学们才能去亲自领悟，风险到底能不能提前准确地预测并规避，这个结论对未来的投资交易非常重要。如果游戏后，你最后的认知是风险可以提前准确地进行预测，那么你自然可以重仓甚至可以卖房去做投资，你也可以不设置止损，可以不需要训练内功心法（因为没有风险就没有回撤）；如果游戏后，你最后的认知是风险永远都无法提前准确预测，那么你的交易风格就完全不一样了：必须轻仓、及时止损、强大的内功心法（因为一定有回撤）等，你就必须树立风险意识，建立风险第一、收益第二的投资理念，就像樊总刚才总结的那样——天下没有百分之百的成功技术，有的却是百分之百的风险！

"我说点我的看法。我个人这么多年的投资经验，以及刚才的10倍牛股游戏，都清楚地告诉我：风险是不可能提前准确预测的！像交规之类的红绿灯风险或者塞车风险，我们可能还有一些办法，但是，诸如旁边蹿出一个人、一个电动自行车、一个加塞的汽车，这些意外的情况，任何人、任何方法都不可能提前预测的，手机地图也不行啊。还有，当股票庄家和我们散户是对手时，庄家的行为你怎么去预测啊？你想预测他，庄家还在认真研究并预测我们散户的行为呢！刚才游戏的时候，大家都看到了，如果司机崔胜和我们作对的话，我们几乎没有一点赢的可能。所以我认为靠交易技术去提前预测并规避风险的想法是非常幼稚的想法，我们做投资，应该抱着收益与风险共存的理念，才是长久之计。其实江老师让我们自己大量重复做这个 10 倍牛股游戏的目的，应该就是让我们早一点死了想提前预测风险的这条心！"樊总评论道。

"我赞成樊总的观点，而且樊总还漏掉了一个投资者自己脑袋突然短路的风险呢！刚才图克汽车股票拉升过程中经历了这么多的风险，你都能预测吗？不可能。只要其中一个出现问题，你的投资都有可能爆仓出局。我刚才也一直在反思，我觉得未来我们必须找到一个和风险共存的方法，即如何在有风险的情况之下去投资赚钱，而不是像以前那样盲目地去准确预测风险，然后过滤掉全部风险，然后在没有风险的情况之下，下重注、去赚大钱。通过 10 倍牛股游戏发现，过去的这个想法肯定走不通，甚至是太幼稚可笑的！对风险的正确认知，决定了最后的交易结果，刚才做游戏时的结果也充分地印证了这点：老严：-200 元；风控樊总：-100 元；舒月：-400 元；王建军：0 元；崔胜：-800 元；迅迅：+100 元。崔胜，你和我的风险认知体系最差，胆子却最大，结果输得最多，你的技术还是最好的，箱体突破哦，还有你的下注条件也是最好的，庄家自己赌自己赢，结果真是没想到啊。"舒月反思总结。

"你们就会调侃我，我这不是在反思吗？做完这个游戏，我发现，真正的能长期稳定赚钱的交易系统，一定是一个在收益、风险、仓位之间动态平衡的系统。舒月，我发现我们输钱的原因就是认为这把看准了，下重注，结果碰到了意外的风险。但是，收益、风险、仓位之间如何动态平衡呢？我先仔细想想。回家的路上，我自己再玩几把 10 倍牛股游戏看看。"崔胜说道。

"崔师兄，你说是碰到了意外的风险，我觉得不妥。这根本不是意外，而是确定，即一定会遇到风险。刚才樊总和舒月同学总结图克汽车从 0 元涨到 100 元的过程中遇到的各种各样的风险，这些风险我们每次总能遇到一两个，运气好的话碰到的少一些，如果运气差的话，碰到的多一些。所以舒月刚才说得对，我们要学会与风险共存，在风险之下去赚钱。"迅迅同学说出了自己的看法。

"另外，我还觉得，我们做投资的时候，不是要不要考虑风险的问题，而是要将风险放在第一位考虑的问题，没有风险就没有投资机会！我们就是靠冒风险在赚钱的！崔胜做游戏的时候，过了收费站，开始上高速的时候，江老师还提醒过崔胜加仓，但是崔胜还没反应过来，或者崔胜觉得刚上高速，仍然还存在风险，先看一把再说。殊不知，高速第一把下注过后，崔胜赢了，也看准了，后面是没风险了，但是也没有交易的机会了，游戏结束了！任何人都能看出来没有风险，谁还当你的交易对手呢？风险是什么？风险不就是自己输而别人赢吗？对自己是风险对别人可是机会啊。我们做交易，不就是对投资标的物未来价格的涨跌有分歧才进行博弈的吗？如果大家对价格的涨跌不存在分歧，都看涨，那就是涨停板，你买不到；都看跌，就是跌停板，你出不去！没有风险，就是自己百分之百赢、别人百分之百输，你到哪里去找这样的傻瓜当自己的交易对手呢？江老师前面有句话，我非常赞同：出奇不能出奇，守正才能出奇。我个人认为，收益与风险的关系也应该如此：收益不能收益，风险才能收益！"迅迅又总结道。

"迅迅，你太厉害了，好一个'收益不能收益，风险才能收益'！游戏时，江老师提醒我珍惜最后一把高速下注的机会，可以冒点风险，可惜我没有听出江老师的弦外之音，我就是一头笨驴，经过几轮输后，当时满脑子就是在考虑将风险规避到零。迅迅，你水平真高，我当时想啥，你都知道。我当时的确是想再看一把，确定无风险后再重仓去下注的。这不是上高速之前的几次下注亏钱了吗，有点怕了。人哪，很奇怪，开始时，不懂风险，胆子大如虎；下注几把输了后，又害怕风险，胆子小如鼠！"崔胜还在后悔。

"做投资，无畏风险和太畏惧风险，应该都是不正确的。"迅迅说道。

"那正确的做法应该是什么呢？"崔胜问道。

"管理风险！"迅迅总结道。

"管理风险！有道理哦，迅迅师妹。我很奇怪，我没有看到你做过股票或者期货投资啊，你咋这么懂行呢？"崔胜赞叹道。

迅迅是我的得意弟子，她刚才说得非常好！我们做投资，大家先不要老盯着收益看，而是要先盯着风险，先管理好自己的风险，然后自然就会获得收益，只盯着收益，最后反而没有收益。迅迅最后总结的是好经验：收益不能收益，风险才能收益！

我最后强调一遍：大家一定要自己开车下注去体验 10 倍牛股模拟投资游戏！每个人至少要做 10 遍！然后统计一下数据，看看自己最后到底能不能赚到钱。

大家这个游戏必须人人要过关！ 10 倍牛股，你都不能稳定地赚钱，未来你还敢去搞实盘，你想白去送钱吗？大家一定要找到一个轻松、稳定战胜江老师的下注办法。这个方法，我们会在投资理念课最后一天的时候公布答案，大家在这之前一定要上交你们的作业哦。

另外，大家在做这个游戏的时候，还可以顺便思考一个技术问题，这个问题在技术上的正确处理方法非常重要，在我们未来的实盘交易中经常会用得上。假如我们 20 元建仓图克汽车股票，买了以后这只股票涨到了 50 元，未来还有可能翻倍涨到 100 元，当然也有可能下跌到 25 元。现在这个票已经开始下跌，比如跌到 40 元上下，请问你现在卖出还是持有？大家自己做 10 倍牛股游戏的时候，一定记着思考这个问题。我们后面会讲解这个两难问题。

"这个问题太常见了，属于特别重要的技术问题。我这次来听课，本来就想请教江老师的。以前遇到这个问题，要么就是看技术指标，要么就是去看基本面、消息面，要么就去请教投资专家与投资大咖，但是都是有对有错。卖吧，股票后来又涨回去屡创新高；不卖吧，阴跌不止，屡创新低，深度套牢。江老师，那正确的方法又是什么呢？"崔胜问道。

| 4 |

刚才我们讨论了，投资要做得好，必须先谈风险后谈收益，其实这也好理解，我们的前人先贤留下了很多俗语谚语，比如：先有付出，后有回报；舍得舍得，先舍后得；不经历风雨，哪里有彩虹等等。但是，大家发现没有，普通投资者的做法恰恰相反，不是先谈风险，而是张口闭口谈的全部都是收益，从来都忌讳谈风险。为什么呢？

"习俗和习惯，中国人最忌讳谈老、病、死、输、失败等等不好的词语。"崔胜抢答道。

很好，还有呢？

大家又说了很多原因，很好，不过江老师认为，我们普通投资者忌讳先谈风险的最大原因，是他们错误地将风险等同于损失，等同于输钱。这是一个严重的认知错误！风险如果就是输钱的话，谁愿意老去谈呢？江老师我也不愿意啊。

风险不是损失，而是不确定性！

风险既可以转换成损失，也可以转化成收益！

风险既可以转换成输，更可以转化成赢！

谈风险有好处！了解风险，规避风险，才能赚钱，有时风险还能赚大钱！

这里我再出几道题目考考大家，看看大家的风险意识如何？另外，大家看看风险是否能让你赚大钱。

题目一：

李老师今年做投资赚了 100 万元，江老师做投资赚了 20 万元，请问哪个老师的投资水平高？

"李老师高。"崔胜破口而出。

"我觉得不一定。绝对的收益值看不出谁的水平高，因为我们不知道两位老师的投资本金是多少？"舒月回答道。

舒月回答正确，看样子你已经不是投资韭菜了，这个题目能答对的人，可以开始进入投资的初级水平。假如李老师投资本金 200 万元，赚了 100 万元，收益率是 50%；江老师投资本金 10 万元，赚了 20 万元，收益率 200%。所以，我们不能直接比绝对收益额，而应该比收益率，谁收益率高，谁的投资水平高。

"不过那还是李老师赚得多啊，揣到自己荷包里的钱毕竟还是要多出 80 万嘛，现金为王啊。"崔胜不服气地说道。

"崔胜，你咋眼里只有现金呢？看远一点嘛。假如你同样有 200 万元资产，你肯定是找江老师啊，江老师收益率 200%，200 万元本金，能帮你赚到 400 万元；而找李老师，50% 收益率，你只能到 100 万元，这账非常好算啊。"王建军纠正道。

"你分析得对，还真是这个道理，我目光太短浅了。要比就比收益率，不能直接比较收益额，我明白了。"崔胜说道。

题目二：

今年崔胜的投资，找了两个投资顾问，投资顾问老胡本金 100 万元，赚了 80 万元，收益率 80%；投资顾问老陈 100 万元，赚了 60 万元，收益率 60%，请问哪个投资顾问的投资水平高？

"老胡水平高。这次我的回答没有问题了吧？比收益率，不比收益额，而且他们的本金也是一样的 100 万元。"崔胜抢答道。

江老师未置可否。

其他所有同学又认真想了一想，还是一致认为投资顾问老胡水平高。

看样子基本上所有的人都没有建立起风险的正确认知。大家以后做投资，只要看到类似收益率、利润率、年化收益率等等词语，一定要马上想到背后的风险，否则你们永远达不到投资的高级水平。看一个投资者水平的高低，首先就是看他对风险的认知。谈风险你才能赚大钱，不谈风险你赚不到大钱的！

题目二没有答正确，就是你们忘记了收益背后的风险。如果我换一种方式来问你们，你们肯定能给出正确的答案。老胡带我们去赚钱，本金 100 万，可以赚 80 万，收益率 80%，工作内容是去搞违法犯罪；老陈带我们去赚钱，本金 100 万，可以赚 60 万，收益率 60%，工作内容是去搞装修工程。同学们，你们选哪一个？

"那肯定是跟着老陈啊，违法犯罪的风险多大啊，犯罪了就要坐牢的。"崔胜答道。

为什么你们现在知道风险了，而刚才却忘记了？怕坐牢才想起了风险吗？我们时刻都不能忘记风险啊！一个公司，老板每年赚 15 万，和他的员工每年赚 15 万，怎么会是一样的呢？老板是担着很大的风险在赚钱啊，而员工只要正常履职就可以拿工资，尽管是同样的收益金额，风险差距不在一条线上。

所以刚才我们的题目二要想回答正确，必须有前提，必须加上风险因素。这其中一个最重要的指标就是收益风险比。

投资，凡是不谈收益风险比这个指标的，都是在打水漂！

题目三：

今年崔胜的投资，找了两个投资顾问，并考察了他们的风险比。投资顾问老胡本金 100 万元，赚了 80 万元，收益率 80%，风险率（最大回撤）为 50%；投资顾问老陈本金 100 万元，赚了 60 万元，收益率 60%，风险率（最大回撤）为 15%，请问哪个投资顾问的投资水平高？

"老陈水平高！老陈的收益率 60%，风险率 15%，收益风险比 4.0；老胡的收益虽然有 80%，但是风险高达 50%，收益风险比只有 1.6。"风控总监樊总计算后回答道。

回答正确。

收益风险比是我们做量化交易时最重要的评判指标之一，它既考虑了收益，也考虑了风险，它是收益与风险的比值，老陈的收益风险比 4.0，意思是：投资顾问老陈冒着 1 份的风险可以赚 4 份的钱；老胡的收益风险比 1.6，代表老胡冒着 1 份的风险只能赚 1.6 份的钱，投资顾问老胡交易水平差了一些，尽管老胡的收益 80%，比老陈的 60% 还要多。

"江老师，我以前一直是做主观交易的，这些年，量化开始兴起，我和在座的很多同学一样，学习量化就是赶时髦，好奇量化为什么能赚钱。我和舒月等同学一样，一直都以为量化能赚钱的原因是计算机或者人工智能可以自动地发明出很多赚钱的交易秘籍，听了您的课，这个观点在逐渐改变。前面章节您讲过，量化交易的一个重要作用就是可以很方便地过滤掉选择性偏差与幸存者偏差，这点我是挺认可的。这次您又讲，我们做量化交易，必须考虑收益风险比这个重要的指标，给我的感觉是，做投资做交易，一切要以量化的数据说话！不能像我以前做主观那样，感觉好就行，因为人的感觉、常识、认知等问题，很多时候都是错误的，人性的弱点会严重制约交易的最后结果。所以，量化交易能赚钱的另一个重要原因就是客观、公正，一切都以数据说话，比较靠谱。"崔胜评论说。

我们的崔胜同学，也开始进步了，不错哦！

"不过，江老师，我还是不太明白。为什么评判两个人交易水平的高低，我们要比较收益风险比呢？为什么我们不能直接比收益呢？另外，您刚才还说，谈风险你才能赚大钱，不谈风险你赚不到大钱！这又是什么意思呢？"崔胜继续追问道。

"老陈收益风险比高，这不假，但是能有什么用呢？都是做投资，相同的本金，老胡比老陈最后多赚了 20 万元啊，这可是真金白银啊，可以买很多东西呢，在中国很多地方都可以交个商品房的首付款。我们现在谈风险，将风险加到收益风险比这个指标中去，发现投资顾问老陈的收益风险比的确比老胡的要高。但是收益风险比这个东西，看不见摸不着，不能吃不能喝，能干啥呢？没用啊！还是多赚 20 万现金拿在手上靠谱些。"崔胜还是没有搞明白。

迅迅听了崔胜的话，忍不住说："崔师兄的话，很有普遍性，代表着绝大多数投资者的想法。我们如果只告诉投资者一定要注意风险，否则要亏钱，要亏大钱，其实都是没有用的；我们只能告诉投资者一定要注意风险，因为注意了风险，我们可以安全地赚钱，甚至可以赚更多的大钱，这才有用。"

迅迅同学评论得很好，就算我们告诉了投资者有倾家荡产的风险也是没有用的，因为这就是人性，因为投资者之所以能参与股票或者期货投资，他们的初心就是冲着赚钱来的，不是冲着规避风险来的，冲着规避风险就没有人来做投资，都坐办公室等着拿工资就好了。

普通投资者除非在后面的投资过程中真的经历过几次暴涨暴跌，才能逐步建立起风险的意识，才能领悟到：我们做投资，永远都是在风险的制约之下去赚钱，是在风险与收益之间取得一个动态平衡点（有点像儒家的中庸之道）。然而，又有几个人能像江老师这样，三十多年，大起大落数次，还能屡败屡战，还能去总结反思。多数人只要经历过一次，最多两次倾家荡产，就会彻底离开投资市场的。

"江老师，这就是您以前提到过的人性中的鸵鸟效应吧？您说过，鸵鸟效应比贪婪和恐惧还可怕，人只要失败个几次就会产生鸵鸟效应，厌恶交易，从此彻底远离投资市场。"迅迅说道。

是的，鸵鸟效应最可惜的地方是，当你厌恶交易，离开投资市场后，股票期货的行情甚至是台风大行情真的就来了！这也是投资领域里的一种玄学现象，和我前面讲过的"投资不要凑整数"一样。做投资较长时间，特别是做过量化的人都知道一个段子（仅当段子，切勿当真）：策略什么时候不准？你一用就不准；那策略什么时候准？你一停下来不用，它就准了。

"真的是这样！你一不搞，策略就准了，就来行情了，真是烦死个人，感觉股票或者期货的行情就是盯着你的这点钱似的。不过也没有办法，鸵鸟效应就是这样的，真的是很玄妙。我就是一个被鸵鸟效应害了的人。2016 年上半年，我运气好，碰到了黑色系的千载难逢的大行情，赚了不少钱，然后骄傲自满，坚信自己绝对是靠本事赚的钱。现在我知道了，其实我当年就是一个运气好的幸存者。人没有自知之明，肯定要加仓干，我也一样，2016 年下半年我逐渐加仓，而且越加越多，结果碰到了惊心动魄的双十一惨案。夜盘时，很多商品期货三 10 分钟左右的时间，价格从暴涨的涨停板齐刷刷跳水干到了跌停板，20% 的巨大波动（10 倍杠杆啊），我被直接被打回了原形。2016 年一整年的利润，30 分钟就吐完了。在随后的 2017—2018 年，我又错将转化术当成了发觉术，坚信自己的策略还是很牛的，结果在非台风的品种上瞎折腾了很长的一段时间，又亏掉了一二百万。现在回头看，2017—2018 年除了极个别的品种（沪镍、沪银、PTA）以外，其他的品种基本上都没有什么行情，如果你的策略不是发觉术，不能提前发现这几个品种的话，那么，这两年必亏无疑。到了 2019 年的年初，我突然产生了鸵鸟效应，根本不愿意再去看期货行情，看着行情报价就想吐，甚至手碰到键盘都会发抖，更别说下单了。自己就像鸵鸟一样，将头埋在沙子里面，眼不见心不烦，最后我只有不当交易员了，应聘去了一家基金公司上班当风控专员。就在我变成鸵鸟后不久，奇妙得很，从 2019 年的年初开始一直到 2021 年年底，特别是在出现疫情后的 2020 年，商品期货都有了比较大的行情，可惜这都与我没有任何关系了。"风控总监樊总感慨道，"总之，我将江老师前面讲到过的投资错误，全部犯了一遍，然后变成了一只不敢交易的鸵鸟。"

"鸵鸟效应的确比巴菲特提到的贪婪与恐惧还可怕。贪婪与恐惧会让你投资失败，但是，鸵鸟效应却是让你厌恶交易，从此远离了投资，未来再大的行情，再好的投资机会也与你一毛钱的关系都没有，你只能看着别人赚钱。最为玄妙的是，当你厌恶交易，离开投资市场后，股票期货的行情甚至是台风大行情却马上又回来了！"迅迅遗憾地说道，"对了，江老师，您什么时候专门找个时间讲一下投资玄学呗，我们很多同学都很有兴趣听哦。"

大家请放心，以后一定有机会讲的。不过孔子云：不知生焉知死。我们还是先讲科学的投资方法，科学讲完，再讲玄学。不过这里再透露几个投资里的玄学现象：一是，投资赚钱不能庆祝，不能显摆（而实业可以）。二是，投资不要仔细计算利润，特别是利润用途。只修心法，莫问前程。

"谢谢江老师，好像您讲的这些投资玄学现象，我都挨过打。我先记下来，以后有机会等着您详细地讲解。那樊总，你下一步有啥打算呢？"迅迅问道。

"我这次来上江老师的课，主要就是来找自己投资失败的根本原因。这次看样子是找到了，不过以后到底还能不能自己做交易，现在还不敢确定。投资理念课上完后，我报名参加江老师的掷骰子模拟投资游戏，看看内功心法增强以后，能不能将鸵鸟效应给消除掉。"樊总回应道。

掷骰子模拟投资游戏的作用还是以预防为主，经过我们内功心法的系统训练，可以有效地预防交易员贪婪、恐惧、鸵鸟等等本我的发生。至于已经产生了鸵鸟效应的交易员，掷骰子游戏最后能不能帮助他们消除掉鸵鸟效应，那还要看交易员的适应性如何，因为鸵鸟效应一旦产生，消除它是一件比较困难的事情，因为厌恶交易已经写进交易员的骨髓与血液中，所以我们最好的办法还是要预防鸵鸟效应的发生。

"哦豁，樊总，看样子你以后做不了交易了。我崔胜还可以，脸皮厚，没有鸵鸟效应，屡败屡战。不过，我就是贪婪效应比较严重一点，见到金钱与美女，就走不动路了。"崔胜笑着说道。

"崔胜，那也不一定哦，我的适应性与悟性还是可以的，争取通过掷骰子游戏彻底消除我的鸵鸟效应。就算消除不了，我自己以后哪怕不自己做交易，这次江老师的理念课也没白听啊，以后我购买基金产品或者挑选投资顾问的时候，重点不是看他们的投资技术与策略战法，而是要着重观察这些人的投资理念和我们投资心学的投资理念是否相符合。不相符的，哪怕近期业绩再好，多半都是有问题的。"樊总回复道。

"还是樊总考虑周到。江老师，我们还是继续讲风险吧，刚才我们讲到了收益风险比，我搞不明白，这个指标到底有啥用，我怎么觉得还是收益率这个指标比较靠谱呢，投资顾问老胡比投资顾问老陈最后多赚了 20 万的真金白银啊。老陈的收益风险比高，又有啥用呢？"崔胜继续问道。

| 5 |

刚才迅迅同学不是说了吗，人性告诉我们，要让投资者建立风险意识，必须告诉投资者"建立风险意识有啥好处"，而不是告诉投资者"不建立风险意识有啥坏处"。

崔胜，我现在就告诉你，纯收益率并没有考虑到风险，而收益风险比考虑到了风险，收益率可以让你赚小钱，而收益风险比可以让你赚大钱！

"赚大钱？江老师，我怎么没有看出来呢？老胡的确是比老陈最后多赚了 20 万元啊。老陈少赚了，为什么江老师您还说老陈可以赚大钱呢？"崔胜继续疑惑道。

看你这点出息的，就喜欢手里攥着现金的感觉。问题是你手上本来可以多拿 120 万元的现金啊！120 万元与 20 万元相比较，不好吗？

"不懂啊，江老师，你的意思是本来我应该手上多赚 120 万元，现在却只多赚 20 万元，那 120 万元去哪儿了呢？那真是个大钱，差那么多，吓死个人！"崔胜丈二和尚摸不着头脑。

我们投资心学认为，任何一个收益率都是由三部分组成：（1）本事收益率；（2）运气收益率；（3）风险收益率。买彩票中大奖，基本属于纯粹的运气收益率；违法犯罪获利，基本属于纯粹的风险收益率；而投资的收益中，则包含了以上的三个部分，所以分析起来很复杂。

某一个基金，今年的年化收益率为 110%，按照绝大多数普通投资者的看法，这个基金很牛，110% 的年化都是靠本事挣回来的。其实，这种看法并不正确。根据我的经验，其中有 20% 左右是本事收益率，50% 左右是运气收益率，剩下的 40% 左右是风险收益率。我们要评价一个基金经理、一个投资顾问或者一个投资培训老师的真实水平，千万不能简单地只看表面上的收益率（当然更不能只看收益金额），必须剔除运气收益率与风险收益率后看真实的本事收益率。

"江老师，我非常赞成将收益率进行分类，否则人人都认为最近赚钱是因为自己的投资水平高而不是因为自己的运气好。江老师，我想再问一下，那些靠人脉、消息、渠道等获得收益率算哪种收益率呢？"王建军同学举手问道。

人脉、消息、渠道等收益率都可以划为运气收益率或者风险收益率，我们这一生能遇到什么人，通过人获得什么消息等等都是无法准确预测的，也是我们人力无法事先妥当安排的，否则我们一定会在年轻的时候去提前结识未来的证监会主席与投行行长，其实我们连自己的婚姻伴侣都是无法准确提前预知的，更别说其他的什么人了。人脉、消息、渠道等等这些要靠运气、天意与个人的经营，所以都可以划为运气收益率；至于其他说不清道不明的，都可以划归为风险收益率，迟早要还回去的。

"明白了，江老师，那如何剔除运气收益率与风险收益率呢？"王建军问道。

运气收益率就是幸存者偏差或者选择性偏差，前面我们已经用了大量的篇幅来讲述。一个简单的剔除办法就是看长期的平均年化收益率，而不要看短期的，更不能只看当事人提供的特定时间段的。例如前面讲的昆哥基金，2019—2020 两年，平均年化110%，而时间线一拉长，看十年，平均年化收益率就只有 14.65%。

"那如果一个基金或者一个投资顾问的数据很少，时间很短，那如何剔除运气收益率呢？"王建军又问道。

"那就比较复杂了，前面我们讲解幸存者偏差时也介绍了很多办法，你们可以再去复习一下。这里我再教大家一个简单的方法，对于那些最近数据很牛（100% 甚至200% 的年化收益率），但是缺少长期历史数据（2 年 100 笔以上）且又不能进行量化编程在历史大数据上进行随机检验的基金、投资顾问、培训老师、策略战法等等，如果要剔除运气收益，我们按照统一的长期年化平均收益率来处理，其值约为 30%。"

"江老师，30% 这个数字是怎么来的呢？"王建军再问道。

很简单，巴菲特 60 年长期年化收益率 25% 左右，在中国，几千个基金经理，十年，年化收益率 20% 以上的，却只有 4 个人。所以我们假设这个新的基金经理或者投资顾问未来的长期年化为 30%，已经是很宽松很给力了。我就不信，你的运气这么好，碰到的一个新的年轻的基金经理、投资顾问、培训老师、投资策略，他们的长期绩效能比巴菲特等这些牛人还要牛。

这个方法很简单，也很有效，但是执行起来却有难度，需要我们具备强大的内功心法与理性思考能力，毕竟别人最近一年的绩效惊人，你可能就是冲着他的 200% 的年化的梦想而入场的。如果按照 30% 的平均值来计算，拉低感很强，梦想破灭感很难受，但总比你随后亏掉真金白银的感觉好吧。

"江老师，咋办呢，我就是冲着 200% 的收益率去的，甚至这个我都嫌太少了，我当年就是看到海棠先生在 2010 年棉花的战绩才进入期货市场的，那可是 1000 倍啊！而您现在说他们的长期平均年化收益率有 30% 就不错。虽然理性告诉我江老师您是对的（海棠先生后来就没有好的业绩展示了），但是，江老师，30% 的年化，也让我们这些满怀信心初入股市、期市的年轻人感觉就像头上被浇了一盆凉水，心里凉冰冰的，没有了前进的动力。"舒月灰心地说道。

舒月，我非常能理解你们这样的投资小白的心情，三十年前，我也是这样过来的，毕竟大家的本金都不多，只有十几二十万，30% 的年化，一年投资都挣不到 6 万元，吃饭，租房都不够。但是做投资最怕志大才疏与急功近利。俗话说，不积跬步无以至千里，舒月你也不想想，你连 30% 的年化都不能稳定地赚到手，又怎么可能稳定抓住 2 倍、20 倍、1000 倍的超级台风大机会呢？光博运气吗？博运气你们可以去买彩票啊，何必冒着倾家荡产的危险去做股票、期货呢？

"舒月，你可能忘记了前面江老师讲过的投资原则——守正出奇。正为体，奇为用。用兵的根本之道在于'以正合，以奇胜'。做投资，正面当敌的'正兵'，要保证长期稳定盈利，其年化收益率要达到 30% 左右。而负责取胜的'奇兵'，则要在正兵对峙的情况之下，善于发现台风机会，大胆出击，以小博大，争取一年几倍甚至几十倍的收益。舒月，你不能只盯着出奇的几十倍而忘记了守正的 30%，因为：守正不出奇则愚，出奇不守正则邪！"王建军提醒舒月说道。

咱们的舒月同学年龄太小，可能还暂时听不懂"正与奇""阴与阳""体与用"的含义。这样吧，我再举一个简单、通俗易懂的比喻。

在大城市，盖高楼大厦，必须先打好地基（图 1001）。舒月，你可以将守正简单理解为打地基，将出奇简单理解成地面上的工程。"眼见他起高楼，眼见他宴宾客，眼见他楼塌了"，为什么楼最后会塌？不就是地基打得不够牢固嘛。一幢大楼想要最后盖得很高，很气派，那么你的地基工程就要打得很深，很牢固。

舒月，你真觉得守正 30% 的年化收益少吗？不少了，这个可是地基工程，不是楼面工程，不能增长得太快。你可以把每一个 10% 想象成地基工程的负一层，20% 就是负二层，30% 就是负三层，你很少见过负五层的建筑吧。舒月，只要你的地基打得好，你的大楼未来就能盖得高，盖得快，盖得牢。舒月，其实如果你每年确实能稳定盈利 30%，江老师我就可以教你用各种手法（期权、全梭哈、劣后等）让它翻成几倍、几十倍。我们前面讲的牛海一个月 20 倍的案例你总没有忘记吧，牛海不就是遇到了恰当的时机，在江老师打好的地基上快速建成大楼的吗？但是，舒月，如果你急功近利，内功心法欠缺，做事又常常违反天道，地基工程马马虎虎，那未来大

图 1001：高楼大厦与地基

楼可能修不了几层就会倒塌，甚至修得越高，倒得越快，我们前面讲得很多兴衰起伏的投资案例你总没有忘记吧。而且如果你的地基打不好，就算一个大机会摆在你们的面前也不会珍惜，也会视而不见。比如刚才我们的 10 倍牛股游戏，崔胜最后一把机会，我还提示他两次，结果呢？结果他就只是赚了一点小钱，还扬扬得意的，殊不知台风来了要重仓出击，至少也要赚 10 倍啊！

崔胜瘪了一下嘴，看了舒月和江老师一眼，没敢说话。

舒月终于明白了，王建军也替她开心："舒月，不打好地基，就会像电视剧《天道》里的刘冰、冯世杰、叶晓明三个人那样，煮熟的鸭子飞了，盖好的高楼塌了，到手的暴利没了，届时会更加痛苦，刘冰最后不就是因为心态失衡而自杀的吗？潘多拉的盒子打开了，自己的内功又不行，还不如当初没有看到的好。刘冰本来可以去打工拿工资，开个小店卖唱片，过平静的生活。前车之鉴，我们现在还是先静下心来，先做好基础的守正，练好交易内功再说，我们要先打地基再盖高楼。"

王建军说得很对，万丈高楼平地起，先打好地基才符合天道。不过地基工程枯燥无聊，外人看不到，没有成就感，不像楼面工程，一天一层楼，有故事讲，有朋友圈可

以炫耀。所以年轻的投资者这一关不好过啊，但是不好过也要过！走得快一定走不远，耐得住寂寞才能守得住繁华！耐下心来打地基，就是投资人的一项重要内功！其实愿不愿意先打地基，是一层很好的过滤网，可以过滤掉多数不适合做投资的人。没有耐心打地基的人，真的不太适合做投资，因为你急匆匆去盖的"大楼"一定会有缺陷，经不住长期考验。

我们还是继续打地基吧。刚才我们说道，任何一个收益率都是由本事收益率、运气收益率、风险收益率三部分组成的。如何剔除运气收益率，我们刚才讲完了，那如何剔除风险收益率呢？

将收益率除以风险（最大回撤），得到收益风险比。评估投资绩效时，请大家务必使用收益风险比，而不要直接使用收益率（更不要使用纯收益金额），这样就可以剔除掉风险收益率。我们前面讲过各类投资大赛，第一类业余选手的比赛，比的就是收益率，谁的收益率高，谁获胜。第二类职业选手的比赛，比赛规则往往比较复杂，除了收益率以外，还要考虑其他很多因素，其中最重要的就是收益风险比。很多基金或者投资顾问，他们赚钱并不一定是靠真本事，靠运气也可以赚钱，剔除了运气，靠多冒风险也能赚钱，关键是这个多冒的风险并不是由基金经理或者投资顾问自己承担的，而是由客户承担的，只是客户不知道自己的风险增加了而已。后面赚钱了，客户还以为是基金经理或者投资顾问的水平高，是靠本事赚的钱，殊不知是他们靠多冒了客户的风险而赚的钱。因此我们在评估真实业绩的时候，一定要剔除风险的因素，使评估对象 A 与评估对象 B 站在同一条风险的起跑线上，否则你很难说得清楚他是靠本事赚的钱，还是靠多冒风险赚的钱。收益风险比就能将两位参赛选手拉到同一起跑线上，看看大家同样冒着 1 个单位的风险，最后能赚多少个单位的钱。谁的收益风险比大，谁的真实水平就高，因为冒着同样 1 个单位的风险，他能赚得更多。

"江老师，能不能用具体的案例讲一下，听得有点云里雾里。"崔胜疑惑道。

| 6 |

就以你为例吧。重复下刚才题目三，崔胜你找了两个投资顾问做理财，投资顾问老胡本金 100 万，赚了 80 万，收益率 80%，风险（最大回撤）为 50%；投资顾问老陈本金 100 万，赚了 60 万，收益率 60%，风险（最大回撤）为 15%，请问哪个投资顾问的投资水平高？我们要将两位投资顾问收益率中的风险部分去掉（这里先不考虑运气），则要使用收益风险比这个指标，老陈的收益率 60%，风险 15%，收益风险比 4.0；老胡的收益率 80%，但风险高达 50%，收益风险比只有 1.6，所以我们认为老陈投资的真实的

水平要高于老胡。因为投资顾问老陈冒着 1 个单位的风险可以赚 4 个单位的钱；投资顾问老胡水平就要差了一些，冒着 1 个单位的风险只能赚 1.6 个单位的钱。刚才崔胜对这个结果有异议，认为老胡毕竟多赚了 20 万的真金白银，而老陈尽管收益风险比高，但是多出来的收益风险比又不是现金，不能吃不能用，感觉不到好处。崔胜的这个疑惑代表着多数投资者的普遍认知，而这个认知却是错误的。

我们假设崔胜你的风险偏好就是 15%，投资顾问老陈非常诚信守则，严格按照崔胜的风险偏好 15% 控制住了回撤，并取得了 4 倍回撤的收益率（4×15%=60%）；而投资顾问老胡知道崔胜的风险偏好是 15%，但是他并没有遵守约定，没有严格按照崔胜的风险偏好来控制回撤，回撤幅度达到了 50%，虽然最后取得了 80% 的收益，但是这里面有很大的风险部分，是多冒崔胜你本人的风险赚回来的，而不是投资顾问老胡的真本事赚来的。老胡真实的水平应该是 24%（1.6×15%），多出来的 56%（80%～24%）就是风险收益率，多出的部分表面看是老胡赚的，本质却是崔胜自己赚的。那为什么回撤超标后，崔胜并没有投诉或者赎回呢？这里面的原因很多，有客户忘记了风险偏好与回撤怎么回事，毕竟普通投资者都不太懂，眼中只有收益率，只要一年一次算账的时候账户是赚钱的就行；也有客户虽然知道，但是回撤已经超标了，客户抱着破罐子破摔，希望投资顾问帮助其翻本的心态，所以没有赎回。还有就是投资顾问或者基金经理善于做思想工作，在回撤超标的时候，激励客户咬牙挺住，给客户以信心。很多时候，优秀的基金经理不一定是投资做得好，而是思想工作做得好。

个人投资者，由于不懂或者不重视的缘故，所以当回撤超标后赎回的情况并不多；与之相反，机构客户，当回撤超标后，绝大多数都会按照事前的约定赎回资金。在这个案例中，如果崔胜坚决赎回的话，投资顾问老胡的绩效就不再是 80%，而是负数（-15%）。

"江老师，我还是没有彻底搞懂，回撤幅度超标就超标了嘛，毕竟老胡在年底算账的时候帮我多赚了 20 万的真金白银啊，中间的过程我就当没有看见算了，可以眼不见心不烦啊。"崔胜还是没有彻底明白。

崔胜的这种心理状态，代表着多数个人投资者面对风险时的态度。刚开始投资的时候，忌讳谈风险，就算谈回撤，也将自己的风险偏好定得很小 5%～15%（当然最好是回撤 0.001% 就能赚 1000 倍），但是当后来回撤超标或者被套牢后，又走到了另外一个极端，产生了鸵鸟效应，破罐子破摔，眼不见心不烦，被动地增加了风险偏好。例如我见过很多投资者在股票被套牢后，开始时很着急，但后来亏多了就开始死扛，甚至回撤七八成都在所不惜。这就是人性！我们投资心学称为"本我"。

正因为在本我起用以后，投资者有被动增加风险偏好的特点，所以在投资顾问、投资培训、基金等行业存在着一个心照不宣的小技巧，就是可以将客户自己的风险收益率偷偷转化成基金经理、投资顾问等人的本事收益率（反正客户也不懂或者也不在乎），让客户觉得是基金经理、投资顾问的投资水平高才取得了最后的投资成绩的。崔胜，你刚才不是还在说回撤超标就超标，无所谓了吗？

"原来无所谓是不对的，应该有所谓才对啊。那江老师，客户的风险收益率转化成基金经理的本事收益率，到底是怎样转化的？赶紧说一下呗。"崔胜吃惊地问道。

投资有没有真本事，要比较收益风险比，而不能直接比收益率，更不能比收益金额。不管是基金经理，还是投资顾问，或是一个交易策略，只要他们的投资风格与交易系统稳定后，根据历史大数据进行统计，都能计算出他们的收益风险比，这个收益风险比就是剔除了风险后的投资的真本事。要想提高投资水平，真正的正确的方法就是努力钻研，勤奋用功，想尽一切办法来提高收益风险比。但是，在实际操作过程中，大家会发现，收益风险比的提高非常困难。我前面讲过边际效益递减，讲过节油器的故事，已经是中级水平的交易者想要再靠投资技术提高业绩，哪怕只是将收益风险比提高个 10%，都是非常困难的事情，需要付出艰苦的脑力劳动。

崔胜的投资顾问老胡也发现了这个问题，他的交易系统收益风险比只有 1.6，想超过老陈的 4.0 非常困难，怎么办呢？冒自己 1 份的风险绩效，肯定是超不过老陈了，但是如果我多冒一些客户崔胜的风险，比如冒 5 份风险（5×1.6=8）不就超过老陈的 1 份风险的收益率了吗？反正客户崔胜也不懂或者也无所谓，崔胜只要最后的结算时的收益率，根本就不管收益风险比（他认为又不能吃又不能喝）。如果崔胜在交易过程中不问，能混过去最好；如果崔胜万一问起来为什么回撤变大了，就多说说国家宏观调控、政策监管等等客观原因，总之多做一些心理按摩，让崔胜挺住，被动地提高崔胜的风险偏好。反正崔胜只要年底算账时多拿了 20 万，他就很开心了，中间的过程他就当没有看见。

"江老师，我有点懂了，不过我就算被动地提高了风险偏好，但是也没有损失什么呀。投资顾问老胡多冒了一些我的风险，多冒就多冒呗，只要最大回撤最后能收回来，又有什么危害呢？如果没有危害，我又多赚了 20 万，没啥问题啊。"崔胜接着说道。

正是因为你有这样放任自流的态度，活该让老胡占了便宜。

首先，谁说回撤一定收得回来呢？老胡的收益风险比与老陈相比，要差一些，但是也有 1.6，老胡还算是一个能稳定赚钱的投资顾问。但是请问崔胜，万一你碰到的是一个幸存者偏差式的投资顾问呢，他只是最近一年的业绩好，长期业绩根本就是亏钱的，收益风险比是负数，甚至还爆过仓，回撤高达 100%（这点他是不会事先告诉你的），崔胜，你还说你没有风险吗？你还无所谓吗？这时，你的账户回撤 50% 还只是一个开头，最终的回撤可能是 100% 啊。

其次，根据统计，回撤得越大，你回本需要的升幅会大幅提高，你回本的难度系数将越来越大。你们大家可以自己算一下，这里我列明出来了：

回撤 10%，涨 11% 回本；

回撤 20%，涨 25% 回本；

回撤 30%，涨 43% 回本；

回撤 40%，涨 67% 回本；

回撤 50%，涨 100% 回本；

回撤 60%，涨 150% 回本；

回撤 70%，涨 233% 回本；

回撤 80%，涨 400% 回本；

回撤 90%，涨 900% 回本。

（视频 4：复利增长是投资轻松翻倍的魔法石）

回撤的幅度与回本的幅度，并不是等比例的。回撤幅度在第一个 10% 时，回本的升幅只需要 11%；当回撤从 80% 增加到 90% 时，它们之间的回撤幅度也是 10%，但是回本的升幅却相差 500%，比指数增长还快。

当我们的回撤达到 90% 的时候，回本需要 900% 涨幅的超级大行情，这种超级大行情一定不是常有的，你回本的难度异常巨大。所以就算你再能扛最大回撤，我们也强烈建议你尽量不要超 50%，当然我们最少也要能扛 30% 的回撤，保持在这个范围内。

第三点，也是最重要的一点。崔胜，你与普通投资者一样，喜欢现金在手的真实感，不喜欢虚无的东西。收益风险比这个"东西"，你认为不能吃也不能喝，高点、低点没什么关系呢，老胡多赚了 20 万元，真金白银，拿在手上，一个字——爽！

"江老师，搞投资就是为了不拿死工资，就是为了多赚钱，没错啊。"崔胜坚持着。

的确是没错！我们就是为了要多赚钱！但是我要告诉你：收益风险比，可不是虚无的东西，它是可以变出现金来的！它是投资绩效翻倍的魔法石！而且还是轻轻松松翻倍的那种！崔胜，在这个案例中，你少赚了 120 万元，知不知道？崔胜，120 万元现金在手的感觉难道不比你 20 万现金在手的感觉要更爽一些吗？

崔胜涨红着脸看着江老师，还是云里雾里的。

同学们，崔胜很迷惑，不知道哪里出了问题，不知道哪里少赚了 120 万元，你们帮他思考一下，如何找回这 120 万元？

| 7 |

过了 5 分钟，还是没有人回答。我来提示一下大家吧。

大家都知道魔法石，它既有魔法，但也是块石头。魔法石起作用的时候，可以点石成金；不起作用的时候，它就是一块普通的石头而已。收益风险比也是这样：对懂行的投资者来说，它有神奇的作用，可以让你的绩效轻松翻倍，而且比提高交易技术要简单得多。对不懂的投资者来说，收益风险比又不能吃又不能喝，变不成钱，是个虚无的东西，没有大作用。总之，无用时，藏在深闺无人识；有用时，一朝惊艳天下知。

魔法石起不起作用，和魔法石本身没有什么关系，关键看使用的人怎样使用，或者说是看使用的人有没有需求。同样的道理，收益风险比最后到底有没有用途，与其本身没有啥关系，关键是看我们这些投资者如何使用。这句话可能不好理解，我举一个例子。中国古语说，"家有一老，如有一宝"，这句话本身，我相信在座的所有人都听到过，但是，你领悟过吗？你相信这句话正确吗？在座的各位肯定是有分歧的，舒月同学就应该不同意这句话吧。舒月大学毕业不久，自己单身，青春逆反期都还没有过完，平时舒月同学不觉得父母唠叨就不错了，还会认为父母是一个宝？最多就是在没钱需要啃老的时候才偶然有点"宝"的感觉吧？舒月，我说得对不对？你多久没有回去看望爸妈了？

"真是没啥感觉，快两年都没有回家了，回去就要被催婚，烦都烦死了，还宝个啥呢？"舒月抱怨道。

崔胜，你认可"家有一老，如有一宝"这句话吗？

"我太认可了！自从结了婚，有了小孩，特别是现在有了二宝，我感觉根本就离不开父母。老人就是宝中之宝！小孩生下来，孩子与孕妇都需要人照顾，谁照顾？我又不会，还是老人照顾最好，有经验，又放心。如果月子里老婆恢复得不好，那可是一生的憾事。另外，如果家里没有老人，男人就必须分心出来照顾，这样一来家里的经济收入很有可能就会中断，然而孩子生下来后，正是用钱的时候，尿布钱，奶粉钱，各种事情都需要花钱。如果有老人，男人就可以安心上班去赚钱。再者，孩子长大一些，也还是需要老人的，上学校，上培训班接送，买菜做饭等等，你要是没有一个老人帮自己换换手，而是每天都自己干，困在家里，困在小孩身上，就寸步难行，要不了多久就可能被逼出抑郁症来。对了，如果这次没有老人帮着看家，我也不可能花上几天的时间出来听江老师讲投资心学，投资军功章里有老婆的一半，也有父母的一半。其实我现在很内疚，我大学毕业后，到结婚前，基本上就没有回家看过父母，现在父母却无怨无悔帮我带娃，真是养儿方知父母恩啊。家有一老，如有一宝，现在我真的是体会到这句话的深刻含义了。"崔胜感恩地说道。

很好，大家看一下，"家有一老，如有一宝"，不同的人有不同的解读，为什么？老人是不是宝，和老人自己没有啥关系，和子女的需求有关系。同样道理，下面一句话我相信不同的人也有不同的解读。"投资有魔法石（收益风险比），如有一宝"。江老师就非常认可这句话的深刻含义，但是估计你们中认可的人并不多吧。不认可的原因是什么呢？收益风险比是不是宝，是不是魔法石，与收益风险比本身没有关系，和我们投资者的需求有关系。

我就先提示这么多吧，多给大家 5 分钟时间，看看能不能帮崔胜通过收益风险比魔法石找回 120 万元。

又过了 5 分钟，还是没有人回答。

我再来提示大家一下。之前我们讲过风险偏好，也就是风险（最大回撤）的承受能力对交易结果有着巨大的影响作用，而且它的作用是事半功倍的，甚至远远超过交易技术。我们还讲过，投资者，尤其是个人投资者，会被动地提高风险偏好，我们常人的风险偏好一般为 5%～15%，但是，当投资标的物被套牢后，我们会破罐子破摔，被动地将风险偏好大幅提升，甚至提升到 50%～70%（就像股票套牢打死都不卖）。既然这样，为什么我们不通过平时的内功心法训练，主动地将风险偏好进行提升呢？为什么一定要等套牢后被动提升呢？

好，就再提示这么多吧，最后再给大家 5 分钟思考时间。

又过了 5 分钟，崔胜说道："江老师，我还是想不明白，我已经主动提升风险偏好到 50%，但是没有发现与被动提升风险偏好到 50%，两者之间有啥区别呢？ 120 万元到底是怎样赚来的啊？"

风控总监樊总突然眼睛发亮地喊道："我明白了！我终于想明白了！我知道是怎么回事了。崔胜刚才说他已经主动将风险偏好提升到 50%，其实只是嘴上说说而已，是假提升，没有真切的感受，与舒月对'家有一老，如有一宝'没啥感觉是一样的道理。我们必须真正地、百分之百地、主动将自己的风险偏好放大到 50%，这个时候你就会产生真正的内在需求，有了需求，你体内的激素才能促使你去找解决方案，心诚则灵，真心诚意才能找到问题的答案。我做风控很多年了，对风险还是有一定的了解，我的风险偏好本来就比其他同学大一些，没有 40% 也有 30%，加上我多年来在股票期货市场跌打滚爬，还是比其他同学多一些经验的。"

"赶紧说吧，我亲爱的樊总，真是急死人了，我到底去哪里找回这 120 万元呢？"崔胜着急地问道。

"崔胜，这里面的逻辑关系是这样的：你的风险偏好原来是 15%，投资顾问老陈非常诚信守则，严格按照你的风险偏好 15% 控制住回撤，并取得了 4 倍回撤的收益率（即 4×15%=60%）；而投资顾问老胡知道你的风险偏好是 15%，但是他并没有遵守约定，没有严格按照你的风险偏好来控制回撤，回撤幅度超额了 3 倍多，达到了 50%，崔胜你由于回撤已经既成事实，没有办法，人性中的本我这个时候起用了，你破罐子破摔，被动地将风险偏好提升到了 50%，你想让老胡翻本。老胡的交易系统这次最大回撤到了 50%，没有再进一步扩大，资金曲线最终收了回去，并取得了 80% 的收益率（即 1.6×50%=80%）。不过，这不是老胡的真本事，而是老胡通过被动提升崔胜的风险偏好，强行增加了崔胜的风险（50%～15%=35%），强行地将崔胜的风险收益率转变成老胡自己的本事收益率。崔胜表面看多赚了 20 万元，其实损失是很大的。因为反正崔胜最后都能扛 50% 的最大回撤，那么崔胜可以通过投资心学的内功心法训练，投资前就主动地将自己的风险偏好从 15% 提高到 50%，而不是破罐子破摔，眼不见心不烦式地被动提升。被动与主动的最大区别是：被动提升风险偏好后，崔胜没有选择余地，只能被迫让老胡继续当他的投资顾问去翻本；而事前主动提升风险偏好的好处是，崔胜你有选择的余地，你可以不再选老胡当你的投资顾问啊，你可以将这 100 万元交给收益风险比更高的老陈去打理，并且告诉他，你最大回撤承受能力不再是 15% 而是 50% 了，那么老陈严格按照你的风险偏好控制回撤，最终可以取得 4 倍回撤的收益率（即 4×50%=200%）。崔胜被动提升风险偏好，投资顾问老胡最终收益是 80%（即 80 万元）；崔胜主动提升风险偏好，投资顾问老陈最终收益率是 200%（即 200 万元），即：当风险是在同一起跑线时，交给两位投资顾问，结果就是老陈可以帮崔胜多赚 120 万！崔胜同学，理解这 120 万元的来历吗？这可真是大钱啊！”樊总公布了他的答案，并写在了黑板上。

所有的人愣在那里，久久没有说话，最后还是崔胜说道：“醍醐灌顶啊！投资没有想到还可以这么玩的，太隐蔽了，感觉比幸存者偏差还要隐蔽。老胡好狠啊，让我少赚了 120 万，我还在帮他说好话，还在帮他数钱，我还在感谢他。太震撼了！太震惊了！我比大笨驴还笨啊，这么不开窍。我为什么就没有想到要主动去换投资顾问呢？老陈是一个有真本事的人，收益风险比 4.0，比老胡的 1.6 可要大很多啊。”

“我也震撼到了，原来投资市场业绩好的基金经理或者投资顾问，不一定是投资的水平高而是按摩的水平高，他们会心理按摩，回撤的时候懂得安抚客户，然后将客户的风险收益率偷偷转变成了自己的本事收益率。看样子基金要做得好，除了考 CFA 以外，还得去技校另外学习一门按摩专业。这应该就是基金与投资顾问行业的潜规则吧。”舒月同学开玩笑道。

大家也别老怨恨老胡了，首先是你自己不懂，你要是懂，在回撤 15% 的时候，你会强制平仓的。再说老胡也不一定是有意这样做的，有可能老胡自己也不懂，老胡也不愿意回撤这样大啊，一旦回撤下来，估计老胡自己也出现了鸵鸟效应。总之，出了问题先找自身的原因，这样才能提升投资水平。

"当你没有为人父母时，你永远不会领悟到：父母是一个宝。同样道理，你的风险偏好没有真正地主动提升而是假装提升时，你永远不会领悟到：收益风险比是绩效轻松翻倍的魔法石。你没有真正的需求，就找不到真正的答案。这就像当你没有买房需求时，就算你的家门口什么时候盖了一幢几十层的高楼你都有可能不会留意到。"樊总补充解释道。

不主动提升风险偏好而是被动地提升风险偏好是人性使然。我认识与服务的客户非常多也非常久，人性的风险偏好分布，我这里可以分享给大家。我和客户谈风险偏好（最大回撤）的时候，客户基本上嘴上都会说：我扛回撤的能力非常强，我相信江老师的水平，哪怕全亏完了，回撤100%都没有关系。此时，你千万不要相信客户的客套话，因为真实情况一定不是客户嘴上说的那样。当回撤在5%之内时，客户是不会与投资顾问你联系的；当回撤超过7%的时候，客户开始会与你联系了，此时客户还是比较客气的：最近忙吧，做交易辛苦了，多注意身体等；当回撤超过10%的时候，客户会直接问你：最近回撤有点大，没有啥问题吧；当回撤在15%的时候，客户会直接质问你：你的交易策略是不是失效了，参数是不是应该要修改，千万别赔啊；当回撤在20%的时候，你多数的客户（80%左右）会直接找各种各样的理由提前赎回或退出——家里要买房、买车、留学等等（尽管你之前和客户签订的协议约定的最大回撤幅度是30%）。在回撤逐渐变大的过程中，如果投资顾问"思想工作"的水平很高，能够用宏观经济形势或者国际局势等等来宽慰、安抚客户，适时为客户打气、灌输信心的话，那么客户的流失率就会降低很多。最令人感叹的是，当回撤超过25%的时候，你的客户（如果还有的话）却很少再与你联系了，因为他们已经认命了，变鸵鸟了，眼不见心不烦了。客户此时被动地提升了风险偏好，哪怕再回撤到50%，他们都不愿意再走了，因为他们需要投资顾问为他们翻本才行。

"江老师，原来客户在回撤期的心路历程是这样的，这个经验分享真的很有用，我们以后找客户就知道该怎样做了。"樊总说道。

我这里说的客户，主要说的是个人客户，而不是机构客户，机构客户有严格的风控表，他们会在最大回撤的时候，坚决清盘，不存在被动提升风险偏好的问题。多数FOF的清盘线是15%~20%的回撤率；多数MOM的清盘线更低，只有3%~7%的回撤率。

"回撤这么少啊，那能做得到吗？"崔胜好奇地问道。

当然能做到啊。你的交易系统假如历史最大回撤率是 15%，机构客户要求是 5% 的清盘线，你用三分之一的仓位做就可以达到机构的要求啊，不过风险与收益同源，风险小，收益也得跟着小才行。假如你交易系统的最大回撤 15% 对应的年化收益率是 30%，那么，现在你用三分之一的仓位来做，最大回撤 5% 对应的年化收益率就只能是 10%。这些道理，机构很清楚，没有问题。

这里补充讲一下，之前的课程，我们经常讲投资要保证长期稳定盈利是什么意思呢？很多同学一定以为是年化收益率稳定就是稳定盈利，其实这个想法是不正确的。

"难道不是吗？我到现在都是这样认为的。只是以前我的年化收益率目标定的是 200%，我现在知道了，这个是幻想，不是长期的，是靠运气博出来的，是幸存者偏差。现在我守正的年化收益率目标是 30% 就很满意了。"崔胜说道。

那现在告诉大家，长期稳定盈利的判断指标不仅仅是年化收益率，还有长期的收益风险比。因为年化收益率还和投资者的风险偏好有关。当我们的系统稳定以后，我们的长期（2 年以上）的收益风险比应该稳定不变，好的交易系统长期收益风险比（也叫卡玛比率，即年化收益率／最大回撤）应该稳定在 0.5~2 之间。

"这么少吗？"崔胜问道。

我说的是长期的，2 年以上的，如果时间拉长，可能还要更少，因为时间拉长，你一定会穿越牛熊，一定会碰到很多黑天鹅事件，暴涨暴跌是家常便饭，所以你的收益风险比会下降。很多新手，才开始做量化，统计出来自己的收益风险比有 15~50，开心得不得了，这个时候一定要小心，一定要有清醒的头脑，那是因为你自己才开始做，碰到暴跌的情况不多，所以最大回撤还很小。巴菲特的长期收益风险比大家知道吗？当然时间就更长了，60 年以上，他的平均年化收益率 25% 除以最大回撤（1973 年的 50% 左右），只有 0.5，还不到 1。所以崔胜，我说的长期收益风险比应该稳定在 0.5~2 之间，你都超过巴菲特了，还不满足？来，算算你的收益风险比是多少？

"哈哈，我之前没有做量化，从来都没有统计过，业绩一会儿好上天，一会儿差到死，鬼才知道我的收益风险比是多少，说不定是个负数都有可能。回头我去做个统计，看样子以后必须做量化交易才行，要不长期稳定盈利的评判标准都没有，还怎样去长期稳定盈利呢？"崔胜回答道。

当我们交易系统的进场信号、出场信号、止损、止盈、资金管理等等因素确定后，我们的量化交易系统就基本稳定了，收益风险比也就基本上确定了，大致范围在 0.5~2。我们假设你的交易系统很牛，卡玛比率是 2，交易系统确定后，剩下收益赚多赚少、风险回撤大小，都是由客户或者投资者本人的偏好决定。刚才说的机构客户，他们的风险偏好很小，只能扛 5% 左右的回撤，那么他们的预期收益自然就会很少，只有 10% 左右（2×5%）；如果一个客户，他的收益要求很高，那么他就必须扛更大的回撤，比如王建军同学通过投资心学掷骰子模拟投资游戏，将自己训练到 50% 的扛最大回撤能力，那么他的收益就会达到 100%（2×50%）；反过来，假如王建军想要年化收益率达到 100%，你就必须扛住 50% 的回撤（100%/2）。风险小意味着收益小，好办；风险大意味着收益大，也好办！最怕那些既想风险小又想收益高的不懂投资的初学者或者客户（比如上例中，只想回撤 5%，又觉得 10% 的收益太低，幻想着 30% 甚至更高的收益），他们最后一定会选近期暴利的产品、策略、基金经理或者投资顾问，最终掉到幸存者偏差的陷阱中去。比如前面章节讲到的昆哥基金，如果只看他近期的收益风险比，那么是 7.3（110%/15%）；如果是长期的收益风险比则只有 0.5（14.64%/29%）。同学们，我说的这个道理，大家都懂了吗？

"我懂了，其实用一个比喻更好理解。比如我们去买车，每一部车，在销售的时候，它的百公里油耗就已经确定好了。比如城市综合路况，日系的丰田、本田、日产汽车，百公里油耗 7~8 升，而我们刚做完游戏的图克 7 座商务车，美系的，百公里油耗大约 15 升，这个指标就像我们的量化交易系统的收益风险比一样。当我们人多，需要商务活动的时候，肯定要选图克商务车。如果我们想汽车开得远，必然要多花费汽油，开 1000 公里，图克商务车需要 150 升汽车，按照每升 8 元钱计算，图克商务车开 1000 公里需要 1200 元。如果我们觉得油费贵，那么我们只能少开一些距离，如果我们的预算只有 400 元，那么我们就只能开 300 多公里。总之，花销少意味着距离短，好办；花销多意味着距离长，也好办。最怕那些既想花销少又想汽车开得远的人，又想马儿跑又想马儿不吃草，骨子里还是不劳而获的思想在作怪。"迅迅同学用比喻解释道。

"迅迅师妹的这个比喻通俗易懂，我一下子就明白了。我们以前做投资，真是想得太简单太幼稚了，就想去找到一个秘籍（技术面、基本面、宏微观、价值面、财务面，等等），然后将秘籍使用在下一次的交易中，赌对了开心得要死，赌输了又哭天喊地，这样完全没有章法。我们以前根本就没有交易系统，更别说是量化的交易系统，多数时候我们都是跟着感觉在走，眼中只盯着收益，不懂风险，更别说是收益风险比了。就像迅迅师妹说的那样，只想开车，但不想加油，更别说去研究百公里油耗指标了。我们天天琢磨着能发明一种开车方法，既能开 1000 公里，还不用加油或者最多只加 10 升油的那种开车方法。如果能成功那才是真的撞鬼了。"福建老严评说道。

迅迅又补充说道："江老师刚才其实是告诉我们，正确的投资路径应该是：先建立我们自己的量化交易系统，这个交易系统既考虑收益，也考虑风险（最大回撤），更考虑收益风险比，这个交易系统能够长期稳定盈利，要有 2 年以上的资金曲线，剔除了选择性偏差与幸存者偏差。我们研究或者学习交易技术，本质上就是要研究出自己的一套量化交易系统，而不是幻想找到一个技术秘籍，去准确预测下一次的交易然后去重仓下注。当我们的量化交易系统稳定以后，想要赚钱，就已经和交易系统本身没有什么太大的关系了，因为系统一旦稳定，收益风险比等指标已经基本上固定，很难再大幅度提高（就像一部汽车一旦落地，它的百公里油耗很难大幅降低一样）。那么如何能大幅提高我们最后的投资收益呢？最为有效的方法是训练我们的内功心法，提高我们的风险偏好，将扛最大回撤的能力提高。最大回撤值增加了，乘上我们的业绩翻倍魔法石——收益风险比，自然收益率就会大幅提升。这就像图克汽车的百公里油耗确定了以后，你想距离跑得远，多给它加油就好了。"

"谢谢迅迅师妹的讲解，这下次我对投资清晰多了。我们之前做投资、学习交易技术，就是妄想找到一个既没有风险又能赚大钱的投资方法，10 倍牛股游戏给了我们当头棒喝，让我们头脑冷静了，因为没有风险的投资是不存在的（就像是我们永远找不到一个百公里油耗为 0 的汽车）。再说，没有风险的投资，我们又去哪里找一个傻瓜当我们的交易对手去赚他的大钱呢？正确的投资办法不是规避风险，而是管理风险，我们应该是在风险一定的情况之下去追求利润的最大化（而不是在风险为零的情况下），而管理风险的一个重要的量化指标就是收益风险比。"学员小明茅塞顿开地说道。

"我也明白了，迅迅的这个投资路径指明了我们这些投资初学者的前进方向，真是太重要了，否则一定南辕北辙，一定掉到选择性偏差与幸存者偏差的大坑里去。迅迅师妹，你刚才的解释非常清晰，就是你刚才有一句话，我还是不太懂：我们研究或者学习交易技术，本质上就是要研究出自己的一套量化交易系统，而不是幻想找到一个技术秘籍，去准确预测下一次的交易然后去重仓下注。你再解释一下呗。"崔胜说道。

迅迅回答道："比如我们学了一个换手率指标（或者 PE 市盈率、量价分析、形态理论、布林线战法、价值分析、净资产收益率等等），大家在上江老师课程之前，一定会认为我们既然学习掌握了这个换手率的交易技术，那么我下一次一定能够通过这门技术，找到一只特别牛的股票，既然这只股票特别牛，我肯定要多下一点注，以前不懂换手率指标的时候都投 5 万元，现在我学习了或者研发了这个技术秘籍，那么肯定要多投一点啦，否则怎么对得起这个技术呢？多投一点，投个 20 万元吧。如果我们连续投对两把赚了些钱，估计要抵押家里的房子全部投上。这就是我们常人学习投资的路径。学了江老师的投资心学投资理念课，我们现在知道了，这个路径绝对是错误的，是找死的节奏。为什么这样说呢？我们刚才不是做了 10 倍牛股的游戏了吗？这个游戏，一开始我们都以为能稳赚，但我们大家赚到钱了吗？10倍牛股，代表着我们的交易技术已经是世界一流啦！那些换手率指标、PE市盈率、量价分析、形态理论、布林线战法、价值分析、净资产收益率等等或者是某个大师的投资秘籍，总不可能选出的股票都百分之百涨10倍吧。10倍牛股游戏我们都没有做到百分之百战胜江老师，都没有做到长期稳定盈利，那么，在真实投资中，上面这些技术，怎么又可能长期稳定盈利呢？（10倍牛股游戏已经指明，主要原因是风险不能准确预测）。我们的交易技术不能确保下一次稳定盈利，那你怎么敢幻想下一次的交易肯定是赚钱的呢？下一次的交易不确定会赚钱，那你为什么还敢重仓下注呢？"

"所以，正确的投资路径应该是：我学了一个换手率指标（或者PE市盈率、量价分析、形态理论、布林线战法、价值分析、净资产收益率等等，或某个大师的投资秘籍），这个很好，没有问题，但是由于风险不可预知，所以换手率指标一定有回撤，我必须提前知道这个换手率指标的最大回撤以及收益风险比是多少？怎样得到这个数据呢？进行量化编程处理，编程后为了避免选择性偏差与幸存者偏差，我们还要任意随机抽取股票或期货品种，随机抽取时间段，进行历史大数据随机回测，找到上述这些技术的真实的收益风险比（不是选择性偏差与幸存者偏差下的伪收益风险比）。如果它们的真实的长期收益风险比为正数，且在0.5~2之间，那么我们就考虑使用这个指标；如果长期（2年随机抽样）的收益风险比小于0.5，甚至是负数，我们就不能使用，需要换一个其他的指标、策略、战法或者交易系统。当我们的量化交易系统确定以后，剩下的工作就交给我们的风险偏好与内功心法，前面讲过了，就不再重复了。崔胜师兄，明白了吧？"

"这一次我是彻底明白了！以前我都是在某个技术层面上打圈圈，根本就没有走到收益风险比这一步，总想搞出一个百分之百的能够准确预测的交易技术，看样子是对风险的认知出了问题。对了，如果我们学习的一门技术，不能进行量化编程，不能随机在历史数据中找到收益风险比，那怎么办呢？"崔胜问道。

"这个问题，还是请江老师来回答吧。"迅迅答道。

感谢迅迅的付出，她的回答基本上都是正确的，我补充几点。

第一，量化交易系统除了收益风险比以外，还有其他一些指标，比如胜率、赔率、期望收益、交易次数、最大回撤、最长回撤时间等，我们以后讲量化交易系统实操课的时候再详细讲，大家现在先在理念课上掌握最重要的收益风险比这个概念就可以。

第二，崔胜刚才的那个问题，的确有很多投资交易技术是无法进行量化编程的，比如形态理论、价值分析等等，它们本身的理论是很不错的，就是无法很方便地统计出它们的收益风险比。不过也有两个办法，一个是做问卷表，去调查已经使用过这个交易技术的过来人，不过在调查的过程中要随机抽取样本，避免选择性偏差与幸存者偏差。另一个是自己做模拟盘，至少做 100 笔以上的交易，根据这些交易记录统计出模拟盘的收益风险比，然后打一个七折，大概率就是未来实盘的收益风险比。不过这个方法，周期比较长（甚至有些理论证伪要几年的交易时间，这也是投资市场出现很多伪大师、伪理论的原因），需要你有很大的耐心，收集数据并进行统计，不过也总比你直接上实盘亏钱要好。

"江老师，那我还是尽量地学量化交易吧，学完后点点鼠标，历史大数据回测后就能拿到收益风险比的数值，这样才放心啊。后面再碰到最大回撤的时候才能坚持，否则心是悬的，一回撤肯定心慌，是要跑路的。江老师，原来量化交易的一个重要作用就是要拿到收益风险比等这样重要的量化指标，我们才能用魔法石翻倍去赚大钱啊。以前谈风险就色变，很忌讳，谁知道越考虑风险，我们才能赚得越多啊。以前太傻了，赚点小钱就开心得不得了，没出息。江老师，在学习投资的路上，坑真是太多了，没有名师指导，一不小心就会掉到坑里。光是您前面讲到的投资领域的三个小技巧，就够我们喝一壶的。选择性偏差是一个，让我们错把转化术当成了发觉术；幸存者偏差是一个，让我们将运气当成了本事；收益风险比是一个，让我们忽视了可以赚大钱的翻倍魔法石。三个小技巧，真是一个比一个厉害，这三个小技巧不懂的话，我们还想去投资市场赚钱？是投资市场赚我们的钱吧！我做投资很多年，其间到处学习投资秘籍，碰到了太多的股票期货的所谓大师，啊，我现在突然明白他们是怎么玩的了。比如我住的那个小区就有一个民间股神，谈起股票投资理论头头是道，据说股票做得也出神入化，每次买的股票都会涨，胜率百分之百。原来他的股票高胜率的秘籍就是：买对了，就到处朋友圈宣扬；买错了，就打死都不卖，死扛。前者，采用选择性偏差与幸存者偏差技巧；后者，偷偷将风险收益率转成了自己的本事收益率。这么多年了，反正我从来就没有看到过他股票的资金曲线，也不知道他的最大回撤与收益风险比等量化指标。看样子，在投资市场上，我们要找到一个真正有真才实学、靠本事收益率赚钱的大师或者交易策略，真的好难！你还不能说这些伪大师、伪股神是大忽悠，因为人性就是失败找外因、成功找内因，他们自己也坚信之前是靠真本事赚钱。江老师，我现在才明白《教父》里面那句台词："那些一秒钟就看透事物本质的人，和花了一辈子都看不懂本质的人，注定有着截然不同的人生。"江老师，我想再请教一下，我们普通投资者为什么就不能透过现象看到本质？这里面还有没有更深层次的原因？另外，我被老胡被动地提升了风险偏好，少赚了 120 万元的收益，这种现象多吗？"崔胜问道。

第十一章：随缘适变

随缘适变是投资心学的核心思想，它告诉我们，这个世界没有一成不变的方法，我们必须根据外缘（即外在条件）的不同，采用不一样的方法去应对、处理；而且不同的方法之间的关系（边界、权重等等），还需要根据外缘的动态变化，实时做出相应的动态调整，包括心法调整。

| 1 |

被动提升风险少赚钱的情况，投资领域非常普遍。刚才我们是两个投资顾问老陈与老胡之间的对比与选择，而在基金经理的挑选、培训老师的评价、投资策略的研发、量化程序参数的优化等等方面，经常都会遇到这种情况。基金经理 A 与基金经理 B，投培老师 A 与投培老师 B，投资策略 A 与投资策略 B 等等、量化参数 A 与量化参数 B 等，都会面临这些抉择，都应该使用收益风险比，而不应该简单地对比收益率（更不能是收益金额）。因为表面的收益率里面含有大量的运气收益与风险收益，我们必须比较纯粹的、干净的本事收益率。

如果大家不信，请看下面一张图。我先问大家一个问题：假如你的孩子在学校读高中，学习成绩不太好，准备向一个学霸学习，你怎样找学霸呢？你发现了一个同学模拟考试，全年级考了第一名，但是后面两次模拟考试却分别考了第 500 名与第 1500 名，请问你认为这位同学是学霸吗？你会让自己的孩子向他学习吗？

"那绝对不可能！第一次考试他考了第 1 名，主要原因应该是运气好，否则后面的考试不可能下降这么快，至少也应该是全年级排名十几位才行啊。我以前读书不太好，全年级一般排位 200 名左右，几次模拟考试的成绩都差不多。我们学校的真正学霸，虽然不可能每次都考第 1 名，但是至少每次考试都是全年级的前 5 位吧，否则就不是真正的学霸，不值得信赖。"张林同学说道。

不值得信赖？那为什么我们在投资市场却经常这样做呢？大家请看表 1101：

表 1101：冠军基金经理在之后 2 年的排名表现

基金名称	时任基金经理	2012	2013	2014	2015	2016	2017	2018	2019	2020	2021
景顺长城核心竞争力 A	余 * 平、陈 * 平	1	155	182							
中邮战略性新兴产业	任 * 松		1	26	13						
工银瑞信金融地产 A	王 * 正、鄢 *			1	624	719					
易方达新兴成长	宋 *				1	1392	605				
国泰浓益 C	黄 * 、樊 * 安					1	698	1313			
东方红睿华沪港深	林 *						1	1615	677		
长安鑫益增强 A	方 * 涛、杜 * 业							1	2547	3459	
广发双擎升级 A	刘 * 菘								1	869	2900
农银汇理工业 4.0	赵 *									1	157
前海开源公用事业	崔 * 龙										1

上表展示了近十年来基金行业每年的收益冠军在之后的两年的排名情况。大家自己看完都明白了吧？总之，没有一个第 1 名的基金经理，能在后面的两年里能进前 10 名的，多数变成了几百名，甚至上千名。

至于崔胜同学说的，我们普通投资者为什么不能透过现象看到本质？这里面有没有更深层次的原因？我们倒是可以再仔细分析一下。

现在我们的崔胜同学肯定很郁闷，但是你也不要过于自责，因为在投资市场上，你不知道收益风险比这个魔法石，其实别人也不知道，今天没来上课的很多人不知道。根据我的数据统计，除了专业机构与职业选手，普通大众投资者里面听说过收益风险比、最大回撤、资金曲线这几个词的人，100 人里面就没有 5 个人；自己投资时经常使用，能计算出它们的数值并画出资金曲线的人就更少，100 人里面估计连 2 个人都没有。

比如多数炒股软件里面就没有带自动画资金曲线的功能，也不能自动进行收益风险比、最大回撤的数据统计。又比如，我们有一个很容易判断投资者交易水平高低的简单方法。说起股神巴菲特，如果你只知道他投资得很多股票最后都翻了 N 倍或者他的伯克希尔·哈撒韦公司 50 多年时间里，股价翻了 26000 倍，那么你算是初级水平的投资者；如果你知道他几十年的平均年化收益率为 25% 左右，那么你是一个中级水平的投资者；如果你知道巴菲特投资生涯中的最大回撤的数据是多少，那么你已经是一个高级水平的投资者。

大家别临时去查手机，现看的不算，哈哈。其实我前面就已经提到过了，他在 1973 年的最大回撤在 50% 左右。大家思考一下，为什么我们在媒体上经常容易看到巴菲特暴利赚钱的数据，却几乎看不到巴菲特亏钱时的数据，甚至连平均盈利的数据都较少看到呢？或者这样说，巴菲特还是那个巴菲特，他做投资肯定有赚大钱的时候，肯定也有亏损的时候，这就像一枚硬币一定有正反两个面，但是为什么我们多数人只看到他的正面，而不去关注他的反面呢？

唐宋八大家之一的苏东坡，才华横溢，文学成就非凡，但他仕途坎坷，在临终前写了一首诗《观潮》："庐山烟雨浙江潮，未到千般恨不消。到得还来别无事，庐山烟雨浙江潮。"此时，苏东坡已从一个踌躇满志、想从政报国的年轻人，慢慢变成一个从容面对人生、参透生活禅机的风烛老人。听说小儿子苏过将去就任中山府通判，便写下了此诗。这首诗极具禅韵，我们仅从字面上看是很简单的，但简单中又蕴含着不简单，不简单之处就在于本诗的第一句与最后一句是重复之句，而最后一句"庐山烟雨浙江潮"的重复出现，有多重含义，非常值得我们这样的投资人去深思。

江老师拿出手机，找到一张图片，展示给大家并问道："这是什么？"

"菜刀！"大家异口同声地回答。

在普通人眼里，这是一把菜刀，是我们平时烧菜做饭的工具；但是，在一个想要违法犯罪的人眼中，这把菜刀可能就变成了行凶工具。刀既能帮人，又能伤人。

江老师又找出一张图片，展示给大家并问道："这是什么？"

"美女！"大家异口同声地回答。

在年轻人眼里，这是一个勾人魂魄的标准美女；但是，在一个几岁孩子的眼里，她就是一个和蔼可亲、体贴入微的慈母妈妈；而在一个修行僧侣的眼中，她可能又变成了干扰禅修的"洪水猛兽"。菜刀还是那把菜刀，女人还是那个女人，但是在不同人的眼中，她们的角色却有天壤之别，到底哪一个是真实的呢？

"见山是山，见水是水；见山不是山，见水不是水；见山还是山，见水还是水。"

这三句话，大家可能听说过，说的是人看待事物的三个层次、三种境界。

江老师转过身去在黑板上又写下了两个词："杠杆""回撤"。

这两个词在我们投资领域，大家必须熟练掌握，用得好，去天堂，用不好，去地狱。

第一个词叫"杠杆"，在投资新手眼中，它是暴富的工具，期货、期权、衍生品、结构化产品、几倍、几十倍、几百倍、豪车、游艇、美女、别墅、湾流飞机这些热血沸腾的词语中无不有它的身影；而在投资熟手的眼中，它却是暴亏的代名词，它与风险、爆仓、穿仓、抑郁、倾家荡产、跳楼、自杀、妻离子散、家破人亡等等如影随形，无不触目惊心，很多人谈之色变，避而远之。杠杆与硬币一样，一体两面，哪一个是真的呢？

第二个词叫"回撤"，在投资新手眼中，表示没听过，不知道什么叫回撤，他只想赚钱，不想亏钱，不想回撤。他不想学习回撤的投资方法，只想学没有回撤就能赚大钱的投资方法；而在投资熟手的眼中，投资一定有风险，一定有回撤，投资有可能赚钱，也有可能亏钱，亏钱的最大幅度就是最大回撤，最大回撤肯定避免不了，但是我们有办法尽可能地减少最大回撤的幅度。有了最大回撤与收益率，我们还可以计算出收益风险比，投资是不是有真本事，要比较收益风险比，而不能直接比较收益率。另外，我们还可以使用收益风险比，轻松地将投资业绩翻倍。

杠杆与回撤这两个词，可能是投资领域最重要的两个词了，非常有用，也非常有特点，而且两者性质刚好相反。投资新手，见山是山见水是水，他们喜欢大杠杆，不喜欢回撤或者掩耳盗铃避谈回撤；而投资熟手，见山不是山见水不是水，他们不喜欢太大的杠杆，它们承认投资一定有回撤但会努力降低回撤的幅度。

"江老师，那在您的眼中，您自己应该就是见山还是山见水还是水吧？"樊总猜测。

不只是在我的眼中，我希望在座所有的投资心学学员以及所有听完我投资课的人，都应该做到这种境界。在我们的眼中，见山还是山见水还是水，但这个时候的山与水，与之前的山与水，形相同，神相异，已经升华了！

杠杆，仍然是我们暴富的工具，但是，我们已经掌握了天道循环与兴衰起伏的奥秘，我们知道什么时候进，也知道什么时候退，更知道在不同的时空节点上使用多大的杠杆，我们可以做到随心所欲地使用杠杆，但是我们更知道杠杆的使用边界与禁忌。杠杆，还是那个杠杆，却是加持了天道、节欲之后的那个只赚钱而不爆仓的杠杆！

回撤，仍然是风险的代名词，但是我们经过了掷骰子模拟投资游戏的训练，我们的内功心法得到了巨大的提升，我们懂得了阴与阳、危与机的转换之道，危中有机，机中有危，回撤不仅仅代表亏损，更代表着大机会。我们不但不讨厌回撤，我们还非常喜欢回撤，我们在最大回撤的时候择机进场，我们还可将最大回撤的承受能力即风险偏好加以主动提升，因为我们知道可以通过收益风险比这个魔法石，轻轻松松地将投资绩效翻倍。让回撤的暴风雨来得更猛烈些吧！回撤，还是那个回撤，却是加持了内功心法，克服了恐惧之后的那个更能赚钱的最大回撤！

投资新手，见山是山见水是水，他们只喜欢杠杆，不喜欢回撤；而投资熟手，见山不是山见水不是水，他们不喜欢大杠杆，承认有回撤但努力降低回撤；投资心学学员，见山还是山见水还是水，我们喜欢杠杆，更喜欢回撤。我们能做到"随心所欲，不逾矩"！

| 2 |

听完老师的讲解，崔胜说道："感谢江老师指点迷津，我明白了。我之所以忽视收益风险比的魔法石作用而少赚了120万元的深层次原因在于我自己。是我对风险、对回撤的认知还太肤浅，还停留在投资小白认知的这个层面，是我骨子里不喜欢回撤，忌讳谈回撤。一个自己都讨厌、回避的东西，怎么可能在它身上发现机会产生需求呢？没有需求就没有动力去深入研究，所以自然而然也就不能利用最大回撤去提高绩效。"

我们的崔胜同学进步了，祝贺你。崔胜，出了问题一定要在自己身上找原因，这样我们才能进步，千万不要学习投资小白那样甩锅，将责任外推，越外推越退步。你不要再怨恨老胡，老胡也是人，也要吃饭穿衣养小孩，再说老胡也不一定是故意的。据我研究，很多职业操盘手，自己也分不清运气收益率、风险收益率，他们只会将收益率统统划归为自己的本事收益率。崔胜，怨恨只会让自己的格局越来越小。正确的认知一定是包容的、高维度的。

"好的，江老师，不怨别人，投资领域要怨就怨自己。不过，到底是什么原因让我的认知比较肤浅呢？我也是一家公司的经理，也是从业务员一步一步走过来的，我自认为也是一个阅历丰富，见多识广的人啊，认知不应该肤浅啊。其实我一直也很奇怪，我的实业做得不错，但是投资却做得一塌糊涂，百思不得其解。"崔胜继续问道。

投资市场专治各种不服！投资市场专吃像你这样实业做得好的经理、总裁、董事长。职位越高，被打脸越狠。为什么呢？

常人遇到一件事情想要去找解决方案的时候，通常会先在自己的脑袋中去找类似的经验，如果有，则按照经验去执行；如果没有的话，再回忆看过的书、老师讲授的理论或者别人谈过的经验；如果还没有，再进行逻辑推演或者召集朋友与专家讨论。自己的经验，叫领悟。别人的经验或者理论，叫理悟。由于人类经过了千万年的进化，已经形成了自我保护的基因，所以当理悟与领悟相冲突的时候，永远是自己领悟的经验优先，除非自己在这件事上吃了亏，重新领悟，重新建立新的经验。"领悟"第一，"理悟"第二，"推理"第三。

比如，崔胜，你公司的员工要求老板你加工资，你如何处理？你肯定先在脑袋中寻找以前是否有加工资类似的案例，你以前是怎么处理的。如果没有类似经验，你会回想一下是否曾经在书上看到过或者听朋友说起过类似的情形。如果还没有，你肯定就要去学习或者找朋友喝酒聊天咨询。当然，这个决策的过程可能很快，几秒、几分钟搞定，也有可能要花费很长的时间。

"是的，是的，遇到问题，人好像都是这样的处理流程。"崔胜赞同道。

这种处理问题的流程与经验，如果经常大量地重复，你就会形成思维定式，你的经验慢慢就固化成了你的常识、认知或第六感觉。久而久之，你最后会认为这样的常识、认知是天经地义、无比正确的，以后你都会用常识、认知来进行快速决策，而不再进行仔细的研究与理性的思考，其原因还是我们之前提到过的人性中的那条最基本规律"遵循最小阻力之路"。凭常识、认知进行快速决策，可以节约大量的思考时间与精力成本。越是社会精英，越是公司高层，经验越多，常识与认知被重复的次数也越多，思想也就越固化，自信心也越爆棚。因为他认为吃过的盐比别人吃过的米还多。

"江老师，我就是这样进行快速决策的，年龄越大，经验越足，能快一点决策没啥不好的，没必要浪费时间嘛，腾出来的精力可以干其他很多事情嘛。瞻前顾后，患得患失，犹豫不决肯定成不了大事。"崔胜评论道。

是的，靠经验、常识与认知快速决策，本身是没啥问题，而且还能建立起自己很有领导魄力的人设。但是，这个方法用久了，随着决策正确次数的增加，你就会将常识、认知升级为天经地义的真理，变成了你的执念，这个时候你就开始危险了。

"老师，升级为真理，变成了执念，为什么就危险了呢？"崔胜好奇地问道。

每一个常识、每一条真理的背后都有边界、假设、条件与适用范围，不存在绝对的真理。如果非要说有真理，那么这个世界上只有一句话可以算作是真理：这个世界不存在绝对的真理！你以前的经验、常识与认知，肯定都是有名有相，所以肯定不是终极真理，如果你将经验升级为常识，又升级为真理，变成了你固化的执念，那么：（1）你将忘记常识、认知它们赖以生存的边界、假设、条件、适用范围；（2）你将听不进去别人的反对意见；（3）你会重仓下注；（4）你做事会走极端违反天道。

这四点决定了你注定走不远，必将危机重重，离"楼塌"的日子会越来越近，而且越是高层领导越危险，高处不胜寒啊！越是高层，你的常识与认知被重复的次数会越多，重复得越多，你的执念会越重，而且周围溜须拍马的小人也越多。你都变成了别人眼中、心中、嘴中的大神，决策无比正确，一句顶别人一万句。这个时候，你怎么还会认为自己有危险呢？自己怎么可能还会失败？但其实，这时你最危险！

你可以随心所欲，但不能逾矩，逾矩必被捉！

比如我前面说过的我曾经代理过的节油器项目，为什么会失败？就是因为我之前在20部私家车上测试后，效果都非常好，"这款节油器很省油"的认知被大量重复后，我就坚信了这个认知，而忘记了测试节油器的适用范围，我想当然地将适用边界平推到了所有的汽车与所有的司机，尽管针对私家车与新手来说，节油器有很好的效果，但是，在的士车与熟练驾驶员上，节油器根本就没有什么作用，白白损失了几十万的代理费用。

再比如，我们前面章节讲过的美国长期资本公司，在公司里面上班的都是华尔街金融界的顶级高手，还有两位诺贝尔经济学奖的获得者，为什么这家公司最后轮到破产被收购呢？长期资本公司变成了昙花一现的短期资本公司。这家公司投资的标的物是国债，长期资本公司的底层逻辑、数学模型、交易策略全部都是建立在这样一个假设条件上，即国债不可能违约。是的，绝大多数的时间里，国债的确不会违约，所以长期资本前几年都是赚大钱的。当赚钱成了习惯，变成了天经地义的真理的时候，长期资本公司拼命地加杠杆（最高加到60倍），完全将自己公司存在的假设条件忘记了，高层领导全部忘乎所以，得意忘形。结果破坏了天道平衡，触发黑天鹅事件——俄罗斯国债真的就违约了！长期资本公司一夜回到解放前。而且出了事后，公司原高层领导并没有进行深刻的反省，还简单地将责任外推，将公司的破产归结于运气不好，碰到了几千年一遇的黑天鹅事件。后来，高层领导们还不服气，又重新组建了一个新公司，还是干同样的事情，结果几年以后，又碰到2008年的金融风暴，再次重蹈覆辙，从此隐退江湖。

"江老师，我明白了，做投资执念太强容易失败，那么像我们这些实业或者业务做得好的经理、CEO、董事长等，会出现哪些影响投资的执念呢？"崔胜又问道。

数量倒不需要太多，但是如果最底层的认知出现固化，就会出大问题。比如，做实业、日常生活、学习、工作，我们要行有为之法；而做投资却要行无为之法。有为与无为搞错了，就会出大事。而且这个错误很底层，很隐蔽，很难发现，所以大家也很难纠正。

"有为与无为这两个词，偶尔也听说过，但是过于高深了，我这个层次理解不了，老师您能不能通俗易懂地用案例解释一下呢？"崔胜继续问道。

比如业务经理，做业务或者带销售团队时，肯定要讲努力、勤奋、热烈、发展、套近乎、忍辱、进取，要像打鸡血那样做起来，爱拼才会赢！这些就是有为。而投资与实业相比较，特别是与业务相比较，则完全不同，讲的是随缘、安适、不争、守拙、舍得、示弱、养晦、后退，千万不能急，不能抢，爱拼就会输！这些就是无为。

"爱拼还会输？努力、勤奋、进取，难道这些都是执念吗？难道这些都不对吗？那我宁愿还是有执念吧。我不相信难道后退才能赢吗？"崔胜不服气地说道。

我说你执念很重吧，你还不信。

比如，这个世界上还真有一件事情，只有后退才能成功，前进是不可能成功的。

"不可能！绝对不可能。"崔胜激动地反驳道。

"崔胜，崔经理，我们不要意气用事，冷静，冷静。之前的课程中，你已经被打脸很多次了，尽管我和你一样，也不相信这个世界上竟然还有后退才能成功的事情，但还是要听江老师把话说完。"福建老严劝道。

这件事，崔胜、老严以及在座的各位同学，你们每天都在干，就是倒车入库！在路边，一前一后停有两部车，中间有一个车位，崔胜，你用前进的方法能将车停进去吗？

"哇，又被打脸了，这个世界上还真的存在只有后退才能成功的事情哦，我之前还真没有注意到，江老师的课，经常开眼界哦。江老师，我真心认错。"崔胜不好意思地说道。

我再说一个你们肯定还会惊讶的事情：这个世界上有一件事情，只有刚刚够本才能成功，多了或者少了都会失败。

"我不敢再否认江老师您了，不过我真心想不出来，到底是哪一种事情只有刚够本才能成功。"崔胜问道。

身体不舒服去医院看病。不管你花了多少钱，吃了多少药，打了多少针，你最终的要求就是身体恢复到原状就可以了，营养多了或者少了，肯定都是失败！

"太惊奇了，世界上还真的有这样的事情，而且就发生在身边，我们都没有留意。江老师，我真心佩服您，竟然每天琢磨这样的事情，还能学以致用在我们的工作与投资中。"崔胜赞叹道。

崔胜，你以前一直做业务，所以往前冲的执念太重，我能理解，你不用给我认错，但是，你要给自己认错。我要提醒你一下，如果刚才倒车入库，是在赌场下注，而不是我们嘴上说说，按照你刚才那么激动的情形，我估计你已经输了个倾家荡产啦。我们投资输大钱，都是在自认为天经地义、信心满满的时候，因为那个时候，你会下重注，你会押房产，你会放大杠杆。不要认为我是危言耸听，去年的负油价害死了多少人啊！

"是啊！买东西不花钱，卖东西的老板还倒给顾客钱，简直不可想象！这个认知真的是很底层的，很隐蔽的。这时要是下注下错了，真的可能倾家荡产啊！"崔胜说道。

关键是你倾家荡产后，你还不知道原因在哪里，你还以为是运气不好，碰到了黑天鹅。其实是你的认知出了问题，特别是对适用边界的认知出了问题，你逾矩了。认知风险、常识风险才是最大的风险！

努力、勤奋、热烈、发展、套近乎、忍辱、进取、加油、爱拼才会赢，有为之法的这些词，是从我们儿时的时候，父母、老师就已经开始灌输给我们了，中间还加持了我们自己几十年的经验，所以我们认为是真理，是放之四海皆准的真理。这些词对不对呢？当然对啊！不过大家忽视了这些词适用的边界。我们从幼儿园—小学—初中—高中—大学—工作—生活—创业—实业—生意等等，这些都是有为之法的适用边界。

但，投资却不是！

| 3 |

为什么投资不适用有为之法，而只适用无为之法呢？我举几个例子。

大家都知道武松打虎的故事，凭借的是一身胆识和醉意，还有他平时长年练就的高强武艺，没有这些硬功夫，他可能早就被老虎吃掉了。

在古代，女人持家，而男人们出外打猎，去捉老虎、鹿、野兔、豹子、山羊、野驴等等，古人必须行有为之法，平时要刻苦训练，骑马、射箭、棍术等等都要样样精通，这样收获也越大。所以说，在古代要捉老虎的话，爱拼才会赢！不拼就得死，被老虎吃掉。当然，今天不能去捉老虎，我们仅仅是以古代的例子来做类比。

不过，同样是去捉动物，有一种动物，无论什么时候，你都不能用有为之法去捉，因为这时，不合适用大力、蛮力，你越努力，越进取，越折腾，越没有效果。

崔胜，我看你欲言又止的样子，你有什么话要说吗？

"不说了，怕又被打脸。老师，您请继续。"崔胜做了一个鬼脸。

捉这种动物，爱拼就会输！——这种动物就是老鼠，怎么捉才最省力呢？

如果我们在捉老鼠的时候，直接采用捉老虎的方法，看见老鼠，我们就跟在后面使劲追，用骑马、射箭、猎枪、棍术等等方法，就算你的武功再超群，你的体魄再强壮，你觉得你最后能抓住几只老鼠呢？估计一只都很难捉到吧！此时，你越努力、勤奋、加油，越折腾，最后还是很难捉到老鼠。捉老鼠，爱拼就会输！

古人捉老虎，爱拼才会赢！须行有为之法。

今人捉老鼠，爱拼就会输！须行无为之法。

其实捉老鼠，哪里需要费那么大的劲，你只需要用无为的方法，越简单越有用、越悠闲越灵验、越不折腾越有效。你只需要先将老鼠笼子准备好，然后在家中找到老鼠出没最多的几个地方，把老鼠笼一放，投点老鼠爱吃的食物，然后就是等，啥也不需要做，该喝茶就喝茶，该逛街就逛街，该睡觉就睡觉，该外出旅行就去旅行，平时该干啥就干啥，总之不折腾，不干预。随缘，静等老鼠入笼而已。

对，就这么简单！这就是效果最好的捉老鼠方法——无为之法。

"江老师，我同意您的见解，捉老鼠的确应该这样，在屁股后面撵老鼠，累得气喘吁吁，哪怕累死，肯定也捉不到一只老鼠。江老师，我平时还很少注意到这样的情况，更没有认真思考过什么时候该有为，为什么时候该无为？请问：行无为之法的地方多吗？投资想成功难道必须行无为之法吗？"崔胜继续问道。

尽管我们多数的时候，需要用有为之法，但是也有很多时候，我们必须行无为之法，只是大家平时没有留意到，更没有思考有为与无为的适用边界。

我们必须有所为，有所不为。养鱼或者拿渔网捕鱼，我们要行有为之法；而钓鱼我们就必须用无为之法。种庄稼播种时，我们要行有为之法；而在种子发芽、生长、成熟的过程中，我们要多行无为之法，切忌拔苗助长。

舒月突然有了感想，说道："江老师，我也想到一个特别好的例子——谈恋爱！"

"谈恋爱也会出现有为与无为的区别吗？"崔胜好奇地问道。

"区别大着呢！男孩子追求女孩子，必须行有为之法，应该要主动出击，约会、送鲜花、送生日蛋糕、请烛光晚宴、买钻戒、豪车接送等等，脸皮要厚，嘴巴要甜，死缠烂打，不达目的绝不善罢甘休；但是，如果是一个女生喜欢一个男生，她就要尽量使用无为之法。如果她主动出击，踊跃追求，估计多数时候要把男生给吓跑了，就算吓不跑，男生结婚以后也不会珍惜，太容易得到的东西肯定不长久。女孩子恋爱的无为之法：不要直接去管男生，而是要先管好自己：梳妆打扮、保持涵养、小资情调、温柔贤惠、知书达理、体贴入微、勤俭持家，总之入得厅堂，下得厨房，甚至还需要一些小技巧，比如：善于撒娇，欲擒故纵，善于拒绝，保持新鲜感、神秘感等等。女生不要主动去追求男生，只要把自己的事做好，将外表、内涵以及居家环境，都收拾得井井有条，窈窕淑女、知书达理、温馨浪漫，自然而然就会吸引男生前赴后继、勇往直前的。"舒月兴奋地说着她的恋爱观。

"哇，还真是这么回事，女生欲擒故纵，男生经过艰难险阻后得到的东西，才有成就感与炫耀感，未来结婚后才会珍惜。舒月，你谈恋爱这么厉害的，佩服！佩服！肯定追你的男生很多吧？"崔胜嬉笑地说道。

"哈哈，个人隐私，就不告诉你了吧。我用的方法其实江老师前面也提到过的：以不争为争，天下莫能与之争。哈哈……"舒月回应崔胜道。

深圳小明这个时候忍不住也问了一个问题："女生的确应该以不争为争，男生还是应该争一争。江老师，说到争与不争，刚才你们举的例子：捉老虎与捉老鼠，捕鱼与钓鱼，男追女与女追男等等，它们的区别，我是非常赞同的。另外，像争与不争，有为与无为，还有什么入世与出世，对了，还有讲方与圆的书，这些两两相对的词，我以前多多少少听过，但却不知道该如何正确使用。我们什么时候该争，什么时候不该争？什么时候入世，什么时候出世？什么时候有为，什么时候无为？真的很难分清楚，应该就是江老师您刚才说到使用边界问题吧。方与圆我倒似乎知道一些：方是做人之本，圆是处世之道。另外，涉及这个问题，古人倒是有一些成语，言简意赅，富于哲理，其作用本来应该是知古鉴今，指导我们后人如何去为人处世。但是，这些成语很多时候却又是相互矛盾的，让人无所适从。比如，说到不争的成语，如淡泊名利、以退为进、虚怀若谷、欲擒故纵等等，但是也有太多的成语鼓励我们去争啊，如毛遂自荐、当仁不让、积极进取、义不容辞。到底哪一个对呢？"

小明的问题，其实是我们在人世间遇到的最难问题之一。小明你或者在座的各位同学，遇到这类问题时左右为难，无所适从，一点都不奇怪。两难问题要处理好，需要丰富的阅历以及深厚的功力，我们投资心学叫作随缘适变的能力。随缘适变这个词是我们投资心学原创的，也是我们投资心学的核心思想！

其实儒家圣人孔子就认为这类问题是最难的，因为他说过：三十而立，四十不惑，五十知天命，六十耳顺，七十随心所欲不逾矩。孔子认为：常人要到七十岁才能做到随心所欲，不担心违规。需要七十年的人生阅历与沉淀，难道不难吗？而且，令人遗憾的是，就算我们七十岁能做到随缘适变了，但是，人生快要到终点了，终点时刻才能处理好两难问题，那还有什么意义呢？

所以我们要尽早地学习并掌握随缘适变的能力，如果我们在 40 岁左右就能做到随心所欲不逾矩，那么就相当于我们的生命延长了 30 年，而且延长的是最精华的 30 年。三十年啊，我们能做多少事啊！能为社会做多大的贡献啊！能取得多大的成就啊！

"江老师，还真是您说的这个道理，早点养成随缘适变的能力，就是我们延长生命的秘籍！那江老师，赶紧详细说说什么叫随缘适变吧。"小明兴奋地说道。

| 4 |

随缘适变，如果我们想要详细讲解需要很长时间，甚至需要单独开一门课。而我们现在的课程主要是讲投资的，所以我们在这里只能简单地介绍一下随缘适变，重点讲解其在投资领域的应用。

如果我现在问大家，人类的最高智慧是什么？肯定不同的人有不同的答案，但是归根结底，大家的答案可以分为两大类：入世的学问与出世的学问，或者叫术与道。但是，在这里我要告诉大家，人类的最高智慧是什么？既不是入世的学问，也不是出世的学问！既入世又出世的学问，才是！术不是，道也不是！术道兼修的学问，才是！而我们投资心学的核心思想就是随缘适变，两者兼顾。

《道德经》云：道可道，非常道。我们想要完整地定义什么是随缘适变，也非常困难，在这里我只能简单地给大家解释一下。

随缘适变告诉我们，这个世界没有一成不变的方法，我们必须根据外缘（时间、地点、人物、环境、条件、假设、目标等等）的不同，采用不一样的方法去应对、处理，即《金刚经》上讲的法无定法。而且不同的方法之间的关系（边界、权重等等），还需要根据外缘的动态变化，实时做出相应的动态调整。而且在整个随缘适变的过程中，我们自己的内心还必须做到"如如不动"（《金刚经》语），始终不被外境所转，不执着于法，在变中保持不变，即法变心不变。

前面我们提到的捉老虎与捉老鼠、男追女与女追男，都是随缘适变很好的案例。

正所谓：一方水土养一方人。随着时空等外缘条件的变化，很多看似天经地义的事情，都有可能变得不正确。比如，在我国，买房子坐北朝南，肯定是最好的方位，房屋的售价也比其他方位要贵。但是，如果我们在澳大利亚、新西兰买房产，坐北朝南就变成了很差的方位，在南半球的澳洲，坐南朝北才是好方位。又比如，在我国，产妇都要坐月子，坐月子期间切忌泡澡；但是在美国，产妇就没有坐月子的习俗，产后几天，妈妈与小孩都可以冲凉洗澡，而且还不会得病，不会留下后遗症。

在中国近现代史上，有两次著名的随缘适变，第一次是国内革命战争时期，中国共产党人创立的"农村包围城市"的革命道路。在这之前的革命战争，例如法国的"巴黎公社"，俄国的"十月革命"，都是把主要战略方向指向中心城市，并取得了巨大的成功。而在中国共产党创立初期，也是采取了中心城市的革命发展道路。1927 年大革命失败的惨痛教训之后，中国共产党才逐步认识到，中心城市的发展战略并不适合当时的国情，犯了经验主义与教条主义的错误。

中国与法国、俄国的国情完全不同。中国几千年来都是农业大国，农民一直占中国人口的大多数，重视农民才是问题的关键。农村包围城市的战略方针就是意识到了农民问题的关键性，使中国共产党赢得了广泛的群众基础，让农民发挥出其巨大的潜力。毛泽东同志在分析了近代中国的具体情况之后，提出了农村包围城市，最后夺取城市的革命发展道路。在从具体实际出发，独辟蹊径的中国特色革命方针的指引下，中国共产党经过了 28 年的艰苦奋斗，最终取得了新民主主义革命的伟大胜利。

第二次随缘适变，就是伟大的改革开放。1978 年 12 月，党的十一届三中全会召开，这是一次具有深远意义的伟大转折：大会重新确立了实事求是的思想路线，决定把全党工作的重点转移到社会主义现代化建设上来。十一届三中全会还明确指出了党在新时期的历史任务是把中国建设成为社会主义现代化强国，揭开了社会主义改革开放的序幕。以十一届三中全会为起点，中国人民进入了改革开放和社会主义现代化建设的新时期，逐步开辟了一条建设中国特色社会主义的道路。四十多年来，中国人民沿着这条道路取得了举世瞩目的伟大成就。

无论是星火燎原理念，还是白猫黑猫理论，无不与随缘适变深深地相契合。根据外缘的不同，国家的建设、治理的方针都应该相应有所变化。

鉴于随缘适变的重要性，为了让大家更好地理解随缘适变，我还要再举一些例子。

北宋时期，有两个著名的理学家，他们是兄弟两人，一个叫程颢，另一个叫程颐，世称"二程"。有一天，他俩应邀参加一个朋友家的宴会。酒席上，有几个花枝招展的歌妓吹拉弹唱，给在座的客人劝酒助兴。程颐看不惯，拂衣而起走开了。程颢却若无其事，大碗酒肉，尽欢而散。第二天，程颐跑到程颢的书房里，余怒未息，有责备老兄之意。程颢看着弟弟那副一本正经的样子，笑呵呵地说道："你还耿耿于怀昨天的事啊。昨天酒宴上，我是座中有妓，心中无妓；今天书房里，你是座中无妓，心中有妓。"

请问各位同学，程颢、程颐两兄弟的做法，哪一个是正确的呢？

"江老师，这个故事我以前曾经在网上看到过，故事里讲，最后程颐听了哥哥的话，低头想了一想，自愧学问和修养的水平还赶不上哥哥。故事还总结，生活中总是客观存在善与恶、美与丑的斗争，对丑恶的事物一味躲避，并不是聪明的做法，关键在于从思想上战胜它，在与反面事物的接触中抵抗它，做到出淤泥而不染。这个结论我非常赞同。"深圳小明说道。

其实，网上的这个评论，我们投资心学认为还不够全面，还需要进一步随缘适变，因为目标、使命不一样，采用的方法也应该不一样。程颢、程颐是历史上著名的理学大师，如果他们开创理学学派只是用于自修自度、自我完善，实现内心与精神的修养，那么程颐的拂袖而去就是对的；如果他们以普度众生为己任，穷则独善其身，达则兼济天下，做到自利的同时，还能利他，甚至利于一切众生，那么程颢的"出淤泥而不染，濯清涟而不妖"的做法无疑才是正确的！

一个先知先觉的人，如果发愿要去悬壶济世，那他一定要沉下去，与普通大众打成一片，想群众之所想，急群众之所急，不能躲，不能脱离群众，不能高高在上，不能在天上飘，否则你的话，普通大众很难听进去，那你还如何普度众生呢？这就像一个家长，想劝说自己的小孩不要沉迷于网络游戏。家长光说大道理是没有用的，还很有可能产生逆反心理，你越说，孩子越觉得你啰唆，适得其反，他越要玩游戏。正确的方法是，家长穿一个马甲，搞一个化身，然后也玩网络游戏，和你的小孩一起玩游戏，而且你玩的成绩比他还要好，让他从心里佩服你的游戏水平。然后你在游戏之余，旁敲侧击地点拨他，让他在玩游戏的同时，不要忘记了学习，要做到学习与娱乐两不误。这种言传身教的方法才是最好的教育方式。

"江老师，中国传统文化里，除了儒家、释家涉及了随缘适变，道家是怎样论述的？"小明又问道。

道家最有名的就是"上善若水"的表述。老子《道德经》第八章："上善若水。水善利万物而不争，处众人之所恶，故几于道。居善地，心善渊，与善仁，言善信，政善治，事善能，动善时。夫唯不争，故无尤。"

人生命中的最重要的两个东西：空气与水，都是没有形状的，它们最重要，但却是最低调的，低调到一点存在感都没有，人们平时都忘记了它们，只有到了失去时才会想起它们。空气与水都没有形状（空气甚至连肉眼都看不到），只会根据所盛的器物的形状来决定它们的形状。用啤酒瓶装它们，它们的形状就是啤酒瓶；用茶杯装它们，它们的形状就是茶杯；用碗装它们，它们的形状就是碗，真是大音希声，大象无形啊。我们生命中的最重要的两个东西都是随缘适变的，随缘到它们自己连形状都没有，"故几于道"。我们还有什么理由不去做到随缘适变呢？

《道德经》里还有很多随缘适变的词语：大柔非柔，至刚无刚，不争为争等等。

"江老师，像上善若水，上述这些随缘适变的语句，特别高大上，但是，它们到底有什么具体的用途呢？我们年轻人还是喜欢先看到具体的实际的效果，才会努力去做。"舒月似懂非懂地问道。用途太大了，它们可以彻底改变一个人的人生。

| 5 |

中国几千年历史，能够称得上"圣人"的，只有"两个半"，两个圣人是指孔夫子和王阳明，半个圣人即是清朝晚期的朝中重臣曾国藩。顺便说说曾国藩，他年轻时，却是一个众人皆知的"愣头青"，四处招风，45岁对于曾国藩是一个分水岭。

45岁之前，曾国藩年轻，他一直信奉儒家的至诚和法家的强权，并以此为标准，将人简单分为好人与坏人，处事直截了当，表面上痛快干脆，似乎是强者，结果处处碰壁，实质上却很失败，是个弱者，到头来弄得上上下下都是敌人，前前后后全是障碍。

比如，曾国藩到江西去打仗，却状告江西当地的巡抚陈启迈，告他昏庸无能，整天只喜欢下达命令，但是却朝令夕改，令将士们无所适从。咸丰皇帝最后虽然也罢免了陈启迈的官，曾国藩表面是达到了目的，也痛快了，但是曾国藩把江西本地的官员却得罪完了，而且继任的官员对他猜忌更深，排挤更甚。曾国藩的仗，没有地方官员的支持，是没有办法打的，根本就没有达到弹劾的目的。

又比如，曾国藩接到皇帝命令，要他在湖南兴办团练，抵抗太平军。曾国藩是一个忠心为国的人，其风格是不干则已，要干就要大干。曾国藩因杀人多得到了一个著名的外号"曾剃头"。于是，湖南社会治安的确好了起来，老百姓夜不闭户，纷纷说曾大人有本事。然而湖南全省的官员，几乎都成了曾国藩的敌人，都在日夜咒骂曾国藩。原因很简单，曾国藩动了别人的奶酪，侵犯了别人的权力。你半年里办的事，超过了湖南几十年的工作成绩，这样的干法，湖南当地官员的脸面往哪里摆？

再比如，一次有军情时，咸丰皇帝命曾国藩马上返回军营，曾国藩却向咸丰皇帝摆谱，不愿意回去，并且牢骚满腹，一再声明带兵打仗困难重重，没有实权，没有军饷，受地方官员的排挤、打击、陷害，同时伸手向皇帝要权，要钱，以此要挟皇帝。

各位同学，大家看一下，曾国藩45岁之前的表现，像不像年轻时的自己？"举世皆浊唯我独清，众人皆醉唯我独醒"的味道。

这样的搞法，曾国藩最后能拿到自己想要的结果与实权吗？肯定没有！不但没有，而且咸丰皇帝借曾国藩的父亲去世需要丁忧①的理由，直接下旨让他回家休息了。这对曾国藩的打击非常大。那段时间的曾国藩几近失态，在家里逮谁骂谁，脾气极其烦躁，身上的许多毛病也发作了，睡不着觉，所有人都绕着他走，此时的他完全乱了方寸。

不过，曾国藩在乡居的两年期间，做了一件无比正确的事情，挽救了自己。曾国藩在他特别痛苦、特别烦恼、压力特别大的时候，认真研读了《道德经》与《庄子》，读完以后，终于大彻大悟！

曾国藩在日记里这样反省自己，过去自己太自傲太急切，一味蛮干一味刚强，锋芒太露。"昔年自负本领甚大，可屈可伸，可行可藏，又每见人家不是。自从丁巳、戊午大悔大悟之后，乃知自己全无本领，凡事都见得人家有几分是处……"

45岁左右在家丁忧的这两三年算是曾国藩的一个转折点。转变后的曾国藩，上善若水、大智若愚、大柔非柔、至刚无刚、不争为争这些随缘适变的词，变成了他的座右铭。三年后，太平军又强盛了起来。咸丰八年，太平军攻破了官兵的江南与江北两座大营，这时，咸丰皇帝又令曾国藩再次率兵。曾国藩这次二话不说，不谈条件与困难，重新出山后的曾国藩，整个人发生了天翻地覆的巨大变化。

曾国藩给朋友写信，说当官有一招特别重要，叫"展"字诀。什么意思呢？能拖就拖，甚至这个方法，曾国藩还用在了皇帝身上，学会跟皇帝"打太极"。原来的曾国藩，给皇帝写奏折，那都是直来直去，说不去就不去，说不干就不干，总是威胁皇帝；现在当

---

① 丁忧：是指古代官员在父母去世后，必须去职回家守孝的一种法定制度，时间一般为三年。

皇帝要派他去四川，他心里不想去，但是不再明里跟皇帝说不去，而是跟皇帝说我马上就去，先给足皇帝面子。凡事先处理面子，后处理事情。说完后曾国藩又说，这里出了什么事，那里又出了什么事，都需要紧急处理。这时的曾国藩，会让皇帝觉得他非常想去四川，但是一时又走不开，去不了，直到最后拖到不了了之。

重新出山后，当年那个刚愎自用、呆板刻薄的曾国藩不见了，现在的曾国藩为人宽厚、和气、谦虚、礼貌、周到。阅尽千帆，现在他做事情，气定神闲，举重若轻，轻松幽默，既有原则性，又有灵活性。繁忙的军务之余，曾国藩每天晚上还要一个人凝神屏息地静坐一会儿，然后再处理大量的公文，还要坚持每天写家书与日记；每天下午，曾国藩一身短打，扛着锄头，进入自己的菜园，锄草、松土、浇肥；曾国藩连开会都是利用吃饭时间，烧几个好菜，上一壶好茶，轻轻松松就把问题解决了。现在的曾国藩真是气定神闲，谈笑间，樯橹灰飞烟灭。"官场复杂，尤为微妙。识见固要阅深，行事更须委婉，曲曲折折，迂回而进，当行则行，当止则止，万不可逞才使气，求一时痛快。要在风平浪静处安身立命，不要将自己置于风口浪尖之上。"

此时的曾国藩，"麋鹿兴于左而目不瞬，泰山崩于前而色不变"。此时的曾国藩，不再是一个大臣，不再是一个杀人机器，而是一个父亲，一个兄长，一个老朋友。

各位同学，大家看一下，曾国藩45岁以后的表现，像不像成年以后的自己，或者像不像我们的父辈？有种"含刚强于柔弱之中，寓申韩于黄老之内，和光同尘"的味道。

正所谓"伟人征服别人，圣人征服自己"。历史上能征服别人的伟人很多，但是能够征服自己的圣人却很少，曾国藩算是其中的半个圣人。那么他在乡居期间悟到了什么？又征服了自己的什么呢？各位同学，大家可以畅所欲言。

"江老师，我还是喜欢45岁之前的曾国藩，敢作敢当，敢爱敢恨，率性；45岁之后的曾国藩的所作所为，我感觉是老油条了，沉于世故，与其他人有同流合污的感觉。"舒月发表了她的看法。

舒月，你作为年轻人，有这样的看法，我非常能理解，我年轻的时候也是这样的想法，对了，曾国藩自己年轻时也这样想的。中华传统，我们从小受的教育就是要求我们做人要堂堂正正、坦坦荡荡。但是，请大家注意这个词是"做人"，但"做事"就不一定是这样了。这里面的差别，需要我们用"随缘适变"去体悟。其实曾国藩在丁忧期间领悟的正是这个。

曾国藩的主要任务是操练湘军，然后开拔去前线打仗。打仗是做事，而不是做人，更不是做学问。做人、做学问相对简单，基本上就是自己一个人的事，并不怎么需要与他人的互动。但是打仗就不一样了，打仗要复杂得多。打仗需要调动各种社会资源，并与三教九流各种人物打交道。募兵练兵、战时动员、军工器械、粮草后勤、政治宣传、战术演练、战略规划、外交谈判、伤员救治、俘虏遣散、死者抚恤……哪一项都不是自己能独立完成的，都需要其他人的积极配合。曾国藩自己可以严于律己，去做一个道德高尚的人，但是在打仗这件事情上，曾国藩不能要求和他配合的各式各样的人中，都是道德高尚的人。皇帝、太后、大臣、地方官、武将、校官、士兵、后勤、同僚、老乡、敌人、俘虏……这些人形形色色，性格特点，五花八门，眼光境界，参差不齐，理想目标，各不相同。他们可能在各自擅长的战争的某个环节上很有才华，但是他们的品格德行并没有曾国藩高，甚至还贪婪自私、冷漠无情。非常时期，用非常之人，这些人打仗的确是一把好手，曾国藩不可能等这些人读完四书五经，变成品德高尚的人后才使用，那时黄花菜都凉了。再说了，打仗一定会流血死人，品德太高尚的人，谁又会去干呢？

为了提高打仗的做事效率，曾国藩必须随缘适变，必须根据外缘（时间、地点、人物、环境、条件、目标等等）的不同，采取不一样的方法。改变别人很难，改变自己却相对容易。曾国藩45岁后领悟了，他开始改变自己，自己实时在变，变得与外缘"和其光同其尘，挫其锐解其纷"。其实，道理也很简单，如果你是一件物品，要是太锋利，必定保持不了多长时间，必定会被磨平。但要是你能够圆润光滑，让别人认为你是同一路人，那么你就是一个特别了不起的人，做事的效率也会提高N倍，因为谁都愿意帮助朋友去做事情，成人之美嘛；谁又愿意去帮助自己讨厌的人呢？

舒月，各位同学，曾国藩是和光同尘，而不是同流合污，大家知道两者的区别吗？

"江老师，说实话，我还是没有觉得它们之间有太大的区别？"舒月问道。

曾国藩45岁后圆滑世故了，做事随时会根据外缘的不同而改变，但是曾国藩在变的同时，有个东西从来都没有变过，那就是他的"心"以及做人的原则。曾国藩修身齐家治国平天下，争当一个圣人的"心"，从来都不会被外境所转，也不会被个人的欲望所左右。比如，曾国藩手下有一个人叫鲍超，是湘军的著名将领。此人打仗虽然是把好手，但颇为爱财，有贪腐问题，曾国藩对此心知肚明。有一次曾国藩过寿，鲍超大张旗鼓抬来16大箱的贺礼，其中古玩字画、金银细软，应有尽有。曾国藩见状并未发怒（换作以前，曾国藩早就怒发冲冠了），也没有追究这些财宝的来历，而是从中"精挑细选"了一顶绣花礼帽，表达了钟爱之意，收下当作留念，其他所有贺礼则全部退回。

除了曾国藩，我们前面讲到过的程颢等人，做事也都是和光同尘的。我们投资心学的随缘适变，也要求大家做事在变的同时，在做人上要保持一颗纯净的初心。

"我有点明白了。变中有不变，不变中有变。这种辩证的关系，我们年轻人真的要好好学习，以后可以运用到自己的工作、生活与投资中。江老师，我以前听说过一个词，好像叫作内圣外王，您看能不能用来解释投资心学的随缘适变？"舒月又问道。

我们的舒月现在的水平越来越高了。用内圣外王用来解释随缘适变，比较恰当。

内圣外王出自《庄子》："是故内圣外王之道，暗而不明，郁而不发，天下之人，各为其所欲焉，以自为方。"内圣外王的意思就是在内具备圣人品德，在外又懂得施行王道。内圣就是修身养性，外王就是齐家、治国、平天下。

内圣外王虽然出自道家经典，却被奉为儒家的最高境界。曾国藩正是因为参悟并奉行了内圣外王的精神，所以才得以独领风骚，成为最成功的儒学大家。

与之相对的是历史上有名的清官海瑞。海瑞的确是为官清廉，品德高尚，是树立在历史中的一个道德标杆，是内圣的楷模。但是，也正是由于海瑞清廉正直，并要求同僚和他一样清廉正直，所以他晚年时备受孤立，以至于一事无成，没有人愿意与他合作、为他效力。海瑞空有一腔抱负，一身本事，最终却无处施展。

反观曾国藩，他把"内圣外王"的精神发挥到极致。在内，曾国藩以圣人的标准要求自己，他恪守气节，也清廉正直，但是他从不以同样的标准要求他人。反之，曾国藩非常懂得"海纳百川，有容乃大"的道理，他既能容人，又会用人。正所谓"泰山不让土壤，故能成其大"，曾国藩之所以能把为官哲学用到极致，正是因为他在坚守自身道德的同时，又懂得如何尽可能去体谅别人、宽容别人，当然，其最终目的则是团结别人，实现共赢。"人好美名，人皆如此"，如果曾国藩一味地图自己的清廉美名，那么，与之相对的不美之名归谁呢？就只能归于他人。曾国藩不想用别人的贪腐来衬托自己的清廉，因为厚道也是一种品德。曾国藩的做法，同僚和手下都愿意与他交心，并帮助他成就一番伟业。清廉是一种品德，厚道也是一种品德，哪一个又不重要呢？

水至清则无鱼，人至察则无徒。做人，我们可以遵循道德最高原则；做事，我们还是应该遵循最小阻力原则。所以，内圣外王才是儒家的最高境界与精髓所在。

| 6 |

"江老师，我开始明白随缘适变了。以前我实业做得不错，但是后来做投资却一塌糊涂。如果找投资顾问买基金，让别人帮我做投资吧，又容易被幸存者偏差忽悠或者不懂收益风险比，只能赚小钱不能赚大钱。所有的这些情况，究其原因，是我自己认知的问题，是我自己随缘适变的能力不够。那么，请问江老师，投资与实业、生意、工作以及与日常生活有哪些不同呢？哪些地方需要随缘适变呢？"崔胜问道。

我先请各位同学注意，为了以后讲课的方便，我们将开工厂、开公司、做生意、学习、进修、上班以及日常生活等等，都统一简称为"实业"，以便与"投资"区别开来。

　　包括崔胜同学在内，绝大多数投资者不能稳定盈利的最重要的底层原因是将投资与实业混为一谈，将你们以前的实业认知直接外推到投资认知。认知错误是最大的错误！认知错误肯定挣不到钱，就算你靠运气偶尔能挣到几个钱，后面也会靠本事亏回去的，做不到资金曲线的稳定增长。那么投资与实业有哪些重要的区别呢？哪些地方需要我们随缘适变呢？

随缘适变（一）：投资与实业在主动权方面有很大的区别

　　实业，一般我们都能或多或少地掌握主动权。小学、初中、高中各阶段，如果你主动认真学习，考试成绩一般都不会差；毕业后上班，如果你主动认真工作，上级领导一般都会赏识提拔你；自己创业做生意搞实业，如果你勤奋努力，各方面打点很好，生意一般都会蒸蒸日上；家庭生活，如果你相亲相爱，勤俭持家，生活一般都会和谐美满。

　　投资，一般我们都不能掌握主动权，这点与实业完全不一样。我们选了一家公司的股票，这家公司未来怎么样，我们又不是公司的老板和高管，我们根本使不上劲，开股东大会，这点股份可能连说话的机会都没有，我们只能被动地接受股票价格的波动，我们最多只能根据手上掌握的一些历史数据（市盈率、换手率、净资产收益率、成交量等等）简单预测一下这只股票未来的价格；我们做期货投资，比如建仓了棉花这个品种，但是我们能影响棉花这个品种的价格吗？不能！我们不是种植户，就算是，我们对未来棉花价格的走势也无能为力。哪怕我们是棉花的职能管理部门，我们对棉花价格的影响作用也是有限的，否则也不会出现 2010 年棉花的暴涨行情与 2011 年棉花的暴跌了。我们只能被动地接受棉花价格的波动，最多只能根据手上掌握的一些历史数据，比如种植面积、采摘与库存数量等去简单预测一下棉花这个期货品种未来的价格趋势。

　　"江老师，假如我买了一家公司的 50% 的股份，那这笔投资算是做实业呢，还是做投资？"崔胜问道。

　　崔胜同学的问题很好。如果我们的一笔股票投资款，大到可以影响到这家公司的战略规划、经营决策或者在董事会上有表决权，我们不再认为这笔业务叫作投资或做交易，应该叫实业；如果我们的一个期货品种的持仓量已经占到这个期货品种总持仓量的 5% 以上时，我们也不再认为这笔业务叫作做投资或者做交易，而应该叫市场主力。其实我们绝大多数的股票、期货、期权或者外汇的投资者的交易量都达不到这样的标准。

　　绝大多数投资者，在绝大多数的投资里，都处于被动的地位，基本上没有什么主动权，我们将这样的投资叫作市场跟随。江老师就是市场跟随者，在座的各位同学以及投资市场上绝大多数人，基本都是市场跟随者。当然，随缘适变，股票的庄家与主力，不再是市场跟随者，他们嘴里的投资已经与我们普通投资者说的投资完全不一样。另外，股权投资虽然也带投资两个字，它也与我们普通投资者说的投资完全不一样（连基金从业资格考试都是分开科目考试的，一个叫证券投资基金，一个叫股权投资基金）。庄家、主力与股权投资的玩法与我们绝大多数投资者完全不同，表面上他们名字也叫作投资，他们实质是在做实业，他们要用专门的主力操盘方法、股权投资方法，这已经不是我们本课程探讨的问题了。

市场上绝大多数人都是市场跟随者，市场跟随者做投资必须用无为之法，不能使用有为之法（主力、庄家与股权投资才用），因为我们个人再努力，再拼命，你买的股票不涨就是不涨，急得干瞪眼也没用。就像我们去捉老鼠、去钓鱼或者女孩主动追男孩，我们再着急、再拼命、再大喊大叫，对最后的结果基本上不起任何作用。因为鱼什么时候来，那是鱼的事；老鼠什么时候入笼，那是老鼠的命；男孩子什么时候来追自己，那是缘。这几种情况我们唯一能做的事情，就是将鱼饵撒好、将老鼠笼子备好、将自己打扮得漂漂亮亮的。然后呢？啥都不做，静静地等待就好了。你越着急，搞得越复杂，越主动，越折腾，效果适得其反。

投资这个行业是个守拙的行业，比的是简单、笃静、耐心、道行、德行、平常心、随缘、直心等等，这些和实业完全不一样，实业需要干仗，比的是主动、技术、手段、方法、智慧、勤劳、关系、人脉、计谋、策略等等。简言之，实业往往都能掌握主动权，所以实业比的是能折腾；投资往往是被动的，没有主动权，我们只是市场跟随者，所以投资比的是不折腾，这就是典型的随缘适变！

图 1101：真实的老鼠笼子

投资其实很简单，你根本不需要折腾，你只需要将你做投资的"老鼠笼子"（图 1101）准备好，然后放到容易出现"老鼠"的地方，再然后就没啥事了，默默地等待就好了。你平时该干啥去就干啥去。该上班就上班，该喝茶就喝茶，该社交就社交，该旅游就旅游，总之你啥都可以去干，就是不要随便去干扰老鼠笼子就行。投资就这么简单！

"江老师，那为什么我们以前又都认为投资非常难呢？我一直都认为投资比实业难多了。"崔胜好奇地问道。

那是因为我们自己没有随缘适变，将一个简单的问题搞复杂化了，结果南辕北辙，离真相与稳定盈利越来越远。我们做投资直接使用了做实业的有为法的认知，我们以为投资只有折腾才会赢，以为投资只有爱拼才会赢。这就像捉老鼠的类比，如果我们不用简单的方法，而是先去学习各种分析方法（技术分析、基本面分析、宏微观分析、价值分析、财务分析等），然后用这些方法去预测下一次老鼠在什么确定的时间、地点会来，然后我们又做计划，老鼠来了后，我们是用刀砍呢，还是用棍子打呢？我们还去训练自己的刀法与棍法以准备捉老鼠。另外，为了能追上老鼠，我们每天早上还要早起训练百米冲刺、去健身房锻炼等等，所有的这些，能不复杂吗？另外，就算你采取无为之法，准备用老鼠笼子去捉老鼠，但是你缺乏耐心，缺乏一定能抓住老鼠的信心，老鼠笼才放上去几个小时，你就频繁地去看，或者频繁地更换老鼠笼的位置。同学们，你们觉得上述这些复杂的捉老鼠的方法，最后能抓住老鼠吗？投资被我们自己搞得又复杂又困难又没有效果！

还记得本课程开始的时候讲过的：这个世界上最容易做的生意是什么吗？一个只有初中文化水平，连鼠标都不会使用的农民葛大叔，证券行情都不用看，只用一个小小的骰子随机进场的股指交易方法，都可以做到稳定盈利。

这个世界上最容易做的生意就是投资！当然，当你的认知不足，道行不够，不会随缘适变，那么一念之间就是天壤之别，投资也将变成这个世界上最难做的生意！

投资的精髓，我们用一句话概括之："至道无难，唯嫌拣择，但莫爱憎，洞然明泊。"这句话引用的是禅宗三祖僧璨所著的《信心铭》。做投资与修行打坐明心见性的诀窍，本质上是一样的。关键在"但莫爱憎"四个字上。禅宗六祖惠能祖师的《坛经·行由品》中说"不思善，不思恶，正与么时，那个是明上座本来面目"也是这个意思。国学大师陈寅恪称赞六祖"特提出直指人心、见性成佛之旨"。

我们第一课，讲到的庞居士修行的故事，大家还记得吗？

庞居士认为修行非常难："难，难，难，十担芝麻树上摊。"

庞夫人认为修行非常易："易，易，易，百草头上祖师意。"

大家知道他们女儿的观点吗？女儿说："也不难，也不易，饥来吃饭困来眠。"

他们女儿这话啥意思？我理解为：无为、随缘、不起心动念！连难与易的分别心都不应该有！明心见性之旨就是：饥来吃饭困来眠！

"饥来吃饭困来眠"本来出自唐朝的大珠慧海禅师的语录，但是更为人所知的是王阳明的一首诗："饥来吃饭困来眠，只此修行玄更玄。说与世人浑不信，却从身外觅神仙。"意思是：饿了就吃饭，困了就睡觉，仅仅这些就是修行了。普通人觉得哪里会这么简单，修行应该很玄妙很深奥。所以悟道之人说给世人听，他们也完全不相信，他们偏要从自身之外的世界去寻仙求奇。

换言之，投资之旨就是：按照自己的交易系统，该建仓就建仓，该平仓就平仓，该建多少就建多少，就这样简单。然而，"说与世人浑不信，却从身外觅神仙。"普通投资者只中意那些外在的、复杂的、花哨的奇门技巧。

慧海禅师开示"饥来吃饭困来眠"后，他的学生问他："不是所有人都是饿了就吃，困了就睡吗？"慧海禅师回答道："那可不一样，常人吃饭与睡觉，是千般的挑剔万般的选择，甚至吃饭时想睡觉，睡觉时想吃饭；而明心见性之人吃饭睡觉是没有分别心的。"

"江老师，我有点明白了，投资由于我们投资者不掌握主动权，所以应该使用无为的简单的市场跟踪方法，将老鼠笼子放到合适的地方，然后啥都不用做就能成功，做了反而离成功越来越远，方法就这么简单！这个结论，要是换作以前，我打死都不可能相信的，不过我现在坚信江老师您说的是对的（虽然我自己还没有亲自做到，但是至少现在理悟了）。这个世界上，有很多事并不是前进才能成功的，有的事情只有后退才能成功（如停车入库），有的事情不进不退、啥都不做、不折腾才能成功，投资应该算是这种事情吧。为什么做实业的我转做投资亏得一塌糊涂？为什么越是公司高管（经理、总裁、董事长）投资做得越差？市场专治各种不服，其根本原因就是他们喜欢折腾，职位越高，以前折腾的认知也越强烈（因为实业不折腾，他到不了这个高位），实业思维越固化，越难随缘适变。江老师，那我还想再请问两个问题：一，我们现在是用捉老鼠的观念做投资，那我们之前学习的各种交易技术与分析方法（技术分析、基本面分析、宏微观分析、价值分析、财务分析等），是不是就没有用途了呢？二，江老师，您说的投资笼子到底长什么样的呢？"崔胜问道。

关于崔胜的第一个问题，迅迅你来回答吧，前面你说的学习投资的路径非常好。

"那我就说一点我的看法。正所谓看山是山看水是水，我们之前学习的各种交易技术与分析方法（技术分析、基本面分析、宏微观分析、价值分析、财务分析等）在普通投资者眼中，是一个预测的工具，他们幻想用这些技术与方法百分之百准确预测下次的交易结果从而可以重仓下注去一次性地发大财；在我们投资心学投资者的眼中，这些交易技术与分析方法也非常有用，但是它们的用途并不是拿来预测用的，而是拿来建造投资笼子用的，拿来建造我们的量化交易系统用的。如果我们的交易技术与分析方法牛，那么我们建造的投资笼子捕捉住'老鼠'的概率就会大，我们的量化交易系统的收益风险比就要高，我们投资发财不靠一次性而靠积少成多。"迅迅回答道。

迅迅回答得非常正确。投资市场上，"老鼠笼子"就是我们的量化交易系统！我们以前学习的交易技术与分析方法，不管它是哪门哪派的，都是来构建我们的量化系统用的，一定不是拿来预测用的。大家先来看看我们做投资的老鼠笼子长什么样，顺便回答崔胜的第二个问题，请看投资的"老鼠笼子"（图1102）。

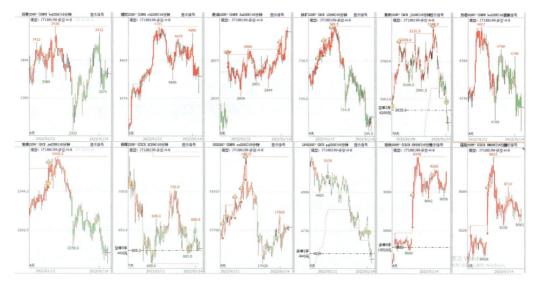

图 1102：12 个交易策略（相当于老鼠笼子）

图中的交易策略就相当于老鼠笼子，大家可以数一下，这里我们有 12 个老鼠笼子，分别放在最容易出老鼠（即行情）的 12 个地方——沥青、螺纹钢、燃油、铁矿、焦炭、热卷、焦煤、郑煤、硅铁等品种。当有老鼠（行情）出现时，系统会给出向上或向下的多头或者空头信号，大家依着信号建仓就好了。

饥来吃饭困来眠，这就是修行；信号来了就建仓，信号结束就平仓。这就是投资，交易就这么简单！

不过，一旦你有了爱憎，一旦起心动念，一念之间你的交易马上就会变得困难重重。比如你妄想用上图中的交易策略去准确预测到底哪一个品种未来会来行情，然后去重仓下注那一个品种。见山是山，交易策略还是同一个交易策略，认知不同，天壤之别。

"江老师，您说的这些太重要了。我以前学了很多复杂的技术分析方法，比如波浪理论、缠论、形态理论、江恩、斐波那契等等，我就是拿来预测用的，哪里知道应该是建造投资老鼠笼子用的？怪不得自己手上掌握了最牛的技术，照样赚不到钱。甚至这些年开始流行的量化交易，我上投资心学课之前，都认为诸如金融模型、人工智能等等这些量化的东西也是拿来准确预测行情用的，它们高大上，预测的准确性可能更高。现在我才知道，量化交易真正是一个证伪的工具，可以排除选择性偏差与幸存者偏差，也是一个建造投资老鼠笼子的工具（不是准确预测工具），它方便我们找到哪些地方老鼠来的概率大（胜率高），哪些地方老鼠来得多（收益风险比大）。这些正确的认知，不上投资心学课、没有名师指点，哪怕再交易十几年也很难悟到啊！王阳明的'说与世人浑不信，却从身外觅神仙'这句话说得真好啊，常人都喜欢预测，都喜欢新、奇、复杂的东西，都喜欢身外求法。"来自四川的罗菁秋同学评论道。

"江老师，您将变幻无常的股票、期货行情用飘忽不定的捉老鼠来譬喻，真的太形象了。投资市场，人人都精得像老鼠一样。老鼠难捉，行情也难捉。以前我们捉不住行情的原因，就是我们使用了事倍功半的有为的方法，又复杂又无效，我以前做投资就属于江老师您说的那种：在老鼠屁股后面撵，用大刀砍的类型。您现在展示的老鼠笼子的无为之法，又简单又有效，正是我多年以来苦苦追寻的方法，看来这次到深圳来上课，真是来对了。江老师，那如何使用我们已经掌握的交易技术来构建我们的量化交易系统这个老鼠笼子呢？"福建老严兴奋地问道。

不要着急，我们以后会在量化交易实操课程中手把手教大家如何建老鼠笼子的，而且除了你们自己建老鼠笼子以外，我还会直接送福利，给大家十几个漂亮又实用的投资老鼠笼子（即量化交易策略），都是经过实战检验，大概率能抓住老鼠的，并能长期稳定盈利的老鼠笼子。不过，我们现在的重点是帮助大家建立起正确的投资理念与交易认知，以及随缘适变的思维方式。这些"道"上的东西，可比"术"上的东西更重要。

我们简单通俗地小结一下：做实业，我们需要狼性，去主动出击；做投资，我们需要佛系，清静无为。没有对错，只有随缘适变。令人遗憾的是，多数人不能成功的原因就是将它们的关系搞反了——做实业，太佛系；做投资，太狼性。

对了，大家回家以后，如果条件允许的话，一定要亲自去捉老鼠（没有条件的，可以去钓鱼，鱼饵渔具相当于老鼠笼子），你可以去试试各种捉老鼠的方法，看一下是不是老鼠笼子这样的无为之法最好用，当然也希望大家在老鼠屁股后面去撵一下，试试有为之法的效果。另外，大家在用老鼠笼子捉老鼠的过程中，也要再用心领悟一下，看看除了笼子以外还有哪些因素对最后的捉鼠绩效有重大的影响。大家对这些问题的思考，有利于未来对投资更加全面地理解。

"江老师，古时儒家有格物致知之说，现在你的投资心学让我们对投资进行'格鼠致知'，真是非常了不起的发明啊。哈哈哈。"清华同学吴总评论道。

第十二章：赚钱逻辑

直接"赚钱"的逻辑，就属于实时反馈，符合人性，任何人，天生都喜欢，不用去筛选。有些人发现自己不适合做模拟，不适合"赚一赔"这样的赚钱逻辑，他并没有离开投资市场，而是抱着侥幸心理，又去其他地方学习所谓直接"赚钱"的快速发财方法，妄想不守正直接出奇，这是一种严重的错误。

| 1 |

上一章我们讲了投资与实业在主动权方面的区别，这章继续讲投资与实业的第二个重大的区别。前面这个区别如果是"格鼠致知"，现在我们搞一个"格餐厅致知"吧。

随缘适变（二）：随着交易频率（次数）的增加，投资与实业有着惊人的区别

我给投资心学《投资天道与内功心法训练之掷骰子模拟投资游戏》写了前言，引用如下：

1905年爱因斯坦提出了伟大的相对论。该理论指出：与低速运行的物体相比，高速运行的物体具有很多常人无法理解的特性，例如长度收缩、时钟变慢、质量增加等等。高速的时空观与普通大众常识里的低速时空观完全是不一样的！

许多年后的今天，独自坐在电脑旁，您也将开始一次伟大的模拟投资探索：随着投资交易速度（频率）的提升，您将领悟到许多常人无法理解的投资特性，例如操作逆人生、均值回归、数学期望、风险量化、分散组合、交易损耗、投资心法、运气起伏、复利增长等等。高速高频的投资思维与普通大众常识里的低频的实业思维也是完全不一样的！

"投资秘籍不在内幕消息、财经新闻、技术分析里，甚至都不在股票期货行情中！"

您领悟到的投资独有特性，才是决定未来交易是否成功的最核心因素！

大家知道牛顿这个人吗？

教室里所有人都举起了手，舒月同学抢答道："牛顿是英国最有名的科学家，我们在初中、高中阶段就学习了牛顿力学三大定律以及万有引力定律，还有光学定律等等，这些都是中考、高考物理学的必考内容。而且这些定律，我们日常的工作与生活，一定会用得上，桥梁、楼房、飞机、轮船、火车、汽车等，其应用范围几乎涵盖了人类的方方面面。"

回答得很好。不过如果我现在告诉大家，牛顿这些物理学定律都错了，你们会相信吗？教室里所有人都摇了摇头，舒月同学也不相信地说道："不可能吧？牛顿要是错了，那我们中考、高考的物理题都要错了，我们以前学的物理都白学了，中学课本也都要重新编写了，这怎么可能呢？"

说牛顿定律错了的，不是江老师，而是另一个著名的科学家——大名鼎鼎的科学家爱因斯坦。其实，牛顿定律既是对的，也是错的。为什么这样说呢？这就涉及了我们一再强调的随缘适变——牛顿定律是有适用范围的。当运动物体处于低速运动时，牛顿定律就是千真万确的真理；当物体的运动速度越来越快，接近光速的时候，牛顿定律就不再是正确的，而需要用爱因斯坦的相对论进行修正。我们日常的工作与生活，都是在远远低于光速（30 万公里 / 小时）的环境之中，我们没有机会去体验接近光速的情形，也没有离开地球，所以，以前我们一直都认为牛顿定律在任何时候、任何地方都是绝对的真理。这种认知其实是错误的，没有随缘适变。

当物体接近光速运动时，会发生很多超出我们认知的现象。例如，当我们开着一部车，随着车速的上升，我们这部车的长度会缩小。一般车的长度为 5 米左右，开着开着，长度逐渐缩小：4.5 米—4 米—3.5 米—3 米—2.5 米—2 米……，这种现象你用正常的低速的日常经验肯定无法理解与想象。但是如果你的车速够快，接近光速时，它却是千真万确的。爱因斯坦相对论还告诉了我们很多其他的超常人认知的奇怪现象，比如质量增加、时间变慢，这里由于篇幅有限，我们就不再一一讲解，同学们如有兴趣，自己可以去找一些物理学与相对论的书籍研究一下。

现在大家要知道的是，高速高频的时空观与我们低速低频的日常生活有着非常大的不同，我们一定要随缘适变，不能将我们以前低速低频的经验与思维方式，想当然地直接外推到高速高频的世界里，否则就要出大问题。

连我们从小就认为无懈可击的绝对真理的牛顿定律，都有它的适用范围，随着运动物体速度的逐渐提升，牛顿定律都需要随缘适变，要用爱因斯坦的相对论进行修正；同理，随着我们做一件事情的频率或者次数的逐渐增多，我们低速低频的经验、常识与认知是不是也需要随缘适变、有所改变呢？答案是：必须改变！

我再举一个例子。各位同学，假如你们计划开一个餐馆，请问最重要的是什么？大家讨论 5 分钟，然后告诉我答案。

5 分钟后，风控樊总代表同学答道："我们大家经过讨论，一致认为厨师的厨艺水平排第一名；第二是服务，第三是地理位置。"

好的。不过，要是我告诉大家，开一家餐馆，厨师的厨艺水平一点都不重要，大家觉得可能吗？

"怎么可能。开餐馆想要生意好，厨师的手艺，不排第一，也要排前三位啊。"崔胜同学反驳道。

我们来开一家餐馆，厨师的手艺肯定排名前三位，这没有问题。但是随着我们开餐馆数量的逐渐增加，厨师技术的重要作用就会逐渐减少。当我们开几千家餐馆的时候，厨师技术的重要性基本上可以忽略不计。大家想一下，这是什么样的餐馆？

"我们还能开几千家餐馆吗？"崔胜同学奇怪道。

开几千家餐馆，为什么不可能？麦当劳、肯德基、真功夫啊。

"对哦，这些连锁店，全世界估计几万家都有。江老师，您说得太对了，这些餐馆中不要说厨师的厨艺技术了，甚至连个厨师都没有，都是一些年轻的美女帅哥在服务。看样子我们的认知又出问题了，没有随缘适变。"崔胜说道。

是的，大家想想，在麦当劳、肯德基、真功夫等连锁店，厨艺技术已经不重要了，那么又是什么东西最重要呢？

"江老师，我懂您的意思了。麦当劳、肯德基这些餐馆，数量庞大，他们的玩法与我们开一两家川菜馆、湘菜馆的玩法肯定是不一样的，必须随缘适变。麦当劳、肯德基这些连锁店里面根本没有厨师，厨艺技术根本没有用武之地，这时，精细化管理才是成功最重要的因素。所有的菜单都是标准化、流程化的，才入职的员工，经过培训后，每个人做出来的汉堡包与炸薯条的味道都是一样的。在这些连锁店里，基本上所有的东西都是量化的，从桌椅摆放、店堂布置、服务用语、原材料管理、炸薯条的重量、汉堡包的烤制时间等等，所有的一切，都能在他们的标准化的管理工作手册里查到，甚至连员工上厕所的时间都有严格规定。简单、标准、流程、量化，所有的这些都是为了方便复制与粘贴，这样才能将麦当劳、肯德基的文化最大限度地扩展出去，迅速做大做强。"风控樊总评论道。说得很好，请继续。

樊总紧接着说道："江老师，您刚才说，随着交易频率（次数）的增加，投资与实业有很大的区别，我现在也明白了。做实业（包括开工厂、开公司、做生意、学习、进修、上班、工作以及日常生活），普遍数量都不大，比如，你一辈子只能参加一两次高考、结一两次婚、生两三个小孩，去打工上班的公司数量肯定也不多，就算自己创业，也最多开几家公司或者几个工厂吧。做投资就不一样，很多投资者一天都要交易很多次，如果是多空都可以做，且又是 T+0 的期货交易，交易次数就更多了。每年有 220 个左右的交易日，每天 2 次，一年交易至少 500 次以上，10 年 5000 次，一生交易有 1 万~2 万次。这么大的数量，已经和麦当劳、肯德基的连锁店的数量差不多了。所以我们做投资，不应该像开一两家川菜馆、湘菜馆那样去重点关注菜品的色香味以及厨师的厨艺技术，而是应该像麦当劳、肯德基那样，将我们主要的精力放到量化、标准、流程与精细化管理上面。我们做交易不应该过度纠结于交易技术有多花哨，那是做实业的搞法，我们必须随缘适变。江老师，我说得对吗？”

樊总总结得很好。做事情，频率低与频率高，玩法肯定是不一样的。物理学上，频率低，用牛顿定律，频率高用爱因斯坦相对论；开餐馆上，频率低，重点关注厨师、厨艺与菜品的色香味；频率高，重点关注量化、标准、流程、制度，其中关键是保持交易的一致性与可复制性。

为什么我们的中餐馆不容易像洋快餐那样开成千上万家连锁店呢？除了我们的管理能力不够以外，中餐制作过程过于复杂，很难保持菜品味道的一致性也是一个很重要的原因，因为每个厨师的厨艺、食材选择、工序、火候以及对菜谱的理解等等都是不一样的。复杂性导致了中餐连锁缺少一致性，因此中餐馆如果开连锁店，复制起来就比较困难，连锁店的数量自然就很少，很难从 1 做到 N。一致性符合自然界的最小阻力原则，做起事来最流畅、最有效率。简单的东西才容易保持一致性，而复杂性很容易导致非一致性，从而导致不可复制性。所以大家可以看到，麦当劳、肯德基、真功夫等这些餐馆里的食物，一般都很简单，容易做，哪怕是才入职的员工，经过短暂的培训，只要严格按照公司标准化管理手册里的流程执行，做出来的汉堡包、薯条等，与几千公里以外的其他连锁店的老员工做出来的汉堡包与薯条几乎没有任何差别。

在麦当劳、肯德基、真功夫这些餐馆里，用标准化的流程保持一致性，绝对是这些公司的管理的核心与基本原则。凡是违反一致性原则的事情，肯定会遭到公司的严厉惩罚。比如一个员工胡乱修改流程，临时聘请一个厨师朋友发明一道菜谱，非常合大众口味，结果这几天这个连锁餐厅销量大增。请问各位同学，这个让公司临时赚了大钱的连锁店员工会受到奖励吗？绝对不会！这个员工最后不被开除就不错了。因为他违反了一致性的原则，虽然这个餐厅临时多赚了一些钱，但是临时聘请的厨师不具备一致性与可复制性，反而破坏了原来的工作流程与标准，这名员工应该受到惩罚。

我们做投资也是同样的道理！量化、标准、流程、制度、一致性、可复制性、简单易行，才是我们稳定盈利的关键所在。凡是破坏上述原则的行为，哪怕是临时多赚钱了，也应该受到处罚。

我们不是股权投资，我们不只是投资一家公司，我们是证券投资，交易的标的是股票、期货、期权、外汇等等，我们交易的次数远超 10 次，可以达到上万或者几万次。高频的投资与低频的投资的玩法是不一样的，所以做实业的低速低频的经验、常识与认知，需要彻底地改变，转变为高速高频的时空观，否则你的交易技术再好，也不能稳定盈利，甚至你的技术越好，业绩反而越差。

有一次，我去一家私募基金公司做客，这是一家做股票投资的私募基金。刚进门，就听到他们的两个交易员在争论。一名交易员认为他们股票池里面的一只股票的形态已经满足"潜龙出海"的形态，可以进场；而另外一名交易员却认为这只股票的形态还不太像"潜龙出海"，所以不能进场，还需要观察。两个人越争越厉害，而公司其他的人似乎认为他们各自都有道理，最后也都无法形成共识。

各位同学，你们认为这家基金公司的交易策略有什么问题呢？哪些地方需要改进？

| 2 |

来自四川的罗菁秋同学举起手来说道："我做投资也有二十年了，我使用的技术工具是波浪理论以及 K 线的形态理论。我这个人喜欢比较复杂的技术分析策略，我认为这样才有挑战性与成就感。可能也是王阳明说的'说与世人浑不信，却从身外觅神仙'的那种人，哈哈。江老师，你刚才讲的这两名交易员争论的'潜龙出海'就是这种技术形态。当 K 线图呈现出这种形态后，我们就可以进场，当然如果这时还能放量突破就更好了，这种技术分析方法其胜率是很高的。至于江老师您刚说的有什么问题，我认为是这样的：如果我们的交易频率比较低，一年也买不了几只股票，交易次数很少的时候，波浪与形态理论就没啥问题，就像开一两家餐馆必须注重厨艺一样；但是当我们的交易频率非常高，一年交易的次数达到几百上千次，波浪与形态理论可能是有一些需要改进的地方，因为这些理论都比较复杂，形态的东西嘛，各说各有理（这就像在溶洞里面看钟乳石，很多时候要靠想象）。一些人说 K 线组合图像潜龙出海、仙人指路、聚宝盆等等，而另外一些人又说不太像，这种现象普遍存在，波浪理论里面也有所谓的千人千浪之说，大家很容易产生分歧，无法准确量化，很难保持交易的一致性，而缺少了一致性，那么成功就缺少了可复制性。所以我们这些使用复杂技术分析工具的人，普遍业绩不稳定，好的时候非常好，一年赚个几倍没啥问题，差的时候又很差，大亏特亏甚至爆仓也是有可能的。所以我们一般都不展示资金曲线，要展示也只展示好的那一段时间，差的时段资金曲线太难看了，不好意思曝光，属于典型的选择性偏差，哈哈。江老师，我年轻的时候喜欢大起大落、惊涛骇浪式的刺激的工作、生活与投资，随着年龄的逐渐增大，开始想稳定了，其实每年有 25% 左右的年化率，就非常厉害了，我年轻时是看不上的，现在觉得要做到真的很难。'一年三倍，多如牛毛；三年一倍，凤毛麟角'，这句话，我现在终于领悟了。江老师，听了您刚才讲的餐馆的随缘适变，我恍然大悟，有种醍醐灌顶的感觉。我不能稳定盈利的原因并不是因为自己的技术不好，而是因为自己的技术太好了！这个结论真是颠覆我的三观，没有名师指点，打死都想不到。最近七八年，我为稳定盈利伤透了脑筋，研究的技术也越来越复杂，结果南辕北辙，离稳定盈利却越来越远。今天我终于明白了，原因是我的技术搞得太复杂了，不能保持交易的一致性，所以成功不能复制，做得很累。其实，领悟后，道理很简单，你说有几万家连锁店的肯德基、麦当劳公司，花费大价钱聘请了一位中南海国宴的特级厨师来上班，技术超一流，这样做，肯德基、麦当劳的业绩未来会稳定增长吗？我觉得业绩不变差就不错了。"

罗菁秋同学总结得非常好！他的交易技术的确在我们这些同学中应该排名第一位。罗菁秋你要是不能稳定盈利，真的是太可惜了。

研究交易技术没有错，关键要用在正确的地方，要随缘适变。如果我们是一年交易上百次以上的投资类型，一般都不太适合用比较复杂的交易策略，我们应该像麦当劳、肯德基、真功夫一样，先搞一些简单的菜谱，我们要将主要精力放在量化、标准、流程、制度等上面，要首先保持交易的一致性。我朋友的私募基金公司，他们的交易员在争吵潜龙出海的形态，说明了什么？说明这家公司的交易系统有问题，没有统一的量化标准，所以才会产生争吵，公说公有理，婆说婆有理，没有交易的一致性。能保持一致性的量化交易系统，进出场的交易信号明确，所有员工应该有统一的交易指令，就不会有争吵。

"江老师，那在量化交易系统里面，投资分析、交易技术、策略模型等等到底重不重要呢？"崔胜好奇地问道。

我的意思并不是说技术分析、基本面分析、宏观面分析、财务分析、策略模型等等这些不重要，而是想告诉大家，随着我们交易频率的提升，我们的量化交易系统的侧重点会发生巨大的变化。针对一年交易一百次以上的交易类型，一定要先建好流程、标准与制度，然后再去迭代搞各种分析与策略的研究（即术的层面），千万不要南辕北辙，将次序搞反了。我们先要用比较简单的交易技术与策略（不能先上复杂的技术），去完善我们交易的流程、标准与制度，先保证我们能持续稳定地盈利，哪怕少赚点也行，哪怕收益风险比低一点都行；当我们交易系统的流程、标准、制度完善了，能持续稳定盈利一段时间以后，再逐渐上线一些复杂一点的技术与策略（收益风险比高一些的）；如果还没有问题，还能继续稳定盈利，就再上线一些更为复杂的技术与策略模型（收益风险比更高一些），如此逐级迭代发展。这符合哲学里面描述的事物发展的客观规律——螺旋上升规律，千万不要想一步到位，一口吃个大胖子。

我做投资三十多年，多年研究技术的经验告诉我，复杂性与一致性这两者之间是相互矛盾的，很难协调。正所谓'按下葫芦浮起瓢'，你不可能做到两者同时优秀，你必须做出一定的取舍，让两者之间达到动态的平衡。我们一定要优先保证交易系统的一致性，有了一致性才有可复制性，有了可复制性，才有实用性。不实用，再花哨也没用，花拳绣腿而已；不实用，不可能长期稳定地赚钱，最多是朋友圈里显摆式的偶尔赚钱。当我们交易系统的流程、标准、制度完善了，确保了一致性后，我们才能去搞策略、模型与技术的复杂性和多样性，否则我们宁愿搞简单一点的交易技术与策略。其实，这也符合我们前面说过的自然界的最小阻力原则，做起事来才最流畅、最有效，耗费的能量最少，也最容易稳定，最容易持续。

罗菁秋听到这里，又举起手说："说到稳定，说到持续，我们做投资久了的人，最想的就是稳定地、持续地赚钱！然而，偶尔赚大钱容易，持续稳定赚钱好难。江老师，我们的同乡，姚伟，您还记得吧？我记得您和他好像在小学还是同班同学。这些年以来，他一直在成都做股票投资，以交易为生，已经稳定盈利了十几年。他的技术分析系统超简单，说来大家肯定不相信，基本上就是一条单均线，只是做了一些改进。我是在2014年年底在成都出差时偶遇到他的，当时还在一起吃饭。2014年的股市行情比较大，我那一年赚了3倍多，姚伟只赚了70%，我吃饭时还嘲笑他，说他的股票策略太粗糙了，没啥技术含量，所以赚钱不多，我还让他再多钻研一些形态方面的技术。姚伟当时笑而不答，只推说自己能力有限，搞不了复杂的东西。从那次见面后，由于志同道合，我和姚伟每年都会交流一两次。不过，这些年下来，最后的投资结果出人所料，姚伟的业绩远超过了我。各位同学请看，这是我整理的，过去11年来我和姚伟每年的业绩增长率。

表1201：两人的投资对比

（单位：万元）

年份	2011	2012	2013	2014	2015	2016	2017	2018	2019	2020	2021
罗菁秋	56.80%	75.44%	-41.60%	364.30%	-53.60%	24.70%	76.70%	-61.80%	123.55%	90.20%	-42.70%
	20.00	31.36	55.02	32.13	149.18	69.22	86.32	152.52	58.26	130.25	247.73	141.95
姚　伟	21.50%	28.60%	15.60%	72.70%	18.60%	19.30%	24.50%	2.30%	46.50%	33.90%	8.90%
	20.00	24.30	31.25	36.12	62.39	73.99	88.27	109.90	112.43	164.70	220.54	240.17

行情好的时候，姚伟单年的业绩远远不如我，但是他的业绩非常稳定，能够持续地赚钱，就没有亏损的年份；而我是好的时候非常好，差的时候又非常差，业绩的波动幅度很大。一家证券公司的老总这样评论我：你的投资业绩，好很好、差很差，像坐过山车，关键是未来业绩的不可预知性，我们的心中没有底，不敢让你当我们的投资顾问，也不敢给客户推荐。而姚伟，虽然技术粗糙一些，但是业绩稳定，未来的收益可期，所以证券公司敢用他，少赚一点没关系，稳定压倒一切。最为可叹的是，姚伟最后也并没有少赚钱，经过十年的复利增长，姚伟最终的总业绩竟然远远超过我，真是路遥知马力，日久见功夫啊。20万元的本金，11年后，我只增长到141万元，而姚伟却到了240万元。20万元的本金就比我多赚了100万元，如果是200万、2000万、2亿的本金呢？我这次来上课之前，一直在找原因，不知道问题出在哪里，我的技术水平至少甩姚伟几条街，为什么最后我还比不上他呢？稳定、持续赚钱方面比不上他，还好理解；没有想到连最后的盈利率也输给他。姚伟一条单均线，竟然可以行走江湖这么多年，我不服气啊！"

市场专治各种不服，董事长、总裁、总经理这样的公司高层经常被治；技术分析、基本面分析、财务分析等等这样的投资分析的高手被治，也是常有的事情，所以你要想开一些，毕竟你十几年最后下来还是盈利的，已经算是不错的了。你比以前的江老师强，我做投资的前十几年的总盈亏还是负数呢（尽管中间有些年份能赚个几倍、几十倍的），投资市场，一年几倍多如牛毛，三年一倍的凤毛麟角啊！投资技术只占成功很小的一部分，大家在以后的掷骰子模拟投资游戏中自己可以领悟到，投资技术的作用20%都不到，特别是常人以为重要的进场技术，对最后交易结果的影响作用5%都不到，但是常人却在用95%的精力去研究它。所以你说姚伟一条单均线闯江湖，你觉得奇怪，我倒是觉得一点问题都没有，很多时候掷骰子随机进场，闭着眼睛进场，甚至进场信号是多单，你反向开空单进场，都是可以的。

"江老师，这都可以吗？"崔胜还是不相信地问道。

你没有做量化，没有进行历史大数据随机回测，当然无法理解，我做量化之前，也不理解，但是真相的确就是这样的，随机进场在多数情况之下，是没有什么问题的，只要设置好止损，顶多就是赚多赚少的问题。但是，普通投资者常常本末倒置，跟认为麦当劳、肯德基这样的连锁店厨师技术最重要一样，将最不重要的进场技术奉为圭臬，视为秘籍，实为买椟还珠，最后的投资结果当然不好。姚伟这个人我还是了解的，他是一个厚道人，罗菁秋你那年吃饭时劝他再多钻研一些交易技术，他推说自己能力有限，实则是给你面子，不想与你争论。因为技术分析没有那么重要的观点，实在是逆常识；你又是一个以技术为傲的人，不经过多年的领悟，不多跌几个跟斗，谁会相信姚伟呢？

二十多年前，老尹以深圳技术分析第一名章华为例，劝我要小心。他当时说的话我还记得："我主要是想提醒你一下，你不仔细想想吗？作为深圳技术分析第一名的章华，10个大屏幕显示器外加5台电脑，同时看十几个技术指标，外加两位专属下单员为他服务，他都无法长期稳定盈利，你还觉得投资的秘籍真的就在技术分析里面吗？我只是怕你才爬出一个靠消息炒股的陷阱，又跳入另一个技术分析的陷阱中，我担心你又要走很多年的弯路。"

"江老师，吃一堑长一智，我现在也开始逐渐明白，但是你让一个人否定别人很容易，否定自己非常困难啊！"罗菁秋说道。

是啊！这里面还存在一个机会成本与面子问题。我研究交易技术与各种分析方法十几年，后来自己慢慢体会到投资的秘籍并不在这些里面，特别是量化交易开始出现以后，什么高手秘籍在历史大数据面前都是裸奔。当时我郁闷了好长一段时间，自己十几年的心血啊，伤心难过是在所难免的！而且亲戚、朋友、同事等人也都认为应该是靠交易技术在证券市场上赚钱的，现在严酷的回测数据告诉我们：技术分析的作用没有那么大，这个脸丢不起啊。所以否定自己需要一个时间，慢慢调整与恢复吧。但是，整个人生都是来渡劫的，罗菁秋，你的这点困惑与磨难，与江老师相比，不算什么，挺住吧！

"挺住！挺住！江老师，我一定能调整好的。江老师，那您认为技术分析到底有没有用呢？难道也是像'如有'那样，是如用吗？"罗菁秋问道。

回答正确！

那技术分析（包括其他的所有交易技术与分析方法：宏微观分析、基本面分析、财务分析、价值分析等）到底有没有用？答案就是"如用"！简言之：你可以让它有用，也可以让它没用，不要把技术太当回事，你要随缘适变使用投资技术，有用的时候就用，没用的时候就不用。

以交易频率（次数）为前提，如果是实业，技术可以用在预测上面，很有用；如果是投资（一年上百次的交易次数），技术用在预测上面，用处不大，技术应该用在建立标准化、流程化、制度化的"老鼠笼子"上面。技术分析在交易系统的核心作用是：保持交易的一致性与可复制性，以获得概率优势！

"不太懂，能详细解释一下吗？"崔胜问道。

大家去过澳门或者拉斯维加斯的赌场吗？赌场老板高薪聘请了非常多的技术高手，硕士、博士、博士后、全球知名院校毕业，他们的技术水平一流吧。但是，各位同学，这些技术高手平时的工作是干什么？他们是在帮助赌场老板预测某一局的胜负吗？（比如预测今天下午15时30分在百家乐35号桌的结局）。肯定不是！只有赌徒才用自己的那个所谓的赌博秘籍来预测下一局会出大还是出小，然后下注赌一把。赌场老板聘请的技术高手甚至都不来赌博现场的，那么这些人平时在干什么呢？其实，他们在帮赌场老板设计老鼠笼子！他们帮助赌场老板设计赌博游戏，这些游戏多种多样、眼花缭乱，符合人性，非常吸引赌徒参与。这些游戏尽管玩法不同，但是都有一个特点，就是赌场老板在这些游戏中都有概率优势（专业术语叫"数学期望为正"）。赌场老板与他聘请的技术高手，清楚地知道，只要自己标准化、流程化、制度化的老鼠笼子设计好了以后，只要老鼠笼子的概率优势大（赌场老板相对于赌徒一般有 2% 左右的概率优势），虽然赌场老板并不能预测某一局的胜负，虽然有赚有赔，但是只要时间拉长，只要交易次数增多，那个"赚－赔"的差额一定是正数，而且还会逐渐地累加，最后赌场老板一定会赚得盆满钵满，澳门与拉斯维加斯的繁华就是这样建立起来的。与之相对应，虽然赌徒有时候能够赚钱，甚至技术好的赌徒某一些局还能赚大钱，但是随着时间的拉长与交易次数的增多，"赚－赔"的差额一定是负数，赌徒的钱正在逐渐流走，慢慢地、润物细无声地流到了赌场老板的腰包中。大家回想一下，在赌场，是赌徒能够长期稳定盈利，还是赌场老板能够长期稳定地盈利呢？

"原来赌徒与赌场老板各自是这样玩儿的。那些豪华赌场里的张张'赌桌'，原来本质上就是赌场老板捕捉老鼠的'老鼠笼子'啊！"崔胜感慨道。

在座的各位同学，大家是想一年三倍的偶尔的暴利呢？还是想三年一倍的年化复利增长呢？如果是第一种，请学习赌场赌徒的做法；如果是第二种，请学习赌场老板的做法。我们守正的投资心学量化交易系统，就是和赌场老板一样的赚钱逻辑与系统。我们不能短视地赚"赚"的钱，我们要赚"赚－赔"的钱，这才是真"赚钱"。技术分析在我们投资心学量化交易系统处于很重要的地位，但是它的作用不是去预测，而是用来建立规范的、标准的期望收益为正的老鼠笼子。我们的技术分析策略，统一了我们的进场信号与出场信号，保证了我们第一次交易与第 N 次交易的一致性，确保能进行数据统计（没有一致性就不会有统计），验证交易系统的期望收益（数学期望）为正，即保证了"赚－赔"的差额为正，一致性还保证了我们交易系统的重复性与可复制性，随着时间的推移与交易次数的增加，最终我们可以做到长期稳定地盈利。

"江老师，我非常认可赌场老板与我们投资心学量化交易系统的赚钱逻辑，我们做投资想长期稳定盈利，赚的应该是'赚－赔'为正的钱，而不是只赚'赚'的钱。这个赚钱逻辑成立的前提条件是交易的一致性与可复制性，否则无法保证长期收益为正，即无法保证'赚－赔'为正数，因为每次下单都是随意的、不一样的，怎么去统计它们的期望收益呢？统计不了，又如何保证是正数呢？江老师，我想再请教一个问题，我一直用的是波浪与形态之类的交易策略，形态的东西很难量化与标准化，我现在想转做量化交易，那我未来如何保证我交易的一致性与可复制性呢？"罗菁秋继续问道。

你的这个问题太专业了，估计其他同学都听不太懂，未来我们会在量化交易实操课上去详细讲。这里给你简单说一下：波浪、形态之类的交易理论，非常好，就是很复杂，很难量化，不过也不是没有办法。罗菁秋，你可以先将波浪理论、形态理论里面的可以量化、可以标准化的部分先提炼出来，单独进行计算机编程，保证进场信号与出场信号的一致性，这一部分由计算机执行；然后你将不能量化的、主观的部分作为过滤条件，交由人工执行。当量化部分发出建仓信号之后，不要马上建仓，再由人工使用非量化的过滤条件进行一遍进场信号的过滤与筛选，从而可以提高获胜的概率。这样一来，你的交易就基本上可以做到一致性与可复制性。

"江老师，太谢谢您了，我大概听懂了，回头我参加您的量化交易实操课的时候，再详细和您探讨具体的操作步骤。现在的投资理念课就不耽误其他同学的时间了。谢谢大家。"罗菁秋说道。

"江老师，我还有问题。我的技术没有罗菁秋师兄的厉害，所以我们还是不太明白：为什么我们就不能赚'赚'的钱，而是应该转一个弯去赚'赚－赔'的钱呢？"崔胜还是不太明白投资赚钱的正确逻辑。

| 3 |

我们量化交易系统的赚钱逻辑与赌场老板是一样的，只能是"赚－赔"的模式，为什么？

第一，我们现在讲的是守正的量化交易系统，它的目标是长期稳定盈利，年化收益目标是 30% 左右。长期稳定盈利这个目标决定了我们赚钱模式一定是"赚－赔"为正的差额。你看看在赌场里哪些人能够长期稳定地盈利呢？如果有，你向他们学习就好了。是赌徒还是赌场老板？是偶尔几次赚钱还是长期稳定赚钱？

"那肯定是赌场老板稳赚，赌场老板的确是'赚－赔'为正的模式，多数赢，少数输；赌徒仅是眼前'赚'的模式，多数是今天的获胜者，明天的失败者，赌场里从没见到能连续很多天都一直获胜的赌徒。好不容易偶尔有一个，就是前面说过玩 21 点的索普，他却很快被所有赌场列为黑名单，连赌场都进不去。哇，我想起来了，偶尔获胜的赌徒，原来就是幸存者偏差，因为没有两端唯一留痕。去赌场的人多了，总有一两个人今天可以赚大钱，不过明天又换成别人。原来赌场就是靠幸存者偏差赚钱的。"崔胜恍然大悟地说道。

很好，崔胜，你已经学会识别幸存者偏差了，那些小技巧忽悠不了你了，恭喜哦。

"江老师，你教给我们的三个技巧现在看起来可不是小技巧哦，随便一个都可以笑傲江湖，真是太厉害了！还有没有其他类似的小技巧啊？哈哈……"崔胜贪心地问道。

第二，我们量化交易系统的赚钱逻辑是"赚－赔"的模式，根本原因是我们对未来的不可预测性，即我们无法准确预测未来。如果你觉得你能准确预测未来，你的确可以直接采用"赚"的模式去赚钱，不用转弯抹角。但是崔胜，你觉得你真的能够找到一个方法准确预测未来吗？

大家在 10 倍牛股游戏中，已经亲自领悟了，很多风险是无法准确预测的，比如旁边蹿出一个人、一辆电动车、一辆加塞的汽车，这些意外的情况，任何人、任何方法都不可能提前预测。投资的过程中也有各种风险，也是无法提前准确预测的，风险时刻存在，大家可以回去复习一下 10 倍牛股游戏的过程。

第三，如果你真的能够准确预测，并将结果运用在投资与交易中，就会违反天道。违反天道，典型的要么是没有了交易对手，缺少了流动性，要么就是触发混沌，发生黑天鹅事件，前面赚得再多的利润，会一夜亏完，甚至倾家荡产。比如：在流动性上面，崔胜你在 10 倍牛股游戏中，当你上了高速，基本上能准确预测高速上没有风险的时候，你的交易对手江老师我也能预测到，谁还会当冤大头与你对赌呢？又比如打麻将，你的麻将技术天下第一，没有任何人能赢你，那么最后的结果并不是你能将所有麻友的钱都赢完，而是你赢不了任何人的钱，因为没有人愿意和你打麻将。这一点，赌场老板心知肚明，他们都是深谙人性与天道的高手，早知道赌场里面所有游戏的概率优势都倾向于赌场老板，但是概率优势却很小（2% 之内，甚至有些游戏项目只有 0.5%），要让赌徒感觉容易赢，赌徒才会踊跃参加。如果赌场老板设计出概率优势非常大的游戏项目，赌场老板可以预测赌局的结果，基本上可以稳赢了，但是，谁都不傻，谁还愿意来赌场参加赌博呢？

第四，我们量化交易系统的赚钱逻辑与赌场老板是一样的，只能是通过"赚－赔"为正的模式，还有一个重要原因，这也是投资与实业一个很重要的区别，下面重点讲。

随缘适变（三）：投资是一个动态实时反制系统，而实业（包括学习、生活、工作、创业等）基本上是一个静态无反制系统

"江老师，是什么意思呢？"来自上海一家投资管理公司的饶竹同学问道。

我们去坐公交或者地铁，就比如深圳地铁 1 号线吧，我们从罗湖站上车，我们能准确预测自己可以到世界之窗站吗？请问为什么？

"很简单啊，1 号线地铁本来就要经停世界之窗地铁站啊。"饶竹回答。

那我们能预测到世界之窗站的时间吗？

"可以的，地铁平均 2~3 分钟一个站，罗湖站到世界之窗，间隔 15 个站，所以我们在罗湖上地铁后，需要 30~40 分钟能到世界之窗站。"饶竹又回答道。

非常好。大家不要觉得这些问题简单，同学们要去想想里面深层次的东西：为什么大家能准确预测自己可以到世界之窗以及到达的时间呢？"那是因为地铁的运行站点以及运行时间基本上是固定死的，是静态的，对吗？"饶竹回答道。

很好，饶竹同学又答对了。现在我们不坐地铁与公交车，我们改坐私家车。我们在罗湖站地面，随便拦一部私家车（非出租车与网约车），假如我们不能和驾驶员沟通说话。那么请问大家：我们还能准确预测自己到世界之窗站的时间吗？

"那肯定不行了，别说预测到达的时间，很有可能这部私家车就不会去南山方向，说不定是去龙岗或者大梅沙的，完全南辕北辙，估计一个月都到不了世界之窗站。"饶竹回答。

这还没有完，如果这部私家车的驾驶员是我们乘客的对手方，假如乘客上车后，另外有一个第三方的人告诉驾驶员：如果这部车最后到了世界之窗，你这个驾驶员要输给乘客 500 元；如果这部车到不了世界之窗，驾驶员会赢乘客 500 元，饶竹同学，你再预测一下我们乘客能到世界之窗吗？

"那就绝对没有可能到世界之窗了。驾驶员是傻瓜吗？他肯定随时与我们乘客作对啊，千方百计让我们到不了世界之窗！"饶竹回答。

很好，私家车的这种情况就叫作动态实时反制。私家车与驾驶员是活物，也是利益相关者，他们会根据我们的目标，实时地调整他们的应对方案，干扰我们的行动，以使我们达不到目的。与之相应的是地铁与公交车，它们基本上是固定的（运行路线与时间早就指定好），与我们又没有任何的利益冲突（而且和我们的利益一致，它们要收取我们的车票费），它们不会干扰我们的行动，它们属于静态无反制系统。

其实我们在 10 倍牛股游戏中也发现了，当图克股票的庄家崔胜和我们是一伙的时候，我们还能偶尔地赢上一两局；当图克股票的庄家崔胜和我们不是一伙的时候，特别是庄家的利益与我们是冲突的时候，我们基本上就很难赢一局。崔胜这种情况属于动态实时反制。我们小时候上小学、中学、大学，学习是静态无反制系统还是动态实时反制系统呢？答案是显而易见的，学习的知识都是前人已经总结好的，写进书本中去的，在书上静静地等着我们来阅读与学习呢！当然属于静态无反制系统。

我们工作呢？如果工作不涉及人事斗争，不涉及争权夺利，那么，多数的工作基本上都是在解决具体的事务性的工作，都是以事论事，公司上到老板下到普通员工基本上都希望将公司的事情做好，都希望将公司做得蒸蒸日上（除非公司藏有竞争对手的卧底），所以我们的日常工作多数的时候也属于静态无反制系统。

生活呢？夫妻两人加上孩子，还有父辈与祖辈，都希望家和万事兴，大家利益相同，都想把家庭搞好，所以日常生活也属于静态无反制系统。

正是因为我们从小时候开始面对的学习、工作与生活，多数都属于静态无反制系统（按部就班式），它们多数时候是可以预测的，所以我们慢慢地养成了预测的习惯，以为任何东西、任何事件都是可以准确预测的，我们没有随缘适变。凡事预测，这种思维定式与认知，直接用在投资中是非常危险的，因为投资属于动态实时反制系统。

当建仓股票的时候，你以为是从股票市场上买的，股票市场这么庞大，似乎不动，似乎是死物，似乎你买的这些股票对股市没有什么大的影响。这种想法是严重错误的，你的交易对手就是股票庄家与市场主力，在不同阶段，你的股票赚的钱实质就是庄家与主力亏的钱，等股价拉升到一定高度，就要收割新进的散户，你的交易对手一定会针对你的交易技术与策略采取反制措施，就像我们前面讲到过的私家车司机以及图克汽车的庄家崔胜。庄家与主力有那么傻吗？静静地在原地干等着你用交易技术去赚他的钱吗？期货市场也是一样的，当你建仓多单的时候，你的交易对手就是空单的持仓者，他们也不会傻等着，也会千方百计地想尽各种办法反制你。

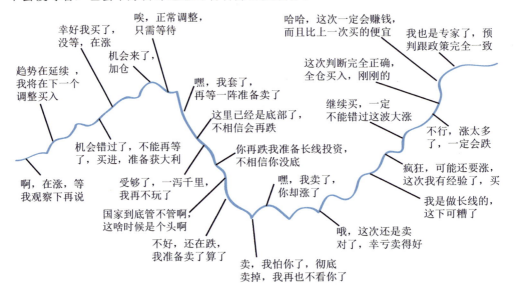

图1201：投资者心态

从大家的眼神中，我发现多数同学可能还不信，那么大家请看一下投资者心态图吧，普通投资者在投资市场的一举一动、一言一行、一念一想，早就被市场主力研究透了，甚至都写进教科书里，如图1201。

"真是没有想到啊，我们自认为聪明，其实，我们这个小脑袋里所有的可能的想法，早就被庄家、市场主力研究了不知道有多少遍，太震撼了！"饶竹同学感慨地说道，"那江老师，有没有办法让市场主力猜不到我们的想法呢？"

你们的任何想法都会被市场主力给研究透的，他们都会采取相应的动态实时反制措施，除非……

"除非什么？"饶竹着急地问道。

除非我们没有想法！没有想法，连我们自己都预测不了我们自己未来的行为，市场主力又如何研究我们呢？

没有想法，就是最好的想法！不预测，就是最好的预测！行情往上走，我能抓住，开多单；行情往下走，我也能抓住，开空单。我预测它干啥？我还需要有想法吗？

在10倍牛股游戏中，当图克司机崔胜与我们不是一伙的时候，他的表现应该使我们领悟，在动态实时反制系统中，你想准确预测最后的结果，或者说你想百分之百地获胜，是不可能的，甚至获胜的概率连10%都没有。这个游戏中，你想去直接赚"赚"的钱，根本就是不可能的。你只能赚"赚－赔"的钱，即游戏中我有赚有赔，赚的时候多赚一点，赔钱的时候少赔一点，只要"赚－赔"的差额是一个正数，即期望收益为正，那么尽管我不能准确预测每次下注的结果，但是随着交易次数的增加，我最后照样赢钱，照样稳定盈利。这就是我们做投资与交易能够赚钱的根本逻辑。我们做投资，绝大多数的时候，均属于动态实时反制系统，所以我们的交易行为，必须符合"赚－赔"这个赚钱核心逻辑，靠预测的投资，一定不可能长久成功。

各位同学，我在10倍牛股游戏中，留下的思考题"找到一个稳定战胜江老师的方法，这个方法也是大家未来做投资稳定盈利的方法"，现在，大家有答案了吧？

| 4 |

这个答案，我估计在座的各位同学，有些人已经胸有成竹了，有些人还懵懵懂懂，不要紧，那是因为你多年的认知与常识影响了你，使你很难跳出思维的定势，很难做到随缘适变。为了大家更好理解"赚－赔"的赚钱逻辑，我再举几个例子，引导大家思考一下，请看图1202。

这是一张足球战术图，我们先假设黑方的11名球员，在上图中各自的位置上处于静止的状态（固定不动），而我方是红方，我方的11名球员可以任意运动，那么请问

图 1202：足球攻防战术

各位同学，我们容易战胜黑方吗？

"那当然容易啊！黑方是 3214 阵型，这个阵型虽然很厉害，但是黑方球员如果不能移动的话，红方很容易研究出效率最高的进攻方式，轻轻松松地破门成功，打个 30：0 都不在话下。"喜欢足球的崔胜说道。很好，现在如果黑方球员可以像平时踢球那样可以正常移动，那么崔胜同学，我们还能踢个 30：0 吗？

"那怎么可能？如果黑方球员可以正常踢球，怎么可能不反制红方呢？他们互为比赛对手啊。最后的踢球结果，绝对不可能是 30：0，正常的足球比分，如果两队势均力敌的话，结果相差不会太悬殊，有一两分的差距就不错了，而且事先预测红方获胜还是黑方获胜，都是很难的。有名的就是西班牙足球联赛的皇家马德里 VS 巴塞罗那，作为西甲联赛的两位龙头老大，两队至今已经有近百年的历史，皇马与巴萨至今已经在西甲赛场交手 180 次左右。其中，皇马赢下了 73 场，而巴萨则获胜 72 场，另外双方还打平 35 次，比赛结果都是各有胜负。"崔胜评价说道。

是的，静态无反制的系统，对结果的预测很容易；但是，动态实时反制系统，想要事先准确预测，基本上是不可能的任务。一个厨师，拿手的烧菜秘籍是水煮牛肉，如果他面前放的是一堆牛肉，那么作为旁观者的我们基本上可以预测出：过个 20 分钟，色香味俱全的一盘水煮牛肉就会摆在我们的面前供品尝；但是，如果这个厨师的面前放的不是牛肉，而是一头活牛，你还能准确预测 20 分钟后，我们还能品尝一道色香味俱全的水煮牛肉吗？一名登山爱好者去登深圳梧桐山，我们可以预测他将最终登顶；但是，我们能预测他将最终在珠穆朗玛峰登顶吗？

一个静态无反制的系统，一般都存在一个确定性的秘籍，比如一些技术职位：厨师、钳工、木工、水电工、建筑师、会计、律师等等。甚至翻转魔方都有秘籍，都有世界纪录，几秒就能成功。但是，假如魔方是一个活物，魔方可以反制你，不想让你随便成功，你还能这么轻松搞定吗？

一个动态实时有反制的系统，一般都不存在一个能够拿到确定性结果的技术秘籍。如果真有秘籍，也是保证你在大数据的情况之下，大概率获胜的一个秘籍，但是绝对不能保证你下一次（或者小数据情况下）肯定能够成功。赌场老板长期稳定盈利的秘籍就是这样的。有一个阿拉伯的富豪，去拉斯维加斯的赌场玩，他想去找一个赌场老板对赌一下，一把决胜负那种赌局，一次 10 亿美元。然而，这个富豪最终也没有找到这样的赌场老板。但是，如果将 10 亿美元分散成 1000 次的下注，那么几乎所有的赌场老板都愿意和这个阿拉伯富豪玩一玩。

"江老师，我非常赞成您的观点，足球就是一个动态实时有反制的系统，所以图 1202 的足球战术图，只能是作为我们平时训练时的一个参考，未来如果遇到这样的情况，我们大概知道如何处理就行了，或者说这样处理大概率可以获得后面的比赛优势。但是，如果我们将这个战术处理方案固定死，一定要这样踢的话，对手就很容易研究我们，对手肯定会变阵，我们就无所适从了，最后肯定就会失败。所以像这些足球战术图、围棋的定式等等，只能作为训练时的参考，或者作为实操时的一个备选解决方案。谁也不会傻到真正比赛的时候，墨守成规、一模一样地去执行吧。"崔胜说道。

是的。但是，大多数人在做投资的时候却会墨守成规、一模一样地执行。

"我投资的时候执行什么了？我咋听不明白呢？"崔胜奇怪道。

崔胜，我先问你，如果一个人所有的围棋定式都记得滚瓜烂熟，那么他在未来的围棋比赛中一定会获胜吗？

"如果真这样容易的话，围棋就太简单了。谁的记性好，记得定式多，谁就厉害，谁就会得冠军和大奖，哪有这么好的事情。我们学习围棋，是要学习并记住一些围棋的定式，其主要目的还是训练我们围棋的棋感，帮助初学者快速掌握围棋的基本着法，感受行棋节奏，进而提炼出各种着法的共同特质，以便我们在未来的下棋过程中相机使用。围棋定式是标杆，是衡量围棋前人高手的研究深度和思想高度的标杆，而非强制要求每一位棋手都必须从一而终的模板。围棋定式更非是为了偷懒并将赢棋希望寄托在他人误算上的所谓的成功捷径。正确使用围棋定式，受益无穷；不正确使用，

图 1203：足球、围棋、股票组合技术对比

将误入歧途，悔恨终身。"崔胜答道。

崔胜，看样子你还是一个围棋高手哦，你看足球与围棋的深度与高度都很了不起，为什么不将你的见解用到投资领域呢？为什么你一碰到投资脑袋就犯浑呢？请看图1203。图中，我们将足球的战术图、围棋的定式图与股票期货的K线图放在了一起。崔胜你觉得K线图与围棋定式图和足球战术图之间，有区别吗？

"好像真没有啥区别，上面两张图记录的是历史上的某一次足球比赛或者某一局围棋的数据，下面一张K线图记录的也是历史上某只股票或者期货品种的历史数据。江老师，我明白了，您的意思是K线图与足球战术图、围棋定式一样，只能作为我们训练时的参考，或者作为实操时的一个备选方案。真正上实盘的时候，千万不要墨守成规、一模一样地去执行，更不能去重仓下注。之前，我看得清楚足球战术图、围棋定式图，但是看不清股票期货K线图的原因是我的内功心法不够，利令智昏，看到美女、暴利就脚软，心跳，头发昏。"崔胜评价自己。

不错，你很有自知之明。几年以前，江老师我去上了一位深圳股票老师的课，这位大师的技术分析水平据说非常牛，记忆力也超好，好到什么程度？在座的各位同学可能都想不到。上海深圳几千只股票，你随便选一只股票，随便在历史K线图中间选一个时间段，然后你将其截取出来，拿给这个老师看。这位老师都能准确地补充出没有截取出来的后面时间段的K线图。

"哇，好厉害，技术分析方面，还有比江老师您还牛的高手啊。"崔胜问道。

当然有啊。江老师我的技术分析水平一般，只能算偏上水平，高手在民间。

"江老师最牛的并不是交易技术，而是对天道循环的理解以及强大的内功心法，还有各种现代科学知识的融会贯通与随缘适变，而且投资可以做到轻轻松松，悠闲自得。"迅迅评价道。

谢谢迅迅的评价。我们继续看例子。请看图1204。

这里有一个品种，历史上某一个时间段的K线截图，大家预测一下未来的K线图是什么走向。这个图我曾拿给深圳的这个股票老师看一下。结果他真的就说出来了后面的大致K线

图1204：某品种历史K线图（片段）

图，大家又请看图 1205：

图 1205：某品种历史 K 线图（两段）

"哇，好厉害啊，摸底成功啦。"崔胜赞叹道。

厉害吧，反正江老师记忆力不好，没有这个本事。不过请问各位同学，这位老师的这个方法能用在实盘上吗？当未来又出现类似图 1204 的 K 线图的时候，我们可以按照图 1205 的预定方向下注吗？如果可以下注，你准备多大的仓位下注呢？

"我觉得这个股票老师没啥真本事，只是记忆力超群而已。任何一只股票，你能画出历史上的 K 线图，这不算啥真本事，只要你的记忆力好就行，就算像我们这些记忆力不好的人，我们也可以通过计算机编程，让计算机帮我们记住历史上所有股票的所有 K 线图就行了，并不需要亲自去记忆。如果这个股票老师真有本事，真想画图，请你不要画历史而是画未来！你敢画出一只股票未来的 K 线图吗？而且不用画很长时间的，你只要画未来一周的 K 线图就行。你画出来后，我们等待时间的验证，如果这只股票未来的 K 线图与你之前画出来的 K 线图对上了，那才证明你有真本事啊！所以我觉得这个股票老师，并不是一个真正的股票交易技术高手，他只是记忆高手，他的方法只能用在考试上，并不能用在实盘中。"罗菁秋发表了他的看法，"甚至，我认为这个股票老师有故弄玄虚的嫌疑，与算命先生在算命之前先说出你前半生已经发生的事是一个套路。"

崔胜举了一下手，欲言又止地又放下了手。

这时迅迅举手回答道："我们不能使用那个股票老师的方法进行下注，更不能重仓进行下注。深圳股票老师展示的是他在历史数据上的本事，历史不代表未来，历史数据是不变的，是静态无反制的系统，能准确说出历史数据，并不代表能够准确预测未来数据，因为未来数据是动态实时有反制系统。我们的交易对手有庄家、市场主力，一定不会傻到静静地等着我们摸底成功然后去赚他们的钱，就算我们散户的记忆力再好，能记住历史上所有的 K 线图，但是庄家也能记住，而且庄家有钱，可以聘请人去记住，甚至使用计算机数据库系统，让计算机来记，更快、更强、更厉害。庄家、主力一定会反制我们的，一定会让 K 线图与以前的不一样，就像我们的足球对手一定不会完全按照足球战术图去踢球、我们的围棋对手一定不会完全按照围棋定式图去下棋一样。而且一旦让他们知道了我们是在墨守成规、一模一样地模仿历史数据，我们自己反而就成了静态无反制的系统，这时庄家、主力可以更轻松地预测我们这些散户未来的交易行为，他们赚我们的钱就更加容易了。"

迅迅回答得非常好。其实庄家、主力、机构、赌场老板等等，都有专门的部门、专业的人员与心理学专家负责仔细研究散户行为的。在图 1204 的基础上，大家请看图 1206。在静态无反制的情况之下（历史 K 线图），预测图 1204 未来走势的唯一正确答案是图 1205。而在动态实时有反制系统的情况之下（未来 K 线图），预测图 1204 未来走势的正确答案是图 1206。

图 1206：未来 K 线走势各种可能

图 1205 其实是图 1206 最上面红箭头这种情况（以下称第 1 种）。在动态实时有反制系统的情况之下，市场主力会根据我们的交易情况实时调整他们的战术对策，所以我们在图 1206 中画出了 7 种未来走势的可能性（当然实际情况不一定是 7 个，可能多

也可能少），这 7 种走势未来都是有可能发生的（图 1205 中是其中的一种）。

在动态实时有反制的情况之下，7 种可能都有发生的概率，为什么我们还要对第 1 种走势进行重仓下注呢？傻瓜吗？下完注，万一是其他 6 种走势呢？

在历史 K 线图上，在静态无反制的情况之下，预测图 1204 未来走势的唯一正确答案是图 1205 的 K 线图，这个 K 线图相当于围棋的定式，但是就像崔胜刚才讲的那样：围棋定式并非是为了偷懒的所谓成功的捷径，K 线图等投资技术也并非是为了偷懒的所谓投资成功的捷径与秘籍。正确使用围棋定式（K 线图等投资技术），受益无穷；不正确使用，将误入歧途，悔恨终身。

我们股票期货的实盘操作，都是在动态实时有反制的情况之下进行的，预测图 1204 未来走势的正确答案是图 1206，未来有 7 种可能性，所以我们不能重仓下注赌第 1 种情况，我们赚不了"赚"的钱，只能赚"赚－赔"的钱，赚的时候多赚一点，赔钱的时候少赔一点，只要"赚－赔"的差额是一个正数，即期望收益为正，我们最后就能稳定盈利。

"江老师，具体怎么下注呢？赚'赚－赔'的钱，具体怎么做呢？图 1206 中画出了 7 种未来的走势的可能性，来上您的课之前我们不懂，我们只会根据历史静态数据重仓下注第 1 种情况去赚'赚'的钱，去赌最终会出现图 1205 的情况。现在您说动态反制系统，会出现 7 种可能性，那我们如何科学地下注呢？"崔胜追问道。

具体的量化交易的下注方法，我们会在量化交易的实操课上详述，这里我们粗略地理念性地讲一下：崔胜，将你原来不懂动态实时反制系统时重仓下注的钱，分成 7 份，按图 1206 的 7 种情况等额下注，每种情况下注 1 份。7 份下注中，总有下注正确后赚钱的，也有下注错误后赔钱的，只要 7 份下注中，"赚－赔"是一个正数，我们最终一定就是赚钱的。当然啦，实盘时，我们并不会将 7 份钱都下注在一个品种上，而是下注 1 份在最大可能出趋势的品种上，然后将其他 6 份钱，下注在另外 6 个最大可能出趋势的其他品种上，这样可以增加概率优势。

"江老师，您这样讲的话，我有点明白了。做投资与做实业必须随缘适变。我们做投资属于被动无主动权的事，且交易次数很多，且风险不确定，且动态实时有反制，由于未来的不可预测性，我们的量化交易系统不应该去进行预测下注，我们应该根据概率进行下注，下注在成功可能性大的品种以及大的趋势方向上，而且下注的金额应该比以前的预测下注要少很多。既然是概率下注不是预测下注，那么一定会有赚有赔，一定是收益与风险共存，资金曲线一定有上升也一定有最大回撤。我们赚的是'赚－赔'或者是"收益－风险"之后的差额部分的钱，但是，只要这个差额是正数，那么随着时间的推移以及交易次数的增加，最后的获胜者一定是我们，我们散户也能做到长期稳定地盈利。"崔胜总结道。

没错，崔胜，你总结得非常好，已经将守正的量化交易系统赚钱的逻辑说得很清楚了，很好。当然，标准化、流程化、一致性的量化交易系统初步建好之后，还要进行优化，主要是通过交易技术的优化来提高赚钱的效率（这时投资技术就有用了），这里面关键是要提高交易系统的收益风险比，再就是提高投资者自己的内功心法，将扛最大回撤的能力进行提高，乘上我们的业绩翻倍魔法石——收益风险比，最后，我们的收益率一定会耀眼夺目。这也是我们迅迅美女前面说的学习投资的正确路径。

"我还要补充一点学习投资的正确路径，江老师您说的以及刚才崔胜总结的，还只是我们保证年化30%目标的守正的投资工作，我们不能忘记了投资还有出奇的工作。我们要在守正的基础之上，努力争取事前、自动、大概率、低成本、非遗漏、可复制地去捕捉台风大行情，争取几倍、几十倍的超额收益。"迅迅说道。

感谢迅迅的补充讲解，这下就全了，同学们也顺便将前面讲的要点复习了一遍。

| 5 |

"江老师，我还想问一下：我们守正的交易系统赚的是'赚一赔'的钱，那刚刚迅迅补充的我们出奇的交易系统赚的是什么钱呢？是赚'赚一赔'的钱呢？还是赚'赚'的钱呢？"张林同学问道。

张林的问题很好。我们守正的同时，也不能忘记出奇，因为守正不出奇则愚。我们会将资产的20%~30%用在出奇上面。我们守正的投资心学量化交易系统的第1道筛网以及负责出奇的全梭哈交易法或者自造期权交易法在第2、3道筛网会将大概率出现台风行情的交易品种给筛选出来，然后我们再用较大仓位进行下注。此时下注成功的概率很大，就算最后不能大赚特赚，但是至少赔钱的可能性是非常小的，所以这个时候我们赚的是"赚"的钱。不过，因为这个世上就不存在百分之百成功的交易方法，所以你出奇的风险金，还是强烈建议你分成几份，这样可以多押注几次台风的机会。就像2014年牛海股指期货那样，分开押注了4次，最后1次获得了成功。从这个层面讲，牛海赚的也是"赚一赔"的钱。当然啦，由于出奇的收益风险比非常高，像牛海那样，赌对了，可以获得二十倍的收益，所以前面3次赔钱的成本很低，因此你说牛海赚的是"赚"的钱也是没有问题的。

"江老师，我懂了。对了，我前天上课时的那个问题，江老师您可以回答了吗？即：我是才进入社会的年轻人，身上只有几万元，我估计守正去做多品种组合，钱肯定不够，我估计只能出奇，只能孤注一掷。那么像我们这样的年轻人如何在守正与出奇之间达到动态平衡呢？您可以帮牛海守正，您不可能帮所有的年轻人守正吧？"张林又问道。

张林同学，学了随缘适变，你应该也可以回答这个问题了。守正不出奇则愚；出奇不守正则邪！两者相辅相成，缺一不可。但是像张林这样的年轻人，闲钱不多，通常只有几万元，即使是学习了投资心学守正的量化交易系统，没钱怎么守正呢？正确的办法是：做模拟盘去守正！市面上所有的第三方量化交易软件公司，都提供模拟账号，都可以申请模拟资金，几百万没有问题，足够你做一个投资组合去守正。模拟盘守正，实盘出奇，相辅相成，动态平衡。等张林你们出奇赚到大钱了，比如100万元以上，就将其中的80%拿来守正，剩下的20%继续出奇，滚动发展，就像牛海当年那样。其实，即使有钱的投资者也应该先做模拟盘，模拟半年到一年，为什么？因为根据我的统计，投资初学者因为不熟悉股票或者期货的交易规则以及不懂量化软件的使用细节，造成的损失（我们叫作无风险补偿的损失）基本上要占本金的5%~10%，100万元你就要先损失个10万元。因为投资初学者的本事收益率基本上为零，赚钱靠的是运气收益率与风险收益率，不是在博运气就是在博风险，所以初始的10万元的操作风险非常巨大，因为这个操作风险不可能转化成收益只会变成损失，但是，如果你先做模拟盘的话，你就基本上能够规避掉这个风险，非常划算的。例如：期货如何换主力合约，光是这一条，投资者就要交不少的学费，有时候老合约还在做空，新合约的交易信号却是做多，你如何正确换合约，就是一门很大的学问。

对了，我补充一下，刚才课间有同学问人脉收益算什么收益，我们将人脉收益划归于运气收益率，不过二级市场上人脉收益的作用很小，还涉及内幕交易，有违法风险；一级市场与实业倒是经常用到。

"谢谢江老师的建议，那我回去就申请一个模拟账号，开始模拟投资，开始投资守正。模拟投资相对来说简单，容易搞。"张林说道。

容易搞？那可不一定哦。有的时候实盘比模拟还容易搞一些。

"啊，为什么呢？"张林惊奇地问道。

因为人性，因为多数人的内功心法不够。绝大多数人，都是实时反馈动物，只有少数人能做到延时反馈，不过，能做到延时反馈的人都是非常厉害的人，未来的前途不可限量。那什么叫实时反馈呢？就是一努力，马上就想拿结果，而且要好结果，还不愿意等；而延时反馈的人，自律性都很强，知道付出一定有回报，但他知道并不能马上就能得到回报，也没想一定会有回报，在其他地方有回报也行，甚至有没有回报都没有关系，随心而安，随缘就好。这个世界上，所有的大事情，都不是一蹴而就的，都需要很多的条件具备后才能完成，自己的努力只是其中的一个条件而已，自己努力了，还得等其他的条件逐渐具备后，天时地利人和后你才能成功。因此具备延时反馈能力的人，往往会笑到最后。而实时反馈的人，开始的时候尽管热热闹闹，冲劲很大，但是往往走不远，坚持不久。张林，你知道为什么年轻人喜欢游戏吗？

"不知道，还望江老师赐教。"张林说道。

那是因为多数的年轻人都喜欢实时反馈，而在网络游戏中容易实时反馈，很容易实现自我的价值（游戏中两天就能拿个冠军）。而在现实生活中，努力了半天都没有啥动静，都要延时很长的一段时间，才能看到一点点的效果，年轻人不愿意等。江老师我也年轻过，知道这种感受。

总之，实时反馈与投资的成就成反比例关系。

张林，模拟盘就是这样的，当你模拟盘赚钱了，因为赚的是虚拟的钱，你努力了半天，但是没有实际的收入，账号上只有一个数字而已，自然你下一步继续做模拟盘的动力会大打折扣。而且，我们长久稳定盈利的赚钱逻辑是"赚－赔"而不直接是"赚"，"赚－赔"的差额虽然为正，但是与直接的"赚"相比较，数量不多，需要交易次数的累加和时间的积累，因此，多数投资者，特别是年轻的投资者，由于青春期分泌的荷尔蒙与多巴胺激素都比较多，容易冲动，因此多数年轻人都很难坚持下去。

"江老师，您放心，我的耐心好，坚持力强，做模拟盘没有问题的。"张林说道。

希望如此！不过我也没有祈求所有的人都能坚持。其实模拟盘就是一个很好的滤网，可以将不适合做交易的投资者给自然过滤掉。做了模拟盘一段时间的同学，如果发现做模拟盘枯燥无聊，没有积极性，那么建议你认真反思自己到底适不适合做交易，如果不适合，就尽早离开去做实业，你可以将资金交给专业的投资顾问或者基金经理去打理。这有点像六祖惠能的经历，五祖弘忍先让他去后院舂米。其实舂米就是一个过滤用的滤网。如果六祖没能坚持半年以上，五祖根本就不可能将衣钵传给他。舂米的工作比做模拟盘的工作还枯燥无聊，很多人一到寺庙就想实时反馈，就想马上找到明心见性的秘籍，结果心外求法，越找越找不到，越求离明心见性越远。只有先耐下心来舂米，你才离悟道越来越近。同理，只有耐下心来做半年一年的模拟盘，你离真正的交易秘籍才越来越近。

"江老师，不适合赚'赚－赔'的钱的人，适不适合直接赚'赚'的钱呢？"崔胜问道。

哈哈哈，崔胜，你是担心自己没有耐心做模拟盘吧。

不适合赚"赚－赔"的钱的人，绝对也不适合直接去赚"赚"的钱！你是去送钱，而不是去赚钱。发现自己不适合赚"赚－赔"的钱的人，应该直接离开投资行业，转做实业。

直接"赚钱"的逻辑，就属于实时反馈，符合人性，任何人，天生都喜欢，不用去筛选。有些人发现自己不适合做模拟，不适合"赚－赔"这样的赚钱逻辑，他并没有离开投资市场，而是抱着侥幸心理，又去其他地方学习所谓直接"赚钱"的快速发财方法，妄想不守正直接出奇，这是一种严重的错误。他忘记了那句话：出奇不守正则邪！

邪门歪道还能长久赚钱吗？被别人赚钱吧！

"对对对，我就是这样倾家荡产的，崔胜，千万别这样啊！崔师兄，你是不是上课之前欠债了，所以特别急。越想翻本离翻本越远。"舒月劝崔胜。

直接去赚"赚"的钱，这种投资的方式一定带预测性质，我们 10 倍牛股游戏中已经做了展示，你是非常难赚钱的。去赚"赚"的钱，表面看是成功最近的路，其实是最远的路；去赚"赚－赔"的钱，表面看是成功最远的路，其实是最近的路！赌场老板最懂这句话。

我们已经讲了，想准确预测是不可能的，所以去赚"赚"的钱，这个投资的方法是不可能长久稳定盈利的，只能短暂成功，只能是幸存者偏差。

"江老师，我们应该去赚'赚－赔'的钱，我基本上能理解了。但是，您让我们做投资不要去预测，因为准确预测是不可能的，这点还是太逆我们的常识，而且我们以前学的绝大多数投资技术都是带预测性质的，那我们不是白学了吗？不甘心啊。"周琰衍问道。

准确预测是不可能的，除了前面讲过的几个原因之外，还有一个最重要的原因，这里也给大家讲一下，让大家尽早死了准确预测的这条心。否则遇到你欠债想快速翻本等这样的紧急情况，你又会死灰复燃，又会抱着侥幸去预测，去博重仓，再次伤口撒盐，最终万劫不复。

准确预测不可能，还有一个最重要原因就是：预测的利益相关者之间相互影响，最终会破坏预测的最底层判断逻辑。

很多人都看过奥运会的射击比赛中，谁的枪法准，谁最后打的环数高，谁将获得奥运会的金牌。经过多轮次下来，如果你能平均打 9.5 环甚至更高，其他选手平均环数都比你这个数低，奥运冠军就非你莫属了（最终结果以总环数决胜负）。

"这是天经地义的事情啊，有什么好说的呢？"崔胜问道。

正是因为天经地义，所以"预测的最底层判断逻辑"这件事就没有人留意了，就像我们能随时呼吸空气这件事情，天经地义，所以大家平时都没有留意，除非到了高原缺氧的情况之下，你才会留意到空气的存在与珍贵。以单轮做比较，奥运会比赛你打了一个9.5环，其他选手的环数都少于你，因此我们就能准确预测出你将获得奥运会的冠军，所以你在比赛组委会还没有正式公布冠军归属之前，你就可以提前庆祝了。想过为什么吗？那是因为射击比赛有一个预测的最底层判断逻辑：谁打的环数越高谁获胜。这个判断逻辑天经地义，所以大家都没有去在意它。但是如果这个逻辑改变了呢？你还能准确预测吗？你还能提前庆祝冠军吗？

假如比赛的成绩出来，你打了一个9.5环，其他人分别是9环、8环、7.5环、5环、3环、2环等。你刚想按照常识进行庆祝，忽然射击比赛组委会宣布，我们要进行底层判断逻辑的抽签：（1）环数越高越赢；（2）环数越低越赢；（3）环数越靠近中间值越赢。三选一，你会怎么办？规则变了，你还会是天经地义的冠军吗？

"那就不一定啦。不过世界上哪有这样的射击比赛啊，还能把预测的最底层判断逻辑给改了？这个世界上肯定是枪法越好，越容易获胜啊！难道还会出现枪法越差，越容易获胜的情况吗？"崔胜奇怪道。

射击比赛不会，那是因为射击比赛的利益相关者之间的目标是一致的，比赛奖金是组委会发的。当预测的利益相关者之间目标不一致时，且比赛奖金是比赛运动员相互之间出的，那么预测的最底层的判断逻辑就有可能会改变。

"我还是不信！这个世界不是乱套了吗？高考成绩越差的反而能上好大学，工作越努力的人升职的可能性越小，业绩最差的人获得升迁……凡此种种，我还是想不明白。"崔胜很疑惑。

| 6 |

想不明白就对了，因为这的确太逆常识了。我们来做一个小游戏，大家就明白了。

迅迅是我们投资界的美女，要容貌有容貌，要才华有才华，要德行有德行，真是一个才女佳人！迅迅同学还没有结婚，我们假设崔胜很喜欢迅迅，准备追求她。周琰衍同学也很喜欢，准备加入其中，与崔胜竞争一下。迅迅觉得崔胜与周琰衍各有所长，取舍两难，怎么办呢？

"没有办法，我准备用美国西部牛仔决斗的方法来选择夫君。崔胜与周琰衍两个人，隔开100米远，腰间各别着一把西部牛仔的手枪，我一发指令，两人掏枪、瞄准、射击，一人只能打一枪，谁先击中了对方谁获胜，我就做他的女朋友。"迅迅微笑地说道。

决斗准备一个星期后进行，周琰衍、崔胜，各自回去准备吧。崔胜，知道准备什么吗？

"那肯定是回去苦练枪法啦，一周以后，谁的枪法越好，谁越容易当迅迅的男朋友啊。"崔胜回答道。

很好，两人决斗，谁的枪法越好，谁最后获胜的可能性就越大，天经地义的事情。

不过，此时，江老师知道了决斗的事情，江老师也喜欢迅迅很久了，因此江老师也申请加入决斗，三个人的决斗，请见图 1207。

图 1207：三个枪手的决斗

周琰衍、崔胜、江老师呈三角形站位，迅迅一发指令，三人各自掏枪射击。崔胜平时苦练枪法，10 环可以打 9.5 环，周琰衍次之，十环能打 7 环，江老师平时要做交易，没有时间训练，10 环只能打 3 环。大家不是都很喜欢预测吗？好了，我请大家预测一下，谁最后容易获胜？

"那还用说，必须是我崔胜啊！我 10 环可以打 9.5 环，我不获胜谁获胜？难道还能是打 3 环的江老师？"崔胜笑着说道。

崔胜，你这么有信心的，好啊，假如是下注，你下多少钱？

"10 万元，100 万元都行，绝对赢的事情还不多下一点钱，房子抵押出去都干。"崔胜信誓旦旦地说道。

"江老师早就说过，常识错误、认知错误，才是最大的错误，才容易倾家荡产。崔胜，你认为天经地义的事情，就有可能出现反转。三人决斗，江老师大概率才是最后的获胜者。我选江老师做我的男朋友。"迅迅羞涩地说道。

"不可能！绝对不可能！一个 9.5 环，一个 3 环，最后我还输给了江老师？枪法越好的，越容易输，老天爷真是瞎了眼吗？"崔胜不服气地说道。

崔胜，愿赌服输，先拿 100 万元过来。崔胜，你不要不服气，不是老天爷瞎了眼，因为根本就轮不到让老天爷做裁决，崔胜你就已经输了。两人博弈，枪法好的容易获胜，这没有问题。正因为天经地义，大家见多了，重复多了，就很容易形成思维与常识定式，大家很容易将这个结论平推到 N 人博弈，认为 N 人博弈，也应该是枪法好的容易获胜。

但是，真相并不是这样的。崔胜，你犯了可怕的认知错误！崔胜、周琰衍、江老师三人博弈，崔胜 9.5 环，周琰衍 7 环，江老师 3 环，三人呈三角形排位，一人只能打一枪，西部牛仔的决斗方式。大家想一下，崔胜的第一枪打向谁？肯定打向 7 环的周琰衍啦，如果打向 3 环的江老师，那么第二局就要对阵 7 环的周琰衍，第二局就容易输。周琰衍的第一枪打向谁？肯定打向崔胜啦，如果打向江老师，第二局就非常容易输给 9.5 环的崔胜。江老师的第一枪打向谁？肯定打向崔胜啦，如果打向周琰衍，第二局也非常容易输给 9.5 环的崔胜。总结一下，崔胜被周琰衍、江老师两个人开枪；周琰衍被崔胜一个人开枪；江老师呢？没有一个人打向他。大家说一下，谁获胜的可能性大呢？明白了这个以后，如果现在下注，大家赌谁容易赢呢？崔胜，你刚才急匆匆地下注，输啦！赶紧将 100 万元转账过来，对了，房子什么时候去过户啊？

"这？这？……"崔胜愣在那里，半天没有说话，"我现在终于领悟了江老师一直强调的常识错误、认知错误才是最大的错误！只有发生这样的错误，才会押上房子！唉，简直太神奇了！我现在还没有回过味：两人博弈，枪法好的肯定赢，后面加了一个人进来，三人博弈，这个预测的最底层的判断逻辑就神奇地发生了变化：枪法差的才容易赢。我还是想不通。那要是再加几个人进来博弈，又会发生什么情况呢？"

我现在就可以告诉你答案：N 个人的博弈，预测的最底层的判断逻辑，飘忽不定，一会儿枪法好的赢，一会儿枪法差的赢。

"那还怎么预测呢？"崔胜说道。

所以江老师才一直告诫大家：不要预测啊！

崔胜，你刚才提到的高考，有 N 人参与，是 N 人博弈，有 N 个利益相关者，不过大家的目标基本上是一致的，都想为国选拔人才，都想靠真本事、真实的分数考上好大学。因此，高考，考分高的，容易上好大学。这个预测的最底层的判断逻辑是没有啥问题，基本上不会漂移。

但是，我们要随缘适变哦，不能平推这个结论哦，更不要形成死的常识与认知。

投资与交易，也是有 N 人参与，是 N 人博弈，有 N 个利益相关者，由于股票、期货等等基本上是零和或者负和游戏，大家的目标肯定是不一致的，都想自己的利益最大化，都想把别人口袋里的钱搬到自己的口袋中。因此，此时，任何一个以预测为基础的投资理论（技术分析、基本面分析、价值分析、宏微观分析、财务分析等等），它的理论根基，即这个预测的最底层的判断逻辑，会因为博弈参与者的不同以及各方力量的对比、演变而发生很大的漂移。

投资与交易的参与者，相互之间明争暗斗，相互博弈，互相反制，各个参与者都会对交易的结果以及交易结果的判断逻辑产生重要的影响，从而影响到对交易结果的预测行为，甚至你的预测行为本身也会对预测的结果产生影响。索罗斯的反身性理论讲的也是这样类似的事情。

比如我们想判断一下雪花的形状，下雪时，我们用手接住雪花，然后用眼睛观测雪花，这个方法得到的结论是有问题的，如果你下注的话，很有可能会输。眼见为实，为什么还会输呢？你的手是有温度的，雪花在你的手上，其形状在你观测的时候随时都在发生变化，你的观测行为，对雪花的形状产生了重要的影响。

同样道理，你怎么知道你的股票、期货的投资行为，对这个股票或期货品种就没有影响呢？就因为你的钱不多吗？你的钱虽然不多，但是，与你一样持有相同投资理论的人可能很多，大家理论相同，那么购买的时间节点基本上是相同的，买涨买跌的方向也基本上是相同的，大家累加在一起的钱就很多啦。

举个例子，张三是一个财务分析高手，还是一家公司的 CFO。每次投资之前，张三都会对自己股票池的股票进行打分，然后买进分数最高的那只股票。有一次，张三有 7 支票，分别进行财务指标的打分：9.5 分、8 分、7 分、5.5 分、4 分、3.5 分、2 分；然后，张三买进了最高 9.5 分的那只股票，结果他却输钱了，而且最郁闷的是，那只打分只有 2 分的股票竟然涨得嗷嗷叫。各位同学，这种现象在投资市场上少见吗？业绩好的股票不涨，业绩差的，甚至 ST 的股票天天涨停板，这样的情况太多了。为什么？是因为张三的财务分析能力不行吗？还是张三财务打错分了？张三仔细检查后，打分没有任何问题啊！张三百思不得其解，郁闷中。在座的各位同学，帮张三分析一下其中的原因呗。

没有同学举手吗？我提示一下，复习一下刚才讲过的奥运会的射击比赛。

"奥运会射击比赛的成绩出来了，你打了一个 9.5 环，其他人分别是 8 环、7 环、5.5 环、4 环、3.5 环、2 环。你刚想按照常识进行庆祝，忽然射击比赛组委会宣布，要变更获胜者规则，你还认为 9.5 环是天经地义的冠军吗？"

射击比赛的环数，与张三给各只股票财务打分的分数，有区别吗？

"江老师，我明白了，张三是一个财务分析的高手，他的股票打分系统很牛，他给各种股票打分，然后按照分数的高低排序后买入进场。这个动作本身是一个预测行为，其背后有一个最底层的判断逻辑：股票财务分数越高的股票越容易涨。这点与射击比赛的判断逻辑类似：射击环数越高越容易得冠军。射击比赛由于各个参与者的目标一致，并且比赛的奖金不是从运动员自己口袋里拿出，而是由奥运会组委会出，因此多方博弈后，射击比赛最底层的判断逻辑保持不变，那么射击环数最高的人最终获得了冠军。做投资就不一样了，虽然张三的股票打分系统也是高低排序，但是由于股票投资是零和或者负和游戏，你赚的钱就是我口袋里的钱，投资的各个参与者的目标绝对是不一致的，因此多方博弈后，张三股票投资的最底层的判断逻辑发生了变化，不再是财务分数越高的股票越容易涨，而有可能是分数越低的股票越容易涨，最终逆常识：财务打分最低的那只股票获得了最后的胜利，这和江老师刚才决斗游戏中 3 环就获胜的道理是一样的。其实这很好理解（只是之前没有高人指点）：假如奥运射击冠军的奖金是从其他运动员自己的口袋里出，而且一出就是倾家荡产式的出钱，那么其他运动员会甘心让环数高的选手得冠军拿奖金吗？不可能，他们肯定组团到奥运组委会去闹啊，各种不甘心的投诉等等。张三还是那个 CFO，张三还是那个财务分析高手，张三的股票财务打分系统以及打出的股票分数还是正确的，但是为什么张三就没有赚到钱呢？张三郁闷了很久，想不通原因。其实原因是他不懂随缘适变，多方博弈后，预测的最底层的判断逻辑已经发生了变化，打分低的股票才会涨。所以投资最后能否赚钱，不是只看你的分析方法的结果，而是要再将你的分析结果拿到投资市场上去博弈，要看最后的博弈结果。多数的投资者漏掉了最后的这一步。"迅迅评价说，"你的分析结果拿来考试，拿来路演，拿来讲课，拿来升职都可以，就是不能直接拿来投资赚钱！赚钱要看博弈结果，不看分析结果！"

迅迅回答得非常好。

我记得 2019 与 2020 年，价值投资非常流行，什么时髦说什么：价值、赛道、护城河、时间的朋友，等等。后来 2021 年呢？特别是 2022 年上半年，价值投资似乎又一地鸡毛，相关的基金产品跌得一塌糊涂，回撤普遍高达 40% 以上，现在简直变成了谈价值色变，那些时髦的词语也没有人再说了。

是这些搞价值投资的人分析能力不行吗？显然不是！个个都是金融学博士、华尔街精英、投行大咖，很多还在股票行业跌打滚爬十几二十年了。还是这些搞价值投资的人的估值模型失效了？或者是计算出来的估值发生了错误？显然也不是，很多估值都是由很牛的高速计算机算出来的，估值模型也是精挑细选，由数学、逻辑学、心理学的专家设计的。那是什么原因导致的呢？

估值本身就是一个预测问题，其背后的最底层的判断逻辑：价格被低估的股票，买入后应该上涨，直到价格超出估值后我们再卖出。这个判断逻辑，在 N 个利益相关者之间进行多方博弈的过程中失效了（尽管之前也有对的时候）。比如，根据历史数据计算下来，某只股票被低估了，计算结果也没有错，估值 60 元，股票价格是 50 元，你放心买入并持有。模型没错，计算也没错，你最后就确定能赚钱吗？不能确定！还得经过多方博弈的检验。多方博弈后，最底层的判断逻辑发生了漂移，"价格被低估的股票，买入后应该上涨"变成了"价格被低估的股票，买入后会下跌"，所以你 50 元买的股票，变成了 45 元、40 元、35 元、30 元……价值投资理论没错，自己分析没错、估值模型没错，计算也没错，诸如此类，但就是亏钱！你很郁闷很苦恼：那到底哪儿错了呢？

其实，不管是价值分析，还是技术分析、宏观微观分析、基本面分析、财务分析、消息面分析、供求关系分析、因子分析、策略战法等等，其理论对不对？都是对的！分析有没有道理？都有道理！那可不可以拿去面试找工作？完全可以，还可以拿高薪！那可不可以拿去路演、展示、出书、上课？完全可以，还可以当专家！那可不可以赚钱？那就不一定了！因为投资赚钱，看博弈结果，不看分析结果！

进行预测式的投资，最底层的判断逻辑发生漂移的这件事情，最麻烦的地方在于你无法事先预判漂移的时间节点。有时候，财务打分高的股票涨得好，但有时候却是财务打分低的股票长势喜人。有时候，价格被低估的股票买入后上涨，但有时候价格被低估的股票买入后却会下跌。你无所适从。崔胜、周琰衍与江老师，我们刚才三个人的决斗游戏，由于利益相关者很少，其实还是可以事先预计到的：江老师后面的加入，会改变最底层的判断逻辑。只是由于刚才大家不懂博弈，所以没有及时修正，我相信大家学习了本课程以后，你就可以预先做好准备了。但是，投资却不行，你懂了博弈也不行，你永远无法事先做好准备，因为你永远都不知道股票期货背后有多少利益相关者在博弈，你永远不知道他们实时的想法，也不知道他们各自的力量有多大（虽然你可能买的有龙虎榜数据），更不知道博弈对最底层的判断逻辑的影响有多深，因此江老师一直强调：投资，不要预测，不要去赚"赚"的钱，而应该拐个弯去赚"赚—赔"的钱。江老师当年不就是因为一个预测的最底层的判断逻辑在博弈的过程中发生改变而倾家荡产的吗！这个判断逻辑就是：有内幕消息的股票应该上涨。这个判断逻辑在前面 10 次都没有错，却在第 11 次的时候悄悄咪咪地错了，却没有告诉我。

"江老师，我彻底懂了，如果预测的最底层的判断逻辑都是错误的，那还预测个啥呢？比如：基本面好的股票、财务指标好的股票、价值被低估的股票、成交量放大的股票、有消息的股票，等等，都要下跌！这也太逆常识了。但是多方博弈后却有可能发生这样的情况。那我以后打死都不去预测了，以后我哪怕欠银行的钱再多，我都不会去进行预测投资了，否则只会越预测亏得越多，而且预测投资往往都是重仓或者满仓交易。我还是老老实实地去赚'赚—赔'的钱吧。也是，赌场老板都老老实实赚'赚—赔'的钱，难道我比赌场老板还牛吗？投资还真像江老师说的那样：认为自己行，其实还不行；认为自己不行，其实已经行了！"崔胜感叹道，"认为自己行，你肯定会去预测，肯定重仓去赚'赚'的钱；认为自己不行，你肯定轻仓，你才会虚心地去赚'赚—赔'的钱！"

其实，刚才传授给大家的，预测的最底层的判断逻辑有可能会发生漂移的这个投资心学观点，非常逆普通大众的常识，所以常人很容易出错，而且出错就会出大错，特别是那些所谓的聪明人或者高学历的人，因为他们的智商高，所以执念就重："我就不信了，枪法好的还会输？业绩好的还会跌？价格低于价值还会继续跌？油价还会跌到负数？个人越努力会越失败？怎么可能，老子拼了！"最后，他们一定会逆势加仓或者全梭哈赌一把。

逆常识、改认知的东西，需要多啰唆一下，让大家加深印象。再举一个例子，有一个选美比赛，参加的美女如云，报名的有四千多人，不过裁判就你一个人，你的选美标准决定了最后的名次。此时，你可以随心所欲，既可以制定简单的选美标准，比如就一个身高、颜值或者三围指标，也可以制定比较复杂的美女形态分析方法等等。这种选美比赛，你的分析结论就是本次选美比赛的最终结果。现在我们随缘适变，裁判不再是你一个人，而是有几百个裁判，这些裁判各自都有一套自己的评判美女的标准，甚至有的裁判还建立了比较复杂的美女甄别的数学模型，有的裁判还搞出了一个多因子选美的打分标准，比如眼睛、鼻子、下巴、三围、脸蛋长宽比、学历、阅历、琴棋书画等等，总之，几百个裁判各有各的选美标准。此时，你原来的美女分析方法（颜值、形态等）选出来的美女还是本次选美比赛最终的冠亚军吗？

崔胜听到这里举手回答道："那肯定不是了！这个道理很简单嘛，几百个裁判选四千多个美女，最终选出来的今年的冠亚军大概率不是我一个人选出来的那种美女。"

这个道理的确很简单。那我再问一下崔胜，四千多个美女，假如按照你的选美标准选出来的冠军是第 1380 号选手，此时你有 10 万元，你准备下注多少钱赌 1380 号美女就是众多评委最终选美比赛的冠军呢？

"最多赌 1000 元，我的标准选出来的美女冠军成为本次选美比赛的最终冠军概率很小，我喜欢王熙凤式的美女，而选美比赛有几百名裁判呢，鬼知道他们的选美标准是什么？我押对的概率最多应该就几十分之一吧，所以我下注百分之一。"崔胜回答。

崔胜，江老师让你必须下注 10 万元，全梭哈赌 1380 号美女就是最终的选美冠军。你会干吗？

"江老师，您这样做不厚道啊，您这不是故意让我亏钱吗？这个睁眼就知道亏钱的生意不能做呀！"崔胜不满地说。

那我再问一下其他同学，看看各位准备下注多少呢？

大家七嘴八舌，讨论的结果是有多有少，不过，最多的下注金额都不超过 1 万元，没有一个人敢下注 10 万元。

各位同学，看样子你们在理性的时候都很聪明，都知道自己预测的美女夺冠的概率很低，连资金管理你们做得都很到位；但是，在投资市场上，当你们的贪欲本我启用之后，为什么就会利令智昏，就会犯迷糊，就会认为自己预测股票或期货很准确，还会重仓下注呢？

"江老师，投资市场与选美比赛有什么关系呢？"崔胜好奇地问道。

关系大着呢！其实选美比赛你们正确的做法如果能用到投资市场上，你们就可以成功的。

听到这里，迅迅举手说："我明白了！原来江老师是将投资市场比喻成刚才的选美比赛，四千多个美女就是四千多只股票嘛，几百名裁判代表着几百种投资理论、交易技术与策略战法。崔胜师兄，你的箱体突破策略就是其中的一种选美标准哦。崔师兄，你刚刚说用你的选美标准选出来的美女大概率不会成为这次选美比赛的冠军；同样道理，你用你的投资技术选出来的那只股票，大概率也不会成为最近股市的涨幅冠军啊！至少概率很小，就像你自己说得最多几十分之一或者百分之一。我们在选美比赛里能够理性思考，不会重仓下注，为什么我们一到投资市场，面对我们用自己的投资技术、交易策略战法选出来的股票，就会情不自禁地去重仓、满仓下注呢？"

"真是这个道理啊。'投资赚钱，看博弈结果，不看分析结果。'江老师前面上课讲过的这句话，我现在终于明白它的真正含义了！我选美女的方法对不对？有没有道理？分析得都对，都有道理，但是靠它选出来的美女却不一定成为最后的选美冠军，因为最后的冠军还得看几百名裁判进行打分、进行博弈的最后结果。同样道理，我选股的技术方法对不对？有没有道理？分析都对，都有道理，但是靠它选出来的股票却不一定成为最后的冠军，因为股票最后的冠军还得看掌握了几百种投资理论的广大股民、金融机构、市场主力在投资市场上进行交易和博弈的最后结果。江老师，您这节课的开示真的太重要了，解决了我们特别是投资技术好、交易策略牛的投资者最为困惑的一个问题。选美比赛，就算我们要下注，最多赌上百分之一的筹码，然而以前做投资，为什么我们会毫不犹豫地一次赌上百分之五十、百分之百的筹码呢？甚至押上了自己的房产与养老金。"罗菁秋顿悟了。

迅迅与罗菁秋同学回答得很好，同学们，投资市场与选美比赛有区别吗？其实没有太大的区别！投资甚至比选美比赛更难，因为选美比赛的奖金都是组委会发的，不是由几百名裁判本人出的；而投资市场的盈利可都是由那些掌握了诸如价值分析、技术分析、宏观微观分析、基本面分析、财务分析、消息面分析、供求关系分析、多因子分析等等几百、几千种投资理论、技术指标、量化因子的广大股民、金融机构、市场主力共同出的，你赚的钱，就是别人亏的钱，甚至大家每笔交易还都要缴纳税收与手续费，因此投资市场上必然存在尔虞我诈、钩心斗角、假消息满天飞等更为复杂的博弈情况。所以，你们之前学习掌握的那些所谓的技术秘籍，不管表面看起来再厉害，此时，其预测的底层判断逻辑可能早就发生了漂移，尽管你的股票与期货技术分析水平、投研能力很好，现在可能都没啥用途了，如果你还恃才放旷、傲气冲天地去重仓交易的话，那就无异于自取灭亡。

我们《投资心学》关于"预测的最底层的判断逻辑有可能会发生漂移"这个投资认知，大家一定要熟练掌握，因为它不但可以使用在投资上，也可以使用在实业上。刚才崔胜因为不懂这些，胡乱下注，结果输了 100 万元，外加一套房产。当然我们是开玩笑的，不过大家千万不要真的当玩笑哦，历史上有些人正是因为不懂这个而丢掉了性命，当然，也有人因为懂这个而打下了江山。

第十三章：概率思维

在投资中,我们主要是纠正、调整大家过去的认知方式,将原来的确定性思维方式调整到概率思维方式。建立概率思维,进行大数据统计分析,尽早开始量化交易,尽早得到自己交易策略的胜率、赔率、最大回撤、收益风险比等至关重要的数据,有了这些数据就可赚"赚—赔"为正的钱。

| 1 |

上课前先听个故事:唐高宗李治有两位夫人,一个王皇后,一个萧淑妃,两人争宠争得非常厉害。由于是皇后,王皇后拥有制度上的竞争优势。后来,当王皇后发现她自己无法打败萧淑妃的时候,她没有想到最佳的博弈结果就是两个人和平相处,王皇后就是咽不下这口气,一定要置萧淑妃于死地。她脑袋里突然有了一个自以为是的好主意。王皇后记得皇帝李治曾经对一个美人情有独钟。因此王皇后主动出面,把这位美人从感业寺还俗叫了回来,想让这位美人去与萧淑妃斗,自己隔岸观火,坐收渔人之利。

其实,如果王皇后不主动把美人叫回来,皇帝李治未必会把她再重新召回宫中。就算他想要这么做,也未必敢这么做。毕竟李治是一个优柔寡断的人,他没有果敢决绝的勇气。再加上李治根本就不缺女人,在这位美人被送去出家后,在长达一年的时间里,李治都没有去看过她。由此可见,要说李治对这位美人有多深厚的爱情,其实也算不上。

各位同学,这位美人是谁?最后王皇后有没有战胜萧淑妃呢?

答对了,这位召回来的美人就是武才人武则天。那王皇后战胜萧淑妃了吗?没有,不但没有,而且螳螂捕蝉,黄雀在后,三人博弈的结果是王皇后与萧淑妃都失败了,而且败得还很惨,王皇后与萧淑妃最后都被武则天给杀掉了。没有王皇后的神助攻,绝对就没有后来的武则天。没有武则天，也就没有后来那个震古烁今的第一女皇帝。

那同学们思考一下，王皇后自掘坟墓，犯了一个什么严重错误呢？连自己的性命都丢掉了。

一开始，王皇后处于她和萧淑妃两个人博弈之中的强势地位，就像崔胜的9.5环对周琰衍的7环一样，虽然不能百分之百获胜，但是至少获胜的概率还是大一些。博弈是未来大家一定会遇到的问题，比如争班长，争处长，争高管，争工资等等，所以大家千万要记住，处于强势地位的博弈方，千万不要将博弈的局面搞复杂，应该越简单越好。但是，由于王皇后不懂这些，或者说她被常识、认知所迷惑，以为再拉一个最弱的武则天进来对自己最有利，就像9.5环的崔胜为了对付7环的周琰衍，偏偏有一个3环的江老师进来，三个人一起玩。崔胜以为江老师的3环最弱，最好欺负，殊不知二人博弈变成三人博弈后，最底层的博弈逻辑悄悄发生了变化，枪法最差的才最容易获胜，实力最弱的武则天笑到了最后。

"原来是这样啊，我以前看历史看到这里，一直以为是武则天的手段了得，殊不知其实这本来就是三方博弈的结果，如果不是武则天来而是换另外一个人来，也还是最弱的那一个人最容易胜出。我刚才不懂这些，还仅仅是输了钱，现在看样子，不懂这些是要输命的节奏啊。可惜了王皇后。"崔胜感叹，"不过，江老师，我还是很困惑，三个人博弈，枪法最好的人——我崔胜，难道就一定会输吗？一定没有赢的办法吗？"

有办法啊，那就是低调做人！

"什么意思？怎么做？"崔胜好奇地问道。

越是强势的人，越要低调做人！我们三个人博弈，崔胜你的枪法最好，是9.5环，但是你一直低调做人，你从来都不吹嘘你厉害的枪法，就没有人知道你的枪法到底能打多少环，江老师我和周琰衍也不知道，所以我们第一枪打向谁都是随机的，不一定都打向你。在这种情况之下，三方博弈，的确是枪法好的人获胜！其实这时三个人的获胜概率是可以通过数学公式计算出来的，的确就是枪法好的人获胜的概率要大。由于我们这里不是数学课，我们就不再计算与展示了，有兴趣的朋友可以自己用贝叶斯公式计算并验证一下他们获胜的概率。不过，崔胜你只需要记住，在低调做人的情况之下，你的枪法最好，你最后获胜的概率也最大。懂这些，你将得天下！不懂这些，你将失天下！

"原来低调做人的好处都能计算出来。不过，这就对了嘛，要不真的没有天理了。不过，还是要靠自己啊，以后我一定要低调做人，特别是不能让利益相关者对自己太了解。江老师，我真的很佩服您，连低调做人的道理都能通过数学计算出来，这可比讲大道理好多了。"崔胜说道。

"江老师，前几天，在您这学了三个小技巧，我感觉非常有用：选择性偏差一个，幸存者偏差一个，收益风险比一个。今天，又学习了一个小技巧，弱者暗变强者术——将局势搞复杂，偷换博弈的底层逻辑，真是一个比一个有用。对了，昨天还有一个小技巧。"崔胜佩服道。

昨天有学过小技巧吗？

"当然啦，您嘴上没说，但我心里明白。历史暗变未来术——通过预测历史数据来显示自己可以预测未来的本事。任何一只股票的局部的历史K线图，股票大师能准确说出后面的走势，以证明其有本事来预测未来，可惜未来不是静态的，而是动态有反制的。这个就是小技巧啊。算命大师，用的也是这个小技巧啊。"崔胜回答，"一共五个小技巧，对了，应该不叫小技巧，那是江老师您谦虚的说法，应该叫人生五大技巧、人生五大谋略或者人生五大秘籍之类，真的太有用啦！不但可以用在投资上，还可以用在实业上，够我们研究一生的。光一个幸存者偏差，就够我们研究的，赌场老板就是靠它赚得几百亿、几千个亿的。"

崔胜，你可别乱用哦，一定要用在正道上，这就像全梭哈暴风交易法一样，都是一把双刃剑哦，所以我们需要修炼内功心法。

"江老师，您放心，我绝对用在正道上，不会用在邪道上。谈恋爱，我们就经常使用选择性偏差，谈恋爱总是正道吧，哈哈。江老师，您不是经常讲天道吗？五个人生大谋略如果拿去坑蒙拐骗，一定会挨天谴的，害人之心不可有啊！"崔胜回答，"江老师，在您这学习了一个守正的投资心学量化交易系统，两个出奇的全梭哈交易法与自造期权交易法，外加五个人生的大谋略，太完美了，收获太大了！"

"崔师兄，不要得意忘形哦。千万不要忘记了天道、内功心法，对了，还要随缘适变。"福建老严善意地提醒崔胜。

"那是肯定的，我说的人生五大谋略是术，你说的是道，我们要术道兼修嘛，否则要出黑天鹅事件，吃不了兜着走。"崔胜说道。

"江老师，我想问一个问题：按照您刚才说的，基本面分析、价值分析、财务分析、量价分析、宏微观分析、消息面分析等等，如果我们直接使用这些分析方法得到的结论去投资市场上博弈，博弈的结果有可能会反制这些分析方法成立的底层逻辑，造成这些分析方法的失效。那么，请问江老师，这些分析方法难道说就没有什么用途了吗？"罗菁秋问道。

我可没有这么说啊！首先，这些投资分析的方法还是非常有用的，关键是看投资者如何正确使用，大家千万别忘记随缘适变。我们还是以价值分析方法为例。价值分析告诉我们：长期来看，股票的价格不会偏离实际的价值太多。价格被低估的股票，买入后应该上涨，直到价格超出估值后我们再卖出。

大家不能只将注意力放在理论的本身，而是应该将注意力放在该理论成立的外缘条件上，这才是随缘适变。价值投资分析方法，成立有条件：长期来看。什么是长期？长期是五至十年啊。你买入的股票或者基金至少应该放个5~10年，然后再评估嘛，怎么能买了不到一年的时间，一遇到下跌与回撤，你就害怕了，开始骂娘了，然后恐惧地卖出，你这哪里是价值投资啊，明明是披着巴菲特价值投资的外衣，底子里却是短线投机的搞法嘛。你根本就不是价值投资的信奉者，而只是被那些时髦的话语所迷惑：价值、赛道、护城河、时间的朋友等，你完全是市场流行啥，你就搞啥，没有主见，随波逐流，你不能只看到巴菲特的股票经常涨个几倍几十倍，你还应该看到他买的股票，经常是放个几年几十年的，这才是价值投资的关键。可口可乐的股票，巴菲特在1988年就买进了。

所以说，像基本面分析、价值分析、财务分析、量价分析、宏微观分析、消息面分析等等这些分析方法，都有各自成立的外缘条件，在这些外缘条件之下，我们再使用这些分析方法去进行市场博弈，它们未来失效的可能性就会很小。可惜绝大多数人只关注分析方法的本身，却忽略了它的外缘条件。比如美国长期资本公司的投资策略的外缘条件是国债不会违约，市场流动性充足。

其次，建仓的时机也很重要。任何交易技术，都是有赚有赔的，风险也是任何方法都规避不了，因此任何交易技术的资金曲线都是有涨有跌，有收益也是有回撤的。要想交易做得好，不管是什么方法，都请你在其资金曲线底部进场。还记得我们前面的课程中讲过的昆哥基金吗？王建军同学在其2018年年底的最大回撤附近，不但不赎回，反而反其道而行之，大胆买入，结果在2019—2020年期间，赚得盆满钵满。江老师三十多年的交易生涯，一直都在寻找交易秘籍。现在看来，真算得上是交易技术秘籍的，还真的不多，多数都是假秘籍或者是幸存者偏差式的秘籍。不过，"请在一个交易技术的资金曲线底部进场"这句话还真的是一个秘籍，只要你在底部进场，未来别人刚刚解套的时候，已经赚了20%左右的利润，另外，你的最大回撤肯定比别人少很多，交易心态也好了很多。但是说来容易做来难！在资金曲线底部进场，这需要强大的内功心法，一般的投资者知道也做不到。在资金曲线的底部，往往投资者怕得要死，不平仓就不错了，还能加仓进场？

再次，罗菁秋同学，基本面分析、价值分析、财务分析、量价分析、宏微观分析、消息面分析、技术形态分析等等，这些分析方法非常好，但是的确存在一个缺点：这些分析方法背后的最底层的判断逻辑，在博弈的过程中有发生漂移的可能性，从而很难保持交易的一致性，导致投资者很难保持概率优势。没有了概率优势，想要赚"赚－赔"的钱，想要长期稳定盈利，就比较困难，经常是时好时坏，成功存在很大的运气成分，比如昆哥基金 2019—2020 年光彩夺目；2021—2022 年黯然无光。

怎么办呢？不要将上述的这些交易技术与分析方法作为我们量化交易系统的主分析方法以及进出场条件，它们只能作为选择股票、期货品种的方法以及仓位控制、信号过滤的条件。当量化交易系统发出进场信号之后，我们可以使用上述的分析方法进行仓位复核或者信号过滤，比如价值投资，当我们的量化交易系统发出买入信号后，我们再使用价值分析方法来验证这个交易信号，如果交易价格也满足价值投资的分析方法（比如买入信号的价格 50 元，低于估值的 60 元），那么我们就建仓，仓位还可以稍微重一点。如果交易价格不满足价值投资的分析方法（比如买入信号的价格 65 元，高于估值的 60 元），那我们就不建仓。总之，这些分析方法只作为辅助用途，不能作为主要的进出场交易方法。

"江老师，那到底哪种方法可以作为我们量化交易系统的主交易方法以及进出场条件呢？"罗菁秋同学追问道。

罗菁秋，你的这个问题，我们留到下节课在交易原理中讲解，不过各位同学可以先自己思考一下答案。我可以提示一下，作为量化交易系统的进出场条件的主交易方法，其背后的最底层的判断逻辑，具有唯一性，在未来的相关利益者的博弈过程中，这个底层逻辑不能有任何漂移的可能性，这样我们才能保持交易的一致性，才能保证投资者的概率优势，才能保证长期稳定盈利。

| 2 |

"江老师，我这里还有一个问题。"崔胜问道。

"江老师，我温习了上节课图 1206 的 7 种情况，您在课上让我将原来的预测下注金额分成 7 份，分别等额下注 7 种情况上，每种情况下注 1 份。7 份下注中，总有下注正确后赚钱的，但是也肯定有错误时赔钱的，只要 7 份下注中，'赚－赔'是一个正数，我们最终一定就是赚钱的。江老师，我现在的问题是，7 种情况，下注 7 份，每种情况获胜的概率是七分之一，七分之一的胜率，我最后怎么会挣钱呢？应该至少要 51% 以上的胜率，我才能最后赚钱吧？"崔胜疑惑道。

谁说一定要 51% 以上的胜率才能赚钱，10% 甚至 5% 的胜率都能赚钱。

"怎么可能呢？我还是搞不明白。"崔胜很疑惑。

你搞不明白很正常，其实多数人也搞不明白，因为多数人没有建立起概率思维，还是以前的确定性的必然思维在左右自己的行为。未来大家想投资做得好，一定要在自己的脑海里逐步建立起不确定性的概率思维，为做好投资打下坚实的基础。还是那句话，认知错误，才是最大的错误。人的这一辈子，都在为认知买单，投资尤其如此！所以这门理念课，我们主要是纠正、调整大家过去的认知方式，将原来的确定性思维方式调整到概率思维方式。

我们先讲一个故事。深圳有一个网红大咖，有一次去食街吃饭，在停车位停好车后上楼与朋友欢聚，酒足饭饱后准备下楼开车回家。突然发现自己的车前面停了一部车（估计是吃饭的车太多没地方停车），挡住自己的车出不去，网红大咖想打电话，突然发现车上竟然没有留下任何联系方式，急得干瞪眼也没有办法。事后网红大咖在微博上发表感慨，说现在是世风日下，挡了别人的车都不留个电话号码。这个停车场的保安却不认可这个观点，他在评论区发言：我怎么觉得现在的人越来越好，越来越文明了呢？结果这个保安遭到了网红大咖的粉丝们的群起攻击，被骂得狗血淋头。

各位同学，请问：你们觉得是网红大咖说得对，还是停车场的保安说得对呢？

教室里响起了争吵声。

好了，我来公布一下答案。认可网红大咖观点的同学，你们错了！你们现在的认知还不适合做投资，赶紧修正你们的认知吧。

原因一，你们还不够理性，一看到是网红大咖，脑袋就犯迷糊，崇拜权威，有名气的人的观点就一定是对的吗？明显就是选择性偏差，没有看出来吗？崔胜，你刚才还说你总结了人生五大谋略，选择性偏差就是其中一个，那你为什么还会直接同意网红大咖这样选择性偏差的观点呢？看样子你还得训练内功心法啊，光知道五大谋略是什么还远远不够，要想做到，必须有内功心法的加持。

"虚心接受老师的批评，我还是那个老毛病，见到美女、暴利、权威就腿发软，脑发晕。不过江老师，您说网红大咖说得不对，我还能理解，不能狗眼看人低嘛，但是，您又凭什么说停车场的保安说的就是对的呢？"崔胜说道。

原因二，认可网红大咖观点的同学，你们就是确定性的思维方式，认可停车场保安观点的人，已经是概率思维方式，你们的认知已经适合做投资了。为什么这么说呢？停车场的保安，天天在那里指挥停车，每天就算一百辆车，一年下来就有几万辆车，保安这里的数据才是大数据，网络大咖一年也来不了食街吃几次饭，他这里是小数据。保安肯定是觉得，现在挡了车不留电话的现象比以前少了很多，所以他才会说现在的人越来越文明。网红大咖的车被挡还没留电话只是偶然事件，恰巧被网红大咖碰到了，然后通过微博发到了网上。我们做统计的结论一定是建立在大数据的情况之下，这才是大概率；小数据、偶尔出现的情况，得到的结论是不可信的，我们不能因为他是名人就破坏了统计学的原理。

"原来是这样的，江老师您解说后我就懂了，看样子我多年形成的确定性的认知模式是要改改了，特别是当事情又叠加了选择性偏差的时候。如果刚才是下注的话，我又输了，唉！还得修炼啊！不过，江老师，您这个停车场的故事对做投资有什么用途呢？"崔胜说道。

"太有用了，早点听这个停车场的故事，我的压岁钱也不会亏一半了。"来自华南师范大学很少发言的学生江雨桐说道，"我的 3 万多元压岁钱，可是我从幼儿园就开始存起来的。去年年初，我购买了那些有名的帅哥美女基金经理的基金产品，截止到昨天为止，已经回撤 40% 了。购买过程，和刚才的这个停车场故事一样，我在微博上，看到基金经理，都是投资界的网红大咖（选择性偏差），粉丝众多，所以我也坚信不疑，没有理性分析，其实他们过往的业绩优秀，只是偶尔成功，只是一年的小数据，不是十年的大数据，结果自己都没有仔细想好就冲了进去。崔胜师兄，我和你在这个故事上犯了一模一样的错误。不过，太多人会犯这样的错误了，网红的确太迷人了。"

江雨桐的发言很好，所以我们要尽快修正我们确定性的思维认知，养成概率思维的习惯。这个世界上有两种事件，一种是确定性事件，一种是不确定性事件。我们小时候面对的一般都是确定性的事件。小时候，我们的主要任务就是学习与锻炼身体，我们学习的课本里讲的基本上都是确定性的事件，比如一个数学题、物理题，虽然解题方法不一样，但是最后的答案却是确定性的，标准答案就一个。我们在学校里遇到的事情一般也是确定性的，比如你的饭卡余额足够就一定能买到饮料和食物。你经常努力锻炼，跑步等比赛就能得到好名次，身体也会很健康。你积极争取，就能获得老师的奖赏，还能当个班干部等等。所有的这些，潜移默化，让我们形成了一个确定性的思维认知，认为这个世界上，所有的事情应该都是这样确定的。

这个认知在我们实业的环境中，一般来说都是正确的。学习、生活、工作、结婚、生子、升个小职、开个小公司、开个小门店等等，这些事情，基本上用确定性的思维方式就能处理，我们高中以及之前的课本里，基本上都是处理确定性事件的知识，数学、物理、化学、生物，甚至包括大学里的微积分，也是处理确定性事件的知识。学生中得很少一部分人，一直要到大学里，才会学习不确定事件的数学知识——概率论与数理统计。

这里我举一个简单的计算题。李四老师要从武汉过来深圳讲课，他买的是早上 6 点的高铁票，武汉到深圳的距离大约是 1050 公里，动车的时速大约是 300 公里 / 每小时，如果我们没有他的电话，也没有列车时刻表，我们能否知道李四老师几点能到深圳？我们好去车站接他。

"这是一个简单的数学题，1050/300=3.5小时，加上高铁中途站点停车，李四老师10点左右能到深圳。我们到时候提前一些去深圳北站接他就可以了。"江雨桐计算出了答案。

很好，这就是确定性事件的处理办法。江雨桐用确定性的数学方法得到了确定性的解决方案，而且不管是江雨桐去计算，还是崔胜、老严等人分别去计算，所有人得到的答案都基本上是一样的，是唯一的。数学、物理、化学等等学科的公式、函数、方程都可以用在确定性事件上。

这个世界是不是只有这样的确定性事件呢？大家请看我手上拿的是什么？

"江老师，这是一个快递盒子，您拿这个干什么，寄快递吗？"崔胜问道。

是的，今天要寄个快递。我准备寄到北京，大家有办法吗？不考虑成本的那种。

"当然有啦，给快递公司打个电话，上门取件，一个小时搞定。"崔胜说道。

那我想寄到美国，大家有办法吗？

"也有啊，有些快递公司有国际业务的，寄到美国也没有问题。"崔胜继续说道。

那我想寄到月球上去，有办法吗？

"不计成本吗？如果不计成本也有办法，找中国、美国、俄罗斯等国家，发射一个太空火箭就可以送过去了，人类早在1969年就登月了。"崔胜又说道。

那我想寄到火星上去。

"那也可以啊！只是火箭运行的时间够长，您的火星快递需要半年到一年的时间才能到达哦。人类现在的科技水平是无所不能的！没有问题！"崔胜信心满满地说道。

人类真的无所不能吗？崔胜请你打开快递盒子，看看里面装了什么？

"是一颗骰子，6个面的骰子。"崔胜说道。

崔胜，你不是说人类的科技水平非常高吗？无所不能吗？这样，崔胜，假如给你配10个科学家暨诺贝尔奖获奖者，再配20个数学家，15个物理学家，10个计算机世界顶级高手，15个人工智能专家。

"江老师，太豪华了，配备这么顶级的科技团队，是要我做什么样的惊天动地的大事情吧？"崔胜好奇问道。

只做一件很小很小的事情，比送这颗骰子到火星上还简单的事。

"这么强大的人员配置，又不计成本，到底啥事情嘛？保证完成任务！"崔胜拍着胸脯说道。

崔胜，你领导这一群科技高手，就帮我做一件很小很普通的事情——掷这个骰子，保证下一次肯定掷出"5"点，因为我特别喜欢"5"这个点，不作弊的那种。

一阵沉默。"江老师，掷骰子的确是很小很普通的一件事情，不过要保证必须掷出 5 这个数，恐怕不行吧，没这么准！"崔胜结结巴巴地说道。

你刚才不是说人类无所不能吗？刚才也把人类中最精英的一群人都划归给你管了，这么小小的一件事情都搞不定吗？比发射火箭简单多了吧？

"江老师，这件事情表面看很简单，实际并不简单啊，想要 5 点，就能掷出 5 点，那手法需要练得多好啊。"崔胜说道。

崔胜，原来你担心的是手法问题？那好啊，我们修改一下规则，不需要你的手法。崔胜你随便投，骰子掷到地上先盖住不看，然后你和你的专家团队预测一下掷出几点，如果预测准确，就算你赢。这个和手法没有关系了。

又是沉默了好几分钟。"江老师，还是搞不定啊。我们现在发现，准确预测掷骰子的点数，这件事情可比发射火箭要难多了！尽管发射火箭比掷骰子要复杂得多。人类似乎还不是无所不能的，眼前这件事就难住了我们。"崔胜认输了。

你的专家团队里面有数学、物理学的绝对精英，还有诺贝尔奖获奖者，让他们用数学公式计算一下嘛，根据你掷骰子时的角度、力度、偏度等数据计算一下嘛。对了，你还有计算机与人工智能专家，让电脑进行计算也可以呀，还可以通过神经网络来学习一下嘛。

"都试过了，但也不可能准确预测，最多只能说，投中 5 点的可能性是 1/6。这就是最好的答案了。"崔胜说道。

你的这个答案不是确定性的答案哦。你小学、初中上数学课的时候，老师布置的数学作业题，你最后的答案如果是 6、5、4、3、2、1。然后你告诉数学老师：这 6 个答案都可能是正确的。你觉得你的数学老师会打你屁股吗？

"江老师，中小学数学作业与我们掷骰子是不一样的。"崔胜申诉道。

我就要个确定的答案，哪里不一样呢？

"是啊，哪里不一样呢？"崔胜很疑惑。

| 3 |

我们再举一个例子，还是那个从武汉来深圳的李四老师。

李四老师要从武汉过来深圳授课，他开车过来，早上 6 点出发，武汉到深圳的距离大约是 1050 公里，汽车的时速大约是 100 公里／每小时，我们没有电话与这位老师联系，我们能否知道这个李四老师几点可以到深圳？我们好去接他。

"这个就有难度了。首先，1050/100=10.5小时，尽管汽车运行的时间可以计算出来，但是开车不像高铁那样精确，开车还需要中途休息，休息的时间与休息的次数，每个司机也不一样，很难确定。而且塞不塞车也不能事先确定，这是最难预测的。另外，高铁是有固定车站的，开车的话，深圳有十几、二十个高速路出入口，没有电话，我们不能确切地知道李四老师从哪里下高速啊？"江雨桐说道。

崔胜，江雨桐的分析你听到了吗？不过，江老师命令崔胜你今晚必须在18点之前，要将李四老师接到宾馆，我要和他好好地喝顿酒。

"江老师，您这也太勉为其难了吧。李四老师6点出发，中途哪怕不休息、不塞车，也要17点左右才能到深圳，这个我还可以赌一把。不过深圳十几二十个高速路出口，江老师您让我去哪个出口接他呢？我又没有分身术。"崔胜说道。

那我不管，你可以预测啊！你预测李四老师从哪个出口出来，你就去那个出口接他啊，然后赶快送他过来见我。

"江老师，你给我配二十个人吧，我们每个人守住一个高速出口，这样就没有啥问题了。"崔胜给出了他的答案。

在座的各位同学，你们有没有其他的比崔胜好的解决方案啊？二十个人可比一个人要花费更多的资源哦。如果我们能预测出哪一个高速路出口不是更好吗？给大家5分钟的时间讨论一下。为了配合大家思考，我画了一个表给大家：

表1301：深圳东西两向高速路口分布

西向										中	东向									
西10	西9	西8	西7	西6	西5	西4	西3	西2	西1		东1	东2	东3	东4	东5	东6	东7	东8	东9	东10

上表里面的"中"代表深圳市中间的那个高速出口，比如梅观高速出口吧。表格左边代表从中间向西面延伸的十个高速出口，西10出口离深圳中间最远。右边代表从中间向东面延伸的十个高速出口，东10出口离深圳中间也最远。

5分钟后，樊总代表大家发言："我们讨论后，还是无法准确预测李四老师从哪个高速口出来，除非李四老师和我们联系。如果是预测，最多是离深圳中轴线比较远的几个高速出口，李四老师去那几个出口的可能性比较小（毕竟他是从中部的武汉开车来的），那至少也还有10个左右高速出口的可能，所以崔胜说多派一些人去接的方案是正确的，只是可以少派一点人而已。"

那东9、东10高速出口，你们决定派不派人去接呢？崔胜派你去东10出口吧。

"我才不去呢，东9、东10出口最偏远，李四老师几乎没有走那边的可能性。"崔胜说道。

崔胜，假如我们现在是下注，你愿意赌李四老师会从东10出口出来吗？

"不赌，胜率太小了，要下注也要下中间位置的出口，胜率要大很多。"崔胜说道。

崔胜你必须下注东10出口。

"江老师，我查了一下，东10出口在大鹏区，靠近惠阳了，李四老师从中部进深圳，所以从东10出口出来的可能性微乎其微，您还要强行让我下注去赌一把，太不讲理了。"崔胜争辩道。

这时候你知道讲理了，知道理性地去分析可能性与概率，你炒股票的时候可不是这样想的哦！

"是吗？那我买股票的时候是怎样想的呢？"崔胜不服气地说道。

大家请看下表：

表1302：高速路口对应的涨跌幅度

西向										中	东向									
西10	西9	西8	西7	西6	西5	西4	西3	西2	西1		东1	东2	东3	东4	东5	东6	东7	东8	东9	东10
-100%	-90%	-80%	-70%	-60%	-50%	-40%	-30%	-20%	-10%	0	10%	20%	30%	40%	50%	60%	70%	80%	90%	100%

我将高速出口与股票涨跌幅度放在了一张表格中，"中"对应的是涨跌0，即不涨不跌。表格第二行左边代表股票跌幅，从西1的-10%到西10的-100%；表格第二行右边代表股票涨幅，从东1的10%到东10的100%，当然，两边还可延伸至200%、300%、-200%、-300%，等等，不一一列举。

崔胜、各位同学，股票买了以后，涨跌都是有可能的，而且涨跌的幅度大小也都是有可能的，这和高速路的出口有区别吗？李老师高速路的出口，你们经过认真讨论后一致认为不可能准确地预测，那请问你们，为什么你买股票的时候，就认为自己可以准确预测了呢？而且都是预测在最小可能的东9、东10等最边远的上面。而且概率越小，越是不可能的（例如500%），你们却越愿意下注去赌。

"江老师，股票好像不一样吧？股票可以涨啊。"崔胜还不服气地说道。

是的，如果贵州茅台你是10元钱买的，似乎茅台是只有一个方向，朝右边涨。但是很多人是在2021年年初的时候，以2586元/股的价位买的，凭什么这个价格只能朝右边涨，不能朝左边跌呢？现在茅台的价格就在西3（-30%）附近的位置上啊。

"江老师，经您这么一分析，还真是这样的，高速出口很难预测，或者说，就是不可能准确预测的，股票价格其实也一样。我们还做过 10 倍牛股游戏，一只股票上升的过程之中会遇到各种各样的风险，风险是不可能提前准确预测的，所以股票的价格长期看也是无法预测的。上节课，江老师还告诉我们不要去预测的几个原因，特别是最后一个原因：预测的最底层的判断逻辑都有可能漂移，越好的股票有可能越容易跌，这些结论给我的印象非常深刻，简直是醍醐灌顶。看样子以后想去直接赚'赚'的钱是不太可能了，死心了！江老师，这个例子我的理解是，刚才我们直接去预测李四老师从某一个出口下高速的方法，就是赚'赚'的钱，而我们派十几个人分别去概率较大的不同的高速出口接人的处理方法，应该就是您说的赚'赚—赔'的钱，对吧？"樊总问道。

是的，樊总说的是对的。像高速路出口、掷骰子的点数、股票价格等等这样的事件，就是不确定事件。

确定性事件，我们可以用预测的方法去准确预测它。我们小学、中学老师布置的作业基本上都是确定性事件，我们的答案都是唯一的、确定的。我们发射火箭去月球，也是准确预测，发射过程虽然很复杂，但再复杂，也是确定性的事件，再复杂，我们都可以预测，我们可以准确预测哪天哪时哪分哪秒，哪个经度哪个纬度，登陆月球。

不确定性事件，我们不可以用预测的方法去准确预测它，有的不确定事件很简单（比如掷骰子），但再简单，也是不确定性的事件；再简单，我们都不可以用预测的方法去处理它。我们可以准确预测火箭到火星的精确数据，但是我们却无法准确预测李四老师的高速出口。我们只能用不确定事件的处理办法：概率论与数理统计，多派一些人去不同的出口，靠"1 个正确、9 个错误"的方法去解决这一类不确定性的问题。

各位同学，其实在理性的情况之下，你们基本上都会正确处理不确定性事件，刚才高速出口的例子中，你们使用的方法就很对嘛，派十几个人出去，而不是想办法去准确预测一个出口。我讲这门投资理念认知课已经很久时间了，每次上课讲到这里的时候，基本上所有的同学，都会选择"派十几个人出去"这种理性地科学地处理不确定性事件的方法。但是，各位同学，为什么你们买入股票或建仓期货的时候，就脑袋发晕，只会选择东 10（100%）这一种可能呢？甚至选择概率更小的 200%、300%、400%、500% 这些品种？

"江老师，那是希望啊，谁不希望多赚一点呢？风险越大收益越高嘛。"崔胜说道。

"希望、梦想要有，万一实现了呢？"这句名言，当然是正确的，没有希望也没有前进的动力嘛。但是，我们要在出现概率最大的其他可能性上做一些准备吧，比如，在希望暴利的选项处下注，也要在不是暴利但概率最大的选项处下注啊，多下一些注，胜率要高得多啊，只要"赚－赔"的差额为正，最终我们也是赚钱的。各位同学，回想一下以前你们的下注方式，幻想用确定性的预测的方式去处理不确定的事件，幻想准确预测一个最大暴利的选项，然后将所有的赌注全部押上去。尽管胜率很小（上例东10以后的选项），也在所不惜！赌对的时候少，赌错的时候多！

"希望、梦想要有，万一实现了呢？"这句话没错，但是为什么你要在这一次的进场信号就重仓全压呢？万一是下一次的进场信号才是实现梦想的最佳机会呢？

"希望、梦想要有，万一实现了呢？"这句话没错，但是为什么你要在这一只股票上就重仓全压呢？万一另一只股票才是实现梦想的最好股票呢？

"希望、梦想要有，万一实现了呢？"这句话没错，但是为什么你要在这一个期货品种上就重仓全压呢？万一另一个期货品种才是实现梦想的最好品种呢？

你们知道当年孙正义押注马云阿里巴巴公司的时候，也同时押了其他多少家公司吗？大家自己去查一下。孙正义都不敢重仓全压一家公司，为什么我们却敢呢？

"江老师，我觉得高速路口的例子中，多数人往往能理性处理；而在投资这件事情上，人们却喜欢用确定性的预测方法去处理不确定事件，其原因还是内功心法不够，利令智昏造成的。"樊总说道。

是的，按照我们投资心学的术语，当本我启用之后，人都是非理性的，所以投资时，一定要预防本我启用，其中贪婪就是一种本我。比如大家可以回去自己做一个测试，很久都不吃饭，饿急眼了，你会发现你所有关注点都会放在"吃"这件事情上，其他的感官系统似乎都关闭了，更别说还能理性分析问题。只有吃饱饭了，你才能又逐渐恢复理性思考。所以我培养职业交易员的时候，一直都强调内功心法比技术重要，没有交易内功，控制不住本我，你再好的交易技术都白搭，而不确定事件的概率处理办法，你就更不会使用。

| 4 |

好了，我们刚才讲了很多概率思维的东西，非常重要。但是由于我们从幼儿园就建立起的确定性思维的干扰，所以我们想马上改变，转成概率思维还是比较困难的。下面我再举几个例子考考大家的概率思维是否已经建立。

例如，江老师今天要讲投资课，约好是9时开始，结果江老师没来，改成下午14时开始，到了下午的约定时间，江老师还是没有来。

另一个李老师今天要讲投资课，约好是9时开始，结果李老师准时来了，下午14时的课，到了下午约定时间，李老师也是准时来的。

请问哪一个老师好？

"那还用说，肯定是李老师好啊！李老师准时守信啊。"崔胜评价道。

回答错误！你这个就是实业思维。你马上就忘记停车场的案例了。

正确的答案是：不知道，不能确定哪个老师好，因为统计的样本数量太少。只有一天的数据，有可能是选择性偏差。正确的做法，随机抽取以前的大数据（比如30天以上）进行分析。有可能江老师恰好是今天家里有事情来不了，其他时间都很准时；李老师尽管今天准时，而其他的时间并不准时。

俗话说：事不过三！大家要记住，那是实业思维；概率思维，至少要事不过三十，最好要事不过三百！

"江老师，我记住概率思维了，这次不会错了，再来！"崔胜回答道。

真的不会错了吗？

请看第八章的图0803，这是某投资比赛的排行榜，请问：如果你要选投资顾问，你选几号选手？

"从前往后，选排行前列的选手。"崔胜抢答道。

舒月急着说道："崔胜，你又答错了！前两天上课同样的问题你就答错了。排行前列的选手，有幸存者偏差的嫌疑，我们应该建立概率思维，用大数据说话，至少有2年100笔交易的记录。图0803中排行前面的很多选手都只有不到两年的数据（见最后一列），只有11号和21号选手（两人标红还加了VIP标志），满足这样的条件，所以选这两位盘手。崔胜，你还总结人生五大谋略呢，小心被别人给谋略啦，哈哈。"

"我怎么又错了，前几天才做过的题目又错了！唉！思维方式的习惯太强大了，改变它要多次重复练习，否则很快就又回去啦！江老师，怪不得您上课的时候，有些地方重复讲，原来是这个原因啊，我之前还嫌您啰唆呢。"崔胜感叹道。

我啰唆吗？顺人性的东西，不用啰唆，一遍就够；逆人性的东西，就是需要大量重复才能做到。你看寺庙里的僧人每天、每周都在念经，为什么？那是因为佛经里讲的东西都是逆人性的，很难做到，甚至都很难记住，必须经常复习才行。所以大家看书、听课的时候，不要嫌江老师啰唆哦，否则，理念课一结束，你们马上又回到以前。很多修行者，一辈子就啰唆一句话就能明心见性！啰唆、重复的背后是：明理后才能做到！

"不会嫌弃江老师您啰唆的，我傻吗？江老师，再来一个题目，这次绝对不会错了！"崔胜信心满满地说道。

再来一题。交易员老王上个月1个月就赚了5倍，另一个交易员老陈上个月回撤了-5%，你通过大数据验证后发现交易员老王上个月只在1个期货品种上重仓做了2笔交易；而另一个交易员老陈有 100 笔以上的交易记录，而且是 40 个品种的投资组合。你有 100 万元需要找投资顾问，请问你选哪一个？

"我，我，还是算了吧，江老师，我还是先训练内功心法，自愧不如。"崔胜说道。

所以说，概率思维的方式，不是这么容易建立的，除了有多年养成的确定性思维方式的干扰，内功心法的影响作用也是巨大的，这个例子中，就算你知道了答案，你的功力不够也不一定敢选啊。崔胜刚刚就认输了，5 倍与 -5% 的对比，毕竟太逆人性！你知道答案又怎么样？知道你也做不到！

"江老师，除了您刚刚说的原因以外，还有一个原因造成了我概率思维没有建立起来。这个原因就是我一直都没有搞懂概率思维是怎样赚钱的？不懂，肯定就不太相信，不相信肯定就执行不了。江老师，我们是如何赚'赚—赔'的钱呢？上面李四老师高速路口的例子好理解，派 15 个人去概率最大的 15 个出口去接李四老师，其中 1 个正确，14 个错误，但是至少接到李四老师了。然而如果我们是下注赌李老师从哪一个出口出来，如果我下注 15 份钱在 15 个出口的话，最后只能赚 1 份钱啊，但要赔 14 份钱啊，1-14=-13 份，'赚—赔'是一个负数啊，怎么可能赚钱呢？江老师，不赚钱，你让我如何有动力、有需求去建立概率思维呢？"崔胜又疑惑道，"其实这个问题，我之前就问过了，图 1206 的 7 种情况分成 7 份下注，也存在 1 份赚钱 6 份亏钱的问题。"

崔胜的这个问题非常好，这的确是很多人无法建立概率思维的原因，也是很多人纠结于交易技术一直跳不出来的原因，还是江老师研究技术分析 15 年后才醒悟的原因。是啊，只能赚 1 份钱，却要赔 14 份钱，怎么可能赚钱呢？高速路口的胜率只有 1/15 啊；如果是掷骰子，每个面的胜率是 1/6，赚 1 份钱，要赔 5 份钱。'赚—赔'是负数，亏钱的，逼得人只能去预测了。

上节课的问题崔胜也是这样理解的：图 1206 的 7 种情况，下注 7 份，7 种情况，每种情况获胜的概率是 1/7，七分之一的胜率，我最后怎么会挣钱呢？应该至少要 51% 以上的胜率，我才能最后赚钱啊。

江老师我研究技术分析的前面 15 年，就是为了这个 51% 在拼搏的，我也一直认为胜率必须大于这个 51% 才能赚钱，当然越高越好，如果胜率 90% 就更好啦。在 2010 年量化交易出现之前，其实我认识的几乎所有搞交易技术的人，都是这个观点。我们也懂投资是不确定性的，不能用确定性的思维方式，要用概率思维方式，但是我们眼中的概率思维，却只有胜率，我们还是对概率思维的认知出现了问题，为此我买了 15 年的单，浪费了大量的时间与金钱。其实，做投资，想提高胜率是非常困难的一件事情。凡是做趋势跟踪的投资者（即跟随一个投资标的物未来的走势去赚钱的投资方式。买股票就是趋势跟踪，多数投资者就是这种投资方式），不管你用什么技术分析方法，不管你的技术有多牛多复杂，时间一拉长，交易次数一增加（100 笔以上），你的胜率大概率会低于 50%，更别说是 90% 了。那些所谓的高胜率，不过是掩耳盗铃而已，要么统计样本过少，要么存在选择性偏差或者幸存者偏差。

以掷骰子为例，赚钱的胜率虽然只有 1/6，然而我赚钱的那一次能赚 7 份的钱，赔钱的那一次只赔 1 份的钱，这个问题不就解决了吗？

虽然赚钱的概率是 1/6，非常低，但是我赚得多啊！

虽然赔钱的概率是 5/6，非常高，但是我赔得少啊！

"赚－赔"是正数，我就能长期稳定地赚钱了！

"赚－赔"是正数，也叫期望收益为正，或者叫数学期望为正。

赚钱的这个 1/6 叫胜率；赚钱的这个份数（倍数），叫作赔率。

赚钱不仅仅是靠胜率的，更要靠赔率！

胜率赚钱，登天之难；赔率赚钱，反掌之易！

掷骰子游戏，一种赚钱的办法，你去准确预测掷出骰子的点数，然后再下注。这个办法比登天还难！全世界的科学家放一起都不行。你哪怕只想将 1/6 的胜率提高到 1/5，也是绝对不可能的，更别说 51% 了。对了，我们还曾经梦想 90%、100% 的童话故事呢！

换个思路，改一下认知。掷骰子游戏，另一种赚钱的办法，你不用去预测掷出骰子的点数，我只需要去找一个笨老板，他不懂赔率，只要开出 7 倍的赔率，那么我们就可以轻松地赚钱；或者我们自己做老板，开出 5 倍甚至 4 倍的赔率，然后去找一大堆不懂赔率的人来我们这里玩掷骰子游戏，我们也可以轻松赚钱！

"不过，江老师，我们到哪里去找这些不懂赔率、不懂统计的笨笨的人来玩游戏呢？"崔胜笑着问道。

大把人啊！崔胜，你刚才就不懂赔率啊。

赌场里的赌徒也不懂啊。不过赌场老板懂，赌场老板自己有概率优势（注意不是胜率优势，而是胜率与赔率的乘积优势），但是对外宣传赌徒特别容易发大财，尽管期望收益为负，然而赌徒不懂，而且赌场老板会用幸存者偏差赚钱的某个赌徒上台诱惑一下，再用鲜花、美女、香水、豪华酒店渲染一下，对了，还会顺手再丢给你一本连他自己都不看的赌场技术秘籍让你去学习一下，你慢慢就上道了。

另外，投资市场里的大多数人也不懂赔率！在座的各位同学，你们懂吗？不管你之前用的是什么交易技术：技术分析、基本面分析、价值分析、宏微观分析、财务分析、消息面分析、成交量分析、形态分析等都可以，请你现在就告诉我：你的交易方法胜率是多少？赔率又是多少？期望收益又是多少？是否有概率优势？知道的请举手！

没有人说话了吧！各位同学，你怎么敢确定你之前学的交易技术就不是那本所谓的赌场扔给你的"技术秘籍"呢？

"原来投资应该这样玩的，怪不得江老师您轻轻松松喝喝茶，开心旅游，谈笑间就把钱赚了。而我之前，搞箱体突破技术分析方法，一心只想提高胜率，累得要死，也没有赚到钱，我后来也发现胜率的提高的确很难。本来这次过来上课，就想问江老师如何提高胜率的方法，原来江老师您这里是不管胜率只管赔率的。也难怪，全世界的科学家、物理学家、金融学家都配置给我们，我们也无法将掷骰子的胜率从1/6提高到1/5。哇！我现在突然明白量化投资是怎么回事了！原来量化就是要找到自己交易策略的一系列数据：胜率、赔率、收益风险比，有数据，你就是投资市场的聪聪；没有数据，你就是投资市场的笨笨。我们要特别重视赔率！胜率其实无所谓。再说，有所谓我们也提高不了啊。"崔胜大悟道。

人性非常喜欢神秘的东西，如果再叠加上赚大钱的神话，投资者非常容易沉迷在交易技术里面跳出不来。沉迷技术的人，本质上都是想提高胜率，恨不得将不确定的投资事件变成确定性的事件，找到一个100%胜率的技术秘籍，既能赚钱，又能满足自己神秘的好奇心；随投资时间的推移，你会发现100%胜率是不可能的，你慢慢将胜率目标下降90%—80%—70%—60%，以为这总是能实现的吧，其实到最后你会发现，趋势跟踪策略，长期来看，50%的胜率也是基本上达不到的，即使达到了，也是以牺牲赔率为代价的，其期望收益并没有增加，得不偿失。在搞交易技术十几年以后，终于死了提高胜率的这条心，安安心心地接受30%～40%胜率的现实，转为想办法去提高赔率这个正确的方向。

投资就是一个发现自己不行才能行的行业。

"江老师，35%的胜率，真的能赚钱吗？"崔胜还是有点担心地问道。

35%的胜率，只要你的赔率达到2.0倍，你的期望收益就是正数了，那么"赚－赔"就是正数，随着你的交易时间与交易次数的增加，你最后一定能赚钱，一定能长期稳定盈利。这里教大家一个公式"期望收益＝胜率×赔率－失败率"。简单吧，有了这个公式，大家就会发现，35%胜率的交易策略可能比65%胜率的交易策略还要优秀哦。

"35%胜率好过65%胜率，换作以前打死我也不信，我来计算一下。"崔胜说道。

两套策略，A策略35%的胜率，2.0的赔率；B策略65%的胜率，0.5的赔率，对比计算一下吧，各位同学。

A策略的期望收益＝$0.35 \times 2.0 - (1-0.35) = 0.7 - 0.65 = 0.05$，大于0，为正数；

B 策略的期望收益 =0.65×0.5-（1-0.65）=0.325-0.35=-0.025，小于 0，为负数。

"哇，真的是 35% 胜率的 A 策略比较好啊！不算不知道，一算吓一跳，看样子以前只考虑胜率，不考虑赔率的投资办法，完全是错误的。"崔胜感叹道。

这一点都不奇怪，胜率 99% 的交易策略都有可能是亏钱的，除非你是 100%，不信你试一下，崔胜。

"靠，再次被震撼到了，真是：0.99×0.01-（1-0.99）=0.0099-0.01=-0.0001，小于 0，为负数，江老师说得一点没错，就算是 99% 胜率，如果你的赔率太小，只有 1% 的话，照样亏钱。"崔胜感叹道，"哇，我终于知道为什么绝大多数散户亏钱的真正原因了，用江老师提供的公式算都计算得出来。散户买股票通常一买就被套，套牢很久时间，而且一解套，刚刚赚一点钱就跑了，还开心得不得了。殊不知，这种交易方式必死无疑。因为散户的胜率肯定没有 99% 啊，而赔率却只有一点点儿。江老师，为什么散户都是这样的呢？"

归根结底还是内功心法不行，心随境转，五心不定。股票涨了，心很急，怕踏空，所以经常追高，结果往往在高位买入股票；股票拉升过程中一定有风险，有风险一定有回撤，回撤后散户被高位套牢，被套后散户因为不懂赔率的重要性往往不设置止损线，就算设置了，也由于交易内功不够，破位后也不舍得卖，所以被套牢很深。散户基本上都是主观交易，散户的交易策略没有量化数据，特别是没有最大回撤的历史数据。散户不知道：回撤也是交易的一部分，所以散户在套牢期间，往往吓得要死，长时间处于巨大的压力之下；股票一反弹，刚一回本，由于套牢期间的压力，散户又开始担心，生怕未来又会回撤，生怕自己又会陷入巨大的压力与恐惧中，所以散户往往一回本，赚个几百上千元钱就抛了，而之前回撤了好几万元，冒着几万元的风险最后只赚几百上千元，赔率只有区区的 1%。不管散户之前去学习任何交易技术，哪怕学习过最为复杂的价值投资、宏微观分析、财报分析、波浪理论、缠理论、形态理论等等，其胜率肯定也达不到 99% 啊，所以散户上述方法炒股必亏无疑。最为可惜的是，这里面还包括很多交易技术很牛的大咖。所以江老师经常强调，没有内功心法，再好的技术都是摆设，都是花拳绣腿，都是"如有"。游泳池游泳和大江大河里游泳，是一回事吗？

"江老师，我明白了，您之前一直强调内功心法的重要性，原来内功心法还有一个重要作用就是提高赔率！没有内功心法，你的赔率一定起不来，甚至只有很少的 1%，必亏无疑；而内功心法强大的人，才能不怕压力与恐惧，才能截断亏损让利润奔跑，赔率才起得来。"学员罗菁秋评论道。

是的。当然啦，散户做投资经常亏钱的另外的原因是他们没有建立概率思维的模式，眼里只有树木没有森林，散户眼中往往只盯着这一次、这一只股票的交易（一次哪有胜率与赔率之说呢）。散户忘记了这次交易只是我们成百上千上万次交易中的某一次，我们应该放弃确定性的思维方式，建立概率思维，进行大数据统计分析，尽早开始量化交易，尽早得到自己交易策略的胜率、赔率、最大回撤、收益风险比等至关重要的量化数据，有了这些数据就可赚"赚－赔"为正的钱；而没有这些量化数据，你一定成为投资市场上的笨笨，被别人赚钱。

| 5 |

"江老师，您竟然能用公式计算出我们散户必然亏钱的真正原因，真是太震惊了。散户太可怜了，他们亏钱了，还以为是自己的技术不精、胜率不高，又想去听一门新的技术课，去找那些所谓高胜率的投资技术、策略、战法，结果永远在技术里面打圈圈。江老师菩萨心肠，为散户指明了正确的前进方向，改认知，改常识，改思维方式才是正确之路。江老师，我想再请问一下，一个量化交易系统，胜率、赔率、期望收益、收益风险比、最大回撤等等，这些量化的指标都需要我们手动进行计算吗？如果真是这样，还是有点麻烦啊。"福建老严问道。

图 1301：五个期货品种的投资组合的资金曲线

不用我们自己用手去计算。当我们使用专业的量化交易软件进行量化交易时，这些指标，软件可以自动地计算出来。我们上实盘之前，我们一定要用历史大数据随机检验交易系统的有效性，也就是上述这些量化的主要指标必须在合理的范围之内，然后再上实盘。上页图 1301 展示的是五个期货品种的投资组合的资金曲线，五个品种分别是：IF 沪深 300 股指期货、焦炭、鸡蛋、沪铝、苹果。投资组合具体的量化指标，再请看图 1302。

初始资金	10000000.00
回测期间最大权益	27317610.1
回测期间最小权益	9499152.1
最终权益	26238745.86
收益	16238745.86
收益率	162.39%
实际收益率	162.28%
年化单利收益率	50.02%
月化单利收益率	4.11%
年化复利收益率	34.60%
月化复利收益率	2.47%
夏普比率	16.55
索提诺比率	32.00
权益离散度	528320.57
权益离散系数	5.28%
本金风险率	5.01%
年化收益风险比率	9.99
权益最大回撤	3800017.72
权益最大回撤时间	2019/07/30 09:15
权益最大回撤比率	22.25%
权益最大回撤比率时间	2019/07/30 09:15
权益最长未创新高周期数	6635
权益最长未创新高时间段	2019/05/24 21:15 - 2020/04/24 14:45
盈亏最大回撤	3800017.72
盈亏最大回撤时间	2019/07/30 09:15
盈亏最大回撤比率	22.25%
盈亏最大回撤比率时间	2019/07/30 09:15
盈亏最长未创新高周期数	6635
盈亏最长未创新高时间段	2019/05/24 21:15 - 2020/04/24 14:45
胜率	45.52%
交易次数	145
盈利次数	66
亏损次数	79
持平次数	0
盈亏比率	2.31
平均每次盈利	510208.13
平均每次亏损	220696.09
平均每次盈利/权益最大回撤	0.13
平均每次盈利率/平均每次亏损率	2.80
平均每次收益/平均每次亏损	0.51
平均每次收益	111991.35

图 1302：五个品种的量化回测

各位同学，请看图 1302 上的数据，这个量化交易系统，回测的时间周期是 3 年，交易次数是 145 笔，满足我们之前上课时提出的至少 2 年 100 笔的条件。系统的胜率是

45.52%，不算特别高，但是它的赔率（平均盈利／平均亏损）有 2.8，还是很不错的，大家可以用我提供的公式计算出系统的期望收益，看看是否为正数。其实我们还有一个简单的方法验证期望收益，直接看分析报告里的收益率，如果是正数，那么系统的期望收益一定为正数，不用自己再去计算了。另外这份分析报告还有两个很重要的指标，我们可以看到，一个是年化收益率 50.02%，一个是权益的最大回撤 22.25%。对了，这个系统的收益风险比（卡玛比率）需要我们手动计算 =50.02/22.25=2.25，也是很高的。有一点我强调一下，《道德经》曰：反者道之动。大家看量化分析报告，眼中不要只盯着收益率，你要知道这个年化 50.02% 的收益率是要先扛住 -22.25% 的最大回撤，你才能够挣得到的。舍得舍得，不舍是得不到的。所以使用这个量化交易系统之前，你首先要考虑的是：你的风险偏好是多少？能不能扛住这个最大回撤？如果你的风险偏好是 -15%，那么年化 50.02% 的收益率与你就没啥关系了。

"江老师，那 -22.25% 的最大回撤能不能通过技术手段，让它变小呢？"崔胜问道。

你的问题很有代表性，很多人一看到回测报告里的最大回撤数据，第一反应不是反省自己的风险偏好，而是想通过优化技术参数等外在的手段（心外求法），让最大回撤减少，这个反应符合人性中的责任外推特点，能理解但却是错误的。盲目修改、优化最大回撤的数据，很容易掉到过度拟合参数或者选择性偏差的陷阱中去。-22.25% 的最大回撤并不高，一般来说趋势跟踪系统，长时间来看，最大回撤普遍都在 20%~30% 之间，-22.25% 在正常的范围之内。假如你的身体指标（比如血压、血脂）在正常范围之内，你还需要吃药调整吗？昨天上课，迅迅同学也用百公里油耗来形容收益风险比（卡玛比率），本例中的数值为 2.25，已经很高了。长期来看，收益风险比在 1.0-2.0 之间，就已经是一个很好的量化交易系统了。图 1302 的卡玛比率与最大回撤都在正常的范围之内，但是，崔胜仍然想调低最大回撤的数值，说明了什么？说明了崔胜的交易内功欠缺，扛回撤能力不行，又想马儿跑又想马儿不吃草。我们是做趋势跟踪的，前面讲过，其实就是赚风险与最大回撤钱的一群人。风险没有了，我们也没有交易机会了；风险太小，我们的收益也跟着小。面对风险，正确的处理办法不是规避风险，而是习惯风险、管理风险。崔胜，你真想风险小，回撤小到 -5% 都行啊，还是刚才那个交易系统，回撤数据是 -22.25%，当你交易的时候，假如你有 200 万的资金，你按照 1/5 即 40 万去做交易，马上就能做到回撤 -5% 左右。但是，该交易系统的收益风险比 2.25 基本上是不会有大变化的（就像一部车的百公里油耗），因此，崔胜，你的回撤小了，你的收益相对应的小了：5%×2.25=11.25%，你的年化收益减少了 5 倍左右。崔胜，可以接受吗？如果你只想回撤减少到 -5%，而收益不变，还是之前的 50.02%，那就是痴人说梦，这和百公里油耗 8 升的汽车，你既想节约油钱，又想保持原来的公里数不变，你觉得可能吗？原来是 600 元开 1000 公里，现在还是这部车，妄想 150 元还开 1000 公里？明显违反能量守恒定律！明显违反天道！违反天道的行为，能长久吗？崔胜，那就不是交易的问题了，而是你的世界观和价值观出了问题。

"虚心接受江老师的批评，那我赶紧掷骰子训练内功心法，将自己的扛回撤能力提高到 40%。江老师，按照您刚才的逻辑，只要我的扛回撤能力提高了，我的投资绩效也容易提升，对吧？"崔胜继续问道。

当然容易提升啦！还记得我们昨天讲到的投资轻松翻倍的魔法石吧？图 1302 交易系统的收益风险比 2.25，只要你的扛回撤能力能提升到 40%，你的新的年化收益为 40%×2.25=90%，而之前的年化收益率为 50.02%，增长了将近 2 倍。具体的做法：假如你有 200 万元的资金，你按照 400 万元去做交易，去做好风控，业绩翻倍是不是很容易？不过，还是像刚才讲的一样，如果你的世界观、价值观出了问题，做事情违反天道，那么你一定想保持 -22.25% 的回撤不变，收益却想提升到 90%，那就又是痴人说梦了，必然又掉到幸存者偏差的陷阱中！当然，你的量化交易系统还有一个指标必须也要优秀，就是收益仓位比，否则你的交易系统的仓位本来就已经很高，自然就无法实现 200 万元的资金按照 400 万元去做。至于收益仓位比的提高，我们只能留到量化交易案例实操课上去讲了。

很多投资者（包括年轻时的江老师），开始做投资的时候，只有确定性的思维方式，妄想用各种技术秘籍去预测未来，找到一个 100% 胜率，回撤为零的投资方法，这就像是妄想搞到一部不用加油就能开得飞快，还开得老远的汽车。过了几年，交易碰了壁，逐渐死了确定性的心，开始接受概率思维与不确定性，不再妄想零风险、零回撤地去做投资，但还是妄想找到一个回撤很小、收益巨大，卡玛比率超高的交易系统，这就像是妄想搞到一部加很少油就能开得飞快、跑得老远的汽车一样，梦想一部百公里油耗只有 1~2 升的汽车。其实各种量化交易系统的长期收益风险比都是在 0.5~2.0 之间，就像家用小轿车的百公里油耗基本上都在 6~9 升的范围。如果还想要再优秀，就很有可能掉入幸存者偏差的陷阱之中去（新手、新策略，没有跨越牛熊，遇到的回撤很小，所以收益风险比一开始自然很高，但并不是真的本事强）。正确的做法是，接受 0.5~2.0 之间正常的收益风险比（就像接受 6~9 升的百公里油耗一样），不再幻想天上掉馅饼，不去做违反天道的事情，转而向"心内求法"，提高自己的交易内功与扛回撤能力，照样轻松业绩翻倍，长期稳定盈利。

只要最大回撤还在正常的历史回测数据的范围之内，就不要乱折腾，乱改参数，正确的做法是扛住它！

当然啦，各位同学，随缘适变，在一定的范围边界之下，我们的确还是有一个减少回撤的有效办法，我们会在后面的课程中讲解，但是这个方法，并不是像大家原来想的那样，并不是通过提高交易技术或者修改系统参数来减少最大回撤的，因为那违反天道走不通。我们会从另一个维度入手，才能在不违反天道的情况之下，对最大回撤进行一定的提升与优化。

"江老师，我有点糊涂了，您刚讲完让我们不要心外求法，要心内求法，扛住最大回撤；现在又说可以去提升与优化最大回撤，那我们到底要不要去减少最大回撤值呢？"张林问道。

"张林，你年轻，奇怪很正常。这就是我们江老师最厉害的地方。这就像佛家的说法，一会儿说空，一会儿说有，还在有些地方说非空非有，既空既有。这就是随缘适变与中庸之道啊！江老师强调守正，但也不忽视出奇。江老师有守正的投资心学量化交易系统，更有出奇的全梭哈和自造期权的交易策略；江老师既强调内功心法，靠提升自己的扛最大回撤能力来轻松提高投资绩效，也不拒绝研发减少交易系统最大回撤的外在方法；江老师一直告诉我们交易技术并不重要，劝大家不要沉迷于技术分析中跳不出来，但是江老师的量化交易系统中又全部都是技术分析的图表与指标；江老师一直奉劝投资者不要追求暴利，要靠 25% 的年化复利增长，但是台风机会来了时，江老师比谁都激进，比谁都敢冒险，重仓下注……这种随缘适变，靠的是对'度'的把握，需要很深的内功心法。"吴总评论道。

"见山是山，见水是水，江老师眼中的 K 线图，与普通投资者眼中的 K 线图绝对是不一样的。我对随缘适变的理解就是，我们做投资就是在风险下赚钱，在刀口上舔血。我们做投资都是在有制约条件下做的投资（也就是江老师一直强调的天道），要么是在风险一定的条件之下追求收益的最大化，要么是在收益一定的条件之下追求风险的最小化。所以投资应该理性暴利，拒绝非理性暴利。江老师教我们的正是理性暴利的方法。"樊总也评论道。

"我们以前追求的就是非理性暴利，或者说是掩耳盗铃暴利或者聋人不怕雷暴利。嘻嘻，我也记起来了，江老师前面讲三十而立的时候讲过，常人要到七十岁才能做到随心所欲不逾矩。难与易，空与有，守正与出奇，理性暴利与非理性暴利……这些'度'的把握，做到出世与入世随心所欲，又不逾矩的功力，真的需要我们年轻人好好去体会与修炼。大家千万不能走偏了，过犹不及，一逾矩就会被捉。随缘适变真的很难，但是谁越早掌握，谁未来的成就也会越大！"张林反思道。

| 6 |

一般来说，实业领域，多数事件都属于确定性的事件。而投资领域普遍都是不确定事件，当然也有很多确定性的事件，这里我将它们罗列出来，以示区别，也方便大家随缘适变去处理。

投资市场确定性事件有国债、货币基金、套保、打新、定向增发、并购重组、对冲（代表有阿尔法策略、横截面多空对冲等等）、套利（期现套利、跨市场套利、跨种套利）等。这些事件的特点是：没有风险敞口，或者通过技术手段，比如期权等手段，多空两个方向都做，将风险敞口基本关闭。不过，风险小了，收益也跟着小了（年化收益率5%左右）。然而由于没有风险敞口，很多嫌收益少的"聪明人"，采用放大杠杆的方法，将原来较少的收益进行放大（放10倍杠杆，5%×10=50%）。更有甚者，贪得无厌，尝到甜头后，将杠杆继续放大，以为反正没有风险，为什么不再大一点呢？结果触发混沌，引发黑天鹅事件，一夜暴亏。美国长期资本就是这样的公司（杠杆放到60倍）。而定向增发、并购重组等事件中，很多人通过内幕消息去博取投资暴利，贪欲过大，最后的结果都不会好。而对冲与套利策略，由于风险敞口没有严格地关闭，一般还有10%左右的年化收益率，再高要么就是幸存者偏差，要么就是另外放杠杆。

说到投资领域里的确定性事件，还有两种交易方法我也提示一下，就是"炒单"与"高频交易"。去年有一次上课的时候，有一个学员问我："江老师，听说有一种方法，每个月甚至每周、每天都是赚钱的，而且一年下来能稳定盈利2~3倍。江老师，我就想学这样的方法。我这个人不贪，每天挣个两三百元，一年翻一倍就行。"

我说，是有这样的方法做投资，这样的方法非常符合人性，利润增长的方式又是线性的，心理感受非常好。江老师我这里没有，不过我认识的老师那里有，你要学习吗？想学的话，我可以推给你。不过资产一年线性地稳定地翻一倍，还说你不贪？我怎么感觉比别人还贪呢？既贪钱还想舒服地赚钱！这样的方法20万元本金，你知道30年后是多少钱吗？你不怕天道吗？你打麻将每次都赢钱，每次挣个两三百元，一年翻一倍，你觉得还有人会和你打麻将吗？打麻将，对方看得到，有天道制约；做投资，对手看不到，你以为就没有天道制约吗？老话讲，人在做，天在看，一点不假。

任何策略都有优点缺点，这就像人一样，你想找一个情人短暂地浪漫一下，没有问题，你只要知道她的优点就行；如果你想找一个人结婚生子，你只知道她聪明、漂亮、柔情的优点就可以了吗？不了解她的缺点，你不怕后院失火吗？如果她的缺点是打呼噜，那可能是小问题，万一她的缺点是喜欢给你戴绿帽子，你也能忍受吗？

"江老师，您说得太对了，我来类比说一下投资：如果你想找一个策略短暂地赚一点钱，没有问题，你只要知道策略的优点就行；如果你想找一个策略长期稳定地赚钱，你只知道它暴利、线性的优点就行吗？不了解该策略的缺点，你不怕挨一炸吗？如果它的缺点是要人工盯盘，那可能还没有问题，万一策略的缺点是黑天鹅事件，一夜倾家荡产呢？你也能忍受吗？"福建老严总结道。

老严类比得很好。去年那个学员问的投资方法就是炒单，炒单的优点的确很明显，各类期货大赛的冠军，甚至前几名都是炒单的选手。但是，你会发现，那些专业的机构、主力、公私募基金的策略库里面，就几乎没有炒单的策略，为什么？难道专业机构不想暴利吗？炒单的缺点与优点一样都非常明显。炒单这个交易手法，承载的资金量很小，一般就是几十万元。这个资金体量太小了，专业投资机构肯定是用不了的。另外，炒单的交易方法，每天非常辛苦，工作量巨大而且重复，枯燥无聊，并且要求交易员的手非常灵活，下单速度非常快，所以很多炒单厉害的人都是以前玩电脑游戏的高手，三十岁以后的人根本就适应不了这种交易方式。正是基于此，炒单的人，平均投资寿命一般都不超过三年。

高频交易的原理和炒单类似，也是观察盘口数据，特别是卖一与买一。不过高频交易一般由计算机来完成。高频交易由于是电脑下单，不存在上面的第二个缺点，但是第一个缺点肯定是避免不了，所以高频交易必须选择成交量非常巨大的交易标的，即便是这样，同样存在违反天道，造成流动性缺失，触发混沌而破产的可能性。所以高频交易的基金产品市面上很少，即使有，也经常不对外开放认购（西蒙斯的大奖章基金就是这样的）。另外，由于违反天道，所以高频交易很容易被管理层监管，存在很大的政策风险。另外还有，由于高频交易需要强大的计算机系统以及非常快的网络传输速度，所以高频交易的高级服务器一般都托管放在交易所附近的机房，硬件设备的前期投入非常巨大，都是百万甚至千万计的成本，而且硬件还需要不断升级与迭代，源源不断地投入，因为你高频交易的对手运行速度只要比你快百万分之一秒，你就有可能要亏钱。其实，高频交易，说白了，就是一个批发商赚取差价。他通过分析盘口数据，发现买方的需求，然后以比买方快的速度，从卖方那里先行买入，然后稍微加上一点点的利润（1到2跳），又迅速地将仓位转卖给真正的买方。只是上述的过程非常快，可能在百万分之一秒就由计算机自动执行完毕了。

所以说，炒单、高频交易都是普通投资者难以长期参与的投资方式，不要进。

投资市场里的确存在一些确定性赚钱的机会，但是，既然是确定性，你看到了，别人也会看到，机构、主力更能看到，所以确定性的投资机会不是谁想去捉就能捉得到的，你首先想到的应该是要先付出些什么，然后再去想会得到些什么。投资市场上确定性的投资机会需要先付出的东西，散户一般都没有，如聪明、高智商、高学历、金融学博士、华尔街经历、投行从业、复杂的金融模型、计算机编程、人工智能、神经网络、数据挖掘、支持向量机、算法交易、宽客、超高速计算机、雄厚的资金等等。

我想多数同学看到这里，都选择放弃了，别说条件有没有，可能很多词听都没有听到过。确定性的投资，不是你想玩就能玩的。其实，散户只有一个东西是机构、主力、庄家、大资本一定没有的，那就是超高的风险偏好与较大的扛回撤能力！大家回忆一下，是不是这样的。可能还有一些同学不服气，自己学过波浪理论、缠论、形态理论、江恩理论等，这些理论很牛啊。你也不想想，你懂这些技术分析理论，主力机构、庄家、大户会不懂吗？别人可是团队作战呢。再说你的这些技术分析真的很牛吗？它们的胜率、赔率、数学期望、最大回撤，你之前算过吗？另外，如果真的很牛，为什么诺贝尔经济学奖从来没有发给过一个搞技术分析的人呢？最好笑的是，诺贝尔经济学奖倒是发给过另外一个人，这个人的理论大意是：在有效市场上，技术分析没啥作用。这个人的名字叫尤金·法玛，感兴趣的可以去看下他的理论。当然，我并不完全认可他的观点。我玩技术分析三十年，但是技术分析真不是散户以前想象的那样玩的，如果是那样玩的话，尤金·法玛就是对的，技术分析还真的没啥作用。后面我还会再详细介绍如何玩。

我再强调一遍：**我们散户只有一个东西是机构、主力、庄家、大资本一定没有的，那就是超高的风险偏好与较大的扛回撤能力！我们必须在自己擅长的地方下功夫！要以自己的长板去对别人的短板，而不能以自己的短板去对别人的长板。**

上述的确定性的投资方法，真的不适合我们普通的投资者。普通投资者只适合有风险敞口的交易方法，而且在一定的范围之内，风险越大越好，因为我们经过投资心学交易内功训练后，能扛 40% 的最大回撤。我们现在知道，这个回撤将在收益风险比这个魔法石的作用下，可以有效地转化成我们的利润。而且，这个方法轻松，符合天道，又能长期稳定盈利。这个方法竞争对手与同行就算知道，甚至我们亲手演示给他们看，亲手教他们去做，他们也复制不了。这个方法就是时间序列中长周期的多品种组合趋势跟踪方法（即跟随投资标的物未来的走势去赚钱的投资方式。买股票就是趋势跟踪，管理期货 CTA 策略多数也属于趋势跟踪），也是我们守正的投资心学量化交易系统的方法。

趋势跟踪交易系统要想做得好，要想长期稳定盈利，必须建立起概率思维模式，放弃以前的确定性思维模式，更要放弃喜欢预测的好奇心，一切以量化数据说话，理性科学地决策，老老实实去赚"赚—赔"的钱，大家做投资一定要学习赌场老板，而不要学习赌场里的赌徒，否则就算你的交易系统表面上看是趋势跟踪，实质上还是确定性的思维，最终你将被这个市场淘汰。

"江老师，您这句话是什么意思，能解释一下吗？"福建老严问道。

赌场里面所有的游戏，都是赌场老板聘请的世界上顶级的数学家、精算师计算与设计出来的，其概率优势全部偏向于赌场老板，而且游戏的胜率与赔率都是固定不变的。我们做投资，我们的量化交易系统的胜率与赔率并不是数学计算出来的，而是在历史大数据之下统计出来的，胜率与赔率不是固定不变的，而且我们的数理统计水平肯定比不上赌场的精算师。所以，我们做投资比赌场老板还要困难。如果你连量化交易系统都没有，你连胜率、赔率、期望收益、收益风险比等数据都不知道的话，那就更加困难了。赌场老板在比我们还要有优势的情况之下，都不敢去预测，都不敢去赚"赚"的钱，只敢去赚"赚－赔"的钱，我们的水平与条件比赌场老板可要差多了，而我们却还想用确定性的预测办法去做投资，去赚"赚"的钱。普通投资者，表面上是趋势跟踪策略（股票、期货的趋势跟对了，可以一起发财），但是骨子里还是想预测，使用的K线图等工具也是拿来做预测，幻想着准确预测趋势与震荡，有趋势时才做，没有趋势只有震荡的时候不做，只赚"赚"的钱，而"赔"的时候幻想自己不在场。这就像你去彩票点买彩票：老板，我只买今晚能中奖的彩票，不买今晚不能中奖的彩票。大家不觉得好笑与幼稚吗？

| 7 |

"江老师，我还想请教一个问题，我记得您第一节课讲投资难与易的时候，就说真正的交易秘籍，是公开的，不需要保密，哪怕竞争对手与同行知道了，甚至我们亲手演示给他们看，亲手教他们去做，他们也是复制不了的。刚才，您又强调了这点。为什么一个赚钱的投资方法，别人就是复制不了呢？而在其他领域，一个赚钱的方法，几乎一夜就能被别人模仿去。"崔胜问道。

崔胜，你想想上节课我让你做的题目："交易员老王上个月1个月就赚了5倍，另一个交易员老陈上个月回撤了-5%，你验证后发现交易员老王上个月只在1个期货品种上重仓做了2笔交易；而另一个交易员老陈有100笔以上的交易记录，且是一个40个品种的投资组合。请问你有100万元需要找投资顾问，你选哪一个？"这个题目中，当然要找交易员老陈，而老王就是幸存者偏差，答案告诉你了，你复制一下呗。

"我想起来了，唉，常识与认知不改，概率思维不建立，内功心法不强大，真的是知道答案也复制不了啊。知道又能怎么样呢？毕竟5倍与-5%的对比反差太大了！"崔胜说道，"其实，换作其他任何人，也会选择5倍，不会选择-5%。江老师，这个5倍的诱惑，怎样才能挡得住呢？"

为了大家能挡住诱惑，我们再介绍概率思维里的另外几个重要的概念。

这几个概念是：均值、峰值、均值回归。

中国人的寿命，大家知道是多少吗？

"75 岁左右吧。"张林同学说道。

很好，其实我们可以做一个寿命（单位"岁"）的分布排列如下：

0、10、20、30、40、50、60、75、80、90、100、120……600（彭祖）

张林同学，中国人的寿命从 0~120 岁都有，10 岁以下算是夭折，80 岁以上算是长寿，为什么你回答是 75 岁呢？

"75 岁[①] 是中国人的平均寿命，既然是平均寿命，也就是说我们未来有很大的概率活到 75 岁，夭折与长寿的概率都很小，当然 600 岁的彭祖只是传说，用不着去期盼那么高。"张林回答。

回答得很好，这个 75 岁，就是中国人寿命的均值，0 岁夭折了，这个 0 岁就是峰值，当然 100 岁、120 岁也是峰值。0 岁可以叫作负峰值，120 岁可以叫作正峰值。既然均值是 75 岁，我们大概率可以活到这个均值。

"江老师，这个不难啊。我们早就知道了。"崔胜说道。

不要着急，后面慢慢就要难了。我来说个例子。

一个工厂的员工投诉这个工厂的老板，认为工作的时间太长。

老板：工作时间不长啊，你们看隔壁的 A 工厂，他们都工作 10 个小时呢，我们只要求员工上班 9 个小时，你们还不满意？

员工：工作时间还不长啊，老板你看隔壁的 B 工厂，他们只工作 6.5 个小时呢，我们只要求上班 7 个小时，已经很给你面子啦。

请问各位同学，老板与员工，谁说得对？

"都不对，都是选择性偏差，都是站在利己的角度考虑问题。"张林回答道。

那如果你是裁判，你如何裁决呢？

"要么就参照国家相关的劳动法规，要么就随机抽取周围的几十个工厂，去掉最高分，去掉最低分，然后取一个平均值，这个值可以作为公允值。这个值应该大概率为每天 8 个小时。"张林回答道。

回答很好。确定性事件的解决方案，一般只有一个，任何人去解答，最后的结果都是一样的；但是，不确定事件的解决方案，一般有很多个，而且很多个答案都可能是正确的。既然都是正确的，那么人们在挑选答案的时候，就会偏向自己的利益最大化或

[①] 2022 年 7 月 5 日，国家卫生健康委员会在新闻发布会上公布数据，我国目前的人均预期寿命已经达到了 77.93 岁。文中用 75 岁作为平均寿命是方便讲述。

者自己的偏好最大化。不过，这样的话，就容易引起纷争，公说公有理、婆说婆有理。我们作为旁观者，一定要理性地看待问题，先将利益与偏好等问题抽离出来（特别是自己的利益与偏好），你才能看到真相。取均值，就是一个有效的办法。

再看一个例子。有一个小孩，今年要参加高考，他在最近一年的 9 次模拟考试中全年级的排名是这样的：280、360、302、404、26、136、328、238、620。我们还知道，该学校去年的成绩：全年级 300 名左右可以上深圳大学，30 名以内可以上清华大学，600 名左右可以上二本，假如高考志愿填报只能报考一所院校，请问如何报考？

"这个也不难啊，9 次模拟考试，取一个平均分，得到 299 名，应该报考深圳大学。"崔胜非常有信心地说道。

为什么不激进一点呢？报考清华大学啊，小孩最好的成绩考过 26 名哦，有机会考上清华大学的，万一今年小孩超常发挥呢，报深圳大学不是可惜了吗？

为什么不保守一点呢？报考一个二本院校啊，小孩最差的成绩到过 620 名哦，高考一生就只有一两次，万一今年小孩发挥失常呢，可能连二本都上不了。

"这，这，有点复杂了。"崔胜回答不出来。

"江老师刚才说过不确定性事件。高考就是一个不确定的事件，小孩发挥正常、超常、失常，都是有可能的，不确定事件的答案一般有很多个，而且很多个答案都可能是正确的。既然都是正确的，那么人们在挑选答案的时候，就会偏向自己的利益最大化或者自己的偏好最大化。要求报考清华大学的人，取的是正向的峰值，答案是正确的，可能属于风险偏好型；要求报考二本院校的人，取的是负向的峰值，答案也是正确的，可能属于风险厌恶型；要求报考深圳大学的崔胜，答案也是正确的，且比较理性，取的是均值，属于概率最大型，9 次模拟考试的平均名次，才是小孩高考时最有可能考出的名次，按照均值报考，概率最大，毕竟超常、失常的概率都很小，而且题目中说只能填写一个志愿。随缘适变，如果我们能填写三个志愿的话，第一志愿报清华大学冲一下，第二志愿报深圳大学最稳当，第三志愿报二本院校保底，这样的填写方式无疑才是正确的。"张林回答道。

张林回答得很好，考察全面。

我们一看到不确定事件，首先想到的不应该是标准答案，因为不确定事件的答案一定有很多个，不具有唯一性，就没有标准答案。投资上，也要先考虑不确定事件，首先想到的应该是利益与偏好，而不是标准答案，这个习惯大家一定要养成！不同的利益与偏好，得到的答案肯定是不一样的；虽然不一样，但各自都是正确的，都是站在自己的角度看是正确的，然后我们还要再根据其他的外部条件进行判定与甄别。比如报高考志愿，还要根据填写志愿的数量与调剂参数，最后的答案肯定是不一样的。在进行判定与甄别的过程中，我们还要将自己的利益与偏好抽离出来，这样你才能看到真相，否则搅在一起，更加混乱。我们作为旁观者，没有涉及高考志愿其中的利益与偏好，相对公正与公平，容易得出合理的答案。但是，假如我们是一个二本院校的招生老师呢？情况就会变得更为复杂了……

"真没有想到，一个看似简单的问题，牵扯的东西真是够复杂的。"崔胜感叹道。

我们再来一个题目，可能更为复杂。

交易员老王上个月1个月就赚了5倍，崔胜有100万，想让老王当投资顾问，不过还是有点不放心，所以我们想办法找到了老王过去9个月的业绩如下：-80%、150%、-68%、25%、-80%、-73%、5%、-72%、500%。崔胜同学，你还想不想让老王当你的投资顾问呢？

"真是不看不知道，一看吓一跳，老王就是第二个月和上个月的业绩好，其他的月份差得要死，有的时候回撤 -80%，这哪里受得了。我还计算了一下老王的平均值，收益率只有 34.11%，与最后一个月的 500%（5倍）相比较，差太远了。肯定不能选老王当投资顾问了。江老师，500% 应该就是您说的最高峰值吧？而 34.11% 就是您说的均值吧？我明白了，老王上个月的峰值 500% 就是幸存者偏差。老王做投资，就是一个不确定性事件，老王的业绩好不好，没有标准答案，老王自己为了推广的需要，肯定会展示最好月份的业绩 500%，这无可厚非。但是，我们作为评判人，必须先要将自己的利益与偏好抽离出来，这样你才能看到老王业绩的真相，如果你一下子就被老王5倍的月收益所干扰，你也想赚5倍的话，本我启用，你将头脑发晕，贪欲将迷住你的双眼，你将不会再理性地分析问题。而正确的理性的办法就是要找出更多的数据，计算出老王业绩的平均值，均值就是未来老王业绩的最大可能值。老王未来的业绩大概率应该是 34.11%，而不是 500%。"崔胜说道。

我们的崔胜同学有进步了，终于开始建立起概率思维模式，要恭喜崔胜哦。其实崔胜同学，你计算老王业绩均值的方法是不对的，收益率的均值与高考分数平均值的计算方法是不一样的，时间有限，这次就不在课堂上讲了，后面我再找时间讲。你只要知道老王上个月的 500% 的峰值收益率远远不能代表老王真实的投资水平。崔胜，你知道你如果年初真的交给老王 100 万元的话，现在还剩多少钱吗？

"您刚才说我计算得不对，那我胡乱猜一个数字吧，130 万元，对吗？"崔胜问道。

崔胜，上节课的题目：交易员老王的5倍与另一个交易员老陈的 -5%，到底选哪个，你不是纠结了很久吗？我现在将他们的业绩放在一起，你看一下：

两人 9 个月的投资业绩分布：

交易员老王： -80%、150%、-68%、25%、-80%、-73%、5%、-72%、500%

交易员老陈：38%、95%、-7%、55%、38%、-9%、65%、43%、-5%

崔胜同学，你的 100 万元知道交给谁打理好吗？理性地分析，不要被最后一个月的 500% 与 -5% 迷住了双眼。这样吧，我们用表格计算一下吧，见下表：

表 1303：两位交易的交易记录与收益

（单位：万元）

人员	本金	交易记录								
交易员老王	100	-80%	150%	-68%	25%	-80%	-73%	5%	-72%	500%
累计收益		20.00	50.00	16.00	20.00	4.00	1.08	1.13	0.32	1.91
交易员老陈	100	38%	95%	-7%	55%	38%	-9%	65%	43%	-5%
累计收益		138.00	269.10	250.26	387.91	535.31	487.13	803.77	1149.39	1091.92

"崔胜同学，看看这张表，你的 100 万元如果交给的是上个月赚 5 倍的交易员老王，现在可能要躲进厕所哭呢，100 万元最后变成了 1.91 万元，根本不是你猜的 130 万元。差距大吧？"福建老严笑着说道。

"不会吧，太可怕了，我以为再怎么样也有钱赚啊。交给上个月 -5% 的交易员老陈，哇，100 万最后竟然能变成 1091 万元，翻了 10 倍。金融领域真的是太逆人性，太逆常识，太逆认知啦！我算是服了！"崔胜感叹道，"关键是，这两个人的业绩平均值，我怎么计算都是 34% 左右啊，这是怎么回事？"

石建军听到这忍不住也举手说道："如果现在出一个题目'一个交易员老王，一个交易员老陈，他们各做了 9 次交易。老王收益率的 9 次平均值是 34%，最近 1 次的收益率为 500%；老陈收益率的 9 次平均值也是 34%，最近 1 次的收益率为 -5%。如果你有 100 万元，请问你会选择哪一个交易员做你的投资顾问？经过上述 9 次交易后，你估计一下两位投资顾问 100 万元现在分别是多少钱？'我感觉普通投资者绝大多数人都会选错，而且结果非常吓人，老王只剩下 1.91 万元，老陈却是 1091 万元。"

"收益率的算数平均值与收益率的均值（即期望收益）是不一样的，交易员老王的均值肯定是负数，期望收益肯定为负，我们下课后再问江老师具体的计算方法吧。"老严说道，"崔胜，你上节课说毕竟 5 倍与 -5% 的对比反差太大了，这个 5 倍的诱惑，怎样才能挡得住呢？现在我们研究了表 1303 后，5 倍的诱惑你能挡住了吧？ 100 万元亏得只剩 1.91 万元，哈哈。"

"诱惑必须挡住啊！否则怎么死的都不知道！太震撼了。选择性偏差、幸存者偏差与小数据的峰值业绩，它们的危害太大了！真希望投资市场的散户、小白、韭菜们都来看一看，他们太可怜了，怎么亏的都不知道。我现在明白了江老师一直强调的：一定要大数据，一定要随机抽样回测，一定要 2 年 100 笔以上的交易记录与资金曲线，一定要理性地取均值不要只看峰值，不确定事件没有标准答案，一定要先将利益与偏好摘出来，才能得到正确的结论，这些经验太重要了。对了，我想起来了，前天上课讲的昆哥基金，也是这个问题啊！大多数普通投资者不懂不确定事件，没有概率思维，只会根据昆哥基金 2019—2020 年两年的峰值数据 110% 来决定购买基金，其实昆哥基金已经运行十几年了，网上的数据随便都能查到，昆哥基金的均值业绩其实只有 14.65%，如果我们都能够用均值去理性地思考问题，那么大家现在就不会再血口喷人。"崔胜总结道，"江老师，我还想问一下，那昆哥基金的业绩从峰值 110% 返回到均值 14.65%，交易员老王的峰值业绩 5 倍返回到均值，这个过程是不是就叫均值回归呢？"

崔胜你说得很正确。峰值到均值的过程，就叫均值回归。均值回归有两个方向，从正向峰值向均值回归，表现在暴利慢慢回归到正常的平均收益；另一个方向是从负向峰值向均值回归，表现在从最大回撤慢慢回归到正常的平均收益。

均值也叫期望收益，也是"赚－赔"的差额，我们做投资一定要保证我们的均值（期望收益）为正，且越大越好；当然均值的提高很困难，均值提高靠本事，而峰值的提高相对容易，峰值提高靠运气。做投资必须确保我们是均值赚钱，而不是峰值赚钱！否则一定是昙花一现。

第十四章：一句话投资秘籍

→ 正峰值时（高点），要谦虚谨慎，戒骄戒躁，不贪婪，不进场，不加仓；负峰值时（低点），我们坚信均值一定回归，此时不要恐惧，可进场，可加仓。投资心学的投资秘籍就一句话就是：建立一套均值赚钱且适合自己偏好、符合天道的量化交易系统，然后靠强大的内功心法，坚持、坚持、再坚持！

| 1 |

各位同学，要保证均值赚钱，大家一定要知道自己交易策略的均值是多少？峰值又是多少？自己最近赚钱是因为均值赚钱还是峰值赚钱。均值赚钱是长期稳定地在赚钱，是寿星；而峰值赚钱是短暂性赚钱，不长久，是明星；长期来看，峰值一定会回归到均值，所以以峰值赚钱没有多大参考价值。

高考例子：均值是 299 名，正峰值是 26 名，负峰值是 620 名。

交易员老王：均值是 -35.5%，正峰值是 +500%（5 倍），负峰值是 -80%。

交易员老陈：均值是 30.5%，正峰值是 +95%，负峰值是 -9%。

昆哥基金：均值是 14.65%，正峰值是 +110%，负峰值是 -29%。

巴菲特：均值是 24.5%，正峰值是 N 倍，负峰值是 -51%（1973 年）。

……

额外说明一下，巴菲特的 24.5% 是人类投资史上投资均值的天花板。可能有些人的投资均值比这个数值高，但都是在某一段较短的时间之内，很有可能表面是均值，实际是峰值的选择性偏差或幸存者偏差。巴菲特的均值是几十年连续不间断，全世界一直公开展示的均值数据。

"江老师，我记得前两天上课的时候，您说过我们投资心学的全国公开展示的账户的年化收益率达到31%，这不是超过巴菲特了吗？"崔胜好奇地问道。

均值数据也是根据时间的变化在上下波动的，只是波动的范围与峰值相比要小很多。我们全国展示的账户在两个月之前最高净值达到了11.3，时间9年多，计算下来，年化收益就是31%左右。最近在回撤期，净值只有9.1左右，计算下来，年化收益是27%左右。这个年化收益率虽然暂时超过了巴菲特，但是我们的时间还是太短，只有9年多。我们展示的账户，应该算是全国最早一批敢全国展示的量化交易账户了，时间为9.5年，我真心希望能像巴菲特那样一直展示个几十年，看看能不能超过尊敬的投资前辈，向伟大的投资大师们致敬。

好了，各位同学，按照刚才我讲的均值、正峰值、负峰值这个格式，将你们投资的数据写下来吧！为了加深我们的印象，再举几个均值、峰值、均值回归的例子，这些例子都是我们日常工作、生活、学习、实业中经常遇到的。

一个公司的老业务员的平均业绩是10万元／月，有一个新入职的业务员上个月业绩就高达20万元。如果你想挖人，你挖哪一个人呢？

"挖老业务员！老业务员这个行业做得久了，数据量大，均值稳定，新业务员某个月的业绩好，很有可能是父母介绍的人脉，不具备长期性。"崔胜回答道。

很好，再来几个例子。中国改革开放的初期，有一段时间流行读书无用论，个体工商户非常吃香，搞导弹的还不如卖茶叶蛋。学历不太高的人，进入社会早，挣钱也早，所以往往高开；而学历高的人，由于读书时间比较长，他们的初高中同学都挣钱很多年了，自己还在花钱读书，所以学历高的人往往低开。但是随着中国国力增强，社会的进步，读书无用论这种现象逐渐消失了，现在整个社会都崇尚知识，尊重人才。著名企业、知名大厂、公募私募、金融投行等高收入群体，清一色都是著名高校毕业的高才生，孩子考大学985、211、硕士、博士、留学生等等变成了必备。这种高开低走与低开高走的现象，就是一种均值回归。

孩子的成长也是一个均值回归的过程。我刚才说过，不确定事件，有很多答案，但是没有唯一的标准答案，每个人都会站在自己的角度，从自身利益与个人偏好入手，倾向性地选择自己的答案，所以我们看问题往往都会选择峰值。自家孩子，肯定符合自己的偏好，宠得不得了，自然你看孩子一定是戴着有色眼镜，只看正峰值，不看均值，更不可能看负峰值的缺点。上幼儿园之前，你会觉得自己的孩子天下无双，绝顶聪明，未来长大了，不是一个伟人就是一个圣人；等到上了幼儿园，有了对比，你才发现和自己孩子差不多聪明的小朋友也有很多，成为伟人的可能性不大了，但是考个北大清华应该还是没有啥问题的；等上了小学与初中，大把优秀的孩子与你小孩在竞争，又到孩子的逆反期，调皮捣蛋，这个时候你已经理性多了，发现能上个大学就可以了，若再能考个 985 高校、211 高校（二者高考统计数据概率小于 5%），你感觉都是祖坟烧高香了；再等孩子上了高中、大学，每个人都很优秀，你的孩子"泯然众人矣"，这时才知道平安、健康就好！你对孩子的期望，就是一个从正向峰值向均值回归的过程，回归到社会上孩子的平均水平。

你对孩子的期望，像不像之前你对投资技术秘籍的期望呢？

其实我们整个人生都是一个峰值、均值、均值回归的过程。年轻人与父母容易争吵，知道最大的分歧在哪里吗？年轻人喜欢正向峰值，过来人的父母喜欢看均值。峰值招人爱，均值招人嫌，所以觉得父母的唠叨烦死人。恋爱时看峰值，结婚后看均值。恋爱期间的年轻人，情人眼里出西施，看到的都是恋人的优点，恋爱就是正向峰值。结婚后的生活，柴米油盐，锅碗瓢盆，平平淡淡，家长里短，结婚后就是均值。当然，生老病死，家庭变故就是负向峰值。人生处于正向峰值与负向峰值的情况并不多，时间也不长，多数时候我们处于平平淡淡的日常工作与生活中，正向峰值与负向峰值都会向平平淡淡的均值回归，平平淡淡才是真！"白雪公主与白马王子从此过上了幸福的生活"，那只是童话故事，真实的情况应该是：白雪公主从此过上了煮菜做饭、相夫教子的家庭主妇的生活。我们不能说谁对谁错，因为不确定事件就没有唯一的标准答案，随缘适变，适合自己就好，不要求别人和自己一样，因为大家的利益与偏好都不同。你认为白雪公主过上了幸福的生活，或者你认为白雪公主过上了平淡的生活，都对。

大家到我这里来学习长期稳定盈利的方法，那么，我主要讲的就是守正的量化交易系统，靠的是均值赚钱。偶尔有了一个台风大机会，那么我们就要出奇，用峰值的办法——全梭哈交易法或者自造期权法，放杠杆地去赚大钱。但是台风机会并不多，所以我们多数时候都是守正为主，靠均值赚钱。可惜的是，多数投资者只知道峰值赚钱，一直沉浸在以前偶尔的那一次峰值赚大钱的美好回忆中，一直梦想着峰值天天都能来，而对自己交易策略的均值到底赚不赚钱，根本就没有统计过，甚至自己的策略就是一个稳定亏钱的均值，还蒙在鼓里，慢慢地温水煮青蛙式地被市场逐渐洗白。我第一天上课，介绍了深圳业余乒乓球冠军，也是 20 世纪 90 年代深圳股票技术分析第一高手章华，就是这样慢慢将 3000 万的本金亏完的。投资行业有两种倾家荡产模式，一种就是江老师等多数人经历的模式——暴涨暴跌。还有一种就是章华温水煮青蛙模式。

投资的基本原则是守正出奇，我们一定要用均值为正的量化交易系统去守正，追求年化率 20%～30% 的稳定收益，在这个基础上，使用发觉术，事前、自动、大概率、低成本、非遗漏、可复制地去出奇，去捕捉台风大行情，争取几倍几十倍的超额收益。千万不要将顺序搞反，天天只想着出奇的峰值大收益，而不管守正的均值收益。

不争，才能争；争，没得争！

当然，随缘适变，江老师我可没有说均值一定比峰值好。很多时候，我们要根据外缘条件的不同，适度使用峰值，而不能总使用均值。

祝福、愿景、理想、梦想、显摆、分享等等，都要用峰值，不能用均值。比如你去参加一个90岁的寿宴，你要祝福主人家长命百岁，寿比南山。虽然你知道中国人的平均寿命75岁，宴会主人已经远远超过了，非常不错了，人活100岁的概率其实是很小的，但是宴会上你只能说祝福的话，不能理性地去讲寿命均值。又比如，一个公司老板为了鼓舞士气，在台上宣讲未来5年公司要进世界500强，这就是峰值。一个公司5年后倒闭的概率要远远大于进入世界500强的概率，但是在这种场合，必须讲正峰值，否则就没有士气，也没有克服困难的勇气。另外，为了拉客户，朋友圈的显摆与上台的分享，我就不详细说了，不用峰值，怎么能吸引人呢？均值是吸引不了人气的，昆哥基金14.65%的均值与110%的峰值，在宣传的效果上肯定是不一样的；百万的跑车与均值十几万的家用车，博眼球的能力肯定也是不一样的。

针对别人在祝福、愿景、理想、梦想、显摆、分享时使用的峰值，大家要一笑而过，你不能说他不对，不确定事件嘛，多个答案都是对的。但是，你也不能当真，你一当真，就是你不对了，而别人是对的。别人做宣传用正向峰值没有什么不对，换作你也会这样做，年底工作总结谁都是挑选好的讲。赌场赌徒展示赢的大把钞票，成功学的冠军上台分享经验，选美大赛女人打扮得花枝招展，这些，大家都是这样干的。别人在宣传110%的峰值的时候，为什么你要马上相信呢？别人搞宣传只是为了引起你去关注（就像一个女孩子打扮得漂漂亮亮的，并没有错），又没有强迫你马上买（又没有强迫你马上娶她）。你开始关注后，就应该再去关注一下它的均值，最好还要关注一下负峰值的最大回撤是多少（很多股票基金最近就是在负向峰值附近啊），你能忍受吗？正峰值、负峰值、均值都是不确定性事件的组成部分。如果我们只是在嘴上说说，那单独选出什么来说都可以；但是，如果你是要落实到计划、方案、执行、验收等等，那你就要知道它的全部量化细节！你买基金，选交易策略，拜师学投资，找投资顾问，这些活动相当于找人结婚，不是在找恋人，优点、缺点，你都要掌握啊！

总之，不确定性事件的处理办法——说，局部；做，全部！

"江老师，您总结的东西太有用了！我被广州的'大师'精选的正向峰值所迷惑，利令智昏，急匆匆马上行动，没有去验证均值与负向峰值（本来用量化编程的方法，点点鼠标 5 分钟就可以搞定的事情），责任在我自己，不怨别人，只怨自己太急太年轻。任何人搞宣传，都会报喜不报忧，都会用选择性偏差与幸存者偏差，换作我也会这样做。'说，局部；做，全部！' 简单的几个字，在我这里就值 200 万元！" 舒月评论道。

| 2 |

我们做投资，都是在处理不确定性事件而不是在处理确定性事件。确定性事件，答案是唯一的，只有一个，只要说出来的就是全部了，但是不确定性事件不是这样的。认知错误，才是最大的错误！你还没有出发，就已经注定要失败。

多数投资者做投资，失败的根本原因就是自己的概率思维没有建立，将确定性事件的处理办法直接用在不确定性事件上。树立概率思维，处理好均值与峰值之间的辩证关系，并不仅仅是交易的问题，其实是一个人是否成熟的标志。

股票期货大赛当明星要用峰值；自己投资理财稳定盈利当寿星要用均值；新手初入市场用峰值；投资老江湖用均值；恋爱用峰值，结婚用均值；理想用峰值，行动用均值；认识新朋友吃吃喝喝用峰值，朋友君子之交淡如水用均值；讲课听课要用峰值多打气，上课内容的执行要用均值；打天下用峰值，治天下用均值；商业计划书PPT用峰值讲故事，计划具体落地实施则要用均值；战略上藐视敌人，战术上重视敌人；小孩子的教育多用正能量、正峰值，少用均值，更不能用负峰值、负能量，类似的还有很多。

我们干任何事情，都是因为峰值案例的吸引才进入的。投资如此，恋爱婚姻如此，职业规划也如此，还有巴菲特、西蒙斯、乔布斯、马斯克都是如此。没有峰值案例，普通常人没有前进的动力与指路明灯，榜样的力量是无穷的；当我们进入后，很快就会发现，理想很丰满，现实很骨感，没有什么事情是完美的，有好就有坏，有得就有失，有开心就有烦恼，有成功就有失败，有幸福就有悲哀，有赚钱就有亏钱，有暴利就有倾家荡产。我们的期望值逐渐从正峰值向均值回归。此时，如果我们不够成熟，不知道正峰值、均值、负峰值都缺一不可，都是不确定事件的组成部分，那么我们很快就会从正峰值回归到负峰值（本应该回归到均值），从过分乐观走向过分悲观，从一个极端走到另一个极端。成熟的人，应该回归到均值，不以物喜，不以己悲，不走极端，持中庸之道，既不开心，也不悲伤，"道之出口，淡乎其无味"，平平淡淡才是真。更为成熟的人，就算被回撤到了负峰值，哪怕倾家荡产，也屡败屡战，信仰坚定，仍然能像正峰值那样信心满满，对未来充满着希望与愿景，生活虐我千百遍，我待生活如初恋，而且还能将这种正能量传递给周围的人，这种人不管是生活、工作还是投资，都是最为顶尖的人！

我们先来想象一组家庭场景的画面，以增强大家对峰值、均值、均值回归的认知。

第一个画面就是一对刚结婚的恋人，在海边度蜜月，他们在夕阳的沙滩边深情拥吻（这是正向峰值）；第二个画面是男主人生病了，躺在医院的病床上输液（这是负向峰值）；第三个画面是家庭日常活动，女主人在做饭，男主人在打扫卫生，小孩坐在地上拼玩具（这是家庭均值）。

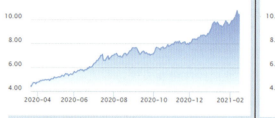
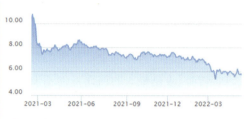

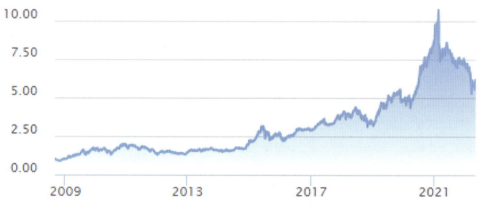

图 1401：完整的基金投资图

我把第九章昆哥基金几张图拼成图 1401，大家请看：左上第一张图是 2020 年 3 月到 2021 年 2 月的大涨期，就是昆哥基金的正向峰值；右上第二张图的 2021 年 3 月到 2022 年 4 月的回撤期，就是昆哥基金的负向峰值；下面第三张图昆哥基金从 2009 年上市到现在 2022 年 4 月，共 13 年，大家根据净值的变化，可以用计算器上的复利公式计算出该基金的均值。

又比如，2019—2020 年，就是价值投资理论的正峰值；2021—2022 年，就是价值投资理论的负峰值；而巴菲特几十年的长期年化收益率（25% 左右）就是价值投资理论的均值。未来（2023 年、2024 年……）该理论的投资表现我们无法准确预测，也可能涨、再度风光，也可能跌、继续打脸，但是至少我们必须对自己使用的投资理论的正峰值、负峰值、均值要了然于心，这样才能做到坚定信仰，不以物喜，不以己悲，不走极端去追涨杀跌。

著名影星周润发有一句话说得特别好：成人的世界里没有完美只有得失。我们（包括我本人）都是因为追求完美才进入投资市场的。交易员老王炒基金一个月就赚了5倍，昆哥基金年化率110%，这些完美的正峰值案例吸引我们急匆匆地跑进了投资市场，除了因为新手运气好第一把交易赚钱外，后面的交易往往都是一塌糊涂，很快资金就回撤到了负峰值，回撤-50%以上，甚至倾家荡产都是有可能的。你恐惧、懊悔、孤独、郁闷、疑惑，不知道问题出在哪里，你还以为是技术不行，又到处去上课拜师学习"完美"的技术秘籍，结果又是重蹈覆辙。所谓的秘籍都是前面几把有效，后面又开始慢慢失效。经过几次这样的折腾，你慢慢失去耐心，甚至变成了鸵鸟，眼不见心不烦，彻底离开了投资市场。可叹的是，多数离开投资市场的人，最后也不知道原因出在哪里，他们又急匆匆地冲到别的行业，又去寻找别的"完美"的赚钱秘籍去了。

其实我们不能长期稳定盈利的真正的原因，根本就不是技术等其他原因，而是我们这颗想追求完美、赚大钱赚快钱的心！追求正峰值的完美一定会回归到负峰值的不完美（你只想着重仓去赚大钱）。成熟的人、成熟的投资者都知道：成人的世界里没有完美只有得失。在赌场里，你认为是赌徒成熟还是赌场老板成熟呢？成熟的投资者不追求完美，只追求得失。投资市场什么叫得失？不就是"赚－赔"啊！不就是期望收益吗！"赚"就是"得"，"失"就是"赔"。

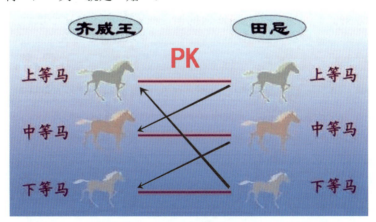

图1402：田忌与齐威王赛马图

历史上最有名的得失案例，就是"田忌与齐威王赛马"的故事。见图1402，田忌的完美战法是（见三条红线）：自己的上等马战胜齐威王的上等马，自己的中等马战胜齐威王的中等马，自己的下等马战胜齐威王的下等马，比分3：0，绝对是最完美的。但是，可能吗？齐威王不反击吗？其实，懂得了得失之道，一个又简单又轻松又节省成本办法就是（见三条灰箭头）：田忌的上等马VS齐威王的中等马，田忌的中等马VS齐威王的下等马，田忌的下等马 VS 齐威王的上等马，比分 2：1 田忌胜出，让出 1 分，一切就变得容易！而且还为齐威王保住了面子，人情世故也到位。

投资难吗？登天之难！易吗？反掌之易！

为什么难？违反天道！为什么易？顺天应人！

投资市场去赚"赚一赔"的钱，又轻松又稳定又长久，何乐而不为呢？你只要将你的初心稍微做一个调整，就可以了。然而，这也是普通投资者最难过的一个关，因为大家最初就是奔着正峰值的快速发大财的初心而来做投资的。不过，大家回忆一下，最初你也都是抱着如漆如胶的爱情初心而开始接触异性的，但后来呢？你要结婚，要生小孩，要想婚姻长久，逐步调整狂热爱情的这颗初心肯定是在所难免的，你必须逐渐从激情向亲情转变。激情，热血沸腾，火山爆发；亲情，阳光雨露，润物细无声。火山爆发，自然时间短暂。阳光雨露，天天都有，自然天长地久。老人经常说的"吵架夫妻长长久，恩爱夫妻不到头"这句话，很多年轻人绝对不赞成，他们能举很多又恩爱又到头的夫妻案例来反驳，殊不知这句话说的是均值，说的是最大的可能，说的不是峰值，不是选择性偏差。这句话只有结婚一二十年后的夫妻才能慢慢感悟。投资也是一样，不过，真心希望大家不要再等上个一二十年后才慢慢感悟。现在感悟，马上行动，就能在股票期货上多赚一二十年的钱不好吗？

正确处理好正峰值、均值、负峰值的辩证关系，增强内功心法，随时调整自己的内心状态，随缘适变地适应不同的外缘环境，是一个投资者逐渐走向成熟的标志。正向峰值时，调整童心；负向峰值时，坚定信心；均值时，保持平常心与随缘心。

"江老师，调心应该也是内功心法吧，这真的很难啊。很多人从正峰值的高位跌落，不要说负峰值，哪怕跌落到均值就受不了，多数人此时都会选择放弃。很多明星高峰期，趾高气扬，得意忘形，一旦均值回归，跌下神坛，又自暴自弃，苟且偷生。江老师，这些做法应该都是不对的吧？"舒月同学问道。

是的。喜欢正峰值的人，往往会跌到负峰值。正峰值时得意忘形的人，负峰值时常常又心灰意冷，郁郁寡欢。投资喜欢大风险的人，破产后往往又会破罐子破摔，直接选择放弃交易。痴迷于爱情的人，失恋后往往看破红尘，其实这些都是不对的。喜欢走极端的人，一定会走到另外一个极端。而像周润发这样的影帝，拿得起放得下，大红大紫的时候，居安思危，主动往均值回归，无保镖，坐公交，穿拖鞋，逛超市，很是心平气和，回归到正常人的均值生活，这是很难得的。

迅迅举手问道："江老师，调整心态几乎是每个人的必修课，因为每个人一生至少要经历恋爱与婚姻、上学与工作、工作与退休，有高峰也有低潮，很多退下来的领导干部还要经历调整心态的过程。江老师，请问一下，只要是调整心态，就有一个'调'字，有'调'就有不同，不同就有分别心，佛家说，人有了分别心，自然就一定有烦恼。老师，如果我们能做到没有分别心，是不是就不用再去调心了呢？您前面讲随缘适变的时候，告诉过我们，在整个随缘适变的过程中，我们自己的内心必须做到如如不动，始终不被外境所转，不执着于念，在变中保持不变，即法变心不变。"

迅迅，你说的是对的。如果我们的随缘适变能力强，在面对外境的时候，内心不被外境所转，当然就无所谓调心。心一直如如不动，还调个啥呢？然而，我们在学习、生活、工作的时候，在投资遇到波峰与波谷的时候，内心还能一直做到如如不动吗？没有这么容易的。一个修行者，修到了"大圆镜智"这样的最高级别，观一切外镜，就像一面大镜子一样，照遍万里河山、古往今来、人间百态，镜子本身却可以做到如如不动，不为外境所动。所以我们常人还需要去调心，还需要进行内功心法的训练，来上我们的课就是一个调心的过程。

| 3 |

好了，我们将概率思维基本讲完。投资，我们应该拥抱不确定性，希望大家一定要将以前确定性的思维方式逐渐改变成概率性的思维方式，否则你的交易肯定走不远。

这里江老师教大家一个判断投资技术、交易策略是否长期有效的办法，这个办法也可以用来快速识别选择性偏差与幸存者偏差：任何投资技术与交易策略战法，不管多花哨、复杂、权威，都不能带有预测性质，而是应该带有概率性质！否则，一定是选择性偏差与幸存者偏差，未来必然失效。

比如有人说"我使用的是 ** 投资理论，华尔街的，特厉害；我判断 / 预计 / 感觉 ** 行业 / 赛道 / 股票 / 期货，未来会有行情 / 机会 / 台风；或者我判断 / 预计 / 感觉 ** 上涨到顶部了 / 下跌回撤到底部了 / 趋势会延伸 / 震荡会继续"等等诸如此类的话，全都是有很大问题的，与准确预测掷骰子的点数是一样的。你都不用再费时费力去检验它的资金曲线，一听就直接 Pass 掉吧；真正的正确的表述方式应该是："我使用的是 ** 投资理论，但是我无法准确判断 / 预计哪一个行业 / 赛道 / 股票 / 期货会出现大行情，如果必须说，我也只能给出它们的大致概率。"

"投资方法与观点不能带预测性，而应该带概率性。观其行，先听其言，这个方法真的好使，可以非常方便、快捷地过滤选择性偏差、幸存者偏差与大忽悠，只要一听其说话就能迅速判断，否则每个人都去检验资金曲线，去找量化指标，这需要耗费我们大量的时间与精力。江老师，这个方法应该也可以用于选择基金经理、投资顾问、培训老师等等吧？"罗菁秋问道。

是的，完全可以。投资方法与观点不能带有预测性，而应该带有概率性，否则一定不长久的！不过这个方法虽然简便好用，但是，需要你具有强大的内功心法，否则你知道也做不到。因为常人骨子里没有养成概率思维的习惯，还是喜欢确定性，喜欢专家权威，喜欢听带预测性的观点。你听到的往往都是你想听到的！喜欢不确定性，你听到的都是带概率性的观点；喜欢确定性，你听到的都是带预测性的结论。比如，你的股票一建仓，你听到的都是该股票的利好消息与很快要上涨的观点，此时你不喜欢听该股票还有下跌的概率；当你股票一平仓，你听到的却又都是该股票的利空消息与股票价格还要继续下跌的结论，此时你不喜欢听该股票还有上涨的概率。

投资方法与观点不能带有预测性，而应该带有概率性，其原因不仅仅是我们无法准确地预测未来，而且它还会深深地影响到我们的交易行为。

其一，投资方法与观点一旦带有预测性，我们一定会重仓下注，一定不会轻仓下注与分散组合。为什么会这样说呢？那是因为，我们的投资方法与观点一旦带有预测性，我们沉淀成本的本我（或者叫心魔）就会启用，它会严重干扰我们的理性思维。可能很多同学还不太懂什么叫本我／心魔启用，比如我们一买彩票就会情不自禁地幻想出彩票中大奖后的富豪情形；又比如一旦有人批评我们的小孩，我们多半会情不自禁地袒护自己的孩子，尽管我们也知道他说的可能有道理，但是我们此时很难做到理性思考。沉淀成本这个词这里由于篇幅有限，同学们自己去网上查一下或者去看一下我们投资心学的中级视频，上面有详细讲述。投资方法与观点一旦带有预测性，我们马上会产生沉淀成本效应，我们会情不自禁想重仓下注，否则我们的潜意识就会感觉对不起这次交易机会，因为我们前面的预测行为已经花费了一定的沉淀成本（金钱、时间、精力、人情、面子等等），我们一定想靠这次机会多挣点钱，要将这些沉淀成本给赚回来。这个过程最可怕的地方是，我们的重仓行为是由我们的潜意识自动执行的，我们自己的理性可能还没有反应过来，你已经重仓下注。或者说，就算你意识到了，你也控制不了重仓下注的潜意识冲动，此时，你早已忘记投资的原则是守正出奇，我们守正大账户里所有交易的品种必须是仓位平权的，都应该是轻仓分散投资，我们只能用小账户去出奇，在小账户里我们才能重仓交易，沉淀成本效应造成我们情不自禁地在守正的大账户里面也重仓交易，风险奇大。这种做法，你可能前面会因为运气博中几次，但是随着时间拉长与交易次数的增加，你经常预测，连续正确的概率会越来越小，爆仓将成为必然事件。追根溯源，投资方法与观点带有预测性是爆仓的根本原因，然而投资方法与观点带有概率性，就不会出现上述情况，此时，沉淀成本的本我没有启用，我们能理性地知道未来的行情有"涨、跌、平"各种可能的概率，我们一定不会在其中的一个可能性上面去重仓下注。

其二，投资方法与观点不能带有预测性，而应该带有概率性，不仅会深深地影响到我们的交易行为，还会影响到我们交易时的止损行为。

如果我们养成了概率思维的习惯，那么做交易的时候一定会设置止损，而确定性的思维方式里面根本就没有止损的概念——心里想着，既然确定能涨，那就没有必要设置止损。做投资，特别是期货投资，因为自带 10 倍左右的杠杆，如果不设置止损，那么你基本上活不过 3 个月。

多数投资者并没有设置止损的习惯，他们觉得设置止损，就像是一个新司机刚开车的时候系上安全带，浑身都不舒服；而职业交易员，就像老司机，多数有设置止损的习惯，他们觉得不设置止损，就像开车时不系安全带，觉得浑身不舒服，饭吃不好，觉也睡不着。

为什么会有这样的区别呢？归根结底，还是思维方式影响行为方式。

我们从幼儿园开始，小学、初中、高中、大学、工作、升职整个人生过程中，确定性的事件偏多，没有学习设置止损的机会，或者说没有止损的需求。比如我们从高中考大学，只存在考得上与考不上的差别，最多的差别也就是考上 985、211 重点大学还是普通大学的区别，所以你没有必要设置止损。如果我们将升学的规则改一下，你一定早就养成设置止损的习惯。升学的规则如果改成下面这样，你们觉得可能吗？报考清华北大的学生，如果考不上，不能再报考 985 学校，只能报考 211 学校；报考 985 高校的学生，如果考不上，就不能再报考 211 的学校，只能报考一般本科学校；所有考大学的学生，如果考不上，也不能再报考大专或者职业学校，甚至也不能回高三复读，只能去读高二、高一之类，总之，规则就是，如不能前进一级，就不能保留本级，必须退一级。

"江老师，这怎么可能呢？"崔胜问道。

是的，日常的学习、生活、工作中，这种现象很少，你科长不能升职到处长，至少你还能保留科长，不可能掉到普通科员。因此，绝大多数人都没有养成止损的习惯。但是投资里面，全都是这样的现象啊：不能前进一级，就不能保留本级，必须退一级。本金 20 万元，你想往前进一步到 25 万元，如果这次投资失败，你的本金多半不会再是 20 万元，多半会退一步到 15 万元，甚至更低或者亏空。同学们，对吧？

"太对了，经过您的这一点拨，投资还真是这样的。那应该怎么办呢？"崔胜继续问道。

设置止损啊！投资市场虽然有"不进—则退—难持"的缺点，但是相对于日常的学习、生活、工作，投资的优点是机会多啊！你考大学的机会、科长升处长的机会，可能一辈子就只有一两次，但是投资的机会，股票期货的机会天天都有啊，为什么你要执着于今天这一次机会呢？明天、后天难道不如今天这一次吗？

"江老师，您的意思是：我们普通投资者没有设置止损习惯的原因，一是之前的人生经验基本上都是处理确定性的事件，很少有止损的需求；二是日常的学习生活工作里面，前进一步的机会很少，远远少于投资领域里面的机会。"崔胜总结道。

对的。我们的经验决定了我们的认知，投资与我们过去的经验是不一样的，所以你得随缘适变，修正你的认知。既然投资里面机会有很多，既然我们处理的又是不确定性事件，既然投资是"不进—则退—难持"的行业，那么，本金 20 万元，我们今天这一次的机会为什么非要重仓不止损地去下注呢？为什么要去亏损 5 万元呢？我们设置一个止损，如果下注失败只亏 1 万元，这样不好吗？比起一次性亏 5 万元，20 万元本金要回撤到 15 万元，我至少还有 4 次试错机会嘛。

"江老师，下注后设置止损线最后亏 1 万元，肯定好过下注后不设置止损线最后亏 5 万元甚至更多。而且我觉得设置止损还有其他的好处，比如，期货因为自带 10 倍左右的杠杆，满仓回撤 5%，你的本金将亏损 -50%；满仓回撤 10%，你的本金将亏损 -100%，所以你做期货投资或者股票的融资融券，你必须设置一个止损线。另外，就算你是做纯粹的股票投资，我们前面也提到过，如果不设置止损，就有可能长期被套牢，长期生活在巨大的压力之中，就算股票后面反弹了，散户也很容易只赚一点点利润就给吓跑了，造成投资的赔率很小，最终造成股票投资温水煮青蛙式的亏损。惨烈亏损与温水煮青蛙亏损，是投资市场的两种亏钱方式。"风控总监樊总说道。

樊总总结得很好，的确有这样的，所以我们散户做投资，特别是做带杠杆的期货投资，一定要设置止损线。我们做投资赚的是"赚—赔"的钱，不是赚"赚"的钱。既然是"赚—赔"的钱，就要求我们赚的时候多赚一点，赔的时候少赔一点。专业的投资界流传着的一个投资的黄金法则"截断亏损，让利润奔跑"，什么意思？就是告诉我们投资要追求大的收益风险比。那如何提高呢？必须及时止损，延时止盈！赚钱的时候要多赚点，让利润跑起来，亏损的时候，尽早平仓，亏得很小。亏钱的时候亏 1 份，赚钱的时候赚 1 份，就是 1.0 的赔率；亏钱的时候亏 1 份，赚钱的时候赚 2 份，就是 2.0 的收益风险比；亏钱的时候亏 1 份，赚钱的时候赚 3 份，就是 3.0 的收益风险比，只有这样，你最终才能因为收益风险比大而赚到钱。可惜的是，大多数投资者做投资都是"截断利润，让亏损奔跑"，刚好相反。

所以说，投资想赚钱，必须逆人性！投资想赚钱，必须有内功心法！

各位同学，回忆一下，你以前做投资，亏钱的时候亏多少？赚钱的时候赚多少？

因为赌场老板赚的也是"赚一赔"的钱，所以，赌场上赌场老板自己也设置了止损线。你如果去赌场，只要你留心观察，凡是赌徒与赌场对赌的项目，都设置了一个下注金额的上限，任何人的单次下注金额都不能超过这个上限，这个上限就是赌场老板在这个项目上能够承受的最大亏损金额。各位同学，各位投资者，你和赌场老板相比，谁有钱？赌场老板这么富有，这么有钱，他们都会设置一个止损线，那么，我们普通投资者在做投资的时候，还有什么资格不设置止损呢？

"坚决听从江老师的指挥，坚决设置止损线。我以前炒股票肯定是不会设置止损的，而且还会越跌越买，现在我终于知道炒股为什么老是亏钱的原因了。江老师，那如何科学设置止损呢？"崔胜问道。

科学设置止损和你的交易系统、交易策略有关系，既不能太小也不能太大，太小容易被打止损，造成刚一止损，价格又回来了；太大会造成你的开仓数量太少，即使趋势延伸了你也赚不到太多的利润。至于如何具体科学设置止损的问题，我们会留到投资心学量化交易系统实操课上去详细讲解，我们这里还是以正确的交易理念为主，先解决"道"的问题，再去详细讲解"术"的问题。

好了，我们做投资，必须建立概率思维，要熟练掌握胜率、赔率、期望收益、收益风险比、最大回撤、均值、峰值、均值回归等常用的统计概念。最后我们举一个实例来验证一下大家的思维方式是否有所改变。

有一年，有两个做期货的操盘手推荐周围的朋友也来做期货。周围的朋友一听说做期货很害怕，说风险太大了。操盘手耐心解释，期货风险大，那是因为期货自带 5-10 倍杠杆，如果满仓干，当然风险大，就算做股票如果我们融资 5 倍杠杆风险也大。但是真正懂期货投资的人，肯定不会满仓炒期货的，一般平均都是 40% 左右的仓位，绝对不超过 60% 的仓位，这相当于主动降低了杠杆的倍数。其次期货既可以做多，又可以做空，两个方向出了趋势都能赚钱，相对于股票，期货多了一次机会。再次，期货市场相对公平、公正，由于有现货市场对冲，期货市场很难坐庄与控盘，也几乎不存在老鼠仓等股票、基金市场那种阴暗现象。另外，中国股市一般要隔上个好几年才有一波行情，股市没有行情的年份干什么呢？其实，期货只要做好了仓位管理与风控，风险比股票还要小，因为股市没有行情，几乎所有的股票都不会涨，但是期货就不是这样的，股指期货没有行情，玉米可能就有行情，玉米没有行情，螺纹钢可能就有行情，螺纹钢没有行情，棕榈油可能就有行情……

几十个期货品种，每年总有那么几个品种会有行情。尽管暴跌是一种风险，但是没有行情温水煮青蛙慢慢亏钱也是一种风险，我们不能将全部的钱都放在股市上，可以将一部分钱拿出来分散投资于期货市场。听完了这些解释，这位朋友愿意出钱尝试一下新的投资方式。不过在期货投资的品种上，两个操盘手自己却产生了分歧。一个操盘手建议做玉米期货，因为去年他做玉米期货赚了将近2倍。另一个操盘手建议做螺纹钢期货，他认为螺纹钢基本面好，业绩稳定，容易赚钱。两位操盘手还将2021年的业绩展示给大家看。

名称	全部交易	多头	空头
初始资金	2000000		
初始资金使用率	68.04%		
平均资金使用率	37.32%		
最大资金使用率	70.43%		
杠杆倍数	10.06		
回测期间最大权益	6780000		
回测期间最小权益	1932000		
最终权益	5448000		
收益	3448000	-24000	3472000
收益率	172.40%	-1.20%	173.60%
年化单利收益率	172.40%		
月化单利收益率	14.17%		
年化复利收益率	172.40%		
月化复利收益率	8.59%		
平均保证金收益率	36.35%	-4.63%	67.08%
扣除最大盈利后收益率	68.00%	-28.40%	69.20%
扣除最大亏损后收益率	191.60%	13.20%	192.80%
夏普比率	3.77		
索提诺比率	6.31		
权益离散度	1031042.75		
权益离散系数	51.55%		
本金风险率	3.40%		
年化收益风险比率	50.71		
权益最大回撤	1332000.00		
权益最大回撤时间	2015/12/31		
权益最大回撤比率	19.65%		
权益最大回撤比率时间	2015/12/31		
权益最长未创新高周期数	57		
权益最长未创新高时间段	2015/10/14 - 2015/12/31		
损益最大回撤	952000.00		

图1403：2021年玉米期货交易记录

名称	全部交易	多头	空头
初始资金	2000000		
初始资金使用率	56.06%		
平均资金使用率	53.72%		
最大资金使用率	100.00%		
杠杆倍数	12.50		
回测期间最大权益	3102222		
回测期间最小权益	615203		
最终权益	2989124		
收益	989124	-562525	1551648
收益率	49.46%	-28.13%	77.58%
年化单利收益率	49.46%		
月化单利收益率	4.06%		
年化复利收益率	49.46%		
月化复利收益率	3.36%		
平均保证金收益率	26.33%	-15.49%	57.69%
扣除最大盈利后收益率	-22.57%	-36.08%	5.56%
扣除最大亏损后收益率	71.32%	-6.76%	99.44%
夏普比率	1.45		
索提诺比率	2.57		
权益离散度	675416.04		
权益离散系数	33.77%		
本金风险率	69.24%		
年化收益风险比率	0.71		
权益最大回撤	1384796.82		
权益最大回撤时间	2015/06/15		
权益最大回撤比率	69.24%		
权益最大回撤比率时间	2015/06/15		

图1404：2021年螺纹钢期货交易记录

两人2021年玉米的业绩是年化172%，螺纹钢是49%，玉米远远好于螺纹钢，年化相差3倍。我留给大家的问题：假如你是这两位操盘手的朋友，你准备听从谁的建议？

"这个问题我来回答吧，我现在的投资水平可比以前提高了很多。正确的答案是不能确定。一看玉米的年化收益率是172%，太高了，和昆哥基金2020年110%的年化业绩差不多，应该都是正峰值收益率，而不是均值。我们应该检验一下玉米与螺纹的均值收益率。检验均值收益必须将时间拉长。刚才的量化回测报告的时间太短，只有2021年一年。江老师能不能搞一个5年的回测报告看一看。"崔胜回答道。

崔胜同学的投资水平看样子真的提高了很多。当你看到年化172%的业绩，不但不着急马上跟进，反而是产生怀疑，很好啊！看到同学们的进步，我非常高兴啊。好的，我这就给大家看一下5年的数据回测报告（图1405与图1406）。

"看吧，看吧，我说的没错吧，时间拉长到5年，玉米的年化收益从172%均值回归掉到24%，这才是玉米的真实水平，螺纹钢的年化收益均值回归反而上升到74%，螺纹钢的均值明显好过玉米。真是路遥知马力，日久见人心啊。所以正确的答案是选螺纹钢。"崔胜说道。

模型（参数）	通道突破2-S(20,0,0,0,0,0)		
数据合约	玉米加权		
交易合约	玉米加权		
K线周期	日线		
K线划分机制	—		
数据起止时间	2004/09/22 - 2015/12/31		
回测起止时间	2011/01/03 - 2015/12/31		
测试天数	1824		
测试周期数	1214		
信号个数	67		
执行信号个数	67		
信号消失次数	0		
单位	10吨/手		
保证金参数	7.00%		
手续费参数	15.00元/手		
滑点参数	2		
开仓手数参数	800		
名称	全部交易	多头	空头
初始资金	2000000		
初始资金使用率	64.99%		
平均资金使用率	54.46%		
最大资金使用率	100.00%		
杠杆倍数	14.29		
回测期间最大权益	5753450		
回测期间最小权益	1033205		
最终权益	4421450		
收益	2421450	-410550	2832000
收益率	121.07%	-20.53%	141.60%
年化单利收益率	24.23%		
月化单利收益率	1.99%		
年化复利收益率	17.20%		
月化复利收益率	1.31%		
平均保证金收益率	5.76%	-1.32%	14.72%
扣除最大盈利后收益率	16.67%	-90.53%	37.20%
扣除最大亏损后收益率	141.87%	0.27%	160.80%

图1405：5年玉米期货交易记录

模型（参数）	通道突破2-S(20,0,0,0,0,0)		
数据合约	螺纹钢加权		
交易合约	螺纹钢加权		
K线周期	日线		
K线划分机制	—		
数据起止时间	2009/03/27 - 2015/12/31		
回测起止时间	2011/01/03 - 2015/12/31		
测试天数	1824		
测试周期数	1214		
信号个数	73		
执行信号个数	73		
信号消失次数	0		
单位	10吨/手		
保证金参数	8.00%		
手续费参数	3.00‱		
滑点参数	2		
开仓手数参数	550		
名称	全部交易	多头	空头
初始资金	2000000		
初始资金使用率	99.44%		
平均资金使用率	34.76%		
最大资金使用率	100.00%		
杠杆倍数	12.50		
回测期间最大权益	9533423		
回测期间最小权益	1220758		
最终权益	9420324		
收益	7420324	-2125826	9546150
收益率	371.02%	-106.29%	477.31%
年化单利收益率	74.20%		
月化单利收益率	6.10%		
年化复利收益率	36.36%		
月化复利收益率	2.58%		
平均保证金收益率	15.55%	-6.90%	34.17%
扣除最大盈利后收益率	248.16%	-173.02%	354.45%
扣除最大亏损后收益率	417.73%	-59.54%	508.80%

图1406：5年螺纹钢期货交易记录

崔胜同学回答得很好。其他同学都懂了吧？正峰值是拿来显摆的，是拿来引人关注的，当你接触到一个新事物的时候，很大概率都是峰值，因为不是峰值，人不会去关注它的，玉米24%的平均年化，谁去关注呢？但是，172%的年化，谁都会去关注它。峰值的新事物，如果你不参与时，就权当故事听听算了；当你想要深度参与，特别是要投钱参与时，则一定要找到它的均值。

| 4 |

请大家再看图1407玉米的K线图与资金曲线图。

在玉米的K线图上，看最右边部分，我们可以发现，最近一年玉米的业绩好，完全是因为这一年有一波暴跌的行情，而在这波暴跌行情之前的一年，玉米完全是在窄幅震荡。我们是做趋势跟踪的，在震荡行情时，我们肯定是要亏钱的，事实也是这样。大家请看图的下面部分，那条细细的黄色的资金曲线，在右边最近一年的暴跌行情中，资金曲线一下子就暴升了起来，而在暴跌行情之前的一两年的震荡时间里，资金曲线呈逐渐下跌的形态。玉米这个品种的整个资金曲线不是暴涨就是暴跌，没有节奏感。

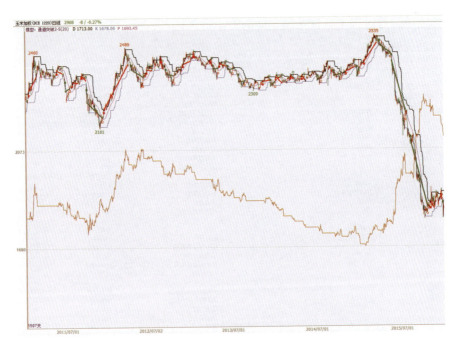

图 1407：5 年玉米期货 K 线与资金曲线

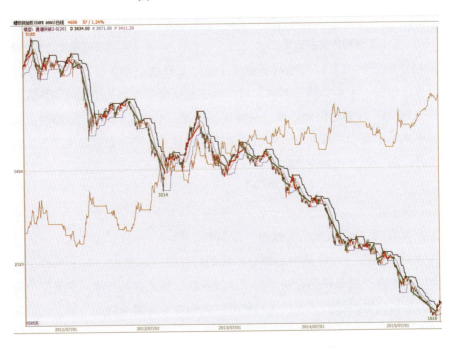

图 1408：5 年螺纹钢期货 K 线与资金曲线

大家再来对比看一下图 1408 中螺纹钢的资金曲线。

螺纹钢5年的资金曲线很漂亮（细黄线），一涨一跌，很有节奏感，就像是人的呼吸一样，一呼一吸，张弛有度，资金曲线的底部也是逐渐在抬高，螺纹钢这个期货品种，很少有暴涨暴跌的现象出现，业绩很稳定，投资者容易赚钱。所以，玉米与螺纹钢，如果必须二选一的话，我们应该选螺纹钢，而不要选玉米，大家不要被玉米某一年的172%的峰值暴利所迷惑。

事实也是如此，在随后的一年的时间，螺纹钢的业绩也的确远远跑过了玉米，大家请看图1409：

回测报告　深度分析			
报告生成时间	2022/05/15 12:21:29		
模型（参数）	通道突破2-S(20, 0, 0, 0, 0, 0)		
数据合约	玉米加权		
交易合约	玉米加权		
K线周期	日线		
K线划分机制	--		
数据起止时间	2004/09/22 - 2016/12/30		
回测起止时间	2016/01/01 - 2016/12/30		
测试天数	365		
测试周期数	244		
信号个数	11		
执行信号个数	11		
信号消失次数	0		
单位	10吨/手		
保证金参数	7.00%		
手续费参数	15.00元/手		
滑点参数	2		
开仓手数参数	800		
名称	全部交易	多头	空头
初始资金	2000000		
初始资金使用率	49.34%		
平均资金使用率	31.47%		
最大资金使用率	53.74%		
杠杆倍数	7.68		
回测期间最大权益	3588000		
回测期间最小权益	1836000		
最终权益	2736000		
收益	736000	64000	672000
收益率	36.80%	3.20%	33.60%
年化单利收益率	36.80%		
月化单利收益率	3.02%		
年化复利收益率	36.80%		
月化复利收益率	2.61%		
平均保证金收益率	11.40%	7.53%	12.17%
扣除最大盈利后收益率	-14.80%	0.00%	-18.00%
扣除最大亏损后收益率	54.80%	3.20%	51.60%

图1409：2016年玉米期货交易记录

在随后的一年时间里，螺纹钢的业绩是170%，而玉米的业绩是36%。

"哈哈，螺纹钢在随后的一年反而到了正峰值，玉米却在均值附近波动。真是三十年河东三十年河西，不对，应该是一年河东一年河西。看样子还是在大数据里面取均值，靠均值赚钱才靠谱，这才是未来大概率会出现的情况，而峰值是可遇不可求的。"崔胜评论道，"另外，江老师，经您刚才的对比分析，我现在看资金曲线有点感觉了：要有节奏感，底部逐渐抬高的资金曲线才是好的资金曲线；没有节奏感，忽然暴涨，又忽然暴跌，或者资金曲线逐步稳定下跌的资金曲线都是较差的资金曲线。"

回测报告	深度分析			
报告生成时间	2022/05/15 12:23:48			
模型（参数）	通道突破2-S(20, 0, 0, 0, 0, 0)			
数据合约	螺纹钢加权			
交易合约	螺纹钢加权			
K线周期	日线			
K线划分机制	--			
数据起止时间	2009/03/27 - 2016/12/30			
回测起止时间	2016/01/01 - 2016/12/30			
测试天数	365			
测试周期数	244			
信号个数	12			
执行信号个数	12			
信号消失次数	0			
单位	10吨/手			
保证金参数	8.00%			
手续费参数	3.00‱			
滑点参数	2			
开仓手数参数	550			
名称	全部交易		多头	空头
初始资金	2000000			
初始资金使用率	40.52%			
平均资金使用率	23.00%			
最大资金使用率	44.78%			
杠杆倍数	5.60			
回测期间最大权益	8291926			
回测期间最小权益	1809961			
最终权益	5405800			
收益	3405800		3486300	-80500
收益率	170.29%		174.32%	-4.03%
年化单利收益率	170.29%			
月化单利收益率	14.00%			
年化复利收益率	170.29%			
月化复利收益率	8.52%			
平均保证金收益率	70.08%		106.56%	-2.88%
扣除最大盈利后收益率	25.71%		29.74%	-25.68%
扣除最大亏损后收益率	202.17%		206.20%	21.65%

图1410：2016年螺纹钢期货交易记录

不错，大家做投资一定要学会看资金曲线，要练习看不同的资金曲线，看得多了，自然就有感觉了。资金曲线有节奏地一涨一跌地稳定上升，才代表你未来能够长期稳定盈利。那种暴涨的没有回撤的资金曲线都只是短暂的明星，没有啥好羡慕的，甚至还有很多峰值赚钱的案例，连个资金曲线都没有，就更不要理会了，肯定就是一个博运气的幸存者偏差。

"江老师，那峰值赚钱与幸存者偏差有啥区别呢？好像开始的时候都是很风光的。"福建老严问道。

有峰值就有均值，还有负峰值，它们至少还是一个交易系统，就像刚才案例里的玉米，尽管没有螺纹钢好，至少玉米还是稳定盈利的，因为玉米的均值也是赚钱的，偶尔的一年还能靠峰值赚个172%。还有我前面举的例子，20世纪90年代深圳技术分析冠军章华，他也有交易系统，也有正峰值（偶尔一两只股票赚个盆满钵满），也有负峰值，当然也有均值。章华交易系统的特点是均值为负，资金曲线稳定向下，不过由于他止损快，所以章华的亏钱方式是温水煮青蛙的方式，资金缓慢亏损。

幸存者偏差式的赚钱，则完全没有大数据支撑，完全是一个孤例，就像交易员老王赚了 5 倍，只有一次赚大钱的风光时刻，其他时刻的数据根本就不知道（其实很有可能是交易员老王不好意思讲出来），更不知道交易员老王的均值、负峰值是多少（负峰值多半是倾家荡产）。这和某某人买福利彩票中了大奖一样，或者去澳门赚了几百上千万的孤例是一样的，权且只能当一个童话故事听听，没有大数据不值得我们去研究，更不值得去学习与复制。要想研究，至少要 2 年 100 笔以上连续交易记录。

"好的，我懂了。江老师，您前面讲到，我们如果是找恋人，听故事，那么我们只需要关注正向峰值就可以了；但是如果我们是找人结婚，找交易策略进行投资，那么正峰值、均值、负峰值，我们都要全面地去了解清楚。刚才案例分析中，江老师您好像只分析了玉米与螺纹钢的正峰值与均值，负峰值好像没有进行分析。我刚才又看了一下您发的回测报告，我发现玉米与螺纹钢的权益的最大回撤都有 70% 左右。您前天讲最大回撤与业绩翻倍魔法石的时候说过，普通投资者一般只能扛 15% 左右的最大回撤，经过投资心学掷骰子游戏的内功心法训练，扛最大回撤的能力可以提高到 40% 左右。江老师，哪怕是 40% 的风险偏好，我们也扛不住玉米与螺纹钢 70% 的回撤啊。扛不住这个回撤，那么玉米与螺纹钢的均值业绩、正峰值业绩与我们就没有啥关系了，我们都被震跑了，哪里还有后面的收益呢？"福建老严又好奇地问道。

老严同学的投资水平也越来越高，看问题也越来越全面，能够发现负峰值的问题了，非常好。是的，70% 的回撤，任何人都是扛不住的。这个时候，要想减少回撤，只有两个办法，一个就是对应地减少收益，当你做期货的时候进行减半操作，这个方法就不详细说了，很简单；另一个方法，可以不减少收益，也能减少回撤，我们下一节课的时候再详细说明。

"不减少收益就能减少回撤，还有这么好的办法，那下节课我一定要洗耳恭听了。"老严认真地说道。

同学们，刚才我讲的玉米与螺纹钢的对比分析案例，大家回去以后一定要亲自用数据回测一下，特别是已经报名参加了量化交易实操课程学习的同学，一定要亲自用我送的 20 套量化交易策略进行大数据回测，不能只听江老师讲课，不能只是理悟，一定要亲自操作去领悟正峰值、均值、负峰值的关系。否则我们投资理念课程结束后，要不了多久，你们就会将课程内容还给江老师的，毕竟不确定性的概率思维方式，我们以前很少遇到与使用。

"好的，我回去之后一定亲自去领悟。不过，江老师，我还想请问一下，您经常说到'理悟'与'领悟'这两个名词，我们年轻人真的不太懂理悟与领悟两者之间的差别是什么，能否详细给解释一下呢？"华南师范大学的江雨桐问道。

"理悟"与"领悟"，这两个概念很重要，大家必须熟练掌握。我拿一个东西做比喻吧，这样你们好理解一些。同学们看一下，这个地方摆有一个插座，大家的手机充电器都插在上面。插座里面有电。理悟是什么？当我告诉你们电会打人，这就是理悟；那领悟又是什么？你们亲自去插座上摸一下电，电真的打了你们一下，这就是领悟。

"道理似乎是这个道理，但是，听江老师您说电会打人，和我们亲自去摸电被电打了一下，两者之间又有啥区别呢？我怎么感觉没啥区别啊，不就是电会打人吗，知道就行啦。"江雨桐疑惑道。

正常的情况之下，似乎没啥区别。但是遇到利益的时候，遇到本我启用，心里起波澜的时候，遇到贪婪、恐惧、鸵鸟效应、侥幸、近因效应、沉淀成本等的时候，理悟与领悟的结果完全是天壤之别。比如，江雨桐同学，请你去摸一下电，奖励100元。100元就是利益的诱惑，这个时候，理悟与领悟的区别就来了。理悟的人，在面对利益的时候，一旦有了贪欲，头脑就开始发热，利令智昏，此时假如崔胜与老严又站在旁边，起哄地说道："江雨桐，没事的，不用怕电击，电很温柔，我们都摸过。"江雨桐同学，你此时还挡得住诱惑吗？你大概率会去摸电挣那100元钱。领悟的人就完全不一样，他曾经被电打过，痛过，记忆深刻，绝对不会为了这么100元小利而去摸电的。

又比如，我说江雨桐同学，请你去摸电，摸一下，奖励2万元。这个利润就大多了，代表着此次摸电的收益风险比很大，你此时犹豫不决。假如崔胜与老严此时又站在旁边，起哄说道："千万别摸，一摸电，人就马上死，人死了要钱又有啥用呢？"江雨桐同学，听他们一说，你就害怕了，你恐惧的本我启用了，你之前是理悟的，现在你能战胜恐惧吗？你大概率不敢去摸电。而领悟的人就完全不一样了，虽然曾经被电打过，但是他知道，普通电一下并不会死人，特别是用手背去触摸一下电，几乎没有啥风险，2万元的收益风险比绝对是划算的。所以领悟过的人，面对如此重利，此时一定会去冒险摸电的。

"江老师，您这个摸电的例子，真的太通俗易懂了。同样一件事情，在贪婪与恐惧面前，理悟与领悟的人，最后的结果真的完全不一样。上例中，理悟的人表现真的很差劲，该赚的钱不敢去赚，不该赚的钱乱去搞。投资不是请客吃饭，而是真枪实弹，投资领域物欲横流，贪婪与恐惧等等遍地都是，所以江老师您之前讲的东西，我们都应该亲自去领悟才行。对了，我还想到了一个理悟与领悟区别的例子，高考之前，妈妈爸爸肯定在你的面前唠叨，高考的时候不要紧张，安心做题就好了。考试不要紧张就是理悟，这个道理谁都懂，关键是你能做得到吗？可能别人越劝你不要紧张，你可能越紧张，不提这件事还好一些。我们只能通过领悟的办法来解决这个问题，高考前多参加几次模拟考试，这应该就像江老师您的模拟投资的掷骰子游戏吧。只有你把模拟考试当作实战考试进行系统化的训练，你才有可能在真正高考的时候不紧张。"江雨桐评价道。

| 5 |

"江老师，我倒还想再问您一个问题。很多投资者，在正峰值的时候过分乐观，重仓出击；在负峰值的时候又过分悲观，不敢出击，甚至低位时平仓，其中最重要的原因是他们不知道：正峰值与负峰值都不是常态，而均值才是常态，峰值一定会向均值回归。江老师，学过概率论与统计学的人，都知道均值回归，我的问题是均值为什么就一定会回归呢？其实，只要普通投资者知道了这个问题的答案，我相信他们在峰值的时候也不会乱动了。"迅迅又问道。

迅迅的问题非常好，也问到了投资核心的问题。概率论与数理统计学告诉我们，均值一定会回归。均值回归要变成我们坚定的信仰，我们才能真正地做好交易！

正峰值时，我们坚信均值一定回归，所以正峰值时，谦虚谨慎，戒骄戒躁，不贪婪，不进场，不加仓；负峰值时，我们坚信均值一定回归，所以负峰值时，信心满满，气定神闲，不恐惧，可进场，可加仓。

均值回归现象，几百年前就已经被发现了。巴菲特与他的老师格雷厄姆，都强调过均值回归的重要性。至于均值回归的原因嘛，学术界似乎就是用伯努利"大数定律"[①]来解释与证明的，当然，作为普通投资者，我们不需要知道复杂的数学证明过程，只要知道随着概率试验次数或者我们交易次数的逐渐增加，均值一定会回归。人类自从发现了概率上的均值回归现象之后，好像就没有出现过均值不回归的事情。

当然，均值一定会回归，不过具体什么时间回归，那就无法用数学公式来计算了，有的时间长，有的时间短，但是最终均值都是会回归的。赌场里的游戏，因为是精算师算出来的，游戏的胜率、赔率、均值都是固定不变的，所以它的均值回归现象就特别明显；在投资市场上，由于交易系统或投资策略的胜率、赔率、收益风险比等量化数据，并不是数学计算的结果，而是对历史大数据进行统计分析的结果，另外投资市场上博弈的相关利益各方都会根据形势的发展，随时调整投资对策，因此在投资市场上，交易系统或投资策略的胜率、赔率、期望收益、均值等统计数据都是会变动的。如果你在投资市场上发现有均值不回归的现象，多半是你均值统计发生了错误。比如前面的玉米与螺

---

① 概率论历史上第一个极限定理叫"大数定律"，它是讨论随机变量序列的算术平均值向随机变量数学期望的算术平均值收敛过程。试验条件不变，重复试验多次，随机事件的频率近似于它的概率，即回归均值。

纹钢的例子中，如果你选的时间段不一样，统计出来的均值就是不一样的，如果是一年，玉米的年化是172%，如果是5年，玉米的年化是24%。所以我们在投资做统计找均值的时候，一定要强调随机抽取大数据，至少要2年100笔的连续交易记录，这样找出来的均值才符合实际，否则你就会产生错觉，以为玉米的均值是172%的年化，做交易的时候，如果你在等玉米能均值回归到172%那样的年化，你可能永远都等不到玉米均值回归的那一天，因为玉米的均值其实应该是24%。对了，再比如我们前面讲到的昆哥基金，你购买了该基金，以为未来均值会回归到110%的年化，其实昆哥基金真实的年化只有14.65%，是你统计产生了错误（只取了最近一年的数据），而不是均值没有回归。

我们在投资领域做统计找均值的时候，有一个重要的参考，就是人类均值的天花板，巴菲特的投资均值24.65%，如果你的交易系统或策略的均值超过这个数值（按25%算），那么你的交易系统可能就会存在问题，要么是你做统计时数据采集出了问题，要么你就有参数过度拟合的嫌疑。

"江老师，什么叫过度拟合？量化交易好像经常听到这个名词。"福建老严问道。

大家看一下这个图1411。

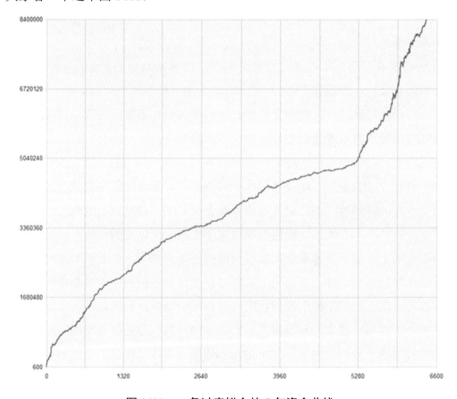

图1411：一条过度拟合的5年资金曲线

图 1411 这条资金曲线牛吧？而且这条资金曲线还是 5 年的资金曲线哦，交易次数也超过了 100 次，是一个交易策略在焦炭这个期货品种上超过五年的资金曲线。各位同学，你们觉得这个交易策略怎么样？想用的请举手。

没人举手吗？看样子，经过几天投资理念课程的熏陶，大家的投资水平都提高了不少。谈谈你们的想法呗。

"就是因为这条资金曲线太好了，好得匪夷所思，所以我们都害怕这里面有什么陷阱，所以我们不敢举手。这条资金曲线甚至比图 1401 中，昆哥基金 2020 年 3 月至 2021 年 2 月的资金曲线还要好看。昆哥基金当年的年化最高达 170%，这条资金曲线估计年化有 300% 以上，而且关键是这条资金曲线几乎就没有回撤，非常光滑，暴利往上猛冲，肉眼估计最多只有 5% 的回撤。江老师，它太好了，肯定哪里有问题吧？"迅迅疑惑地问道。

这条资金曲线平均年化 330%，最大回撤 3%，收益风险比高达 110.0，还记得我说的正常的收益风险比（卡玛比率）是多少？0.5～2.0 之间，这个资金曲线比正常值高了太多。面对太好的资金曲线，特别是没有回撤又很陡峭暴涨的资金曲线（统计数据又满足 2 年 100 笔连续交易记录的要求），这个时候人类投资均值的天花板是巴菲特的均值数据 24.65% 的年化，就显得特别有参考作用。凡是超过巴菲特太多的，肯定存在历史数据过度拟合的嫌疑。其实这种资金曲线属于收智商税类的资金曲线，专门用来忽悠才开始做量化交易的初级投资者的。现实投资活动中，这类资金曲线没有任何实战意义。其实，任何有 7～8 个参数的交易策略，在历史大数据上进行回测拟合，只要你优化参数，最后一定都能拟合优化出这样的一条完美的资金曲线，但是由于策略的参数过多，未来变形的可能性非常大，几乎是百分之百很快变形。"样本内美如花，样本外豆腐渣"，量化行业的这句名言，说的就是这个道理。

"江老师，那么交易策略里面多少个参数比较合适呢？"迅迅又问道。

一般来说，一个量化交易系统或者技术策略，里面的参数最好 1～2 个，最多 3 个。我们的量化交易实操课上送给大家的 20 多个量化策略里面，参数最多就是 2 个，一般都是 1 个参数。参数一旦超过 3 个，资金曲线未来就很容易变形，策略的普适性就会很差。所以，我们在选策略和操盘手的时候，一般都会问一下策略参数的数量，超过 3 个参数，哪怕绩效再好都不考虑（这也是我们过滤幸存者偏差的一个很好的办法）。如果不愿意告诉参数数量也没有关系，比如一个表面看起来很牛的焦炭的投资策略，我们拿来不跑焦炭，而是在其他任意期货品种的任意历史数据段上进行回测，如果业绩下降很多，那么这个策略就有参数过多、过度拟合的嫌疑。我们投资心学的期货短线波段策略，一个策略一组参数就可以普适几十个期货品种，它都能有很好的投资绩效。量化交易系统的普适性远比历史业绩重要。

"江老师，为什么一个参数就肯定比七组参数好呢？我还是不太懂。"崔胜问道。

很多人没有做过量化，那我就再举例解释一下：

A 策略，它的参数就是一根 20 日的均线，它的参数就一个：20。

B 策略，它的参数很多，很复杂，有七组，比如：07、24、27、29、31、32、15。

崔胜，你说未来一段的行情满足 A 策略的可能性大呢？还是满足 B 策略的可能性大呢？满足 A，只需要一个参数条件，满足 B，需要七组参数条件，肯定满足 A 容易得多。当未来的行情达不到 B 策略的七组参数条件，B 策略就会变形（变形是指相对于历史数据过度优化的那个漂亮结果），所以图 1411 的这种过度拟合、过度优化的资金曲线，在实盘中是没有任何意义的。崔胜，你知道七组参数同时满足的概率有多大吗？

"七组参数满足肯定比一组满足的概率要小很多，我猜千分之一。"崔胜回答道。

其他同学也猜一下呗。猜的结果最少的是万分之一，最多的是十分之一。

看样子，多数的同学对概率还是没有太直观的认识。

各位同学，你们再看一下 B 策略的七组参数：07、24、27、29、31、32、15，它们像什么？

"像什么，看不出来啊。"崔胜疑惑道。

这七组参数像不像福利彩票双色球的开奖号码？未来七组参数全对的概率，不就是你能猜准下期双色球全部号码的概率吗？算下来，是一千七百万分之一的超小概率。未来的行情如果真满足了七组参数，就相当于你买中了双色球的大奖！崔胜，现在你知道同时满足七组参数的概率有多小了吧？如果你的水平很厉害，优化过的七组参数很容易满足未来的行情，那么你还搞股票与期货的交易策略干什么呢？你直接预测并购买下期的双色球号码不是更好、更快、更省钱吗？2 元就可以博中 1000 万元，不好吗？哈哈哈……

"江老师，我懂了，参数越多，未来全部满足的概率就越小，甚至小到与中双色球彩票大奖的概率差不多。优化参数与买彩票的概率一样，那还搞什么参数优化呢？"崔胜说道。"我现在明白图 1411 这样漂亮的资金曲线与福彩中心公布本期的中奖号码是一回事，真的是用来收智商税的。"

崔胜，你说得很对。我继续说，以后凡是好过巴菲特投资均值 24.65% 的交易系统、技术策略或资金曲线等等，大家一定不要掩耳盗铃，不要真的相信有超过巴菲特均值的长期稳定盈利的交易系统。因此我强烈建议，以后大家做量化交易，做历史大数据回测，做参数优化，只要你的均值年化超过30%，超出部分全部忽略不计，一律按照最多30%的均值年化计算。比如，你统计出玉米的年化有172%，不问原因，玉米只按照年化30%计算（就算30%也比巴菲特高了5个百分点，知足吧）。

"这个方法简单易行，不用再去仔细检查哪里出了问题。不过，就是要有强大的内功心法。例如图1411，毕竟年化330%可比年化30%的诱惑大太多了。"迅迅评论道。

图1411的年化330%是收智商税；而玉米的172%是正峰值，是偶尔才能达到的高度，是短期的，里面带有大量的运气成分（刚好那年玉米有大行情），没有可复制性。30%是均值，是常态，是靠本事能挣来的，是守正的交易系统的最高均值收益率。没有长年累月的30%均值，哪里来的惹人注目的172%的峰值呢？更不可能在守正的基础上去出奇博几倍几十倍的出奇收益率。这点大家一定要有清醒的认识。

"330%的忽悠收益率，172%守正的峰值收益率，30%守正的均值收益率，2000%的出奇的收益率，这几者之间的辩证关系，我们真的要好好地辨别清楚。没有江老师的上课，普通投资者哪里能够分清楚啊，真的很容易掉到表面收益率的坑里去。"迅迅评述道，"有时候，我们不能要高的172%反而要低的30%；有时候呢，330%可能是假的，而更高的老学员牛海的一个月2000%反而倒是真的。真真假假，假假真真。假亦真时真亦假，真亦假时假亦真。"迅迅总结道。

我希望大家都能好好掌握它们之间的差别，不要被字面上的数字高低所迷惑。

均值回归的原因，除了可以用伯努利大数定律来解释与数学证明外，我们投资心学还认为，均值必须回归，才符合天道。

| 6 |

这个市场，这个社会，这个世界，资源都是有限的，任何东西，不可能像纯数学上的2的N次方那样无限增长，增长需要消耗资源，消耗能量，所以增长是有极限的！这个极限就是峰值。任何增长，快达到峰值极限的时候，肯定要往回返，往回返就是均值回归，回归到正常的状态。

我们投资心学还认为，天道在物理学上，表现为两个著名的定律，一个是热力学第一定律，即能量守恒定律；另一个是热力学第二定律，即熵增定律。这两个定律，我已经在投资心学中级视频中讲过了，大家可以去复习一下视频，也可以去网上查找一些其他资料学习，我另举一个形象的例子再简单说明一下。

大家看一下这个会议室，这个会议室是密闭的空间，我们假设里面的空气就是社会的总财富。空气的平均温度现在是23度，代表着这个社会的平均财富。现在假设在会议室的左边角落，我们放上一个烤炉，而在会议室的右边角落，我们放上一个大冰块。左边角落空气的温度肯定较高，高于整个房间的平均温度23度，代表着正向峰值；右边角落空气的温度肯定较低，低于整个房间的平均温度23度，代表着负向峰值。当我们将烤炉与大冰块都拿出会议室以后，大家根据以往的经验，整个会议室内的空气温度将会发生怎样的变化呢？

"当烤炉与大冰块拿出会议室不再使用以后，根据热力学第一定律（能量守恒定律），整个房间的空气不会增加也不会减少，所以整个房间的空气将在这个房间之内循环流动。根据热力学第二定律（熵增定律），空气温度的循环是有方向性的，温度只会自动从高处流向低处，不可能从低处流向高处。所以房间左边角落的正峰值温度会逐渐下降，直到与整个房间的平均温度一致；房间右边角落的负峰值温度会逐渐上升，直到与整个房间的平均温度一致。江老师，这个也是我们日常的生活经验。"王建军同学说道。

王建军同学解释得很好。我们日常的生活经验如此，投资也是如此。

根据热力学第一定律（能量守恒定律），一段时间之内，整个市场的财富不会增加也不会减少，所以整个市场的财富将在这个市场之内循环流动。根据热力学第二定律（即熵增定律），市场财富的循环是有方向性的，财富只会自动从高处流向低处，不可能从低处流向高处。所以市场的正峰值财富（或正峰值收益）会逐渐下降，直到与整个市场的平均财富（或平均收益）一致；市场的负峰值财富（或负峰值收益）会逐渐上升，直到与整个市场的平均财富（平均收益）一致。

可惜的是，绝大多数投资者知道我们日常的生活经验如此，却不知道投资也如此，或者知道投资也如此，但是抱着侥幸心理，幻想着投资不会如此。

日常的生活经验，肯定是符合天道的，符合天道的一定长长久久。我们的投资行为也必须符合天道，否则一定不长久。天道决定了：不管正峰值，还是负峰值，一定都会向均值回归。会议室的空气温度如此，大家的财富、收益也是如此。天道决定了，我们收益的资金曲线必须有节奏感，那些围绕着均值线一涨一跌，层层推进，底部逐步抬高的资金曲线才是好的资金曲线，例如图1408中细黄色的资金曲线；而那些只涨不跌，没有节奏感，没有回撤的资金曲线，并不符合天道（但是顺人性，看起来很爽），注定不能长久，一定很快变形，例如图1411的资金曲线。对比我们刚才会议室温度的例子，假如密闭的会议室平均温度23度，左边角落温度35度，右边角落温度15度，温度循环开始后会出现这样的情况吗：左边角落温度持续上升35、38、40、45，右边角落温度持续下降15、12、10、5，绝对不可能！因为违反天道。真实的情况一定是：左边角落温度从35度逐渐下降，右边角落温度从15度逐渐上升，最终整个房间的温度趋于一致到平均温度 23 度左右。均值一定回归！

迅迅以及各位同学，现在大家明白均值一定回归的原因了吧。

"明白了，天道——能量守恒定律与熵增定律，决定了均值一定会回归！所以做投资的时候，我们必须坚定信仰，遵循天道，顺天而行才能长久。"迅迅回答道。

正峰值的时候，其实是最危险的时候，绝怜高处多风雨，莫到琼楼最上层，我们必须居安思危，切忌贪婪和盲目自信，此时，投资切莫加仓或者满仓。多数投资者暴亏的原因就是在最危险的正峰值时重仓押上了养老、房子等身家性命，例如 1997 年、2007 年、2015 年三次股灾之前的疯狂。负峰值的时候，其实是最安全的时候，我们坚信均值一定回归，我们必须信心满满，气定神闲，切忌恐惧、切忌妄自菲薄，此时，投资可进场，可加仓。然而，多数投资者却因内功心法不够，扛不住压力与恐惧而反其道行之，在负峰值的时候，不但不敢进场与加仓，反而在最低点亏本平仓。还有一些做量化的投资者，回撤的时候，不关注自身的内功修为，只关注外在的"术"，胡乱折腾，或者频繁更换策略，或者过度优化参数，或者随意改变交易系统等等，自认为聪明，结果聪明反被聪明误。他在 A 系统的底部负峰值出场，去追 B 系统的顶部正峰值，难道 B 系统就能违反天道不均值回归吗？不可能！结果他本来只需要回撤一次，最后却回撤了两次，亏损翻了一倍，损失更大！我们会在本课程附录的基金量化投资方法中用实例说明之。其实回撤期你只需要做一件事，就是啥事都不要做！扛住就是本事！

"江老师，这些看似简单，但是如果内功心法不够，比登天还难啊！我看到太多的投资者，甚至是老师，台上讲得头头是道，台下做起来乱七八糟。"迅迅评论道。

是的，知行合一，说得容易做起来难。难的原因除了内功心法不够以外，自己的量化交易系统（也就是捉老鼠的笼子）没有建立好，或者不够完善。你们一定要在自己冷静、理性的时候，就将你们股票、期货或者基金的量化交易系统建立好，否则等你们投资进场建仓之后，已经牵扯到了利益，本我已经启用，多巴胺已经分泌的情况之下，你们再去完善交易系统就晚了，那个时候你们的脑袋可能已经乱成了浆糊。

"江老师，那您现在能不能具体讲一下我们投资心学的量化交易系统呢？"福建老严又问道。

我们先讲投资心学理念，以后会在量化投资的实操课上详细讲解股票与期货的量化交易系统，不用急。在我们这门投资理念课最后的附录部分，我会教授给大家关于基金的量化交易方法。

"太好了，对我们学生来说，股票、期货风险较大，我们还是从基金的量化入手吧，期待江老师讲解基金的量化交易方法。"江雨桐兴奋地说道。

好的，经过前面课程的学习与铺垫，我们现在终于可以公布真正的投资秘籍了。

投资心学的投资秘籍就一句话（适合股票、期货、基金等等）：建立一套均值赚钱且适合自己偏好、符合天道的量化交易系统，然后靠强大的内功心法，坚持、坚持、再坚持！

"江老师，就这一句话吗？这么简单？"崔胜好奇地问道。

由简入繁易，由繁入简难！崔胜，你说对了一半，是的，真正的投资秘籍就这么一句话，但是，这句话可不简单哦。光是什么叫作均值赚钱，我们前面就用了大量的篇幅来说明。我们后面剩下的课程，都是用来进一步解释这句话的。崔胜，光是"一套"这两个字，我现在就要给大家来解释一下。

"'一套'这两个字，有什么好解释的呢？谁都看得懂。"崔胜有点不在乎。

是吗？你可别小看这两个字，很多投资者亏钱就是因为"一套"这两个字！江老师我让大家使用一套量化交易系统，而不是使用两套量化交易系统，什么意思？因为你做交易的时候，如果同时使用两套交易系统的话，你一定会亏钱。

"我还是不明白，使用一套就赚钱，同时使用两套交易系统就要亏钱，没有这么玄乎吧？我就经常同时做两件事情，没有出啥问题啊。"崔胜疑惑道。

日常的学习、生活、工作，同时做两件事情，没有太大的问题。随缘适变，做投资可不行，同时使用两套交易系统就要亏钱。这也是很多聪明的人做投资容易亏钱的原因。投资要守拙而非取巧！取巧必被捉！

大家可能还不信，这样，我们来做一个游戏吧。大家以前不是喜欢预测涨跌吗？这样，我们也不要预测了，直接来一个非常简单的投资游戏：读对就赚钱。

图 1412：K 线图

崔胜，请看图1412，这上面有阳线也有阴线，当我手指向红色的阳线时，你说涨，你就赚 100 元，当我手指向蓝色的阴线时，你说跌，你也赚 100 元。不过，如果你读错了，将红色读成了跌或者将蓝色读成了涨，你就输 100 元。

"这也太简单了，投资如果真的这么容易就好了。"崔胜感叹道。

果然很简单，崔胜读图赢了 200 元。

很好，我们再搞个更简单的，不看什么K线图了，大家再请看下图：

崔胜，看图1413，直接看颜色，当我手指向红色时，你说涨，就赚100元，当我手指向绿色时，你说跌，也赚100元。不过，如果你读错了，将红色读成了跌或者将绿色读成了涨，你就输100元。

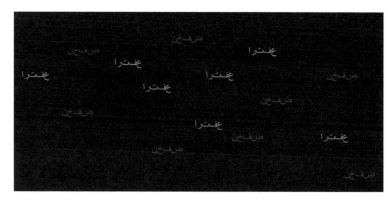

图1413：红绿字块

果然还是很简单，崔胜第二次读图也赢了200元。

"江老师，这太简单了，正确读出颜色这种事情，百分之百能赢钱。"崔胜说道。

不要急，大家请看图1414，还是看颜色读涨跌，红的读"涨"，绿的读"跌"，我说清楚了哈。

江老师指向左边第一个，崔胜读"涨"，江老师马上指向左上第二个字，崔胜马上读"跌"；江老师马上指向左下第三个字，崔胜立即读"跌"，随后又读了两个。

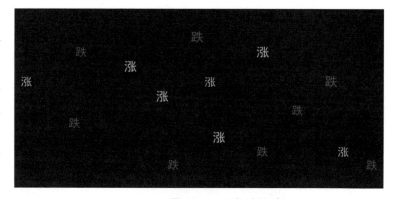

图1414：反色读涨跌

请问同学们，崔胜刚才答对还是没有答对啊？

"全部答错了！"很多同学异口同声地说道，"崔胜输了500元。"

"哪里答错了？中国字写得很清楚啊。"崔胜辩解道。

"江老师的问题是根据颜色读涨跌，而不是根据汉字读涨跌哦。"福建老严说道。

"啊，我怎么就忘记了，前面的两张图都是根据颜色读涨跌的，我都答对了，为什么到了图1414，我就会读错了呢？"崔胜也很奇怪。

那是因为你同时使用了两套识别系统，一套是颜色识别系统，一套是文字识别系统，而文字识别系统又是你日常用的。其实，图1413也是两套识别系统，但是由于文字识别系统是阿拉伯文字，所以尽管图中阿拉伯文字的"涨、跌"的布置位置与图1414都是一模一样的，但是因为崔胜你不懂阿拉伯文字，你只能根据颜色识别系统来读出涨跌，所以崔胜你不会读错。然而，图 1414 就不同了，汉字系统，崔胜你太熟悉了，颜色系统你也能辨别，结果两套系统同时使用，你反而非常容易搞混淆。崔胜，你要不要再试一下？

崔胜又试了几次，结果还是经常搞错，就算没有读错的，朗读的速度也要很慢才行。

"我服了，看样子真的不能同时使用两套系统。读对就赚钱这样的好事都搞不定，更别说是上实盘交易了，又改了一次认知。江老师，投资里面会出现这样的情况吗？"崔胜问道。

很多投资者就是由于没有坚持在同一个时间里使用一套交易系统，而出现了很多上面的问题。大家做投资一定遇到过这样的困惑，我举一个例子，见下图：

图 1415：顺丰控股四种 K 线图

图 1415 是顺丰控股四种 K 线图（5 分钟、日线、周线、月线）。左上图 5 分钟 K 线图上出现做多的箭头信号，右上图的日线也是多头排列；但是更高级别的时间周期上，左下图的周线与右下图的月线却是空头排列。请问你们此时是做多还是做空呢？

"对，对，对，这种情况经常遇到，的确是经常困扰投资者的一个问题。江老师，那该如何处理呢？"福建老严问道。

正确的方法就是在一个量化交易系统中，有且只有一个主交易周期策略，其他的交易周期的策略只能作为过滤条件。比如上面的例子，你的主交易周期是5分钟，如果主交易周期的信号是做多，那么你就只能做多，绝对不能因为其他的周期而做空，其他的日线、周线、月线上的信号或者指标只能作为你的过滤条件，不能作为进场条件。

"懂了，这条规则太有用了，以前做投资，一会儿想做多，一会儿又想做空，经常反手，好像都能找到理由，烦死个人，脑袋都搞晕了；现在好了，跟着主交易周期走，这就明确多了，不会再昏头了。不过，江老师，图中作为过滤条件的日线、周线、月线也是做多与做空矛盾的呀，日线显示做多，周线、月线在做空，这种情况又该如何处理呢？"老严问道。

主交易周期5分钟做多，那么我们再看其他的过滤条件。如果其他周期也都满足做多的条件，那么这个5分钟的进场信号才有效，你才能真正去建仓，这就叫多周期共振。上例中，作为过滤条件的日线显示做多，而周线、月线却在做空，相互矛盾，不属于多周期共振，所以此时，哪怕5分钟有做多的进场信号你也不能建仓。其实，这也好理解，5分钟做多，而周线、月线却在做空，那么即使你做多进场了，行情大概率也走不了多远，赔率也一定不高，最后的期望收益肯定不会太高，所以这次进场的意义并不大。我们前面已经讲过，投资一定要注意赔率而不是胜率。

"江老师，真是太感谢您了，我以前的投资也经常出现这样的问题。"罗菁秋感叹道。

"罗菁秋，罗师兄，你可是我们今天会议室里技术分析最牛的同学了，你还会犯这样的错误？"老严问道。

"江老师不是说过投资要守拙吗？其实，越是聪明的，越是技术好的投资者，越容易犯这样的错误。因为技术厉害的投资者，手上的交易策略一定不止一套，肯定很多套。管理学上有一个手表原理说的也是这个事。当你只戴一块手表的时候，你可以知道时间；当你同时戴上两块手表的时候，可能你就不知道时间了（两块表显示的时间不一样，不知哪一个正确）。交易策略太多，你用着用着，就用混乱了，A策略里面有B策略，B策略里面又夹杂着A策略，有时候好像都对，有时候好像都不对。有时候你觉得小周期很准，有时候你又觉得大周期靠谱。有时候你觉得简单的系统较好，有时候你又发现复杂的系统更准确。总之，你的选择左右摇摆，你的业绩忽上忽下，根本不稳定。现在经过江老师的点拨，有种茅塞顿开的感觉，原来根本的问题不是你的策略不好，而是选择太多！"罗菁秋回答道。

"原来是这样的，那还是我们好，我们初级量化投资者现在基本上啥交易系统都没有，要有最多也就一套，犯这样的错误的可能性很小。"老严说道。

那你可别大意，初级投资者也可能会犯类似的错误。比如，大家做投资的时候，一定遇到过这样的现象。假如你的交易系统的主交易周期是 15 分钟，建仓进场后，你设置了一个止损线。结果价格碰到了止损线，你刚想止损平仓，结果发现 30 分钟周期并没有到止损，你抱着侥幸没有止损，准备 30 分钟破位后再止损；不久，30 分钟也到了止损线，你又发现 1 个小时 K 线还没有破位，你又抱着侥幸没有止损，而是将止损移到了 1 个小时线上，以此类推，你最后将止损从 15 分钟移到了周线甚至月线上，结果一直不止损，造成后面的亏损越来越大，甚至爆仓，就算股票没有杠杆，不会爆仓，也会造成你的股票长期被套牢。大家以前有过类似投资经历的请举手。

几乎一半的同学举起了手。

"建立一套均值赚钱，且适合自己偏好，又符合天道的量化交易系统，然后靠强大的内功心法，坚持、坚持、再坚持！江老师，您的这个一句话的投资秘籍看样子真的不简单啊！光是'一套'这两个字就有这么深刻的道理，搞不清楚就有可能倾家荡产。"崔胜评论道，"不过，江老师，我想问您一个问题，您的这个一句话的投资秘籍肯定是守正的交易方法，既然是守正，那么年化收益率的均值肯定只有 25% 左右（您前面讲过），我想请问：守正的年化收益真的没有办法再高一些吗？比如能达到 100% 的年化的均值，毕竟大家做投资的初心还是想多赚一些钱的嘛。真相与初心的巨大落差，还是挺考验人的，毕竟普通人的内功心法还是不行的。虽然出奇的收益率可以博到几倍几十倍，但那是 20% 左右的小资金，大资金的守正的收益率能高一些就好了，我们真的不能超过巴菲特的人类投资的天花板吗？大资金真的不能赚大钱吗？江老师，这个心结不解开，投资者很容易又被交易员老王上个月赚了 5 倍这样的幸存者偏差案例给诱惑进去。"

大资金既想赚大钱又不违反天道，办法倒是有一个，关键看你们能不能等。一年赚一倍，如何？

"一年翻一倍？如果真的能够如此，有啥不能等的？我肯定能等！就怕您江老师做不到哦。"崔胜笑着说道。

音频 2：传奇经历与一句话投资秘籍

第十五章：复利爆发

巴菲特有一句名言：复利增长是世界第八大奇迹。普通投资者忽视了复利增长的重要原因，他们往往只将注意力放在前面的几年，每年的收益并不明显，没有动力去坚持一套能够复利增长的量化交易系统。其实 25% 的复利年化收益率必须是人类投资均值年化的天花板！

| 1 |

满足下面的条件，江老师就可以给你们每年 1 倍的收益。

"真的能有这样的好事吗？江老师，那您赶紧说一下呗。"崔胜迫不及待地说道。

崔胜，举个例子：你给我 100 万元，封闭期 8 年，8 年之内你承诺不赎回，也承诺肯定不会经常去看账户上的权益，总之，你一点都不要再去关注它。第 9 年开始，我每年都分给你投资收益 100 万元，相当于你的投资本金 100 万元从第 9 年开始每年都可以拿 1 倍的收益。

"每年 1 倍的收益，不错啊，不过前面 1~8 年的投资收益呢？不给吗？"崔胜问道。

崔胜，不要急嘛，会给你的，还会加倍给。我们继续说，20 年以后，双方合作结束，你可以将本金 100 万元拿走；同时，江老师还会将前 1~8 年的投资收益 800 万元一次性支付给你；另外，因为你信任江老师且又能等，所以江老师再发给你等待力得特别奖金 900 万元。崔胜，怎么样？你觉得这个投资方案如何？

"这个方案好像可以哦，我计算一下：第 8 至第 20 年年末，每年收益 100 万元，一共收益 1300 万元；第 20 年的年底另外收益：800+900=1700 万元；三项收益合计 3000 万元，而全部的本金只需要 100 万元。我只需要前面 8 年不管不问就可以了。坚决相信江老师的投资能力，坚决相信江老师的人品不会跑路。可以，成交！大不了就当我去坐了 8 年的牢，牢房里我没有办法看到自己的账户。"崔胜兴奋地说道。

各位同学，你们也愿意要这样的投资方案吗？我们来做一个调查。

调查的结果：只要不存在江老师提前跑路的风险，所有的同学都愿意参与这样的投资，毕竟每年可以有 100% 的收益，条件仅仅是：只要前面 8 年不关心账户就行。

那我们再调查一下：之前崔胜提出的问题，认为我们守正的年化收益率的均值天花板 25% 偏少了的人，请举手。

调查的结果：几乎所有的同学都认为巴菲特的 25% 的人类投资均值的天花板的确有点低；而几乎所有的同学都比较满意每年 100% 的投资收益率。

好了，总结一下，我们现在有两种投资的方法，大家都参与了调查，也做出了自己的选择。绝大多数的人都认为前面的每年固定本金 100% 的方案比后面 25% 的方案要好，只要你有耐心等上个 8 年再分红就可以实现。请问各位同学，你们为什么认为 100% 的方案要好过 25% 的方案呢？

"这还要问吗？江老师，每年 100% 赚的钱肯定要比年化 25% 要多很多啊！100 万元的本金 20 年累计能赚 3000 万元啊！不就是等个 8 年不看账户吗？不难。只要有钱赚，我们就能等。"崔胜得意扬扬地说道。

只要有钱赚，你们就能等。真是这样的吗？

"绝对是这样的！只要有钱赚，我们就能等！"崔胜信誓旦旦地说。

问题是，年化 25% 赚的钱与每年 100% 赚的钱一样多啊！这两个投资方法其实就是一个投资方法啊！为什么每年 100% 的方案你们信誓旦旦可以等上个 8 年？而换一种说法的年化 25% 的赚钱方案，你们却会嫌少不愿意等呢？

说完，教室里顿时鸦雀无声。

"不可能吧，年化 25% 赚的怎么可能与每年 100% 的收益一样多呢？"崔胜吃惊地问道。

大家还是请看下页表 1501。表中黄底数字部分是方案二的年化 25% 的方案；表格中绿底数字部分是方案一的每年 100% 的方案；前面的 8 年，两种方案的数据是一样的，从第 9 年开始，两种方案虽然分开了，其实也是一模一样的，只是对外描述的语言不一样。大家再仔细看看表格，有什么看法，可以举手发言。

5 分钟后，迅迅举手说道："我看明白了。其实方案一与方案二真的完全就是一样的，表格上每年对应的数据也是一模一样的。黄底数字方案二是学术上的描述：复利年化收益率 25%。但是由于普通投资者听不懂或者不真正明白复利年化 25% 的威力（刚才教室里几乎所有的人都认为 25% 偏低），所以江老师换了一种普通投资者都能听得懂且悦耳好听的语言重新表述了一遍，就是方案一绿底数字。由于方案一的语言符合人性，每年又能有 1 倍收益，100 万元最后能赚到 3000 万元，大家都喜欢听，所以最后所有的人都觉得这个方案好。其实 25% 的方案二，100 万元最后也是赚 3000 万元，但是复利年化收益率 25% 这种学术说法，大家没有真正懂，所以就没有人选择。"

"迅迅，那为什么每年 100% 的收益会和 25% 的复利年化的收益最终却是一模一样的呢？我还是不太明白。"崔胜问道。

"江老师是从第 8 年末开始描述方案一的（前 8 年不看它），所以说是 100% 的收益率啊。而方案二是从第一年开始就描述收益率的，所以是 25% 啊。"迅迅说道。

"原来是这样啊，真是没想到。"崔胜说道。

"江老师太了解人性了。您将前 8 年暂时屏蔽而将收益率提高 4 倍（4×25%）的这种说法，符合人性，大家当然愿意接受，应该算是现代版的朝三暮四吧。其实，就算是方案一与方案二完全一样，如果我们完全理性的话，我们都应该选择 25% 的方案二，而不应该选择 100% 的方案一。因为方案一，我们要 8 年的时间不看账户，这其实是有风险的，我们冒了江老师跑路的信用风险，而方案二却可以随时观察账户信息，没有什么信用风险。既然两套方案收益一模一样，为什么我们都非理性地选择了风险更大的方案

表 1501：复利年化与固定单利的收益（单位：万元）

年	0	1	2	3	4	5	6	7	8	9	10	11	12	13	14	15	16	17	18	19	20
收益率	0.25	0.25	0.25	0.25	0.25	0.25	0.25	0.25	0.25	0.25	0.25	0.25	0.25	0.25	0.25	0.25	0.25	0.25	0.25	0.25	0.25
固定单利	1000000	1250000	1562500	1953125	2441406	3051758	3814697	4768372													
									4960464												
									5960464	5200581											
										6200581	5500726										
											6500726	5875907									
												6875907	6344884								
													7344884	6931105							
														7931105	7663881						
															8663881	8579852					
																9579852	9724814				
																	10724814	11156018			
																		12156018	12945023		
																			13945023	15181278	
																				16181278	17976598
																				15181278	18976598
																					17976598

一，而不选择风险更小的方案二呢？这的确是我们要认真思考的问题。"迅迅分析道。

"还不是被每年 100% 的收益率所迷惑？毕竟 100% 表面看起来比 25% 要高很多。"崔胜回答道。

"这应该是表象，应该还有更深层次的原因，我们还是请江老师来讲解一下吧。江老师抱歉，刚才我开玩笑说您有跑路的风险，您千万不要生气哦。"迅迅说道。

怎么会生气？我们这就是举例，需要把人性中最可能的情况列出来。迅迅你分析得很全面，方案一 100% 的收益率的确比方案二 25% 的收益率多了一个跑路的信用风险（现实中经常存在）。我们做投资，要讲风险补偿机制，我们不是不可以冒风险，但是每冒一份风险，都需要有风险补偿（主要用收益来补偿）。既然方案一冒的风险要大于方案二，但是收益却是完全一样的，理性的我们一定应该选择方案二，而不能选择方案一。但事实上，在不明就里的前提下，几乎所有的同学都选择了每年 100% 的方案一，却没有人选择 25% 年化的方案二，这个现象真的值得我们深思。

以前大家肯定听说过复利增长这个词，但是一定没有真正地理解什么叫复利增长，更不知道复利增长的威力。刚才的方案一与方案二的对比，相信大家已经对复利增长有了一定的了解。其实我们投资心学搞的每年 100% 的方案一就是来解释复利年化 25% 方案二的，使大家建立起对复利增长更为形象的认知。

25% 的年化，如果是单利增长，如果大家觉得少了，我都能理解；但是 25% 的年化如果是复利增长，那可是相当厉害！巴菲特都干不过你！很多投资者做不好投资的一个重要的原因就是将单利与复利搞混淆了，老想着年化 100% 才过瘾，那是我们以前本金少时的认知。殊不知，年化 100% 的难度系数相当大，而且后面大家可以看到年化增长率为 100%，非常容易违反天道，触发黑天鹅事件。

想要做好投资，必须先修改对年化增长的认知。为了大家建立起正确的认知，我这里再举一个鱼塘的例子。

有一个农民，他承包了一个鱼塘，每年收入可观。有一年，他想带老婆出国旅游，出国前，他不放心自己的鱼塘，所以又仔细检查了一下鱼塘，没有发现什么大问题，只是在鱼塘的某个角落上，发现了一种野草，这种草如果覆盖了鱼塘水面，那么鱼塘里的鱼就会因为缺氧而全部死亡。他发现，虽然鱼塘里出现了这种野草，不过野草的数量非常少，只占鱼塘面积的万分之一，虽然这种草的生长速度很快，一天数量翻 1 倍，但也不至于十几天就覆盖全部鱼塘水面吧。农民当时没找到工具处理野草，更主要是他认为出国的时间只有十几天，野草才占万分之一的面积，并不可怕，出国回来除草也不迟。于是，他放心地带着老婆出国旅游了。结果，十几天后，等他们高高兴兴地旅游回来，发现鱼塘里的鱼全部都死完了。农民怎么也想不通，万分之一的野草，为什么才十几天的工夫，就真将全部鱼塘全部给覆盖了呢？

各位同学，你们帮这位农民分析一下。

"原因是这位农民不懂复利增长的威力，每天翻1倍，尽管野草的最初的面积很小，只有万分之一大小，但是，只需要14天多一点的时间，野草就会全部覆盖鱼塘，鱼就会因为缺氧而全部死完。这是我做的一个复利表格，大家请看。"迅迅说道。

表1502：鱼塘野草复利增长速度

天数	复利变量（倍数）	面积占比
1	1	万分之一
2	2	
3	4	
4	8	
5	16	千分之一
6	32	
7	64	
8	128	百分之一
9	256	
10	512	
11	1024	十分之一
12	2048	
13	4096	40%
14	8192	82%
15	16384	164%

"同学们可以看到在第13天的时候，野草覆盖了40%的鱼塘面积，第14天的时候，野草覆盖了82%的鱼塘面积，15天不到就全部覆盖了。我觉得复利增长不但威力巨大，而且它最可怕的地方还不是最后翻了多少倍，而是不到最后的几天，你根本不会留意到它的变化。人的思维惯性一直认为它增长的速度并不快，比如第5天才到千分之一，第8天才到百分之一，甚至第11天才到十分之一，野草覆盖鱼塘一半面积花了13天多的时间，而覆盖另外一半面积却只需要1天的时间。等你留意到鱼塘里的野草有点多，想要有所行动的时候，可能已经晚了，来不及了。复利增长越到后面，增长得越可怕！我用首诗句来形容复利增长吧，前面是'随风潜入夜，润物细无声'，后面是'风如拔山努，雨如决河倾'！"迅迅评论道。

"迅迅师妹，你好有文采哦！使我们一下子就形象地、彻底地记住了复利增长的特点：威力巨大，而且前慢后快，比'灰犀牛'还'灰犀牛'！"崔胜竖起大拇指夸奖道。

谢谢迅迅诗句的加持！迅迅既是学生，也是助教，帮我编写、整理课件以及润色文稿。我是学理工的，没有那么好的文采。迅迅还提出了很多好建议，再次感谢迅迅的付出。

大家一定要记住迅迅分享的内容。这样你才能真正懂什么是复利增长！这样你才能知道我们做投资为什么能赚钱！这样你才能明白投资最后是靠什么去稳定盈利！这样你才有可能建立起强大的内功心法去克服前进道路上的艰难险阻！

投资里的艰难险阻，大家一定不会陌生。再去参见一下图0904，再好的量化交易系统，都需要靠复利增长去赚后面暴利的大钱。就算你的交易技术超一流，量化系统世界第一，但是你的交易系统才运行个一两年，还在"随风潜入夜，润物细无声"的阶段，由于你的认知与内功心法不够，你赚点小钱就跑了，那你最后还能赚到大钱吗？（表1501已经是世界上最好的交易系统，人类年化均值的天花板25%，但前两年的收益也只有80万元左右，与后面的收益3000万相比基本上可以忽略不计）。多数投资者普遍的做法都是：前面使用的一个交易系统赚了一点小钱就跑，然后，你又换了另一个交易系统或者投资策略，又是短期内赚点小钱就跑，都是赚前面一点小钱，如此循环往复，到最后，你投资赚不到大钱到底是怨谁呢？

迅迅举手说道："江老师您说得太好了，肯定不是技术与交易系统的问题！另外，感谢刚才江老师与各位同学的夸奖与鼓励，其实整理课件当助教等工作，是我应该做的，我也是被江老师十几年坚持做法布施，免费讲解投资理念课的精神所感动，他想帮助那些被投资市场折磨得穷困潦倒、惨不忍睹的普通投资者，相比之下，我的这点工作不算什么。关于上面的复利话题，我还想继续发表一点我的看法。我现在明白了前面江老师的方案一里面，为什么要将1~8年的收益800万元放到最后才发放，而且还可以加倍多发放900万元，这种办法就是想要让大家增加等待力，大家能等，才能等到复利的最后的暴涨效果。表1501表格中大家看到了复利增长的威力，本金100万元，最后收益3000万元，翻了30倍，然而，3000万元的收益之中一半1500万左右是前面15年赚的，而另外一半的1500万收益却只花了5年的时间，这充分体现出复利增长前慢后快，且越来越快的特点。"

迅迅总结得非常好。复利增长如果你能等待，等到最后再分钱，那么越往后效果越好。上面表1501的例子中，大家已经体验到后面分钱的好处了，如果大家从第1年就开始分钱，你根本就分不到什么钱，所以我让大家8年不能赎回，甚至最好都不要看自己的账户，所以最后大家100万元的本金最后才能分到3000万元的收益。

以 100 万元本金计算，大家再请看下面复利增长表：

表 1503：不同年份复利值

（单位：净值倍数）

收益率	5 年	10 年	15 年	20 年
10%	1.61051	2.59374246	4.177248169	6.727499949
15%	2.011357188	4.045557736	8.137061629	16.36653739
20%	2.48832	6.191736422	15.40702157	38.33759992
25%	3.051757813	9.313225746	28.42170943	86.7361738
30%	3.71293	13.78584918	51.18589301	190.0496377
35%	4.484033438	20.10655587	90.15846883	404.2735889

（注：实际复利值用表中倍数乘 100 万元）

如果大家中途也不在第 8 年开始分钱，而是一次性等到 20 年的年底再分钱，大家就能赚更多了！知道最后能多分多少钱吗？大家看一下表 1503，同样也是投 100 万元，在 25% 这行的第 5 列，20 年是 8673 万！这比刚才第 9 年开始分钱最终拿到 3000 万元的方案一还要多出 5673 万呢！另外，刚才迅迅也说了，复利增长前面很慢，后面的收益越来越快。解释一下：25% 的复利增长 20 年，中间不取钱的话，最终可以达到惊人的 8673 万元，翻了将近 87 倍，但是其中的一半 4000 多万是前面 17 年挣的，而后面的一半 4000 多万，只需要短短 3 年的时间。所以说，复利增长，前面不值钱，后面才值钱，而且越来越值钱！前面是"随风潜入夜，润物细无声"，后面是"风如拔山努，雨如决河倾"！当然，这是普通投资者忽视了复利增长的重要原因，他们往往只将注意力放在前面的几年，结果发现前面几年没有啥增长的效果，每年的收益并不明显，所以没耐心的投资者，是没有动力去坚持一套能够复利增长的量化交易系统的。

"看样子我们以前真的对复利增长是一知半解。25% 的复利，增长 20 年，中途不取钱的话，最后有将近 8700 万元啊。真是太惊人了，而本金只需要 100 万元。我们刚才还瞧不起 25% 的年化收益率，完全是错误的认知。殊不知 25% 人类投资均值的天花板是当之无愧的！我们认为 25% 太少了，是因为我们只看到了眼前的这一点点的利益，目光还是太短浅了。江老师说得对，复利增长，前面不值钱，后面才值钱。怪不得巴菲特成了世界首富，他可是复利增长了五六十年的啊！我刚才用复利计算器计算了一下，如果我们将刚才案例中的 20 年延长到 60 年，中间不取钱，就像巴菲特的交易人生那样长，那么 100 万元可以增长到 6500 亿元（折合约 1000 亿美元），和网上公布的巴菲特的财富数据差不多，看样子巴菲特其实主要就是靠复利增长赚钱的！而其他的诸如价值投资、开保险公司等等都是次要的影响因素。"崔胜赞叹道。

崔胜，你这次分析得很到位，进步不小啊。华尔街有一句名言：复利增长是世界第八大奇迹。从这句话里面，大家就能感受到巴菲特早就将自己的成功归结于复利增长而不是其他，否则，他为什么不说价值投资是世界第八大奇迹呢？或者不说购买保险公司是世界第八大奇迹呢？可惜普通大众只具有巴菲特赚大钱的渴望心，却没有巴菲特长期等待的耐心，所以绝大多数人都等不到复利增长最后的暴涨阶段，自然也就没有巴菲特那样的成就。价值投资、买保险公司、期权对冲等等这些巴菲特"术"上的东西，符合人性，谁都愿意学，谁都学得会，但是"耐得住寂寞守得住繁华，熬得住孤独等得到花开"这样的等待能力、这样的内功心法却是绝少数人才能拥有的。没有内功心法，就没有巴菲特的复利增长，光学巴菲特表面上的东西，永远都成不了第二个股神。就算是巴菲特本人，在他青壮年的时候，在复利爆发之前，他也不是股神，在全球也没出名啊。

所以大家不要嫌 25% 的年化收益率太少，而是应该嫌自己的内功心法太少。

我要说，其实 25% 的年化收益率必须是人类投资均值年化的天花板！

| 2 |

"江老师，为什么你要这样说呢？'必须是'，是什么意思？"崔胜问道。

崔胜，你刚才不是用复利计算器计算了吗？巴菲特 25% 的复利年化，60 年的复利增长，那么 100 万元可以增长到 6500 亿元（折合约 1000 亿美元）。崔胜，你再用计算器计算一下，如果是 35% 的复利年化呢，60 年后是多少钱？

"66073316996410，好长的数字，我数了一下，66 万亿（折合约 10 万亿美元）。这又说明了什么呢？"崔胜问道。

"我懂了，美国股市的总市值才 30 万亿美元左右，如果是 35% 的复利年化，那么巴菲特 60 年的复利增长后的财富就会高达 10 万亿美元，一个人就占据了 1/3 的国家财富，这绝对违反天道，那么，在这之前，一定会触发混沌现象，一定会出现让巴菲特一夜爆仓或者其他严重的黑天鹅事件。这些知识江老师前面已经讲过了，增长是有极限的，增长具有内禀随机性，我们的交易系统与投资策略一定不能违反天道。35% 的复利年化绝对是违反天道的，所以不可能长久的。"迅迅回答道。

迅迅回答得很正确。20%~30% 的复利年化收益率才是投资的安全边界，一旦超过这个数，就是违反天道，就有一夜倾家荡产的风险。尽管有些人的有些数据可能会偶尔超过这个数（比如 1988 年到 2019 年，西蒙斯的大奖章基金年化收益率为 39%；长期资本 1994—1997 年的年化收益率 42%；昆哥基金 2019—2020 年的年化 110% 等），但是往往都不像巴菲特有 60 年的长期数据，甚至很多都有选择性偏差与幸存者偏差的嫌疑，时间一拉长，当潮水退去后，就知道年化均值超过 30% 的人基本上都是在裸泳，都会原形毕露。

其实做投资与世间其他的事情差不多，都需要春种、夏长、秋收、冬藏，都需要一个先付出后收获的耕耘过程，这才符合天道。只是由于复利增长的过程较长，超出了一年，至少要七八年以后才能看到明显的复利效果，这已经超出了人类连续不间断认知的最长范围（一般最长三年，俗话说事不过三），所以普通投资者没有认知与耐心可以等到复利爆发的那一天。另外，加上经常有"交易员老王赚 N 倍"那样的幸存者偏差的干扰与诱惑，普通投资者更加坚信投资就是要追求短期的快速暴利。所以，刚才我们做调查的时候，大家都会觉得 25% 的年化太少了，而每年 100% 的收益才合格。殊不知，25% 已经是人类投资年化均值的天花板，赚得一点也不少：100 万元，你最终可以拿到 3000 万元，赚 30 倍；如果你愿意，20 年不动账户，那么 20 年后复利可以拿到 8700 万元，相当于每年可以赚 400%，这还不够多吗？

25% 的年化从前往后看，第 1 年的 25% 确有点少了；但是你为什么不从后面往前看呢？去看第 20 年，最后一年的收益率相对于 100 万元可是高达 1734% 啊！

所以你觉得 25% 的年化赚得少，是一种错觉，是你太急，急着前面的 1~2 年，甚至 2~3 个月就有暴利收获而产生的错觉。你不能等，你想拔苗助长，你想种子一种到地里马上就要有收获，你想孩子一上小学马上就能考北大清华，你想不打地基就能盖高楼大厦，你想刚有儿子就要有孙子……你们觉得这些情况可能吗？如果不可能，那你为什么会觉得投资就有可能？所以以前你做投资，一直活在幻觉中，你还浑然不知。你追求暴利，能理解，但是 25% 的年化均值就是暴利啊，你缺的不是暴利，也不是暴利的技术，缺的是暴利实现的那颗等待心！

"看样子我最缺那颗等待心。江老师，如果我们都能理性思考的话，肯定觉得刚有儿子马上生孙子是不可能的，但是人们做投资的初心就是想着要去赚快钱、赚大钱，利令智昏，所以就觉得有可能了。谁不想投资第一年就赚大钱呢？ 100 万元本金，20 年后复利变成 8700 万元，折成每年的收益有 400%，似乎够暴利的了，该知足了，但是人们不能等啊，如果第一年就变成 8700 万元不是更好吗？"崔胜笑呵呵地说。

"100 万元本金的儿子，不经过 20 年的成长，只想第一年就生孙子 8700 万元，普通投资者做投资，真的是活在幻觉中，所以最终会掉到幸存者偏差的陷阱中，怨不得别人，这样的人不适合做投资，可以考虑去买彩票——2 元本金的儿子，一晚上就能生个孙子 500 万~1000 万，翻上个 250 万~500 万倍，折算成年化可比巴菲特的 25% 高太多了。"风控总监樊总半开玩笑道，"江老师，一套长期均值年化 25% 的交易系统，代表着世界级的交易技术（巴菲特就这个水平），但是不同的人来使用它，最后的结果却千差万别，这一点深深地震撼了我。有的人，等待力超群，可以最终赚到 8700 万元；有的人，等待力中等，中期取钱，可以赚到 3000 万元；有的人，等待力较差，只能赚到前面一二年的几十万；更有一些人，由于没有任何等待力，既贪图暴利又恐惧亏钱，既想马儿跑又想马儿不吃草，稍微一回撤，才一两个月就给吓跑了，根本没赚到钱。投资市场形形色色，啥人都有，同样的一套策略，不同的人使用，啥结果都能出现，特别是，这个结果其实和交易技术没有多大的关系。看样子没有强大的内功心法，千万不要来投资市场混江湖，完全是送钱来的。"

"江老师，针对内功心法偏弱的普通投资者，如何更好地使用复利增长呢？您有什么好的建议呢？毕竟江老师您教授本课程的初心还是要帮助那些在投资市场上有困惑的人吧？"迅迅问道。

使用好复利增长的关键是要控制住贪婪心！培养等待心！等到复利爆发的那一天。

我们就以崔胜为例，崔胜刚才自己都说最缺那颗等待心，也就是你不能等；但是崔胜在我们讲复利增长最开始的时候却信誓旦旦地说：只要有钱赚，我们就能等！为什么崔胜同学前后矛盾呢？估计崔胜自己都不清楚吧，甚至崔胜自己都没有留意到。

"我还真没有留意到自己刚才说话前后矛盾，江老师，是什么原因呢？"崔胜问道。

贪婪的潘多拉盒子，在做交易的时候要随时留意不能打开，只要一打开，不要说 25% 的年化均值了，就算 8670% 的收益率，人也是不快乐的。因为人心永远都不知足，一直要到触发混沌爆仓倾家荡产后，人才能清醒。

我刚才描述复利增长的时候，换了一种描述语言，在描述的过程中强调了 8 年不能看账户权益，也强调了本金是 100 万元，这些都是用来防止打开贪婪的潘多拉盒子。在这种情况之下，崔胜一直认为自己的本金是 100 万元，8 年后，每年都能拿到 100 万元，相当于本金每年赚 100%，20 年后还能补回前 8 年的收益 800 万元，并且还加上特别等待奖金 900 万元，总共拿回 3000 万元，相当于 100 万元的本金翻了 30 倍，所以崔胜同学很开心，说自己能等待。

但是，如果我们不使用这样的描述语言，而是像以前那样，简单地说：复利年化 25% 始终不变，那么贪婪的潘多拉盒子就被打开，崔胜随时都会观察账户信息，自己的心会跟着账户权益的数值起跌宕起伏，随时都不会开心（哪怕账户上有再多的钱）。比如，他在第 8 年的时候会看到账户权益是 596 万（表 1501），他不会再认为自己的本金是 100 万元，而是本金 596 万，以这个本金去赚 25%，崔胜一定认为太少了。哪怕到了第 20 年的 8670 万元（20 年账户都不动），崔胜还是不开心，因为崔胜会认为这个钱只是第 19 年的本金 6938 万元赚 25% 得来的，没啥了不起，如果 8938 万的本金能赚个 400% 才能高兴一点。以这种语言来描述复利的方式，崔胜同学肯定不开心，当然也就没有等待力了。

"江老师，您讲得太好了。记得您第一节课的时候说过：一念成佛，一念成魔。当时我还不太明白，现在完全清楚了。我们看待本金的方式，这一个念头，就可以决定我们投资的最后结果，有些人盆满钵满，有些人倾家荡产，真是一念成佛，一念成魔啊！"迅迅感叹道，"科学技术都是在前人的基础上一步一个脚印逐步发展起来的，孩子与人才的培养也是如此，每天进步一点点，每年前进一小段。但是交易不是这样，交易的结果不能天天看，我们最好将中间的过程给屏蔽掉，一直心理暗示我们的权益就是最初的那个本金 100 万元，免得自己的贪欲会被逐步放大，因为权益的逐步增长肯定赶不上贪欲的无限放大。控制得住贪婪心，才能耐得住寂寞，培养出等待心！没有等待心，哪能等到未来复利暴增的花开呢？"

业余投资者的确可以使用心理暗示方法，暗示自己的本金就是最初的那个本金，尽量不要去看账户权益，眼不见心不烦，这就像小隐隐于野。最为典型的就是购买基金产品，强烈建议大家购买以后，不要经常去查看基金净值，你该上班就上班、该恋爱就恋爱、该带娃就带娃，总之，啥都可以干，就是不要经常去看基金净值。否则，哪怕就算你购买了最好的基金产品，你也守不住。

但是如果你是一名职业交易员，每天不看权益是不可能的，看完权益，你还要做到内心如如不动，不会被外境所转，也不会被个人的贪欲所左右，这需要强大的内功心法做支撑，这就像大隐隐于市，职业交易员要先经过投资心学投资天道与内功心法训练之掷骰子模拟投资游戏的专业训练，你才能具备这样的强大能力。职业交易员身上的"职业"两个字，并不仅仅体现在交易技术上，更主要体现在内心的控制能力上。

"江老师，为什么普通人的等待力都不够呢？尤其是像我们这样的年轻人。"张林同学问道。

张林，我们前面已经讲过了，绝大多数人，都是实时反馈动物，一努力、一付出，马上就想拿结果，不愿意等待，尤其年轻人，身体内的荷尔蒙、多巴胺本来就比常人多，又要急着挣钱去结婚生娃，所以最后很难拿到复利爆发的效果。张林，你再去复习一下我们前面讲过的内容吧。

"好的，江老师，您的课信息量太大，又都是逆人性的东西，真的要经常复习才行。江老师，我再请教一下，我们这样的年轻人，一般身上就只有几万元钱，肯定做不了守正，只能做出奇投资。那就算我们具备了延时反馈的能力，也享受不到复利爆发的效果啊。"

周琰衍又问道。

我前面也告诉过你们，用模拟盘去守正，用实盘去出奇，相辅相成，动态平衡。等你们出奇赚到几倍、几十倍的大钱以后（就像前面提到的牛海），比如 100 万元以上，就将其中的 80% 拿来守正，剩下的 20% 继续出奇，滚动发展。其实做模拟盘，就是一个训练延时反馈能力、增强等待力的非常好的方法。如果模拟盘的守正你都能坚持一两年的时间，那么未来你靠复利增长赚大钱的等待力一定差不了。

我们上一节讲到一句话的投资秘籍：建立一套均值赚钱，且适合自己偏好，又符合天道的量化交易系统，然后靠强大的内功心法，坚持、坚持、再坚持！为什么后面有很多个坚持，就是想告诉大家，交易技术并不难，投资最难的地方：一个是扛最大回撤，另一个是熬复利增长的等待时间，再好的技术都避免不了。巴菲特是世界上最牛的投资者，最大回撤 -50%，复利增长 60 年，巴菲特最能扛与熬，这也是我们最应该向巴菲特学习的地方，而不仅仅是学习他的"术"，你扛不住，熬不了，不能坚持，再好的投资技术，再厉害的量化交易系统都会与你失之交臂。

其实人生很多重要的大事，都需要熬，都需要扛，都需要坚持。有一首歌《等待》，是电视剧《汉武大帝》里的歌曲，大家在交易的空闲时间可以放来听听，增强自己的等待力。汉武大帝登基的时候不到 20 岁，也是年轻人，但是他却懂进退之道，也特别能熬。他熬了六七年，一直熬到他的祖母、喜欢黄老学说的窦太后去世以后才开始罢黜百家、独尊儒术。他还熬了十几年，一直等到军马、粮草、将帅、士卒等条件都万事俱备以后，才开始让卫青、霍去病去攻打匈奴（之前与匈奴和亲），从而建立了千秋功业。与之相对比的是清朝的光绪皇帝，空有一身热血，但是一点儿都不能熬，一点儿都不愿意等待，条件还不成熟，就强推戊戌变法，还坚持与日本开战，结果搞得国破人亡。他只要多熬几年，熬到慈禧太后去世后再搞大动作，成功的概率就大得多。

"扛住就是本事""熬过黎明前的黑暗"，这是每个刚进入社会的年轻人都需要学习的内功心法，这不仅仅是投资行业的问题，其他各行各业也是需要的；社会上越大越稳定的企业，越好的职业岗位，你想在里面混得好，你想升职，则越需要你的等待力，越需要厚积薄发的功力。静待花开，相信时间的力量！

| 3 |

"江老师，您以前教给我们，投资的原则是守正出奇，我现在真正理解了。您说我们守正的目标是 20%～30% 的年化收益率，当时觉得有点少，其实这个均值的年化收益是相当高的，已经是人类投资均值的天花板，再高就要突破天道的边界，我们真正赚的是复利爆发后的大钱，而不是眼前每年单利的一点小钱。为了实现这一战略目标，我们必须熬上个很多年，过程漫长艰辛，需要强大的内功心法——扛最大回撤的恐惧！熬复利增长的枯燥无聊！这都需要坚持、坚持、再坚持！在等待复利爆发的日子里，我们自己得想办法自娱自乐，打发闲暇时间，增加交易的乐趣，所以江老师在守正的基础上，又强调了出奇的重要性。'只守正不出奇则愚'，我在这节课之前，一直认为我们做投资是靠守正先找到强势的台风品种，然后靠出奇策略去赚上个几倍、几十倍，看样子是我想得还不够全面，这只是针对像张林这些还没有守正本金的投资者而言的，需要靠这个办法积累投资的初始本金；针对已经有了守正的本金（有个几十万元、几百万元）的投资者来说，这个时候，出奇策略赚上个几倍几十倍，这个方法主要并不是拿来赚钱的，而是靠出奇策略来打发闲暇时间的，以度过枯燥无聊的守正的平淡阶段，以等待复利爆发的高光时刻！"迅迅总结道。

非常好啊！迅迅你的年龄不大就能悟到这点，真的很了不起。迅迅说得很对，在守正的基础上，用出奇策略在小账户上去博几倍几十倍的收益，这个方法，在较大资金的情况下，其目的主要是用来拿来打发闲暇时间。当然，碰到行情好有得赚就更好，没得赚甚至小账户亏了，也无伤大雅。而且就算出奇赚大钱了，我们也要先拿来"固本"，继续补充大账户守正的资金，然后再又拿出 20% 左右的资金做出奇。这种发展模式，才是投资领域的科学发展观，才符合天道。这方面我们要学曹操，不要学苻坚。曹操赤壁之战，虽然输得很惨，但是由于后方稳固，还照样可以当三国霸主；而苻坚却因淝水之战而满盘皆输。我上投资理念课程已经有十几年了，我记得只有在昆明的那一次，碰到一位 60 岁上下的投资长者，他提出了这样的问题：如何打发闲暇时间。守正的大资金是不可能一年赚几倍、几十倍的，否则违反天道，一定会混沌崩盘，大账户可以通过复利投资来慢慢积累，等待爆发；而小资金才是用来出奇、打发闲暇时间的。

前面课程案例中的牛海，身上只有一万多元，没有守正的本金，这个时候，他的目标可以是几倍、几十倍，因为本金很少，绝对不会出现混沌现象。这个时候，我们不要老想着守正，不要想着靠均值赚钱，应该想办法靠峰值去赚钱，所以江老师我用出奇的自造期权的办法，帮牛海赚回了守正的本金；当牛海的资金达到几十万、上百万以后，我们则必须随缘适变了，调整自己的期望收益，这时大家千万要想着守正，要想着靠均值去赚钱，不要再去想靠峰值赚钱了，一百万的本金还想着一年赚个几倍、几十倍，一定会碰到倾家荡产的黑天鹅事件，就像江老师 1997 年的 480 万，还想着再赚上个几倍，结果一夜回到解放前。那个红色跑车美女股神也是如此，都违反了天道。这个时候，出奇的翻倍策略，只是你拿来打发闲暇时间的一个工具而已，你拿出小部分资金来搞出奇策略的目的其实不是为了赚钱，而主要是为了度过漫长的复利增长的等待期。钱少，出奇为赚钱；钱多，出奇为打发时间，然后靠守正的复利去赚大钱。

当然，你也可以使用其他的办法来打发闲暇时间，适合自己就好。另外，我之前的课程中强烈建议过大家做投资一定要虚实结合，千万别孤注一掷，有实业的、有工作的，千万别丢，千万不要辞职去炒股、炒期货，否则，你会压力巨大，除了回撤时你扛不住以外，复利增长的等待力你就更没有了，你不可能最后赚到大钱的。

"江老师，我还有一个问题一直没有搞明白，为什么本金小，每年赚个几倍、几十倍就不违反天道；如果本金多了，如果再去追求几倍、几十倍的收益，就有可能违反天道而一夜倾家荡产。我也有一些银行界的朋友，他们也说过类似的话，说大资金一年能赚上个百分之十就很开心了，不敢多求。"崔胜问道。

还记得我们前面讲过的天道公式吗？就是那个模拟投资的混沌迭代公式。我再给大家演示一下，这次再不演示增长率了，演示一下大家的财富本金值，大家请看一下前面第三章的表0305。在增长率2.3下面，有一个"社会平均资产"项，内容为"1.00"，什么意思呢？它代表着社会的平均财富，或者说是社会上全部股票或期货账户的平均权益值，网上查资料应该为50万~100万元，我们就算100万元吧。"社会平均资产"项下面还有一个"超额倍数"项，如果你的账户权益是100万元，你就填写上"1"；如果你的账户权益是50万，你就填写上"0.5"；如果你的账户权益是200万，你就填写上"2"，以此类推，填写的数字越大，代表着你做投资的财富本金就越多。大家根据表0305可以知道，当你的"超额倍数"为"1"，即你的投资本金为100万元，且增长率从2.2轻微增加到2.3时，迭代6次后，就会发生混沌事件，资产瞬间亏了-5376倍，一夜倾家荡产。

如果我们的本金没有那么多，少一些，看看会出现什么情况？比如只有50万时，即"超额倍数"为"0.5"时，我们看看会是什么样的情景，如下表1504：

表1504：混沌迭代公式（超额倍数为0.5）

1	增长率	2.3						
2	迭代次数		1	2	3	4	5	6
3	社会平均资产	1.00	3.3	10.89	35.94	118.59	391.35	1291.47
4	超额倍数	0.5	1.65	5.45	17.97	59.30	195.68	645.73
5	迭代公式	X1=1/2×r×t×x0^2						
6			1.36	5.35	17.96	59.30	195.68	645.73

增长率为2.3倍，迭代6次后，并没有出现混沌现象，资产还到了645倍。这说明了什么？说明了当我们的投资本金不多时，老天爷就不会收拾我们，因为我们从地球

上获取的社会财富还不算太多，不违反天道，在正常的范围之内。

那我们看看本金50万，什么时候会产生混沌现象呢？

表1505：混沌迭代公式（增长率为4.8）

1	增长率	4.8						
2	迭代次数		1	2	3	4	5	6
3	社会平均资产	1.00	5.8	33.64	195.11	1131.65	6563.57	38068.69
4	超额倍数	0.5	2.9	16.82	97.56	565.82	3281.78	19034.35
5	迭代公式	X1=1/2×r×t×x0^2						
6			2.3	15.96	95.76	558.12	3319.36	-29649.91

如表1505，本金50万元，如果以增长率4.8倍的年化迭代到第6年的时候，则会出现黑天鹅事件。那如果我们的本金再少一点呢？只有20万元呢？请看下表。

表1506：混沌迭代公式（增长率为12.9）

1	增长率	12.9						
2	迭代次数		1	2	3	4	5	6
3	社会平均资产	1.00	13.9	193.21	2685.62	37330.10	518888.45	7212549.41
4	超额倍数	0.2	2.78	38.64	537.12	7466.02	103777.69	1442509.88
5	迭代公式	X1=1/2×r×t×x0^2						
6			2.52	38.21	535.93	7456.90	103241.51	-411797.57

如表1506，本金20万元，只要我们每年的增长率在12.9倍以下，连续复利增长5年的时间，都不会出现黑天鹅事件；但是达到了12.9这个增长率，在第6年还是会出现黑天鹅事件。

"真的是本金越少，每年翻的倍数也越高啊！本金20万，每年翻个12倍，翻个6年，看样子是没啥问题的。江老师，您弄的这个表格太形象了！必须点赞！"崔胜赞叹，"那如果我们的本金较多时又会出现什么情况呢？"

假如我们做投资的本金超过了社会平均财富的2倍，账户上有200万元时，即"超额倍数"为2时，我们看看会是什么样的情景，见下表。

表1507：混沌迭代公式（超额倍数为2）

1	增长率	1.4						
2	迭代次数		1	2	3	4	5	6
3	社会平均资产	1.00	2.4	5.76	13.82	33.18	79.63	191.10
4	超额倍数	2.0	4.80	11.52	27.65	66.36	159.25	382.21
5	迭代公式	X1=1/2×r×t×x0^2						
6			2.00	6.03	6.57	-244.78	-67604.76	-3214372410.17

表 1507 告诉我们，本金 200 万元，只以年化增长率 1.4 倍进行迭代，超额倍数为 2，不用到第 6 年，在第 4 年就开始出现了黑天鹅事件。如果是迭代到第 5 年，更是亏 -67600 倍。这说明了什么？说明了当我们的投资本金太多时，老天爷就要收拾我们，因为我们获取的社会财富太多了。我们获取太多，地球上的其他人就太少了，这违反了天道，大家都是上天的子民，凭什么你一直都能赚那么多？投资的时间久了（或交易次数多了）必然出现黑天鹅事件。老天爷都是用黑天鹅的混沌事件来均贫富的。

财富的增长不是数学上的增长，数学增长没有天花板，而财富的增长一定有天花板，天花板就是人类的所有财富，你的财富不可能超过这个值。绝大多数的投资者将财富增长混淆成数学增长，以为我们是从市场上赚钱，市场很大，可以赚无穷多的钱。一旦你有了这个想法，你基本上注定要倾家荡产，只是来早与来迟的区别。要么是因为你的财富本金太多而崩盘，要么是因为你每次的增长率太快而破产，要么是因为你的迭代次数（交易次数或者复利增长的次数、年数等等）太多而完蛋，我们投资心学用自己研究的天道公式（也就是混沌迭代公式）形象地表示出来，大家一定要引以为戒，投资不能不赚钱，但也不能越界去赚钱，越界必被捉。美国长期资本公司、韩国的比尔黄、涨停板股神徐＊等等就是典型的教训；对了，江老师我的三次倾家荡产也是典型的案例。在黑天鹅事件面前，你的本金，不管是一亿，还是百亿、千亿甚至万亿、十万亿，都会很快灰飞烟灭的。还有，无论是投资还是做实业，都是如此，胡雪岩、刘瑾、和珅、沈万三等等，哪一个不是慢慢积累的财富，到后来又怎么样，越界了就要被天谴，一夜倾家荡产。

"江老师，那您用您的天道公式看一下多少本金、多少增长率、多少迭代交易次数是比较安全的呢？"崔胜问道。

其实我们前面已经讲过：25% 的均值年化是人类投资均值的天花板，这句话里面除了包括我们前面提到的含义外，还有另外一层意思，以 25% 的年化进行复利增长，很难出现黑天鹅事件。我们看一下课件上以 25% 的年化增长，多少本金是出现黑天鹅事件的上限？

表格太长就不展示了，大家看到，投资本金 800 万元（"超额倍数"为 8.0），增长率为 25%，在迭代了 20 次后，也没有出现黑天鹅事件，一直都在正常稳定增长。

表 1508：巴菲特年化 25% 的财富增长（单位：倍数）

迭代次数	58	59	60
1.25 倍增长	417619.49	522024.36	652530.45
社会平均财富	3340955.89	4176194.86	5220248.57
巴菲特财富	3340947.89	4176188.86	5220235.57

大家再看表 1508，哪怕像巴菲特那样，复利增长达到 60 次，还是没有出现沌黑天鹅事件。800 万元，基本上是所有投资初级选手的投资本金的上限（几十年前的巴菲特的最初投资本金也低于这个数）。所以我们可以说，只要在 800 万元以下，25% 的均值年化是非常稳定的，不会出现一夜清零的黑天鹅事件。

在表 1508 中，如果我们在 8.0 的基础上，再增加一点点本金，会出现什么样的情况呢？

通过课件，我们会发现，800 万元的本金，以 25% 的年化，复利增长 60 次，没有出现黑天鹅事件；但是只要我们将本金稍微再增加一点点，加 10 万元变成 810 万元的本金，结果在复利增长第 7 次的时候，就开始出现混沌现象，而在第 9 次的时候，已经 -4500 多倍，肯定是亏完了。这就是混沌现象的特点，在一定的边界之内，你再怎样迭代都没有问题，只要稍微过界一点点（本金从 800 万元增加到 810 万元），瞬间就要出现黑天鹅的破产事件，这就是初始条件微小的变化，就能带动整个系统出现巨大连锁反应的蝴蝶效应。

我们前面说过，这里再强调一次：由于在关键节点之前（例如本金 800 万元之前），哪怕是较大的本金变动都没事（比如从 100 万元增加到 700 万元），所以很容易给常人造成错觉：本金越大越好，反正没事，结果放松了警惕，自己的欲望也越放越大，直至最后一个表面看起来非常微小的变化（800 万到 810 万），就瞬间触发崩盘，一直等到你倾家荡产后才反应过来，但是已经追悔莫及，无力回天。

"江老师，我懂了。财富的增长是有极限的，我们必须在一定的边界条件之下进行增长，投资的原始本金、每年（每次）的增长率、迭代的交易次数（复利增长的年数）等等都是有边界的，一旦突破，哪怕是一点点，瞬间就会引发蝴蝶效应，发生混沌事件，黑天鹅来了，瞬间倾家荡产。"崔胜总结道。

崔胜总结得很好。大家懂得了这些，再看江老师我当年的第三次倾家荡产事件就无比清晰了。1996—1997 年期间，我以 28 万元的血汗钱做投资的本金，前后交易了 11 只股票，在一年多的时间里，权益翻到了 480 万元，但是，在最后一只股票 *凤凰上翻了船，大家现在应该知道真正的原因了吧？我当年一直都认为破产的原因是自己运气不好，那个红色跑车美女股神背后的金主出事情被抓了，无法操作账户。

迅迅举起了手："江老师，我来回答一下吧。1996 年的社会平均财富我们现在不知道了，只能估计一下，我想当时最多每家有 10 万元的本金资产吧，我们按照 7 万元算。江老师的本金是 28 万元，那就是 4.0 倍的超额倍数，您一年多的时间里，炒了 11 只股票，靠消息炒股，利润高，我算您每次的利润率是 50%，根据投资心学的天道公式，似乎是不会发生黑天鹅事件。但是，如果您每次炒股的利润率超过 50%，多那么一点点儿，哪怕就是 50.1%，我们看下表：

表 1509：混沌迭代公式（增长率为 0.5010）

1	增长率	0.5010					
2	迭代次数		1	2	3	4	5	6
3	社会平均资产	1.00	1.5	2.25	3.33	5.08	7.62	11.44
4	超额倍数	4.0	6.00	9.01	13.53	20.30	30.48	45.75
5	迭代公式	$X1=1/2×r×t×x0^2$						
6			2.00	4.99	9.47	16.18	26.22	41.21

（接上表右侧）

1	增长率	0.5010					
2	迭代次数		7	8	9	10	11	12
3	社会平均资产	1.00	17.17	25.77	38.67	58.05	87.13	130.79
4	超额倍数	4.0	68.66	103.06	154.70	232.20	348.54	523.15
5	迭代公式	$X1=1/2×r×t×x0^2$						
6			63.51	96.41	143.59	201.32	109.60	-13778.28

我们看到前面 10 次本金翻了 201 倍，本金 28 万元到了 500 万元左右，与江老师您账户的情况差不多。我们还发现，在第 12 次的时候，就发生了混沌事件，最后是 -13778 倍，瞬间破产。其实 11 次的时候就已经发生混沌现象，只是不太明显，最后总的增长倍数，第 11 次竟然比第 10 次都低。这个天道公式上的数据基本上符合江老师您 1996 年的实际交易情况。这说明了什么？说明了江老师您 1996—1997 年的第三次倾家荡产不是因为运气不好、内幕消息不实等原因，那只是表象，真正的原因是您 4.0 倍的财富本金有点多，50% 左右的增长速度有点快，一年炒 11 只股票有点贪。江老师，您当年的操作突破了天道的边界，触发了混沌事件，一年 10 次挣的钱，最后 1 次就亏干了。江老师，您当时还太年轻，还不懂'天之道，损有余而补不足！'更不要说用投资心学天道公式来事先计算天道的边界。"

迅迅回答非常正确！4.0 倍的本金 +50% 增长率 + 迭代 10 次，这就是当时江老师我炒股的天道边界！一旦越界操作，必然发生混沌事件。我们前面就讲过，按照西方金融学理论的假设条件，黑天鹅事件发生的概率很小，几千、上万年才会发生一次，但那是在天道边界之内的正态分布。一旦超出边界，黑天鹅就变成了白天鹅，瞬间爆仓就变成百分之百的必定发生的确定性事件，只是混沌发生的表象有所区别而已，就算不是银铛入狱，也会出现其他什么幺蛾子事件，因为违反天道后，老天爷整治人的办法就是突发的、意外的、不可预见的、玄学之类的事件。有的是违法被抓，有的是国家政策调整，有的是国债违约，有的是金融风暴等等。

江老师做投资三十多年，碰到过很多千奇百怪的事情，前面提到过的投资里面的玄学事件，一般都发生在违反天道的边界附近。2006—2007 年，江老师炒股赚了较多钱的那一段时间，桌子上的电脑经常容易坏，没有办法，买了一台最好的电脑，结果还是要出问题，气得我再买了一台，两台电脑同时使用，结果到了 2007 年的下半年的某一天，两台电脑竟然同时都坏了，没有办法下单，赶紧找人来维修。我那个时候并没有研究出投资心学的天道公式，不过，事出反常必有妖，这件事情提醒了我。虽然，混沌事件比较难预测，但是老天爷在搞人之前，一般都会进行一些善意的提醒，当然老天爷不会说话，需要你有落叶知秋的悟性，需要你此时头脑清醒不要被投资的暂时暴利迷住双眼。我 1997 年第三次倾家荡产之前在弘法寺抽的签，就是老天爷在提醒我，可惜我那个时候还年轻不太懂。2007 年股票已经疯狂上涨了快两年，保安、清洁阿姨都炒股赚钱开始推荐股票了，还有很多人已经开始抵押房产、刷信用卡、辞职炒股票，真是太疯狂了。这次两台电脑同时坏，很反常，我可要珍惜老天爷的善意提醒，看样子要小心混沌事件。

"江老师，那您是不是在两台电脑全坏的第二天，就将股票全卖了？"崔胜好奇地问道。

高点全卖，那是别人瞎编的神话传说，你怎么可能卖在最高的那一个点位呢？事后诸葛亮吗？幸存者偏差吗？投资不是算命看风水，如果清空股票后，万一股票又创新高，你踏空了又怎么办呢？正确的办法是：在天道的边界附近，碰到老天爷的善意提醒之后，你要收紧出场条件。比如，你以前是日线止盈的，可以改为 15 分钟或者 5 分钟止盈。详细的操作步骤，我们留到讲投资心学股票量化实操课的时候再具体讲解。

"江总，原来你 2007 年股票逃顶有这样的传奇经历啊，那你 2015 年的股票行情是怎样逃顶的呢？还有没有传奇经历呢？"清华同学吴总问道。

有，比 2007 年还要传奇。2015 年的股市大行情，我已经很少再做单只股票，而是在做一堆股票的组合——股指期货 IF 与 IC。2014 年的 11 月份，我就是靠股指期货帮牛海用 1 万多元赚到守正的本金的。2014—2015 年的股市行情，很多人都使用了杠杆，配资做股票，所以股市行情涨得飞快，到 2015 年的 5 月底，IF 加权 10 个月已经涨了 2.5 倍左右。当时，我在湖北出差，有一天的下午，记得好像是星期五，离收盘还有 15 分钟，我准备下单做多股指 IF 加权，可是不知道为什么，手机下单一直都没有成功。没有办法，我给公司的一个同事发指令让他下单，单倒是下进去了，也成交了，但是我用手机软件复核时发现单下错了，多单下成了空单，我赶紧让同事平仓。平完仓后，公司的这位同事有事情在忙，我用手机下单还是下不进去，但是可以查询，我看还有几分钟的时间收市，赶紧打电话让公司另外的一个同事帮我下单，结果这个时候，这位同事不知道是什么原因，竟然脚碰到地上的插线板，电脑断电了，等他搞好了插线板，电脑重新启动以后，股市收盘了，真是气死个人！不过，等周末休息，头脑冷静下来后，我感觉到周五的下单过程有点蹊跷，三个人都下不了单，建不了仓，可能又是老天爷在提醒我黑天鹅事件要来了。从下周一开始，我就密切关注股市的动态，随时注意股指期货可能的重大调整，收紧出场条件，减少杠杆倍数，密切留意是否出现顶背离的技术信号。

"怪不得江老师您去年接受某专业期货网站的采访时说，后来，在 2015 年的 6 月 15 日 11 点 15 分的时候，突然发现 KDJ 与 MACD 指标死叉，您马上就将手上的股指期货的多单全部平仓，成功逃顶。我之前以为您是夸张的说法，怎么可能逃顶能精确到分钟这个精度呢？原来是您半个月之前就发现有混沌的迹象，已经开始密切关注，实时准备大撤退了。"风控樊总说道。

除了股灾前半个月，我下单下不进去这样的玄乎事情以外，还有其他的因素也在提醒我黑天鹅就要来了。比如，2014—2015 这波股市大行情，从 2014 年 7 月开始，每天新增股民开户数都是在增长的，然而到了 2015 年的 6 月份，这个指标突然就不增长了，这就相当于新进入股市的资金量开始减少，市场上没有增量只有存量在玩了，还记得我们前面讲过的，增长的极限吗？其实，想要逃顶摸底，从技术上来说，我们要运用好背离技术，价格在涨，散户开户数在减少，实际上就是一种背离。另外，大家还可以去查一下当时的 MACD 指标，也是背离的——价格在上涨，MACD 指标却在走低。6 月 15日之前的那几天，股指的价格就是突破不了前期的高点，一直都在震荡，一直都突破不了前期高点，而且日 K 线的波动很大，有明显的上下影线，这些都是要变盘的前奏。6月 15 日 11 点 15 分，MACD 和 KDJ 指标突然出现了死叉，我记得非常清楚，我当时在长春，绝对的死叉，加上之前几个背离指标的出现，所以我当机立断平掉了自己与客户的所有的股指期货与股票的仓位。当然，背离技术只是一个必要条件，并不是逃顶、触底的充分条件，平时如果经常使用，效果并不好，因为逃顶以后，常常价格有可能还会创新高，顶后还有顶；触底以后，常常价格还会创新低，底后还有底。背离技术在快要发生黑天鹅事件的临界点时使用效果会更好。另外，2015 年 6 月 15 日股灾开始之前，还发生了一件老天爷提醒我们股民的大事件。

"还有什么大事情在股灾之前发生过，我们怎么不知道？"樊总问道。

那是因为你们对混沌事件没有敏感性。投资赚钱了，特别是赚了大钱、快钱之后，一定要居安思危，如履薄冰，此时，我们要时常反问自己：凭什么最近我们能发财？是我们最近勤奋、努力、奋斗了吗？还是我们为社会做了很大的贡献？还是舍得舍得，我们先扛住了巨大的回撤？可惜普通投资者，这个时候早已利令智昏，不但不躬身自省，反而还会坚决认为自己投资的水平高、消息准，结果贪得无厌，还要加仓，加仓，再加仓！加杠杆，加杠杆，再加杠杆！自己的脑袋天天被钱砸得晕晕沉沉的，怎么还会留意老天爷的善意提醒？对了，被钱砸晕，自信心爆棚，说话傲气，也都是要出现混沌的前奏。

大家去查一下 2015 年 6 月 1 日，就是在股灾之前半个月，全国发生了一件天大的事情：2015 年 6 月 1 日，在湖北省荆州市的长江上，"东方之星"客轮发生了倾覆，造成了 442 人死亡。相信大家都听说过了。

"江老师，我们当时知道'东方之星'客轮倾覆事件，不过这与 2015 年 6 月中旬开始的股灾有什么联系呢？"崔胜很不明白。

常人当然认为轮船倾覆与股灾没有任何联系。其实这个世界上，万事万物都是有联系的，特别是在即将触发混沌事件的临界点附近，你要特别注意，一旦发生奇异、反常的事情，你就要千万小心。大家应该听说过汉朝董仲舒的"天人感应论"吧，董仲舒认为，天人感应现象普遍存在，人类社会的治乱兴衰都会影响到天道的运行；反过来，天也会通过灾异或祥瑞来评判人间社会治理情况。董仲舒认为，这些灾异并不是平白无故出现的，它们是天对人间的警告。老话说，天不但会降下灾异来谴责人间的过失，同样也会降下祥瑞之兆来预示人间有德者的兴起。

"东方之星"客轮发生倾覆的第二天，我其实就在我们的投资群里提示过大家，可惜的是大家那个时候都忙着研究如何在股市里加杠杆赚大钱呢，哪有心思考虑这些反对的声音呢？请看下图，我当年在群里的留言（红框处）。

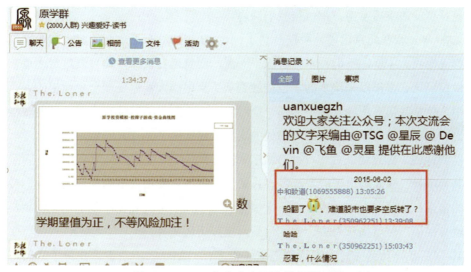

图 1501：2015 年东方之星客轮倾覆时的预判

"江总，'东方之星'客轮倾覆的第 15 天，果然股市就多空反转了，原来江总你就是通过观察这些日常灾异的现象逃顶成功的。2015 年的股灾太刻骨铭心了，很多很多的投资者，特别是配资炒股票的人，几天的时间，财产就灰飞烟灭。可惜多数人都没有看到你之前善意的留言提醒；不过如果自己道行不够，就算看到了，也不一定会感恩江老师您的，说不定还会埋怨您：就是江老师这张乌鸦嘴将股市行情说倒霉的，哈哈，我只是模仿一下！"清华吴总感慨。

哈哈，还是吴总了解人性啊！动听的谎言，难听的真相，所以我只能点到为止。

"东方之星"客轮倾覆，从某种程度来说，天启了股灾即将到来，这还不是最奇异的地方。最奇异的是：东方之星客轮倾覆后的那个"象"！轮船的头朝下、尾朝天倒扣在长江的江面上，有游客困在船舱里面出不来；与之对应的是股灾的"象"！大家还记得 15 天之后，也就是从 2015 年 6 月 15 日 11 点 15 分开始的，一直延续了三个月的这场股灾的最大特点吗？三个月左右的时间，60 多个交易日，一共出现过 16 次的千股跌停现象，平均 4 天就有一次，很多股民被困在跌停板的仓位里面出不来！

| 4 |

其实，在混沌发生的时候，亏点钱，哪怕是全部亏完都不算是最糟糕的事情，毕竟能用钱搞定的事情就不是大事情。一旦突破混沌临界点，有时候，老天爷不但要你的钱，还有可能要你的命。当钱这个维度不能均贫富时，老天爷可能会在更高的维度去解决问题。所以很多时候黑天鹅事件还包括：车祸、癌症、飞机坠毁、亲人离世等等，这些无论是事前还事后发生，都值得我们深思。

2009 年，我在北京出差，顺便拜访了一位 10 年都没有见过面的股市职业操盘手彭飞。彭飞比我大 4 岁，不但技术分析水平一流，而且道行很深，懂兴衰进退之道，彭飞是我做投资这么多年以来绝少的一位能做到从头到尾赚大钱后还能全身而退的人。1997 年年中，就是我第三次倾家荡产的那一段时间之内，彭飞不但没有亏钱，还能赚钱后平安退出。在随后的两年之内，彭飞和他的老板，连续做了好几只股票，进退有度，最后赚得盆满钵满。彭飞团队在 1999 年年底决定收手不再做股票，全部仓位平完后回北京发展其他项目，从此隐退于股票江湖，只留下了传说。我记得最为深刻的是他们最后离开时的情景：从罗湖火车站附近的一家银行取出了几千万的现金，装了十几麻袋，搬上了几辆奔驰车，然后扬长而去，整个情景，至今历历在目。

10 年后我拜访彭飞时，发现他苍老了很多，问他原因，他告诉我得了肝癌，最多还有半年时间。

　　"悔不该当初做股票的时候，赚了太多的昧良心钱，现在回头看，还是应该老老实实地去做一些安稳的事情，虽然发不了大财，但是至少没有性命之忧；现在倒好，钱是不缺了，缺的却是命，无福享受。当初做股票全身而退，退得太干净，该赚的钱赚了，该吐的钱却没有吐够，资金曲线太完美，几乎没有回撤，这次倒好，得了肝癌，老天爷让我一次彻底回撤个够！"他感叹地说。

　　"小江，听说你原来靠内幕消息炒股票，现在改为技术分析了，这很好。你这次能来北京看我，我猜你肯定是带着问题来的吧？一般研究技术分析 5 年以上的人，肯定会问一个问题：如何过滤趋势与震荡？因为趋势的时候我们都能赚钱，而震荡的时候我们要回撤，要吐钱回去，没错吧！我猜你会问我如何控制回撤，最好是没有回撤。小江，听我劝，这个问题，不要研究得太深，差不多就行了。只要你做到趋势来的时候赚的钱多过震荡时亏损的钱，赚一份吐半份，就可以了，不要太贪。那些没有回撤，一条直线向上涨的资金曲线，咱们且不要说有多大的实现可能，就算真有这样的资金曲线，你敢用吗？你不怕背后有坑吗？这就好像我们去餐馆吃饭，吃完饭，餐馆老板不但不收我们的钱，而且还倒给我们钱，我们敢要吗？不怕触霉头吗？投资赚钱，其实就像开餐馆等实业赚钱一样，都需要付出成本，员工工资、房租水电、管理费用、国家税收等等，这些都是需要支付的，支付了这些钱，账户上的钱自然就少了，权益资产自然就是在回撤嘛，为什么我们做实业的时候能接受这样的回撤，做投资的时候就不敢冷静面对呢？为什么我们一看到回撤就怕得要死呢？你做实业，开餐馆，如果你不支付员工工资、房租水电、管理费用、国家税收，你的公司能开长久吗？同理，你做投资，你研究的策略永远都不回撤，永远只赚钱不赔钱，能长久吗？交易系统与投资策略，正常的回撤，就是你支付的员工工资、房租水电、管理费用、国家的税收啊，你担心个啥？你应该高兴嘛，有付出才有回报！不管你是做实业还是做投资，你可以使用一些办法去控制成本节约费用，去合理避税，让资产少回撤一些，这些都能理解，但是不要太过头，过了就要违反天道，赚得差不多你就要吐一点出来才好，千万不要相信那些只吃不吐的鬼话，否则老天爷会在未来的某个时候让你一次吐个够，到时吐钱还没有关系，有可能还是吐身体、吐亲人、吐命等等，你的软肋是啥，老天爷就会让你吐啥。我以前不懂这些，现在懂这些也晚了，吐一条命买了这条经验。现在我将这个经验分享给你。可能这个时候你会不屑一顾，那是因为你还没有赚到大钱，还没有能够做到稳定地盈利，你还在投资的低一级的维度上打转转，不过，凭你的水平，未来肯定用得上。唉，我以前的老板的儿子去年就出事了，我今年又检查出了肝癌，现在想主动回撤，想去裸捐，恐怕都来不及了！可惜普通投资者不明白，还在拼命幻想没有回撤地去赚大钱，往死路上钻，趋之若鹜，拉都拉不回来。"

"小江，听我劝，不要老想去做加法，老想去加、加、加，你也要适当去做减法，偶尔放、放、放。加法谁都会，减法才是大智慧！不要去搞太完美的技术，太完美的技术，其实最大漏洞恰恰就是太完美！没有缺点就是最大的缺点！就算你有这个技术水平，你都要故意留一点漏洞，留一点缺点给交易对手，让别人也赚一点儿，大家都是上天的子民，在上天面前，大家都是平等的。如果都是你赚，你一直都富，连上天都会眼红的。上天急眼了，搞起人来，可都是黑天鹅式的不可逆的意外事件。我们这些专业做投资的人，和其他开餐馆、做实业的人还不一样，实业做大了，你的公司、工厂自然招聘的人员也会增加，上交的税收也会水涨船高，你的付出、你的成本、你的社会回报也相应增加了；投资不一样，你赚钱多了，还是那几个人甚至就是你一个人，赚100万元与赚几千万、几个亿，都是敲敲键盘，成本差不了多远。本来多回撤一点，就是上天在均贫富的一种平衡艺术，现在你倒好，还想千方百计地将回撤减少到零，你老是站在自己利益最大化的角度去考虑问题；如果我们换成上天的角度，你觉得老是这样干，假如你是上天，你会同意吗？上天也要留一点财富、一点机会给其他的子民吧，要不其他的人就吃不上饭，要闹事的。"

"彭飞老兄，听说你得了这个癌症，我很痛心，我觉得你还是不能轻言放弃，现在的医疗水平已经提高很多了，肝癌也有很多治好没有复发的案例，你还是要积极配合医生的治疗，不行到美国去治也是一个很好的选择方案。"顿了顿，我继续说，"至于您刚才说的这些道理，我现在四十岁了，也开始慢慢明白了，非常认可。我这些年除了研究交易技术以外，也开始找一些'道'的书籍在看，老子的《道德经》我最喜欢了，我还对各种玄学挺有兴趣的，对了，现代科学、物理学、相对论、量子力学、系统科学等我也有所涉猎。彭飞兄，你刚才说的这些道理，我从运气的方面去理解，你看看对不对？我们这些专业做投资的人，和其他开餐馆、做实业的人不一样，实业逐渐做大了，公司成本和社会责任就会逐渐增加，此时，实业就不再是一个人或者几个人的运气了，而可能是几百、几千个人的运气在支撑着公司发展；投资不一样，赚钱再多，还是那几个人，靠一个或者几个人的运气赚上个几百万、几千万可能还行，再往上去赚几亿、几十亿，原来的这点运气与德行，恐怕很难支撑得住。要么赚不到，要么赚到了也会掉下来，德不配位，必有灾殃。这应该也是专业做股票或者期货投资的人，很难长期稳定盈利的一个重要的原因吧。毕竟在这一行，运气的影响作用还是挺大的。我觉得物理学上有一个能量守恒定律，其实在投资上面，我们的运气也是守恒的，投资的运气守恒定律我总结为：运气既不会凭空产生，也不会凭空消失，运气只会从一种形式转化为另一种形式，或者从一个人转移到其他的人，而运气的总量保持不变。"

"小江，你说得很对啊！凭我多年的经验，我非常赞成你的运气守恒定律，你能有这样的认知，真的很了不起。我之前一直就很看好你，你术道兼修，投资之路前途无量！你不像我们是靠做股票走捷径取胜，你走的是正大光明之路，这条路虽然前面慢点，但是后面快啊，关键是能走远，睡得着觉。可惜我是看不到你辉煌的那一天了。希望你以后碰到那些妄想在投资市场走捷径快速发财，或者发了点财又像葛朗台那样抠门、不想回撤、不想回报社会的人，好好地、真心地劝劝他们，你可以拿我做反面例子。投资，技术不重要，德行才重要。这点，你在没有赚到钱的时候，肯定没有体会；当你投资赚到钱特别是大钱的时候，你就能深深地体会到了。希望领悟时，不要太晚，就像我一样。上天搞人真的不一定只是在投资这一维度，当你投资赚了大钱，你又懂点兴衰之道，逃顶成功，一点都没有回吐，你以为你聪明，错了！老天还会在其他地方、其他维度搞你的，就像我得了癌症、老板的儿子出了车祸一样，还不如当初，我们不要高位逃顶，股价下跌一部分再跑路，或者高位出来后赶紧捐钱做慈善，都不会出现在这样的事情。唉，后悔已经晚了，交易系统没有缺点就是最大的缺点、没有漏洞就是最大的漏洞。以前做投资，以为没有回撤能一条直线赚钱那是水平高；现在才知道，那是自作孽、那是找死。做投资，绝不能一条直线去赚钱，资金曲线正常回撤，涨跌有度、有频率有节奏感，那才是水平高！就算你真的技术水平高，真的能做到没有回撤，你都要故意回撤，故意留一点漏洞、故意留一点瑕疵给别人钻，特别是要留给上天看，那才是大智慧！"

对，对，对，彭飞兄，你说的这些，历史上真有这样的典故，我也遇到过类似的事情。以前年轻不太理解，现在开始逐渐理解其中的深刻道理。比如曾国藩，他的职场提携人肃顺被慈禧太后在北京菜市口杀头的时候，曾国藩不但没有受到连累，反而还升了官，为什么？其中有一个很重要的原因就是曾国藩在朝局变动的关键时候，之前正直且从没有纳过妾的曾国藩却在这个时候，主动纳了一名小妾，这是干什么？这就是主动示弱，主动展示自己的缺点给领导看，自己手握重兵，但胸无大志，好钱好色，没有异心，让朝廷放心。

"曾国藩平生谨慎，终生以儒学思想作为人生指导，花半开，月半圆，一直是他追求的人生状态。曾国藩的书斋都叫作'求阙斋'，真是大智慧啊！按照他的想法就是人世间不要追求圆满，宁愿抱守残缺，永远不追求名位的巅峰（结果他反而走得最高）。曾国藩不但自己这样做，还要求自己的亲属也这样做，他曾经给弟弟曾国荃写信："处大位大权而兼享大名，自古曾有几人能善其末路者？日中则昃，月盈则亏，总须设法将'权位'二字推让少许，减去几成，则晚节渐渐可收场耳……"

　　曾国藩真是一个很厉害的人，别人都嫌名利权少，他却嫌多，如果真多了他还要主动去减。佩服！佩服！我记得还有一个将军也是靠这招避祸的。秦朝的王翦，在秦始皇统一天下的过程中，王翦与他的儿子王贲表现得非常突出。而每次打仗之前，王翦都要向秦始皇要钱、要地、要房、要女人，表现得非常贪心好色，局外人都认为王翦年龄这么大了，还要这些身外的财物干什么，但是秦始皇反而非常开心，放心地让王翦带领六十万军队在外面打仗。与之对比的是王翦的前辈白起将军（在长平之战役中坑杀赵国降卒四十余万），他倒是很清廉，不贪财宝，但是最后却被秦昭襄王赐剑自裁了。

　　彭飞兄，我自己也有类似的经历。去年，我母亲想陪我外甥到北京旅游，看看奥运会，考虑到他们年龄大的大、小的小，路不熟，所以我帮他们制定了一个严密的旅行计划，每天去哪里玩、哪里休息、哪里吃饭等等，我都设计得非常周全，时间精确到分钟，计划可以说滴水不漏，没有任何瑕疵。但是，就像你刚才说的那样，没有瑕疵就是最大的瑕疵，计划定得太严密，反而不容易成功，上天总在你最严密处开个玩笑。计划还没有实施，结果我母亲带着我外甥在成都去机场的路上就出了车祸，最后也没来成北京旅游。不过还好，他们没有生命危险，我母亲换了股骨头，在医院治疗了一年多的时间。

　　"是啊，凡事不要算得太精确了，差不多就行了，你当时应该留给你母亲和外甥一些自己能灵活掌握的非计划时间，让他们自己变通处理，甚至你就只需要订个机票与住宿就好了，这应该都好过你太过严密的计划。人至察则无谋啊。我算得精，但是算不到癌症；长期资本算得精，但是算不到俄罗斯政府会国债违约，这些天机不可窥啊！否则，亏钱还是小事，像我这样还要亏命。投资策略，需要留点缺憾，留点瑕疵，留点回撤，才是正道。难得糊涂，大智若愚！其实，人真的是一个很奇怪的动物。做投资，钱慢慢地一点点地往回撤，人就会担心得要死；但是，开个餐馆一次要花个上百万，其实这就是一次性拿出的回撤的钱啊，未来餐馆赚钱还好，不赚钱的话，这个钱就打水漂了，回撤 -100%，但是餐馆老板似乎就没有那么担心烦躁了；对了，开公司的注册资本金，也是我们提前拿出来的回撤的钱，新开公司的老板拿出这个钱的时候还笑嘻嘻的，一点都不担心回撤。"

　　"看样子，回撤只是表象，希望与信仰才是本质。"

　　"小江，我刚才看了一下，其实你现在的交易系统已经很不错了，40% 左右的年化，30% 左右的最大回撤，1.3 倍的收益风险比，长期来看我觉得已经差不多了，最多还能降个 5% 左右的回撤，能达到 2.0 的收益风险比就顶天了，但是要付出特别大的艰辛与努力，而且你还不能过度拟合参数，否则就是自欺欺人，策略不会长久。你 3 年的平均卡玛比率为 1.3，已经非常优秀了，随着你交易时间以及跨越牛熊次数的增加，你的长期年化收益与长期收益风险比可能还会下降。不是你的水平不行，而是因为天道的制约。巴菲特世界顶级水平，他的50年的收益风险比（平均年化／最大回撤）还没到0.7呢，你比巴菲特还高一倍，你慌个啥呢？那些赌场里的赌徒与投资市场里的新人，连0.001都没有，很多都是负数呢，不是一直玩得挺欢吗？小江，你不要和年轻的业绩好的盘手比，他们的交易时间短，甚至一次跨越牛熊的经历都没有。时间短，只经历过牛市，没有经历过熊市，所以他们的回撤小，收益风险比大，这是很正常的，哪怕他们的卡玛比率几十、上百都是虚的，都是峰值，随着时间的推移，他们也会大幅下降的。他们的业绩不是因为水平高，而是因为经历少，经历过两个牛熊才有资格说自己的交易系统牛。其实，我觉得长期来看，平均卡玛比率，也就是平均的年化收益率／最大回撤，合理的数值应该就是1.0左右。俗话说的'一分耕耘一分收获'是经历过几百年、几十代人检验的，肯定有效，肯定长久。为什么没有'一分耕耘五分收获或十分收获'这样的俗语呢？因为长期看，做不到嘛，只能偶尔为之，原因就这么简单。1.0的收益风险比，符合天道，长期来看，既能实现又在安全边界之内；超过2.0，太高的收益风险比，既没有长期实现的可能，而且也会像我一样，最后挨一个天谴，被老天爷收了。我们当年做股票，收益风险比至少应该在30.0以上吧，最后我们还逃顶成功，没有回撤与吐钱的过程，肯定会遭天谴的。常人都想一把梭，上天却想一把收。人类一思考，上天就发笑。不要和上天比聪明。世上越是聪明的人，越追求超高的收益风险比，殊不知聪明反被聪明误。2.0以下的收益风险比，你是在和其他的投资者比聪明；2.0以上的收益风险比，你是在和上天比聪明，你能赢吗？"

"的确，一分耕耘一分收获，1.0左右的收益风险比，合情、合理、合天道。在这个基础上，如果你想多赚点，可以将最大回撤放大一些嘛，回撤大了，收益自然就增加了，想年化40%，风险偏好放到-40%就好了；如果你怕风险，想回撤小一些，将收益的预期搞小一点就好了，只想-10%的回撤，那么你的年化预期缩小到10%左右就好了，不要小看10%，那是复利不是单利啊。1.0的交易系统，进可以攻，退可以守，又安全又不怕天谴，多好啊。就怕人心不足蛇吞象，既想10%的回撤，还想40%的收益，甚至还想5%的回撤对100%的收益。哪有这么好的事啊，既想马儿跑，又想马儿不吃草，那就麻烦了，后面会出一堆事儿。投资本来是简单、容易的事情，结果被聪明的投资者的贪欲搞得既复杂又困难！投资不是没有赚钱的秘籍，而是没有贪得无厌的投资秘籍！"

兄弟，还真是这个道理：少就是多，多就是少，快就是慢，慢就是快。老子的《道德经》也说过，少则得多则惑。投资者应该先管好贪心，然后再去研究技术秘籍。不过，懂这些道理的人太少了。

"没事，像你一样，去多经历几次倾家荡产或者像我们这样挨了一炸，住进了医院，就彻底明白了。逆人性的道理必须领悟才能学习，光理悟是没用的。前人至多是埋一颗种子在他那里。彭飞兄，你一定会战胜癌症的。那你下一步有啥打算呢？"

"我嘛，现在是将死之人，还能有啥打算呢？我现在唯一的愿望就是我女儿能进北京的重点中学读书，其他都是浮云。我准备还是保守治疗算了，我可不想最后在医院里插管。我留点钱给我的女儿未来读书、结婚用，其他的都准备学习巴菲特，捐掉，然后去寺庙出家或者当义工，看看玄学能不能产生奇迹。"

你能看破红尘，捐完家产出家，那你最后肯定会没事的，老天爷会保佑你的。你有钱做善事，很是羡慕。我还在创业阶段，等我未来稳定盈利后，也准备做慈善，主动回撤。我准备捐献寺庙，不过我准备捐钱给那些偏远小庙里的苦行僧，他们远离世俗，专心修行，我很是感动，听说中国有十几万这样的僧众；另外，我还想捐款给在投资市场上倾家荡产的人，我曾经也是他们中的一员，个中滋味我最有体会。

"没有什么钱也可以做善事的，我捐钱是财布施，你可以捐知识啊！你不是在研究投资稳定盈利的真正秘籍吗？研究好了，你可以教给那些在投资市场上迷茫、彷徨、痛苦、找不到方向的人啊，你这叫法布施，比我的财布施的功德还大呢！你教好了，还可以在一个山清水秀的地方搞一个书院嘛，就像什么岳麓书院、白鹿洞书院那样。我知道小江你是一个有梦想的人，可以去追求'为天地立心，为生民立命，为往圣继绝学，为万世开太平'的崇高的理想。钱都是身外之物，天之道都是损有余而补不足，既然老天爷一定会这样做，那还不如我们主动去这样做，越早做越没事，还会越增加运气。我个人认为，当你的资产一旦超过社会平均财富的两倍以上，你就要开始考虑这件事了。不要像我们这样，没有人教，不懂，反应慢了，现在才被迫去做这件事，恐怕已经来不及了。天道好轮回，因果报应不爽啊。"

| 5 |

时间再次回到了 2022 年的深圳课堂。

"江总，怪不得你从 2010 年开始就免费讲投资理念课，做法布施，原来是因为彭飞的这个原因吧。现在你还研究出一个投资心学的天道计算公式，形象直观地展示了天道的边界，一旦越界，瞬间倾家荡产。常人可能不知道你的天道公式有多值钱，我学金融的，我可明白这里面的价值。现代金融学都是建立在概率论与数理统计的基础上的，金融工程、期权模型、套利理论、对冲原理等等都使用到了正态分布，但是碰到了极端行情、流动性危机等黑天鹅事件，这些理论都是束手无策的，只能归结为运气不好，碰到了几千年才会出现一次的小概率事件。殊不知，现在江老师用他研究的天道公式形象地告诉了世人，人类的行为，在天道边界之内，黑天鹅事件发生的概率的确很小；但是一旦越过了天道的边界，这些黑天鹅小概率事件就会变成了白天鹅的必然事件，一定会发生！而且还是瞬间发生，根本没有回旋与挽救的余地。我料定，江老师的投资心学天道公式未来的应用肯定非常广泛，因为一旦我们可以计算出天道的边界，那么像我手下那些管理大资金的基金经理，完全可以用得上：在天道边界之内，我们可以放杠杆去尽量博取大的收益，而天道之外的收益，我们不去妄想追求，赶紧做减法，这样就不会再发生黑天鹅事件，这样就不会因为肥尾效应而倾家荡产，这不就是孔子说的：随心所欲不逾矩吗？这不就是我们以前钻研《易经》所追求的东西吗？江老师，我觉得你应该去申请一下诺贝尔经济学奖，去为中国争光，这样的话可以法布施帮到更多的人。"清华同学吴总评价说，"有了这个投资心学天道公式，美国长期资本公司就不会倒闭了，它要么选择不接这么多的资金，要么选择不要 40% 那么大的增长率（西蒙斯的大奖章基金在 100 亿美元的时候就选择主动封闭了，不再对外接资金，只对内部的员工开放）；有了这个投资心学天道公式，胡雪岩、沈万山等富豪也不会在富可敌国时很快就倾家荡产，和珅、刘瑾也不会选择贪污那么多了，大家都在一定的'度'之内安全行事；有了这个投资心学天道公式，江老师也不会三次倾家荡产，彭飞、刚哥等人也不会英年早逝了，因为大家都能掌握赚钱的节奏，控制住交易与迭代的次数，不会过度交易；有了这个投资心学天道公式，股神徐某、罗湖首富、红跑美女、傅小俊、逍遥哥、刘汉、袁宝璟、魏东等人就不会疯狂。江老师的投资心学天道公式是投资者掌握分寸、把握火候的投资利器，是真正的风控秘籍，真的太值钱啦！对了，江老师，你帮我算算我管理的基金天道边界安全吗？"

老同学，谢谢你的欣赏与赞誉。不过你管理的基金还不能直接用我们现在讲课的天道公式来计算，不仅仅因为是你管理的基金规模太大，而是因为我们现在讲课展示的这个公式是单运的天道公式，也就是说这个公式是针对单个投资者或者一个小投资团队的天道公式。当我们管理的基金规模很大或者公司兴旺发达，涉及的员工、客户等利益相关者很多的时候，要使用修正后的多运的天道公式，一个人的运气与德行，肯定支撑不住我们做得太大，肯定支撑不住我们走得太远，肯定不能和几百、几千个人的累加运气与德行去相提并论。回头我带着多运的修正后的天道公式到你的公司去找你喝茶吧。

"太感谢了，没有想到江老师你的天道公式还有单运与多运之分，不过还真是这个理儿。一个人操作一个单账户做股票炒期货，偶尔某些年赚点大钱可以，但能做到长期稳定盈利的，根据我几十年的经验，其实是凤毛麟角或者没有的。单独公式中，一个人的运气与德行的确很难支撑他在投资道路上走得太远。长久之计，还是要搞公司，要搞私募基金，这并不只是表面上的做大做强问题，而是集运、润运的问题，要将千百人的运气、德行与内功集中起来，才能一致对外，稳定发展，才能逐步上台阶。江老师，这也是你研究投资玄学的一部分吧，这些你都考虑到了，真的很佩服。你的东西不但投资用得上，实业也用得上，应该是各行各业，体制内体制外，都能用得上。这些可是天机啊！特别是在公司的某个发展阶段，该集多少人的运气，以及在这个规模、运气之下，公司增长的实时的天道边界是多少？公司战略高层特别需要这些数据。离边界太远，发展慢了，浪费了资源，可惜；然而一旦越界，发展快了，会出黑天鹅事件，一招不慎满盘皆输，很可怕。江老师，你研究的这些东西太值钱了。热烈欢迎你尽早来我公司做客并指导工作，我们来个煮酒论天机。"吴总邀请道。

谢谢吴总的盛情邀请。

其实刚说的这些，在投资心学中级视频也能找到一部分的答案，投资心学那个去非公式：E（去非势能）＝ mgh（其中 g 是一个常数），一个人的运气不足以支撑 m（财富）与 h（社会地位知名度）双高的，你要么闷声赚大钱，要么清廉赚名声。若想两者都同步增长，你就必须润运与集运，集中他人的运气才能共同发展进步。大家有兴趣，可以去网上找我以前讲的投资心学中级视频看一下，这里就不再赘述了。

长期看，以利他之心做事，最终才能利己！

好了，复利增长与天道边界我们讲得差不多了，我们总结一下：我们做投资其实就是靠复利增长来赚大钱的，而不是靠某一次或者某一个时间段的暴利去赚大钱的。复利增长的特点是暴利，但是前慢后快，而且越来越快、越来越暴利。为了能够保持复利增长，为了以后能像巴菲特一样成为股神、期神，我们必须做很多事情，而不是简单地搞一个进出场的策略。**投资心学告诉我们：一定要有一套量化交易系统，才能保证交易的一致性，才能保证概率优势，才能一直复利增长；我们要有强大的内功心法，要有等待力，要能扛回撤，能熬时间，这才能在回撤期克服恐惧，才能保证坚持、坚持、再坚持，才能保持复利增长的不间断。**

就连我们之前强调得很多投资环节其实都是在为未来的复利增长而服务的，本质并不是在环节本身。比如刚才迅迅同学悟到的，守正出奇我们要搞一个小账户，专门拿来"出奇"用的，这个小账户追求快钱以及几倍几十倍的暴利。其实这个小账户不是真的期望大家能赚到大钱（赚到更好，但这主要看运气；另外，没有守正的本金的时候，也需要小钱出奇去赚守正本金），就算赚不到这个快钱与暴利，也没有关系，小账户的折腾操作可以打发大账户复利增长的闲暇时间，小账户的真正目的是帮助大家度过枯燥无聊的复利爆发前的等待期。又比如，投资一定要设置止损，一定不要重仓交易，其实这些也是为复利增长服务的，而不是真怕大家在某一次的亏钱，因为就算某一次亏完了，只要精神不滑坡，还能东山再起。我们真正可怕的是，如果我们重仓交易又不设置止损，在复利增长迭代的过程中，已经熬了那么多年、那么多次，但是只要你有一次失败，就会打乱复利增长的节奏，前面辛辛苦苦的多年积累，眼看复利就要爆发了，却因为你的一次违规操作就瞬间付之东流（比如橡胶大王傅小俊十几、二十年期间辛辛苦苦赚钱积累的 1.2 个亿，后来一次重仓交易，只 10 天就亏完了），多可惜啊，你又得从头开始重新积累。重仓交易不设置止损，亏的不是钱而是时间！大家想想，我们的一生能有多少复利增长的时间呢？我们能有几个 20 年呢？

另外，为了复利增长，我们还必须把握好赚钱的节奏与"度"，既不能少也不能多，要刚刚好。复利增长少了、慢了，浪费资源；复利增长多了、快了，违反天道，触发红线！我们事先要用投资心学的天道计算公式，确定在自身现有条件之下复利增长的天道边界，防止肥尾效应。复利增长的本金太多、单次增长率太快、迭代的次数太多等等，最后都有可能复利增长不下去，瞬间发生黑天鹅事件，前功尽弃。

还有，在复利增长的过程之中，我们尽量不要干涉量化交易系统的运行，哪怕你真有这个技术能力也不行。我们的量化交易系统是保证我们能够复利增长的核心，也是我们在长期历史大数据统计的基础上，研发出来的适合自己风险偏好的工具，是我们捉老鼠的笼子。量化交易系统可以保证了我们在大数据（100 笔交易以上）、大时间段（2 年以上）上是稳定盈利的，但是并不能保证我们每次、每天、每周、每月的下注都是能获胜的。任何交易系统都是有回撤的，资金曲线都是涨涨跌跌的，带节奏感的。很多投资者，由于内功心法不够强大，在资金曲线的正常下跌阶段，恐惧心启用，而在资金曲线的上升阶段，贪婪心又被激发，特别是越聪明、技术越好的人。比如那些骂昆哥基金的人就是如此。多数人只适合当参谋，并不适合当将军，将军最需要的不是技术，而是勇气与信仰。频繁更换策略，过度优化参数，浮盈加仓、重仓交易，随意增减强弱品种的权重，死扛不设止损，追高增加本金，贪小便宜逃顶触底等等，这些都是在复利增长的过程中投资者容易犯的错误，都是在近期的小数据的基础上，在内功心法不够强大的诱导下，临时做出的不理智行为，都会打断复利增长原来的节奏，是短视、耍小聪明的做法。赌场老板，绝对不会只根据几天的数据就去修改百家乐的游戏规则；我们捉老鼠，一两天捉不到，就去频繁更换老鼠笼子，行吗？短期看，我们做投资，交易的标的物是股票、期货、期权等品种，从长期来看、从复利增长的角度看，我们交易的标的物是信仰！我们要坚信我们的量化交易系统是长期稳定盈利的，我们要坚信未来一定能靠复利增长的爆发去赚得盆满钵满。

当然，量化交易系统不是不能修改，但是我们必须在脑袋清醒的情况之下，事先制定一个"修改流程"，不能临时起意随便修改，不能凭感觉、凭近期小数据进行修改。

"江老师，您说从长期、复利增长的角度看，我们交易的标的物是信仰。我认可，但我是一个没有信仰的人，如何扛得住回撤呢？"崔胜问道。

你缺的不是信仰，而是内功心法的修炼，我们投资心学的内功心法掷骰子游戏就是帮助大家建立信仰的。任何人都是有信仰的，至少已经有一个。为了信仰，你啥都能舍得，甚至是生命，更别说是扛回撤了。

"人至少有一个信仰？我不太相信，您说的是钱吗？钱真不是我的信仰，更不可能为了钱去牺牲我的生命。"崔胜不服地说道。

任何人都自带一个信仰，不是钱，而是自己的孩子，为了孩子，你可以……

我们继续讲，就算我们的交易技术再好，内幕消息再多，投资策略世界一流，也不要刻意去追求一个过于完美的量化交易系统，因为赚钱后的回撤，是老天爷均贫富的手段，是我们赚钱所需的成本，相当于开餐馆的前期投入，相当于开新公司的注册资本金。任何事情都不可能不劳而获，实业不行，投资也不行，坐享其成，躺赚的事情干多了，干久了，必然会出大事。过于完美的东西，是在和上天比智商，是在挑战天道，头上三尺有神灵，小心挨天谴。老天爷就算在投资领域放过了我们，也会在其他的地方、更高维度上打击与收拾我们，意外事件防不胜防，人都快没了，还怎么去做复利增长？巴菲特与同龄人相比，是技术高吗？不是！是活得久！我们越是技术好，越是水平高，越应该居安思危，战战兢兢。就算没有回撤，我们都应该主动回撤，主动去慈善捐款；没有漏洞，也要创造漏洞，故意留出瑕疵，留点赚钱的机会给别人。聪明并不聪明，厚道才真聪明。聪明的人，只是眼前算得精，厚道的人知道应该放弃眼前的一些利益，以期走得更远，活得更久，复利增长眼前这点利益与未来复利爆发后的收益相比，简直是九牛一毛。在表 1501 的基础上改进为表 1510，请看下页。

假如有本金 100 万元，现在是复利增长的第三年，到第三年时权益有 195 万元，到第四年的年初，资金曲线开始回撤，假设回撤幅度 30%，也就是掉了约 60 万元。60 万元，多吗？与 195 万元相比较，似乎有点多，但是正是因为你有了这个回撤，有了这个吐钱的过程，老天爷看你有赚有赔（100 万元本金三年赚了 95 万元，吐回去 60 万元），比较满意，你在上天面前保住了复利增长的这个资格，然后通过复利滚到了第 18 年的年底，你已经有了 5551 万元（见表 1510 最下面一行）。到了第 19 年，你一年就赚了 1381 万元（6938-5551），现在再回头去看当年的 60 万元，还多吗？如果当年我们耍小聪明，妄想省掉这 60 万的回撤，妄想只进不出，妄想一条直线无回撤地赚钱，最后得罪了上天，丧失了复利增长的机会，60 万元与 5551 万元的权益以及每年高利润相比较，你真的聪明吗？假如我们的运气、德行非常好，与股神巴菲特一样，100 万可以无病无灾无破产地复利增长到第 59 年，大家知道那个时候我们的权益将是多少吗？5520 亿元！第 60 年一年的利润就是 1300 亿元！当你再对比回看第 4 年的回撤 60 万元，你不觉得当年耍小聪明妄想省掉这个回撤的想法多么的幼稚与可笑吗？与幼儿园的小朋友争抢玩具有什么区别呢？

"江老师，看样子以前我们这些表面看似聪明的投资者还是太肤浅了，复利增长太厉害了！我们现在要做的一切，都是为复利增长而服务的，并不是为了现在就拿结果，而是为了未来花开以后再结果。江老师，看了表 1510 以后，真的震撼到我了，不过，我们真的能做到吗？"福建老严将信将疑地问道。

老严，多数的投资者，在不了解复利增长威力的时候，认为 25% 的年化太少了，提不起兴趣；而当知道了复利增长威力的时候，又开始担心我们做不到。人性啊！真的是：未得之，患得之；既得之，患失之！大家请回看图 0112 吧。

表 1510：复利年化与固定单利的收益（单位：万元）

0	1	2	3	4	5	6	7	8	9	10	11	12	13	14	15	16	17	18	19	20
0.25	0.25	0.25	0.25	0.25	0.25	0.25	0.25	0.25	0.25	0.25	0.25	0.25	0.25	0.25	0.25	0.25	0.25	0.25	0.25	0.25
																				18976598
																			16181278	17976598
																		13945023	15181278	
																	12156018	12945023		
																10724814	11156018			
															9579852	9724814				
														8663881	8579852					
													7931105	7663881						
												7344884	6931105							
											6875907	6344884								
										6500726	5875907									
									6200581	5500726										
								5960464	5200581											
							4768372	4960464												
						3814697														
					3051758															
				2441406																
			1953125																	
		1562500																		
	1250000																			
1000000																				
								5960464	7450581	9313226	11641532	14551915	18189894	22737368	28421709	35527137	44408921	55511151	69388939	86736174

巴菲特能做到，我们也能做到！图 0112 是我们投资心学学生全国展示的那个实盘账户的资金曲线，最近这个账户的最高净值已经达到了 12.3，这个账户从 2012 年的年底到现在一共展示了九年半的时间。大家去对比一下表 1510，看一下上面的第 10 年的数据是多少？

"表 1510 中，931 万元，折合净值是 9.31。"老严回答道。

对嘛，图 0112 我们的实盘账户用了 9.5 年就将净值做到了 12.3，还超过了表 1510 上面 25% 年化对应的第 10 年的净值 9.31。老严，这说明了什么？

未来我们不知道，但是至少在前面 10 年的时间里，我们已经用图 0112 实盘的真实大数据告诉了世人：复利增长完全是可以做到的，而且还是超预期地做到了。所以我们坚信未来的 10 年、20 年、30 年甚至更长，我们也能够按照复利增长的方式一直倍增下去，大家根本不用担心。

总之，只要大家对待复利增长就像对待自己亲生的儿女那样有信仰，那么你肯定就知道应该怎样做了。从呱呱落地、牙牙学语到大学毕业，再到结婚生子，我们用心呵护，切忌拔苗助长。比如，你的孩子生病、考试不及格、闯祸和打架了等等，这就相当于是在回撤啊，你此时会选择平仓不要你的儿子吗？又比如，复利增长第 5 年，就相当于你的儿子女儿才 5 岁，你愿意打断他们的学业，让他们出去挣钱吗？此时又能挣多少呢？最可怜的是，很多人打断了复利增长（相当于打断了儿女的学业，让其去摆摊赚钱），挣了一点儿小钱，还蒙在鼓里，扬扬得意，到处炫耀，自认为聪明。

你不用问我怎么做，你对自己的孩子怎么做，就对你的投资怎么做！投资就像养孩子，准没错！

时光不语，静等花开，相信复利的威力，相信时间的力量，相信信仰的力量！

第十六章：交易原理

普通投资者只有眼见为实的常识，只知道物质性，这是一个严重的错误。做投资几千几万次，你必须随缘适变，掌握概率性。不但万事万物既有物质性，也有概率性，更要掌握投资一致性的底层逻辑，通过大道至简的主交易方法，严格按照事先制定的量化交易系统的规则出牌。

| 1 |

"江老师，我还是想再请教一个老生常谈的话题。多数的投资者做投资，并没有100万元，甚至连三四十万元都没有，比如我们这里的张林同学估计5万元都没有，还有我们的舒月同学倾家荡产后急着赚钱翻本去还债。大家做股票特别是期货投资的初心就是奔着江老师您帮牛海2014年股指期货一个月就赚20倍以及棠哥、茂哥2010年的棉花1000倍的暴利收益去的。其实，这也能理解，缺钱，谁都慌，谁都急，哪里还有耐心等上个十年二十年的。学了前面江老师您传授的知识以后，我们也知道去赚又快又多又暴的钱是不对的，机会少不说，也会违反天道，将来的某一天肯定会因为黑天鹅事件而爆仓。但是现在急啊，过一天算一天，哪有心情管以后呢？江老师，像这样的情况该如何处理呢？我们如何处理好发展与稳定两者之间的关系呢？投资做到既能安全稳定又能快速暴利。"崔胜还是不死心地问道。

崔胜的问题，还真是一个问题，代表着多数投资者的普遍需求，尽管我们前面也讲过很多次了，这里我还是重复讲一讲吧。其实江老师当年也是冲着股票、期货可以暴利才冲进投资市场的。现在江老师并没有让大家不要暴利，江老师本人也随时在关注市场上可能产生暴利的台风机会，要不然我在2014年11月怎么会吼着让大家进场呢。不过见山是山见水是水，经过了血淋淋的教训后，江老师眼中的暴利与普通投资者眼中的暴利是不一样的。江老师眼中的暴利是不会爆仓的暴利，江老师眼中的暴利是非幸存者偏差的暴利；江老师眼中的暴利是可以复制的暴利，江老师眼中的暴利是试错成本很小的暴利。

其实2010年的棠哥、茂哥，2014年的牛海，他们之所以能暴利成功，多多少少和运气有关系，棠哥、茂哥的棉花赛道刚好碰到了2个月一倍多棉花的暴涨行情，牛海碰到了股市七八年一遇的大行情，时势造英雄，没有大行情的支撑，再大的本事也没用。另外，有大行情，节奏不对，你也捉不住，比如今年2022年3月的妖镍，尽管几天也翻了倍，甚至比2010年棉花的行情还要大，但是沪镍上涨与下跌的节奏不对，涨的时候天天涨停，你买都买不到，更不要说是浮盈加仓了，跌的时候又是天天跌停，你知道止损、止盈也没用，你想出也出不掉，庄家炒作厉害，国家的监管更厉害。像这样的妖镍行情，尽管特别大，但你的交易系统不适合，也没用，你也赚不到钱。所以说棠哥、茂哥、牛海等人，他们运气好，在恰当的时间、恰当的地点，碰到了恰当的台风大行情。

但是，如果我们直接就下结论说，棠哥、茂哥、牛海完全就是幸存者偏差，这也是不对的，因为幸存者偏差式的成功是复制不了的，就像彩票中大奖一样，彩票游戏的期望收益（数学期望）为负，长期玩，一定会输。棠哥、茂哥、牛海的成功，不完全是运气使然，不完全是幸存者偏差，有复制成功的可能性部分，这也是我们张林、舒月等这些急着要赚快钱的同学们真正可以去学习的部分，而不是去学习棠哥、茂哥、牛海他们的运气部分，因为运气与幸存者偏差是不能复制的。

这个世界上有三种类型的事，涉及本事与运气，大家要清楚知道，我标注一下：

彩票、赌徒等	投资	高考、技术工种等
100% 运气	X% 运气，Y% 本事	100% 本事

彩票、赌博这些游戏项目的期望收益是负数，所以要在这些地方去盈利，你只有靠运气，靠本事绝对是要输的，因为你的对手方——彩票发行者、赌场老板才是靠本事的，他们靠本事去赚彩民与赌徒的钱，他们不可能输，他们输了，这些游戏早就玩不下去了。

高考是一个基本上公平、公正的地方，你只要有真本事，高考的时候考一个高分，未来如被清华、北大等名校录取，前景会很光明。高考里面的运气成分很小（尽管也有一点），对最后的结果影响很小。当然社会上还有很多技术上的工种，比如精密焊工、厨师、电脑工程师，比如航空、航天、航海工程师，他们基本上都是靠本事吃饭的，运气对他们来说几乎可以忽略不计。

前面两类事情，大家都容易理解，最麻烦的就是投资，它处于中间，投资的成功既有本事部分，也有运气部分。理解极端不难，理解中间才难。成功之中，到底多少比例属于运气，多少比例属于真本事，X% 与 Y% 到底是多少，真的很难确定。而且加上人性本我的原因：人成功时喜欢找内因，全部归功于本事；失败时喜欢找外因，全部归咎于运气，所以一个投资成功的人，你很难找到他真正的成功原因（他自己其实也看不清楚）。所以我们要想学习一个成功的案例，必须头脑冷静，找到案例成功的本事部分，而剥掉其运气部分，因为运气部分无法复制，我们只学习成功的可复制的本事部分。

棠哥、茂哥、牛海的成功，至少一半以上属于运气，这方面我们无法复制；但是另外一半属于本事的部分，我们倒是可以学习一下。比如，棠哥、茂哥在抓住棉花之前，也经常试错其他期货品种，经常研究基本面的数据，甚至去田间地头现场调研，牛海虽然不懂投资，但是在找江老师帮忙之前，也付出了很多，跟着江老师很多年，有感情，经常收听江老师的网络互动交流会等等。

分析海棠、广茂、牛海成功中的本事部分，并结合投资市场上的其他暴利成功的案例，在能控制住风险与试错成本的情况之下，江老师帮大家整理出一套比较完整、科学的暴利赚钱的方法。

投资的原则是守正出奇，这才是解决崔胜问题的关键。钱少的投资者尽管钱不多，也不能破坏了这个原则，因为你必须从小钱开始就要养成正确的投资理念与交易习惯，否则等你未来钱多了，你也改不过来。尽管此时张林、舒月等同学的钱还不多，但我们仍然必须以守正为主，没有钱守正怎么办，做模拟盘，申请 100 万的模拟账户去建立量化交易系统，去靠年化 25%～30% 的收益率去复利增长，为未来用真钱操作打好坚实的技术基础。在做好模拟交易守正的同时，我们可以另外开立真实的投资小账户，等待出奇的台风大机会的到来。这里面大家要注意一个关键点：出奇的关键不在出奇，而在守正，因为台风来了，任何策略、方法、技术都能赚大钱，你必须学习发觉术而不是转化术，发觉术就是我们在做模拟盘的那个量化交易系统，而不是其他什么神秘的技术、指标、参数与战法。我们守正的量化交易系统除了自己本身在复利增长以外，还有另外一个重要的作用：它可以事前、自动、大概率、低成本、非遗漏、可复制地将那些有较大可能来台风行情的投资品种给过滤出来（见图 0903），然后再用我们投资心学全梭哈或者自造期权的交易方法进行第二道滤网的筛选，最终确定我们出奇的交易标的物，然后将我们小账户上的有限的子弹打出去，去博取一次几倍、几十倍甚至上百倍的收益。如果小账户全仓出手，暴利失败了，不要紧，还有几次机会止损（全梭哈也有止损机制）。另外，小账户上几万、十万的本金，做其他实业甚至是上班拿工资都能又挣回来，等模拟盘有了其他暴利品种后再战。如果小账户全仓出去后，暴利成功了，我们必须戒骄戒躁，一定要牢记，我们之所以能快速暴利成功，除了自己稍有一点本事以外，主要原因还是因为自己运气好，我们要感恩，是因为我们缺钱，本金少，上天自动均贫富，才给了我们这样的台风大机会，天道损有余而补不足，当我们的本金增加甚至超出了社会的平均财富的时候，抓住暴利的机会就越来越少（上天还要照顾其他的缺钱的子民），我们手上刚挣到的几十万、一百万应该马上转为主要靠本事吃饭的复利增长的守正的投资本金，开设一个实盘的大账户，停掉模拟盘转为实盘，正式开始量化交易系统与分散组合投资，去追求年化 25% 左右的复利收益。如果我们不能随缘适变、实时收手，还想着拿 100 万元又去博取下一次的台风暴利，那么很快就会产生混沌黑天鹅，哪里挣的钱哪里还回去，竹篮打水一场空。关于这点，大家可以用我们投资心学的天道计算公式去验证一下，当我们只有社会平均财富的 10% 的时候，增长率可以达到 20 倍左右，而且可以迭代很多次都不会产生混沌现象。其实，现实的真实交易案例也是这样的，棠哥、茂哥，除了 2010 年的棉花，你们还发现他们后来在其他的品种上又挣了 1000 倍吗？没有了吧！能保住胜利果实都已经不错了。其实有了暴利的胜利果实，然后去慢慢地复利增长，又不会产生混沌，多好啊！靠运气挣的钱，要尽快转到靠本事挣钱的地方去，否则老天爷有 100 种方法收割你！这点大家要学习牛海，人要有自知之明。棠哥、茂哥他们的道行也很不错，不留恋于暴利，而将主要工作转为授课、出版与培训，这些都是我们学习的榜样。

与此同时，你仍然可以留出小部分钱放到小账户中去，当作下一次台风机会的暴利本金。当然，如果之前你运气太好，像棠哥、茂哥那样，一次暴利太多（赚上亿），那你一定要将大部分的钱取出来，不要再做投资了，而是分散组合到房产、固收、定期、黄金、店铺等等，都搞一些，鸡蛋不要全放到证券投资一个篮子里面。大资金资产配置最重要。崔胜，你刚才的问题，我这样回答，你满意吗？

"我听懂了，答案很满意。不过，我还想问两个问题。"崔胜说道，"按照江老师您的意思，我们那个出奇小账户里面的钱，如果赚得非常多，就要出金，出金的钱可以放到守正的大账户里面去复利增长，如果还有很多，就去搞诸如房产那样的其他投资。江老师，出金后小账户里的钱如果太少了，是不是会影响出奇的效果呢？"

一点都不影响出奇的效果。棠哥、茂哥他们在 2010 年的棉花行情中，10 万元就博中了上亿元。不过，常人就想当然地类推认为，如果当时有 100 万元，岂不是能赚上个

10 亿元，这是一个典型的没有随缘适变的错误。10 万元最多可以博中上亿元，这没有问题，但是当你出奇的本金太多，比如 100 万元的时候，由于天道的制约，你不但赚不到 10 亿，还有可能在增长的过程中瞬间倾家荡产，这可不是简单的乘法问题哦。所以出奇小账户里的钱一旦赚多了，一定要出金，只要能保证下一次全梭哈或自造期权的本金就可以，千万不要贪多，出奇账户的钱一次一般就是几万元到三四十万元就可以，每次做完一个品种，赚了，就出金；亏了，就补进去。而守正的大账户就不要出金，因为它是靠投资组合进行复利增长的，不是靠一两次出奇的暴利赚钱的，我们投资心学学员的大账户里面的金钱，是经过投资心学天道公式计算过的，不会出现黑天鹅事件。

　　"账户里面的钱，有的时候几十上百万就必须出金，有的时候几百几千万都不用出金，这里面的深刻道理，不来听课估计永远都不会明白的。江老师，我还有一个问题，您刚才建议没有什么钱去守正的投资者，先去做模拟盘，但是模拟盘本身没有钱赚，肯定不刺激，没啥乐趣，很难坚持啊。"崔胜回答道。

　　那就没有办法了。模拟盘的量化交易系统，表面看的确不能直接赚钱，但是其作用比直接赚钱还重要！量化交易系统本身就是发觉术，做好了模拟盘，你才能发现台风机会去全仓干，你手上掌握了台风机会，用其他任何转化术都是能赚钱的；相反，如果你只对直接赚钱的转化术有兴趣，轻视作为发觉术的模拟盘的量化交易系统，那你去找哪个品种做全梭哈呢？你总不能再去找 2010 年的棉花与 2014 年的股指吧。你也总不能随便抓一个品种去全梭哈或者期权交易吧。随便抓一个就全梭哈的下注方式，期望收益肯定是负数，肯定做不到事前、自动、大概率、低成本、非遗漏、可复制地捉台风。

　　轻易全梭哈，不是在挣钱，而是在送钱。当然你可以直接问江老师押注哪一个品种，但你也得经常请江老师吃饭啊，这也要花钱付成本啊，哈哈！万一下次台风行情要一年以后才来，你能坚持请江老师吃一年的饭吗？有陪吃陪喝的功夫，为什么不做模拟盘自己去发现台风大机会呢？江老师的投资方法可以帮富人，也可以帮穷人，但是永远都帮不了懒人。

　　投资市场，一年能够有暴利的机会真的并不多。知道大家很急，急着赚钱去买房、买车、结婚、生娃、还高利贷，但是财不入急门，这是天道，是自然规律。你急着去发财，往往让别人靠你的急发了财。《道德经》："孰能浊以静之徐清，孰能安以动之徐生"。慢慢等，浊水一定会变清；慢慢等，小树苗终将长成参天大树。实业需要着急的力量，但投资更需要安静的力量。

　　在日本有一则广为流传的"杜鹃不啼"故事，描述了日本战国时代的三位传奇英雄。一只杜鹃不唱歌，织田信长说："如果杜鹃不唱歌，我就杀了它们。"丰臣秀吉说："如果杜鹃不唱歌，我会想办法诱惑它们唱歌。"德川家康却说："如果杜鹃不唱歌，我会等到它们唱。"德川家康正是靠着这种安静的等待力得以出人头地，终于等到了最后的胜利。

| 2 |

技术高手罗菁秋举手说道："江老师，我现在已经非常认可复利增长，大钱只能守正，大钱肯定是不能追求每年太高的年化收益率的，只能靠每年不太显眼的年化，悄然无声地复利增长，闷声发大财。我也特别认可'孰能安以动之徐生'这句话，复利增长就像自己家门口盖的高楼大厦，没盖好之前，平时你都没有留意到它，它却在悄然无声地拔高，直到有一天猛然就出现在了你的眼前。"

他继续说："其实我挺佩服老天爷的！钱少的人，你的投资主要是靠出奇——因为一年赚个几十倍，也不会发生黑天鹅事件，你需要赚快钱去养家糊口，这意味着你要付出，要将时间、精力放在模拟盘上面去发现台风机会，要掌握发觉术而不是转化术，否则胡乱下注，死得很惨。钱多的人，你的投资主要是靠守正——既然你现在有钱了，就不要和穷人去争利，要将快钱与暴利的机会留给钱少的人，否则你很可能碰上黑天鹅事件。这意味着，钱多的人应该追求复利，悄然无声地增长，要将眼光放到五年、十年、二十年之后。老天爷真的好厉害啊，这么多的投资者，每个人的情况都不一样，老天爷是如何兼顾与平衡各方面的需求与利益的呢？我想应该还是自然规律和市场的资金守恒定律在制约着。"

"还有，我这些年做投资挣了两三百万，未来我就准备将这些钱拿来做量化交易了，靠复利增长赚钱；另外我每次都拿出来个二三十万存到小账户上随时准备全梭哈或者期权一把，赚不赚钱无所谓，开心就好，可以打发闲暇时间。另外我自己也有一个打发时间的办法，就是打电脑游戏，我喜欢坦克大战，哈哈。交易时玩玩游戏，我觉得挺充实的。"

"江老师，我已经报名参加您的内功心法掷骰子训练以及量化交易实操课，不过，我现在就等不及了，想先请问一下：我们要保证复利增长，您前面也讲过，必须保证交易的一致性，因为没有一致性就统计不出期望收益，也不知道胜率与赔率，不能保证自己有概率优势，当然也算不出年化收益。万一年化很低，甚至就是一个负数，你的耐心、等待力再好，等上个 100 年也是亏钱的。所以我觉得在复利增长正式登场之前，必须确保我们量化交易系统的一致性与概率优势。江老师，如何做到这点呢？很多投资者做投资是主观交易、随意下注，或是跟内幕消息，或是随大流追涨杀跌，所以很难保证一致性与概率优势，投资业绩起起伏伏，一点都不稳定。随着中国金融市场与国际接轨，现在很多投资者似乎都注意到这点，因此量化交易越来越流行，只有将自己的交易系统量化了，你才能知道胜率、赔率、数学期望、收益风险比等关键的量化数据，只有这些数据合格了，那才值得我们花上个十年、二十年的时间去等复利增长的花开。江老师，记得前面的课堂上，您说过，基本面分析、价值分析、财务分析、量价分析、宏微观分析、消息面分析、技术形态分析等等，这些分析方法非常好，但是也的确存在一个缺点：这些分析方法背后的最底层的判断逻辑，在博弈的过程中有发生漂移的可能性，从而很难保持交易的一致性，从而很难保持概率优势。没有概率优势，想要赚'赚一赔'的钱，想要长期稳定盈利，非常困难，业绩经常时好时坏，投资成功存在很大的运气成分。江老师您建议，不要将上述的这些交易技术与分析方法做作我们量化交易系统的主分析方法以及进出场的条件，它们只能作为选股、选期货品种的方法以及仓位控制、信号过滤的条件。那么，江老师，到底哪种方法可以作为我们量化交易系统的主分析方法呢？为什么这种方法在未来的博弈过程中，其底层逻辑可以保证不发生漂移，从而保证我们交易系统的一致性与概率优势呢？"

罗菁秋上面提的问题比较复杂，要想回答这个问题以及我们未来能够坚信复利增长的正确道路，我们要继续转变一下自己的认知。

首先，万事万物、十方世界都是有联系的，过去、现在、未来都是有联系的，所以我们不能犯"只见树木不见森林"的错误。普通投资者都有这样的认知：今天的博弈与明天的博弈没有关系，这个地方的博弈与那个地方的博弈没有关系，这个品种的博弈与另外一个品种的博弈没有关系。非常遗憾的是，这样的认知是错误的。一个概率游戏项目、一个交易系统或策略、一种投资投机活动（股票、期货、期权、外汇、虚拟币）等等，在概率这个层面上，所有的博弈与下注都是有联系的，不管你是今天博弈还是明天、后天甚至十年、百年后博弈，也不管你是在深圳下注还是在北京、上海或其他国家其他城市下注，也不管你下注棕榈油还是下注焦炭、玉米、大豆、原油、股指等等，这些博弈与下注，随着它们交易次数或者下注数量的逐渐增多，大家累计在一起的数据是符合统计规律的。

在"普遍联系"这个认知上的差别往往决定了博弈的最后胜负！最典型的例子就是赌场。赌场老板从来都认为这一局、下一局、再下一局、明年的某一局、今后的若干局，所有的下注都是普遍联系的，所有的局数累加在一起计算一定符合概率分布。比如百家乐游戏，不管是哪一个赌徒下注，不管你在哪一张桌子下注，也不管你是在哪一天下注，反正赌场老板在这个游戏项目上都具有百分之一点多的概率优势。赌场老板从来不管某一局的胜负，因为他知道预测某一局的胜负比登天还难（就像预测掷骰子的点数一样），但是预测很多局的那个合计数却很简单，这个合计数就是"赚一赔"的那个数，就是均值。只要均值这个数为正，赌场老板就有概率优势，虽然具体的某一局他无法预测输赢，虽然今天他有可能输，明天他也有可能输，甚至这个月他都有可能输，但是，赌场老板坚信万事万物是普遍联系的，坚信在概率面前所有的下注都是平等的，只要这个游戏项目一直进行下去，只要参与的人数越来越多，只要下注的金额越来越大，最终获胜的一定是具有概率优势的赌场老板。赌场老板的工作不是预测，而是鼓动越来越多的人来玩这个游戏。与之有相反认知的则是赌场里的赌徒，他们从来都不认为这一局、下一局、再下一局的下注之间能有什么联系，更不要说是明天、后天、下月、明年、后年的下注。既然每一局的下注之间没有任何联系，那么我想要赚钱，唯一的办法肯定只有去预测这次下注的结果。只有预测准了掷骰子的点数，才有可能赢钱。赌徒从来不认为每次下注是平等的，因为他只会将钱下注到他认为肯定能赢钱的那一把。赌徒的工作就是预测。既然赌徒认为每次下注之间没有任何联系，那还要胜率与赔率干啥呢？至于数学期望为正、年化均值为正统统与他们无关。

万事万物在时间与空间上是普遍联系的，常人无法理解，但的确就是事实。如果你的道行很高，功力很深，能够达到明心见性的境界，那么你自己可以亲自领悟这点。《华严经》里面的四无碍法界：理无碍，事无碍，理事无碍，事事无碍，说的就是这样的境界。其中"事事无碍"，指的是一切现象彼此之间，都是同一真如本体所生，虽然各自千差万别，但都是彼此融摄，现象界各事物间因因相承，缘缘相扣，相互交涉而重重无尽，成无尽法界，事事圆融。

"江老师，事事无碍甚深微妙啊，相与相分别这么大，竟然可以互通圆融，太难理解了。"罗菁秋疑惑道。

那我们再解释一下。万事万物，在"相"上的确是万紫千红、千差万别的，不过在"体"上却是相互圆融的，甚至本来就是一体的。《易经》上有类似的论述：无极生太极，太极生两仪，两仪化四象，四象生八卦。《道德经》上也有：道生一，一生二，二生三，三生万物。万事万物在"无极或者道"这个层面上是普遍联系的，或者说本来就是一体的，或者说都是从空性本体上演化而来的。

能理解吗？包括罗菁秋在内的所有人，还是云里雾里的。不好理解很正常，我再从现代科学的角度去解释一下。

事事无碍在现代科学上也有类似的理论，最为出名的就是波粒二象性。1905年，爱因斯坦提出了光电效应的光量子解释，人们开始意识到光波同时具有波和粒子的双重性质。1924年，德布罗意提出"物质波"假说，认为和光一样，一切物质都具有"波粒二象性"。根据这一假说，电子也会具有干涉和衍射等波动现象，这被后来的电子衍射试验所证实。

我们投资心学认为，万事万物既有粒子性，也有波动性，或者说既是物质，也是波。当万事万物显示物质性（粒子性）的时候，就有了"相"，就有了分别，五彩缤纷。当万物显示波动性的时候，无相，无分别，不过，虽然无相，但由于波具有干涉和衍射的特点，所以万事万物在波的状态之下，可以做到彼此融通，事事圆融。另外，虽然万事万物具有波动性（或者说万物就是物质波），但是根据量子力学的德布罗意公式（$\lambda = h/mv$），我们可以知道，物质波的波长很小很小，我们人类的肉眼根本就看不见，所以我们平时只能注意到万事万物的相，即物质性（粒子性），而忽视了万事万物的波动性，从而也无法理解事事无碍、事事圆融的干涉和衍射等现象。物质性的最大特点是：独立、分别，而波动性的特点是：互摄、圆融。

"江老师，您从量子力学的波粒二象性来解释事事无碍，似乎好理解了很多。"罗菁秋说道。

物质波与我们日常生活经常接触的机械波相比有很大的不同。物质波到底是什么呢？1926年玻恩提出物质波的概率解释，同年薛定谔提出的量子力学中有名的薛定谔方程。物质波就是一种概率波，其波函数 $\Psi(x、y、z、t)$ 的绝对值的平方 $|\psi|^2 = \psi \times \psi$ 表示时刻 t 在 x、y、z 处出现的粒子的概率密度，$|\psi|^2$ 大的地方出现粒子的概率大，相应的粒子数多，$|\psi|^2$ 小，出现粒子的概率小，相应的粒子数少。薛定谔方程非常复杂，是二阶的偏微分方程，有兴趣的同学们可以自己去找资料了解一下。

当然，我们做投资没有必要去详细了解复杂的量子力学与爱因斯坦相对论，大家只要知道万事万物是普遍联系的这个道理，因此，我们千万不要还像以前那样认为：这一次的下注是孤单的、独立的，与下一次下注没有任何的联系。万事万物真的是紧密联系的！2022年的诺贝尔物理学奖就是颁发给研究量子纠缠的科学家。以后有机会我另外开一门修行或者玄学的课程，用现代科学去解释诸如人从哪里来、到哪里去、前世来生、修行的本质、生命的意义等等形而上的问题。我保证大家听完后，很容易明心见性。

玄之又玄的出世类的问题我们先放到一边，我们现在还是静下心来好好研究入世的投资问题。万事万物都是普遍联系的，那么我们做投资，博弈与下注更是普遍联系的，都要符合概率统计规律。这一点，我再举一个简单又接地气的例子，这样大家可能更容易理解。生儿生女，从概率角度上看，其实可以把它当成是一个概率游戏项目，生儿子、生女儿的概率各为50%。可能有些人连续几个都生儿子，而有的家庭又全部都是女儿，但是这些都是在小数据的情况之下得到的结论，而在大数据统计面前，比如随机抽取 5000 个家庭，将这些孩子的总数，以及男女各自的数量进行统计，基本上男孩与女孩是各占一半的。生儿子、生女儿这样的概率项目，在概率的层面上，我们可以跨越时间与空间进行普遍联系。什么意思呢？比如大家可以任意抽取深圳的上百个家庭的数据，然后再抽取新加坡的上百个家庭，再抽取 5 年前非洲某地的上百个家庭数据，再抽取 80 年前法国某地的上百个家庭数据，再抽取 150 年前美国某地的上百个家庭数据进行加总统计。总之，只要有数据，你可以抽取地球上任何地方，以及历史上任意时间的家庭数据，只要数据量足够多，满足统计条件，排除战争和人为干涉，那么最终你一定会发现男孩与女孩的比例不相上下。

"哇，真没有想到，我今天生了一个儿子，竟然能与 1906 年出生的末代皇帝溥仪联系在概率这个层面上；对了，还能和唐朝、武周时期的武则天以及战国时的西施，三国的貂蝉等等名人联系在一起。大家不管在空间、时间上相隔几千公里、几千年，看似风马牛不相及，但是大家合在一起做随机抽样统计竟然出现了规律性：男女比例约为 50∶50！这个比例肯定不是 70∶30，也不会是 80∶20，更不会是 90∶10。有点意思，我们这不就是靠概率穿越了时空嘛，哈哈。"罗菁秋悟道。

| 3 |

物质性穿越不了时空，概率性可以轻松穿越时空。

由于普通投资者只有眼见为实的常识，只知道物质性，而物质性的特点是分离的，空间上分离，时间上更是分离，所以绝大多数人都会认为万事万物、万次博弈与下注都是不相干的，没有任何规律性，这是一个严重的错误。做实业没有问题，你只需要知道物质性就可以了，但是做投资不行，做投资几千几万次，你必须随缘适变，掌握概率性。未来大家想要投资做得好，必须转变认知，学些现代科学知识，从光的波粒二象性开始，逐渐认识到自己思维的局限性。不但万事万物既有物质性也有概率性，甚至我们自己本身既是物质更是一种概率波，甚至它还有一个方程，叫薛定谔方程。

万事万物普遍联系，呈现出概率性的统计规律。我们的投资或投机活动，如果数量很少，比如毕生只开一家公司，只买一只股票，只去一次澳门，只购一张彩票，那么我们只会注意到物质性而忽视其概率性。但是在更高的维度上，其他的人则会留意到概率性（他们的眼中可不是一次博弈，而是不同人之间的几万、几十万、几百万、几千万、几亿次），并且可以靠它盈利，最典型的就是赌场老板，彩票发行方，证券投资市场的专业机构。我们散户想要在投资市场上稳定盈利，必须学习他们，必须转变思想，提升维度，建立概率思维，降维打击，去赚低维度人的钱，这才是正确的投资之路。低维度上再复杂的交易技术，都不如高维度上的一次顿悟。

"我明白了，江老师。万事万物普遍联系，假如我连续生了3个儿子，也不能轻易下结论我就掌握了100%生儿子的秘籍，因为我生的数量还是太少，如果未来还能生成百上千个孩子，那么均值一定会回归，生儿生女的比率最后一定50%左右。同样道理，如果我的交易策略连续3次钱赚钱或者一次赚了3倍的钱，并不能轻易就下结论我已经掌握了100%赚钱的投资秘籍，因为我的交易次数还太少，未来我还要交易成千上万次，我的交易策略一定会均值回归的，肯定不再是100%赚钱，也肯定不是每次都能赚3倍。"崔胜举手说道。

"江老师，我也突然明白您为什么能研究出投资心学天道公式了，黑天鹅事件在我们现在的三维时空中，是很难见到的，出现的概率非常小，也很难理解，但是一旦我们超过了临界点，比如迭代的次数过大，本金太多，增长率太快等等，就很容易触发混沌现象。江老师您是站在高维度上俯视研究黑天鹅事件的，在高维度上看天道将看得非常清楚。"罗菁秋赞叹道。

是的，我们只需要将当下的三维空间加上一个时间轴，变成四维的时空，你看问题就开始不一样了。你原来的实时反馈想马上拿结果的需求开始减弱，你逐渐开始具备延时反馈的能力，你逐渐明白很多东西都需要时间的积累，你的等待力与安静力会增强，复利增长对你来说越来越容易。如果我们以四维的时空去考虑，你会发现以前连梦里都在苦求的金钱、别墅、豪车、游艇、美女那都得承认肤浅了，争权夺利更是好笑，与幼儿园里的小朋友争抢玩具没啥区别，所有这些都不重要了，慈善事业则是必须做的事情。

最神奇的是，投资市场，当你领悟金钱不重要的时候，恰恰就是你挣钱容易的时候。

好了，我们就不再说远了，玄的事情以后有机会专门去讲，我们继续学习投资。下面的内容更重要。

万事万物普遍地联系着，博弈与下注符合概率统计规律。概率统计规律分为两种，一种是可以经过数学计算出来的统计规律，在博弈下注的过程中，其胜率、赔率、期望收益等指标不会发生变化，我们投资心学叫它第一类概率游戏。第二种，不能经过数学计算，只能在历史大数据里面抽取样本数据，然后归纳整理，统计出（注意不是计算出）胜率、赔率、期望收益、收益风险比等指标，这些指标会在未来的博弈下注的过程中发生变化，我们投资心学叫它第二类概率游戏。

第一类概率游戏，典型的例子就是掷骰子、买彩票、赌场里百家乐等游戏项目。比如骰子一共有6个面，1个面的胜率是16.667%，这个胜率不是用过去我们掷骰子的数据统计出来的，而是用概率论的知识直接数学计算出来的。又比如双色球彩票一等奖的概率为 1772 万分之一，这个概率也不需要从已经售出的彩票数据中统计出来，而是可以通过数学的办法直接给计算出来。赌场里的多数游戏也都是这样的，所以赌场老板都会高薪聘请精算师来设计、计算各种概率游戏的胜率。骰子、彩票、赌场游戏，当数学计算出胜率后，庄家、发行方、赌场老板会开出相应的赔率，赔率不能太高也不能太低。赔率太高，胜率×赔率后的数学期望可能就不再偏向自己了，自己就有亏钱的可能；赔率也不能太低，太低的话，很难吸引彩民与赌徒过来玩游戏，参与的人少了，照样赚不到钱，甚至也要亏钱。第一类概率游戏相对简单，由于胜率可以计算并且一直保持不变，所以只要时间拉长，只要博弈下注次数增加，庄家、发行方、赌场老板百分之百必赢。

第二类概率游戏，其胜率、赔率、数学期望等指标不能经过数学计算，只能通过历史大数据回测给出统计值，这些指标会在未来的博弈下注的过程中发生变化。典型的就是赌场里的得州扑克游戏，每一轮的发牌与下注后，胜率与赔率都会发生变化。第二类概率游戏，由于胜率与赔率的不确定性，因此不能确保数学期望一直为正（含有运气成分），所以赌场老板等专业机构，并不会下场亲自去参与该游戏（尽管自己有精算师团队），而是改为收取佣金或者手续费方式，比如得州扑克，赌场老板向每一局的获胜者收取 5% 的抽成，因此赌场老板在得州扑克游戏中还是百分之百地赚钱。

第二类概率游戏最为典型的还是股票与期货投资，每一次的建仓平仓，你的胜率、赔率都有一定的变化，甚至很多人干脆就不知道自己下注的胜率、赔率与数学期望是多少，其实不知道这些量化数据的人，基本上就是数学期望为负的人。得州扑克游戏有一句话说得很好：如果开场 5 分钟你还不知道这张桌子上谁是"韭菜"，那你就是那个"韭菜"。投资市场也是如此！投资市场本来就是知道期望收益的人去赚不知道期望收益人钱的一种游戏。股市与期市，如果你参与其中半年，你还不知道你的胜率、赔率、期望收益、收益风险比等量化统计指标，那么你就是那个"韭菜"，只有被割"韭菜"的命。

我们玩第二类概率游戏应该向赌场老板等专业机构学习，当然我们散户是无法收取佣金、抽成与手续费的，我们必须亲自下场交易才有可能挣钱，但是我们至少应该知道，赌场老板、金融专业机构的精算师团队的技术水平与投研能力肯定远远高过我们这些散户投资者，他们在胜率、赔率、期望收益会发生变化的第二类概率游戏中都小心谨慎，都不敢随便亲自下场交易，那么作为散户的我们，又有什么资格不认真对待呢？

从赌场老板、金融专业机构不敢随意玩第二类概率游戏的行为中，我们应该悟到最重要的东西是：如果不能绝对保证交易的一致性，如果不能确保概率优势（期望收益为正），宁愿不参与！进去赔钱的概率太大！

"江老师，股票、期货等第二类概率游戏，我们散户必须下场参与啊，不能像赌场老板那样可以收取佣金啊。"迅迅说道。

迅迅你说得很对，我们必须亲自下场交易，我们散户没有资格像赌场老板、金融专业那样旱涝保收收取佣金、抽成与手续费，我们必须亲自下场参与第二类概率游戏才能赚到钱，因此我们应该又悟到一点，即参与第二类概率游戏的基本原则：在我们参加第二类概率游戏的过程中，我们最重要的工作是——保持交易的一致性从而保证概率优势尽量不变！眼前利益、面子等等问题，凡是与一致性原则相冲突时，我们必须保一致性，要放弃眼前的利益与个人的面子等其他的东西！

赌场老板都不敢玩的第二类概率游戏，我们参与其中本来就是在刀口舔血，因此必须小心翼翼，知己知彼，以策略、方法取胜。

第二类概率游戏的胜率、赔率、数学期望等指标不能经过数学计算，只能通过历史大数据回测给出统计值，因此在数据选取的过程中就有可能存在选择性偏差与幸存者偏差，业绩多多少少和运气有关。因此我们在找第二类概率游戏的胜率、赔率、数学期望、年化收益、收益风险比等统计指标的时候，一定要公平、公正、公开，在历史大数据中任意随机抽取回测的时间段，我们一般会任意抽取 6~8 个时间段，然后去掉业绩最好与业绩最差的时间段（去掉最高分、去掉最低分），留下 4~6 个时间段，然后将它们的业绩做加权平均处理，这样得到的胜率、赔率、数学期望、年化收益、收益风险比等指标的均值才是相对公平的，这些指标的均值在未来的博弈过程中发生变形的可能性相对较小，那么，我们未来据此做交易才能保证一致性，才有大概率获胜的把握。我们前面课程中讲到的昆哥基金，为什么多数人买了后是亏钱的？就是因为昆哥基金的期望收益率每年都是变化的，多数人选基金的时候目光短浅，只注重眼前利益，只会根据最近 1~2 年的业绩，那么这里面就存在选择性偏差与幸存者偏差，如果大家都按照我刚才讲的随机抽取时间段并做加权平均处理的办法来选择基金的话，怎么会亏钱呢？

另外，我们也不用去羡慕别人展示的所谓的牛的投资业绩，因为他们可能抱着其他非直接赚钱的目的（比如推销产品），在历史数据回测的过程中，不是任意抽取数据，而是只选取对自己有利的时间段或者业绩好的品种进行数据统计，那么最后的胜率、赔率、数学期望、年化收益、收益风险比等指标，哪怕再牛，哪怕资金曲线直线上涨，也是没有什么指导意义的。过去的数据你可以选择，而未来的数据你不可能再进行选择，随着时间的拉长，均值回归，最后一定会原形毕露的。

"江老师，我明白了。大家都知道赌场赚钱，赌场老板是大富豪，谁都想当大富豪，但是我们没有资格开设赌场，也没有办法收取佣金、抽成与手续费，否则我们就涉嫌违法犯罪。我们一直都有一颗想当大富豪的心，我们有没有办法能够合法地开设'赌场'

呢？办法还真的有一个！那就是将股票、期货、期权等合法的投资市场变成我们自己开设的合法的'赌场'。在这个'赌场'里面，我们是当赌场老板还是当赌徒，就在我们的这颗心！一念之间，一线之隔，截然不同。好与坏，成与败，得与失，善与恶，一念之间，已然明了！如果我们的认知是：万事万物以及我们每次下注都是普遍联系的，我们任意随机抽取历史大数据来加权统计我们量化交易系统的胜率、赔率、数学期望、年化收益、收益风险比等指标的均值，并以此指导我们的交易行为，在博弈的过程中，坚守一致性的原则，那么我们就是投资市场中的'赌场老板'；反之，如果我们的认知是：万事万物以及我们每次下注没有任何联系，我们不管胜率、赔率等统计指标，我们只靠预测下一次的行情来决定下注，或者尽管我们知道胜率、赔率等指标，但是我们的内功心法很差，不喜欢均值指标，只想根据某一次台风大行情时间段的峰值收益率来决定未来的交易行为，又或者我们贪得无厌，违反天道，妄想研发出胜率、赔率、期望收益巨大，回撤巨小，卡玛比率巨高，只想马儿跑不想马儿吃草的交易系统，再或者在第二类概率游戏的博弈过程中，好面子，目光短浅，只注重眼前利益，忘记了一致性原则，不严格按照事先制定的量化交易系统的规则出牌，内功心法差，随意修改策略、规则与流程等等，这些认知与行为决定了未来我们在投资市场上就是赌徒！" 迅迅同学评论道。

"迅迅师妹，你的意思是：投资市场一直还是那个投资市场，交易技术一直还是那些交易技术，决定我们交易结果的并不是外在的东西，决定最后交易结果的就是我们这颗做交易的心，对吧？"崔胜问道。

迅迅同学总结得很对，崔胜的总结也很对。我们前面课堂上讲过的：投资的难与易、投资秘籍的如有、不要心外求法等等知识，都是这个意思。其实以后我们专门开课讲修行与玄学，讲现代科学，讲爱因斯坦相对论与量子力学的时候，大家就会明白：与其求心外复杂之法，不如求心内简单之法，大家要相信，我们都有一颗神奇的心！

时间有限，形而上的出世之学，这里就点到为止。现在我们还是继续讲形而下的入世之学——讲实实在在的投资。

| 4 |

刚才迅迅的总结非常好，在投资市场上，一念之间，一线之隔，如果我们的认知是错误的，那么我们就会变成投资市场上的赌徒，赌徒一定会被那些在投资市场上有正确认知的人士给干掉的。投资市场是现成的，是合法的，在这个市场上，你最后成为老板还是赌徒，仅仅在于你自己和你的心！

心念一动，投资市场就自动变成你开设的"赌场"，你当"赌场老板"，日入斗金，还不用发员工工资，不好吗？而且赚钱合理合法，心安理得，半夜不怕鬼敲门；心念乱动，你就变成了投资市场里的"赌徒"，一掷千金，倾家荡产，家徒四壁。

投资的结果并不在于那些外在表象：如交易技术、投资分析方法、监管政策、庄家、交易对手，甚至都与股票期货的行情关系都不大，所以，别骂他们了。

"不骂，真的很难。毕竟人性喜欢失败后找外因，成功才找内因，这些都写到人类的基因里去了。不过我保证以后改掉这个毛病，投资亏钱时一定在自己身上找原因。"福建老严说道，"江老师，这次来听课，真的收获很大，我以前的旧认知几乎全是错误的，认知不改，绝对不可能长期稳定赚钱；认知改了，哪怕是交易技术粗糙一点，照旧赚钱，就是赚多赚少的区别，是收益风险比小一些而已，就像您最早上课介绍的那个使用拍拍器下单的河南的葛老板。江老师，我以前做股票、搞期货，只想着下一局怎么下注、怎样去赢钱，你说没有考虑胜率吧，我也考虑了，我也知道这一把下注不可能百分之百会赢，我肯定会在下注之前进行各种分析与预测，不管分析方法是什么，结论一定是这一把大概率会赢的时候我才会下注。下注后，如果这一把输了，我会骂人，骂运气，当然也可能骂庄家或者瞎投的散户，哈哈，后来又有了一个骂的对象——其他做量化交易的人（因为他们可以稳定盈利，把我的钱给赚走了），以宣泄自己输钱的情绪。下注后，如果这一把真的赢了，我会很兴奋，感觉自己特牛，自己就是股神、期神，自己的交易方法可以独步天下，这个时候肯定不会骂人，这个时候一定会很后悔，为什么刚才不多下一点钱呢？下一把我一定加仓下注。江老师，这些都是我以前交易的真实写照，现在回头看，这些表现与赌场里的赌徒真的没有什么区别，难怪最后一定会被'赌场老板'把钱慢慢给赚走。现在我知道了，同样是下注，投资市场正确的表现是：我们的注意力不应该只放在某一把上面，我们应该见树木更要见森林，我们应该站在更高的维度上俯视我们的交易行为；这一把下注我们是无法预测输赢的，而且也没有必要去预测输赢，因为这一把下注只是我成千上万次下注中的一次而已，我们每次下注是平权的、分散的、轻仓的，所以这一把下注即使是赢了，也赢不了多少钱，对总的交易结果没有什么影响；而即使是输了，也输不了多少钱，对最后总的交易结果没有什么影响，我每次的下注都只是走一个量化交易的流程而已，只要有进场信号，我们每次都必须下，但都是无伤大雅地下注。然而，我非常清楚，虽然这单次的下注对总的交易结果影响不大，但是大家堆积在一起可就不一样了，我们可以不重视单次下注的胜负，但是我们必须特别重视成千上万次下注后堆积在一起的那个合计数，合计的'赢一输'，合计的胜率、赔率、数学期望、年化收益、卡玛值。只要这些统计指标偏向我们自己，自己就有了概率优势，那么，即使我今天这一局输了，甚至连输十几二十次，甚至连输半年（连续回撤半年），我都坚信我才是最后的胜利者！而且这还是从一年两年的角度上看交易。如果时间再拉长，我们并不靠单次、单周、单月赚钱，甚至单年都可以看不到明显的赚钱效应，我们靠的是五年、十年、二十年，年复一年的复利增长，我们真正赚的是复利爆发后的超级暴利。"

老严说得对吗？谁来评说一下？

"我来评说一番吧"，迅迅举手说道，"严师兄，我先请问一下，你现在还会骂人吗？哈哈……"

"哪里还会去骂人？以现在的这种新的认知去做交易，每天每次的下注已经不重要了，甚至下注下的是哪一个品种可能自己都不知道，量化交易，电脑自动下单，我不用盯盘，每天只需收盘后复核一下就可以，怎么还会去骂人呢？哈哈。我现在琢磨的应该是如何打发闲暇时间，到哪里去自驾游呢！投资已经变成了一件简单、悠闲的事情。"福建老严回答道。

听完老严的回答，迅迅接着说道："严师兄刚才的分析是正确的。见山是山，见水是水，同样是交易下注，同样是胜率，同样是交易行为，同样是交易技术，我们的认知不一样，看问题的角度、维度不一样，最后的交易结果肯定也不一样，甚至可以得出相反的结论。比如止损，如果我们是赌徒的认知，我们站在赌徒的维度上看，那么最好不要设置止损，因为我是靠预测赚钱的，这一把我是看准了后才下注的，大概率会获胜；另外根据以往的交易数据，不止损死扛回来的可能性高达 70%～80%，十次有七八次都能扛回来，既然我的胜率又高，不止损扛回来的可能性也大，江老师不是强调概率吗？不止损获胜的概率这么高，那为什么我还要止损呢？不但不止损，我还应该反向加仓，越跌越买，重仓交易，这样回来的速度会更快些。同样是止损，如果我们是赌场老板的认知，我们站在他的维度看，那么必须止损，因为这一次下注只是成千上万次下注中的一次而已，没有必要为这一次下注而大动干戈，一次的胜负无关紧要，只要止损，输也输不了多少钱，赢也赢不了多少钱，和未来复利增长爆发后的那个金额数相比，完全是九牛一毛。不止损的行为明显违反了一致性原则！如果我们尝到了甜头，养成了不止损的习惯，虽然十次有七八次能扛回来，那下一次、再下一次呢？常在河边走哪有不湿鞋的？交易次数多了，总能碰到止损扛不回来的那一次。只要是扛不回来，那么我们的损失将会被急速放大，如果再反向加仓，重仓交易，碰到了黑天鹅事件，那么我们将一夜回到解放前，前面 N 年复利增长的积累将付之东流。单次亏钱不算损失，打断复利增长才是最大的损失！为了一次小小的不止损造成天大的损失，这才是天下最不划算的一件事呢！"

迅迅同学、老严同学，你们分析的都很对。我们一定要建立概率思维的正确认知，未来在投资市场上做任何事情都要站在赌场老板的高维度上思考问题，在高维度上决定一件事情到底能不能做以及到底怎样做。这可不是说着玩的，而是真真切切的，它决定了你未来的投资绩效。刚才迅迅举了一个止损与重仓的例子，我再说一个例子。

比如2021年5月中旬之前，商品期货经历了一波大涨行情，由于你的交易技术一流，盘感非常好，你感觉涨得太猛了，很有可能会有一波大的回撤，赚的钱会回吐不少。但是由于你的交易系统是量化交易系统，程序化交易，电脑自动下单，在行情没有真正下跌的时候，电脑是不会自动提前平仓的，除非你提前人工干预手动去平仓。请问各位同学，假如是你遇到这样的情况，你是否手动干预，提前落袋为安呢？

答案是：站在不同的认知角度，会采取不一样的选择。

如果你站在"赌徒"的角度，肯定应该选择手动干预，因为你本来就是靠预测赚钱的，自己的技术水平高，看得又准，这次干预成功的概率很大，为什么不提前落袋为安呢？能少回撤一点算一点嘛，虽然江老师前面说过彭飞做慈善的事情，但那也是要等到赚很多钱以后再考虑的事情。提前跑了，等跌下来再进去不好吗？江老师以前不是教你们建立概率思维吗？你又做过统计，历史上凡是很猛的行情，80%都会迅速V形反转，于是你想，按照大概率统计数据选择手动干预，肯定没有错。

如果你是站在"赌场老板"的维度，正确的答案是不要手动干预。因为手动干预破坏了第二类概率游戏最重要的一致性原则。你用什么来保证你的这次手动干预一定成功？如果你提前平仓后，行情没有像你预期的那样下跌反而又创了新高，你又怎么办呢？（大家可以去回看一下2016年的商品期货行情，都是这样），追还是不追？不追吧，行情连续创新高，踏空，气死你；追吧，刚追进去马上又开始下跌，你又怎么办？就算你这次赌对了，手动干预成功了，行情真的在你平仓后V形反转下跌，你尝到了甜头，你的贪欲被点着了，会不会手动干预上瘾了呢？请问下次涨得很猛的时候，你是不是仍然选择继续手动干预呢？每次都干预，总有你干预错误的时候（和不止损10次能扛回来7~8次但总有2~3次扛不回来是一样的道理）。干预错了，你又没追回来，你踏空了，节奏乱了，会不会影响你的心态？会不会影响交易系统的概率优势？会不会从此就打断复利增长？这些问题，你都考虑过吗？我们既然是不预测行情的"赌场老板"，那么我们所有的可能性都要提前考虑到。

当然，我们不是一定不能手动干预，但一定要站在高维度上思考问题，在保证不破坏一致性原则的基础上选择手动干预。如果要手动干预，也必须保持干预的一致性，不能这次干预而下次不干预，你必须形成一套手动干预的量化规则，在满足什么样的条件之下，就手动干预，这次干预，下次也要干预，而且你必须在历史大数据之下，找到干预的业绩比不干预的业绩要好的证据。将干预形成量化规则，最终加进你的量化交易系统中去。量化规则可以干预时我们就干预，没有干预的规则，我们就不能干预。比如，我们投资心学期货的量化交易系统中就有一条手动干预的量化规则：如果一个期货品种（不是股票）出现连续三个涨停或者跌停，那么在第三个涨、跌停的时候，我们就要直接手动提前平仓锁定利润，不要再等价格反转后的计算机自动平仓。第三个涨、跌停就手动干预提前平仓的规则，是有历史大数据做支撑的，干预的业绩要明显好于不干预的业绩。

总之，在投资市场上，我们任何的交易行为，必须满足一致性原则，任何交易行为不是为了这一次的盈利，而是要形成一个量化规则，在这个规则之下，我们未来的 N 次交易的那个"赚一赔"的合计数可以从中得到更多的利益。

"为规则，不为短期赚钱。江老师，这个认知也很逆常识，也很难形成我们的交易习惯吧。"福建老严问道。

是的，因为维度高，逆常识，大家很难形成习惯，没有习惯你就很容易掉回到赚钱的陷阱中去，你会为了短期的盈利而去随意修改规则，而正确的方法恰恰相反：为了规则，你可以牺牲短期盈利，甚至为了规则，短期亏钱也在所不惜。以前我上课或者做投资顾问的时候，学员或者客户经常问我一个问题：江老师，为什么您经常是赚钱的时候不跑，而是亏钱的时候跑？现在大家知道该怎么回答这个问题了吧？

站在高维度、大数据、概率上的认知与思维方式，大家一定要慢慢培养起来，当然还是有难度的，主要原因还是大家的经验值少、交易数据不多。期货还好一些，一年下来怎么都要交易几百次，很容易看到效果，股票的证伪时间则要很长，一年也买卖不了几只股票，而且股票没有杠杆，你可以打死都不卖，必须赚钱后才卖（你甚至可以为你以前做股票胜率为百分之百而扬扬得意），所以大家很难形成万事万物万次交易都是在概率之下普遍联系的认知，结果你永远都是在"用交易技术去预测交易结果然后再交易"的圈圈里打转转，跳不出来，你的资金曲线忽上忽下不能稳定向上，你永远都无法长期稳定地盈利，更不要说靠复利增长去赚未来的大钱。然而，你不知道问题的根结在哪里，你以为还是自己的交易技术不够精致，你又去学习研究更为复杂的交易技术与投资分析方法，然而越复杂越难保持交易的一致性，最后你保持概率优势的可能性反而越来越小，你的投资之路南辕北辙，你越努力离长期稳定盈利的目标却越来越远。多数的投资者，最后心灰意冷，逐渐地离开了投资市场，最为遗憾的是，当他们离开的时候，并不知道问题出在哪里，甚至还以为是投资的技术太难学了。

| 5 |

"江老师，估计您真想对着这些投资者大喊一声：错了！是因为你们将投资搞复杂了，所以赚不到钱。大道至简，做投资，简单才能赚钱！"周琰衍同学感叹道。

是啊！我真的很想帮助他们，真心地告诉他们简单才有效！但是我知道就算我喊出来，也没有多少人会相信的。其实江老师我也很郁闷，为帮不了广大投资者而郁闷。所以我后来研发出掷骰子的模拟投资游戏，先训练投资者的内功心法，然后再讲交易技术，否则越讲技术离赚钱越远。

"江老师，我现在又突然明白您从上课第一天开始就强调的资金曲线的重要性，之前我光听您再三强调，其实我就没有往心里去，骨子里也没有认为资金曲线有多重要。我现在明白了，要想对万事万物万次下注普遍联系有认知，并在交易的过程中坚守一致性的原则，只是嘴上说说、口头答应是没有用的，只有将每天、每笔的交易结果画在资金曲线之上，连成线段，目标视觉化后，才能真正体会到它们是普遍联系的，才能站在更高的维度上俯瞰问题，而不必在意眼前的一城一池的得失。这就像您前面举的一个例子，打带资金曲线的得州扑克与打不带资金曲线的得州扑克，完全是不一样的感觉。"周琰衍继续说道。

"周师兄，你说得真好，判断一个人是不是站在高维度上做投资，能不能在投资的过程中维护一致性原则，看他对待资金曲线的态度就知道了。不敢天天公示资金曲线的人，投资之路绝对走不远。资金曲线还真是投资领域识人用人的一个简单有效的好办法。江老师，越复杂的投资分析技术，越难保持交易的一致性，这个结论太逆人性，太逆常识，您能否再详细解释一下。"罗菁秋问道。

那我现在就再解释一下，顺便回答罗菁秋你之前提出的问题。

投资市场上想要长期稳定盈利，你必须有"赌场老板"那样的正确认知。但是由于投资市场是第二类的概率游戏，其胜率、赔率、数学期望等指标并不是数学计算得到的，而是在历史大数据的基础上统计出来的，所以这些统计指标本身未来有变形的可能性，因此，量化交易系统的首要工作是保持交易的一致性，而非其他。

当交易一致性与其他行为产生冲突的时候，必须保持一致性原则！

那什么样的东西容易保持一致性呢？当然是越简单的东西越容易保持一致性！一根棍子可以存放百年、千年、万年之久；一根像棍子一样的录音笔，可能只能存放约50年。中国的古人说过"大道至简"，西方哲学也有奥卡姆剃刀定律——"如无必要，勿增实体"，即简单有效原理，切勿浪费较多的资源去做事，用较少的东西，同样可以做好事情。

当一致性与复杂性产生冲突时，必保一致性！请用"奥卡姆剃刀"将不必要的东西给剔除掉。但是这一点又是逆人性的地方，人的潜意识里都认为复杂的东西好过简单的东西，复杂的东西才值钱，所以人性喜欢将简单的东西搞复杂。投资市场本身又带有必须保证是少数人赚钱的内在属性（因为如果多数人都能赚钱，那赚谁的钱？多数人赚钱，这个市场很快就不存在了），因此投资市场的内在属性就是要处处逆人性，即多数人哪怕是告诉了他投资的秘籍他也做不到。因此投资要做得好，我们要先训练起强大的内功心法去逆人性，去抵御贪婪、恐惧等本我的侵扰。例如，现在为了保证一致性原则，我们就要树立"简单好于复杂"的正确认知，以抵御人性中将简单的东西搞复杂的趋势，最终在简单一致性与技术复杂性之间达到一种动态平衡，这种平衡的状态就是赚钱的一种最佳状态。其实，我们前面的章节中也已经论证过一致性与复杂性之间的动态平衡关系，我也讲了我的同学姚伟一根单均线闯天下的故事，还有麦当劳、肯德基、真功夫等餐厅重视流程标准的一致性而拒绝厨师花哨菜谱的例子，大家可以回过头去复习一下。

各位同学，还有更困难的，因为就算你有了以上所说的正确认知，就算你想保持一致性的原则，你也不是百分之百就能一直保持一致性，因为还有一种情况，你有可能从投资市场上的"赌场老板"的地位被动变回成投资市场上的赌徒，你有可能"被赌徒"。

"江老师，还有'被赌徒'这一说吗？"迅迅问道，"是不是我们自己本来不想成为赌徒，我们在投资市场上建立起了概率思维以及万事万物万次下注普遍联系的认知，也正确使用了胜率、赔率、数学期望、年化收益、收益风险比等均值统计指标在做交易，不过，由于某种自己不知道的原因使我们被动地成了投资市场上的赌徒。"

迅迅，你说得很对，就是这样。

"被赌徒"的人主要是搞基本面分析、价值分析、财务分析、量价分析、宏微观分析、消息面分析以及诸如波浪等技术形态分析等的投资者，这些投资者本身多数人学过概率论与数理统计，也知道万事万物普遍联系，也有资金曲线，也想保持交易一致性的原则，不过他们不知道的是，越复杂的证券金融分析理论，"被赌徒"的可能性就越大，因为他们的投资分析方法过于复杂，其背后的最底层的判断逻辑，在博弈的过程中有发生漂移的可能性，从而很难保持交易的一致性，从而很难保持概率优势。投资市场上没有了概率优势，你自然就不再是"赌场老板"而被动地变成了赌徒。

当然，我并没有说过基本面分析、价值分析、财务分析、量价分析、宏微观分析、消息面分析、形态分析、波浪理论等等这些分析方法不好，这些分析方法在某些方面很好。但是非常遗憾，太好、太复杂的方法，并不能作为我们量化交易系统的主分析方法以及进出场条件。

我们做投资是在玩第二类概率游戏，"赌场老板"的概率优势本来就有发生变化的可能性，如果我们做交易的技术方法其底层判断逻辑发生漂移，那么我们的概率优势就岌岌可危。所以我们必须找到一种技术方法，这种方法可以很简单，而且必须保证在未来的博弈过程中，其底层逻辑不能发生任何漂移，从而能保证我们交易系统的一致性与概率优势。要达到这个目的，上述这些复杂的技术分析方法，可以作为主交易方法的补充，可以作为仓位控制、信号过滤以及选股选赛道选品种的方法，但不能作为进出场的交易信号。

这一点，可能很多投资者想不通，特别是交易技术好的投资者，技术越好越想不通，因为你在人性"我执"的基础上又加上了一个"技术执"！

其实最想不通的就是江老师我自己：我清华大学硕士毕业，做投资 32 年了，技术分析方法，不管是民间的还是学术的，我全都了解。之前我也一根筋：简单的策略怎么可能好过复杂的策略？一根破单均线还能好过波浪、缠论、形态、江恩等理论？我的现代金融学理论课程白学了吗？CFA 白考了？我这么牛的宏微观、基本面、价值分析方法，去给一个简单的单均线、布林线策略当参谋做补充？咽不下这口气啊！

以前投资者的认知都是复杂的东西才好用，用起来才放心，才有信心。投资者将自己好不容易凑起来的 100 万元投资本金交给一个诸如单均线、布林线等简单的交易策略，谁会放心呢？缠中说禅、波中数浪、潜龙出海、价值分析、数学建模等等分析方法，虽然多数的投资者自己都看不懂，但是，看不懂就对了，将钱交给复杂看不懂的投资理论才放心啊。这是大家的普遍思维。

我在 10 年前，特别是量化交易刚出现不久，也郁闷了很久，自己辛辛苦苦研究复杂技术 20 年，却被同学姚伟的一条单均线给打败了，怎么也想不通，这已经不是技术的问题了，而是自己面子的问题，自己不是白白研究交易技术几十年？否定自己是一件最痛苦的事情。

然而，想不通也要想，我们必须回到现实，一切以长期稳定盈利为目标！在合法的前提下，不管黑猫白猫，抓住老鼠就是好猫！不管简单复杂，能赚钱才是硬道理！只要能保持交易的一致性原则，什么都可以舍，理论、技术、面子都可以舍，舍完了就可以得到实惠——钱，这才是终极目的，难道不是吗？

复杂的理论，要不就是无法进行计算机量化处理，无法在历史大数据面前证伪，只能继续掩耳盗铃；要不就是量化处理以后，经过任意随机抽取历史大数据验证，很多时候其绩效真的就不如简单的交易策略。其根本的原因就是复杂的理论无法保持交易的一致性，底层逻辑经常会发生漂移。前面举例说过了，谁说枪法好的选手一定赢呢？

例如：放量的股票通常会涨，但有时候缩量的股票也会涨，放量的股票还可能跌；

基本面好的股票会涨，但有时候基本面不好的垃圾股也涨得嗷嗷叫；低于价值的股票具有投资的价值，但很多时候高于价值的股票也能翻倍，而低于价值的股票却可以再跌一半；降息了，宏观面偏好，股票应该涨，但很多时候股市却会下跌；净资产收益率等财务指标好的股票有时候照样下跌；某某商品期货的价格都低于成本价了，还不是照样跌，对了，不是还出现过负油价的情况吗；库存多了，商品的价格应该下跌，有时候却会上升；头肩底时，趋势应该反转上升，但有时候照样继续下跌；潜龙出海形态，股票应该上涨了，但有时候就是不上涨，或者上涨的股票之前没有呈现潜龙出海的形态；三浪本应该是上涨过程中最猛的一波，但有时候一浪是，五浪也是，然而到底是第几浪最猛，高手之间都有分歧，千人千浪，只有等趋势走完了才能确定……

以上所有这些，我相信大家肯定多多少少都遇到过，反正江老师全部都经历过，也痛苦过，郁闷过，不知道该如何处理，一直到十几年前开始做量化交易后才发现问题的症结所在：做投资，我们的量化交易系统只能以简单又能保持一致性的方法作为主分析方法，并提供进出场的交易信号，信号触发以后，锦上添花，我们可以再使用其他复杂的技术分析方法作为信号过滤的条件、加减仓的条件或选股选品种选赛道的条件。

例如：我们投资心学的股票量化交易系统在某只股票上发出了买入信号，我们准备买入，不过，在买入之前，我们可以再用其他的复杂技术过滤一遍，比如，是不是放量了？该股票的基本面好不好？赛道好不好？有没有投资的价值？财务指标好不好？净资产收益率高不高？上涨的形态像不像潜龙出海？属于波浪理论的第几浪上涨？本来计划在买入信号触发之后，准备买入 1000 股，现在有了其他锦上添花的条件，那么我们可以每满足一项条件，我们加上个 200 股，最后可能买到了 2000 股。

听到此处，食用油批发老板蔡忠涛忍不住举手说道："江老师，您刚才的结论太逆常识了：诸如单均线、布林线等简单的方法是主交易方法；而诸如基本面分析、价值分析、财务分析、量价分析、宏微观分析、消息面分析以及诸如波浪等技术形态分析只能作为投资的辅助与补充的方法，那么，搞这些复杂交易技术研究的人估计都要骂娘了。江老师，以您的学历、技术、资历以及实盘成绩，你敢这样说，我们可不敢这样说，会被骂死的。投资市场上任何人，特别是最近赚了钱的人，特别是有老师身份的人，都觉得自己的方法才是最牛的交易方法，尽管他们可能连资金曲线也没有，只是在之前的某次投资上面赚了 N 倍。"

你说得没错！任何最近赚钱的投资者都会认为自己的交易方法最牛，非常能理解这种心情，特别是在选股、选品种、选赛道的时候，刚才说的那些复杂的分析方法的确很有效，也很好，大家也可以认为它们就是主分析方法，主次不重要，只要自己开心就好。

但是想要长期稳定赚钱，大家在选出了股票、品种、赛道以后，在决定什么时候买入、什么时候卖出的时候，请大家务必使用底层逻辑能保持一致性的简单的交易方法。否则你选的股票、赛道、期货品种再好，站在高维度上看，站在成百上千次的交易合计数上看，你很有可能还是亏钱的（数学期望为负），白白地浪费了那些最牛的技术方法。

"江老师，我倒是认为，不管是简单的单均线、布林线，还是复杂、花哨的交易技术与投资分析方法，我们都要认真学习，而且要随缘适变，搞清楚它们各自的使用边界。那些底层判断逻辑在博弈过程中不发生漂移，能够保持一致性的技术方法，我们可以作为进出场信号，而那些复杂且底层逻辑容易发生漂移，难以保持一致性的方法，可以作为选股选品种选赛道、信号过滤、加减仓的条件。每种方法都好，不要分主次，分主次会吵架的，哈哈！"罗菁秋同学评价说道，"不过，江老师，我还有两个问题，一是，到底如何过滤与加减仓呢？二是，到底是哪种简单的方法可以给出进场信号呢？为什么这种简单的方法不会发生漂移从而能保持交易的一致性？"

罗菁秋说得很对，还是不要分主次了，每种方法都好，但都有适用的边界。不过决定进出场信号的方法，则必须是底层逻辑稳定且不发生漂移的方法。

你刚才问的第一个问题，由于我们投资理念课的时间有限，无法详细讲述如何过滤交易信号以及如何加减仓，因为内容太多了，我们只能留到量化交易实操课上再去讲解。不过这里可以简单透露一点：资金管理与仓位控制是一个量化交易系统重要的组成模块，甚至比如何进场、如何出场还要重要。因为就算是一个数学期望为正的量化交易系统，如果仓位过重，你在交易的过程之中也还是有破产风险的，一旦破产，你就丧失了未来复利增长的可能性，所以一个量化的交易系统，既要保证期望收益为正，又要控制住仓位不能出现破产风险。当然，仓位过重有破产风险，但是仓位过轻，我们的年化收益又太低，赚不到钱，所以这个"度"的把握非常重要。

"江老师，我以前做交易也遇到了这个问题，那您这个度能否现在就透露一点呢？我知道这个度太重要了，太多太少都不行。这个度我觉得和前面讲的违反天道的那个度差不多。这些需要中庸之道的度，太难把握了，如果没有老师教的话，可能我们要用真钱倾家荡产几次十几次才能试错试出来。江老师我以前听说过凯利公式就是讲这个度的，对吗？"罗菁秋急切地追问道。

这个度，在我们投资心学内功心法训练游戏中，大家可以自己领悟出来，不必再用真钱在实盘上去倾家荡产地试错（江老师当年自己可是用真金白银在实盘上试错试出来的）。我这里可以透露一点给在座的同学们：我们每次交易或者下注，单次的风险度不能超过2%（即每次下注如果失败了，其损失不能超过本金的2%），否则你就有了破产的风险（哪怕你的数学期望为正）。当然，单次风险度，股票期货是不一样的，股票可以打死都不卖，所以可以高一些，期货不行，而且期货带杠杆，所以期货的单次风险度要低一些，最好不要超过 1%。至于你说的凯利公式，它的确是拿来计算破产风险的，不过正如我前面所讲的那样，凯利公式主要针对的是第一类概率游戏，即胜率、赔率、数学期望等统计指标可以通过数学计算出来，并在随后的博弈过程中保持不变，所以赌场老板经常使用凯利公式来预防破产风险；但是我们做投资交易就没有那么简单了，我们是第二类的概率游戏，我们的胜率、赔率、数学期望会发生变化，所以不能再简单地使用凯利公式直接计算破产风险，因为凯利公式计算出来的数值还是太宽松了，碰到了肥尾效应的极端行情，依然有破产的风险。既然是第二类概率游戏，那么破产风险指标，也只能在历史大数据中统计出来，不过用真钱去试错，倾家荡产的成本过于昂贵，所以江老师我才发明了投资心学内功心法训练游戏，大家自己在掷骰子的模拟投资游戏中去试错，在游戏中你破产个几十次、几百次都可以（真钱你哪里受得了），自然你就能领悟我刚才说的那个度到底是多少了，而且自己领悟的东西，在未来的交易过程中，你才会严格遵守与执行。当然，除了单次单品种风险度以外，我们还要知道我们做投资组合以后的那个组合风险度，这个指标可能更重要，我们也会在投资心学量化交易的实操课中去详细讲解。

至于罗菁秋你刚才问的第二个问题"到底是哪种简单的方法可以给出进场信号？为什么这种简单的方法反而可以保持交易的一致性"，我这里则要详细讲讲，这样大家才能真正明白投资为什么要大道至简？这样的话，那些研究复杂投资分析方法的投资者才会明白江老师的良苦用心，才会信服并积极遵守。

| 6 |

我们来做一个旅游游戏。我们的王建军同学家住在郑州市，位于中国的中部。我和崔胜，都以交易为生，并已经可以做到长期稳定盈利了，为了打发闲暇时间，我们经常去全国旅游，旅游并不耽误赚钱，因为可以做量化与程序化交易，边玩边挣钱。上个月我们来到郑州旅游，王建军同学盛情款待了我们。王建军暂时还没有开始做交易，不过他非常羡慕江老师和崔胜的投资生活，又有闲又有钱赚，还能全国自驾旅游。王建军自己也非常想出去旅游一下，不过工作常常忙得焦头烂额，一直没有抽出时间出去。经过我们的开导后，王建军似乎想通了，再忙也要带老婆孩子出去玩一下，准备也像江老师一样，坐火车或者自己开车，慢慢走，慢慢玩，遍历祖国的大好河山。不过王建军自己还没有确定到哪里去旅游，他老婆想往南边走，最远想去海南岛；王建军自己则偏向于去东北玩，最远可去中国的最北端漠河；而王建军的儿子壮壮无所谓，出不出去玩都可以，不出去玩在家里"吃鸡"也是可以接受的。王建军的招待宴会结束后，当天晚上，我和崔胜回到了酒店，我们两人为王建军一家到底能不能出去玩，以及他们一家到底是去南方玩还是去北方产生了分歧，争来争去，我和崔胜谁也说服不了谁。怎么办？既然大家都是做交易的，又各自有各自的理由，都坚信自己肯定能获胜，那么对赌一下吧。对赌规则是：崔胜每天可以下注一次，每次 1000～5000 元，如果王建军出去旅游了，且方向也正确，则崔胜赢。比如，如果崔胜赌的是北方，而王建军最终真去了北方，则崔胜获胜，且离开郑州往北越远，崔胜赢得越多，每公里还可以赚 100～500 元。但是，尽管王建军出去旅游了，崔胜下注的方向赌错了，王建军最后去了南方旅游，则江老师我获胜，且离开郑州往南越远，江老师赢得越多，每公里也可以赚 100～500 元。同理，崔胜也可以下注赌王建军去南方，则江老师作为对手则赌北方。另外，崔胜下注后，如果王建军没有出去旅游，则江老师获胜。每次下注时，由崔胜同学决定每次下注的具体金额（1000～5000 元之间），以及每公里增加的金额（100～500 元之间）。

江老师与崔胜在吃饭的时候，在王建军的手机里安装了一个定位软件，王建军到哪里，江老师与崔胜都能看到，本游戏中，江老师与崔胜都不能和王建军单独沟通打探他的行程。

好了，我们的问题是：假如你是本赌局的参与者崔胜，请问你该如何下注才能保证最后能稳定地战胜江老师，且赢的钱越多越好。各位同学请看示意图 1601，然后认真思考。

图 1601：郑州、漠河、三亚示意图

10 分钟后，大家给出了答案。张林首先举手说道："我要调查一下王建军的收入与支出情况，如果王建军的收入太少，而支出又很大的话，估计王建军同学只是嘴上说说而已，等冷静下来后，估计哪也不会去。那么我最好的办法是不下注，否则每天白白输给江老师 1000 元。"

很好，张林你这是财务分析，财务状况好的家庭出去旅游的可能性越大，而且越有钱出去的地方可能越远。不过张林同学，很多人负债都要出去旅游哦，收入少支出多的人群中，出去旅游的人也有很多，万一王建军同学哪怕是负债刷信用卡都要出去旅游，你却又没有下注赚到钱，那多可惜啊。张林，你的这种分析方法带有预测性质，有遗漏的可能性，万一漏掉一个台风机会，王建军最后去了个漠河，两千多公里呢，你算算如果你下注对了，能赚多少钱？2000多公里，每公里最少100元，总共20多万啊。

赛格市场批发音箱的老板老石发言："哇，抓住了台风，赚的时候能赚这么多啊，那还是要大胆下注。我要研究一下王建军他家的具体情况，主要是他们家谁做主？谁说了算？王建军喜欢北方，不过他老婆喜欢南方，万一他老婆说了算，如果我赌北方就大错特错了，方向赌错了，输得好惨啊！万一他们去了海南岛，离郑州也将近2000公里呢，我也要输20万呢！风险超大。"

很好，你这是基本面分析，分析了王建军家庭的基本情况，不过也带有预测性质，也有遗漏的可能性，万一他们家大人说了都不算，而是他儿子壮壮说了算呢？且他们的儿子壮壮太小，没有定性，既有在家玩游戏的可能性，也有出去旅游的可能性，而且旅游的南北方向，小孩子无所谓，可以随心所欲地决定，到时候你该如何处理呢？老石你不能将自己下注的命运交给运气，交给一个小朋友啊！

福建老严接话说道："江老师，您说得很对，财务分析、基本面分析都有漏掉一些选项的可能性，而这些选项中有些可以让我们赚大钱，也有可能让我们亏大钱，如果漏掉的话，还真的不行。江老师，您看看我的方法如何？我密切观察王建军家最近的消费情况，如果购买了诸如夏装、游衣、泳裤、潜水镜等等物品的，我就下注他们去南方；如果购买了诸如防寒服、围巾、帽子之类物品的，我就下注他们去北方。"

很好，老严的方法有点像投资领域技术分析中的形态分析，如果K线形态像潜龙出海、聚宝盆等形态，就准备买票进场。但是老严你想过没有，王建军购买了游衣、泳裤之类，可能就只想在他们家附近的游泳池中游泳啊，不一定会去那么远的海南岛。购买了防寒服，可能只是准备在冬天使用。家中买防寒服，不影响王建军去三亚度假啊。老严的方法还是带预测性质（看见防寒服预测去北方，看见泳衣泳裤预测去南方），还是有遗漏的可能性。

大家七嘴八舌地讨论了很久，仍然没有很好的方案。

这时崔胜忍不住说话了："你们也别假如是我了，还是我自己来出方案吧，我想了一个绝对的秘籍，绝对可以战胜江老师，哈哈。"

"那赶紧说给大家听一下！不过你的方法经常是剑走偏锋。"福建老严笑着说道。

"只要不违法，走偏门又怎么啦？白猫黑猫抓住老鼠就是好猫！偏方治大病，偏门能赚大钱就行。我的方案就是：找中国铁路公司的朋友，帮我盯着，一旦发现王建军以及家人预订了火车票，我就下注。哈哈！是不是必杀技？"崔胜得意扬扬地说道。

很好，崔胜自己使用的方法是内幕消息法，方法没有好坏，只要好用又不违法就行。不过，崔胜同学，你敢肯定你使用内幕消息的方法就能稳定战胜江老师吗？江老师

1996—1997 年就是使用了内幕消息法炒股票，开始的时候连对 10 把，但是最后 1 把倾家荡产，崔胜你肯定你的方法绝对有效吗？

"我敢肯定有效。但绝对没有问题。"崔胜笑着说道。

我们题目中说道，王建军可能坐火车或者自驾出去，慢慢走慢慢玩。崔胜，万一王建军他们是自驾怎么办呢？

"我早就想到这点了，如果王建军他们是自驾的话，干吗还要去买火车票呢？三个人买火车票，肯定是要出去玩的，他们买哪个方向，我就下注哪个方向，这次赢定江老师了，哈哈！我准备下注 5000 元，而且每公里再赌 500 元。"崔胜自嗨地说道。

各位同学，大家觉得崔胜的下注方案如何？

经过了大家的讨论，福建老严代表大伙儿说道："我们大家一致认为：崔胜自己提出的方法，还真的是一个稳定赚钱的方法，就是有点不仗义，哈哈。江老师你要小心点哦，要输大钱啦。"

谢谢大家的提醒。大家还记得我们昨天上课讲到奥运射击比赛的吗？以及我们迅迅美女的三人决斗选郎君的故事吧？谁说枪法好的人一定会赢？当博弈相关利益方的目标是一致的时候，的确是枪法好的选手会赢；当利益相关者之间的目标不一致时，预测的最底层的判断逻辑就有可能会发生变化。崔胜刚才讲的方法拿去参加作文比赛肯定没有问题，因为比赛的奖金是由组委会发的，江老师我肯定积极配合崔胜去获奖，有了奖金崔胜说不定还能请我喝一杯。另外，这个方法，崔胜拿去纸上谈兵收点培训费也是可以的，我也积极配合；不过，如果崔胜拿来实战去赚我的钱可不行！崔胜现在是我的对手方，他赢的钱可是从我的口袋里面掏走的，我怎么可能坐以待毙呢？谁说枪法好的选手绝对会赢？谁说有内幕消息的人绝对赚钱？我要将计就计，让崔胜输个倾家荡产！你们以为得州扑克起手拿一对 A 绝对是好事吗？有时候输得最惨的就是起手一对 A。

崔胜同学好狠，每公里下注 500 元，要是王建军真的去了崔胜下注的方向，距离又很远的话，江老师不是要输个 100 万元？这个诱惑对崔胜来说也太大了吧！怪不得崔胜会剑走偏锋，去铁路公司找内幕消息。不过正所谓道高一尺魔高一丈，100 万元的诱惑对崔胜大，对江老师我也不小啊，哈哈！崔胜爱走偏门的性格，江老师我早就知道了，其他同学其实也知道，大家觉得我不会防备一下吗？《孙子兵法》不能白学，年轻人，千万不要在一个四五十岁的资深对手面前玩计谋，其实你的心思就跟一个透明人似的，我早就看穿了。三十六计，走并非上计，不玩计才是上上计。同学们，看看江老师是如何反制崔胜。

对赌规则规定江老师与崔胜不能和王建军单独直接联系，我遵守规则，不会和王建军联系，但是我会和王建军的老婆联系，让他老婆去 12306 网站上买南向的火车票，比如买三张郑州—广州的火车票，然后感召王建军老婆开车去北方漠河旅游（反正王建军本来也想去东北玩），我承诺报销他们全家的旅游费用，还给王建军儿子壮壮买甜甜圈。火车票可以在开车前全部退掉，退票损失由我承担。这些，都没有违规吧？

崔胜听到这里，愣在那里，半天没有说话。

"江老师，您这招也太狠了吧，完全是设了一个陷阱，让崔胜同学赶着往里面跳啊。我现在终于领悟了什么叫以其人之道还治其人之身！也真正明白了'预测的最底层判断逻辑有可能会发生变化'这句话的真正含义！这是要输大钱的节奏啊！"福建老严说道。

江老师不狠，江老师只是嘴上说说而已，根本做不到，也不愿意这样做，怕报应。但是庄家不都是这样玩的吗？30 多年的投资经验，我非常了解投资市场上庄家、主力机构的招式，现在只是给大家全方位展示模拟，他们可是真枪实弹经常这样干的。所以大家越认为容易赚大钱的地方，越有可能出大问题。博弈过程中，那些底层判断逻辑会发生变化的投资方法，真的要小心！比如内幕消息法，你很有可能被别人扮驴吃虎！

好了，郑州这个城市说完了，大家最后也没有帮崔胜同学找到一个稳定战胜江老师的方法。我们换一个城市看看。大家推荐一个其他城市吧。

上海、天津、武汉、广州，大家七言八语地推荐。不搞其他城市了，我们还是找一个大家天天都要去的"城市"吧，那就是——股市与期市！

一个投资标的物（股票、期货）已经震荡了三个月，价格围绕着中沿线上下波动，上去又下来，下来又上去，我和崔胜都以交易为生，我们为该投资标的物未来是不是会来行情以及行情是下跌还是上涨产生了巨大分歧，争来争去，我和崔胜谁也说服不了谁。怎么办？既然大家都是做交易的，又各自有各自的理由，都坚信自己肯定能获胜，那么赌一下吧。这次不是江老师和崔胜之间的对赌，而是各自下注与投资市场去赌，靠自己的真本事从投资市场上挣钱。

好了，我们的问题是：假如你是崔胜，请问你该如何下注才能保证最后能稳定盈利，且盈利的钱越多越好。张林，你的财务分析与价值投资方法先上来说说吧。

"根据净资产收益率等财务数据进行打分，打分高的股票可以买入；有的可以根据历史数据进行估值，如果现在的价格高于价值就卖出，低于价值就买入。不过江老师，经过您刚才王建军旅游案例的讲解，我自己现在都有点不自信：财务打分低于价值的股票，也有很多涨得很疯狂的，就像王建军借钱都有可能去旅游一样。所以财务分析、价值分析的预测的底层判断逻辑在博弈的过程中真有可能会发生变化，所以肯定有遗漏或者误判的情况出现。如果只是漏掉一个小机会就算了，如果漏掉一个千载难逢的大机会怎么办呢？比如刚才江老师将计就计赞助王建军去漠河旅游，又比如 2010 年 9 月的棉花行情、2014 年 11 月牛海的股指期货，预测永远与现实有差距。"张林说完，瞟了一眼崔胜。

崔胜没有搭理张林，似乎还在沉思。

赛格市场的石老板，你的基本面分析要不要上来说一下呢？

"算了吧，我的基本面分析连王建军去南方还是去北方都预测不准，还能预测股价与期价吗？而且就像江老师您说的那样，基本面分析与张林的财务分析、价值分析一样，其最底层的逻辑在博弈的过程中肯定也会发生漂移，到时候出现类似负油价、库存增加价格却上升、国家政策扶持之下股价却下跌的怪事情，我都不好意思面对同学们。"石老板说道。

那老严呢，你不是喜欢技术分析中的形态理论吗？你看一下现在这个投资标的物最近几个月的 K 线图像什么？

图 1602：围绕中线上下波动的 K 线

福建老严看完图 1602 后说道："这种情况：价格围绕着中轴线上下窄幅波动，几个月都没有出方向，是很难做的。至于您说的形态像什么？我看既像三重顶，也像二重或者三重底，只有等最后出了趋势方向以后才能确定。"

"你们搞形态分析的，经常搞这一出。等真正出了趋势以后，形态倒是确定了，但黄花菜都凉了，我们就是要在没有出趋势或者刚出趋势的时候就要进场，进场晚了还能赚什么钱呢？老严，等你确认了三重顶，下跌趋势都走完了；等你确认了三重底，上升趋势也走了一大半；至于你的 3 浪还是 5 浪，那要等趋势差不多全部结束后才能完全确定几浪。老严，在历史 K 线图上，趋势走完了，我们当然可以看得到，你当然可以纸上谈兵，指点江山；而现在呢？老严，图 1602 这只股，按照你的形态理论，现在到底该怎么办嘛，你说个确定的办法出来！"崔胜向老严逼问道。"老严，你说这个图既像三重顶，又像三重底，你说这话模棱两可，就像刚才王建军旅游的游戏中，王建军既买了泳衣泳裤，又买了防寒服一样，等于白说，等最后发现王建军真去了漠河，就已经晚了！老严，事后诸葛亮谁不会当啊，等王建军真去了漠河，你老严又可以到处吹嘘：我早就知道王建军要去北方，因为我发现他买了防寒服。老严你这哪是在投资赚钱？完全是靠吹牛赚钱吧？你故意省掉了王建军也买了泳衣泳裤这个细节，蒙别人还可以，蒙我们这些学过投资心学的学生可不行哦，哈哈。"

老严瞪着眼睛听崔胜说完后接着说道："崔师兄，干吗这么大的火气？看在我以前也老是怼你的份上，让你一次算了，哈哈。不过你说的也基本正确，靠 K 线形态理论去预测行情，这条路的确是走不通了，我现在也反应过来了。绝大多数情况，真的要等 K 线走完后，你才能完全看清到底是什么形态。另外，就算是提前看清什么形态，也不敢保证就能出趋势，更不敢保证趋势的强弱。很多时候涨是涨了，但是涨了一点后又马上跌回去，估计还是像江老师说的那样，庄家真的愿意让散户按照书上写的那样的技术形态轻松就把钱赚走了吗？除非这个钱是证监会的，不是庄家自己的。散户想从庄家、市场主力的口袋里掏钱，肯定不容易，博弈的过程中底层的判断逻辑一定会发生漂移。三重底、潜龙出海等技术形态最后没涨反而下跌的投资案例也有不少。说不定，兵不厌诈，庄家将计就计故意做一个三重底或者潜龙出海形态让散户重仓去钻呢？就像崔师兄刚才旅游案例中想去铁路公司打探订票内幕信息一样，哈哈，崔师兄，我的形态理论认输了，该你崔师兄上场了，你喜欢走偏门，图 1602 未来怎么走？我们怎样下注去稳定赚钱呢？你的内幕消息能否透露一点呢？"

"老严，你不怼回我，身上会痒吗？江老师，我刚才反省了很久，我靠内幕消息走捷径的路，经过您前面的分析，我承认长期来看肯定是走不通的。正所谓：强中自有强中手，恶人自有恶人磨。江老师您做投资 30 多年，前面几年都是靠消息炒股票的，后来您为什么不靠消息做投资了呢？您靠消息发财三次，同时也靠消息倾家荡产三次，您当年可是能看到深圳十几家证券营业部后台数据的，您说您的消息深圳第二，估计没人敢说第一，但最后还不是倾家荡产了。您现在都认为靠内幕消息做投资不靠谱，那么我们这些散户还在妄想依照道听途说的消息去发财，只能是痴人说梦了。江老师，您刚才说过：三十六计，不玩计才是上上计！我也是刚刚才悟到，投资应该赚正大光明的钱。老严，我正式答复你，图 1602，没有内幕消息；就算有，也是庄家、市场主力放的烟幕弹来故意诱惑我们重仓交易的。江老师，您说吧，您说怎么干，我就怎么干，我从此不走捷径，不走偏门，连行情我都不预测了！谁能指导我赚钱，就跟谁！"崔胜反省道。

"不预测行情就能赚钱，还是能赚大钱的那种赚钱；不预测王建军旅游行程才能对赌获胜等等案例，江老师，您的这些认知太逆常识了，估计多数人怎么想都会想不通的。江老师，我们真的连行情都不用看就能赚钱吗？赶紧说说您的方法吧。"罗菁秋急切地说道。

| 7 |

行情还是要看的，只是见山是山、见水是水，我现在眼中的行情与你们之前眼中的行情是不一样的。各位同学，三十六计还是要学的，技术分析、形态理论还是可以钻研的，宏微观分析、财务分析、价值分析、基本面分析等等，你们以前学的是什么，请照学不误，反正江老师我，民间的、学术的可都是学了一遍。各位同学，证券、股票、期货等各类从业资格考试以及 CFA 考试等等大家都尽量要去参加啊，反正江老师都参加过了，只要是中文版的，中国所有的投资类的证书，江老师我基本上都考试通过了。总之，所有的"术"，大家都可以学，也都应该学。然而如果要落实到实际使用，那你就不能直接生搬硬套，你一定要清晰地知道你准备使用的这个交易技术与投资方法的优缺点以及使用的边界在哪里，有没有限定或者假设的条件（所有金融学理论都是有假设条件的，这些假设条件越界就是要出黑天鹅事件的）。

另外，我一直强调，你准备使用的这个交易技术或者投资策略的最底层的判断逻辑，会不会在未来的博弈过程之中发生改变。庄家、主力的投资技术肯定比我们散户强，他们肯定也懂我们准备使用的这个交易技术和投资策略，他们不会让我们轻松掏他们口袋的。如果他们将计就计，我们就将大亏特亏，败走滑铁卢。投资看博弈结果，不看投资理论的分析结果。

因此，**不管你之前学的投资技术与交易策略的名气有多牛，招式有多花哨，成功的案例有多惊人，只要它的底层逻辑有发生改变的可能，不能保持交易的一致性与概率优势，那么务必请大家在它们光鲜的外表之下，加上一个永远都不会发生漂移的底层核心逻辑作为进出场的唯一条件。**

"江老师，您的意思是那些名气很大的投资分析方法，如果我们发现其底层逻辑在博弈过程中有漂移的可能性，还是可以使用的，只是我们需要给它加一个不会漂移的底层逻辑作为进出场条件，其他的地方不需要改动，对吗？"罗菁秋问道。

是的。中国有句俗语叫"能做的不能说，能说的不能做"，潜规则就属于这类。名头很大且复杂花哨的投资分析方法，必须加上一个不会漂移的简单的底层逻辑才能稳定盈利，这件事就只能做不能说。大家在谈客户的时候，多数人会讲那些高大上、别人听不懂的金融模型和理论，很少有人讲大道至简，并加上那个不漂移的简单的底层逻辑。

我之前说过的"基本面分析、价值分析、财务分析、量价分析、宏微观分析、消息面分析以及诸如波浪理论、形态理念等等分析方法只能作为主交易方法的补充"，这句话我现在要收回，否则会被钻研这些投资分析方法的人给骂死不可。所有的投资分析方法、交易系统、策略战法等等，没有主次之分，都不错，但是不能一把抓，必须有一个能保持交易一致性与概率优势的且永远都不会发生漂移的底层逻辑内核，这也是我们敢玩第二类概率游戏的底气所在。在这个不变的逻辑内核的基础上，喜欢简单的人，只穿一件背心也可以，比如单均线、布林线也能挣钱；喜欢复杂花哨一点的，让客户看着高兴的，那在背心上面就给它多套上几件漂亮的衣服，比如价值分析、波浪、缠论等等。百花齐放、百家争鸣嘛，只要你能长期稳定盈利，都是可以的。

"江老师，那您赶紧讲一下这个在博弈过程之中永远都不会发生漂移的底层逻辑内核，究竟是什么？说句实话，我还有点不相信真有这样的交易内核，还非常简单有效，上哪里找去？期待中……"罗菁秋急切地问道。

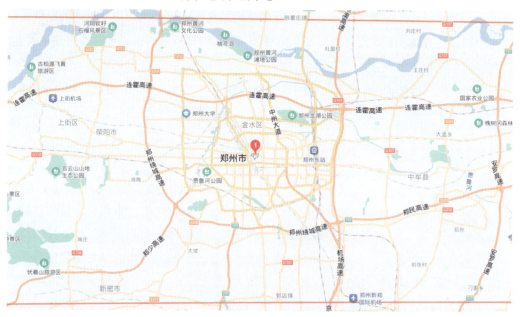

图 1603：以二七广场为中心的上下 30 公里画线

我们再次回到王建军一家旅游的这个游戏中来，刚才大家给出了很多种方案，但是经过一番分析，这些下注方案都不能保证能够稳定地战胜江老师，原因就是底层逻辑会发生漂移，不能保证下注的一致性，有遗漏、误判或者被别人忽悠的可能性，长期来看，都不具有概率优势，因此并不能长期稳定地战胜江老师，就算偶尔能获胜，也要靠运气帮忙。真正有效的方法，一定不能带有预测性，不能将自己的投资命运交给运气，否则靠运气挣的钱，就会靠本事亏回去。那正确的方法是什么呢？大家请看图1603。

我们先找到郑州市的中心点，比如是二七广场，然后以中心点为中心，在北边画一条东西向直线，在南边也画一条东西向直线，两线保持平行，上下平行线离中心点的直线距离在30公里左右，北面跨过黄河在黄河边，南面跨过郑州机场。王建军手机上不是有定位软件吗？我们盯着王建军的实时轨迹就行，其他啥都不用做，啥都不用分析。

"江老师，我天天盯着王建军的轨迹干啥，能生出钱来吗？什么时候下注啊？如果下注下哪个方向啊？"崔胜问道。

图1604：王建军在郑州的活动轨迹

崔胜，不要着急嘛，平时不能随便下注，你钱多不怕亏吗？你如果经常下注，万一王建军同学半年都不出去旅游，你要输给江老师很多钱的。我们只在关键的位置节点才下注，关键的位置节点在哪里呢？就在这两条线上。这两条线，北边跨黄河，南边超过机场，一般情况下，郑州的市民很少到这么远的地方来，顶多在里面办点事而已。但是，一旦他的轨迹跨过了这两条线，那么他大概率就要离开郑州去外地，那就要赶紧下注；如果只是在这两条线内活动，那么王建军同学多半是上下班、走亲访友、跑跑业务之类的正常活动，此时则不要随便下注，免得经常输钱。

大家请看图 1604，这是王建军的轨迹，红色曲线部分。王建军在上下沿之间来回摆动，上下班，走亲访友，我们都不管，但是一旦碰到上下沿，我们就要坚决下注。比如到了下沿的 A 点处，崔胜看到后马上就要下注赌王建军会去南方旅游；比如到了上沿 B 点处，崔胜马上就要下注赌王建军会去北方旅游。

这种下注方法的优点，崔胜以及各位同学说说看法吧。

"这个方法倒真是不带预测性质，而且肯定是正大光明的，绝对没有任何内幕消息，如果赚钱了，相当地公平、公开、公正，绝对没有任何违反规则的行为，挣的每一分钱都是干净的，晚上睡觉也格外香。"崔胜回答道。

"这个方法的优点，我知道有一个，还很重要，就是不会出现任何的遗漏，不会错过任何的台风机会。其他的投资分析方法，都有可能遗漏几次台风的大机会，江老师的这个方法不会遗漏。因为只要王建军去北方旅游，由于有手机定位跟踪，所以王建军一定会碰到上沿线；如果王建军决定去南方旅游，他的轨迹也一定会碰到下沿线。"赛格石老板说道。

"优点还有不能再作弊了！哪怕江老师悄悄替王建军的老婆买了去南方的火车票（表象有可能是'假象'），都不能迷惑崔胜，反正崔胜只认上下沿的平行线，碰线才下注，而其他的表象一概不管，哪怕你提前买了飞机票、火车票、汽车票等等，想退票也行，不退票也行，你买了泳衣泳裤，哪怕提前把三亚的酒店预订了，你随便折腾，我都不管，我都不下注，不会赌你去南方；但是只要王建军的轨迹一碰到上沿线，哪怕啥都没有买，我都下注赌王建军一家会去北方。这下我看你市场主力怎么去做假吧。"张林评论道。

这时候罗菁秋兴奋地举起了手："江老师，真是没有想到啊！就是两条简单的平行线，就解决了交易的一致性的问题！我认为这个方法看似简单，但是充满了智慧、逻辑与哲理。它的最大优点，是在未来的博弈过程中，其最底层判断逻辑永远都不会发生改变，从而保证了我们在参加第二类概率游戏中始终能保持住交易的一致性，进而使我们的投资保持住概率优势，最终又保证了我们未来可以一直等到复利增长爆发的那一天！江老师，简直不可想象，两条简简单单的平行线就解决了这个天大的问题。我这次算是领悟了古人说的'大道至简'！之前我老往复杂的地方去想，没有想到这么简单。不过，太简单的东西，没有名师的指点反而是想破头都想不到啊。感恩江老师。"

崔胜听到这里说道："罗师兄，我还是没有太明白。你要说两条线简单，那是真简单；但你要是说它们可以保持交易的一致性，在博弈的过程中其底层判断逻辑不会发生漂移，我还是不太懂，你再解释一下呗。"

"这还不懂吗？崔师兄，很容易理解啊。"罗菁秋说道。

"你是硕士毕业，当然一下子就明白了。其他人的学历参差不齐，肯定还有一些人不太明白嘛。"崔胜回道。

"迅迅师妹，还是你讲东西接地气，要不你来解释解释？"罗菁秋笑着对迅迅说道。

"那我来尝试着一步一步地通俗地解释一下，看看大家能否理解？"迅迅应道，"江老师前面一直强调做投资不要预测，为什么不要预测？什么时候预测会危险？就是博弈的相关者之间的利益发生冲突的时候。再直白一点说，博弈的时候，奖金如果是不相干的人出，博弈的各方就可以去预测，因为奖金不是从自己包里拿的，是第三方出的，因此博弈各方都不心痛，皆大欢喜，大家都安安心心去预测；但是，如果奖金是博弈相关利益者自己掏腰包拿的，而且奖金数目巨大时，那么你就不要随便再去预测了，因为你用的预测方法，特别是复杂的预测方法，它们的底层判断逻辑在博弈的过程中有发生漂移的可能性，会造成你预测的错误。而且此时最可怕的地方，一是由于你的预测方法过于复杂，你自己并不知道其底层判断逻辑已经发生了漂移，二是因为你预测的结果符合日常生活工作的经验与常识，所以你信心满满，坚决不相信会出错（就如前面课上讲的奥运射击比赛，只相信枪法好的获胜），因此你会下重注去赌自己百分之百会赢。但是此时你博弈的对手非常了解你现在的心理状态，反其道行之，将计就计，甚至大智若愚，扮驴吃虎，最终在你认为绝对不可能输钱的地方让你倾家荡产。我们前面讲过，枪法差的获胜，得州扑克的 AA 牌、负油价、期货橡胶大王傅小俊跳楼事件等等，不都说明了这种现象吗？而且这种现象一旦出现，你交易的一致性被破坏，没有了概率优势，你复利增长的节奏会被打破，你之前很多年的复利积累会付之东流，你将永远等不到复利增长爆发的辉煌时刻。崔师兄，我这样解释你明白一点了吗？就像刚才张林说的那样，如果王建军的老婆预订了去南方的火车票，又预订了海南三亚的酒店，我相信崔师兄以及在座的各位同学，一定会下重注与江老师对赌的，甚至压上了自己的房产都在所不惜。我说得对吗？"

"对对对，如果没来听课，估计连老婆、儿子都会押上去！好悬！"崔胜惊叹地说，"下次江老师哪怕是开盘口赌自己是男人还是女人，我都不会轻易下注，我都要先搞清楚背后有没有陷阱后才去下注，哈哈哈。"

崔胜，你说你准备要先去搞清楚背后有没有陷阱才下注，其实，你这个做法还是错误的，还是带预测性质，你不怕我反完还反，反反为正吗？

"江老师，反反为正是个啥意思？怎么感觉好复杂，水太深了。"崔胜问道。

水深是因为你自己将问题搞复杂了。我一直推崇大道至简，能用简单方法搞定的，绝不用复杂方法，我们要遵循奥卡姆剃刀定律。我们还是请迅迅来解释一下吧。

"谢谢江老师的信任。江老师私下联系王建军老婆购买去海南的火车票以及预订三亚的酒店以诱惑你崔师兄，那是因为江老师知道你之前是一个喜欢走偏门的人；如果你以前是一个城府很深、心机太重的人，比如像司马懿那样的人，江老师就会改用反反为正的方法。什么叫反反为正？就是让王建军最后真的就去了海南三亚。假如崔胜你是司马懿那样的人，一定会怀疑王建军他们买泳衣泳裤、订火车票以及三亚酒店等等，是一个诱惑陷阱，司马懿脑袋里一定会转一个弯，去押注北方漠河。江老师知道司马懿的性格，所以反反为正，最后真的就去了海南三亚。这就像当年诸葛亮唱空城计一样，真的就是空城计！司马懿转一个弯，诸葛亮转两个弯，假戏真做，就成正的了。"迅迅解释道。

"一个弯，两个弯，三个弯，四个弯……这也太复杂了吧，真玩不过江老师。如果是做投资，那我们还怎么玩得过庄家、市场主力呢？"崔胜感叹道。

"所以江老师劝我们说，三十六计，无计为上上计。我们散户想去玩计谋，想去靠投资分析方法预测行情，然后再去和庄家、主力博弈下注，这是一条根本就走不通的路！正确的办法就是不玩任何计谋，不去预测，走光明正大的大路。"迅迅说道。

"对对，以后不靠预测了，不玩复杂的了，反正也玩不过别人。别人玩复杂的，咱们玩简单的，这还不行吗？我和庄家、主力比简单，我最后气死庄家！哈哈……"崔胜笑道。

"所以江老师之前一直推荐大家使用简单的交易方法，因为大道至简，简单的方法近于天道，不但好用，而且不会出现底层逻辑发生漂移的现象，就算发生了也容易及时发现与纠正。就以图1604为例，崔胜师兄就死守郑州上下沿的两条简单的线段就行，其他都不用管，不管王建军一家以及江老师再怎样折腾，再怎样忽悠，他们三十六计都用上，崔胜你就是以不变应万变，只要不碰线就不下注，有点像曾国藩的'结硬寨、打呆仗'[①]，就呆呆地傻等王建军来碰线。"迅迅继续解释，"不管江老师与崔胜再怎么博弈，也不管双方的手段有多高明，郑州上下沿的两条线守住，哪个突破买哪条，其底层判断逻辑一定不会发生漂移！"

我们以案例分析来对比一下吧：

·财务面：王建军收入大于支出可以出去旅游，但有时候王建军借钱也会出去旅

---

① "结硬寨、打呆仗"，是传统兵家战术智慧。"结硬寨"，即构筑坚硬壁垒；"打呆仗"，即踏实守在这打，不乱跑，不用计，保存力量。

游——底层逻辑漂移了；碰上沿线去北方旅游，但是不碰上沿线不可能去北方旅游——底层逻辑没变；

· 基本面：王建军做主决定去北方旅游但有时候儿子随意说去南方旅游也会成行——底层逻辑漂移了；碰下沿线去南方旅游，但是不碰下沿线不可能去南方旅游——底层逻辑没变；

· 消息面：王建军家预订了去南方的火车票和三亚的酒店，他们是计划去南方旅游，但有时候这些消息可能是博弈对手的烟幕弹，最终王建军去了东北旅游——底层逻辑漂移了；碰上沿线是去北方旅游，而且去了北方旅游的一定都是碰了上沿线的——底层逻辑没变；

· 形态理论：王建军家里买了泳衣泳裤，他们计划去南方旅游，但有时候这些装备只是为了在郑州本地用的，王建军最终还是去了北方的漠河——底层逻辑漂移了；碰下沿线是去南方旅游，而且去了南方旅游的一定都是碰了下沿线的——底层逻辑没变。

……

"真的呀，这一对比就更清楚了。大家有兴趣，可以将所有复杂的分析方法和这两条简单的上下沿线段进行对比，你会发现越简单的方法，其底层判断逻辑越不容易发生改变。"迅迅兴奋地说道。

崔胜听完迅迅的讲解后说道："谢谢迅迅，你既是美女又是一个接地气的才女，能用通俗易懂的话进行解释，我现在明白了，简单的两条线段的确可以保证底层的判断逻辑在博弈的过程中不会发生漂移。不过我还有一个地方不明白，那就是图1604中，碰到下沿的A点后我下注赌王建军去南方，根据其后来的轨迹，发现我下注下错了。后来，碰到上沿的B点后我又下注赌王建军去北方，根据后来王建军的轨迹，发现我下注下对了，两次下注都不带有预测性质，也没有遗漏。不过，一共下注了两次，一赚一赔，白干，也没有赚到钱啊？还辛辛苦苦讨论了半天。"

"崔师兄，我还记得昨天你上课时说的话吗——'原来量化就是要找到自己交易策略的一系列的数据：胜率、赔率、收益风险比等，有数据，你就是投资市场的聪聪；没有数据，你就是投资市场的笨笨。特别是要重视赔率！胜率其实无所谓。'"迅迅提醒崔胜，"哈哈，还聪聪、笨笨的，挺有童话感。崔师兄，那你是投资市场的聪聪还是笨笨？"

"哈哈，想起来了，我的确说过这样的话，今天忘记了，还是自己的内功心法不行，老是回到以前重视胜率而忽视赔率的习惯中去。我明白了，我和江老师下注赌王建军旅游也是要靠赔率赚钱的。图1604，碰到下沿的A点后我下注赌王建军去南方，如果错了，止损就好了，仅仅输 1000 元而已。又后来，碰到上沿的 B 点后我又下注赌王建军去北方，如果对了，让利润奔跑，希望王建军出去越远越好，如果最远到了漠河，2000 多公里，每公里就算 100 元，可以赚 20 多万呢；即使没到漠河，到沈阳也可以呀，有 1200 公里；就算只到北京，也有 600 公里，能赚 6 万元呢，赔率 60000/1000=60 倍，太好赚了！这个赔率能支持我在郑州的上沿线或者下沿线上，连续下错 59 次注。王建军平日里的工作不可能经常去到离郑州南北 30 公里这么远的地方，我算他一个月偶尔去到这么远的地方办事一次，然后又返回到郑州，那么，我下注的频率是一个月一次，如果 59 次都错了，那要将近 5 年的时间，我就不信王建军 5 年都不出趟远门去旅游的。何况我还没有去计算王建军偶尔碰到上下沿线后，不是马上返回，而是稍微出郑州以外的地方办事，每公里我还可以微赚 100 元呢。"崔胜兴奋地说道，"只要我使用这个办法一直坚持下注，每次碰线都下注，随着博弈次数的增加，最后一定就能押对一次，而且押对的这一次，只要赔率够大，一次赚的钱就能覆盖掉之前 N 次止损成本的合计数，最终我靠'赚一赔'的合计数，可以稳定地战胜江老师。而且这种方法根本不需要花时间与精力去预测什么，也不需要我去研究王建军的任何信息，简单，实用，不用动脑筋，悠闲自在，稳定赚钱，还能开车自驾全国旅游。这应该就是我们应该掌握的正确的交易原理吧。"

迅迅说道："崔师兄进步很大哦，终于明白了，这次开悟了。"

"其实我还是挺聪明的，经你一提醒就马上反应过来，只是我多年的习惯很难改，时间稍长，没人监管，一下子就忘记了，又马上掉回到以前的喜欢预测的思维习惯与认知中去。不过我也不担心，毕竟这次只是投资理念课，先理悟，先知道正确的认知是什么就可以了。至于领悟与执行，下个月就要参加江老师的模拟投资游戏内功心法训练，将正确的投资认知形成肌肉记忆，产生条件反射，就永远都不会忘记与反转了。投资一定不是赚胜率的钱而是赚赔率的钱。江老师也说过，胜率赚钱，登天之难；赔率赚钱，反掌之易！关键是我们要将赔率赚钱的认知映射到我们的骨髓中，写到基因里去才行。"崔胜信心十足地说道，"对了，迅迅师妹，你再接地气地解释一下我们的战场——股市与期市吧。"

<h2 style="text-align:center">| 8 |</h2>

"有了王建军的旅游案例做基础，股市、期市的问题也很好解释了。"迅迅说道，"我也想问江老师，一个投资标的物（股票、期货都可以）已经震荡了三个月，价格围绕着中沿线上下波动，上去又下来，下来又上去。投资者应该如何下注，才能保证最后能稳定地盈利？且盈利的时候能多赚一些？"

好的，我来讲一下吧。股市与期市，具体怎样做呢？我们在图 1602 的上下沿附近也画两条线，大家请看图 1605：

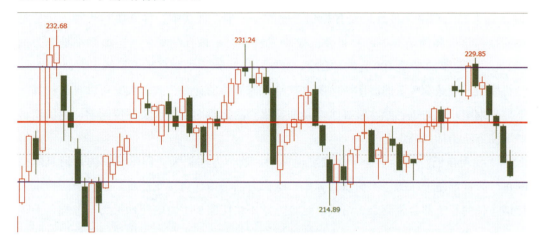

图 1605：K 线的上下峰

上下沿的宽度不要太宽，也不要太窄，太窄容易被打止损，试错交易次数多，试错成本会增加；太宽，交易信号出来较晚，小趋势捉不住。我们此处设置是：上沿为第三高的 K 线的收盘价；下沿为第三低的 K 线的收盘价，见图中蓝色线部分。

和王建军旅游案例一样，平时多数时候，投资标的物的价格会在上下沿线之间来回波动，我们不管它，就死守两条简单的上下线段就行。记住：其他都不要管，不管宏微观形势、基本面、财务面、价值面、消息面，不管成交量、K 线形态等等，也不管庄家、市场主力再怎样折腾与忽悠，利多利空消息满天飞，我们散户投资者就是岿然不动，稳坐钓鱼台，以不变应万变，你不碰线我就不下注！向曾国藩的"结硬寨、打呆仗"致敬，我就呆呆地、傻傻地、简简单单地等着价格来碰线。

见山是山，见水是水，大家千万不要小看我们在上下沿画的这两条简简单单的线段，它们可不简单，它们其实是一个充要条件，而其他复杂的花哨的投资分析方法却不是。

我们投资心学投资策略有效性原理是：任何投资技术、交易系统、策略战法等等，都必须包含一个底层逻辑永远不会发生漂移的充要条件的内核，否则在未来的投资博弈过程中就有失效的可能性。

我们来看图 1606，图右上部分，向上突破一次上沿线，我们下注做多单，不过没有成趋势，第二根 K 线跌下来了，我们止损就好了；后来，向下突破一次下沿线，我们下注做空，结果趋势形成，利润奔跑了，我们赚了不少钱。我没有去仔细计算赔率是多少，单凭肉眼看，至少有个七八倍的赔率了。

"没有王建军旅游游戏的赔率 60 倍高"崔胜笑着说道。

那是江老师我为了提高大家的学习兴趣而故意设置的。崔胜，如果不给你出主意，60 倍这么高的赔率你最终也没有想到正确的办法哦。现实中，你真要和我赌，我肯定不能提供这么高的赔率啦，我可要向赌场老板学习，精打细算才行，那就不是每公里 100 元，而是每 10 公里 100 元啦，哈哈！其实，图 1606 里的赔率也不算低了，七八倍了，趋势模型一般是 30% 多的胜率，按照之前给大家提供的计算公式，大家可以自己计算一下数学期望，就知道已经非常高了，是非常优秀的策略。崔胜以及各位同学，也说说这种下注方法的优点吧。

"我现在已经初步学会了，我来说说吧。这个方法正大光明，没有内幕消息，挣的每一分钱都是干净的，不怕秋后算账。这个方法不带任何预测性质，不会遗漏台风大行情，任何行情都会碰到上下沿线。这个方法不怕庄家和主力的使劲折腾与忽悠，不管怎么变，我只要掌握两条线。至于说能够保持交易的一致性与概率优势，其底层判断逻辑不会发生漂移现象，这点我还是说不好，还是请迅迅再说一遍吧。"崔胜说道。

图 1606：进出场信号

在图 1606 中，我做了如下对比：

· 财务数据好的股票涨，但有时候财务数据差的也会涨——底层逻辑漂移了；碰上沿线做多单，但是不碰上沿线不可能也出现多头行情——底层逻辑没变。

· 基本面好库存低的期货品种会涨，但有时候基本面不好库存高的也会涨——底

层逻辑漂移了；碰下沿线做空单，但是不碰下沿线不可能也出现空头行情——底层逻辑
没变。

·价格低于价值的股票会涨，但有时候涨得好的却是价格高于价值的股票——底
层逻辑漂移了；碰上沿线做多单，多头大行情走出来的一定都是碰了上沿线的——底层
逻辑没变。

·双重底、潜龙出海、3浪等技术形态的股票价格会涨，但有时候价格涨得好的股
票其形态并不都是双重底、潜龙出海、3浪等技术形态——底层逻辑漂移了；碰下沿线
做空单，空头大行情走出来的一定都是碰了下沿线的——底层逻辑没变。

迅迅的解释非常到位，谢谢迅迅同学。

这里我再强调：投资市场上有各种分析方法，基本面分析、价值分析、财务分析、
量价分析、宏微观分析、消息面分析以及技术形态分析，都是很好的分析方法，不管是
简单的，还是复杂的方法，我都很熟悉，也都使用过。这些方法，没有好坏之分，也没
有主次之分，关键是看你如何使用，以及你的投资需求是什么。比如你一辈子只准备长
期投资几家公司，那么上述这些投资方法都是可以单独使用的，你应该使用预测的方法
而不需要做量化投资，不需要统计胜率、赔率、数学期望等量化指标；但是如果你经常
做投资交易，买了又卖，卖了又卖，一生有几百、几千、几万次的交易，那么你就必须
学习麦当劳、肯德基的随缘适变，建立万事万物万次下注普遍联系的认知，你必须将你
使用过的投资技术方法进行量化处理，建立适合自己的量化交易系统（老鼠笼子），任
意随机抽取历史大数据来加权统计量化交易系统的胜率、赔率、数学期望、年化收益、
收益风险比等指标的均值，以此指导我们的交易行为。我们应该抛弃喜欢预测的交易习
惯，不要计较一城一池下注的得失，我们赚的是"赚—赔"的那个N次的合计数，我们
赚的是未来复利增长爆发后的那个暴利，它不是小数，而是大数。由于投资市场属于第
二类概率游戏，因此我们在交易的过程中，必须坚守一致性的原则，严格按照事先制定
的量化交易规则进行交易，当眼前利益与规则、流程、标准发生矛盾的时候，我们要坚
决放弃眼前利益，坚决维护量化规则的权威性。在将基本面分析、价值分析、财务分析、
量价分析、宏微观分析、消息面分析以及技术形态分析等复杂分析方法进行量化处理的
过程中，一旦发现有底层判断逻辑发生漂移现象的时候，请务必加上一个底层逻辑永远
都不会发生变化且很简单的交易方法作为底层逻辑内核，并以此作为我们交易系统的进
出场信号。

"江老师，我的理解就是底子与面子的关系。交易的底子必须前后一致、干净、光明正大、不可摇摆，哪怕很简单；但是交易的面子需要给客户看，必须高大上，必须气派、花哨、有噱头，所以在类似路演的场合一定要讲一些冠冕堂皇、高深莫测的金融学理论与分析方法，越听不懂可能效果越好，因为绝大多数客户的认知都是复杂好过简单，我们只能随缘适变。"罗菁秋评论道，"其实，我认为这些也很容易理解，因为不只交易是这样的，我们为人处世也是这样的。我们的底子也很简单啊，做人的标准不过是儒家提到的仁、义、礼、智、信，但是人的面子很复杂：单位、职位、人脉、金钱、房子、衣着打扮等，竞相攀比。人的面子可以很花哨，但是做人的核心却是简单不可动摇的。"

罗菁秋的类比很好，就是这个意思。一个人如果丢掉了做人的本分，哪怕现在再风光，也是走不远的。同理，一个交易方法如果没有不变的逻辑内核，哪怕现在再牛，业绩再好，也很难长期稳定盈利。

"江老师，罗菁秋，你们说得真好，在投资的过程中，如何处理底子与面子、简单与复杂的关系，非常重要，也非常难，它直接影响最后的投资业绩，我们真的要重视起来。我前几年做期货投资亏了几百万，我还将失败的原因归结为交易技术不够精通，还继续研究越来越复杂的技术。记得有一次我是按照供求关系重仓一个期货品种，理论上供大于求，价格应该下跌才对，我研究这个品种很久了，坚信会大跌，结果价格不但不跌，反而上涨，我感觉特没有面子，咽不下这口气，就逆势加仓，结果越加越多，最后一波大涨后，我爆仓出局。如果当时我在供求关系理论的基础上，加上一个如图1606那样的上下沿线段，肯定不会爆仓，而且还会赚钱的。有了上下沿突破进场这种方式，绝对不可能逆势做期货的，更不可能加仓，教训太惨重了。我估计当时市场主力也知道供求关系的情况，反其道而行之，收割了我们这些韭菜。"风控总监樊总痛苦地回忆。

他接着说："所以使用复杂投资分析方法的朋友们要特别小心，看似天经地义的正确理论，有可能因为博弈关系的原因，其底层的判断逻辑会发生漂移现象，比如2019年、2020年大名鼎鼎的价值投资理论，到了最近一两年，其表现就很差，最大回撤高达 -40% 以上，根本原因我认为不是这些理论错了，而是其底层逻辑在最近的博弈过程之中发生了漂移。如果像这些复杂的理论，我们给它加上一个简单的上下沿线段作为突破后进场的信号，那么，漂移现象就不会再产生，投资的绩效肯定也稳定，不会再出现赚的时候大赚，亏的时候大亏特亏，甚至爆仓的情况。不过，江老师，我还想请教一下，像基本面分析、价值分析、财务分析、量价分析、宏微观分析、消息面分析、供求关系分析以及技术形态分析等复杂分析方法，我们加上一个不会发生漂移的底层逻辑内核以后，怎样使用才更科学呢？"

原来大家使用的各种分析方法可以照旧使用。不过，大家在新开仓、止损平仓或者止盈平仓的时候，应该尽量使用简单的底层逻辑不漂移的交易方法；而原来的投资分析方法与交易策略，可以用在选股，选赛道，选期货品种，加减仓以及进出场信号的过滤等上面。由于时间有限，我不能详细展开来讲，我这里简单说一下。

我们还是拿王建军旅游案例说一下。下注王建军去南方还是去北方，下注的进场点必须采用上下沿突破的方式，这点不能改变，要首先保证下注的一致性与概率优势。但是我们可以使用其他的分析方法进行增强处理。那增强什么？如何增强？

比如，如果我们的财务分析、基本面等分析方法厉害，那我们可以不选王建军下注，我选一个家庭财务状况更好的张建军不行吗？他们家有钱，实力雄厚，而且有钱还有闲，一旦出去旅游，就不只是到北京，最有可能去到东北的漠河，甚至俄罗斯的西伯利亚，向南可以到我国的南沙群岛，甚至可到澳大利亚、新西兰，一旦赌对了，赔率高啊！我们赌对了王建军，可能只有 60 倍的赔率；张建军赌对了，那就不一样了，可能就是几百上千倍的赔率。这就叫选股、选品种、选赛道。大家看看，其他复杂的分析方法也很厉害吧，同样是下注，你的绩效马上就提高了。

这里给大家再纠正一下以前的错误认知。

以前，大家眼中的选股、选品种、选行业、选赛道，多数投资者以为是在提高胜率，大家想的是，通过基本面分析、价值分析、财务分析、量价分析、宏微观分析、消息面分析、供求关系分析以及技术形态分析等复杂分析方法，我们容易选出大概率涨的品种（最好是确定涨的品种），然后我们再去下注，甚至下重注去博收益率，这个观点是大错特错的。这很像江老师我当年那样，尽管花费了重金以及十几年的时间去学习研究了市面上基本上所有的投资分析方法，却仍然无法稳定盈利，甚至还干不过一根单均线的最根本的原因。为什么？因为我们将这些复杂的技术用错了地方。

做投资或者投机，胜率基本上是无法提高的，根本不值得我们花时间与精力在上面，更不值得你去重仓下注！除非你能用这些技术方法，找到一个百分之百来台风大行情的机会！但是我们真的能找到一个时间、地点、价位都能百分之百提前确定的台风大行情品种吗？而且你确定它不是幸存者偏差吗？前面讲过，像掷骰子这样的概率游戏，哪怕给你配备世界上最好的专家、教授以及最牛的人工智能的计算机设备，你都不可能准确预测出掷出来的点数，而且你掷骰子掷出的一种点数的概率，永远都是 1/6，这个胜率也是无法改变的。即使你发现这个胜率有所提高，比如变成了 1/2、1/3 等，那也是因为你的数据抽样出现了问题，要么是小数据样本，要么就是没有随机抽样，带有选择性偏差，时间一旦拉长，抽样（交易）次数一旦增加，胜率仍然会变成1/6。

其实不管你采用什么样的复杂的投资分析方法，你选出来的品种未来涨的概率长期来看都是差不多的，就是30%~40%的样子。就算你选出来的那一刹那，涨的概率可能有90%，那也是以牺牲了赔率为代价的。我们前面学过，我们要赚钱，光有胜率是不行的，我们赚钱靠的是胜率×赔率的那个值，那个值叫"数学期望"或者叫"期望收益"，所以你用复杂技术方法选出来的那个品种，你自认为胜率90%很牛，其实它的赔率往往只有百分之几甚至零点几，因此你还是赚不到钱。你想赚钱，一个办法是高频与炒单，增加交易数量（一天几百上千次），但是付出的滑点与手续费、分分钟盯盘的辛劳、没有闲暇时间、过早衰老、疾病缠身以及超昂贵的高速计算机设备前期投入，你必须掂量掂量；而且这些方法市场容量有限，并不适合大资金操作，这也是你必须提前考虑的。当然，如果你是为了名而不为利，只想靠一条几乎没有回撤且又有很高年化收益的小资金曲线去先行吸引客户，或者宣传公司和个人，那是可以的。

如果我们想长期赚钱，只为利不为名，也不想那么辛苦，想过有钱又有闲的生活，还想资金容量大，那么我们面对的一定是胜率30%~40%的投资机会，胜率基本上是固定的，我们只能去想办法赚赔率的钱。估计这点，很多投资者还是想不明白，但是只要你做投资的时间拉长，交易数量增加，你一定会发现这个统计规律。你自认为用复杂的分析方法得到的高胜率，不过是你的幻觉而已，要么就是小样本，要么就是你牺牲了赔率。赚钱要靠数学期望，要靠胜率×赔率的乘积。

我承认有些投资者的技术分析水平很高，开仓的时候胜率真的有七八成，甚至九成，但是此时的赔率很低（1分钟、1小时、1天股票能涨多少呢），你又不想做高频与炒单，那你只能等赔率上来。但是赔率怎么上来？赔率上来是需要时间积累的，投资标的物很多都是有涨跌停板的，一天最多10%，再说你也不可能天天抓住连续涨停板的股票与期货品种，所以想做到高赔率，你必须等待时间的积累。但是随着时间的推移，赔率可能是提高了，但是你的胜率却在逐渐下降，因为之前你使用复杂的技术分析方法得到高胜率的论据，此时正在逐渐失真（你的宏观数据、库存数据、供求关系数据、庄家资金流向数据等等都是十几天前的了），所以你的胜率在逐渐下降。在一定周期来看（十天至半个月），基本上任何一个品种的胜率都在30%~40%，大家知道是为什么了吧？

"我也很奇怪，我以前做交易的时候统计过，长期来看，趋势跟踪模型，基本上所有的品种的胜率都差不多，最低也有28%，最高也就40%，很奇怪，不知道为什么？"风控樊总说道。

其实没有什么奇怪的，你想一想嘛，我们建仓后的任何一个股票、期货，其走势未来只有三种可能：涨、跌、平，只要时间拉长，随机看，一定是各占33%左右！可能你的技术分析方法牛，建仓的瞬间胜率高达90%以上，但那是以牺牲赔率为代价的，十天半个月看，基本上所有的品种，其胜率只有33%左右，不管你使用了何方神圣的高级方法，其实与我们抓阄来选的胜率都差不多。

这一点，是做投资的人很容易走进的误区，江老师我也为此花了很多年的时间才反应过来。因为大家都以为复杂的技术可以提高胜率，最为典型的就是赌场里的赌徒，老是研究神秘的技术去预测这一把下注获胜的最大可能性。其实，只要时间一拉长，随着你下注次数的增多，股票、期货概率游戏的胜率基本上都会下降到33%左右，你真正要赚钱，只能赚赔率！赌场属于第一类概率游戏，赔率都是赌场老板自己开出来的盘口，所以肯定倾向于他自己，因此赌场老板肯定包赢；而我们做股票、期货第二类概率游戏的时候，一定要清楚，随着时间的拉长与交易次数的增多，胜率基本上就是那么多了，33%左右，我们想赚钱，必须也只能在赔率上想办法！还好，我们的第二类概率游戏，不是固定的赌场老板开盘口，赔率是靠我们投资者自己"开出来的"，投资赚不赚钱，就看我们自己了！

要想提高自己的赔率，一要有好的量化交易系统，亏钱的时候及时止损，少亏一些，赚钱的时候，让利润奔跑，多赚一些；二要有强大的内功心法，因为止损时要坚决果断，止盈时要避免小富即安、患得患失的心理。

总之，胜率长期看提高不了多少，也就是在30%~40%区间，而进场信号基本上就是管胜率的，因此我们把它交给一个简单的但是底层判断逻辑不变的交易方法，从理论上看是无比正确的。我们可以把主要精力与复杂的投资分析方法放在提高赔率上面，选出好股票、好赛道、好期货品种，最终靠胜率×赔率的那个数学期望值取胜，这才是一条正确的技术道路。千万不要像那些不明就里的投资者或者赌场里的赌徒那样，妄想使用一个复杂花哨的进场技术靠提高胜率来取胜、来长期稳定盈利，这条技术道路是永远走不通的。

"听了江老师刚才的话，我发现我以前完全走进死胡同里了，我不管是自己研究交易理论，还是去外面花很多钱学习其他投资技术，骨子里就奔着胜率去的，甚至我以前就不知道赔率的事情。真没有想到，那些高大上的投资分析方法，那些写出来漂亮的投研报告，那些年薪百万的分析师，原来都是搞赔率的，这真是颠覆了我的三观，我一直认为他们在搞胜率的。这些方法该不该学，应该学，不过要用对地方，这些方法不能用于预测下注，而是应该用在选出好的投资标的物上，然后靠我们的内功心法让利润奔跑起来去赚赔率的钱。看样子投资领域有太多的认知需要重建，不来听江老师的课，还不知道要在黑暗中摸索多久。这次来上课，我感觉已经改了十几个错误认知了，这些认知其实就是投资的瓶颈，严重阻碍了我们，打破不了这些认知瓶颈，我们的投资水平永远都上不了台阶。我觉得江老师教的每一个新认知都价值连城。江老师，我就奇怪了，您以前没有老师的指点，您是怎样悟出这些真知灼见的呢？"崔胜好奇地问道。

江老师我就是花了 20 多年，亏了几百万，经历 3 次倾家荡产以及 6 次以上亏损一半资产的惨痛代价，才逐渐悟到这些的。另外，也要感谢老天爷，每次在关键的时间节点，在自己困惑迷茫的时候，突然开悟，这种现象有很多次。人有善念，天必佑之，毕竟当初发的志愿就是要研究出真正的投资秘籍，以帮助那些在投资领域战斗的同事、朋友、学生、年轻人，也要阻止像刚哥、美女股神、罗湖首富、橡胶大王等等这些大起大落的投资悲剧轮回上演。

"感恩江老师！也感恩之前已经在投资市场中牺牲的各位前辈！江老师，你刚才说了复杂投资方法的作用主要在于选股、选赛道，选期货品种，以提高交易的赔率。那复杂的投资方法在加减仓以及进出场信号过滤上面的作用，能否也讲一讲呢？"崔胜接着问道。

这里还是以王建军旅游案例简单讲一下。如果王建军的轨迹碰了上下沿线，给出了下注信号以后，我们可以使用其他复杂的分析方法去同步验证信号的可靠性。比如，碰下沿出了去南方信号，又发现王建军预订了三亚的酒店，买了泳衣泳裤等装备，那么我们下注的时候就不再是下 1000 元，而是下 2000 元、3000 元甚至最高的 5000 元，每公里也会押上 200 元、500 元，这样的手法就是一种加仓与进出场信号的过滤啊，它保证了我们赚钱的时候可以多赚一点。当然，加仓也会增加风险，至于如何无风险、少风险地加减仓，还是要留到以后的实操课上去详细讲。

"江老师，如果是在投资中，图 1606 上面的中沿线、上沿线、下沿线又是怎样画出来的呢？我们做交易的时候难道还要随时人工去画线吗？"崔胜又问道。

我们在做投资的时候，中沿线、上沿线以及下沿线，并不需要我们手动画线，任何一个交易软件上基本上都是自带的，那就是我们平时接触过的简单的交易策略啊：单均线、布林线、唐其安通道线、海龟交易法线、肯特纳通道线等等，当然大家也可以根据自己的风格偏好，自己编程让计算机来自动画线。我们上量化交易实操课的时候，赠送大家的二十几个交易策略中也有很多。到时候我们再对照着讲解。

"江老师，就这么简单吗？我以为是多么神秘的线段呢，原来就是我们以前用过的那些简单的交易策略啊，这些策略很简单啊，比我的箱体突破简单多了，而且我都使用过，没啥神秘的。"崔胜问道。

你想不通，能理解，江老师在十几年前也想不通，为此煎熬了很久，江老师也是在可以做量化交易后才发现这个问题的。人都喜欢复杂的策略，也敢使用，而简单的策略反而不敢使用，因为逆人性。老子《道德经》上说"道之出口，淡而无味"。简单的方法也是淡而无味的，而人性喜欢口味重的，喜欢复杂花哨的东西。简单的东西说出去，不好意思，没有办法显摆，别人还有可能嘲笑你，说你是因为智商低才使用简单的东西，而智商高的人肯定都在使用复杂的交易技术与投资分析方法，路演时讲出来的话，头头是道，引经据典，公式推演，金融建模，严丝合缝，甚至旁人根本就听不懂。听不懂就对了，听不懂才符合人性，别人才敢让你当投资顾问，才敢购买你的基金产品。而简单的交易技术、一听就懂的基金产品，反而常人不敢购买，这些就是人性！

所以，使用简单的交易策略是对自己前面二十年艰辛的复杂技术研究之路的自我否定，人否定别人容易，否定自己真的很难，因为涉及了个人脸面的问题。

自从做了量化交易后，任意历史大数据回测的结果摆在自己的面前，的确是简单策略的数据优良，而复杂策略的数据要么难看，要么就根本无法进行量化编程检验，所以最后，你不得不相信，并逐渐开始接受大道至简的事实。非破茧不能成蝶，非涅槃不能重生啊。神奇的是，自从改变自己认知以后，最近十几年来，我的投资终于可以做到长期稳定盈利，而且投资还变成了一件轻轻松松、悠闲自得、潇洒自在的事情。

各位同学，人都喜欢神秘的东西，这无可厚非，但就像我们为人处世必须坚守底线一样，我们搞投资做交易也必须坚守住我们的底线毫不动摇。单均线、布林线等策略，简单是简单，但是满足底层逻辑不会发生漂移的要求，所以我们要坚决使用。当然使用"底子"之后，为了"面子"或者宣传工作的需要，你可以在外面包装上花哨的、别人听不懂的复杂投资方法，并且可以作为过滤检验。

"简单的，以前我都看不上的交易策略，就能轻松战胜那些基本面分析、价值分析、财务分析、量价分析、宏微观分析、消息面分析、供求关系分析以及技术形态分析等诸多复杂的投资分析方法，对了，还有我研究了很多年的箱体突破战法，真的是不敢想象！"崔胜感慨道。

现在你们明白了什么叫见山还是山，见水还是水了吧？策略还是那些策略，谁用，用在哪里，如何用，这些不一样，结果会有天壤之别！

不管是像单均线这样的简单策略，还是诸如宏微观分析、价值投资、形态理论等复杂的投资分析方法，如果你用它作为预测工具以提高胜率，那么这些策略都没啥神奇的作用，甚至有时候还是反作用；当你把像单均线这样的简单策略当成是底层逻辑不变的内核，用于发出进场的信号，同时把那些诸如价值投资、形态理论等复杂的投资分析方法当成是选股、选品种、选行业、选赛道以提高赔率的工具时，那么，这些复杂的交易策略与投资分析方法，也将发挥出相当大的作用。

"江老师，还是您经常说的那句话：到底有没有交易秘籍？如有！"迅迅总结道。

第十七章：唯一捷径是投资组合

→ 多品种、多策略、多周期的投资组合方法可以在不违反天道的情况之下，对最大回撤进行一定的提升与优化。华尔街有一句名言：投资组合是投资市场唯一的免费午餐！投资组合理论，是金融学术界公认的，也是能够通过数学计算出来的。投资组合很重要，在实盘中可以做到长期稳定地盈利。

| 1 |

"江老师，要是早点认识您就好了，我也不会因为一只股票就亏几百万。几年前，一个朋友推荐一只军工股，说有内幕消息，这家公司正在研制一种秘密的军工产品，已经快研制完成了，一旦完成，这家公司的市值至少要翻五到十倍。由于是多年的朋友，原来他推荐过的几只股票还可以，我也研究了一下这家公司的财务报表，没啥问题，加上我看他信誓旦旦的样子，就彻底相信了他。当时，这只股票的日线还在下降通道之中，当反弹了一根阳线时，我就急匆匆地全仓买入，还配了点资，结果被深度套牢了。后来我问他，他说研发出了点问题，一直没有研制出来。其实很多时候，哪怕是公司的董事长、总经理等高层对研发工作也并不能打包票的。这只股票我本想套住就套住了，不卖了。结果，去年我的实业设计公司需要资金周转，加上我又有了其他的股票消息来源，所以最终还是将这只股票亏本平仓了。当时我要是认识江老师，先用一条简单的布林线过滤一下我的这条所谓的内幕消息就好了。不管是谁的消息，股价不破布林线的上轨，我就坚决不买，就这样一个小小的步骤，我就能节省几百万元啊。江老师，您的这个方法真的太值钱了，可以为广大的普通投资者节省下大量的金钱，挽救无数个投资者的家庭，您这是大善之举啊！如果不按照这个方法做，投资者将犯认知上的错误，而投资者原有

的认识属于常识性认知，因此投资者会坚信自己的原有认知绝对不会错，错的反而是投资市场（比如业绩好的股票一定会涨，库存下降则价格一定上涨等等）。所以，当价格走势与投资者的预期相反时，投资者不但不止损平仓，还会逆势加仓，配资加仓等等。现在，通过前面的学习，我们还知道，不止损死扛的方法，其成功的概率高达七八成，因此当我们逆势操作死扛成功了几次的时候，我们原有的常识性认知将进一步得到加强，我们会更加坚信自己原有认知的无比正确性。最后一次，当我们发现不止损死扛这种做法是错误的时候，可能已经来不及了，此时我们已经押上了自己的房产、父母的养老钱、亲戚朋友的钱、公司的货款等等以及自己的脸面。江老师，我的案例、您自己的案例以及您前面上课举的诸如橡胶大王傅小俊等等案例都充分说明了这点。惨痛啊！"来自重庆一家著名建筑设计公司的刘总说道，"江老师，我另外想问您一个问题，我刚才课间的时候，看了一下您的股票量化交易系统的界面，也很复杂啊，有八九个界面。那会不会也出现您刚才说的底层判断逻辑发生漂移的情况呢？"

不会的。我们前面强调了交易的一致性与概率优势，我们必须用简单的且底层逻辑不会发生漂移的策略作为内核。我们投资心学股票和期货的量化交易系统虽然有八九个操作界面，但只有一个界面作为主交易周期给出一致性的买卖信号，而其他的七八个界面，都是作为选股票、赛道、品种的过滤条件或者加减仓条件或者多周期共振条件而存在的。像单均线、布林线这一类的交易策略，作为内核还是不错的，但毕竟还是有点粗糙，具体表现在总体的收益风险比上面，还是低了一点，一般只有 0.5 不到，虽然能赚钱，还是赚得少了一些。如果投资者的交易技术好，各种分析方法、指标都熟练的话，建议还是在保证交易一致性原则的基础上，想办法将收益风险比进行提升，如果你能提升到 1.0 左右，那么你未来的业绩就能增加一倍嘛，我们投资心学的量化交易系统就是按照这个理念设计的。我们必须在不变中变，在变中不变，我们要有所为，有所不为。

"好一个'不变中变，变中不变'！江老师，我们的年龄差不多，但是您投资的道行真的很高，对'度'的把握又很到位，真的要向您学习。你能随缘适变、游刃有余地处理好简单与复杂、不变与变的动态平衡关系，真的很厉害，达到了随心所欲不逾矩的高度。比如，一条布林线，我记得您前天上课时将它批评得一无是处，今天您又将其拔到核心的高度。又比如，你总结的一个'度'我真心佩服：做投资十年周期，如果收益风险比小于 0，那是赌徒在博运气；大于 0 小于 0.5，那是初、中级水平；大于 0.5小于 1.0，那是高级水平；大于 1.0 小于 2.0，那是专家水平；大于 2.0，那是在和上天比聪明！"刘总说道。

"江老师，我想问两个问题。您刚才说要设置中沿、上沿、下沿三条线啊，但是单均线只有一条线啊，也没有三条线啊。另外，王建军旅游案例中，假如王建军坐飞机外出旅游怎么办呢？"周琰衍同学问道。

单均线就是上沿线、下沿线、中沿线三条线重合在一起的线嘛。你把它想象成上下沿到中沿线的距离为零不就对了吗？单均线只是止损频繁一点而已，但是也能保证交易的一致性。至于你说的王建军坐飞机出去旅游的事情，我们题目中已经限定了王建军只能坐火车或者自驾，但是在投资实盘中，坐飞机代表着一种价格现象——跳空。跳空的确是不会碰线的，但会越线，量化交易系统也会发进出场信号，只是此时止损的价差很大，我们得有专门的办法来处理跳空现象，还是留到实操课上去讲吧。

"江老师，我还想就交易原理再请教您两个问题。一是，您刚才讲的交易原理应该是针对我们守正的投资心学量化交易系统吧？那么我们的小账户，我们出奇的全梭哈或者自造期权法，有没有交易原理呢？二是，为什么我们一定要在上、下沿处下注呢？没有碰到上、下沿下注不可以吗？只要能保持交易的一致性，是不是哪里下注都可以呢？"迅迅同学又问道。

迅迅的问题非常好，想要很好地解释这个问题，我们还需要用到其他的现代科学知识。人类社会与投资市场并不是我们日常接触的简单的系统，社会与市场往往属于复杂系统，其结构复杂，变量无数，相关利益者众多，还存在动态变化与时间滞后性，此时我们不能再用简单的因果关系来分析，而应该用复杂科学与系统科学的知识来探秘它。

我举一个例子会很明白，请看图1701。

图 1701：冲凉房

我们先来说一下什么是简单的因果关系系统。这是一个冲凉房，有冷热水系统。平时，家里的热水器是好的、正常的，热水器本身带有自动快速调节冷热水机制，因此你只要设置好 42 度的洗澡水，一打开水龙头，温暖的洗澡水就喷洒出来了，你洗了一个舒适的澡。这个系统很简单，你扭开水龙头是因，出水是果，你能准确预测结果，你完全可以先脱掉衣服，在水龙头底下光着身子扭开水龙头。

那复杂的系统又是什么呢？

大家应该有过这样的经验，出差在外，有时候宾馆的热水器出了点小问题，不能自动调节，需要你手动调整。冲凉房里面有两个旋钮，一个冷水一个热水。当你旋开热水时，太烫了，旋开冷水时，又太冷了，你左旋旋，右旋旋，半天都调不到合适的冲凉温度。为什么会出现这样的情况？因为你现在面对的是较为复杂的系统了：热水系统、冷水系统，两套系统需要你手动组合成一个适合冲凉温度的温水系统，这个系统具有动态性，外面很冷，你光个身体在冲凉房，你身体的感受要求你快速、实时去调整冷热水的出水温度，但是这个系统又具有时滞性，你调整冷热水龙头的速度很快，但是出水的速度是跟不上你调整的速度，它有一个时间的滞后性。复杂系统，如果你缺乏耐心，可能今晚你就洗不成澡了。这还只是一个含有两个变量的稍微复杂一点的系统，如果再多一个变量呢？比如，以前杨贵妃要用牛奶洗澡，我们也用一下牛奶洗澡，假如我们的冲凉房里还有一个出水龙头，那是控制牛奶出水的龙头。三个龙头（3 个变量），我们分别手动调整，目标是调出 42 度的浓度为 35% 的牛奶水来洗澡。我估计在座的各位同学，如果是在冬天，你光着身子在冲凉房里手动调整，应该是没有一个同学最后能洗上牛奶浴的。这还不是一个最为复杂的系统哦，因为变量只有 3 个。另外，3 个变量的利益和你是一致的，都希望你能很快地洗上澡。大家想过没有，当变量与因变量的利益不一致时会发生什么情况？我们假设水龙头是活的，比如每个龙头后面站一个人，龙头是由这些人控制的。我们定一个规则：如果最后你能洗上 42 度的浓度为 35% 的牛奶浴，那么水龙头后面的三个人，每人要输给你 500 元。大家此时再想一下，你最后成功洗澡的可能性还有多大？如果有大于 3 个的变量呢？如果每个变量之间的利益各不相同呢？有的喜欢你洗上澡，有的喜欢你洗不上澡，有的假装喜欢你洗上澡，有的假装喜欢你洗不上澡，有的和你谈好价钱然后再调整水龙头，不同变量都有各自的需求。

现在这个系统基本上是个复杂的系统，请大家用以前经常喜欢使用的因果分析方法去分析预测一下吧，建立数学、物理学或者金融学的模型也行，列出联立方程，解出最后的计算结果。对了，结果怎么说？你最后到底能不能洗上澡啊？

另外，其实我们还漏掉了一个最为重要的因素：你作为洗澡人，你的内功心法。你自己有多大的耐心与等待力去等到 N 个变量、N 个利益相关者之间最后的博弈结果？（这在金融学中叫投资者的风险偏好）万一你要光着身子站在浴缸里等一晚呢？烫了或者冷了，你不吼两声吗？你对博弈结果的偏好、反应速度、反应强度，都会反过来动态影响复杂系统本身的博弈结果。

同学们，开始知道复杂系统的厉害了吧？其实，人类社会现在连 3 个变量的三体问题都没有彻底解决，都不能彻底准确地进行预测，更别说 3 个以上的 N 个变量了！

回头看看我们的投资与金融市场吧！知道我们的股票、期货市场有多少个变量吗？

去问一下股票分析师或搞因子研究的人，看看他们的因子库里有多少个因子变量。

知道我们的股票、期货市场有多少个利益相关者吗？去问一下股票、期货业协会，看看现在有多少股民、基民、期民，有多少基金公司、投行、研究员，大家都想着一件事：往自己的口袋里多装钱。他们的利益会是一致的吗？

按照传统的因果分析方法，估计要列出几百上千个方程（有些还是偏微分方程），然后联立求解，看看能不能计算出最后的结果吧？各位同学，大家觉得有可能吗？有高速计算机与人工智能 ChatGPT？对，这点没错。死的因子估计还有可能列出方程，但方程能求解吗？另外，那无数利益相关者的人性呢？请问人性又如何列方程和解方程呢？

对了，还有一个重要问题没有考虑。自变量、因变量、函数与方程之间没有时滞性，是瞬间求解完成的。但是现实呢？所有变量之间以及变量与因变量之间，都存在时滞性，一个量的变化，需要一定的时间才能引起其他变量或者因变量的反馈，这个时间在复杂系统中一般都很长（比如开这边水龙头到那边出水），而且在这段时间里，可能经济形势、股票行情、期货价格、庄家龙虎榜信息等等，又产生了实时动态的变化，前面你的方程的解还没有得到实践的验证，估计现在你又要开始重新建模列方程了。

"真的是太复杂了，不分析不知道，一旦钻进去，发现问题无穷啊！看样子传统的常规的因果分析方法用在诸如社会学、经济学、投资学、金融学等等上面，的确是捉襟见肘的。"迅迅说道。

还不光是捉襟见肘的问题，可能你费了大半天的劲，得出的解决方案，完全就是错误的，甚至会有破产的风险（因为此时你坚信人工智能很厉害，你会重仓下注）。本来你使用传统常规的因果分析方法，就是想提高工作效率，用较为快速的方法去获取更多的资源与利益，但是你解出来的自认为正确的方法，最后得到的不是更高的效率，而是更低的效率，甚至是更大的风险。

麻省理工学院教授彼得·圣吉在《第五项修炼》书中提到一个案例很有代表性：美国人民航空公司的故事，之前发展很好的美国人民航空公司，其业绩突然发生下滑，按照常规的因果分析方法以及我们的常识，为了扭转颓势，提高业绩，公司肯定应该增加宣传，拓宽渠道，加强营销，增加乘客数量，以此来增加营业收入，总之基本上都是去做加法。当年美国人民航空的高层的确就是这样想的，也是这样做的，但是最后的结果是什么呢？大家可以猜一下。结果却是：越搞促销，乘客数量越增加，死得越快！最后美国人民航空竟然倒闭了。教训不可不谓惨重。而彼得·圣吉教授针对这个复杂系统给出的正确的解决方案，出乎大家的意料——就是减少营销，暂缓增加乘客数量与营业收入，而是增加培训投入，提高服务质量！

正确的解决方案却是减法。这个解决方案，完全是逆常识的，令人大跌眼镜，但却是无比正确的！美国人民航空的高层管理者，其学历、资历，肯定很不错，但是却因为自己的认知出了问题，用简单的思维方式与常规的因果分析方法去处理复杂的系统问题，结果越忙，越折腾，公司死得越快。

"复杂系统的分析方法，的确和简单系统不一样，得到的结论与解决方案真的有可能出人意料。我也曾经遇到过的。比如一个项目眼看要延期，常人想到的解决方案往往是增加人手，但实际来看，盲目增加人手，可能越帮越乱，因为复杂项目，里面的标准复杂，工序很多，大家都是按照流程一个萝卜占一个坑，按部就班地进行工作。现在你突然插进去几个不熟悉业务的新人进去，很有可能打乱之前的节奏，另外，你还得找本来就已经很忙的老人去搞新人的培训工作，或者去监督纠正新人的工作，越来越忙乱。"迅迅说道。

迅迅说得很对，其实我们工作中都会遇到一些复杂系统的问题。MBA 课程中有一个经典游戏——啤酒游戏，是关于制造商、批发商、零售商订货流程的游戏，它可以比较形象地展示复杂系统的特点，培养我们正确处理复杂系统的能力。今天的课，时间有限我们就不做这个游戏了，未来我们投资心学群里搞活动聚餐的时候，我们再一起做这个游戏。

"江老师，那针对社会学、经济学、投资学、金融学等等这些复杂的系统，我们正确的分析方法应该又是什么呢？"迅迅接着问道。

我们要用复杂科学的理论，比如系统科学、系统动力学等等来研究复杂的系统。

系统科学是研究系统的结构与功能关系、演化和调控规律的科学，是一门新兴的综合性、交叉性学科。它以不同领域的复杂系统为研究对象，从系统和整体的角度，探讨复杂系统的性质和演化规律，目的是揭示各种系统的共性以及演化过程中所遵循的共同规律，优化和调控系统的方法，并进而为系统科学在科学、技术、社会、经济、金融、军事、生物等领域的应用提供理论依据。系统科学是在数学、物理、生物、化学等学科基础上，结合运筹、控制、信息科学等技术科学发展起来的，系统科学研究主要采用系统论的原理和方法，并紧密结合近现代数学物理方法与信息科学技术等现代研究工具。

不过，我不建议大家现在去学习系统科学的学术方面的东西，因为太过于复杂了，建议大家先去买一本关于系统思考的普及性书看一看，先改掉自己以前的简单因果分析的思维方式再说。有了系统思考的初步概念，大家就知道为什么江老师一直苦口婆心地劝大家做投资不要去预测行情的重要原因。

不是江老师不想分析，不是江老师不想预测，系统太复杂，人类的小脑瓜做不到啊！

| 2 |

上一堂课布置的作业，大家准备得怎么样？有没有去看一些系统科学的资料？

"江老师，资料倒是找了一些，不过，系统科学、系统动力学真的是太复杂了，看不懂啊。我们学习投资，难道要先去学习复杂的系统科学吗？"崔胜好奇地问道。

当然不是！如果我们是去建造一艘航空母舰、一个水电站、一个新能源汽车工厂，我们真的就要先去好好弄懂系统科学的理论。不过，我们现在是学习金融投资，研究交易方法，我们没有必要去钻研系统科学复杂的理论体系与公式推导，我们只需要学习系统科学的思维方式，掌握系统科学处理复杂问题的框架体系就行，而其他复杂的部分我们完全可以忽略。

系统科学很复杂，哪些是我们做投资必须掌握的呢？

我们投资心学是揭事理之究竟，探万物之本原的学问，我们要大道至简地将系统科学中最为重要的地方提炼出来，为我投资所用。

我们投资心学认为系统科学中，最能用在金融投资领域的是由比利时科学家普里戈金（Ilya Romanovich Prigogine，1917—2003）提出的耗散结构自组织理论，由于这一成就，普里戈金还获得了 1977 年的诺贝尔化学奖。

耗散结构理论以开放系统为研究对象，着重阐明开放系统如何从无序走向有序的过程。它指出，一个远离平衡态的开放系统通过不断地与外界交换物质和能量，在外界条件变化达到一定阈值时，可以通过内部的作用产生自组织现象，使系统从原来的无序状态自发地转变为时空上和功能上的有序状态，形成新的稳定的有序结构。这种非平衡态下的新的有序结构就是耗散结构。

耗散结构理论可概括为：一个远离平衡态的非线性的开放系统（不管是物理的、化学的、生物的乃至社会的、经济的系统）通过不断地与外界交换物质和能量，在系统内部某个参量的变化达到一定的阈值时，通过涨落，系统可能发生突变即非平衡相变，由原来的混沌无序状态转变为一种在时间上、空间上或功能上的有序状态。这种在远离平衡的非线性区形成的新的稳定的宏观的有序结构，称之为"耗散结构"。

我们可以把一个城市比喻成一个耗散结构，每天一个城市必须运进食品、物料、燃油、天然气等等，同时要输出垃圾、废物，这样，这个城市才能长久地生存，它才能保持有序干净的状态，否则这个城市很容易出现混乱无序的状态。

我们也可以把我们自己的成长比喻为一个耗散结构，一个人每天除了输入食物，输出人体垃圾以外，还需要输入各种文化知识，学习各种技能以提升自己，另外，一个人还需要保持身心健康的有序状态，发泄掉各种负面的情绪，这样才不会出现混乱，反之，就会出现抑郁等混乱状态。

总之，耗散结构的自组织系统，是一个有序的系统，是一个"活"系统，是一个"动态平衡"的系统，这样的系统才有生命力，才能新陈代谢，才能吐故纳新，才能欣欣向荣，才能一个平台一个平台地稳步发展，才能长久地成功！与之对应的是，如果一个系统不满足耗散结构自组织理论的要求，那么这个系统就是一个死系统，即使它现在很风光，它也会走向消亡。

"江老师，耗散结构自组织理论，获得了诺贝尔化学奖，无疑是无比正确的，但是，这和我们买股票搞期货做投资又有什么关系呢？"崔胜问道。

不是有没有关系，而是有着巨大的关系！

我们设计的量化交易系统以及我们投资的盈利模式，必须满足耗散结构自组织理论的一切要求，这样，我们的量化交易系统才是一个"活"系统，才能欣欣向荣，才能长期持续稳定地盈利，否则就是一个"死"系统，哪怕最近赚多少多少倍的大钱，也就是一个幸存者偏差，注定走不远，很快就会失效！

量化交易系统必须满足耗散结构自组织理论的条件要求，这就是一种天道！不满足耗散结构自组织理论的条件要求的交易系统，就是违反天道，注定走不远！

"江老师，那要成为耗散结构的自组织系统需要什么条件呢？我们以后的量化交易系统严格按照这样的要求设计就万无一失了。另外，这也可以作为我们判断其他交易系统有效性的原则。"迅迅同学问道。

我现在就来讲一下，一个复杂系统要想成为耗散结构的"活"系统的条件：

（一）系统必须开放，既要进也要出

一个人、一个单位、一个城市、一个国家都是一个复杂系统，要想让系统生机勃勃，充满活力，则必须对外开放，既可以进来，也可以出去。学过物理学与投资心学中级视频的同学，都知道了热力学的第二定律——熵增定律。孤立的系统，没有进没有出，或者只有进没有出，或者只有出没有进，必然熵增，必然从有序趋向无序，必然从"活"趋向"死"，必然最后崩溃！这个过程不以人的意志为转移，是必然的，只是来早与来迟的差别。耗散结构的自组织系统，为了阻止熵增的趋势，必须从外部的环境中获取负熵，以抵消熵增的影响，所以一个"活"系统，一个想长期稳定的系统必须开放，必须有进有出。

一个国家必须开放，不能闭关锁国，要对外开放，引进世界上先进的人才、科学、技术、资源等等，当然也不应该阻止本国的国民走出国门，到国外去旅游、游学、工作、访友等。一个年轻人不出门，宅在家里久了一定会出问题的。

耗散结构的这个条件针对投资领域，我们可以得到如下的重要的结论：

一个量化交易系统，想要长期持续，想要充满活力，想要稳定盈利，则必须有赚有赔！不可能只赚不赔（那是死貔貅），也不可能只赔不赚！只赚钱不亏钱的系统是不存在的！就算暂时有，也会很快失效！

我们前面讲过的"我们只能赚'赚－赔'差额的钱，不能只赚'赚'的钱"，这句话是有现代科学依据的，是符合天道的，是判断一个交易系统、策略、技术是否能够长期有效的最重要的衡量标准。当然也是有血淋淋教训的，有那么多失败的人和倒闭的公司。

一个好的量化交易系统，它的资金曲线肯定既有上升期也有下跌期，因此资金曲线的回撤属于正常现象，没有回撤才不正常，没有回撤的资金曲线才危险，因为它不再是耗散结构的自组织系统，而是一个"死"系统，"死"系统要不了多久必然崩溃。

以上这些结论非常重要，它将对我们设计量化交易系统有着重要的哲学指导意义。

可惜的是，多数投资者，哪怕是华尔街的精英、常青藤的学霸，都不知道这些，或者尽管知道，也抱着侥幸，被自己的欲望驱使着，妄想靠着自己的小聪明挑战天道，挑战耗散结构自组织理论，他们妄想设计出一个没有回撤的呈直线向上猛涨的资金曲线，妄想收益风险比 10.0 以上，妄想设计出一辆不用加油不用充电还能开长途的汽车。事实上，只要时间拉长，最终他们都将以悲剧收场。他们自认为聪明，殊不知他们正在做着一件自作死的事情，做着一件违反天道、将耗散结构自组织"活"系统变成一个"死"系统的事情。

一个人只进不出，难道还能是好事？难道还能健康长寿？

由于不知道耗散结构自组织理论的这个条件要求，你知道你要为此浪费多少时间与金钱吗？江老师我 32 年的投资生涯，至少浪费了 20 年左右的时间，只是最近十年才不折腾，安心地接受任何交易系统都有且必须有回撤这样的事实。而在这之前，每当研究出一个很小回撤的交易系统（或者收益风险比超大的交易系统），自己异常兴奋，但是要不了多久，我就发现它很容易变形，很容易失效，此时，我都认为是自己的技术水平还不够精致的原因，结果我又拼命地学习，拼命地研发，拼命地优化参数，为此花费了大量的时间、金钱与精力。殊不知，回撤本身就是耗散结构自组织系统的内在要求，好的交易系统必须有回撤，这是天道使然！只是人太贪婪，又不懂系统科学理论，结果造成个人再努力都是白费（相当于我花了 20 年的时间去研究一个既让马儿跑又让马儿不吃草的方法，可能吗）。20 年啊！希望大家能节省下来。

"江老师，我在好几家大的金融机构干过，我知道很多大机构的确将研发没有回撤或者很小回撤的交易系统作为一个重大的科研课题进行立项，为此需要调动公司很多资源，花费很多人力、物力，这样的交易系统顺人性，也容易吸引客户，所以立项也很容易，老板也愿意投钱来搞。经过您上述的分析，没有可能研发出这样的交易系统，或者说短期内有可能，长期来看，绝对没有可能，因为只要是'活'的系统，必然有进有出，有涨有跌，如果只有上涨没有回撤，一定是一个'死'系统，交易策略一定会很快失效，这根本就不是技术行不行的问题。你再优化拟合参数，它还是会频繁失效的，这由耗散结构的本身的特点决定的，也得到了诺贝尔评奖委员会的确认，是天道，人力是改变不了的，只能接受。"风控总监樊总说道，"江老师，那正确的方法是什么呢？"

愉快地接受回撤，只在天道的边界之内搞技术研究，最后的研究结果该回撤多少就多少（一般都要 20%～30%），随缘不强求，然后靠自己强大的内功心法去扛住回撤而不是消灭回撤，最终我们靠科学合理的长期的收益风险比（2.0 以下），赚取因为自己扛回撤能力强而应得的收益率（先舍后得），然后保持交易系统的一致性，靠这个收益率稳定地盈利，最终赚取复利增长爆发后的暴利。

这个方法不难，且符合天道与耗散结构自组织理论，然而《道德经》直言人的本性——"大道甚夷，而民好径"！尽管江老师不厌其烦多次重复强调地宣讲，但是，估计江老师走过的路，几乎所有的投资者还是会亲自再走一遍的。人非体验不能学习，第一遍就不指望了，江老师只希望大家不要再去走第二遍、第三遍……

（二）系统必须远离平衡态才能成为耗散结构自组织系统

如果一个复杂系统处于绝对的平衡态，那么系统内部所有的元素都是平权的，均等的，没有温差，也没有能量差，这样的系统其实是一个无序的"死"系统，系统内部死气沉沉，没有朝气，没有激情，所有的人都安于现状，没有奋斗的目标，死水微澜；而耗散结构自组织系统是一个"活"系统，系统内部所有的元素之间不是绝对平权与绝对均等的，有能量差，能量在系统内从高向低流动，耗散结构自组织系统必定是一个非绝对平衡态的系统。

一个国家要欣欣向荣，要有发展活力，绝对平均主义是不行的，吃大锅饭是不长久的；一个企业，如果所有员工的职位都是一样的，所有人的工资也一样，没有奖金，没有绩效，没有考核，没有 KPI，这个企业将会怎么样呢；一个人没有梦想，安于现状，躺平在舒适区，没有激情，这个人最后又会怎么样呢……

人生不可能是波澜不惊的，有高潮也有低谷，有顺境也有逆境，非平衡是"活"系统的常态而已，请泰然处之。甚至碰到大的挫折与逆境还应该开心，因为你即将迎来反转。

耗散结构的这个条件针对投资领域，我们可以得到如下的重要的结论：

绝对平衡态是"死"系统，里面所有的元素都是平权的，没有能量差，因此无法跟踪，无法预测。同理，一个交易品种、一段行情等等，如果处于平衡态之下，是没有什么趋势的，我们无法预测，也无法赚钱。我们只能在非平衡态之下才有可能趋势跟踪，才有可能赚到钱。因此震荡盘整期的交易标的物，我们尽量不参与交易。震荡盘整期一般都是在均值附近。王建军旅游案例中的郑州的中轴线附近，我们尽量不要下注；布林线的中沿附近我们也尽量不下注。

光拿工资吃饭是不行的，不管是在哪个行业，太平衡就有如死水，慢慢走入死胡同。如果投资能力一般的，可以购买基金；投资能力中等的，可以购买股票；投资能力强的，可以进行期货投资；投资能力最强的，可以进行全梭哈或者期权交易。年轻人追求暴利式的快速增长，目标并没有错，也符合耗散结构自组织系统的非平衡发展的要求，但是光有目标不行，年轻人还需要先提升自己的投资能力，做到既喜欢风险，又能管理好风险，最终靠风险去稳定盈利，而不是聋人不怕雷式的博运气。

投资的原则是守正出奇，是符合天道的，也是符合耗散结构自组织系统要求的，因此是有着长久生命力。我们主要的投资款（80%左右）应该去守正，追求一个年化25%~30%的复利增长；我们的小部分资金（20%左右），必须拿来出奇，捕捉台风大行情，追求几倍、几十倍的超额收益。非平衡态势的投资，才有发展前景。

（三）系统内部各要素间存在着非线性的相互作用

耗散结构的这个条件针对投资领域，我们可以得到如下的重要的结论：

耗散结构自组织系统内部各个要素（各个人）之间既相互依存，也相互竞争，说是钩心斗角也可以，朋友与敌人随时都在转化，我们如果身处其中，应该不郁闷不沮丧，要泰然处之，因为没有这些斗争，我们赖以生存的"活"系统就不存在了。投资市场多头、空头互相博弈，今天多头挣钱，空头亏钱；明天多头亏钱，空头挣钱，这些都是很正常的现象。整个行情与价格都是多头与空头博弈的结果，多头要尊重空头，空头也要尊重多头。我们作为市场的参与者，对投资市场里的所有相关利益者，我们都应该尊重，特别是多头与空头最后的博弈结果，哪怕和自己预期的结果相悖，哪怕再逆我们的经验与常识，我们都应该尊重与欣然接受，切不可赌气，甚至反向搏命重仓下注。做投资，很多时候比的是你的胸怀与包容，而不是赌气和负气。又比如，趋势跟踪策略与震荡策略或者期权卖方策略就是一对欢喜冤家，趋势来了，趋势跟踪策略喜笑颜开，而震荡策略或者期权卖方策略低头郁闷；趋势走了，趋势跟踪策略开始亏钱，震荡策略或者期权卖方策略则开始欢欢喜喜赚钱。虽然两者互为对手，但是大家共同构建起了投资市场，大家都要心胸开阔，遵循天道，千万不要赚得太狠，也不要想将对方干掉，你也干不掉，因为干掉了一方，你去赚谁的钱呢？毕竟投资市场上韭菜小白的数量并不多。干掉一方，投资市场的流动性就会缺失，投资市场这个"活"系统也就变成了"死"系统，到时候大家都没有钱赚，就像 2021 年 10 月的郑煤这个品种，趋势太大，炒作得太狠，结果被监管，现在都没有啥成交量了，市场白白损失了一个优秀的交易品种。

（四）耗散结构自组织系统需通过涨落导致有序

耗散结构自组织系统平时多数时候，虽然内部各要素间存在着非线性的相互作用，但是由于各力量均等，因此整个系统处于平衡状态，系统会固守原来的结构与状态。当耗散结构自组织系统处于平衡态的时间久了以后，必然熵增，必然会从一个有序的"活"系统逐渐演变成一个无序的"死"系统。耗散结构自组织系统为了对抗这种趋势，为了保持活力，既可以从外界环境吸收负熵，维持住现有的状态，更可以在维持现状的基础上通过"涨落"的方式进一步向上发展，吐故纳新，成为更高一级的有序的新的耗散结构自组织系统。

"涨落"是耗散结构自组织系统某个要素（变量）对平均值发生的偏差，它使系统有离开原来状态的趋势。比如系统的温度、压力、浓度、密度，均可能发生上下起伏波动的涨落。又比如王建军同学在郑州二七广场中轴线附近上班、下班、探亲访友等等，甚至偶尔搞一次大的涨落——旅游。涨落是一个耗散结构自组织系统的一个必然趋势，但涨落的时间有偶然性，无法精确预测，但是可以看出端倪。

我们的量化交易系统以及未来我们的投资盈利模式，只能是以守正的复利增长为主，我们的耗散结构自组织"活"系统，每经过一次"涨落"，每上一次台阶，我们的收益率保持在 20%～30% 之间，这种发展节奏既不触发黑天鹅事件，也符合耗散结构自组织系统的内在要求，是一种典型的符合天道的赚钱方式，因此最能长久。

另外，耗散结构自组织系统的"涨落"对应的就是投资市场上的波动。一个投资市场，价格一定会有波动，波动率指标（ATR）可以评判波动的剧烈程度，我们要喜欢波动，没有波动的市场就是一个"死"系统，我们肯定挣不到钱。当然，既然有波动，就一定有向上波动也有向下波动，所以投资有赚也有赔，资金曲线一定有上涨也有下跌，都是常态，是一体两面的关系。"涨落"有大小之分，波动也有大波动与小波动的差别，由于耗散结构有一定的抗干扰能力，因此投资市场小波动造成的偏离会自行衰减趋于消失，最终只造成原系统呈周期性的上下起伏，最终投资市场处于震荡阶段，不能形成大的趋势。这种情形占波动的大多数（70%～80%）。在少数情况之下（20%～30%），随机产生的小波动可能通过相干效应迅速放大，形成宏观的"大波动"、"巨涨落"，投资市场的大趋势来了！台风行情来了！我们的机会也来了。我们要抓住这样的难得大机会。

简而述之，耗散结构自组织是一个"活"系统，它的发展之路是从量变到质变，一级一级呈台阶式的发展模式，多数时候，系统都是小涨落，在中沿线上下波动；少数时候，小涨落因为相干效应变成了巨涨落，形成了大趋势，将原来的耗散结构自组织系统升级迭代到高一级的新的耗散结构自组织系统。

第二，不以善小而不为，不以为恶小而为之。我们虽然知道了耗散结构自组织"活"系统的发展规律，但是由于复杂系统的内部组成元素过于繁多，相关利益方的利益诉求会动态变化且相互牵制，敌人与朋友关系随时转化，而且因与果之间存在时滞效应，因此我们永远都无法准确预测哪一次的"小涨落"会因为相干效应变成"巨涨落"，我们永远无法准确知道哪一次的小波动（量变）会变成台风大行情（质变），特别是发生相变的具体的时间与地点（品种）。因此，正确的办法是，我们不预测！我们在每一次小涨落开始的地方就出击，每一次我们都试错。试错失败，止损就好；试错成功，让利润奔跑，靠赔率覆盖掉之前 N 次的试错成本。这样的交易逻辑，符合耗散结构自组织系统的内在要求，符合天道，因此长期有效，因此才能够长期稳定盈利；而那些妄想靠准确预测大行情的交易逻辑（不管表面方法再牛再光鲜），都不符合耗散结构自组织系统的内在要求，不符合天道，注定失效。

其实，除了投资，其他的社会、经济活动也是这样的。公司初创的时候就是这样。一个公司的发展一定是一个台阶一个台阶地从量变到质变的，但是具体的相变点我们无法事先准确预测。所以很多小公司，都采取的是搂草打兔子的方法，市场流行什么，公司就做什么产品，什么好赚钱就搞什么。连华为这样的大公司，初创的时候也代理过其他公司的产品，试过很多错。

朝气蓬勃的年轻人，未来想要有所成就，也应该采取这样的发展模式。其实，我们从大学志愿的填报就开始了，我们不能只填一个喜欢的志愿，我们必须按照"保稳冲"的原则成阶梯地填报高考本科志愿；申请研究生留学也要根据世界大学排名成阶梯地填报各类大学；参加工作时，我们要考各类从业资格证书，为未来个人的发展进行知识的储备，啥证书都考；较为频繁地试错，寻求适合自己且有发展前景的公司；工作中，珍惜领导给的每一次机会，认真工作，勤奋努力，靠好的工作成绩赢得领导的赞许与信任；广结人脉，懂人情世故，结识三教九流的各类人物，打造属于自己的关系网络。年轻人无法准确预测自己的命运，永远不知道哪一次的小机会就能变成一个大机会，永远不知道哪一个领导就能变成自己的贵人，但是我们年轻人精力旺盛，热情奔放，待人真诚，做事踏实认真，只要我们在每次小机会来临的时候，都珍惜对待，不以善小而不为，不以为恶小而为之，总能碰到一次"巨涨落"的大机会。

"我懂了，不以善小而不为，每次机会都重视，都试错出击。江老师，您当年就是因为一根网线感动了领导从而赚到了第一桶金的，然后靠证券部的人脉消息，在1996年股票来大行情的时候赚到暴利的。"年轻学员张林说道，"可惜现在不少年轻人都喜欢预测：哪一个工作岗位好，哪一个人交往获利多，哪一次机会大，就往哪跳，只干那些对自己当前利益最大化的事情，到头来很有可能聪明反被聪明误，最终也不符合天道与耗散结构自组织系统的条件要求。"

临界点行动。我们已经知道耗散结构自组织"活"系统的运行规律了，但是耗散结构自组织系统平时多数时候，虽然内部各要素间存在着非线性的相互作用，但是原来的耗散结构有一定的抗干扰能力，由于各方力量均等，因此整个系统处于平衡状态，系统会固守原来的结构与状态。因此耗散结构系统多数时候是平衡态，是无法行动的。这在投资上表现在震荡行情是没有交易机会的，在这个没有趋势的时候做交易，多数时候会止损，或者就算有微利也很难覆盖掉交易成本（手续费与滑点）。因此我们只能在平时多数时候少做交易，只在出现"小涨落"的临界点附近才开始行动，这才是科学有效的方法，很多时候，休息才是最好的交易策略！

"江老师，我明白了，您在上一章交易原理中画出的上下沿两条线，看似简单，实际上是既满足了现代系统科学理论的要求，也是完全符合天道的两条线。第一，我们金融市场一定是一个耗散结构自组织的复杂系统，是一个有进有出的实时动态的生态系统，是一个有生命力的'活'系统，我们是其中的一分子，我们既有从这个生态系统中赚钱的可能性，也有被这个生态系统中的其他人赚去钱的可能性。我们要想在这个生态系统里面长期稳定盈利，我们的所有行为必须符合耗散结构自组织系统的条件要求，否则就是逆天道而行，一定是不长久的短视之举。比如那些看似聪明，妄想只进不出、只赚不赔的，妄想长期收益风险比2.0以上的，妄想一分耕耘十分收获的，这些做法都只是满足人性的童话故事，并不满足天道与耗散结构自组织系统的条件要求，因此注定很快失效而走不远。

第二，画出带有一定宽度的上下沿线段，就可以大概率屏蔽掉杂乱无章的随机的平衡态阶段。耗散结构自组织系统在这个阶段（上下沿之间）复杂无章，貌似有规律，实则是毫无规律地随机漫步而已，对应着股票、期货的震荡阶段，价格小幅度来回波动。此时，我们不要乱折腾，不要妄想再去使用很小周期趋势策略去博取差价，更不要妄求用预测的方法去赚钱，因为价格随机漫步，你不可能赚到钱的，就算偶尔赚几次小钱，也覆盖不了后面N次的亏损。正确的操作方法就是休息，不操作！管住自己想去抓钱的手，否则钱没抓到自己口袋里的钱反而会被别人抓走。

第三，我们可以将上下沿之间的部分视为黑箱，黑箱理论也属于系统科学，我们把复杂系统作为一个看不透的黑色箱子，江老师前面说过，由于复杂系统的内部结构与相关利益关系特别复杂，凭人类现在的数学能力分析起来困难重重，要想得到一个关于黑箱的准确的预测结果基本上就是一个不可能完成的任务（人工智能也不行）。既然不可能，那么最好的办法就是不去研究，我们不研究黑箱内部复杂的组成、结构与相互关系，我们仅从黑箱输入输出的特点去了解该黑箱系统的运行规律。江老师画线的上下沿线段，就是用来研究股票期货这个复杂黑箱系统在震荡阶段的输入输出特点，我们只在价格上穿或者下穿的临界点才有所行动，才进行试错交易，去赚'赚－赔'的钱。在临界点行动，才能保证我们的胜率 × 赔率的数值，才能保证'赚－赔'的差额为正，即数学期望为正。江老师上下沿画线的交易技术，貌似浅显，实则既满足了现代系统科学理论的要求，又富有深刻的哲学内涵，具有从繁入简的大智慧。其实，江老师画的根本就不是简单的两条线，画的是投资赚钱的充要条件，画的是耗散结构自组织'活'系统能够保持生命力的条件，画的就是天道，画的就是交易原理啊。凡是符合这个交易原理的投资交易技术，再简单都是对的；凡是不符合这个交易原理的投资交易技术，再复杂都是错的。"迅迅评价道。

"佩服！佩服！迅迅师妹，你太厉害的，不但人长得漂亮，而且小小年龄对江老师的投资理论以及现代系统科学有这么深的认知与见解，不愧是投资界的才女佳人！相对于迅迅和江老师，我之前研究的那些复杂花哨的投资技术分析方法就显得肤浅了。另外，这节课，我也领悟了什么叫作'从简入繁易，从繁入简难'。之前，我的技术研究越来越复杂，但是却感觉离长期稳定盈利越来越远，真是'少则得，多则惑'啊！来上课之前，由于我也研究交易技术十几年了，因此对江老师讲的这些上下沿平行线、布林线、唐其安通道、肯特纳通道、海龟交易法线等等，根本就看不上，殊不知，见山是山见水是水，我之前学的那些投资技术，不管再复杂都只是苏东坡诗里前面那一个'庐山烟雨浙江潮'，而江老师手中的投资交易技术哪怕再简单，却是苏东坡诗里后面的那一个'庐山烟雨浙江潮'啊！"罗菁秋感慨道。

"罗师兄、迅迅师妹，你们说得真是太好了！上课这几天我一直有个困惑：江老师前面一会儿猛烈批评布林线，后面一会儿又对布林线的上下轨推崇备至。江老师一方面说哪怕是一根简单粗糙的单均线都能够长期稳定盈利，另一方面我们投资心学的股票期货量化交易系统又搞得那么复杂精细（图0501）。经过罗师兄、迅迅师妹你们两人的分析，我豁然开朗，真的就是江老师最前面讲的那个'如有'。"这个时候很少说话的来自重庆某大型国企的CFO赖月新赞叹道，"我建议我们大家再重温一遍江老师前面讲的内容。如有：在一定的条件下，'有'投资秘籍，甚至无所谓'有和无'，因为这个时候对你来说，市面上所有的策略、系统、方法、指标、技术都是投资秘籍；与之相反，不满足这些条件，'无'投资秘籍，甚至无所谓'有和无'，因为这个时候对你来说，哪怕给你世界上最好最复杂的技术、系统、策略与方法，你最后还是赚不到钱。"

"谢谢赖姐与罗师兄的夸奖，我也是边听边整理江老师的投资理念课件后，才有这样的正确认知。对了，江老师，我还想请问一下，我上节课时提了两个问题，第二个问题解决了，我的第一个问题是出奇的那个小账户所使用的全梭哈或者自造期权法，有没有交易原理呢？"迅迅接着问道。

迅迅你问的第一个问题，我们的全梭哈或者自造期权法，也必须是在临界点再行动，只是这个临界点要比我们之前设置的那个上下沿更要向外延伸一些。比如，王建军旅游案例中，守正的上下沿可以设置在离市中心二七广场的直线距离上下30公里左右的地方，而出奇的上下沿则可以设置在上下50公里左右的地方。又比如，布林线，我们通常设置的上下轨宽度为2倍的标准差（2SD），那么我们出奇的上下轨的宽度可以设置为3倍或4倍的标准差（3SD）。总之，我们设置出奇的临界点，必须比守正的临界点要宽，必须是先触发守正的临界点，然后等趋势稍微延伸一些后，再触发出奇的临界点。

这样设置是有道理的，首先，大的台风机会都是从小的机会演变过来的，耗散结构自组织系统，没有小的涨落，就不会演变成巨涨落，所以出奇的临界点必然比守正的临界点宽。其次，由于大的台风机会很稀缺，所以一旦触发临界点时，我们的全梭哈或者自造期权的出奇方法就要马上跟进，此时我们的仓位肯定不能再像守正那样还是单次2%的风险度，我们小账户出奇的风险度可能会高达20%~30%，即只有3~5次的台风试错机会，因此我们必须将上下沿设置宽一些（基本上是在波浪理论的第三浪阶段），否则很容易将小账户上的钱试错亏空的。再次，我们捉台风大行情的原则是：事前、自动、大概率、低成本、非遗漏、可复制，有了从A临界点到B临界点这样循序渐进的自动过程，才能保证上述原则的有效实施，才能保证我们的方法是发觉术而不是转化术，避免我们胡乱下注（参见前面章节的图0903）。当然，我们出奇的全梭哈暴风交易法，还包括一系列的浮盈无风险加仓的方法以及实时动态紧密跟踪止盈的方法。所有这些步骤，最终保证了我们能够有效地抓住台风大行情，并最大化地将台风机会转化成我们口袋中的利润。当然，我们这里只能简单地讲述一下出奇的交易原理，未来等你们条件成熟后，我们再详细传授，否则，内功心法不够，直接教授出奇方法就是害了大家，因为一旦几倍、几十倍的潘多拉的贪欲盒子被打开之后，你肯定不愿意再去默默无闻地搞年化25%

的守正投资了，你天天想的都是出奇、出奇、再出奇，最终违反天道，触发黑天鹅事件而悲催地离开投资市场。

另外，刚才迅迅总结的地方，我补充一下"股票期货的震荡阶段，我们最好不要乱折腾，不要妄想再去使用小周期趋势策略去博取差价，此时最好的操作方法就是不操作"这句话，迅迅总结得很好，不过也要随缘适变，这句话主要针对的是投资交易技术一般的广大的普通散户投资者。如果是技术水平高超的投资者，特别是基金等机构投资者，在投资标的物的震荡阶段，还是有赚钱方法的，当然，这些方法就不再是时间序列的趋势跟踪类的方法，哪怕是分钟级别的小周期的趋势跟踪也非常困难，而是诸如横截面多空对冲策略、套利策略、期权卖方等策略。这里还需要说明的是：

第一，这些技术方法由于比较复杂，不是普通投资者一时半会儿就能掌握的，你至少要有全日制大学本科以上，最好具备金融学专业的理论知识。

第二，使用这些策略要注意违反天道的风险。这些策略的赚钱原理也不是靠预测的方法，而主要靠风险对冲的方法，以一对一对或者一组一组的方式出现，并将风险敞口给对冲关闭掉。但是既然关闭了风险，也就关闭了利润的空间，因为一分付出一分回报，一分风险一分收获，那么，半分风险就只能是半分收获了。所以，这些策略的收益率普遍都很低（一般其本事收益率都在5%～10%），否则就违反了天道。但是人性都是贪婪的，低收益率，这些策略的使用者肯定是不会甘心的，本事收益率不够就用风险收益率来补，他们想出了放杠杆的方法，5%的收益率10倍杠杆不就是50%了吗？20倍杠杆不就是100%了吗？结果潘多拉的盒子被打开了，杠杆越放越大，最终走上了美国长期资本公司60倍杠杆的道路。因此这些策略，表面上学术味道浓厚，数学模型复杂，PPT精美，给人高大上与神秘的感觉，且回撤又很小收益又很大（回撤小没有问题，那是因为风险已经被对冲掉了；但是收益率大却是一个坑，因为背后隐藏着一个N倍的杠杆），表面上又非常符合人性中的以小博大，既让马儿跑又让马儿不吃草的心理，所以非常受普通大众欢迎。殊不知，违反天道的事情肯定是长久不了，能量是守恒的，风险也是守恒的，这类策略不放杠杆或者放很小杠杆没有问题，一旦杠杆增大，破产风险也会相应增大。风险不会消失，只会转化，这类策略回撤的市场风险其实被转化成了诸如信用风险、黑天鹅风险等其他类型的风险了，回撤方式也由循序渐进的一涨一落有节奏的方式，转化成未来某一天暴跌的黑天鹅事件方式（见图0701）。

第三，这类策略基本上多数都属于均值回归策略，它们和我们时间序列的趋势跟踪策略刚好相反（趋势策略是靠均值的偏离以及均值的不回归来赚钱的），所以我们的策略与均值回归策略互为对手盘。我们趋势策略赚钱的时候，就是均值回归策略亏钱的时候；均值回归策略赚钱的时候，就是我们趋势跟踪策略亏钱的时候。所以说，横截面多空对冲策略、套利策略、期权卖方策略等等尽管高大上，但是也有亏钱的时候。然而由于耗散结构的自组织系统，多数时候都处于平衡态的震荡阶段，相变的时候很少，因此投资的多数时候，都是均值回归策略在赚钱，而趋势跟踪策略在亏钱。不过，平衡态的震荡阶段由于上下波动的幅度不大，因此均值回归策略的赔率也不大，所以此类策略尽管胜率不错，最后的收益率并不算高（放杠杆另算）。趋势跟踪刚好相反，平时都在亏钱，然而一旦来了趋势，一次就能赚个盆满钵满。投资市场赚钱的顺序一般是这样的：首先，不管是时间序列的趋势跟踪策略还是横截面等均值回归策略，大家首先都是去赚市场上投资小白的钱，都是去割韭菜，因为投资小白们，要么是没有交易系统在混沌亏钱，要么是数学期望为负在温水煮青蛙亏钱，要么是没有资金管理爆仓破产亏钱，要么是股票打死都不卖亏机会成本与通胀的钱。总之，时间一拉长，投资小白必亏无疑；其次，当一个大起大落轮回结束之后，市场上的韭菜被割完了，一时半会儿韭菜也长不出来，这时，时间序列趋势跟踪模型的职业选手与横截面等均值回归策略的职业选手之间开始了竞争，你方唱罢我登场，我赚的钱就是你亏的钱，我亏的钱就是你赚的钱，三个月河东三个月河西拉锯战。职业选手之间比的是策略的精细化，比的是对天道轮回的理解与把握，比的是扛回撤与熬复利时间的内功心法，比的是德行和利他心等转化而来的运气。

综上所述，横截面多空对冲策略、套利策略、期权卖方策略等均值回归类策略，建议我们散户投资者尽量不要参与，因为模型太复杂，我们的金融学、数学的理论知识又不够，而且此类策略由于对冲掉了风险，因此收益率并不高；想要收益高必须另外放大杠杆，然而杠杆一旦放大，潘多拉盒子就打开了，控制贪欲又非常困难。另外，我们投资的初心是轻轻松松去赚钱，过悠闲又财富自由的生活，何必搞得那么复杂与累呢？因此江老师我还是觉得那些属于时间序列的趋势跟踪量化交易系统，才是最适合普通大众投资者学习的投资利器。

"江老师，普通散户不适合均值回归类的策略，那专业机构呢？专业机构实力大，人才济济啊。特别是一个金融机构或者一个基金产品中，如果趋势跟踪与均值回归策略，两套策略一起跑，在理论上，它们组合的资金曲线就是一根没有回撤的资金曲线呢？"罗菁秋问道。

罗菁秋同学，你的技术水平高，你是可以尝试一下，去开发一些均值回归策略对冲你原有趋势跟踪策略的回撤，特别是那些有实力的金融机构与基金公司，都可以参与。不过你也别妄想你的组合资金曲线能够长期成一条直线地往上涨，因为那是违反天道的，特别是在放杠杆收益率变大的时候。大家千万不要忘记了我们投资心学的天道公式还在等着你呢。当然，组合以后的资金曲线的回撤肯定会减少一些，收益风险比会增大一些，但是市场容量往往又出现问题，容易出现黑天鹅事件。另外，即使你的组合投资真的做得不错，你也要小心，还记得我们前面讲的彭飞的故事吗？老天爷要搞人，不一定只是在投资市场这一个维度上搞，还有可能是在另外的一些维度上，那可就是防不胜防的。还是彭飞当年说得好——"加法谁都会，减法才是大智慧"！投资市场，做趋势的人就做好趋势，做均值回归的人就做好均值回归，该回撤就快乐地回撤。月满则亏，水满则溢，我觉得还是留一点钱给别人赚，留一点瑕疵给老天爷看，留一点退路给未来的自己，此乃上上之策。

"江老师，我这辈子就做趋势跟踪模型了，我没有能力去搞其他的啦，回撤就当是做生意的成本，回撤就当是开公司的资本金，回撤就当是做慈善的主动捐款。不过江老师，我还想问一个问题，但是又不敢问，怕江老师您骂我。"崔胜欲言又止地说道。

说吧，不骂你，肯定又是想走啥捷径的问题吧？

"江老师，您刚才说的耗散结构自组织'活'系统理论，我非常认可，我也认为我们做趋势跟踪模型的人，平时要少折腾，我以前为此亏了不少的钱。瞎折腾，没赚到钱，只赚了一个爽字。我现在怕了，不想再折腾了，甚至江老师您说的，在上涨通道中试错我都有点怕了。江老师，有没有一击就中而不用试错的方法呢？或者说少试错几次，两击一中，最多三击一中也可以啊（牛海之前好像是四击一中）。总之，试错的次数越少越好。我知道大家肯定又要批评我了，说我想走捷径，不过我真的亏怕了。"崔胜弱弱地说，"如果万一真有规律，那么台风大行情也更容易抓住，试错成本也会更低。"

"江老师，崔胜的问题似乎也有一定的道理，比如，水变成水蒸气，应该就是相变吧，它倒是有规律可循的，相变临界点就是100°C，当我们将水加热到100°C时，水马上就相变到了水蒸气的状态。那我们的投资市场是不是也有这样的相变规律呢？"迅迅附议道。

崔胜、迅迅同学，你们的问题可真是问到点子上了，不过这个问题我无法回答你们，因为我怕害了你们，也怕害了自己，就像当年的彭飞那样。其实，我们这门投资理念课，不懂的人，看似平淡无奇，而懂的人，已经知道我在这一门课上已经揭示了不少天道。我是抱着二十多年前的那种"情怀"来做这件事的，我真心希望投资市场少一些倾家荡产的悲剧发生，特别是我们的年轻人。我以"公"心来揭示天道，希望不会被天谴吧。关于你们刚才的问题，就属于这样的问题。这里我只能透露一句：相变点一般都是双曲线的中心点。

| 3 |

"江老师，投资市场普通散户赚钱不容易啊，经过了几天的投资心学投资理念课的学习，大家现在都不敢再去妄想那些'既让马儿跑，又让马儿不吃草'的幼稚童话故事了，不过我们还是希望自己未来的量化交易系统的回撤能小一些，收益能大一些。刚才我问您是否可以趋势跟踪策略与均值回归策略，两套策略一起跑，江老师您回答说，均值回归策略有可能因为贪欲过大，杠杆太高从而违反天道，最好是：做趋势模型的就专心做好它，做均值回归的就专心做好它，不要脚踏两只船。另外，由于横截面多空对冲策略、套利策略、期权策略等等这些均值回归策略的理论过于复杂，不太适合散户，因此我们广大的普通散户投资者，最好走中长周期时间序列趋势跟踪模型这条道路。那我现在想请教江老师的是，做趋势跟踪模型，是否也有比较可靠的方法去减少我们量化交易系统的回撤呢？减少了回撤，我们的收益风险比就会增大，业绩翻倍的魔法石的作用也会增大，如果我们再通过内功心法训练提高扛回撤能力，那么我们最后的投资业绩肯定会有大幅的提升。江老师，中长周期时间序列趋势跟踪模型到底有没有可靠的、不违反天道的综合策略？又可以有效减少最大回撤的方法？"罗菁秋问道。

有的，那就是多品种、多策略、多周期的投资组合方法。这个方法也是不带预测性质的，它不是通过提高交易技术或者优化拟合参数来减少最大回撤，可以避免出现过度拟合或者博幸存者偏差现象。对了，老严同学，我们昨天说到的，不减少收益还能减少回撤的方法，也是这个。

"江老师，我正听着呢，请您继续。"老严认真说道。

多品种、多策略、多周期的投资组合方法可以在不违反天道的情况之下，对最大回撤进行一定的提升与优化。华尔街有一句名言：投资组合是投资市场唯一的免费午餐！各位同学，你们知道在华尔街哪些人的工资收入最高吗？并不是证券分析师、研究员、量化IT，而是投资组合经理。可惜的是，我们中国的广大普通投资者，绝大多数人都不会使用投资组合，甚至很多人就没有听说过这个词。虽然有些人知道"不要把所有的鸡蛋放在同一个篮子里"这句话，但并不真正理解其中的深刻道理，因此多数投资者在自己的实盘操作中，尽管知道也不会使用，还是经常喜欢"一把梭"。

投资组合的功效绝对不仅仅是减少回撤，投资组合还能变出钱来，可以让大家多赚钱，多赚很多钱！甚至，投资组合做得好，也可以"一把梭"！

"太好了，我就喜欢这样的秘籍。不过，江老师，都进行多品种组合了，还如何一把梭呢？我想不明白。如果既能'一把梭'还能投资组合，那可真是秘籍了。"崔胜流口水地说，"那不是既能稳定，又能有暴利的吗？江老师，这会不会又违反天道呢？"

崔胜同学进步了，已经开始会顾及天道了。江老师教授的方法，都会在天道的边界范围之内，请同学们放心。我先问大家一个问题，在一个家庭中，不管是富豪之家还是普通之家，什么最重要？孩子重要，还是事业重要？

"那还用说，必须是孩子重要！事业没了，还可以重来，孩子没了，未来就没啥希望了。"崔胜马上回道。

在座的各位同学，大家同意这个观点吗？会议室里所有人都举起了手，赞成这个观点。好了，我知道了。但是，有一种情况，你们一定会毫不犹豫地坚决认为事业比孩子更重要，甚至孩子晚上有没有回家吃饭，去哪里玩了，作业有没有认真完成等等，你可能都不会去过问。请问这是什么情况？

经过5分钟的讨论，大家一致认为不可能出现这种情况，绝对是自己的孩子最重要！

前面我们讲过，大家的思维方式一定受限于以往的经验、常识与认知。真的有一种情况，你一定会认为事业的重要性超过孩子。这种情况，比如就是沙特第一代老国王伊本·沙特，有据可查的儿子有40多个，他们要是父子合影一张全家福（网上有他们父子合影图），那可得多壮观呀，你想象一下这场面，王位传给谁好呢？

怎么样？这种情况与场面，大家现在还觉得是孩子重要吗？

"哇，我现在终于明白什么是屁股决定脑袋：自己坐在什么位置，脑袋就会情不自禁地去考虑什么需求。对于我们常人来说，本来儿子的重要性要远远大于事业的，这样天经地义的真理，没有想到随着儿子数量的增多，竟然神奇地改变了。看样子人的认知真的是局限于自己过往的经验！人自认为很多聪明的想法，其实在上天面前都是很幼稚的，因为上天的经验肯定要远远多于人类，就像是一个幼稚的儿童对一个成年人耍小聪明。怪不得'人类一思考，上帝就发笑'，千真万确。"重庆设计院的刘总感叹道。

"假如你也有这么多的儿子，晚上吃饭的时候一定会准时开饭，绝对不会再去等哪一个迟到的儿子，就算某个儿子没来吃，父母亲也很难留意到，哪怕是整夜没有回家，第二天没有去上学，没有交作业，估计家长也不会知道，也没有太多的心思去知道，忙事业赚钱要紧。哦，我懂了，江老师，沙特国王有40多个儿子，暗喻着我们的量化交易系统做投资的时候，应该同时建仓四五十个交易品种。我们之前做投资，往往是重仓一两个股票或者期货品种，此时你自然会忧心忡忡，患得患失，就像你只有一个儿子，肯定会捧在手心里，娇惯得不得了。这种做法不但教育不好孩子，而且还会把自己搞得身心交瘁。重仓交易一两个品种，肯定也就没有什么风险偏好与扛回撤的能力了，更不要说使用收益风险比这个魔法石去让业绩翻倍。原因很简单，只有一个'儿子'，自己输不起。"财务总监赖月新同学评价道，"江老师，怪不得您做交易的时候能做到'不管风吹浪打，胜似闲庭信步'，除了您的内功心法了得以外，另外一个原因是您投资的标的物是股票、股指、焦炭、螺纹、棕榈油、玉米、国债等等，有几十个品种的投资组合，能做到优化组合。试想啊，这些产品组合就像有几十个'儿子'，其中一个'儿子'的亏钱与赚钱，根本就影响不了整体的绩效与全局。江老师，难怪有同学问您对股指、焦炭等等某个具体交易品种未来的走势有什么看法的时候，您老是说没啥看法，您甚至对某个交易品种有没有建仓都不知道，漠不关心的样子，我以前认为您是藏着掖着故意不说，其实真正的原因是单个品种做投资只是一个'儿子'，您是几十个'儿子'一起做啊，根本就不在一个维度上。"

罗菁秋听到这里也评价道："是这个道理，我如果有几十个儿子，你问我对其中一个儿子有啥看法或者让我去预测一下这个儿子的未来，我的回答肯定也是：没啥看法，随缘，啥都可以。一个投资品种相当于一个儿子，如果亏钱了，单次风险度也就 1%～2%，100 万元亏不到一两万元，无所谓啦，还有其他品种可以赚钱嘛，投资就是赚赚赔赔的，只要这些儿子干的不是一个行业，不坐同一架飞机，不可能在同一个时间段都亏钱吧。哪怕就算一个儿子出事了，挂了，全亏完了，也不会太伤筋动骨。江老师，我想起来了，每个人刚开始做投资时，钱都不多，人的认知都会局限于钱太少，只能做一两个品种，自然会斤斤计较，担惊受怕。就算后来做投资的钱多了，但之前已经养成了习惯，哪怕已经有了 100 万元的本金，也还是会重仓杀入一两个品种的，加上人的贪欲与侥幸，就更加会如此做交易。江老师，我想问一下，组合投资对投资结果到底有什么影响呢？有没有具体的数据来验证呢？另外，凭我的直觉，组合投资肯定会减少回撤，但是会不会也同步减少收益呢？"

罗菁秋的问题很好，我稍后就可以回答你。投资组合理论，是金融学术界公认的，也是能够通过数学计算出来的，它是有效减少回撤的华尔街唯一免费午餐。诺贝尔经济学奖金授予了很多搞投资组合理论的专家，但是却从来没有授予过搞投资预测的技术分析人士。从这一点上看，大家就应该能知道投资组合的重要性。但奇怪的是，投资市场上，绝大多数的投资者，特别是普通散户投资者，却只对那些所谓的带预测性质的投资技术与交易策略感兴趣，却从来不愿意多花一点点的时间去研究自己的投资组合策略，甚至就不知道还有投资组合这样的方法。

投资组合理论是由马可维茨（Markowitz）在 20 世纪 50 年代开创的，它是以均值、方差为基础的投资理论。马可维茨提出了有效前沿的概念，并指出在同样的预期收益率水平下，人们希望选择风险最低的投资组合；或者在同样的风险水平下，人们希望选择预期收益率最高的投资组合。按照这样的标准，可以在全市场的投资组合中选出一组最优配置组合，这个最优投资组合构成一条"有效前沿"曲线，如图1702，大家琢磨一下。

在马可维茨投资组合理论的基础上，威廉·夏普、费雪·布莱克等人提出了著名的资本资产定价模型（CAPM模型）；后来罗斯又提出套利定价模型；再后来，布莱克、斯科尔斯、默顿提出了著名的期权定价模型，有兴趣的朋友自己去查资料看一看，对了，马可维茨、夏普、布莱克、斯科尔斯等等这些人，后来都获得了诺贝尔经济学奖。大家参加基金、期货、证券几个从业资格考试的时候，也会考到，特别是CFA考试的时候，涉及投资组合的内容更

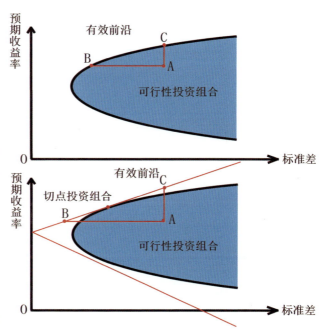

图1702："有效前沿"曲线

多，建议大家去参加相应的考试，既可以获得从业证书，也学习了现代金融知识。

当然，我们作为普通的投资者，并不需要掌握太复杂的投资组合理论，我们要知道的是，想长期稳定地盈利，只掌握技术分析、基本面分析、价值分析、财务分析、量价分析、宏微观分析、消息面分析、供求关系分析、多因子分析等等投资方法肯定是远远不够的，我们必须学习投资组合这一投资的利器，这可是华尔街真正的唯一的免费午餐哦！大家再仔细想一下：为什么华尔街不说技术分析、基本面分析、价值分析、财务分析等等是免费的午餐呢？

"江老师，我已经认识到了投资组合的重要性了，不过，这些西方金融学理论太复杂了，如果我不直接学习它们，我还能做一个投资组合吗？我快退休了，已经不大可能再去学习复杂的金融知识，但是我想下半辈子能以交易为生，这样的退休生活才有乐趣，我可不希望下半生只是洗衣做饭，帮带孙子，看别人的脸色，而且投资可以做一辈子，像巴菲特那样，不得老年痴呆地干到离开世界的那一天，我要全部平完仓后才走，哈哈。对了，跟着江老师，自己老年还能挣钱，还能挣大钱，儿女自然孝顺，家庭自然美满。这些可是其他任何一个行业都不可能做得到的巨大优势。"赖月新说道，"江老师，那有没有简单的适合我们普通投资者做的投资组合方法呢？"

| 4 |

当然有啊！我们在量化交易实操课上就会讲到，到时，我们先学习历史大数据回测，然后就会教大家如何构建一个实用的投资组合。我们并不需要去学习太复杂的西方投资组合理论，也不需要构建一个复杂的数学模型。我们投资心学就是专门干从繁到简的事情。这几天的投资理念课，大家能建立起投资组合的正确认知就可以了。大家要认识到投资组合的重要性，认识到组合投资一定比进场技术要重要得多，也有效得多。前面的课程中，我们多次讲过盈亏同源，想赚钱一定要有回撤，这才符合天道，我们永远都不可能找到一个没有回撤就能长期稳定盈利的投资方法。不过，虽说回撤不能消灭，但我们可以想办法去降低回撤。降低回撤的有效方法一定不是去找一个胜率百分之百的交易方法，也不是去过滤震荡行情，也不是去过度优化策略参数。过度拟合参数后的交易策略，虽然在历史回测数据上的结果很漂亮，但是没有任何实战意义，未来策略必然会很快失效。安全、合理、有效、长期减少最大回撤的正确方法是：投资组合理论！这个结论，既可以用马可维茨的均值方差理论的公式给计算出来，也可以用我们的量化交易软件给展示出来，大家请看图 1703。

罗菁秋同学，你刚才问的问题，在看图 1703 后，你能不能自己尝试回答一下？

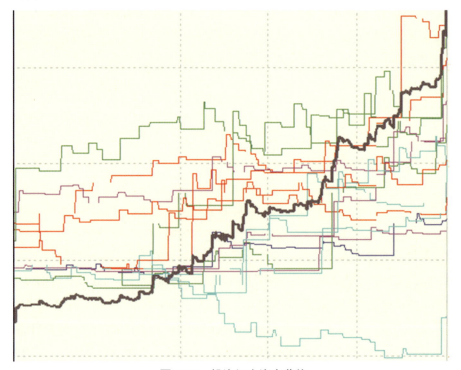

图 1703：投资组合资金曲线

"好的，我试一下。上图中，彩色的细线条是十几个期货品种各自单独的资金曲线，而图中黑色较粗的那一条资金曲线，就是十几个品种做组合以后的资金曲线。彩色细线条的资金曲线中，有涨得好的漂亮的资金曲线，也有下跌得很难看的资金曲线，还有上下横盘整理的资金曲线，这十几条彩色的资金曲线的共性是上下波动较大（回撤较大）。而组合后的黑色的资金曲线的最大特点是上下波动较小，涨跌有节奏感，资金曲线相对光滑且稳定向上，资金曲线的底部逐级抬高。我刚才的问题是：组合投资对投资结果到底有什么影响呢？我肉眼观察图1703，可以得出结论：组合投资可以减少最大回撤，而对最后的收益率并没有太大的影响，并不会同步减少太多的收益率，当然也不会增加太多的收益率。"罗菁秋回答道。

风控总监樊总说道："我同意罗菁秋肉眼观测的结论，这个结论也符合现代金融学理论的数学计算结果。"

"樊总，你是学金融科班出身的，你都同意罗菁秋的结论，那么看样子组合投资的确是减少最大回撤的有力武器。不过，组合投资并不增加最后的收益啊，那还费力去搞投资组合干什么呢？"崔胜好奇问道。

福建老严听到这里说道："崔师兄，你咋又是猴子掰玉米，学了后面的忘了前面的。减少了最大回撤，虽然收益率没有增加，但是收益风险比不是提高了吗？假如原来是1.0，现在提高到了2.0。原来100万元本金，年化25%，最大回撤25%；现在投资组合之后，年化还是25%，最大回撤12.5%，收益风险比升高到了2.0。但是我的风险偏好还是25%啊，因此我可以100万元的本金按照200万元来做交易啊，仓位放大一倍，这样的话，最大回撤还是25%，仍然符合我的风险偏好，但是最后的收益率就增加到了50%啊！这就是江老师前面一直反复强调的收益风险比的魔法石的作用啊！你咋忘记了？"

"怨我，都怨我，我以前错误的投资习性老是改不了，眼中就只盯着收益率，不知道拐一个弯，不知道舍得舍得，先舍后得。我们应该先盯着最大回撤，通过投资组合去减少最大回撤，相应地就提高了收益风险比，然后，再将仓位放大，这样就间接地提高了收益率。"崔胜说道。

"崔师兄，不争为争，天下莫能与之争！拐一个弯，通过减少回撤来增加收益率的方法，才是最为稳妥的方法。如果我们再训练一下自己的内功心法，将扛回撤能力再提高一倍，那就更完美了。与之相反，我们上江老师课之前的那些妄想通过提高胜率来提高收益率的直来直去的一条直线往上涨的方法，都是一些幼稚的错误方法。真像江老师前面总结的那样：最近的路就是最远的路，最曲折的路反而是最近的路。这个世界上只要是流得远的大江大河，哪一条不是曲折前进的呢！"罗菁秋感叹道，"江老师，刚才我是肉眼观测图 1703 的结论，您那里有没有具体的组合回测数据呢？另外，您能不能展示一下如何通过均值方差的数学模型计算得出相同的结论呢？"

通过均值方差的数学计算，理论推导出回撤会减小，这个推导过程，我们这种投资理念课上就免了吧，主要是怕大家听了数学公式会打瞌睡。对学术有兴趣的同学，大家自己去买一本投资组合方面的书看一下，看不懂的，可以单独来问我。我们普通投资者做实盘的时候，并不需要进行金融建模与数学推导。

至于罗菁秋问的有没有具体的历史回测数据来验证投资组合的有效性，答案是：有的！我现在就给大家展示一下，如图 1704。

这是一个焦炭的量化交易报告。我们可以看到，四年的时间，焦炭这一个品种的收益率为 253%，折算为年化单利为 63.39%（年化复利为 37.12%），业绩还是不错的。图 1705 是焦炭 4 年间的资金曲线。

初始资金	2000000.00
最大资金使用金额	1253280.00
最大资金使用金额时间	2021/10/14 21:15
最大资金使用金额比率	50.65%
最大资金使用金额比率时间	2019/08/02 10:45
回测期间最大权益	9551561.6
回测期间最小权益	1304693.2
最终权益	7071143.40
收益	5071143.40
收益率	253.56%
累积收益率	253.56%
年化单利收益率	63.39%
月化单利收益率	5.21%
年化复利收益率	37.12%
月化复利收益率	2.63%
夏普比率	3.36
索提诺比率	6.63
权益离散度	746656.35
权益离散系数	37.33%
本金风险率	34.77%
年化收益风险比率	1.82
权益最大回撤	3755974.60
权益最大回撤时间	2021/10/28 14:15
权益最大回撤比率	73.79%
权益最大回撤比率时间	2019/08/02 10:45

图 1704：焦炭期货量化交易报告

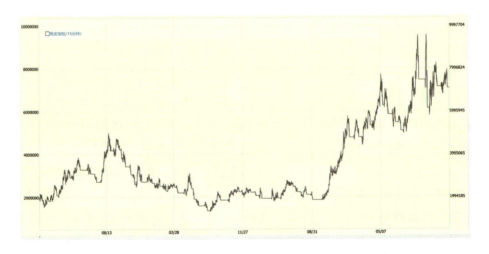

图 1705：4 年焦炭资金曲线

不过焦炭的最大回撤达到 73%，太高了。不过，回撤的数值高还不算是最困难的事情，比如开个实业的餐馆，一次性就投入了自己的全部身家去租店面、搞装修、招人员、培训等，如果餐馆不赚钱，不就相当于一次就回撤 100% 吗？回撤风险百分之百，但买了个希望，人还是有前进动力的。然而，还有一个重要的回撤数据——最长回撤时间！最长回撤时间可是专门用来浇灭人们希望的。开个餐馆，辛辛苦苦，但是一年下来天天都在亏钱，你还能坚持得住吗？你还能有信心吗？大家可以从资金曲线图 1705 中一眼就能看到，资金曲线的中部很长一段时间都是回撤期，权益最长未创新高的时间段从 2018 年 8 月到 2020 年 12 月，两年多的时间，太长了。这个最大回撤的数据，就算内功心法再强大的人，也很难扛得住，就算你扛得住，你的家人也扛不住，孩子的学费总不能等两年以后再交吧？因此我们要想办法去降低最大回撤幅度与最长回撤时间。通过前面的学习，我们现在已经知道，优化参数并不是一个好的办法，因为存在过度拟合的问题，如果参数过多，优化后的参数只能是在历史数据中逞英雄，未来的交易中很有可能就是狗熊一个。正确的办法是：组合投资！现在我们以数据说话，先来做一个简单的组合，只加入一个苹果品种，请看图 1706。

初始资金	4000000.00
最大资金使用金额	1709472.00
最大资金使用金额时间	2021/10/14 21:15
最大资金使用金额比率	37.72%
最大资金使用金额比率时间	2018/02/07 13:30
回测期间最大权益	16611811.6
回测期间最小权益	3041389.4
最终权益	13952743.40
收益	9952743.40
收益率	248.82%
累积收益率	248.82%
年化单利收益率	62.20%
月化单利收益率	5.11%
年化复利收益率	36.66%
月化复利收益率	2.60%
夏普比率	6.94
索提诺比率	13.19
权益离散度	711894.72
权益离散系数	17.80%
本金风险率	23.97%
年化收益风险比率	2.60
权益最大回撤	5100514.40
权益最大回撤时间	2019/08/02 10:45
权益最大回撤比率	57.31%
权益最大回撤比率时间	2019/08/02 10:45

图 1706：焦炭与苹果组合的量化投资报告

这是焦炭与苹果组合的量化投资报告。我们可以看到，四年的时间，收益率为 248%，比前面纯焦炭的收益率下降了一点，年化为 62.2%，也微微下降了一点，但是最大回撤却从 73% 大幅下降到 57%，已经有了好的苗头，不过有点遗憾，最长回撤期（权益最长未创新高时间）并没有减少多少，两年只减少 20 天。图 1707 是焦炭与苹果组合的资金曲线。图 1708 是在回测报告中再加进一个沪铝的三种组合。

图 1708 是焦炭、苹果、沪铝等三个品种的组合投资报告。我们可以看到，收益率为 251%，竟然比之前两个组合的收益率还上升了一点，而年化为 62.9%，也微微上升了一点，最大回撤值进一步下降，57% 下降到 47%，非常好的现象。最长回撤期（权益最长未创新高时间）又减少 17 天。图 1709 是焦炭、苹果、沪铝等三个品种的组合资金曲线。

图 1707：焦炭、苹果组合的资金曲线

初始资金	6000000.00
最大资金使用金额	2455982.00
最大资金使用金额时间	2021/10/14 21:15
最大资金使用金额比率	32.39%
最大资金使用金额比率时间	2018/01/15 09:45
回测期间最大权益	23215036.6
回测期间最小权益	5447039.4
最终权益	21116468.40
收益	15116468.40
收益率	251.94%
累积收益率	251.94%
年化单利收益率	62.99%
月化单利收益率	5.18%
年化复利收益率	36.97%
月化复利收益率	2.62%
夏普比率	11.91
索提诺比率	22.60
权益离散度	634744.96
权益离散系数	10.58%
本金风险率	9.22%
年化收益风险比率	6.83
权益最大回撤	5396439.40
权益最大回撤时间	2019/08/02 10:45
权益最大回撤比率	47.68%
权益最大回撤比率时间	2019/08/02 10:45

图 1708：焦炭、苹果、沪铝的量化组合投资报告

图 1709：焦炭、苹果、沪铝的组合资金曲线

我们现在一次性地再加入沪深 300 股指期货、鸡蛋、PTA 三个品种，一共六个品种的组合投资，请看下图 1710 的量化投资报告以及图 1711 的组合资金曲线。

我们可以看到，四年的时间，六个品种的投资组合的收益率为 225%，与前面纯焦炭的收益率 253% 虽然下降了一成左右（年化为 56%，也下降一成），但是最大回撤却从单个的 73% 大幅下降到 16.67%，下降幅度高达七成多。最长回撤期（权益最长未创新高时间）也大幅缩短，从两年下降到 10 个月（2019 年 5 月到 2020 年 3 月）。这些最大回撤数据已经不错了，基本上接近实战水平，也为我们使用收益风险比魔法石进行业绩翻倍创造了很好的技术条件。

未来我们实盘会根据大家的资金规模与风险偏好，设计十几个、二三十个甚至四五十个品种的投资组合，那时的业绩就更加稳定了。

组合信息	
组合合约/周期	300股指加权、焦炭加权、苹果加权、沪铝加权、鸡蛋加权、PTA加权/各15分钟
数据开始时间	2018-1-1
信号计算开始时间	2018-1-2
信号计算结束时间	2021-12-31
测试天数	1460
测试周期数	31668
信号个数	444
执行信号个数	444
初始资金	12000000.00
最大资金使用金额	5734358.00
最大资金使用金额时间	2021/01/07 09:15
最大资金使用金额比率	40.09%
最大资金使用金额比率时间	2018/01/15 21:00
回测期间最大权益	41089274.3
回测期间最小权益	11286813.1
最终权益	39016175.51
收益	27016175.51
收益率	225.13%
累积收益率	225.13%
年化单利收益率	56.28%
月化单利收益率	4.63%
年化复利收益率	34.28%
月化复利收益率	2.45%
夏普比率	22.34
索提诺比率	43.76
权益离散度	600921.12
权益离散系数	5.01%
本金风险率	5.94%
年化收益风险比率	9.47
权益最大回撤	4477606.20
权益最大回撤时间	2021/10/21 22:45
权益最大回撤比率	16.66%
权益最大回撤比率时间	2019/12/03 21:15
权益最长未创新高周期数	6162
权益最长未创新高时间段	2019/05/24 21:15 - 2020/03/18

图 1710：6 种组合的量化投资报告

图 1711：6 种组合的资金曲线

| 5 |

"江老师，看到了您展示的具体的投资组合回测数据，我现在对投资组合更加有信心了，看样子组合投资才是有效提高业绩的正确的技术之路！而以前我研究的复杂的投资技术，靠所谓的预测、胜率来提高投资绩效之路，是走不通的。其实，很多年之前我也听说过'投资组合是华尔街唯一免费的午餐'这句话，可惜当时不能理解，也没有量化数据去理解，特别是'唯一'两个字，结果白白走了很多年的弯路。"罗菁秋感慨地说道，"原来我一直认为自己的技术分析水平很高，现在我知道了，在专业投资者眼中，我的这些交易技术与策略，根本就不算什么。"

图 1712：各种期货品种之间相关性

是的，在业余投资选手中，罗菁秋你研究的那些技术分析策略，应该算是牛的。但是，在职业选手眼中，就很一般了，甚至职业选手的主要精力就根本没有放在技术分析上。其实，我们从一个投资者研究的方向，就能知道他现在处于什么样的技术水平：如果他在研究 K 线图，哪怕是很复杂的 K 线策略，他的技术也就是在初级和往上一点的水平；如果他在研究品种之间的相关性，那么他就已经处于中高级的技术水平，下图 1712 展示的就是各种期货品种之间的相关性，我估计很多同学不要说去研究，可能之前见都没有见过，但是，在我们未来做投资的时候，这一类的图是必不可少的；再进一步，如果一个投资者在和我们聊量化交易系统的时候，已经涉及了协方差矩阵，那么他在投资的技术层面上就已经是较高级的专业投资者了。

崔胜举手问道："江老师，我还想问您一个问题。我已经做交易很多年了，用的方法都是技术分析，我的箱体突破理论还是凑合能用的，就是业绩时好时坏，想长期稳定盈利似乎比较困难。这次上课之前，我做交易时从来都不做组合，最多就同时开仓三个品种，经常都是一个品种一把梭。现在您投资组合，并用回测数据与图表证明了组合投资的有效性，我挺认可的。不过我还是喜欢您前面的讲课风格，您喜欢用类比、比喻的方式将复杂的投资理论简而化之地讲述出来，我们不但听得津津有味，关键是容易理解，只有真正理解了，未来我们才能坚定地去执行。江老师，您可不可以再用一个比喻来形容一下投资组合呢？"

图 1713：几本讲投资组合的书

崔胜的问题，我稍后就回答你。刚才课间休息的时候，有同学想让我推荐几本关于投资组合的书，那我就推荐几本，见图 1713。不过这些书都是外国学者写的，学术派浓厚，比较难懂。也有我们中国人写的书，比较容易看懂，我再推荐一本，就是清华大学出版社出版的《投资组合管理》。这些书上面就有投资组合的建模与数学推导。当然，如果大家还是看不懂的话，也没有关系，量化实操课的时候，我会教大家简单有效且更为实用的投资组合方法，你只要高中文化以上，会看表格就行。

我们现在来讲一个老中医的故事。

中医，我想大家都是了解的，一般慢性病或者亚健康等等都需要中医的治疗与调理。就算年轻人暂时没有怎么看过中医，至少你们的父母长辈也会经常接触或者提起过。中医是一个年龄越老越吃香的行业，中医师年龄越大越有实战经验，医疗水平也越高。

假设我们崔胜同学生病了，需要调理身体，去找老中医把脉，开了药方见下表：

表 1701：一个调理身体的中药方

甘草 5 克	黄芩 12 克	菟丝子 30 克
枸杞子 15 克	阿胶 12 克（烊服）	续断 15 克
山茱萸 12 克	艾叶炭 5 克	桑寄生 15 克
生地黄 10 克	熟地黄 10 克	白勺 12 克
苎麻根颗粒 1 包（冲服）	当归 10 克	砂仁 6 克

上面这个药方，一共有 15 味药，比较有名的有甘草、枸杞子、阿胶、当归等等，每味药后面还对应着克数，例如当归 10 克，15 味药总共有 140 克（包数以外）。崔胜同学相信老中医的治疗水平，回家后煎服了中药，慢慢静养，调理身体。

崔胜同学，问你一个问题，你能看懂表 1701 的药方吗？

"那看不懂。我不懂中医，上面的十五味药的具体药性与作用我不知道，也不知道每味药后面对应的克数是怎样算出来的。但是，我相信这位老中医，很多人都到中医院找他看病，一传十，十传百，说明这位老中医的水平很厉害。不过，我可以大概猜一下：我生病了，按照中医原理，肯定是我的身体阴阳不平衡了。这位老中医用 15 味药各自的药性及组合关系进行配比，抓成了一副 140 克的药，我回家煎服这副汤药，可以让我的身体重新达到阴阳、表里、虚实、寒热的动态平衡状态。"崔胜猜测地说道。

崔胜猜得差不多。那崔胜同学，我再问你一下，你说你坚信这位老中医的医疗水平，很好。那假如这位老中医开的处方上面只有一味药，比如就只有当归，而且后面对应的克数不再是 10 克了，而是 140 克，他将之前 15 味药对应的克数都一起算到当归这一味药上，那么请问崔胜同学，这副 140 克当归药，你还敢回家煎服吗？

"那肯定不敢了！虽然我不懂中医，但是中医药方上一般都有很多味药配在一起的。一味药，就一种药性，怎么可能去调整患者的阴阳平衡呢？药，自己都不能阴阳平衡啊！而且数量也不对啊，本来 10 克的，一下子增加到了 140 克，这哪里是在治病啊，这是在害命啊！"崔胜急着回答道，"不过，江老师，这和我们做投资有什么联系呢？"

联系大着呢！投资领域，所有普通散户不都经常是这样干的吗？

我们现在看一个简单实用的投资组合，请看下表：

表 1702：简单实用的投资组合

品种个数(9~12)	10										
总风险度											
10	每点价值		3430	5260	2069.2	638.8	633.1	921	551.5	666.9	1367.3	2373.1
1.00	ATR值		0.343	52.6	206.92	63.88	63.31	9.21	55.15	133.38	273.46	237.31
总受益	品种		十债TF	焦炭J	沪胶RU	螺纹RB	热卷HC	郑煤ZC	郑醇MA	硅铁SF	郑棉CF	苹果AP
1000000	保证金		19234	28974	13284	3709.8	3346.4	4723.2	2305.8	2571.1	4213.75	10954
1.00%	每点价值（元）		10000	100	10	10	10	100	10	5	5	10
	点位		96.17	2414.5	11070	4122	4183	590.4	3294	7346	16855	10954
10000	保证金比例		2.00%	12.00%	12.00%	9.00%	8.00%	8.00%	7.00%	7.00%	5.00%	10.00%
	最终选择品种（红色）		十债TF	焦炭J	沪胶RU	螺纹RB	热卷HC	郑煤ZC主力	郑醇MA主力	硅铁SF主力	郑棉CF主力	苹果AP
模型1	信号个数											
	模型		布林线	双均线	单均增强	单均增强	单均增强	通道3	LY	单均线	LY	单均增强
	权益最大回撤比											
	年化收益率											
	平均盈利/最大回撤											
	风险度合计：											
	9.72		1.03	1.05	1.03	1.02	0.89	0.92	0.94	0.93	0.96	0.95
崔评进位	计算手数		3.00	2.00	5.00	16.00	14.00	10.00	17.00	14.00	7.00	4.00
	实际手数		3	2	5	16	14	10	17	14	7	4
资金占比	48.40%		5.77%	5.79%	6.64%	5.94%	4.68%	4.72%	3.92%	3.60%	2.95%	4.38%

对比前面表 1701 的中药方，我们投资心学在表 1702 中也开出一个简单的投资组合药方。中医药方治的是我们身体的病；投资组合药方，治的是我们缺钱的病。我们要靠投资组合这个药方，在投资市场上去长期稳定地盈利！

"原来江老师您是将中医药方比喻成投资组合药方，还真的很恰当，佩服！江老师，那您就是投资界的老中医了，赶紧来治治我们大家缺钱的毛病吧，哈哈。"崔胜笑着说道，"江老师，赶紧解释一下上表 1702 呗。"

表 1702 其实就是我们投资心学量化实操课上要提供给大家的投资组合计算表。大家可以看到，这个表格上有 10 个组合产品其实是 10 味"药"（未来会根据大家的资金规模与风险偏好等情况提供 10~50 味"药"），分别是：五债、焦炭、沪胶、螺纹、热卷、郑煤、郑醇、硅铁、棉花、苹果，它们对应的"克数"分别是：3 手、2 手、5 手、16 手、14 手、10 手、17 手、14 手、7 手、4 手。

"江老师，表 1702 投资组合计算表还真的很像一个中药配方。哇，我突然明白了，正常的中医药方是 15 味药，其中当归是 10 克，您刚才要我将 15 味药改成 1 味药当归，而且将所有的克数都加到当归上，变成了 140 克，这种做法哪里是在治病，完全是谋财害命。但我们在投资领域却一直都在谋财害命，关键还都是在想尽一切办法去谋害自己的命。投资想要稳定盈利，必须做一个投资组合，这和中医药方上的各味药的组合是一个道理，我们必须根据药与药之间五行相生相克的关系进行配比。但是包括我在内的多数普通投资者不懂投资组合的原理，不懂得根据各投资品种之间的相关性进行配比，我们以前治疗'缺钱病'的药方上经常只有一味药，而且仓位（克数）往往还非常重，大家都急着治缺钱的毛病，结果却往往适得其反，越治钱越少，过量服食反误了卿卿的性命。比如表 1702 中，焦炭这一味药正常的克数是 3 手，但是普通韭菜散户急功近利，不做投资组合，经常一把梭全仓押焦炭，而且还将其他品种的手数全部压在了焦炭上，结果焦炭一下子搞了 92 手，必死无疑。"崔胜评论道。

崔胜同学经过几天的理念课的学习，投资的理论水平已经得到了很大的提升，值得表扬哦！崔胜，你回答得很正确，不过稍微纠正一下，100 万元的账户焦炭哪怕全买也开不出 92 手，因为焦炭的保证金一般是 3 万~5 万元，所以最多能开出 30 手，资金使用率就达到 100% 了。不过只要你资金使用率 100% 满仓去干一个品种，不管是开多少手，最后的命运肯定是倾家荡产！崔胜同学，你知道是为什么吗？

"如果用具体的量化数据来解释，我还不太懂，毕竟才开始跟着江老师学习量化交易。不过，一副药，只有当归一味药，而且是 140 克，病人肯定出问题；一个期货投资，只有一个品种，而且是满仓干，结果肯定玩完，因为我之前就是这样爆仓过好几次的，我现在做期货时从来不敢满仓干，最多六成仓位。"崔胜回答道。

我们未来做量化交易，一定要慢慢养成用数据说话的习惯。我们在投资市场里说的任何一句话，得出的任何一个结论，都需要有历史大数据的支撑。大家要养成这个好习惯。就以上面崔胜说的焦炭一把梭为例，为什么我们满仓干焦炭，一定会倾家荡产呢？

图1704第4行的最大资金使用金额比率为50.65%，相当于我们半仓在做焦炭，它对应的权益最大回撤比率为73.79%。如果我们像崔胜说的那样，满仓去干焦炭，不管最后开出多少手焦炭，最大资金使用金额比率肯定接近100%，那么对应的权益最大回撤比率就会变成73.79×2=147.58%，而超过100%的回撤就代表你已经倾家荡产了！如果你半途已经倾家荡产了，那么后面的253.56%的收益就与你没有任何关系了。

"原来是这样分析数据的，我懂了。我们以前都是感性投资，现在开始学习量化交易技术，未来一定要变成理性投资，一切以数据说话。没有数据不说话，没有数据不做投资。我现在明白为什么我们一定要做量化了，回想我以前做的投资，完全就是在糟蹋钱。图1704上，焦炭的收益率253%，看起来非常不错，不过那是表象，那是以最大资金使用金额比率50.63%、权益最大回撤比率73.79%为前提条件的，一旦不满足这些条件（比如加仓、重仓干焦炭），你不但赚不到253%，而且你还会因此倾家荡产。常人的眼中只会眼馋253%的收益率，而忽视了它存在的前提条件。最后的结果，同一个品种，同一个策略，有的人赚了253%，有的人亏了-100%，真的是'如有'啊！"崔胜评价道。

| 6 |

那崔胜，我再考考你，你再说说图1710，我们做六个品种的投资组合有啥好处呢？

"最大回撤减少了。之前只做一个焦炭，有73.79%的回撤，而六个品种做组合，最大回撤只有16.66%了，下降了很多，心情舒畅了很多，永远都不会再爆仓。不过有点遗憾，收益也从253%下降了一点，到了225%。"崔胜回答道。

迅迅同学听到这忍不住补充说道："崔师兄，刚刚老严还批评了你猴子掰玉米，学了后面的忘了前面的，你怎么又忘记了？投资组合的作用哪里仅仅只是降低最大回撤值，投资组合的最大作用是可以拐一个弯间接地大幅增加收益率！不要忘记了收益风险比这个业绩翻倍的魔法石哦。在图1710中，六个品种做组合，收益率225%，对应的最大资金使用金额比率40.09%，权益最大回撤比率16.66%。如果我们经过了投资心学的内功心法训练，扛最大回撤的能力有35%（常人只有15%），那么我们就找到了一个业绩轻松翻倍的方法了。我们将期货仓位放大一倍，将最大资金使用金额比率提升到

70%—80%，那么权益最大回撤将达到33%左右，不过还是在我们的35%扛最大回撤能力之内，此时收益率也相应翻一倍，从225%增到450%，崔胜师兄，你发大财了！你刚刚竟然还说有点遗憾，纠结于收益率从253%降到了225%。业绩轻松翻倍的秘籍，真是藏在深山无人识啊！"

"哇，真是这样的，我真是有眼无珠、目光短浅啊，你们都提醒我好几次了，我老是记不住，真是笨死了，转身就忘。看样子还是需要大量重复训练啊！"崔胜懊悔地说道，"迅迅师妹，你的总结能力强，再帮我总结一下呗。"

"江老师早就说过，逆人性的东西，就是需要大量地重复讲，就像天天诵经一样。江老师传授给大家的投资业绩翻倍的真正的唯一捷径：通过投资心学内功心法训练以增大自己扛最大回撤的能力——再通过投资组合降低量化交易系统的最大回撤值（也提高了收益风险比）——然后主动放大投资账户的仓位——相应地再次放大了最大回撤值——坚决扛住回撤——最后间接放大投资收益率！"迅迅总结道。

"这次我终于真正明白华尔街唯一免费午餐的含义了。谢谢迅迅的总结，这次记住了，绝对忘不了，我已经抄写下来，我搞个纸条贴在我的电脑显示器上，每天读上个几遍，绝对不能忘！这哪里是秘籍啊，完全是天机！不过，这个天机不怕泄漏，因为这个天机就算告诉别人，如果他们没有经过内功心法的训练，不懂投资组合，知道也做不到。哈哈，投资秘籍找到了，终于可以正大光明地走捷径了！我就说嘛，投资还是有捷径可走的。"崔胜开心地说道。

迅迅同学总结得很好，这才是投资组合最大的妙用，也是我们在投资市场上能走的唯一捷径与免费午餐（也是华尔街总结的）。我们普通投资者一定要重视投资组合，特别是那些喜欢研究交易技术的投资者，要将自己的好奇心、走捷径需求以及主要精力放在如何做投资组合上面，而不是像以往那样去研究什么所谓的完美的确定性的高胜率的进场技术。有一句话说得好：一切不以结婚为目的的谈恋爱都是在耍流氓。我们投资界也有类似的一句话：一切不以投资组合打底的投资技术与交易策略都是在耍流氓！

清华的吴总听到这里说道："我们公司以前也投了很多基金，公募、私募都有，MOM、FOF也有，就是业绩不稳定，很多PPT精美、路演时表现很好的公司，后来随着时间的拉长，业绩慢慢就不行了，多数都是幸存者偏差，之前是靠运气赚的业绩，很多就亏回去。江老师你今天讲的内容，又给了我一个挑选基金经理的维度。以后来我这里路演的基金，如果只展示各种神秘的、花哨的投资分析方法或者交易策略，但是不展示长期资金曲线，不谈如何进行投资组合的，一律免谈，一律不投。希望我这里以后永远都不要出现靠PPT吹牛造车、画大饼现象。"

很好，我们继续讲讲中医与投资的类比。大家知道在一个中医院里面，谁的水平最高？谁的水平中等？谁的水平最低吗？

客观地说，给你拿药的护士水平最低。她们嘴里经常说什么？她们往往给病人强调：早上9点要准时吃药哦。其实8点50分吃药、9点10分吃药、9点20吃药都可以，只要在大致的范围之内吃药都是可以的。在投资领域也是这样的，一个投资品种，不管你使用的是什么技术秘籍，来趋势的时候，从简单的策略到复杂花哨的策略，都会在大致的同一时间段发出进场信号，进场时间差别并不大，最多一个小时的差别吧，一个小时之内市面上几乎所有的趋势跟踪策略都会进场。而进场的价格长期看也没有太大的区别，进场价格高一点低一点对最后的长期的交易结果影响也不大，有时候进场晚点价格反而有优势。再说又是几十个品种的组合投资。所以我们花再多的精力在进场技术的这种行为，与医院的护士要求9点准时吃药是一样的道理，自以为得意，其实就是一个初级的护士水平。

那谁的水平中等呢？年轻的中级医师，他们的工作年限不长，经验不足，不过针对一种病症，他们还是能开出一个组合的中医药方的，比如崔胜同学去看中医，找了一个年轻的医师，这个中医师也能开出像表1701那样的15味药的药方，每味药的名字和老中医的差不多，也有当归、甘草之类的草药，只是个别品种上有一些差别。那么中级医师与老中医的差别在哪里呢？差别就在细节上面！年轻医师针对同一种病症不同的患者开出来的中药药方可能是完全一样的；而水平更高的老中医就不是这样的，老中医最厉害的地方就是随缘适变，针对同一种病症的不同的患者，老中医能在古人、前辈的药方"定式"的基础上，增加或者减少个别的草药品种。其次，每味草药的克重数量，老中医的药方肯定与年轻医师的药方也有很大的区别，老中医的药方用量更贴近这个患者的身体与阴阳五行的情况，比如怀孕的、体质虚的，用药量肯定是不一样的。另外，老中医艺高人胆大，在各味草药组合的基础上，为了增加疗效，个别草药品种的用量可能还会很大，甚至大到中级医师都不敢开的用量。比如附子这味药是有毒性的，常规用量为3~15g，但是有些老中医针对特别阳虚体寒的患者，却敢开出20~50g的用量，甚至100克的巨量。

"老中医的这种手法很像我们做投资的守正出奇哦！以正和，以奇胜。我们守正的账户做中长周期时间序列的多品种、多策略、多周期组合的趋势跟踪模型，10~50个交易品种、20个左右的交易策略、日线与15分钟线周期，进行分散组合投资，构建了一个量化的交易系统，以追求一个年化25%左右、收益风险比1.0~2.0的复利增长的守正收益。与此同时，我们事前、自动、大概率、低成本、非遗漏、可复制地在已经守正开仓的品种中捕捉台风机会，使用全梭哈或者自造期权的方法，浮盈加仓，每年重仓去杀 1~5 个可能出现暴风大行情的品种，追求几倍、几十倍、几百倍的出奇收益，顺便打发一下守正系统在复利增长过程中枯燥无聊的时间。"迅迅评价道。

"江老师，您的老中医的比喻真的很形象。不过我也很郁闷，我辛辛苦苦研究投资技术十几年，自认为技术牛，却从来没有认真阅读过西方金融学的投资组合理论，就算偶尔搞一个投资组合，也是很少的 2~3 个品种，不但仓位很重而且权重还是一样的，相当于表 1702 表格上就只有 3 味'药'：五债、焦炭、沪胶，对应的'克数'是：10 手、10 手、10 手。我开的这个药方，和江老师您开的药方相比，差得太远了，而且毫无章法可循，也保证不了交易的一致性，品种、手数等完全是随心所欲，我现在觉得别说是老中医，我连一个中级医师的资格都达不到。江老师您说得对，我之前看重的那些交易技术与秘籍，其实就是一个投资的初级水平，与中医院那些天天喊着 9 点吃药的护士小姐姐的水平差不多，怪不得我的投资业绩不稳定呢。"罗菁秋感叹道，"江老师，我终于知道我的投资瓶颈在哪里了。下一步我准备学习相关性与投资组合理论，我也报名参加投资心学量化实操课的学习，争取也做一下 50 个交易品种的投资组合。对了，江老师，您能否现在就稍微展示一下 50 个投资品种的组合投资表，让我们先来解解馋呢？"

好的，我就先给大家展示一下整个期货市场的 58 个期货投资品种的组成与权重表。未来如果大家的资金充裕，建议同学们所有的投资品种尽量都做，只要持仓量 1 万手以上，沉淀资金 1 亿元以上的品种都要做。这样的话，不但你的回撤较小，资金曲线也平滑很多。至于股票如何做投资组合，那就比较复杂了，因为股票的数量太多，四五千只，量化分析的因子也非常多，一千多个，我们还是留到未来的股票量化实操课上再去讲解。

表 1703：58 个期货投资品种的组成与权重

螺纹RB	棕榈油P	300股指	沪铜	热卷	不锈钢SS	锰硅SM	苹果AP	乙二醇EG
0.400	0.450	1.500	0.400	0.300	0.350	0.300	0.500	0.300
豆粕	黄金	纯碱SA	聚丙烯PP	鸡蛋JD	PTA	沪镍	短纤	原油
0.300	0.400	0.350	0.250	0.400	0.350	0.600	0.300	0.400
燃油FU	白糖SR	沪锡	纸浆SP	郑煤ZC	五债	焦炭	淀粉CS	沪锌
0.350	0.450	0.300	0.550	0.300	0.500	0.500	0.250	0.250
低密LU	硅铁SF	沪铝	塑料l	苯乙烯EB	豆油Y	红枣CJ	铁矿i	菜粕
0.300	0.400	0.350	0.250	0.200	0.350	0.300	0.500	0.350
尿素UR	玉米C	十债	郑油	豆一	豆二B	PVC	郑醇MA	焦煤
0.350	0.450	0.450	0.250	0.250	0.150	0.350	0.350	0.450
郑棉CF	生猪	沪胶RU	液化气LPG	玻璃	沥青BU	NR胶	沪铅	沪银
0.550	0.550	0.300	0.300	0.400	0.450	0.200	0.350	0.550
1000股指	花生	国际铜	粳米					
1.500	0.300	0.200	0.100					

张林看完图后说道："哇，这 58 个品种的组合一看就很牛，虽然我暂时还看不懂，但是扫一眼就知道比罗菁秋的三个品种的乱组合好太多了。罗菁秋的：五债 10 手，焦

炭10手，沪胶10手的组合，的确需要调整一下，至少也要做10个品种以上的投资组合。不过，江老师，我想问您一个问题，我就只有5万~10万元钱，我如何做投资组合呢？另外，您刚才上课的时候说过，投资组合也可以一把梭，既能稳定，还能暴利，请问如何做到？"

"对，对，对，我也正想问这个问题呢，这可是一个真正的投资秘籍啊！而且还不违反天道。我洗耳恭听，江老师。"崔胜附和道。

既然是一个投资秘籍，我们还是点到为止：像张林这类钱少的投资者，如果你对自己的量化交易系统抱有坚定的信心，而且你又长期做过投资组合的模拟投资，那么在上实盘的时候，尽管你的钱不多做不了投资组合，但是你可以去感召一个有钱的金主劣后，他来投资，风险你担，获利后采用对半分账的方式，这也是个尝试。

"哇，真的是一个绝妙的一把梭的投资方式。钱虽少，也能做投资组合，也能全梭哈，真的太绝妙了！太感谢江老师了。"崔胜说道。

"我咋没搞懂呢？"张林问道。

"天机不可泄漏，江老师点到为止，像你这种资金少的，下课后我单独教你吧，或者给你投一部分，哈哈！"崔胜开心地说道。

"崔师兄，你赚大了，前面学会了人生的五大谋略，现在又学会了这么多守正与出奇的秘籍，对了，还拿到58个品种清单，吃到投资界的唯一免费午餐。不过，崔师兄你还要居安思危哦，淡定、淡定。"迅迅同学劝道。

第十八章：一生的得意之作

投资行业不缺明星，但缺寿星！"红色星期五"与"黑色星期一"的案例说明，天堂、地狱，真是一线之隔，三天之距。只要在投资市场能混上个五年的人，多多少少都有过类似的经历，大家回看自己的投资历史，无不令人唏嘘！

| 1 |

课程讲到这里，未来我们做投资需要的正确的认知与理念，我们基本上都讲全了。现在要开始进入本课程的总结和收尾阶段。记得我们做 10 倍牛股游戏的时候，还留给了大家两个思考题，我们这里先总结回答一下。我相信这几天多数同学都亲自开车做了无数遍的 10 倍牛股游戏，大家还记得这两个思考题吗？

崔胜举手说道："我记得，其中一个问题是：假如 20 元建仓了图克汽车股票，买了以后这只股票涨到 50 元。现在这个股票已经开始下跌，50—40—30……请问你现在卖还是不卖？卖吧，卖完股票又涨了怎么办？如果后面还创了新高，甚至到了 100 元，那肯定气死人；不卖吧，股票继续下跌怎么办？后面屡创新低，深度套牢，那不也是气死人。江老师，这个投资问题太常见了，普通散户每次建仓都会遇到，迫切需要正确的解决方案。不过，我开车做了很多遍的 10 倍牛股游戏，还是没有想到答案。江老师，还是您来揭开谜底吧。不过您之前一直强调做投资不要预测，我猜想江老师的解决方案一定是不带预测性质的吧？"

崔胜同学的猜测很正确。这个思考题的答案，说简单非常简单，说复杂也很复杂。如果你的贪欲与探秘好奇心很强，那么你是很难找到正确答案的。

正确的答案就是：卖一半，留一半！

"江老师，正确的答案就这么简单吗？简单得有点不能相信。我以前一直纠结于这个问题，请教了各类专家，当时听他们分析得头头是道，实操时却发现照样时对时错。不卖时跌个稀里哗啦，卖了就屡创新高，总之左右为难。"崔胜说道。

罗菁秋说道："我倒是非常赞成这个卖一半留一半的解决方案。见山是山见水是水，江老师的方法看似简单，但是充满了哲学智慧。10倍牛股游戏告诉了我们风险是无法准确预测的。我们开车的时候旁边蹿出一个人、一辆电动车、一辆加塞的汽车，都有可能。这些意外的情况，都会造成车速的下降，而且下降的幅度我们也无法准确预测。另外，如果驾驶员崔胜和我们散户不是一条心、故意搞我们的话，那就更加无法预测最后的结果。既然无法预测干脆就不要预测，而卖一半留一半的方案正好能够解决这样的难题，不管未来是涨还是跌，我们都有两手准备，进可以攻退可以守，不带任何预测性质。"

"我也非常赞成江老师这种中庸之道的解决方案。投资时纠结于卖还是不卖，是每一位投资者的必修课，我们的每一次都会遇到。投资要做得好，必须解决这个问题，而不能将自己的命运交给运气或者所谓的专家。江老师，卖一半留一半的方案，您能不能更具体地说一下呢？"迅迅同学问道。

好的，具体的操作过程肯定比我们嘴上说说要复杂得多，我们这里篇幅有限，只能稍微解释一下，请见左图。

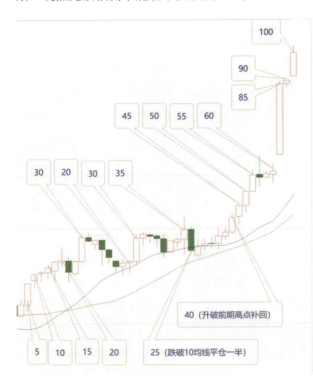

图1801：汽车车速的K线图

图中，图克汽车的车速也可以用K线图给画出来，当然这个K线图就不是我们股票常用的日K线，而是周期为10秒一根的K线图，从5元（时速5公里）开始上升，一直到了100元（时速100公里）。车速的上升肯定不是一帆风顺的，有涨有跌，因此我们设置了两条均线，一条是10周期的均线（灰色），一条是20周期的均线（红色）。

为了有效解决刚才我们提到的投资领域的那个技术难题，我们定下如下规则：当价格 K 线的收盘价跌破 10 周期均线的时候，我们平仓一半；当价格继续下跌跌破 20 周期均线的时候，我们平仓另外一半；当价格又上升且升破前期的最高收盘价时，我们补回前面平仓的仓位。

这个规则非常有效，且不带任何预测性质，规则包括了价格开始下跌后的各种情况：当价格下跌的幅度不大时，我们不进行任何干预；当价格跌幅较大时（图中从 35 跌到 25，跌破 10 周期均线），我们开始干预，平仓一半；平仓一半后，如果价格继续大幅下跌，跌破 20 周期线时，则全部平仓；如果没有跌破，则继续持半仓；平仓后如果出现价格重新回升且回升幅度较大又升破前期高点的情况（图中价格达到 40 元的那根 K 线），我们则重新补回已经平仓的仓位。然后静等图克汽车的价格最终达到 100 元（时速 100 公里）。

"江老师，有了图 1801 这个图示，您的方法我马上就明白了，设计得非常巧妙实用。不过，江老师，价格从 35 开始下跌，跌破 25 元时，我们平仓了一半，这个办法好是好，但是如果我中途一直选择不平仓一半的话，那不是后面要赚得更多吗？1 股少赚了 15 元（40-25=15）。假如我们原来持有 1000 股的话，先平仓一半 500 股，那最后一共就少赚了 7500 元啊。"崔胜继续问道。

"崔师兄，你太贪了，怪不得江老师说'如果投资者的贪欲很强，所有的钱都想挣全，那么就很难找到正确的答案了'。江老师的方法采用的是中庸之道，就是要牺牲一定的利润去当试错成本。当价格下跌后，一定会碰到两种情况：一个是继续暴跌，一个是下跌后又反弹继续上升，这两种情况都是有发生的概率，我们无法事先准确预测，只能做好两种预案，且不能带预测性质。崔胜，你现在后悔赚得少了，是事后诸葛亮，是看到后面大涨了，这种将不确定性事件变成确定性事件的妄念，在实盘中是没有任何意义的。"迅迅纠正崔胜。

迅迅同学分析得很对，投资市场本来就是一个不确定性的市场，在投资市场凡是自己出现想准确进行预测的妄念，都是自己的贪欲在作怪，贪欲并不能让我们赚得更多反而是失去更多，我们应该随时"三省吾身"。崔胜，如果你选择不平仓一半，有的时候的确可以赚得多一些，但是还有更多的时候，你将亏得倾家荡产，两者合计你是很不划算的。请看下页图 1802。

这次图克汽车的价格涨得很快（车速提升很快），从 5 元很快就拉升到 85 元，不过这个时候，可能是因为遇到了路况等原因，车速快速下降，先是很快跌破 60 元，后继续快速下跌，又很快跌破 35 元。如果像刚才崔胜说的那样，我们死扛不卖，那么这

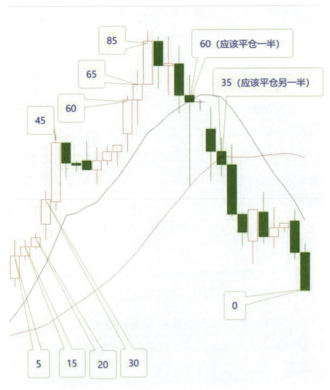

图1802：汽车车速对应的价格策略

次大家看一下，最后的结局是什么？最终车速降到了0，图克汽车股票跌到了0元，钱亏光了。如果按照我们之前制定的交易规则呢？前面的500股60元平仓，赚钱数：500×（60-5）=27500元，另外一半500股的股票：500×（35-5）=15000元，合计42500元。崔胜同学，你刚才说前面一次下注少赚多少钱？

"江老师，惭愧啊，我现在彻底懂了，前面一次下注少赚的7500元，与这次下注少赚的42500元相比，根本就不算什么。我又犯了没有建立概率思维的错误，只见树木没见森林，眼里只盯着最近的这一次交易，鼠目寸光。以后坚决按照江老师的交易规则严格执行，唉，还是自己的内功心法太差，让贪欲迷住了双眼忘记了概率思维。"崔胜自责道。

好了，我们的10倍牛股游戏就还剩下一个问题：大家一定要找到一个轻松、稳定战胜江老师的下注办法，这个办法也是我们未来守正的量化交易系统能长期稳定盈利的理论依据。谁来回答一下这个办法是什么？

迅迅同学举手最快，那还是让我们的美女迅迅同学来回答一下吧。

"感谢江老师，谢谢各位同学。10倍牛股游戏中，给出的图克汽车股票一定会涨10倍，代表着我们已经掌握了世界顶级水平的技术分析、基本面分析、财务分析、价值投资、多因子分析等等，而且本游戏还提供源源不断的地图堵车信息，甚至连庄家主力跟我们都是一条船上的，什么都是最好最有利的，唯一不确定的就是路况风险。我们想在10倍牛股游戏中获胜，只有两种办法，一种就是我们普通投资者常用的，采用各种各样的预测工具去预测某一次的下注结果，当自己认为看准了，就下注，甚至重仓下注；当自己认为看不准或者风险大了，就不下注，赌场里的赌徒采用的也是这一种方法。但是，我认为这种方法在本质与底层逻辑上就是错误的，因为这种方法成立的假设条件就是风险可以准确预测或者说风险大概率可以准确预测，这个假设条件其实并不成立。我最近几天亲自做了二十几次的 10 倍牛股游戏，发现我们开车在外，路上突然蹿出一个人、一部车的意外情况根本无法提前预测。就算在深夜的道路上或者驾驶在高速路上，突然蹿出人或车的情况少了，我们可以做到大概率预测了，但是我们又到哪里去找一个傻瓜一样的交易对手开盘口呢？所以我认为，靠预测的赌徒式的下注办法不但困难重重，甚至完全就是行不通的，而且这种办法长期下来还会搞得自己非常劳累与憔悴。另外，就算自己使用这个办法能获胜几次，但一定就会骄傲自满、自信心爆棚，一定会犯江老师前面讲过的错误：随着获胜次数的增加，连续获胜的概率越来越小，失败一次的概率会越来越大，而我们投资者的下注金额却会越来越大，直至押上自己的房子与养老钱，结果在最后一把，一次回撤个够，逃不过倾家荡产的宿命。因此，我认为 10 倍牛股游戏正确的下注办法是第二种，是一个能轻松、稳定战胜江老师的下注办法，这个办法就是：不预测下注！我们应该向赌场老板学习，赌场老板才是长期稳定盈利的常胜将军，我们应该站在更高的维度上看问题，会发现长期稳定盈利不但可以做到，而且还很轻松悠闲。我们站高一个维度，将时间维度收拢起来，将不同时间下的不同的注统计在一起，去寻找规律。我整理数据如下：老严同学下注 5 次，失败 4 次，1 次成功；樊总下注 6 次，失败 5 次，1 次成功；王建军同学做了 5 次游戏，失败 3 次，2 次成功。包括我后面自己做了二十几次的 10 倍牛股游戏，我发现：10 倍牛股游戏的胜率大于 1/6，这个胜率的量化数据对我们稳定盈利非常重要，也保证了我们能轻松、稳定地战胜江老师，因为江老师开出来的赔率是 10 倍！具体的下注办法很简单，但是有很深的哲学与现代科学原理，就是江老师前面讲过的王建军旅游游戏中的画线的办法。我们在图克汽车车速 10 公里处画线，当我们做 10 倍牛股游戏的时候，一旦图克汽车的车速提升超过 10 公里，我们就马上下注，其他啥都不要管，不管红绿灯、不管塞车、不管拐弯、不管蹿出一个人还是一部车，总之不进行任何分析，不进行任何预测，傻傻地下注就好，然后坚持、坚持、再坚持，随着下注次数的逐渐增多，我们最后一定能轻松稳定地战胜江老师，因为我们的数学期望为：$0.167 \times 10.0 - (1 - 0.167) = 1.67 - 0.83 = 0.84$，数学期望远远大于 0，绝对是一个超赚钱的交易系统。"迅迅公布了她的答案。

"迅迅，我赞成你的答案，但是这也太简单了吧，简单得令人不敢相信。啥技术、啥分析都不要，啥红绿灯、啥路况都不管，我们就像傻瓜一样地等图克股票上升突破 10 元就下注，轻松倒是真的很轻松，不过真能稳定赚钱吗？"崔胜还是不太相信。

"我就知道崔师兄你会这样问，但是你还能找到其他稳定战胜江老师的游戏办法吗？崔胜，你回去试了多少次呢？"迅迅反问道。

"具体没有统计过，反正试了有 N 次，有输有赢，还真的没有找到一个连自己都认可的能稳定赚江老师钱的办法。相比较，还是迅迅师妹你的这个办法靠谱，特别是学了很多江老师传授的正确的投资理念以后。只是迅迅你说的这个办法也太简单了，简单到令人不敢去相信。这样的话，赚钱也太容易了吧。"崔胜说道。

迅迅的答案是正确的！这个简单的办法，才是唯一能够稳定战胜江老师我的办法；而其他的复杂的分析方法，随着时间的拉长，随着下注次数的增多，都不能保证能够稳定地战胜江老师。正所谓"功夫在诗外"，这个方法看起来简单，但是其实是很难的。首先你能够想到就很难！在座的各位同学，在迅迅公布答案之前，你想到正确的答案了吗？特别是几天之前，我们才开始做 10 倍牛股游戏的时候。站在高维度上看世界往往很简单，容易得到正确的答案，容易降维打击，但是当局者迷啊，如果我们站在低维度，特别是又被贪欲、恐惧等本我迷住双眼的时候，哪里容易得到正确的答案呢？

我们可以再举一个例子。英国的博彩业非常发达，有专业的博彩公司每周为全世界的各类体育比赛开出盘口赔率。像 2022 年的世界杯足球比赛，估计这些博彩公司又赚得盆满钵满。问大家一个问题，这些博彩公司在足球博彩行业为什么能够稳定盈利？

崔胜回答道："这些公司里面聘请的体育研究人员对足球比赛非常熟悉，对每家球队的情况了如指掌，谁踢球的水平高，谁的组织能力强，谁有伤病，球队是否团结，球队的财务情况与战术安排等等，他们最清楚。"

不对，这就是各种技术分析，带有预测性。

"那这些博彩公司利用强势地位买通球员踢假球，能够控制比赛，所以能够赚钱。"

这肯定也不对。崔胜说了很多答案，还是不对，而且越说越复杂。

崔胜同学，你刚才不是认为迅迅的 10 倍牛股游戏的答案太简单了吗？为什么江老师我换了一个足球彩票的问题，你又迷惑了呢？崔胜以及各位同学，如果大家不能站在更高的维度上研究问题，那么你只会将问题搞得越来越复杂，根本得不到正确的答案。我们还是请迅迅同学公布正确的答案吧。

"谢谢江老师。崔师兄，英国博彩公司虽然有体育研究人员，但是数量很少，他们聘请的最多的是精算师、大数据分析师与统计学的研究人员。另外博彩公司基本上没有作弊行为，因为他们根本就没有去作弊的动机，赌徒才有作弊的想法与动机。博彩公司与赌场老板，站在高维度上就能轻轻松松赚钱，为什么还要冒风险去作弊呢？作弊只是赌徒站在自己的维度与角度上的臆测而已。博彩公司的各种高级数据分析人员，会实时跟踪、计算某一场体育比赛的全部下注情况，比如多少人下注胜、多少人下注平、多少人下注负，以及各个比分的筹码的分布情况，然后相应地实时地给出各个比分的赔率。

当然，各个比分的胜率 × 赔率的数学期望值肯定偏向于博彩公司自己。博彩公司才不会去仔细关注这场比赛的具体的情况，他们只会关心这场比赛的体育彩票的销售情况，他们只希望彩票的销量越大越好，因为博彩公司知道，只要数学期望偏向自己，不管这场比赛最后的胜负结果如何，只要博彩公司'赚一赔'的这个数是正数，博彩公司最后一定是赚钱的！他们哪里需要去预测到底是 A 队赢还是 B 队赢呢？谁赢都无所谓，谁赢博彩公司都赚钱。"迅迅说道。

迅迅同学分析得很到位。不知道大家听明白了没有？我强烈建议大家不要去赌球，因为随着时间的拉长，随着你赌球参与次数的增多，你是包输的！你以为你分析体育比赛很牛，殊不知，博彩公司根本就不会去分析，也不会去预测比赛的结果，降维打击，轻轻松松赢定你！这就好比我们的 10 倍牛股游戏，虽然大家现在都知道了轻松稳定战胜江老师的办法，不过那是在做游戏，未来你们要是真的和江老师对赌的话，江老师还会开出 10 倍赔率的盘口吗？不会的！我也会统计出你们做 10 倍牛股游戏获胜的概率大约是 1/6，我只会开出 4 倍，最多 5 倍的赔率。

所以，我们一定要珍惜股票或者期货市场，这些市场属于第二类概率游戏，没有赌场老板与博彩公司开盘口，所以我们能做到"我的数学期望我做主"，只要大家按照江老师前面教授的投资理念去做投资，只要我们的量化交易系统的胜率、赔率、数学期望、收益风险比等量化统计数据有利于我们自己，那么，最后的获胜者一定是我们！我们一定能够轻松稳定地盈利！

"江老师，我明白了，我一定按照您之前教我们的那样，建立万事万物万次下注都是普遍联系的概率思维，在高维度上建立一套适合自己的量化交易系统，随着时间的拉长与下注数量的增多，我们最后一定是稳定盈利的，就像迅迅说的那样，稳定赚钱很简单，只要图克汽车股票一突破 10 元钱，我们就坚决下注，啥都不用去分析，最后稳赢。"崔胜说道。

崔胜，我们要在战略上藐视敌人，但要在战术上重视敌人。稳定盈利的方法我们找到了，方法虽然很简单，但是并不代表最后就一定能够轻松稳定地盈利，我们还要考虑其他的问题，大家知道是什么问题吗？

"是执行上的问题，知行合一很难。"迅迅回答道，"比如，虽然我们是在图克汽车股票突破 10 元的画线时就坚决下注，但是我们每次下注的金额应该是固定的 100 元，我们不能随意金额下注，更不能前面下注小，后面下注大，我们要注意控制住自己的贪欲，千万不能赚点钱就自信心爆棚去加仓或者重仓下注，甚至押上自己的房产。"

迅迅说得很对，这是资金管理的问题。大家不要认为只要我们的数学期望值为正就一定会赢，如果你的资金管理出了问题，就算期望收益为正还是会输。我们前面讲过，单次风险度小于 2% 的等风险下注方式是一个很好的资金管理办法，不过如果你的内功心法不行，控制不住自己的贪欲，那么就算你知道投资要做资金管理你也不会去做，谁不想越赚越多呢？10 倍牛股游戏，如果你前面胆小押 100 元，后面胆大加注押几百、几千元，最后的结果还真的不好说。不信？我们在内功心法训练游戏中专门设置了这个环节"数学期望为正，随意金额下注"，大家到时自己去领悟，看看你能否长期稳定盈利。

"江老师，各位同学，执行层面上的困难还有很多，比如如何克服回撤时的恐惧，如果你的交易内功不够强大，对自己的量化交易系统的信仰不够坚定，特别是像崔师兄这样对图克汽车突破 10 元就下注这个简单的方法半信半疑的投资者，那么在自己资金曲线回撤的时候，我们是很难坚持这套简单、有效的下注方法的。"迅迅补充说道。

"我同意迅迅小师妹的观点。见山是山见水是水，我们普通投资者道行不够，都认为复杂的技术才有效，所以在诸如上下沿平行线、布林线、单均线、双均线等简单的交易策略回撤的时候，普通投资者马上就会放弃。殊不知，我们之前学的那些投资技术，不管再复杂都只是苏东坡诗里前一个'庐山烟雨浙江潮'，而江老师手中的投资交易技术哪怕再简单却是苏东坡诗里后一个'庐山烟雨浙江潮'，因此江老师在量化实操课上传授的那十几、二十个交易策略，不管是简单的还是复杂的，在资金曲线回撤的时候，千万不能放弃，正确的方法是：扛住回撤！"罗菁秋说道。

"我觉得原因还有那个人性与潜意识的问题：成功找内因，失败找外因。普通投资者做投资失败了，不会去找内因，绝对不会认为是自己的内功心法不行，他们一定会向外找原因，而交易策略不够复杂不够牛，就变成了一个很好的能保住自己颜面的失败理由。"迅迅补充说道，"殊不知，复杂的策略照样还是有回撤的，而且复杂的诸如形态、主观的技术，对内功心法的要求更高，还做不了量化与程序化交易，也验证不了数学期望，结果又失败了，然后投资者又去学习更加复杂的投资技术。如此恶性循环，永远突破不了瓶颈，直到自己彻底对投资失去了信心。"

罗菁秋与迅迅同学总结得很好，你们提到的回撤期的恐惧问题，的确对最后的下注结果有重大的影响，哪怕大家已经知道了 10 倍牛股游戏的正确的答案。比如，崔胜同学，假如游戏一上来你就连输江老师 5 把，你还会使用刚才迅迅说的这个简单的方法吗？肯定不会！在未来的实盘交易中，这个问题就更加普遍，我们前面已经用了大量的篇幅来论述回撤这件事情，我们第一节课上讲到投资的难与易，就是来解释这个现象的。崔胜以及各位同学，大家不能只在表面上看一个投资技术的难与易，真正的难与易在自己这颗心！

"我明白了，没有强大的内功心法，不要轻易对'困难与容易、简单与复杂'等下结论，那些表面看起来很简单的交易方法，别人能赚钱，可能我们就赚不到钱，特别是像我这样喜欢瞎折腾、心魔又比较重的人。试想，简单的方法你都赚不到钱，复杂的方法你怎么可能赚钱呢？复杂的方法对人性与内功心法的要求更高了。江老师，我觉得扛回撤应该是投资里面最大的内功心法了，我真的要好好训练一下。"崔胜说道。

崔胜，扛最大回撤还真的不是投资里面最大的内功心法。熬复利增长的枯燥无聊，克服赚钱不开心的心魔，那才是投资里面最大的内功心法，这比克服贪婪、恐惧、鸵鸟效应还要困难。

"江老师，投资做到一定的阶段，真的会出现挣钱不开心的感觉吗？怎么可能还会有人挣了钱却不开心呢？我真的想不通！"崔胜问道。

那是因为绝大多数的投资者都没有达到稳定盈利的阶段，所以自然就不会出现赚钱不开心的感觉。比如，我们 10 倍牛股游戏，大家可以想象一下，假如你每天下注 500 次，每次都是 100 元，1/6 的胜率，江老师钱多人傻，一直开出 10 倍的赔率，你们每次都是在 10 公里的地方下注，像个机器人一样，每天都赚钱，每天赚的钱也都差不多，你觉得这样的枯燥工作，凭你现在的内功心法，你能坚持多久？对了，还有一个工作与此类似——高速公路收费员，每天遇到的缴费车辆差不多，每天的路费收入差不多，每个月的工资奖金也差不多，每天工作时对司机说的话还是差不多：您好，路费 ** 元，谢谢，慢走，一路顺风等。崔胜同学，无需动脑，一天重复 700 次，请问赚这个钱，你开心吗？未来大家守正的量化交易系统稳定盈利的时间长了，你一定会出现这种感觉的。迅迅同学，你的文采好，这个现象好像外国哪一个哲学家也说过？

迅迅回答道："是德国著名的哲学家叔本华说的：人生就是一团欲望，欲望不满足则痛苦，满足则无聊，人生就像钟摆一样，在痛苦和无聊之间来回摆荡。"

叔本华总结得很对，人生一直就在痛苦与无聊之间来回摆荡，得不到痛苦，得到了无聊。做投资，找不到交易秘籍，大家很痛苦；在江老师这里找到了投资秘籍，你又会觉得无聊，挣钱不开心，人真的是一种很奇怪的动物！

"江老师，您前面讲的庞居士的故事，其实说的也是这个事情。庞居士的女儿道行最高，她修行的秘籍也不难，也不易，饥来吃饭困来眠，简单吧！但是，又有多少人相信呢？又有多少人可以参照做到呢？为什么会这样？两个原因：一，饥来吃饭困来眠，太过简单，没人相信，所以不能听话照做；二，饥来吃饭困来眠，太过平常，做起来枯燥无聊，缺少成就感，没有爽的感觉。所以老子说：'道之出口淡然无味'；王阳明也说：'饥来吃饭困来眠，只此修行玄更玄。说与世人浑不信，却从身外觅神仙。'投资也是这样的啊！"迅迅又补充说道。

罗菁秋听到这里兴奋地说道："我明白了！我明白了！"

崔胜奇怪地问道："罗师兄，你明白了什么？"

"庐山烟雨浙江潮，未到千般恨不消。到得还来别无事，庐山烟雨浙江潮。我明白苏东坡这首诗深层次的含义了！"罗菁秋说道。

"感谢迅迅美女推荐的这首诗。看样子，做投资，技术与方法并不是最重要的，内功心法的作用更为重要。不过我也不担心，我马上就要用掷骰子模拟投资游戏去训练自己的内功心法了，未来可期，对此我充满信心。"崔胜说道。

"是的，未来可期。其实，一个人的投资能力有多高，看他提出的问题就能判断出来。投资最初级的问题：江老师，讲那么多干吗，你直接告诉我明天哪只股票会涨不就得了。投资最终极的问题：江老师，其他都不重要，我就请问如何打发闲暇时间？前面江老师已经介绍了很多熬复利增长、打发无聊时间的方法，比如打游戏、做义工、带娃、买菜做饭、旅游自驾、修行打坐、实业与投资虚实结合、孝顺照顾父母等等。对了，在守正的量化交易系统的基础上，江老师不是还会传授一些出奇的方法吗：全梭哈、期权、劣后等等，这些都是在帮助我们打发枯燥无聊的闲暇时间。另外，在投资心学投资天道与内功心法训练之掷骰子模拟投资游戏的最后，江老师还会传授打发闲暇时间的真正好方法——积善行、思利他！"迅迅同学总结说道。

| 2 |

10 倍牛股游戏我们就总结讨论到这里吧，我们继续进入本课程的总结收尾阶段。投资要想做得好，做得久，要想长期稳定地盈利，你的投资能力一定要很强大！注意，是投资能力的强大，而不是你投资技术的强大，更不是你投机走捷径的能力很强大。投资技术只是投资能力的一部分而已。那么，投资能力除了技术因素外，还包括其他哪些因素呢？我们先分析一个案例：江老师亲历的 327 事件，我倾家荡产了一次，又做了一次一生都得意的投资。

作为一名中国的投资者，大家一定要知道并了解 1995 年的 327 国债期货事件，事件发生的那一天被称为中国证券史上"最黑暗的一天"。

"327"是一个国债期货合约的代号，对应 1992 年发行 1995 年 6 月到期兑付的 3 年期国库券。1993 年，财政部决定参照央行公布的保值贴补率，给予一些国债品种保值补贴，从此国债收益率开始出现不确定性，炒作空间扩大，国债期货市场开始火爆，聚集的资金量远远超过了股市（1994—1995 年股市根本没有行情）。"327"现券的票面利率为 9.5%，如果不计保值贴补，到期本息之和应该为 128.5 元。而在 1991—1994 年中国通胀率一直居高不下的这三年里，保值贴息率一直在 7%~8% 的水平。

当时中国第一大券商万国证券的总经理，有中国"证券教父"之称的管金生预测，327 国债的保值贴息率不可能再上调，估计应维持在 8% 的水平。按照这一计算，327 国债将以 132 元的价格兑付。因此当"327"国债期货的价格在 147~148 元波动的时候，万国证券联合高岭、高原兄弟执掌的辽宁国发集团，开始大举做空"327"国债期货，他们的预测市价 147 元左右，理论计算价格 132 元左右，有 15 元左右的跌幅空间，国债期货可是几十倍的杠杆，太有钱赚了！只要保值贴息率维持在 8% 左右不上调（前三年的历史数据统计），管金生的万国证券必然赚大钱。

不过保值贴息率真的和前三年一样维持在 7%~8% 的水平吗？这个假设条件成立吗？管金生作为空方，他们的对手即做多的一方是中国经济开发信托投资公司（简称"中经开"）和众多市场大户。在管金生信心满满做空的时候，中经开等多方却在下注赌国家的保值贴补率会大幅提高。当管金生等所有空头以市场化的眼光断定保值贴息率不可能再增加时，财政部却发布公告称，327 国债将按 148.50 元兑付，保值贴息率竟然从 8% 提高到了 12.98%！空头判断彻底错误。

1995 年 2 月 23 日一开盘，多空双方展开生死厮杀，中经开率领多方借利好大肆买入，将价格推到了 151.98 元。随后辽国发的高岭、高原兄弟在形势对空头极其不利的情况下反水，由空翻多，将其 50 万口的空单迅速平仓，反手 50 万口做多，"327"国债在 1 分钟内涨了 2 元。这对于管金生的万国证券意味着一个沉重打击——60 亿人民币的巨额亏损。管金生为了维护自身利益，在收盘前八分钟，做出了避免巨额亏损的疯狂举措：大举违规透支卖出 327 国债期货，管金生在手头并没有足够保证金的前提下，突然发难，先以 50 万口把价位从 151.30 元降到了 150 元，然后又把价位打到 148 元，最后一个 730 万口的巨大卖单把价位打到了 147.40 元，而这笔 730 万口卖单的面值为 1460 亿元，而 327 国债总价值却仅仅只有 300 多亿元。当日，多头全部爆仓，并且由于时间仓促，多头根本没有来得及反应，使得这次激烈的多空绞杀终以万国证券盈利而告终。而另一方面，以中经开为代表的多头，则出现了约 40 亿元的巨额亏损。

然而，剧情大反转，1995 年 2 月 23 日晚上 10 点，上交所在经过紧急会议后宣布：1995 年 2 月 23 日 16 时 22 分 13 秒之后的所有交易是异常的、无效的、违法的。经过调整，当日国债成交额为 5400 亿元，而当日"327"品种的收盘价被定为违规前最后签订的一笔交易价格 151.30 元，这就是说当日收盘前 8 分钟内空头的所有卖单无效。上交所的这一决定，使万国证券尾盘的盈利瞬间化为泡影，管金生的万国证券最终亏损 56 亿人民币，濒临破产。

我们来看看 327 事件的当事人最后的结局。

当时的失意者——万国证券：被申银证券接管，现在公司的名字叫申银万国证券。管金生：1995 年 4 月，管金生辞职。辞职两个月后，其经济犯罪问题开始败露。1995 年 5 月 19 日，管金生在海南被捕入狱，1997 年被判处 17 年有期徒刑，罪名为挪用公款，总额 269 万元。辽宁国发的高岭、高原兄弟：人间蒸发，生死未卜，至今踪迹皆无。尉文渊：上海证券交易所的创始人和第一任总经理。"327"事件之后：1995 年 9 月 15 日，上交所召开理事会免去了尉文渊上交所总经理一职。

"江老师，这些做空的人真是够倒霉的，理论计算值 132 元，市场价格 147 元做空都输了个倾家荡产；而中经开等多头却赚得盆满钵满，从此迈上了人生的高峰，他们的运气与结局真好啊！"福建老严评论道。

是吗？他们最后的结局真的很好吗？

赚钱当然是好事，但欲望的潘多拉盒子一旦被打开，最后是福是祸，还真不好说。

我们来看看当时的得意者——中经开：2002 年 6 月 7 日，一则以中经开清算组名义发布的公告称，"鉴于中国经济开发信托投资公司严重违规经营，为维护金融秩序，根据《金融机构撤销条例》和中国人民银行的有关规定，中国人民银行决定于 2002 年 6 月 7 日撤销该公司，收缴其《金融机构法人许可证》和《金融机构营业许可证》，并自公告之日起，停止该公司一切金融业务活动。"在中国金融市场初设的年代，中经开公司绝对是纵横捭阖的江湖霸主，除了 327 事件，银广夏造假、长虹转配股上市疑云、东方电子欺诈案等，背后都有中经开的身影。

魏东：当年 28 岁，研究生毕业仅 2 年，曾在中经开执掌证券部，他被媒体描述为中经开事实上的主操盘人，在国债期货战役中，有消息称魏东个人赚了约 2 个亿，后离职并创立证券市场的"涌金系"。2008 年的一个夜晚，41 岁的魏东在接受调查被问话几天后，从北京一栋高楼的 17 层一跃而下，身后留下巨大的谜团。

另外，如袁宝璟、刘汉等人，最后都被判处死刑。

"江老师，这些事件太触目惊心了，我开始一直以为，当年 327 事件的获利者肯定会从此走上幸福的康庄大道，殊不知他们之中的多数人竟然连管金生都不如，甚至最后连生命都没有保住，真是'祸兮福所倚，福兮祸所伏'，是福是祸真不好说啊！"福建老严感慨道，"江老师，当年的获利者难道就没有一个人能长期稳定成功的吗？"

还真有这样的一个人，姓黄，浙江人，327 事件后，闷声发财，低调做人，很会为人处世，他格局大、心胸宽、不吃独食，还能居安思危，现在拥有很多产业，他还参股了期货公司、证券公司，以及国内的几家上市公司。据说在马云之前，他才是浙江的首富。

"首富？我怎么没有听说过呢？"福建老严问道。

没有听说过就对了，可能这就是黄姓富豪一直能够稳居富豪榜前列而不倒的原因吧。你们要是真听说了，可能他现在的结局就不一样了。

| 3 |

好了，327 事件的背景资料我就介绍完了，现在开始来说说我亲历的 327 事件吧。

"江老师，您当年也炒国债期货吗？最后持有的是多单还是空单？发财没？"老严问道。

1995 年初，我还是一个穷光蛋，游走在各个证券公司之间做系统集成与电脑维护工作，没有什么钱去炒国债期货。我每个月都是月光族，股票账户上的权益不超过 2000 元。不过，正是因为没有钱才会对挣钱特别是挣大钱充满了无限的渴望。当时，股票已经两年没有行情了，证券部门可罗雀，来大户室里炒股票的大户也寥寥无几。不过东边不亮西边亮，才过完年，谁也没有想到，股票没行情，但国债期货却迎来了波澜壮阔的一波大行情。我虽然钱少，暂时炒不了期货，但是我喜欢期货，因为期货自带杠杆，特别是国债期货有几十倍的杠杆，赌对了，一夜暴富的梦想就能轻松实现。我 1993 年从成都辞职来深圳闯荡不就是想来快速实现梦想的吗？女朋友、房子、车子、孩子等，哪一样不是我们这样的年轻人梦寐以求的？但这都需要钱啊，特别是快钱！那时，我遇到了一件意外事情，特别需要钱。当时我全部家当只有两三千元，特别需要一笔大钱来解决问题。最后，我走进一家彩票店，咬牙花了 50 元买了 25 张深圳风采的彩票，祈祷上天会掉一个馅饼来，可惜最后还是没能如愿，于是我将此事告诉了父母。

那些年，我的父母也没有什么钱，虽然他们都是 20 世纪 60 年代毕业的重点大学学子，但是老实本分，在一个内地的三线企业干了一辈子的革命工作，搞技术的，拿死工资吃饭，根本就没有什么积蓄，也没有其他收入来源，我没有啃老的可能性，当然，我也从来没有过这样的想法，我是一个天生就想靠自己真本事去挣干净钱的人。不过，可怜天下父母心，他们也想帮我，可惜力不从心，他们当时的存款估计和我差不多，拿不出余钱。

1995 年初的一天，爸爸妈妈到深圳公司的宿舍来看我，悄悄地说道："儿子，你可以结婚生子了，我们有钱了！好几万元呢。"

看着他们兴奋的表情，我疑惑地说道："你们前两天的时候都还没有钱，怎么今天就突然发财了？买彩票中奖了吗？"

老两口环顾了一下四周，偷偷从包里拿出来了一个小盒子，打开后，颤巍巍地将里面的东西递给了我，那是一枚戒指。

"这可是一枚红宝石的戒指，价值好几万元呢，明天你找个地方把它变卖了，换成钱，然后就可以去你丈母娘那里提亲，时间还来得及。"

"你们是从哪里搞到这枚戒指的，是祖上传下来的吗？怎么从来没有听你们说过？"

"我们家从你开始往上数 6 代都是贫农，中华人民共和国成立后，你老爸 12 岁才上小学，哪里有什么传家宝？是我们今天运气好，在中巴车上碰到了一个刚来深圳的急着用钱的大爷，他卖给我们的，花了我们 300 元，外加你爸手上的一块上海牌手表，当时车上有好几个人还和我们抢着买呢……"母亲说道。

"爸，妈，天下哪有这样的好事啊？你们肯定是碰到仙人跳了。我估计这枚戒指根本就不值钱。"

"不可能的，我旁边座位上刚好坐着一位珠宝鉴定专家，他也看了这个戒指，偷偷告诉我们值好几万元呢，我最后还塞给他 5 元钱表示感谢。对了，专家还给了我一张名片，说回头可以去找他，他可以帮我们以大价钱卖掉。"

望着父母期盼的眼神，我不再说什么了，默默收下了这枚戒指。

"什么江湖专家，肯定是一伙骗子。江老师，后来您去卖戒指了吗？"张林急切地问道。

福建老严说道："那还用问，肯定是仙人跳的假宝石戒指，路边摊上几元钱就可以买到的那种。我们的江老师收下了戒指，没有再去点破，是怕伤了爸爸妈妈的心。不过，江老师，您的爸爸妈妈真的是挺好的，善良，淳朴，用心良苦。"

是啊，父母也是好心。那枚戒指我一直保存着，留作纪念吧。后来等我自己生活条件好了，我还做了一件自认为一生中最为自豪的事情。

"是给父母买车子、房子吗？"张林好奇地问道。

买房，买车，买别墅，那只是钱的问题。有心，有钱，又有闲才是王道。2008 年，我带着父母全国自驾旅游了 1 个多月，还顺便去了趟北京，到现场看了奥运会。在北京鸟巢，父母看到了奥运火炬，现场看到了 110 米栏的比赛，露出了开心的笑容，这种笑容才是我这一辈子最大的成就。

"您在投资心学中级视频中讲到过这件事。是啊，父母的这种笑容的确比自己挣钱时的笑容更加可爱！趁着父母健在，要赶紧尽孝，否则就会'子欲养而亲不待'。江老师，我非常同意您的观点。我在很多群或者朋友圈里看到人人都在显摆最近赚大钱了，到哪里去吃好的了，到哪里去买豪车别墅了，到哪里去旅游了，到哪里去闭关修行了，朋友圈里就是没有父母的影子。其实，投资挣钱的那点成就与为父母尽孝相比，根本就不算什么，就算屋子里全是钱，但是父母不在了，有啥意思呢？可惜这点，多数人要在父母真的走了才能悟到。江老师，羡慕您啊！您2008年带父母看的北京鸟巢，那可是火炬里带着真火的鸟巢，现在再去参观鸟巢，火炬里再也没有火了，感觉不一样了，怪不得您一直引以为傲！"福建老严评论道。

谢谢老严，我们继续讲我的327事件。

1995年的年初，我发誓必须赶紧挣钱！挣大钱！怎么办？那只能靠做投资了。1995年股票没行情，那我就搞期货吧。暂时没有钱搞国债期货，那可以先学习嘛，未来机会总是留给有准备的人。于是，我就在那些服务过的证券营业部里寻找国债期货的高手，最后，还真被我找到了。小瞿，江富证券公司深圳营业部的客服，开户、结算、下单、大户服务等等，啥都干过，业务熟练，手脚灵活，口齿伶俐，长得也眉清目秀，所以深得各个大户们的喜爱，大户们不但透露给他各种内幕消息，还教他炒股、炒期货的基本面分析与技术分析的方法，因此他在江富证券公司不但客服工作做得好，而且还有业务提成，最关键的是经常还有股票或期货上的额外收入。我当时挺佩服他的，我最早的期货知识就是向小瞿学习的，什么叫保证金、杠杆倍数、换主力合约、收盘价与结算价等等。

本来，小瞿和我差不多，都是打工的，家里的情况都不是很好，没有太多的积蓄，都凑不齐做国债期货的本金，但是1994年的下半年，他的命运发生了改变。当年7月份，他们证券营业部来了一个年轻的美女客户，这个女客户不但人长得漂亮，而且买的股票基本上都会涨，另外，这个美女还有一个特点：每周收盘当天的晚上，她都要坐飞机回北京，然后在周日的晚上又飞回深圳，周一早上开盘前，她都会准时出现在证券部的大户室里。由于成交量比较大，公司派能力较强的小瞿做她的客户服务工作，下单，进出金，聊天什么的，总之，只要美女客户有需求，公司都满足。一来二去，聪明伶俐、善解人意的小瞿与这位美女客户的关系逐渐升温，只过了两个月左右，他们竟然谈起了恋爱，卿卿我我的，羡煞旁人。

但是好景不长，就当大家都以为他们的好事要成真的时候，1994年年底，证券部突然来了两个穿制服的表情严肃的干部，据说是北京过来的，专门来找小瞿谈事情，前后谈了4个多小时。过了几天，小瞿就主动与这位美女客户分手了，虽然小瞿郁闷了一阵子，但是一想到自己银行账户里为此事而冒出来的40万元以及老家妹妹的学费有了着落，小瞿的心情好了很多，毕竟当时小瞿一个月的工资才1200元左右。40万元，那是天文数字！小瞿国债期货的投资本金就这样突然凑够了。

人的运气很奇妙，小瞿的本金才凑齐，国债期货就来了大行情。由于小瞿熟悉证券，特别是期货的操作（当时懂期货的人很少），证券部里改做国债期货的大户们纷纷找小瞿帮忙，下单的、咨询的、分析基本面的，小瞿忙得不亦乐乎，在帮客户的同时，小瞿自己也开设了国债期货账户，亲自做起了国债期货交易。才开始的时候，小瞿还比较谨慎，小试牛刀，他先存进去了 10 万元的保证金。期货这个东西，真好玩，特别容易上瘾，加上新手运气就是好，没过多久小瞿账户上的权益就从 10 万元变成了 30 万元，小瞿又将银行卡里的 30 万元全部投入到期货账户，账户权益一下子就到了 60 万元。小瞿自己都有资格以客户的身份进证券大户室了。

那一阵子，我对小瞿羡慕得要死，才几个月的时间，我证券账户上的权益还是那 2000 元的时候，小瞿已经到了 60 万元。小瞿还买了当时最好的诺基亚手机，香蕉形状的，馋得我流口水，我还是腰间的那个 BP 机。人比人气死人，不过我不嫉妒他，反而认为小瞿是我的学习榜样，短期内他能发财，我也一定能！

于是，我经常跑到小瞿那里，向他学习炒期货的经验与技术，顺便也看看他那里有没有啥内幕消息。期货大户室里经常烟雾缭绕，热闹非凡，每个人都是人才，说话又好听，不管是黄段子还是复杂的金融学理论，他们都能款款道来。有讲根据票面利率计算国债收益的，有讲国家宏观形势与通货膨胀的，有讲艾略特波浪交易技术的，也有讲关于保值贴补率的内幕消息的，竟然还有人能讲文言文的唐伯虎笑话，我当时基本上啥都听不懂，不过我很喜欢这种三教九流、海阔天空的氛围，大户室里处处充满了金钱的味道，虽然我还没有钱，但一到那里，我全身就充满了挣大钱的希望！

有一次，我请小瞿喝酒，把他喝高了："兄弟，你国债期货做得这么好，透露点秘籍呗，你吃肉，也让我喝点汤嘛。"

"你又没有本钱，怎么去做国债期货？"小瞿笑着回应。

"我准备向家里借一点，朋友凑一点，我感觉期货太好赚钱了，而且比股票刺激得多。哥们，拉兄弟一把吧，我会感恩的。"

小瞿沉默了一会，说道："小江，国债期货一口的保证金几千元，我估计你现在的实力最多就只能开出一口，你这点钱肯定是开不了国债期货账户。咱们兄弟一场，我帮你一下。这样，你要建仓的时候给我说一声，我帮你在我的期货账户上建一口，怎么样？够意思吧！"

"够意思！那就谢谢了，来，我先干为敬！不过，兄弟，那什么时候建仓？什么时候平仓呢？我看你做得这么好，一定还有什么技术秘籍吧？"

"我哪有什么秘籍啊？那是唬唬不懂的外人的。中国自古有一句老话，能说的不能做，能做的不能说。你别看投资市场上那些所谓做得很牛的人，各个西装革履，口出金句，似乎掌握了投资的诀窍与秘籍，其实，他能说出来的方法，他们自己是不会做的，那都是故意说给别人听的。在投资市场，他真正做的方法，永远都不会说的！"小瞿开导我，"看在你多次请我喝酒又虚心请教的份上，我来告诉你我真正的国债投资方法。"

"你稍等一下，我拿支笔记下来。"

"哈哈，小江你太实诚了！哪里需要用笔记啊，就一句话：我跟着老魏的消息在做。"小瞿压低声音说出了他的秘籍，"小江，这个算不算投资秘诀呢？哈哈。"

"你说的是大户室里那个基本上不说话的老魏吗？我没觉得他有啥本事啊，而且他的样子也不咋的，50 多岁，不修边幅，一看就没有啥料。"

"你懂什么？人不可貌相，半壶水才响叮当呢，老魏平时不说话其实是不屑于和我们这些俗人说话。大户室里，每天叽叽喳喳，夸夸其谈，分析得头头是道的人，其实是没啥料的；老魏他可是有料、有猛料的人啊！他是我之前的那个北京女友介绍认识的，老魏也是北京人，好像在北京有啥关系，具体不清楚。"小瞿说道，"小江，你不是老想着要投资秘籍吗？怎么样，我小瞿够意思吧，透露给你，老魏才是投资秘籍！哈哈。"

原来投资市场都是这样玩的，开眼界了，学东西了，不过，我不喜欢这样的投资秘籍，我还是喜欢表里如一的投资秘籍。未来，我一定要研究出这样的真正的投资秘籍。当时心里虽然这样想，我嘴上却说道："谢谢！谢谢！感谢你透露秘籍！小瞿，你的北京女友不错啊，我感觉她简直是沉鱼落雁之容，羞花闭月之貌，你干吗要主动提出分手呢？"

小瞿听到这里有点激动地说道："我敢不分手吗？你没有看到她的家人都派人找上门来了吗？她是北京很有背景的家庭，惹不起。他们说我的家里太穷了，门不当户不对，必须分手，还要让我找理由去主动分手，否则就让我吃不了兜着走。不过，如果我同意的话，就马上给我账户打 40 万元。你说，我当时和你一样，身上就 2000 元钱，我有选择吗？"

"原来是这样的。不过你也要想开一些，毕竟胳膊拧不过大腿，再说了，你不是还挣了一笔大钱吗，起码你少奋斗了 10 年。"我安慰小瞿说道，"对了，你的北京女朋友后来又去了哪家证券部？"

"那我就不知道了，分手后就没有再联系了。我现在已经想开了，我要用这笔卖身钱去挣很多很多的钱，我要成为投资之王，让他们后悔去。"小瞿说道。

| 4 |

"你一定行的！"我称赞道，"不过，哥们，我还想问一个问题：你说你跟着老魏在做国债期货，但是老魏的业绩和你相比差很远啊，你十几天就赚了2倍，老魏才赚了百分之二三十的样子，这差得也太远了吧？"

"老魏是消息很准，但过于谨慎，他做期货从来都是三四成的仓位，从不满仓，那账户上剩下的六七成的现金不是浪费了吗？我劝了他很多次，老魏都笑而不答，还说什么'你以后就懂了'。我觉得老魏的做法肯定不对，做期货就是要敢拼，否则还叫期货吗？我从来都是满仓干。不趁着这波大行情多赚一点，过了这个村就没有这个店！"小瞿得意地说道，"甚至我觉得这样都不过瘾，我准备和公司谈一下，争取再透支一点钱加进来一起搞。小江，你要不要也这样搞一下，你那几千元钱猴年马月才能发财啊？"

我摇了摇头："我可不敢这样搞，期货我都不熟悉，以前也从来没有做过，我就先拿一口国债期货的钱练练手吧，等我熟悉了期货的规则与流程以后再搞大的。再说了，我一个打工的，就几千元钱，证券部也不可能透支给我啊。兄弟，我真的不懂期货，你看这样行不行：我明天就将几千元转给你，你帮我存到你的账上，然后我也不自己下单了，其实我也下不来单，新手下单，手都会颤抖，你就帮我下吧，我旁边观摩就好了。其实，你建仓的时候就多建仓一口，平仓的时候也顺便将我的那一口平掉就行了，我赚的钱，分你30%，你看如何？"

"你倒是很大方，够意思。我可以帮你下单，顺手的事。不过，你也不要分钱给我了，你那一口的仓位太少了，我不好意思分你的钱，赚钱后你请我吃饭就行。"小瞿热心地说道。结果那一段时间，我几乎天天请小瞿吃饭。

又过了没多久，小瞿期货账户上的权益从60万元猛增到了920万元，与此同时，我的那一口国债期货的钱也赚了3万多元。

那天晚上我又请小瞿吃了一顿饭，不过，没有想到的是，这一顿饭是这一生最后一次与小瞿吃饭："兄弟，这也太猛了吧，你有920万了，马上就要成为千万富翁了，我都赚了3万多元了。以前我只知道期货能赚钱，没有想到期货这么能赚钱！小瞿，不会跌下来了吧？涨得我都有点怕了。"

"我们持有的是多单，你不用担心，老魏的渠道说，保值贴补率还会大幅提升的。"小瞿信誓旦旦地说道，"不过你提醒得也对，是有点太赚钱了。这样吧，就凑个整数1000万元，到了后我就减半仓，出金500万元，只留个500万元玩玩，另外我还要将证券部的透支款给还了。小江，浮盈加仓是一个赚钱的好方法吧？哈哈，我让老魏搞，他就是不敢搞。让你搞，你也不敢搞。对了，你的钱只能搞一口，浮盈加仓你也做不了。"

"现在的钱可以做做了，不过，这样挺好，我挺知足的，这么短的时间我就赚了 3 万多元，谢谢你了。与此同时，我还学到了很多期货知识。来，兄弟，搞一杯！小瞿，期货真的比股票好太多了，赚钱的时候我怎么感觉比印钞票还快呢。对了，还有你的浮盈加仓战法，每天将利润换成筹码，天天做满仓，真是让我大开眼界！以后我就跟着你混了。"我感激地说道，"听说明天上午，你们公司的熊总还要让你上台给证券部的客户们上课，分享一下你赚钱的宝贵经验？"

　　"是啊，老熊要搞业务嘛，他是一个很厉害的主，搞营销最厉害了。如果老熊说搞业务是深圳第二，估计就没有人敢说第一。熊总去年接手了我们这家证券部，一年多过去了，股票没有行情，证券部一直在亏钱。今年好不容易有了一波国债期货的行情，他肯定想趁机去大赚一把啊，至少要把去年的亏损给赚回来。明天我第二个上场，第一个上场的是一个搞宏观分析的股评，他会讲讲国家到底会不会提高保值贴补率。"小瞿说道。

　　"那你说说看，保值贴补率未来到底会不会提高嘛？今天收盘后，我听你们在大户室里争论，有人说不会提高，应该维持在 8% 左右，有的人说会提高。我学工科的，听不懂金融，但是我认为小邹说的还是有点道理的，毕竟前面好几年的保值贴补率都没有超过 8.5%。现在 327 国债价格都超过了 146 元。小邹是科班学金融专业的，他计算出来 327 债券的价格，在理论上，哪怕是加上 9% 的保值贴补率，都不应该超过 139 元。这样看来，我们应该做空啊，为什么你还要拼命做多呢？而且还是满仓做多。"我好奇地问道。

　　"小邹懂什么？他是秀才思维，纸上谈兵。股票与期货的价格如果靠计算器都能计算出来的话，那做投资就太容易了。做投资是要冒风险的，风险越大收益也越大。谁不知道以前的数据——保值贴补率从来都是小于 8.5% 的？但是过去不代表未来，未来的保值贴补率为什么就不能涨到 12% 或 13% 呢？这点我还是坚信不喜欢说话的老魏，他的消息我认为才是最准确的。"小瞿说道。

　　"不可能吧？财政部会跳空将保值贴补率提升到 12% 或 13%，太疯狂了吧，那我们不是还能翻十倍，我可以赚到 20 万，你，你岂不是能干到将近 1 个亿？"我扶了一下椅子，睁大眼睛说道。

　　"嘘…嘘…，小声点。我可没有这样说，老魏也没有确切地这样说，我是看完老魏的眼神后猜测的，不过，我希望如此。"小瞿手指放到嘴边悄悄地说道。

　　"我也希望如此啊！不过还是有点吓人，万一涨不了那么高又跌下去了呢？"

　　"所以我决定平一半啊。我的账户明天争取能到 1000 万元，然后我就平仓一半。

我不贪，从来没有想过1个亿，500万元要是涨到5000万元也是不错的。哈哈！"小瞿话里充满着期望。

第二天的上午10点左右，我到了华强北路的江富证券公司深圳营业部的大厅，第一位股评老师已经讲完了宏观分析，台下黑压压坐着很多听众正伸长着脖子认真地听课，台上小瞿正在海阔天空地讲着："投资要想发大财，必须敢下注，敢于放杠杆，敢于梭哈，如果看准了，你还犹犹豫豫的，像个裹脚女人一样，怎么能发财？国债期货是一个千载难逢的好机会，我的方法是，每次收盘前，看看账户里的可用资金，只要有钱，马上加仓换成筹码，能加仓2口的，绝不会只开1口。我会将之前赚到的利润，全部用干用尽，我就见不得账户上还有闲钱……"

看着小瞿兴高采烈分享投资经验的样子，我很是替他高兴，一个农村的孩子，能混到现在这个样子真的不容易啊，才不到半年的时间。

"小江，正好你在这里，你帮我看一下我的电脑，好像有点问题了，黑屏进不去了。"刚好这时，一个客户拉着我离开了大厅，去维修他的电脑。

三十多分钟后，客户的电脑修好了，我又返回到了讲课的大厅，不过，出人意料的是，讲台下，只有稀稀拉拉的几个听众在交头接耳地聊着什么，而讲台上，刚才还在眉飞色舞讲课的老师小瞿却不见了踪影。

"小瞿，不对，瞿老师去哪里了？课这么快就讲完了？"我禁不住地问道。

台下的人用奇怪的眼神看着我，都没有说话。

这时，刚好电脑部经理刘明走了过来，他把我拉进机房，低声说道："小瞿出事了，爆仓了！他现在在老板的办公室里扯皮呢。"

"爆仓了，不可能吧，半个小时之前还是好好的，他还在台上传授浮盈加仓的秘籍，课还没有讲完就爆仓了，我不信！1000万元，当纸烧也没有这么快吧？"我瞪着眼睛看着刘明。

"你不信？你看看现在327国债多少钱了？"刘明手指着电脑说道，"146元左右的价格了，多空分歧巨大，博弈激烈啊，就在小瞿刚才讲课的那一会儿，327国债的价格猛然下跌了3元钱，结果小瞿的账户爆仓被电脑自动强平了，账户上还剩下不到9万元。如果刚才再不平仓，就要亏我们证券部透支的钱了。"

"146元，下跌了3元钱，百分之二，就会爆仓吗？我还是不信。"

"你以为是股票啊，股票没有杠杆，全是自己的钱，别说回撤百分之二，股票回撤百分之九十九都没有问题。兄弟，现在是期货啊，国债期货，满仓干，几十倍的杠杆，而且小瞿还在公司1∶1透支了钱，稍微一点波动就会爆仓的。杠杆是一把双刃剑啊！"

刘明说道。

我愣了半分钟，然后喃喃地说道："刘经理，我现在才真正明白什么叫杠杆，什么叫双刃剑。杠杆太厉害了！怪不得之前小瞿赚钱这么快的？期货重仓交易也太吓人了吧！天堂与地狱就是一线之隔啊，半个小时的事情！我昨晚还提醒过小瞿，他说今天超过1000万就平仓一半，然后还掉公司的透支款。"

"期货交易本身并不吓人，是小瞿放的杠杆太吓人了，时时刻刻都在满仓干，总有一天会碰到剧烈震荡的，一碰到就完蛋。你看老魏，也是一个死多头，他就百分之三四十的仓位，从来不透支，今天就屁事没有，327国债下跌3元钱，他的总资产才回撤了20%不到，现在还在大户室里悠哉悠哉地吸烟呢。"刘明评价道，"小瞿也是点子背，他刚上台讲课没多久，账户的实时权益其实已经超过了1000万，最高到过1019万，可是他在讲课，也没有安排任何其他人帮他操作平仓一半啊，所以就耽搁了……唉，可惜了，就30分钟的事。"

"我现在才明白为什么做期货一定不能满仓干，我和小瞿前几天还在嘲笑老魏的胆子小，他只敢百分之三四十的仓位做期货，而且从来不透支做。现在看来老魏才是老江湖，我们太幼稚了，小心驶得万年船啊。对了，现在小瞿在哪里啊？"

"小瞿现在正和老板扯皮呢，指责公司不应该强行平仓，估计最后也没有啥结果，透支之前，大家签过强平协议的，再说公司也不希望任何客户爆仓啊。"

听到这里，我也哑口无言了，我知道，随着小瞿的爆仓，我之前挣的那3万多元连同我的几千元本金也同时灰飞烟灭了。

我精神恍惚地走出了机房，这时，一个大户室里，不知道是谁在放王杰的歌曲《一场游戏一场梦》，现实有时比梦还荒诞。

在随后的几天，我没有去江富证券公司，也没有主动去联系小瞿，因为我不知道见面后应该说啥。小瞿现在的心情肯定很烦，我不想去打搅他，另外，他也一定不想见我，我猜小瞿看见我后肯定会觉得很尴尬，我的那一口国债期货也是在他的账户上爆仓的。

就这样过了大约一周的时间，一天中午，我突然收到了江富证券公司熊总的Call机，我刚回过去，就听到熊总电话里急切的声音："小江，你在哪里？你是不是和小瞿很熟？赶快来公司一趟，我感觉小瞿要出事，他在公司的楼顶上徘徊着呢。你赶紧过来！赶紧！"

我急匆匆赶到他们大厦的楼顶，一眼就看到了憔悴的小瞿，步履蹒跚地来回踱着步。我没敢马上过去，先观察一下再说。过了一会儿，小瞿看到我，我还没有来得及说话，他却放声地哭了起来："小江，我的命好苦啊！如果前几天，我们在327国债大幅震荡的时候没有爆仓，你知道我现在能赚多少钱吗？上交所昨晚公布了 327 国债最后的收盘价为 151.3 元，如果我们能持仓到现在，要赚 1.2 亿元啊！1.2 亿元啊！而我现在却只有 9 万元，我的命好苦啊！女朋友没了，钱也没了。投资之王的梦想我差点就实现了，现在却没有了，我啥都没有了！呜呜呜！我不想活啦！"

"你要想开一些，钱是身外之物，没有了可以再赚嘛。"

"怎么赚啊？机会错过了就没有了。327 国债这样的大机会，十年才会有一次的，再等十年，我都快 40 了。小江，你说要是我那天上午没有上台讲课，那该有多好啊！显摆害死人啊！那天上台分享的时候，我的资产瞬间超过了 1000 万，还维持了好几分钟，如果我在电脑旁，肯定会平仓一半的，会还掉透支款的。那样的话，剩下的 500 万筹码就不会爆仓了，这几天就能翻上个 10 倍赚 5000 万元，可惜现在全没有了。"小瞿哭诉着，"小江，我现在郁闷得要死啊！你说如果我判断错误了，价格真下跌了，我爆仓了，我就认了，因为那是我的水平不行，但现实不是这样的啊！我判断正确了，保值贴补率的确冲到了 13%，老魏这次都赚了一千多万，而我却在价格震荡的时候提前爆仓了。最气人的是：爆完仓，价格又回来了。好像市场主力就是盯着我的筹码来的，先把我搞死然后才拉升。小江，我不服啊！我咽不下这口气啊！人生最痛苦的事情莫过于此：价格还是那个价格，钱却没有了！呜呜呜！"

听到这里，我无言以对，小瞿说得没错，事实的确是这样的：327 国债的价格剧烈震荡了一下，然后价格又回来了，还屡创新高，但是，后面发生的一切都与我们没有关系了。我也不知道问题出在了哪里？其实我更加郁闷，其实我的命比小瞿还苦，本来我是可以不用爆仓的，我又没有浮盈加仓，我也没有想去透支，当时，我的 3 万多元只开了一口的国债期货，我是因为没有办法开立国债期货的账户才寄居在小瞿那里的，到当天，以 151.3 元的价格，我本来可以赚个 20 万元的。20 万元啊，对我来说可是一笔巨款了，我的月工资才 800 元啊。可惜我的这笔巨款都随着小瞿的爆仓全部随风而去了。唉，没有想到，有一种爆仓叫被爆仓，还发生在我身上。我找谁说理去？

不过，没有办法，救人要紧。我只能强压住心中的火气，慢条斯理地点着了一支烟递给了小瞿，然后和颜悦色地安慰小瞿说道："兄弟，还记得半年前，我们在东门吃烧烤吗？你我那个时候都是穷光蛋，有挣大钱的雄心壮志，但身上的存款却不到 2000 元。你看看我们现在，还是穷光蛋，和半年之前没啥区别啊。哥们，你就当现在是半年之前，这半年啥事都没有发生过，就当睡了一觉，黄粱一梦嘛。其实，你现在至少比我好，也比你半年前吃烧烤时好，你的账户上还剩下 9 万元呢。你睡了一觉，账户上还有 9 万元，你应该开心啊。而我呢？我现在不如你呢，也不如半年前，我睡了一觉，现在变成了负资产，我的股票账户上还是 2000 元，而炒国债期货的钱却都是借来的，好几千元呢，我还要慢慢去还。你和我相比，还有啥郁闷的呢？"

听我说完，小瞿的心情似乎好了一些，不过他还是咽不下这口气："人往高处走，水往低处流，我怎么能和半年前相比呢？也不能和你相比啊。不过你倒是提醒了我，对啊，我账户上还剩下 9 万多元呢，半年前，我 2000 元都能拼到 1000 万元，我现在还有 9 万元，未来肯定也能让我重新翻身的，拼了。"

"对，拼了，你肯定行，我支持你。"看到我的劝说有了效果，我很开心。不过，此时，我的心里已经明白，在投资市场，特别是在期货市场上，小瞿的这种拼命的玩法，肯定是走不远的了。我不能再跟着小瞿混了，他的方法不靠谱。不过，老魏的方法倒是可以研究研究，在证券大户室里，人心浮躁，物欲横流，他却能悠闲自得，置身事外，不羡慕别人的 1 个亿，却只追求稳定盈利的 1000 万，这种稳如泰山的定力，真是非常了得！

"江老师，那你不只是三次倾家荡产，算上这次 327 国债期货的被爆仓，应该是四次倾家荡产了。"福建严明山听完我的故事后说道。

这次倾家荡产不是我亲自操作的，算上也行，不算也可以。准确地说应该是：我做投资一共三次倾家荡产外加一次被倾家荡产。

"那后来呢？小瞿又发财了没？"福建老严追问道。

你觉得小瞿的这个方法能长期稳定地发财吗？

后来，我就没有再去跟着小瞿炒期货了，他的具体情况我就不太清楚了，不过，327 事件之后半年，也就是 1995 年的下半年，小瞿就从证券公司辞职了，电脑部刘明告诉我，其实是被公司炒掉了，因为小瞿一直安不下心来，工作老是出错，对待客户也不如以前那样热情了，爱理不理的。另外，小瞿走之前，好像到处在借钱，江富证券公司每个人多多少少都借过钱给他，他好像也从来没有还过。

又过了 3 年，有一天我正在赛格柜台做生意，小瞿突然就出现在我的眼前："好久没见了，小江，当上小老板了，生意好吧？"

"老朋友，欢迎欢迎！你怎么知道我在赛格市场的？我这里是小本生意，赚点养家糊口的钱，哪像你那样靠投资就能赚大钱，最近怎么样了？去年的那一波股票大行情赚发了吧？晚上你有没有空？我请你啊，好久没见了，聊一聊。"我盛情邀请。

"我今天有急事，改天吧。对了，我的车停在楼下坏了需要修理，刚好今天没带钱，你给我拿一点儿，明天我有时间，我请你吃饭，然后一起还给你。"小瞿红着脸说道。

小瞿看到我犹豫，又接着说道："明天早上，我顺便给你介绍一个大客户，也是证券部的，非常需要电脑设备，我们一起喝早茶，我请客，明早 8 点我在楼下接你一起去啊。"

其实从他的眼神与语气中，我已经可以判断出：客户、明早 8 点、早茶、车坏了等等信息，这些都是子虚乌有的，甚至他也没有什么汽车，不过看破不点破，我还是默默地拿出 600 元递给他，毕竟他是我的第一个期货引路人，人需要有一颗感恩的心："小瞿哥，我这里是小生意，去年我做股票也亏钱了，现在就只有这么多了，你拿去用，你多保重啊。介绍客户不急，什么时候都可以，谢谢你了。"

看着他拿着钱急匆匆消失在人流中的背影，我知道这是再见了。

| 5 |

327 国债期货事件对我的影响还没有结束。事件过后 3 个月，由于影响恶劣，1995年 5 月 17 日下午 5 时 40 分中国证监会宣布：经国务院同意，决定全国范围内暂停国债期货交易（18 年后才得以恢复交易）。

深圳红桂路上有一家经营了三十多年的酒店——长城酒店，它应该算是深圳最早的一批酒店，至今还生意兴隆，无论发生什么事情，对它影响都不太大，不知道它经营的诀窍在哪里。长城酒店的马路对面，有一条小路，从小路进去大约 100 米，有一栋 7层高的住宅楼，住宅楼的二楼现在是个休闲洗脚城，而在 1995 年，它却是一家证券部，名叫龙海证券公司。在 1995 年 5 月 17 日后的一周时间内，这里却发生了一件触目惊心的大事，我亲历了大事的全过程。

这个故事的主人翁萍姐，是龙海证券公司的总经理，一个女强人，当年不到 30 岁，年轻有为，研究生毕业，金融理论知识丰富，也是股票与期货的高手，为人处世非常厉害，做事也雷厉风行。当时她们证券部的电脑后台系统就是我的公司在做的，我负责日常的维护工作，经常去她们公司，一来二去，我和萍姐以及电脑部经理军哥都成了好朋友。

萍姐在 327 国债期货的交易中，没有遭受损失，相反，她利用国债期货这个好机会，大胆尝试，凭借丰富的理论知识与实战经验，在很短的时间内，龙海证券公司的自营盘赚了 2000 多万元。另外，由于国家突然取消了国债期货试点，并规定所有参与者必须在指定的时间内协议平仓，而萍姐所持的是抢手的多单，很多持空单的人，都来证券部恳求萍姐以优惠的价位协议平仓以减少损失。那个时候，龙海证券公司人来人往，好生热闹，萍姐名利双收，风光无限。但殊不知一场可怕的危机正在悄悄来临。

1995 年 5 月 17 日，国债期货被国家暂停的当天晚上，深圳红桂路龙海证券公司的会议室里，灯火通明，气氛热烈，包括萍姐总经理、营业部经理、证券分析师、自营盘交易员、电脑部经理在内的证券部核心员工正在讨论未来股票市场的走势。

会议之前，我也想参加："萍姐，让我也参加你们的股票分析会吧。前一阵子，我让朋友帮做 327 国债，输得很惨，不但输光了，还欠下一屁股的债。我现在没有什么钱了，炒股本金就 2000 多元，前一阵子 4.50 元买入一只股票 400 股，又被套住了，最近都跌到了 4.06 元。萍姐，你们都是股票与期货的高手，发财带上我吧，让我参加你们的会议去学学经验。"

"好啊，你来吧，虽然你是一个投资的新手，但有时候你倒是有一些奇谈怪论。对了，你是让谁帮你操作 327 国债期货的？做得这么差劲。听说持有的还是多单，没有赚到钱不说，最后竟然还会爆仓。唉，早知道让我们公司的交易员帮你下单啊。"萍姐不无遗憾地说道。

晚上的会议大家讨论得非常热烈，达成了共识，大家一致认为国债期货被取消后，这么多之前做国债期货的资金没有地方可去，一定会去买股票，股票一定会迎来一波超级大牛市。股票两年都没有行情了，大家等得花儿都快谢了。投资者喜欢扎堆，羊群效应非常明显，没行情时，避之不及；有行情时，趋之若鹜。

会议决定：明天，证券部所有自营资金 8000 万元应该全仓杀入股票市场去抢股票！

电脑部经理军哥说道："除了我们自营盘买股票外，我建议动员证券部的所有客户也全仓杀入，客户赚了钱开心，我们也开心，手续费也能赚不少啊。"

"你这个提议很好，今天晚上到明天开市前，大家全力动员一下自己的客户。之前的国债期货行情，他们不会操作，风险又大，所以很多客户没有参与。这波股票大行情千万不要让他们又错过了机会！"萍总赞同说，"小江，我看你一直在认真听，作为局外人，说说你的意见吧，有时候旁观者清。"

"你们都是股票期货的高手，我就是个门外汉，哪里敢班门弄斧。"

萍姐说："没关系，大胆说嘛，说的如果有道理，我们会采纳的。"

"谢谢萍总与各位领导的信任，既然这样，我说一下我的观点。第一点，我公司是做证券部计算机系统集成的，深圳有十几家证券营业部客户，我可以和他们联系一下，听听他们的意见，然后向你们汇报（后来我联系的结果，大家都是乐观向上，都建议全仓买入）。"

"谢谢你。还有一点呢？"

"还有一点，这么多高手，我真的不太敢说。"

"不要怕，大胆说，有反对意见更好啊。"

"第二点，也不是什么反对意见，我也建议买入股票，只是俗话说得好：福无双至，祸不单行，我们证券部之前不到半年的时间内，在国债期货上赚了几千万元，已经算利润丰厚了。明天，我们在股票市场上又马上全仓杀入，是不是有点太猛了？能否先买一半看看，等股票行情真的好了，再买另一半呢？万一股票市场没有超级大牛市呢或者超级大牛市持续的时间很短呢？要不要事先做一个预案呢？"

我的这个建议遭到大家的一致反对，主要理由是股票几年才有一波行情，来了行情却没有抓住，又要再等好几年，而大家的收入与奖金最后都是与年底的绩效考核挂钩的。由于我才做投资，经验不多，实在拿不出什么具体的支持我观点的论据，最终我的提议被否决，龙海证券公司深圳营业部还是决定按照原计划在第二天开盘的时候就全仓买入，集合竞价就开始。

第二天，1995 年 5 月 18 日早上，国债期货被国家取缔的消息，很多股民都知道了，都知道要去抢购股票。

时间不到 9 点钟，证券部已经人声鼎沸，与前一天的冷冷清清相比，简直一个天上一个地下。证券部的自营盘和所有股民都在忙着下买单：有抢用电话委托下单的，有抢用小键盘下单的，还有抢用当时最为先进的触摸屏下单的，另外，还有一些股民将自己的委托写在委托单上，在柜台外面排队委托柜台里面的下单员手动下单。我询问了好几个股民，基本上所有的人下单的价格都是在昨天股票收盘价的基础上打高了很多价位去集合竞价抢股票。

我懒得和这些大叔大妈们去抢下单设备，最关键的是我也没有钱再去买股票，但我喜欢热闹，喜欢炒股的这种氛围。我点着了一支烟，站在证券部大门口的旁边，默默地欣赏这个已经很多年没有出现过的热闹景象：个个举着钱或委托单，买股票比买火车票还拥挤。

9 点 20 分左右，一个灵感突然跳入我的脑海中：为什么我一定要买股票而不能卖股票呢？既然这么多的股民去疯狂地抢股票，我为什么不能把以前买的这只股票下一个卖单呢？我之前是 4.50 元买的，一共 400 股，这是我的全部资产，前一天（5 月 17 日）的收盘价为 4.06 元。对，就这样干！那我下多少钱的卖单呢？不管三七二十一，下个 7.0 元的卖单吧，碰碰运气吧。（1995 年股票交易还没有涨跌停板）

说干就干，不过到处都是下单买股票的人群，我到哪里去下单呢？我敲开了电脑部的门，电脑部经理军哥坐在电脑旁，也正在下单呢。军哥，四川遂宁人，为人豪爽仗义，对金钱充满着无限渴望，而且我和他长得很像，他比我只大几个月，很多人都认为我们是亲兄弟。

军哥扭头看着我进来，说道："来了，兄弟，是不是找我在后台直接下个单？"

"哈哈，军哥，你是怎么知道的？"

"我今天一到公司，就忙得不可开交，已经帮人下了好几单了，外面的下单设备都抢得头破血流了。说吧，我帮你下，赶紧，快开市了。"

"深＊宝，400 股，7.0 元，卖单。"

"你说什么？卖单？你傻吗？所有人都在抢股票，你却要卖股票。你确定吗？"军哥们疑惑地看着我。"确定！卖掉深＊宝，400 股，7.0 元。"我坚定地回答道。

军哥疑惑地看着我说道："算了，没时间了，马上开盘了，我先帮你下单吧，否则就来不及了，我们回头再扯，真不知道你是怎么想的？"

我在一旁看着，9 点 27 分，深＊宝，400 股，7.0 元的卖单下好了。不过，我真的也没有太在意，心里想着反正是撞运气，跟着绝大多数股民的反面做，谁知道会怎么样呢？估计其他股民知道了，肯定会笑掉大牙的。不过我是新手，不懂国家政策，不懂基本面与财务面分析，连技术分析的 K 线图都看不懂，他们笑就笑呗。试试吧，成交不了，大不了就把卖单撤了，也不会亏钱，没有什么损失啊。最多就是请军哥吃个饭，帮我保密，免得成了大家茶余饭后的笑柄。

9 点 30 分，深＊宝集合竞价的价格出来了。

第一笔：7.0 元，成交 400 股。

我揉了揉眼睛，以为自己看错了，简直不相信是真的！真的是 7.0 元，而且成交数量 400 股，不多不少，刚好是我的 400 股。

关键是，紧接着的第二笔：就只有 6.10 元。

第三笔：5.90 元；第四笔：5.70 元。

后来没有过多久，深＊宝的价格又跌回到了 4.0 元附近，见图 1803。

我的头有点发晕，简直不相信这一切都是真的。我又使劲拍了一下自己的头，是真的！我赶紧找了一个触摸屏电脑，查了一下自己的资金账户权益与成交记录，的确是真的，400 股深＊宝，成交价格 7.0 元，资金已经到账！

我马上跑到外面，呼吸了一下新鲜空气，点了一支烟，大吼两声，稳定了一下情绪。

大家都知道，一只股票，你想把它的价格拉升 70%，没有几个亿的资金是不可能的。当时，我穷光蛋一个，股票账户一共就只有 2000 元左右，只能买最便宜的股票，而且满打满算最多能买 400 股。但是，天时地利人和，我就这么一点儿钱，竟然可以利用国家的政策与股民的狂热，逆人性而动，公平、公开、公正地去体验了一把"操作股价"的感觉，简直不要太"爽"了！这种感觉，平时没有几亿的资金是体验不到的。我的这只股，最后虽然赚得不多，但这种只花 2000 元就能拉升股价 70% 的成就感，对我来说简直是空前绝后的！后来我炒股票做期货，操作的资金几千万、几个亿，都不会再有这种感觉了。这是我一生的得意之作，是最成功的一次投资经历。

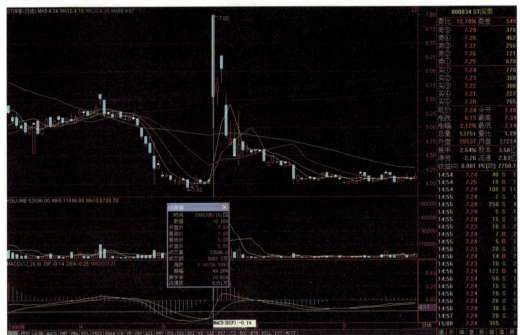

图 1803：深 * 宝 K 线大回落

考虑到从 1996 年 12 月中旬开始，国家实行了股票的涨跌停板制度，那么我的这次操作应该算是中国证券史上"后无来者"的吧。

历史铭记：1995 年 5 月 18 日上午 9 点 30 分，当时 26 岁的我第一次悟到一点投资的真谛。

回说龙海证券公司，5 月 18 日和 5 月 19 日两天，证券部的 8000 万自营资金全部建仓完毕，不过买的股票都是追高价买的。

证券部所有的人，上到萍姐总经理，下到保洁员宋阿姨，大家都非常乐观，都坚信下周股票还要涨！涨！涨！周末，大家一起聚餐，气氛非常热烈，各自发表了自己的"获奖感言"。

柜台清算员小金："萍总，我们国债期货赚了 2000 万，这波股票大行情，希望我们证券部又赚个 2000 万，到了年底可别忘记给我们发奖金啊，我们都盼着过一个肥年。"

萍总："发！发！发！必须发！员工发，公司也发！这些成绩都是大家努力的结果嘛。不过根据我们公司投研专家的判断，这波股票行情可能不会持续太久，估计只有 2~3 个月的行情，等我们再赚个 2000 万就收手。"

好啊，大家都鼓起掌来，一起干了一杯！对年底的大额年终奖，所有人都充满了期望。

5月19日周五的时候，证券部还发生了一件重要的事情：

张大户，超级大户，男，45岁左右，龙海证券公司的最大、最重要的客户，也是萍姐的好朋友，个人炒股资金当时就有好几千万。1994年以来，他一直在证券部超级大户室炒股票。龙海证券公司装修开业的时候，他还作为股民的代表戴个大红花上台发言并剪彩。开业的时候，我也在现场，因为我们是龙海证券公司的计算机系统集成的供应商与维护商。不过，我不喜欢这个张大户，虽然我不知道他是做啥生意的，但是他的为人处世一般，对我们这些电脑维护现场干活的年轻人呼来唤去的，语气中充满了不屑。另外，他股票赚钱的时候眉飞色舞，喜欢到处炫耀本事；亏钱的时候，则暴跳如雷，我经常帮他修理摔坏的键盘与鼠标。当时，作为深圳的另一个超级个人大户——章华就不是这样的，我也帮章华维护电脑设备，章华待人就彬彬有礼，不管是对领导还是对我们这样的小兵，都是客客气气的，有问必答，还经常请我们吃盒饭，送个小礼物什么的。最关键的是，章华做投资的时候，赚钱亏钱都没表情，外人根本就看不出来。另外，张大户炒股票毫无章法，像苍蝇一样到处找内幕消息，然后靠胆子大一把梭去赌运气；而章华做投资就很有章法，再好的股票消息，他都会使用股票软件上的技术指标先观察，等出了买入信号后先小仓位试错，对了再下重注去搞，错了马上就跑，绝不恋战，所以章华在投资市场上活得最久。我技术分析的本事最早就是从章华那里偷师学艺来的。

我喜欢章华，我搞不懂为什么萍姐偏偏喜欢张大户，估计还是气场与命数的原因吧。

1995年初，张大户由于股票行情一直不好，自己又不懂国债期货交易，所以就暂时退出了股市，回去老老实实做实业了。5月17日晚上，他听到了好消息，晚上我们开会的时候还打了电话过来和萍姐聊了一会儿。这两天，股票行情的确火爆，他19日又赶紧跑回证券部，现场找到老朋友萍姐。

张大户："萍总，现在股票行情好了，我赶紧回证券部建仓买股票。"

萍总："欢迎，热烈欢迎！不过，你昨天就该回来的，17号晚上我就在电话里跟你说了肯定会有大行情，你还不信。你看昨天与今天的行情，多好啊！赶紧买吧，钱带了吗？"

张大户："带了，带了，您看这是一张2000万元的支票，您拿去交给财务进账吧。萍姐，我错了，我昨天就该跟着您满仓干的。以后我都听您的，您说怎么搞，我就怎么搞。哈哈，一起发财，一起发财！"

萍总："好啊！一起发财。"

张大户："萍总，时间太急，我今天下午就想全部建仓，您看支票我也带来了，大家是老朋友了，您现在就放 2000 万元到我的股票账户吧，否则又要等周一才能建仓。"

萍总："好的，我现在就通知财务办理。"

张大户："谢谢萍总，另外，这么大的行情，我还想透支搞一下，您看我们还是按照去年的老规矩 1∶2 的比例，2000 万本金，透 4000 万给我，您觉得如何？"

萍总考虑了一会儿，说道："没有问题，那就按照老规矩办吧。"

1 个小时后，张大户的股票账户上就已经有了 6000 万资金到账，19 日周五，下午收市之前，张大户把所有的钱买成了 8 只股票。

所有的人都翘首以盼，等待下周的大行情！

| 6 |

1995 年 5 月 22 日，周一，股市在大家的希望中开盘！

开始的时候，大盘还真的涨了不少，大约有四五个点，证券部里人声鼎沸，大家欢呼雀跃。我去洗手间的路上碰到了张大户，抠门的他竟然递了一支烟给我："小伙子，你今天很帅哦。"这是他头一回夸人，搞得我还开心地去照了一下镜子。

镜子才照完，10 点半开始，股市开始暴跌，直线下跌。

两天下跌超过 20%。

那两天，张大户暴跳如雷，我帮张大户换了一个键盘与两个鼠标。

三周后，大盘跌了 30%。

龙海证券公司的自营盘股票全部斩仓卖出，亏损 2000 多万，刚好将证券部在国债期货上赚的钱全部亏完，今年白干了！不过，还好及时卖掉了，否则还要亏损更多。

5 月 23 日，周二下午，萍姐在总经理办公室，不停地接打电话指挥卖股票。

刚忙完，才坐到沙发上歇口气，突然，她想起了一件非常重要的事情。她把交易部刘经理叫到总经理办公室："这两天我太忙了，刘经理，我差点忘记了，张大户的股票账户你可要盯紧了，估计他的股票也跌了不少，如果亏到了 30%，你要坚决强行平仓，否则就要亏到我们提供的透支资金，他的股票可都是在最高点追进去的。"

刘经理："萍总，张大户的股票马上就要亏损 30% 了，怎么办？"

萍姐："那还用说，马上全部平仓！"

刘经理："这样的话，张大户前几天才拿来的 2000 万就要全部亏完了。您和他可是好朋友哦。"

萍姐："夫妻都是大难临头各自飞，何况只是朋友，我们也没有办法啊，投资市场就是这样的无情。我们的自营盘股票这几天不也是巨额亏损吗？赶快去办吧！"

话还没有说完，突然，一阵急促的电话铃声响了起来，是财务小王打来的："萍总吗，出大事了！上周五张大户拿来的那张2000万元的支票，我们拿去托收，今天被他们的银行拒付了！原因是账户没钱！"

萍姐："你说什么？你再说一遍！"豆大的汗珠从萍姐的脸上流了下来。

一个月后，我到龙海证券公司电脑部去做售后服务，顺便问他们经理："军哥，最近你们公司生意好吗？外面的股民好像不多哦。"

"怎么可能好呢？股票大跌，公司又面临巨额亏损，人心散了！我们总公司已经派人来调查了，主要是查一下为什么在短短的几天之内，龙海证券深圳营业部会从赚2000多万元到亏损2000万元，前后相差了4000多万元。特别是那个张大户，为什么他能够在2000万元的支票没有到账的情况下，就可以先行购买股票，而且还是按照1∶2透支购买的价值6000万元的股票。这个张大户，太狠了！看到股票大跌，他马上打电话给银行拒付支票，当天他就把银行账户上的钱全部转走了，现在人都找不到了！"

"真够狠的！我平时就感觉到这个人没啥情义。军哥，那你认为到底是什么原因造成这样的亏损呢？"

"我也是云里雾里的，直到现在我都不敢相信这是真的，冰火两重天啊！萍姐在我们证券行业水平是非常高的，真是可惜了。也不知道5月19日那天萍姐是怎么想的？可能是脑袋突然短路吧。也要怪她运气不好，如果张大户晚一天回来，情况就不一样了。唉，我很快也要跟着失业重新找工作了。"军哥回答道，"还是你小子运气好，这一波两天的股票行情，你可能是唯一的幸存者，最后就你赚钱了，我个人都亏了25%，你却赚了70%。你小子18日那天早上到底是怎么想的？全市场就你一个人在卖股票！"

沉默，难道萍姐真的是运气不好吗？还是贪欲战胜了理性？

为此，我想了很多年，一直在总结。

三个月后，萍姐被免去龙海证券公司总经理职务，并被公安监视居住，我后来也没有再见到她，手机换了。我很感谢萍姐，她在我第二次倾家荡产的时候曾帮助过我，祝她一切安好！

一年后，龙海证券出了这件事情后，元气大伤。1996—1997年真正的股票超级大牛市，龙海证券公司却因为内部整顿竟然给错过了。龙海证券公司深圳营业部最后被清算注销，原地址最后变成了休闲洗脚城。

八年后，我的好朋友，和我一样喜欢刺激、爱折腾、大起大落的前龙海证券公司电脑部经理军哥，又参与了另外一场投资悲剧。

2003年，军哥成为深圳某集团公司的副总经理。2004年，他们集团用10万元就成功收购了上市公司 ** 电力，创造中国证券行业收购的奇迹。军哥成了这家上市公司的总经理、副董事长。

2006 年，军哥因卷入虚假注资深圳某集团公司并骗购上市公司 ** 电力一案，被判处有期徒刑 5 年。

各位同学，大家听完我说的这些投资案例，肯定有很多感想，这些悲欢离合的案例，对未来大家的投资一定能起到很好的帮助作用。现在是我们投资理念课程的总结收尾阶段，今天刚好周末，大家有什么感想回家好好整理一下，然后可以交给我们的助教迅迅同学，我会认真阅读并回复的。

"很高兴为大家服务！投资之路，大家共同成长进步！"迅迅微笑地说道。

这时，来自西安的一家文化传播公司的董经理迫不及待地举手说道："江老师与各位同学，我就不发邮件了，我现在就忍不住想分享一下我的投资经历。江老师，您刚才讲的龙海证券公司几天的时间从天堂到地狱的案例，我总结为'红色星期五加黑色星期一'现象，我自己也亲身经历过，因此感触很深，当年太痛苦了，十多年了，都没有完全走出来。这里我一吐为快。"

"那是 2007 年 6 月的一天，我记得很清楚是一个星期五，那天上午我开心得不得了，因为我一年多以前买的深发展股票（现在叫平安银行）已经赚了 6 倍，我十几万元的本金已经增加到了 100 万元。2007 年的 100 万元还是能干很多事情的，在西安能买两套房子。我平时因为工作原因很少看盘，一般买完股票后基本上放在那里不管。深发展股票也是很久都没有看了，最近真是不看不知道，一看吓一跳！当时我家正好想买一套大一点的房子，这下子买房的钱有着落了。周五上午一开盘，我就把深发展赶紧给卖了，因为我担心最近深发展涨得太猛，后面会大跌。其实，当时我卖的价格挺好的，基本上是最高价了，卖完后没几天，深发展的价格就回撤了30%。当天卖完股票后，看到账户上的 100 万元，心里爽死了。我感觉自己就是一个投资的天才，600% 的年化，谁能做得到？做投资，人一旦开始飘飘然、开始狂妄的时候，就非常危险了。当时，卖完票，我就开始琢磨起来：交房款还要一周的时间，100 万元放在账户上有点浪费，能买点啥做一个短平快的投资呢？人啊，倒霉的时候喝凉水都要呛死，刚这么想就接到了一个电话，是一个老同学打过来的，问我最近在干啥，做得怎么样？我说投资做得还可以，股票最近一年多的时间赚了 6 倍。我本想得到他的夸奖，没想到他竟然嗤之以鼻，认为我赚钱赚得太慢了，他做的投资，1 个月就赚了 30 多倍，他说如果我有兴趣也可以搞一下，没有涨跌停板的限制，真的太赚钱了。我刚想仔细询问一下，老同学说他的领导回来了，回头再打给我。放下电话，我就动了歪脑筋：我还有一周的时间支付房款，100 万元不用白不用，凭我的投资能力，乘胜追击搞个差价，赚个快钱肯定没啥问题。如果运气好，万一赌对了，搞不好一周翻个几倍也是有可能的，相当于房子就是白捡的了。其实，我刚才也没有听明白老同学搞的是啥投资，我打开炒股软件看了一下，他投资的品种和股票差不多，价格还挺便宜的，基本上都是几元钱，便宜的只要几毛钱。我本来就喜欢便宜的股票，深发展就是从几元钱涨到几十元钱的。我随便挑了一个便宜的几毛钱的品种，最终以 0.8 元的价格买了进去。心想，要是八毛钱涨到八元钱，那就真的发财了，反正没有涨跌停板嘛。原本我买股票就喜欢全进全出，这次我也将账户上的 100 万元全部买入，买完后我甚至都没有去记该品种的名字与代码，就是觉得名字怪怪的，代码也与普通股票不一样。做完这一切，我想着股票都是 T+1 交易的，今天买完当天不能卖出，加上公司还有事情，我就匆匆离开了证券营业部。那个周末很开心，我还带着老婆孩子出去玩了两天，吃了大餐，全家对未来的大房子都充满了希望。"

"这就是我的红色星期五。过两天，周一上午有客户过来，所以我没有时间看股票账户，中午忙完后，我打开电脑想查一下股票的权益，结果惊奇地发现，除了现金还有几百元以外，账户上没有显示我购买过任何股票，我有点慌了，连忙打了一个车去到了证券部的柜台，看到一个工作人员，赶紧咨询一下。"

"美女，帮我查一下，我周五买的股票怎么电脑显示不出来呢？"

5 分钟后，工作人员回道："董先生，您好，我刚才查询了，您没有购买任何股票。"

"不可能的，我是上周五上午购买的，花了我将近 100 万元呢，你赶紧再帮我看一下。"

又一个 5 分钟后，她回答："董先生，您好，我仔细查询过了，您的确没有购买过任何股票，不过，您周五购买了钾肥认沽权证。"

"对，对，对，我想起来了，名字怪怪的，是什么钾肥……权证，代码也与股票不一样。"

"是钾肥认沽权证！"

"对，对，美女，你赶紧帮我看一下我购买的这个钾肥认沽权证现在有多少钱？另外，你告诉我，怎样在电脑上操作才能自己看到？这个钾肥认沽权证也太奇怪了，股票买了，自己可以随时查到；但是，认沽权证买了，自己却查不到，必须到你们的柜台才能查得到。"

"董先生，我帮您查了一下，周五收市时，钾肥认沽权证最后价格是 0.107 元。"

听到这个价格，我顿时觉得天昏地暗。周五我是 0.8 元买的，现在的价格却只有0.107 元，100 万元亏了整整 86 万多，完蛋了，完蛋了！我缓了一会儿劲，说道："那你帮我查一下，钾肥认沽权证现在的价格是多少？不行我就全卖了，认栽。"

"董先生，我看你是周五上午买的，买完后，这个权证的价格最高还冲到过 1 元钱，为什么您当时不卖了呢？钾肥认沽权证，其实只适合做日内短线交易。"

"股票不是 T+1 交易的吗？刚买完怎么能卖呢？"

"您买的不是股票，是权证，权证是 T+0 交易的，当天买了，马上就可以卖掉的，一天可以做很多次。"

"啊，是这样的啊！早知道我当天就不走了，赚点钱就直接卖掉了，每股赚 0.2 元，我一共可以赚 20 多万元呢。唉，我不懂啊，以为是股票。算了，那你帮我看看现在多少钱了，我现在就卖了吧，算我倒霉。"

"董先生，不好意思，您现在卖不了啦。"

"为什么，我的股票我想卖就卖，凭什么我现在又不能卖？"

"关键是您买的不是股票，是权证啊。钾肥认沽权证上个周五是最后一个交易日，今天开始已经不能再交易了，您只能在今天到本周五的这个时间段行权。"

我再次蒙了，站在柜台前愣了半天，然后又和证券部的工作人员沟通了很久，才明白什么叫行权。

"那就行权吧。对了，美女，你帮我计算一下，看看行权以后能拿回多少钱？"

"不好意思，董先生，我现在只能帮您大概计算一下，您要到周五行权快结束的时候才能确切地知道最终的结果。您持有的钾肥认沽权证的行权价为 15.10 元，根据认沽权证的规则，您持有的每份钾肥认沽权证在行权期间，您都可以 15.10 元的价格向权证创设人卖出 1 股盐湖钾肥股票。"

"那盐湖钾肥股票现在的价格是多少呢？"

"稍等，我帮您查一下。董先生，您好，盐湖钾肥股票现在的价格是 44.87 元。"

"美女，你说什么？现在盐湖钾肥的价格是 44.87 元，你让我以 15.10 元的价格卖给别人？我疯了吧？我不可能这么傻吧，绝对不可能的事情啊。"

"董先生，您好！如果您觉得行权不划算的话，您可以选择不行权。"

"我肯定选择不行权啊！不过，我持有的认沽权证最后怎么办呢？现在又不能交易了。"

"董先生，非常遗憾，那您只能选择全部作废！"

听到这里，我的脚发软，跟跄了一下，赶紧找了一个沙发坐了一会儿，过了 10 分钟，我又回到咨询柜台问："美女，今天才周一，离周五还有 5 天，你说周五的时候盐湖钾肥的价格能跌到 15.10 元吗？"

"董先生，您好！您说得很对，如果周五收盘前的时候，盐湖钾肥的价格跌到了15.10元以下，您就可以行权拿回之前的部分损失了。至于您说的盐湖钾肥的价格最后能不能跌破15.10元，这我就不知道了，要不您周五下午的时候再来看一看？"工作人员很礼貌地回答。

听到这里，我彻底明白了，我已经倾家荡产了。这位美女之所以还这样回答，只是在给我面子，给我留下最后的一点尊严，因为周五的时候，盐湖钾肥的价格绝对不可能跌到15.10元，因为5个交易日，哪怕盐湖钾肥天天跌停也不可能从44.87元跌到15.10元的。

这就是我的黑色星期一，惨痛的一天。

"江老师，这门课您讲述了很多的案例，刚才我也讲了自己的亲身案例，您让我们总结，我的总结就是：做投资短期看技术，长期看人性。技术可以让你赚小钱，人性却可以让你亏大钱！人很多时候是非理性的。比如327事件里面的管金生，前面理性了十几年，1995年2月23日的那天，他非理性了，非理性一天就足够覆盖他前面十几年的努力。我老董也是一样的，前面辛辛苦苦一年多赚的钱，一单骚操作就灰飞烟灭了。所以我现在挺瞧不起那些只会纸上谈兵的人，不管是学术派，还是民间技术分析派（当然不包括江老师您了），这些纸上谈兵的人，就算你讲的理论都对，那也没有什么用啊！因为你的投资理论成立的前提条件：人是理性的。然而，多数人做投资时都不是理性的啊！人如果是理性的，我买的钾肥认沽权证最后的收盘价为什么竟然会是0.107元呢？应该是0.000元才对啊！因为行权价远远低于股票的现价。这个问题多少年了，我一直都想不通：为什么钾肥认沽最后不归零呢？任何理性的人都知道：如果一个东西没有价值，那你就应该在它价格高于0时卖出。但是钾肥认沽权证却收于0.107元，这意味着，很多持有人宁愿接受血本无归的事实，也不愿意卖出。这就像一个恋爱大师，教别人如何谈恋爱时，说得头头是道，但你自己动真情谈场恋爱试试？投资的方法千万条，没有内功心法都是白搭。"

感谢西安老董分享的"红色星期五"与"黑色星期一"的案例，天堂、地狱，真是一线之隔，三天之距。只要在投资市场能混上个五年的人，多多少少都有过类似的经历，大家回看自己的投资历史，无不令人唏嘘！

真的，投资行业不缺明星，但缺寿星！

投资如何跳出"眼见他起高楼，眼见他宴宾客，眼见他楼塌了"的历史兴衰规律呢？我们投资心学理念课程到了总结收尾阶段，江老师将带领大家共同建造投资的"高楼"。

视频 5：迅迅投资能力三角形——量化交易技术

视频 6：迅迅投资能力三角形——内功心法

视频 7：迅迅投资能力三角形——天道与规律

第十九章：迅迅投资能力三角形

> 投资市场，想要长期稳定盈利，量化交易技术、天道、内功心法三者必须同步发展，这是迅迅投资能力三角形，三角都要硬！特别是处于地平线之下的天道与内功心法，普通投资者平时没有留意，特别容易被忽视。而且它们又是逆人性的，多数投资者哪怕知道了，也不一定能做到。

| 1 |

"眼见他起高楼，眼见他宴宾客，眼见他楼塌了"。我们必须思考，为什么起的高楼会坍塌呢？是楼面工程修得不好吗？不够华丽吗？答案：肯定不是！

我们的常识都知道，如果你只想修一座只有一层的四合院，那么你基本上不用打地基，直接盖楼就好了；如果你想建一个2~3层的别墅小楼，你就要开始考虑地基工程了；如果你想建设一幢几十、上百层的高楼大厦，那么你的地基工程就变成重中之重。没有地基的大楼是空中楼阁，就如同是无根之木、沙中建塔，必定头重脚轻，长久不了。

建楼这样，做投资也是一样！

为什么投资领域的盈利经常是"一年3倍犹如过江之鲫，三年1倍却凤毛麟角"呢？是一年3倍的人投资技术不好吗？答案：肯定不是！管金生技术不好？章华技术不好？彭飞技术不好？橡胶大王傅小俊技术不好？逍遥哥技术不好？长期资本公司技术不好？都不是。

绝大多数的投资者不能长期稳定盈利的根本原因是投资能力不够强！请注意，投资技术不是投资能力，投资技术只是投资能力的一部分。我们投资心学原创地用一个三角形将投资能力形象地表示了出来。大家都知道，所有多边形状中三角形最稳定，我们做投资的根本目的就是想长期稳定盈利，因此这个投资能力三角形非常重要，我们将其命名为"迅迅投资能力三角形"，以此纪念英年早逝的投资界才女佳人——迅迅。

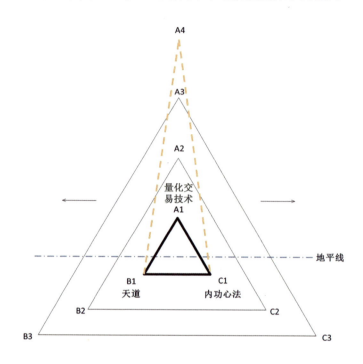

图 1901：迅迅投资能力三角形

特别说明：

课程整理到这里即将付梓成书，然而，我非常悲痛地告诉大家，我们的迅迅同学却在此时因为意外而香消玉殒，非常遗憾她自己没有看到她参与整理的《投资心学》的出版与发行。迅迅（张逊）是我的弟子，四川泸州人，大学中文系本科毕业，文采斐然，其字体娟秀；迅迅善良，纯粹，笃信佛法，并对投资学、经济学、哲学、社会学等等都有很深的见解；迅迅是美女更是才女，有大智慧，对人性与投资的真谛有着非常深邃的理解与认知；迅迅同学帮我整理课件与编辑书籍时，工作认真负责，并经常提出很多有益的建议，比如我们投资能力三角形，就是迅迅最早提出来的。

做投资的人都应该看一遍电视剧《天道》，迅迅与我也非常喜欢这部电视剧。我曾经一直以为天国的女儿只在电视剧中才有，剧中的芮小丹才是，直到有一天迅迅突然离世了，我才恍然大悟：迅迅不就是真正的天国女儿吗？

当生则生，当死则死，来去自如，丫头，不简单啊！！

下面我们详细讲解一下迅迅投资能力三角形在投资中的重要作用。

我们先来看迅迅投资能力三角形最核心的部分（图 1902）：

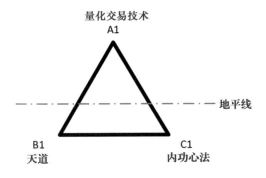

图 1902：迅迅投资能力三角形核心部分

迅迅投资能力三角形是一个等边三角形，三个角为 A1、B1、C1，三条边为黑色粗实线。其中，A1 代表着量化的投资技术与交易策略，B1 代表着我们的交易行为必须符合天道，C1 代表着在交易的过程中我们具备强大的内功心法。A1、B1、C1 三者相辅相成，缺一不可，缺少一个肯定不能长期稳定盈利。特别是 B1 与 C1，它们位于点划线的地平线之下，相当于盖楼的地基工程，它们重要但是常人留意不到，所以最容易被忽视掉。普通投资者只会认为地平线上面的能看得到的楼面工程（投资技术与交易策略）才重要，所以他们把绝大多数的时间与精力放在：技术分析、基本面分析、价值分析、财务分析、量价分析、宏微观分析、消息面分析、供求关系分析、多因子分析等等上面，结果往往都是事倍功半。这也是江老师我做投资三十多年，在前面二十年都不能稳定盈利的根本原因。

B1 与 C1 的地基工程的作用甚至还重要过楼面工程的 A1。只要你的 B1 与 C1 的基础打得好，你的投资技术与交易策略 A1 差一点也没有什么关系，最多就是大楼 A1 的高度低一些而已，也就是你投资的年化收益率少一些而已，别人是年化 50%，你是 10%。不过不用担心，你是乌龟在与小白兔赛跑，你是稳定盈利十年以上长期的 10% 年化，别人是某年偶尔的 50%，第二年就变成了负数。别人的楼虽然盖得高，盖得漂亮，但是容易坍塌，你盖的楼虽然不高不华丽（比如简单的单均线、布林线等策略），但是你的地基 B1、C1 打得牢，所以你盖的楼永远都不会坍塌，而且随着时间的推移，你的投资将会复利增长并爆发，你前面虽然跑得慢，但后面你赚得越来越多，越来越快，你将笑到最后！

当然，我们并不是说 A1 的投资技术与交易策略不重要，而是说 A1、B1、C1 都重要！我们不可偏废任何一方。在人性自动喜欢提升 A1（投资技术与交易策略）的同时，大家一定要强迫自己同步提升地平线之下的 B1（对天道循环的理解以及对兴衰起伏规律的把控），做到投资进退有度，游刃有余；与此同时，大家还要强迫自己同步提升地平线之下的 C1（自身内功心法的修炼），培养自己扛最大回撤的定力以及熬复利增长枯燥无聊的耐心与等待力，增强自己战胜幸存者偏差、贪婪、恐惧、鸵鸟效应、近因效应等本我的能力。

当我们想盖高楼，想将 A1 提升到 A2 时，我们要记住必须同步提升地平线之下的 B1 到 B2，必须同步提升地平线之下的 C1 到 C2，我们必须将等边三角形的三个角同步提升、三条边同步放大，最终三角形 A1-B1-C1 被放大到 A2-B2-C2。

当我们想盖更高的高楼，想将 A2 提升到 A3 时，我们要记住必须同步提升地平线之下的 B2 到 B3，C2 到 C3，我们必须将等边三角形的三个角同步提升、三条边同步放大，最终三角形 A2-B2-C2 被放大到 A3-B3-C3。以此类推，逐级放大，于是有了图 1901 这样的结构。

这种提升方式才是投资能力的科学、持续、稳定、长期的发展方式！

三角形最稳定，三角形的三角都要抓，三角都要硬！

如果我们忽视了地平线之下的 B 点与 C 点，只想图省事，只想靠直接提升 A 点来提升自己的投资能力，只想盖漂亮华丽的高楼大厦而不想老老实实打好地基，那么最终的结果必然是"楼塌了"。

大家请看图 1901 中的黄色虚线三角形部分。如果我们的天道水平 B1 与内功心法 C1 的能力一般、不够优秀，自己却贪得无厌只想盖高楼而盲目地将大楼的高度从 A1 直接提升到 A2、A3、A4……投资三角形最终变成了 A4-B1-C1，结果投资的大楼必定会头重脚轻，如同无根之木，必然不能长久。空中楼阁尽管华丽炫目，但最终一定会轰然倒地。

很多时候，我们会"聪明反被聪明误"。如果你的 A1 即投资技术与交易策略不够优秀时，你还会谦虚谨慎，你的贪欲还不会被放大，你现有的天道水平 B1 与内功心法 C1 还能支撑住 A1，那么，你现有的投资能力三角形 A1-B1-C1 还相对稳定，其结果，虽然你的 A1 不够高，挣不到大钱，但是靠投资，你挣个温饱钱去养家糊口肯定是没有什么问题的，至少你是长期稳定盈利的，只是赚多赚少的问题，起码比你打工强；但是，当你的 A1 即投资技术与交易策略开始优秀以后，你自认为聪明，自认为就是投资之王，骄傲自满，自以为是，老子的投资技术天下第一，你不懂或者不屑于对天道能力 B1 与内功心法 C1 的修炼，你天天只想再快一点、再多一点、再高一点，那么你最终的结果必然是知识越多，技术越好，死得越快。你盖的投资大厦，由于地基太浅，盖得越高，死得越快。前面一章的案例，327 事件中小瞿与老魏的鲜明对比就充分诠释了这一点。

| 2 |

美国长期资本公司以及它们的几个高管后面开设的 JMM 合伙人公司，如果只论投资技术 A1，那肯定是独步天下，诺贝尔经济学奖都获得了，还有什么好说的，必须是天下第一。那如果论内功心法 C1 呢？美国长期资本公司并不需要什么内功心法，或者说它们的内功心法也是天下第一，因为投资所需要的最重要的内功心法是扛最大回撤的定力，而美国长期资本公司做的是国债对冲交易，用的又是世界上最先进的量化交易系统，它们已经靠严谨的数学推理将所有的风险敞口都关闭了，理论上它们的交易系统应该没有风险，没有任何回撤，既然没有回撤，那就不需要什么扛最大回撤的内功心法了。美国长期资本公司这群地球上最聪明的人，已经将迅迅投资能力三角形的两个角 A 点与 C 点做到了全球的极致，但是他们忽视了迅迅投资能力三角形还有一个 B 角，对天道循环的理解以及对兴衰起伏规律的把控，他们以为只靠投资技术就可以笑傲江湖，就可以永远矗立在投资之巅。所以当夏普问斯科尔斯"你们公司的风险在哪里"时，斯科尔斯才会回答"我们也不知道风险在哪里"。其实，诺贝尔经济学奖获得者也有其不知道的地方。长期资本公司最大的风险就在：不懂天道！

天道要求：一分付出一分回报！由于长期资本公司的国债对冲交易的理论回撤值很小，相当于没有太多的付出，因此它们的回报率自然就应该很低（小于 3%）。然而斯科尔斯等合伙人是不会甘心这么一点收益率的，所以他们想到了放杠杆，而且由于他们不懂也不怕天道的缘故，因此他们放的杠杆的倍数也随着自己贪欲的增加而越来越大：10 倍，20 倍，最终杠杆被放到了惊人的 60 倍左右。杠杆是把双刃剑，美国长期资本公司原来应该很小的收益率因为杠杆的作用而被放大到了 50% 左右的年化，收益风险比由于很小的回撤而有好几百，妥妥的一个：又让马儿跑又可以让马儿不吃草的"秘籍"，整个公司、华尔街都欢欣鼓舞，殊不知，在收益被放大的同时，公司的风险也被偷偷地放大了——只要投资标的物的价格反向运行 2 个百分点，美国长期资本公司就有了破产风险。然而公司的高管却对此丝毫不担心，因为他们认为这种极端风险的情况要几千年才会发生一次（他们使用的数学模型是正态分布模型，并不是混沌数学模型）。

然而，在天道面前，在迅迅投资能力三角形面前，人人平等，老天爷并不会因为你的投资技术或者交易策略牛就会特别眷顾你，而且恰恰相反，谁违反了天道，老天爷就会率先收拾谁；谁复利增长的本金太多，谁单次增长率太快，谁迭代的次数太多，只要贪欲过大突破了天道的边界，很快就会招致黑天鹅事件，前面赚得再多的钱都会瞬间灰飞烟灭！投资技术世界第一的美国长期资本公司，最后的寿命并不是世界第一而是只有短短的几年。"技术第一，寿命倒数第一"这样的结果无不令人唏嘘与深思。

各位投资者，你现在还认为投资技术与策略第一重要吗？

美国长期资本公司并不是孤例，只要是技术厉害的人或者公司，普遍都会犯下同样的：人发飘、脑发热、恃才放旷、唯我独尊的错误，前面的课程中我们已经讲到了很多：年轻时的江老师、JMM 合伙人公司、韩国比尔黄、股神徐某、萍姐、管金生、章华，不作死就不会死，投资技术与投资寿命似乎成了反比例关系。

其实，损失金钱还不是最惨的，俗话说：德不配位，必有灾殃。如果我们自恃投资技术好，做得太过、太猖狂，其后果那就不再只是损失点钱的事情了，更有甚者，会危害身体健康与生命安全。我们前面讲过的刚哥、彭飞、橡胶大王傅小俊、逍遥哥等等，就是这样的案例。

与上述这些案例相对应的却是两个对投资技术、交易策略基本上一窍不通的两个神人：我的同学姚伟，用一根表面看起来简单、粗糙的单均线，纵横捭阖股市二十年而不倒；我们的原学学生，用一个很普通的唐其安通道策略，从 2012 年底开始一直到 2022 年的现在，整整十年的时间，全国展示实盘资金曲线，以 25% 左右的年化复利收益率，纵横期货市场，蜗牛散步式地将一个个的单年度冠军慢慢甩在了后面，上演了一出现代版的乌龟与小白兔赛跑的传奇故事。

那些"技术第一、寿命倒数第一"的惨痛教训以及"逝者的鲜血与生者的眼泪"无不警示着我们普通投资者，特别是那些技术与策略表面上看起来很牛的交易者：我们做投资必须在天道的边界范围之内进行，我们须知"绝怜高处多风雨，莫到琼楼最上层"！我们要控制杠杆比例，适可而止，进退有度，切莫贪得无厌。大家要学习前人曾国藩，也要学习一下 327 事件中的老魏与浙江黄总。

还是那句话：加法谁都会，减法才是大智慧！

很多时候，在投资领域，黑天鹅事件都涉及市场容量的问题，表现为市场流动性出现了危机，表现为滑点等交易损耗的增加。比如，你自认为很牛的交易策略在投资市场上找不到交易对手了，你建的仓位很难平仓了，要平仓你必须打低很多价位才能成交，而你研发这些策略的时候，你的假设条件却是流动性无穷大、开仓与平仓都很容易、滑点等损耗都很小等等。投资领域谁都不是傻瓜，不可能傻傻地等着你使用"技术秘籍"来顺利赚他钱的。他也会研究赚钱的技术与策略，来反赚你的钱，当然你也会继续反击，然后他又"道高一尺、魔高一丈"地循环往复。

正因为有天道的制约，任何投资技术与交易策略长期来看，都不可能做到：高收益，低风险和大容量三者的同时实现。你要想实现其中的两个，必须牺牲掉第三个。同时满足三者的投资方法是不存在的。如果你的投资策略能够实现高收益和低风险，那么这个策略的容量一定很有限（比如炒单、高频）；如果投资策略高收益、高容量，那一定需要承担较大的回撤风险（比如趋势跟踪策略）；如果投资策略追求高容量与低风险，那么收益率一定比较低（比如货币基金、固定收益类的策略）。

又想让马儿跑，又想让马儿不吃草，这是不可能完成的任务！与追求永动机没有啥区别。其实这已经不再是投资的问题，而是你的世界观、价值观的问题了，你还生活在童话世界中。

懂得了这些，你在投资领域才能活得久，否则必然昙花一现。与美国长期资本公司相对应的一家公司就是西蒙斯的大奖章基金。西蒙斯在大奖章基金 100 亿美元规模的时候，非常担心市场容量的问题，他选择了主动封闭基金，不再对外接资金，只对内部的员工开放。西蒙斯是一个懂得天道的人，所以他可以几十年一直活跃在投资市场之中。

作为一个普通投资者，我们要努力提高自己的综合投资能力（不仅仅是提高技术能力），我们需要熟练掌握迅迅投资能力三角形的精髓，做到量化技术、天道与内功心法的同步提升与平衡发展。

针对迅迅投资能力三角形的天道 B 角，大家一定要去复习一下我们前面讲过的那些黑天鹅事件以及我们原学天道公式。这里我还要再补充说明几点：

第一点，我们很多投资者无法理解或者不相信天道、报应、兴衰、无为、命运、混沌、黑天鹅等玄妙的东西，他们只相信眼见为实，只相信数学公式，只相信事在人为之力，只相信有为之法。我们现在讲天道，他们理解不了，最多只能埋一颗种子在他们的心里，只有等未来机缘成熟，他们自己亲身经历过类似的混沌事件以后才会恍然大悟，只有到那时，我们埋的种子才能发芽、开花与结果。其实我自己当年也不相信什么投资天道的，也是经历了几起几落，等到三十七八岁以后才逐渐开窍的。

当然还有更多的投资者，即使知道了天道循环，也很难做到主动将自己的投资行为限定在天道边界范围之内（哪怕是知道了天道公式），特别是在自己最近投资做得不错的时候，脑袋就开始发晕，人就开始发飘，开始出现幻觉：别人都不行，只有自己行！自己就是世界投资之王，自己的投资技术天下第一，以后完全可以笑傲江湖，稳坐钓鱼台等等。其实这种自我膨胀的幻觉现象不只是投资界才有，纵观历史，遍地都是。当自己成功了，权力又没有制约的时候，每个人都会出现这种自我膨胀的幻觉。比如，民国初年，那么聪明、厉害的袁世凯，后来尝到了权力的滋味，为了实现独裁，竟然利令智昏，复辟当了 83 天的皇帝，开了历史的倒车，最终遗臭万年。

为了广大投资者少走弯路，少经历几次倾家荡产，尽快掌握天道运行规律，我现在用一个比喻，让大家对天道有更加形象地认识，并在实践中养成思考的习惯。

图 1903：查那全家福和他的房子

这是世界上最大的一个家庭，位于印度东北部的米佐拉姆邦，家庭男主人名字叫作查那，他有 39 个妻子、94 名子女、33 名孙子女和 1 名曾孙。图 1903 的左边就是查那全家一百多口人的全家福，他们一起生活在图右的那幢 4 层楼高的大房子里，这幢大楼拥有约 100 间卧室。查那家族人口众多，一顿饭就要吃掉 100 公斤大米，他们不得不想办法自给自足，比如在自家后院种植蔬菜，圈养牲畜，许多事情都亲力亲为。为了避免家庭成员之间发生矛盾，查那还制定了一系列明确的分工制度，比如女性负责家务，如洗衣做饭、打扫房屋，男性则外出工作，如下地干活、种庄稼、当工人等，他用极大的凝聚力撑起整个庞大的家族。

各位同学，大家现在开始冥想一下，假如整个世界就是查那家族这么大，你就是查那家族中的一员，你就在图左边这群人之中，生活在图右边的这幢的大房子中，其他哪里都不能去。这个时候，你每天会怎么想，怎么做呢？

此时，查那在你眼中就是上帝，他神秘不容易见到。查那很有权威性，因为他不但给了大家生命，而且男主人查那还给大家提供了吃穿住行。另外，此时，你肯定会站在自己利益的角度，想方设法让自己的利益最大化，比如，分的粮食多一些，住的房屋大一些，干的活少一些等等。如果满足不了这些条件，你还会怨天尤人，抱怨命运的不公。你有这些想法无可厚非，人性使然，家族里的每个人都会这样想。而且，由于人贪欲的无限与资源的有限，人与人之间少不了钩心斗角、明争暗斗。

但是，如果我们换一个角度和维度来思考问题呢？假如你就是查那本人！这个时候，你的想法肯定就不一样。你是查那，此时，你在家族其他人的眼中，你代表着天，你就是权威，你负责分配每天的食物、衣物、住房等等资源，你还有其他很多的权力，比如，你还负责安排每个人每天的工作，并且监督执行等等。查那本人的需求与其他人的需求肯定是不一样的，其他人的需求是个人利益的最大化，查那的需求是家族利益的最大化，查那必须维护家族的稳定与长久发展。由于资源的有限性，个人的利益与家族的利益很多时候是相互矛盾的，当个人利益与家族利益相冲突时，查那一定会牺牲掉某些人的个人利益去维护家族的利益。当然，作为查那家族的掌门人，掌心掌背都是肉，对下面的每一个人，查那必须一碗水端平，不能厚此薄彼，必须公平、公正地处理各种事件，解决各种矛盾冲突。查那要对人性有充分的了解，知道不可能完全公平，因为绝对的平均主义必然导致懒惰，谁都不干活，这个家族必然出问题。作为整个家族的"上帝"，既要保证大家多劳多得，又要维护家族的公平正义。

例如，查那的某一个儿子，特别能干，吃苦耐劳，勤奋努力，每天都外出干活，为家族做出了很多的贡献，查那知道后，必须有所表示，比如给他奖励，多分配食物、衣物、住房等等，并且树为典型，号召大家向先进学习等等，甚至还提拔他当了一个领导，带领家族的其他人共同富裕。

然而随着这个儿子地位的提高，他开始恃才放旷，骄横自满，自己也越来越懒，经常动口不动手，对家族的贡献越来越少，喜欢躺在过去的功劳簿中不再努力，与此同时，他的贪欲却越来越膨胀。另外，他还利用职务之便，巧取明夺，不劳而获地将他人的财物据为己有，搞得家族其他的人缺衣少食。查那知道了这些情况之后，决定处罚这个儿子。查那作为家族的"上帝"会采取什么样的方式执行呢？

你肯定会采取先慢后快的方式。毕竟这个儿子是你一手提拔起来的，你马上把他撸下去肯定是自己打自己的脸，再说你开始的时候对这个儿子还是抱有希望的，希望他能认识到自己的错误，改过自新，重新开始，你需要观察一段时间（就像康熙对太子一样）。然而，又经过了一段时间的观察与苦口婆心的规劝，这个儿子还是我行我素，一切以自我为中心，自私自利，任何事情都想让自己的利益最大化，不惜牺牲别人甚至整个家族的利益，搞得家族其他人怨声载道，社会舆论也倾向于拿下这个儿子。多行不义必自毙，查那你最后下定了决心。你在某一天的全体家族大会上，突然行动，剥夺了这个儿子的所有权力，并将其所多占的物品资源没收，分配给其他子女使用。你将这个儿子打入冷宫，不再信任，你只给他最基本的生活必需品不至于饿死。

查那你所做的这些代表着整个家族的"天"，你行的是天道，一切都是天经地义的。但是我们换一个角度，在这个被天道处罚的儿子眼中，这件事情却不是这样的，他感觉自己很倒霉：开始的时候好好的，自己拥有的金钱、财富、权力等等越来越多，自己非常开心，自信心爆棚，人发飘，然而突然有一天，碰到了黑天鹅事件，老天爷处罚了自己，之前拥有的财富一夜消失，所有的人都看不起自己，天上地下冰火两重天，自己开始感叹命运的不公。

天道真的不公平吗？

如果这个儿子此时不能深刻反省（古代皇帝有时还要发罪己诏），认识不到自己的错误：自己之前的所作所为太过激进而违反了天道平衡，自己不劳而获占有的资源太多，自己承诺的事情没有兑现等等，而是"成功找内因，失败找外因"，怨天尤人，打死都不认错，死要面子活受罪，甚至破罐子破摔，变本加厉，继续欺负同胞的兄弟姐妹，搞得天怒人怨。那么请大家想一下，查那你作为上天的代表，最后还会采取什么样的行动呢？

查那为了整个家族的利益，必然会将这个儿子扫地出门，让他永远都不要回来了。

各位同学，现在理解天道了吗？之前大家无法理解天道循环，无法理解为什么老天爷会用黑天鹅事件惩罚人，那是因为大家只从自己的角度与维度思考问题（相当于查那的那个儿子）；当你是查那，当你站在全局的角度，当你站在上天的维度思考问题，当全世界的人都是你的子民，当你就是上帝时，面对一个贪得无厌、利欲熏心的人，你会怎样做呢？你会毫不犹豫地舍弃这个儿子！

知道了上天的思维方式后，我们回到人间，我们现在应该明白以前那些懵懵懂懂的词语与句子的真正含义了吧：头上三尺有神明，人在做天在看，我们此刻应该对天道有了更深刻的理解，应该对天道产生敬畏之心。

大家一定不要认为江老师我这里多次强调迅迅投资能力三角形的天道B角是小题大做，危言耸听，那是因为：首先，你可能在投资市场没有挣过快钱与大钱，自然就没有越过天道边界；当你挣到时，老天爷就会注意到你了，你一定很快就会遇到很多奇奇怪怪的幺蛾子事件。其次，老天爷无形，你只是不知道老天爷在看你而已，换个角度，如果你是查那，你是老天爷，你也会惩罚过去猖狂的自己。

江老师我是一个被老天爷处罚过很多次的人，对此我有刻骨铭心的感受。之前年轻气盛，抱有侥幸心理，自认为偷偷越过天道边界，神不知鬼不觉。殊不知人在做天在看，每次都逃不出如来佛的掌心。我现在做交易，特别是在有行情赚钱之后，处处小心谨慎，如履薄冰，不敢越雷池半步，时时刻刻提醒自己谦虚谨慎，戒骄戒躁，居安思危。

遵循天道的人，其德行与运气自然也不会差。敬天、畏命，爱人，遵循天道，才是人生的正途！也是投资市场长久成功的坚实保障。人有善念，天必佑之！投资市场表面看，比的是投资技术，而往深了去，其实到最后比的是德行与运气。

两个人在投资市场竞争，先比投资技术，如果投资技术一样，则比资金管理与投资组合，如果水平也一样，那比内功心法，如果内功心法一样，比谁遵循天道，比修德与润运，最后，谁的德行好，谁笑到最后。

至于修行、修德、润运的方法，未来有机会我另外开一门修行或者玄学的课程时再详细讲述。大家现在至少要知道，我们的任何投资行为必须符合天道，我们投资挣的钱，必须在天道的边界范围之内。

厚德载物！厚德载财！

| 3 |

针对迅迅投资能力三角形的天道 B 角，我补充说明的第二点：

一个投资技术或者交易策略，我们一定要知道它什么时候亏钱，你才能使用。或者说舍得舍得，先舍后得，我们要知道一个投资技术或者交易策略需要付出什么我们才能有收获。或者说，我们要知道一套投资技术或者交易策略的缺点是什么，这个缺点我们能接受吗，然后才有必要去了解它的优点，否则就是浪费时间。

由于天道制约的原因，各位同学已经知道：任何东西都是有得必有失，有好必有坏，有多必有少，有优必有劣，有赚必有赔……

而一个投资技术或者交易策略的当事人，由于人性的原因，对外肯定是报喜不报忧的，讲出来或者表现出来的东西肯定都是选择性偏差，这无可厚非，当事人需要宣传，需要炫耀，需要引起关注，他们肯定要挑好的讲，这是人性使然；但是，作为接收人的我们，不能被他们的宣传所迷惑，必须客观地看待问题，必须正反两方面都看，这样看问题才够全面，我们千万不要在仓促和头脑发热中去做决策。

比如，谈恋爱吧，女孩子打扮得漂漂亮亮地来约会，只是为了引起你的关注，并不是想马上就结婚，如果你一见钟情，不顾一切，疯狂闪婚，那么，这样的婚姻后来多半都会出问题。如果真要结婚，你必须和这个女孩子相处一段时间，你看到女孩漂亮、聪明、柔情等优点的同时，还要找出这个女孩子的缺点，然后问自己：她的这些缺点未来你能长期接受吗？她爱发小脾气，你接受吗？她喜欢购物，你接受吗？那，她喜欢给你戴绿帽子，你能接受吗？如果能接受，那就结婚好了。

又比如，买基金吧，还是以昆哥基金为例。昆哥基金在 2019—2020 年的年化收益率达到了 110%，昆哥基金大力宣传，这种做法无可厚非，因为任何公司都要做业务，都要宣传自己。只要涉及宣传、广告等等，这里面一定带有选择性偏差或者幸存者偏差，这和女人化妆打扮没啥区别，昆哥基金也要包装一下嘛，错在我们自己没有分辨力。昆哥基金公司做宣传只是想引起广大投资者的关注，并没有让我们马上就买他的基金，就像女孩子打扮漂亮也是如此，没有说马上同意结婚，是我们自己太急了，我们只想闪婚，我们不愿意等，不想花时间再去仔细研究，结果急匆匆地在昆哥基金正向峰值的时候进场，当然容易亏钱啦。之前说过，只要稍微研究一下历史大数据，我们就会知道昆哥基金的真实业绩。正峰值 +110%，你接受吗？十年年化的均值是 +14.65%，你接受吗？负峰值（最大回撤）-29%（2022 年甚至达到了 -40%），你接受吗？

下面我将投资市场上一些比较典型的投资技术与交易策略的优缺点用表格列出来，供大家参考与选择。

表 1901：几个典型投资策略的优缺点

名称	长期年化（均值）	短期年化（正峰值）	最大回撤（负峰值）	主要优点	主要缺点	你需要付出什么
股票多头	10%~20%	100%（个别股票超10倍）	−30%~−60%	市场容量最大，钱多钱少都能做、择时技术简单	选股技术难，回撤最大，行情间隔时间很长（3~8年）	投资组合、价值投资与基本面分析、扛回撤能力，最强大的等待力
管理期货CTA：趋势跟踪	20%~30%	150%（个别期货超100倍）	−15%~−35%	行情比较多，可对冲股票风险、技术要求低、轻松悠闲	回撤较大，市场容量中等	扛回撤能力，较强的等待力，投资组合能力
炒：期货、期权（买方）、某只股票、虚拟币等	无	10~1000倍	−100%	短期暴利、很爽，偶尔赚大钱，特有成就感	随时有爆仓与倾家荡产的风险	需要抵住诱惑：贪欲心魔，侥幸心魔，建议用小账户轻仓玩
市场中性、多空对冲、套利，期权卖方等	5%~10%	30%~50%	−5%~−10%	回撤较小，投资体验好	容量较小，收益较少（常需额外加杠杆），投资技术要求较高	较强的投资技术，且需经常升级，工作较辛苦，若加杠杆容易黑天鹅
炒单、高频交易等	20%~40%	100~150%	小于−5%	回撤最小，收益较大，符合人性	容量最小，技术要求最高，工作强度大，容易被模仿或者被监管	压力超大，身心交瘁，需频繁优化参数迭代策略

大家在做选择的时候，请务必记住：有得必有失，有失必有得！

未来，如果你碰到一个只有优点没有缺点的投资技术或者不需要付出就能躺赚的交易系统，千万不要认为是自己的运气好或者技术水平高，它不是选择性偏差就是幸存者偏差，完全经不起时间的考验！而且还很有可能就是故意吸引你的人性陷阱！你盯着的是利润，别人盯着的是你的本金。

其实判断投资技术、策略战法、交易系统、投顾盘手或者基金产品能否长期稳定盈利的一个简单有效的方法就是问一个问题：请问你知道你什么时候会亏钱吗？

答得出来的，基本上就没啥问题；答不出来或者模棱两可或者嘴硬坚称自己不会亏钱的，肯定有问题，千万别碰。

针对迅迅投资能力三角形的天道B角，我要补充说明的第三点是：天道与节奏。

由于资源有限、天道制约的缘故，一个事物的发展规律一定不是一帆风顺的，一定是在曲折中前进，在矛盾中突破。因此，一涨一跌，一呼一吸，一进一退，一兴一衰等等，才是客观规律，才符合天道。正所谓：孤阴不生，独阳不长，一阴一阳，谓之道！

了解了天道，我们就能清楚地知道：那些收益率很高却只涨不跌，呈一条直线向上猛涨，没有回撤或者回撤非常小的资金曲线，长期来看是不存在的！那种收智商税的资金曲线，是忽悠人的资金曲线。它们要么是在历史数据上过度拟合出来的；要么就是选择性偏差或者幸存者偏差；要么就是交易时间过短，将风险后移（典型的就是将市场回撤风险偷偷转移成信用风险或者流动性风险，最后一把惨烈收场），时间一拉长，就会原形毕露。

美国长期资本公司前四年的资金曲线就是一条直线向上涨的，结果怎么样呢？

这里，我们将前面所讲的图1411与图0401放在一起，作为复习，对比展示给大家看看，希望同学们未来能做出正确的选择，否则，你将输在起跑线上。选择错误才是最大的错误。

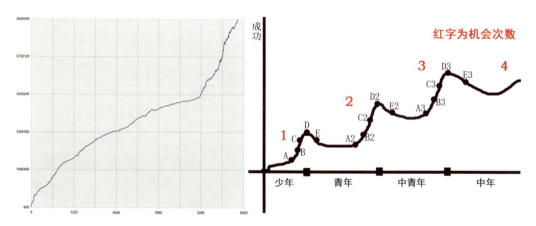

图1904：资金曲线和人生曲线对比

左图谁都会选，但是，选择右图才是正确的！选右图才是大智慧！

不是你选的投资技术、交易策略或者基金经理后来失效了，而是你本来就选了一个注定会失效的投资技术、交易策略或者基金经理。人间正道是沧桑！

图1904中右边既是标准的人生曲线图，也是标准的投资的资金曲线图，它的每一次的上升与下跌（回撤）都很有节奏感，是标准的形态：曲线中的A-B-C-D段为上升阶段，

时间短，增长快，让我们的资金很快上了一个台阶，这个阶段主要靠的是行情、运气与德行（注意不是本事）；当行情结束后，曲线从局部高点 D 开始向 E 点回撤，回撤控制得很好，幅度不太大，没有暴跌，这个阶段靠的是真本事；然后曲线进入 E 到 A 的平台整理阶段，打根基、筑平台、蓄势力，其时间长，增长缓慢，此时能稳住平台，不再下跌你就很厉害了。这个阶段主要靠的是个人的内功心法、扛回撤能力与熬时间的等待力。

图右是我们梦寐以求的投资资金曲线（注意：图左不是梦寐以求的资金曲线而是童话资金曲线，竹篮打水一场空）。不过在真实的投资世界中，图右的资金曲线也是很难做到的，原因很多，主要是行情的特点与时间间隔不可能如此有规律，另外真实的交易是有损耗的，还有交易手续费、交易滑点等成本。真实的资金曲线与标准的图右资金曲线最大的不同在 D-E 的回撤阶段（回撤幅度不一样）以及 E-A 的平台整理阶段（时间长短不一样）。真实的资金曲线，大家可以回看一下图 0112，我们投资心学全国展示的那条已经九年半的实盘资金曲线。另外，这里也将我做的期货 CTA 的趋势跟踪策略的实盘资金曲线展示给大家，供大家参考学习。

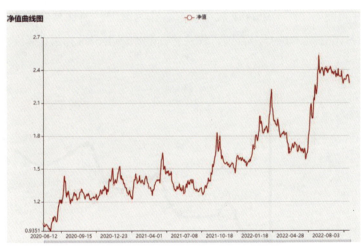

图 1905：期货 CTA 的实盘资金曲线

图 1905 基本上算是一个实盘标准的资金曲线。大家与图 0401 相比较，可以看出：实盘的资金曲线的上涨阶段是一波三折的，不可能非常光滑，更不可能一步到位；当然下跌回撤的阶段也是这样。另外，图 1905 的平台整理阶段是有很多起伏与波动的，不可能像图 0401 那样非常平坦与规整。

大家可以将自己的资金曲线与图 1905 进行对比，如果你实盘的资金曲线也能基本做到这样，那就要恭喜你了。

图 1905 之所以称得上是一个实盘标准的资金曲线，也就是说，这样的资金曲线既符合天道，又是我们通过努力可以实现的，而且还能长期稳定地盈利。与图 1905 有很大不同的资金曲线都是有问题的，好很多不行，差很多更不行。

好很多：如果你自己的或者你看到的资金曲线比图 1905 好很多，比如图 1411 这样的呈直线上涨的幻觉资金曲线，不符合天道，不长久，只能短期满足一下人性中的童话需求。

差很多：比如下图的资金曲线，整体往下走，亏钱。

图 1906 是一个同学以前的资金曲线，也是在报名参加我们投资培训课程之前的资金曲线，大家看一下这条资金曲线有什么问题吗？同学们可以与图 1905 江老师的资金曲线进行一下对比分析。

资金曲线的重要性，我前面已经强调了很多次

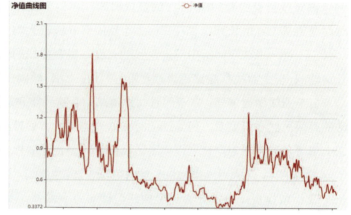

图 1906：一个老学员的资金曲线

了，大家千万要重视起来！不同水平的投资者，对资金曲线有着不同看法与认知：

韭菜投资者：从不看资金曲线或者只喜欢一条直线上涨的资金曲线。

初级投资者：看资金曲线的顶部，看收益。

中级投资者：看资金曲线的底部，看回撤。

高级投资者：看资金曲线的形态，一涨一跌，张弛有度，我们要品出其节奏感，整体曲折向上。

我们来解释一下。

韭菜投资者：我们就不说了。

初级投资者：看到图 1905 的资金曲线，他们会说，这条资金曲线还不错，三年的时间净值从 1.0 增长到了 2.4 左右，折合成年化收益率是多少多少；三年期间有 6 波较大的上涨行情，每波行情之后资金曲线都会创新高，每波行情的收益率是多少多少。而看到图 1906 的资金曲线，他们会说，这条资金曲线做得很差，二年的时间净值从 1.0 跌到 0.5 左右，折合成年化收益率是负多少多少。虽然这期间有几波上涨，但是后来都跌了回去，不能创新高，资金曲线的顶部正在逐渐下行。

中级投资者：看到图 1905 的资金曲线，他们会说，这条资金曲线不错，三年的时间净值从 1.0 增长到 2.4 左右；三年期间有 6 波较大的上涨行情，每次行情结束时，回撤控制得都很好，最大回撤是多少，最长回撤时间是多少，资金曲线的底部正在逐渐抬高。而看到图 1906 的资金曲线，他们会说，这条资金曲线做得很差，二年的时间净值

从 1.0 跌到 0.5 左右，折合成年化收益率是负多少多少。虽然这期间有几波上涨，但是怎么涨上去的又怎么跌下来，资金曲线的底部正在逐渐下行，最大回撤的幅度太大，最长回撤时间又太长。

高级投资者：看到图 1905 的资金曲线，他们会说，这条资金曲线非常好，三年的时间净值从 1.0 增长到 2.4 左右；三年期间有 6 波较大的上涨与下跌的轮回行情，一涨一跌，一进一退，在曲折中前进，张弛有度，资金曲线的节奏感把控得很好，每一次的行情轮回，资金曲线都能够逐级上台阶，整体往上涨。看到图 1906 的资金曲线，他们会说，这条资金曲线做得很差，二年的时间净值从 1.0 跌到 0.5 左右，资金曲线的涨跌很混乱，涨的时候虽然涨得很多，但是跌的时候跌得也不少，另外涨跌的节奏很混乱，资金曲线忽上忽下，飘忽不定，让人捉摸不透，感觉交易主观随性，没有章法。

各位同学，对比看完图 1905 与图 1906 的资金曲线，你现在是什么样的投资水平？

我们做投资，一定要看资金曲线，针对资金曲线，我们不要太多纠结于收益，也就是资金曲线的顶部情况，因为那里面含有大量的运气成分，台风来了猪都能上天，行情来了谁的资金曲线都能往上冲。如果我们想成为中级投资者，我们应该将主要精力放在资金曲线的底部也就是回撤的控制上面，因为那需要投资的真本事，回撤控制好了，你未来才有机会等到下次台风的到来。回撤控制得不好，回撤幅度太大，超出了你的风险偏好，就会导致你破产，那下次来多大的行情又与你有什么关系呢？另外，如果我们想成为高级投资者，除了研究控制回撤的技术以外，我们还要将精力放在资金曲线的节奏把控上面，要将自己的资金曲线做到一呼一吸，一涨一跌，一进一退，富有节奏感，还要保持整体曲折向上涨。

交易过程中我们需要坚守的原则：交易过程不要自乱阵脚，打乱了交易的节奏！有节奏后面就有钱，没节奏就没钱，没节奏即使有钱都要吐回去。

当短期利益与交易节奏产生矛盾的时候，我们要放弃短期利益，要维护交易节奏！

打乱了交易的节奏，就是破坏了天道的运行规律，后果很严重！

关于交易节奏，很多同学无法理解其重要性，我再举几个例子。

自然界只要涉及长久的东西，都是有规律且带节奏感的，比如地球绕着太阳旋转，一圈为一年，春夏秋冬有节奏；地球自转一圈，为一天，白天黑夜有节奏；人体最重要的事情是呼吸，进气出气，一呼一吸，每分钟 12~20 次，慢了不好，快了也不好；对了，还有人的作息规律，动静结合，白天工作，晚上睡觉，每天保持 8 小时左右睡眠。

节奏就是规律，就是天道，破坏节奏也是在破坏天道，其结果注定就是不长久！

就以睡眠为例，如果你晚上失眠，睡不好，凌晨 2 点还在熬夜工作或玩游戏，一定会影响第二天白天的工作，其原因就是你打乱了人体的正常节奏，违反了天道运行规律。你熬夜工作或干其他的，本想多做一些事情，结果适得其反，得不偿失。

又比如，两支球队进行足球比赛，如果大家都是业余水平，那么，哪支球队的球员技术好，或者哪支球队能走捷径，临时外聘一两名技术厉害的球员，则最后他们队获胜的可能性较大；但是，如果这两支球队都是高水平的球队呢？比如西班牙足球联赛的皇马VS巴萨，巴塞临时找来梅西、C罗帮忙，下一场比赛巴塞就能大概率战胜皇马吗？不一定吧！皇马VS巴萨，真正能够大概率战胜对方的方法是：在比赛过程中，尽量打乱对手的比赛节奏，想方设法地让对手按照我们自己喜欢的节奏来踢比赛，这样的话，对手出错的概率会增大，我们只需要耐心传球等待时机，一旦对手出错，一举战胜对手。

看到这里，很多同学肯定要问：踢足球如此，那我们看资金曲线的形态，品资金曲线的节奏，到底有什么好处？有什么额外收益呢？

答案是：不是额外的收益，而是会有大收益！而且你不这样干，你的投资很危险！

我们品味资金曲线的节奏，相当于我们掌握了这个策略的天道运行规律。还记得我们第一章讲到投资的难与易吗？我经常把我们这门投资心学课比作"投资易经"，这里的"易"有三个含义：①交易的易；②易经的易；③容易的易。在投资交易领域，只要我们掌握了真正的交易之经，领悟了兴衰起伏的投资天道，顺天应人，那么投资将是一件非常容易且简单的事情！否则，投资比登天还难！希望我们能领悟。

品节奏，悟天道！

这里我们再用一个例子——跳大绳领悟投资之道！请看图1907：

上图中，有一群人在公园跳大绳！这个跳绳游戏，我相信在座的各位同学，在小时候包括现在都应当玩过。你还记得如何才能顺利地跳过大绳吗？

大家请先留意图中的有一个正准备进场的人，她穿了一件手臂带白条的黑衣服和运动裤，她身体微微地半蹲

图1907：跳大绳领悟投资之道

下，请问她在干什么呢？

她在"品"大绳上下摆动的节奏与频率。她的眼睛盯着大绳，腿半蹲，身体上下微微摆动，她在使自己的节奏与大绳上下摆动的节奏同步。

我再请问大家：当人与大绳的摆动节奏同步以后，如果换作是你，你会在大绳处于什么位置的时候进场呢？

大家可以回忆一下自己小时候跳大绳时的情景，也可以参看一下上图中穿红衣服已经起跳的那一个人，看看此时大绳处于黑衣人的哪一个位置？

很好，答对了。大家一定会等大绳从上面掉下来处于底部的时候进场！

那你们什么时候出场呢？

很好，答对了。你们一定会等大绳从下向上运行到顶部的时候出场！

请记住：未来你们的投资，如果也这样做的话，你就能做到长期稳定地盈利，哪怕你使用的是一个很粗糙的投资策略。投资与跳大绳一样，也要在资金曲线的底部进场，顶部出场！

那如果我们跳大绳的时候不这样做，而是在大绳上升到顶部的时候进场，在大绳下降到底部的时候出场，又会出现什么情况呢？

很好，答对了。大绳会打脚，你会失败出局！

请记住：未来你们做投资，如果也这样底部出场的话，你不可能稳定盈利，哪怕你使用的是一个天下最牛的投资技术与交易策略，都有破产出局的风险。

任何一个投资技术、策略战法、交易系统、投顾盘手或者基金产品，如果我们想深度介入的话，必须先关注它们长期的资金曲线（要防止选择性偏差与幸存者偏差），并像跳大绳那样，在进场之前"品"出它们的节奏与频率，即胜率、赔率、数学期望、最大收益率、长期平均年化收益率、最大回撤、最长回撤时间、收益风险比等等，如果我们觉得这些量化指标不错，年化收益可以接受，最大回撤也在自己的风险偏好范围之内，那么你可以选择它进入自己的投资池。但是，虽然选择了它，并不代表你就可以马上进场，因为你关注到它的时候，往往它都位于正向峰值处（即高点，否则你也不会留意到它），这个时候你需要等待进场的时机，你必须像跳大绳那样，等到大绳掉下来，等到资金曲线回撤下来，回撤到历史最大回撤值的七成左右再开始考虑进场。这就是顺应天道的投资之法！

我前面一直强调让大家要做量化交易而非主观交易，一定要把你之前接触到的投资技术、策略战法、交易系统等等进行量化处理，找到它们的胜率、赔率、数学期望、最大收益率、平均年化收益率、最大回撤、最长回撤时间、收益风险比等等量化指标，其目的就是要"顺天"，就是要对上它们的节奏与频率。另外，这些量化指标还要"应人"，就是要符合我们投资者自己的收益与风险偏好。

我们做投资必须顺天应人！这就是天道！

比如大家想学习图 1905 江老师的这个期货 CTA 趋势跟踪策略，是可以的，但是不能因为它是江老师的，是权威的，你就马上跟进效仿，也不能因为这个策略的某一段时间的收益率很高，你就饥不择食，迫不及待进场。你应该先关注而不是先深度介入。你应该像跳大绳一样，先"品"出它的节奏与频率，比如它的主要量化指标是：平均年化收益是 32%，最大回撤是 27.58%，最长回撤时间 5 个月左右等等（量化指标的具体计算过程，我们以后在股票、期货的量化实操课上再详细讲解）。

还有，图 1905 这个趋势跟踪策略的量化指标符合我们的收益与风险偏好吗？若不符合，放弃该策略，选择学习其他策略；若符合，放入我们的投资池，开始观察与等待，等资金曲线回撤到历史最大回撤的七成左右的地方，就像在跳绳的底部，我们再进场。

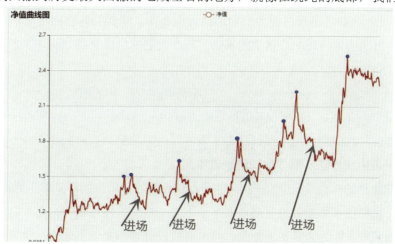

图 1908：期货 CTA 进场策略

上图中，我们将这个期货 CTA 趋势跟踪策略的好几个最佳进场点标注出来了，同学们可以看一下。

当然，我们无法准确预测每次回撤的最低位置，但是我们可以根据之前所有回撤中的最大回撤值的 70% 来确定本次进场的大致位置。这种办法的好处就是我们不用去扛太大的回撤，心理感受比较好。比如江老师的这个策略的最大回撤是 -27.58%，七成是 -19% 左右，那么进场后，我们最多只需要扛住 8%~9% 的回撤就可以了；而其他多数的普通投资者不懂迅迅投资能力三角形的天道与节奏，他们往往在资金曲线的高位进场（因为不在高位，普通投资者不会关注到它的），即图 1908 中进场点之前的那些相对最高点（图中用蓝点标记出来了）。普通投资者因为都是在高位进场的，多数情况都是错误的（因为前面已经涨很多了），往往一进场就被打脸，一进场资金曲线就开始回撤，而且他们的回撤幅度要比我们的底部进场要多1~2倍，回撤的时间也比我们长1倍以上。可想而知，普通投资者回撤期间压力山大，多数人时间一长都会选择放弃，经常是在底部该进场的时候不但没有进去反而出场了，他们很难等到下一波大行情的到来。

这就是多数股民、期民、基民亏钱的最重要原因。可以发现，他们亏钱的原因其实和投资技术、交易策略本身根本就没有什么关系！投资技术、策略战法、交易系统等等本身一直是赚钱的，像上图的年化收益32%；但是股民、期民、基民口袋里的钱却变成别人的，因为他们的做法相当于跳大绳逆操作，高位进场，低位出场，岂有不亏的道理。

另外这里我要说明一下：关于低位进场，高位出场的规则，这里针对的是量化交易策略或者一个投资组合的资金曲线，而非某一只股票或某一个期货品种的价格。因为前者是有真正底部的，后者多数是没有底的，大家不要搞混淆了。

好了，图1902迅迅投资能力三角形的天道B角，我就补充说明这么多。我还会在本书最后的附录中再讲述一下基金的正确的符合天道的量化交易办法。

| 4 |

下面我们开始讲解图1902迅迅投资能力三角形的地基下面的内功心法C角，其实关于内功心法，我们前面的课程已经讲了很多，这里我想继续补充说明几点。

（一）若内功心法不够，你知道也做不到

就像三角形的B角（天道）一样，内功心法C角的作用也同样非常重要，没有C角，我们前面靠投资技术修建的投资高楼要不了多久一定会"楼塌塌"！而且内功心法C角的修炼更加困难，因为它是逆人性的，绝大多数投资者不要说不知道，就算知道了，多数人也做不到。

比如，我们还是以图1908为例，图中我们已经将该策略的几个最佳进场点给标记出来了，各位同学，你们现在已经知道，但是未来在做实盘的时候，你们真能做到底部进场吗？根据江老师我以往的统计数据，除非专门进行过投资心学掷骰子模拟投资游戏的内功心法训练，普通投资者哪怕知道了，能坚决执行该规则的人往往不到百分之五。

普通投资者，尽管知道在资金曲线底部进场的诸多好处，他们也听巴菲特说过"别人贪婪时我恐惧，别人恐惧时我贪婪"这句话，不就是已经告诉大家要在资金曲线底部进场吗？但由于大多数人的内功心法不够，当资金曲线真回撤的时候，自己的恐惧心魔照样会升起，照样会怀疑：这次资金曲线的回撤幅度虽然已经达到了历史最大回撤值

的 70%，可以进场了，但谁能保证这次资金曲线一定会均值回归呢？万一这次资金曲线一直下跌收不回去，那现在进场不是很危险吗？我做投资的钱可是血汗钱啊，万一亏了呢？还是再等等看吧，等它涨起来吧（人性奇怪的地方就是，资金曲线猛涨的时候却想追高买，尽管高点进场时风险要大得多）。

就算再等等，你未来就会进场吗？肯定还是把握不准进场的节奏！

如果在等待的这一段时间之内，资金曲线进一步下跌，你肯定会起这个念头：幸好没有进场，进场就要亏钱了。有了这样的想法，未来哪怕资金曲线真的到了底部，你也不会进场了，因为你怕还会再跌。如果在等待的这一段时间之内，资金曲线没有进一步下跌而是上涨了，你还是害怕进场，因为你肯定又起了另一个念头：前一阵儿便宜的时候都没有进场，现在进场，可是要多花不少银子的，还是再等等看吧，等跌下来再进。

总之，绝大多数投资者的内功心法不行，在资金曲线的底部进场很难做到。

同样道理，绝大多数投资者也做不到在资金曲线的顶部出场。

虽然大家现在已经"品"出了图 1908 这个交易策略的节奏，而且你们也知道了做投资应该要同跳大绳一样，要等待资金曲线回撤下来再考虑进场。但是，假如现在的资金曲线真的就位于顶部（图 1908 中的蓝点位置），你真的会立马高抛出场？然后像鳄鱼一样静静地等待下一次的进场机会？你真有耐心与强大的等待力吗？

绝大多数人其实是做不到的！我们来投资市场本来就是想赚快钱、大钱的，现在，我们好不容易发现一个能稳定盈利的年化收益达 32% 的交易系统，此时我们贪婪的本我已经起用，你不眼馋吗？你不着急吗？你不想赶紧发财吗？多数人现在想的肯定不是等待或者出场，而是认为现在不抓紧进场，万一台风行情走了可怎么办啊？时不我待，过了这个村就没有这个店了，买吧。特别是此时，隔壁老王高位进场了，你的同学小张高位进场了，你周围很多大爷大妈都进场了，而且他们一进场就开始赚钱啦（行情在高位有时候会延续一段时间），此时此刻，你不眼红吗？你不怕踏空吗？（踏空可是比套牢还难受的感受）你还有耐心等待下去吗？

请大家回忆一下，近的几次大行情：2019—2020 年的昆哥基金、2015 年 6 月上旬的股票行情、2007 年 10 月上证指数 6124 点、2016 年双十一那天的期货行情以及本书前面讲的那些兴衰起伏的投资案例，当时你是什么时候进场的呢？

远的几次危机：荷兰的郁金香泡沫、美国的次贷危机、密西西比金融泡沫、南海泡沫[①]、亚洲金融危机、清朝末年的橡胶股灾、1929 年的美国股市等。

---

① 南海泡沫（South sea bubble）是经济学上的专有名词，指的是在 1720 年春天到秋天之间在英国发生的脱离常规的投资狂潮引发的股价暴涨和暴跌，其泡沫主体为南海公司。

连人类历史上最聪明、最理性、技术水平也最好的一个人，在贪婪的人性面前、在疯狂的人群面前也毫无招架之功，他就是著名物理学家牛顿！

同学们，请问你理性呢还是牛顿理性呢？你厉害还是牛顿厉害呢？

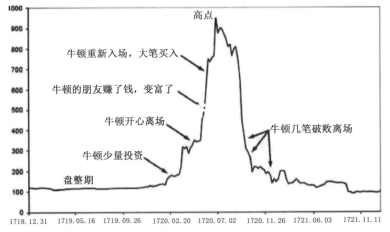

大家请看牛顿在南海泡沫时是什么时候进场与出场的：

大家可以将图1908与图1909进行对比分析，也可以将感想发到我的邮箱：9n@163.com。

图1909：南海股票泡沫（1718.12—1721.12）

南海泡沫结束后，牛顿说了一句有名的话："我能计算出天体的运动轨迹，却难以计算出人们会如此疯狂。"而牛顿自己恰恰也是疯狂中的一员，他最后亏损了2万英镑。

同学们，现在你们觉得：内功心法与投资技术哪个重要呢？

同学们，现在你们觉得：我们和巴菲特的差距真的只是投资技术上的差距吗？

巴菲特的术是价值投资，人人都在学习，都在拼命使用；但是巴菲特的道——"别人贪婪我恐惧，别人恐惧我贪婪"，又有多少人在学习和使用呢？

有一个段子能很好地诠释这种"就算你知道也做不到"的人性现象。

一个很有钱的老板，准备找一个聪明贤惠、能持家的女人做老婆。这个老板认为他自己很有智慧，也非常理性，肯定能做出正确的选择。为此，他出了一个题目：这里有一个大房间，给你们100元钱，看你们谁能用这个钱将这个房间给充满。第一个女孩的方法：用这100元买了一堆棉花，然后将这个房间堆满了，挺不错的一个想法；第二个女孩的方法是：只用了50元买了一堆气球，也将这个房间给堆满了，还给老板剩下50元；第三个女孩的方法更绝，只花了5元钱，买了一根蜡烛点了起来，蜡烛的光就把这个房间给充满了。各位同学，你们觉得老板最后会选哪一个女孩做他的老婆呢？

各位同学纷纷作答，多数同学选了第三个女孩，一部分同学选第一个女孩，还有两三个同学选择了第二个女孩。

公布一下答案吧，这个很有钱的老板最后选了一个身材好脸蛋又漂亮的女孩做了他的老婆。

哈哈哈，好玩吧，各位同学，这值得我们深思啊！

心理学的研究成果表明，在理性与感性的对决中，感性基本上从来都没有输过！理性很多时候只是人们为了支撑自己感性的选择而找的一个堂而皇之的理由罢了。

这种事情在投资市场上非常多，特别典型的行为就是：听到某个内幕消息，脑袋感性冲动后买了一只股票或者期货品种，然后再去找各种理性的论据以证明自己行为的合理性。

结果往往是：当初买得有多冲动，现在就有多难受！

比如前面我们已经将图 1411 与图 0401 拼在一起的图 1904，并且也告诉了大家：人生正道是沧桑！你现在也知道了如果选左边的图 1411，大概率是一个陷阱，是要缴智商税的。但是，在未来实盘的时候，你真的会毫不犹豫地选择图 0401 吗？

我想如果没有经过专业内功心法训练的多数人还是会像刚才那个选老婆的很有钱的老板那样，最终会追随自己的感性做出选择。

投资市场上，绝大多数人最终都不会输给投资技术而是输给了人性！

我们再举一个例子。

我们前面用了大量篇幅介绍了概率思维，各位同学也知道了概率思维与数学期望的重要性，请问：为了做好未来的投资，愿意按照概率思维进行投资的同学请举手。

很好，几乎所有的同学都举手了。但是，未来你们真的愿意用概率思维进行投资吗？

知道离真正做到还有很长的一段路要走！知行合一真的很难！

同学们如果不信，我现在打一个明牌，看大家如何选择：有一个方案 A 能让你一年 100% 确定赚 100 万元；另一个方案 B 有 50% 的概率让你赚 320 万元，但还有 50% 的概率让你亏 100 万元，请问你选哪一个方案？

大家会算这个题目的数学期望吧？如果按照概率思维，哪一个方案的数学期望值大，我们就应该选择哪一个。时间有限，计算数学期望的过程我就不写出来了，多数同学也会计算。数学期望值的计算结果，应该是选择方案 B！答案已经告诉大家了，我们现在打的是明牌。同学们，你们真的会选方案 B 吗？我想最后的结果应该是没有一个人会选方案 B。大家最后肯定还是会选方案 A。

知道又能怎么样？知道还是做不到！

很好玩的是，这个题目我们只需要换一个字，你的选择就不一样了，大家请看：

有一个方案 A 能让你一年 100% 确定亏 100 万；另有一个方案 B 有 50% 的概率让你亏 320 万元，但还有 50% 的概率让你赚 100 万元，请问你选哪一个方案？

同学们，就一个字的差别："赚"与"亏"，其他都一模一样。

计算数学期望的结果，应该是选择方案 A！答案已经告诉大家了，我们现在打的是明牌。同学们，你们真的会选方案 A 吗？我想最后的结果应该是没有一个人会选方案 A！大家最后肯定还是会选方案 B。

知道又能怎么样？知道还是做不到！

我们再重复一遍趋势追踪与量化交易系统的鼻祖理查德·丹尼斯的那句有名的话："我说过很多次，你可以把我的交易法则登在《华尔街日报》上，但是没有人能遵守它！"

有同学问到，那如何才能既知道又做到呢？

知行合一，是王阳明的名言，他认为知行合一是一种功夫，一般人很难做到，因此王阳明还说过：破山中贼易，破心中贼难！

现代社会能知行合一的人就更少了，很多人面子上是一套，骨子里又是另一套，台上道貌岸然，台下肆意妄为。还有很多人堂而皇之地将台上的表演叫工作，台下的才叫生活。甚至还有一些培训师，在台上大谈特谈王阳明的心学，靠兜售知行合一概念去赚钱，而私底下其实连他自己也根本做不到知行合一，他也没有准备去知行合一。这种现象在人文科学、国学等很难证伪的地方很常见。

还好投资市场是一个很容易证伪的地方，任何投资技术与理论，光说得好听是没用的，拉出来遛遛，展示一下自己本人的长期资金曲线与量化数据，任何滥竽充数的人都会原形毕露。做不到知行合一的人，台上说得再冠冕堂皇，实盘上就会露馅，就会显出庐山真面目。

知行合一是我们投资者很重要的内功！想做到知行合一尽管很难，但是你难，别人也难，你一旦能够做到，未来的投资就变得很容易，所以我们大家还是要想办法去做到知行合一。

我们投资心学认为想要做到知行合一，既知道又做到，光是嘴上讲理论是远远不够的，正确的方法是：要进行系统科学的训练，训练出另一个新的本我去压制住原来的本我，从而不让原来的本我启用或者少启用。而我们以前不正确的方法是：只想靠讲理论去控制本我。

什么意思呢？这里我举一个相似的例子简单说明一下。

比如你失恋了，很痛苦，吃不香睡不好，一个心理医生或者一个国学大师来劝你：要放下，放下，不要太在意，天涯何处无芳草，这些说教有用吗？其实没啥用，你会觉得来劝你的人没有感同身受，他们说起来容易，因为他们痛苦的本我没有启用，而你痛苦的本我已经启用，想要真正地放下谈何容易啊。正确的方法是：多谈恋爱，多次失恋，多痛苦几次，慢慢地你就对失恋有了免疫能力。

又比如，年轻的夫妻吵架，女方一气之下回娘家了。然而一个月之内，多数夫妻又和好如初，为什么？表面上是老公服软去娘家接媳妇，那只是面子问题，其实根本原因是分离了一个月，大家孤独寂寞的痛苦本我超过了在一起鸡毛蒜皮吵架的痛苦本我，一个新的本我压制住了原来的本我。

同样道理，如果你做投资的时候不遵守量化交易系统的各项规则乱操作，比如，不设置止损，不做资金管理，胡乱梭哈，不按照概率思维出牌，不在资金曲线的底部进场等等，你做投资就会失败，就会倾家荡产。光有这些理论说教有用吗？其实没啥用，你未来根本就不会知行合一地遵照执行，因为光是理悟是远远不够的！怎样才能有用呢？怎样才能保证你未来知道也做到呢？正确的方法是：你多次倾家荡产后，尝到爆仓的痛苦，你通过切身感受就明白，不遵守量化规则就会有更痛苦的新本我（以前，你的老本我是：设置止损痛苦、做资金管理痛苦、不梭哈痛苦、概率思维痛苦、不在资金曲线顶部出场痛苦、未在资金曲线底部进场痛苦等）；多次的倾家荡产、多次的痛苦慢慢地就能将你以前的老本我给压制住，覆盖掉，下次在投资的时候碰到类似的情况，你会条件反射地、自然而然地去遵守量化规则，这就是真正的知行合一！只是嘴上说，只是脑袋理性思考，都不是真正的知行合一！条件反射、肢体记忆，不通过大脑思索，内化于心，这才能真正做到知行合一！

回忆一下，以前我们是投资菜鸟的时候，一听到某只股票的消息，你马上想干什么？你马上就会产生了购买的冲动，似乎不马上购买明天就连续涨停买不到了，这个反应过程就是你的老的条件反射与肢体记忆。冲动建仓这个行为，并没有通过你大脑的理性思考，是自然而然产生的冲动。与之相反，经过我们投资心学掷骰子模拟投资游戏训练后的职业交易员，当听到某只股票的消息，他们马上干什么？他们马上会怀疑是不是庄家主力故意散播的假消息，然后打开电脑软件看看现在的价格在哪个位置，如果是在高位，绝对不会购买，这个反应过程就是职业交易员的条件反射、肢体记忆与潜意识。这个行为，并没有通过他们的大脑思考，是自然而然的行为。

再回忆一下，以前我们是投资菜鸟的时候，一听交易员老王做数字货币、P2P 等等赚了 10 倍，你马上想干什么？你马上就产生了赶紧跟着老王去发财的冲动，这个反应过程就是你的老的条件反射与肢体记忆。这个冲动行为，并没有通过你大脑的思考，是自然而然产生的冲动；与之相反，经过我们投资心学掷骰子模拟投资游戏训练后的职业交易员，一听交易员老王做数字货币赚了 10 倍，他们马上干什么？他们马上会怀疑交易员老王是不是幸存者偏差或者选择性偏差，这个反应过程就是他们的条件反射、肢体记忆与潜意识。这个行为，并没有通过他们大脑的思考，是自然而然的行为。

感觉还是有同学不太明白，那我再举一个我们身边的例子。

回忆一下，以前我们还是开车新手的时候，我们去驾校学习驾驶，一上车教练马上就说开车必须系安全带。你手忙脚乱，好不容易找到安全带在哪里，然后在教练的帮助下系上了它。当你系上安全带的时候，你浑身不舒服，因为此时有个东西压在你的前胸。每当周围没人的时候，你经常偷偷地将安全带取下来。上车不系安全带，就是驾驶新手的条件反射与肢体反应，并没有通过大脑的思考，其实如果是大脑理性思考，那肯定是应该系安全带，驾驶才安全嘛。后来，经过了教练的吼骂与监督，以及多次的不系安全带违章被交警罚款（被吼、被罚的这些不舒服与系上安全带的不舒服相比较，更难受，一个新本我压制住了老本我），你逐渐养成了系安全带的习惯！21天习惯成自然！现在你已经是一个驾驶老手了，你上车后的第一件事就是情不自禁地系上安全带，现在你开车，如果前胸部位不压上个安全带，你浑身不舒服，这是驾驶老手的条件反射与肢体反应，并没有通过大脑的思考。如果上车的时候，你的大脑还在想是不是要系安全带，那证明你还没有养成好的驾驶习惯！开车系安全带是一件天经地义的事情，根本不需要通过大脑再去思考对与错，知行合一，马上执行就好了。

知行合一，是自然的，不需要想，一想就错，一想你就做不到知行合一！

现在同学们应该完全明白了吧。

同样道理：以前我们还是投资新手的时候，我们做股票与期货实盘交易，一开仓，江老师就说开仓后必须马上设置止损。你手忙脚乱，好不容易设置好了止损线，但是此时，你浑身不舒服，因为被打止损是一件很痛苦的事情，损失金钱不说，你还失去了一次赚钱的希望。不设置止损，是投资新手的条件反射与肢体反应，并没有通过大脑的思考，其实如果是大脑理性思考，那肯定是应该设置止损，可以避免一次投资的损失过大。后来，经过了江老师苦口婆心的教导，以及多次的不设置止损后的巨大损失（爆仓巨亏的痛苦与设置止损的痛苦相比较，你更为痛苦。一个新本我压制住了老本我），你逐渐养成了投资必须设置止损的习惯！21天习惯成自然！现在你已经是一个老职业交易员了，你开仓后的第一件事就是情不自禁地设置好止损。现在，你投资与交易的时候，如果不马上设置一个止损线，你浑身不舒服，吃不好饭睡不好觉，这是一个交易老手的条件反射与肢体反应，并没有通过大脑的思考。如果开仓的时候，你的大脑还在想是不是要设置一个止损，那证明你还没有养成好的投资习惯！设置止损是一件天经地义的事情，根本不需要通过大脑再去思考对与错，知行合一，马上执行就好了。

知行合一，真的不要想，一想就错，一想你就做不到知行合一！

好了，大家现在已经知道了，在投资领域要想做到真正的知行合一，光讲理论光去理悟是远远不够的，必须多次实践，多次体验巨大亏损，多次尝到爆仓的痛苦，使我们产生：不遵守量化系统规则就会更痛苦，新本我很难覆盖掉以前的旧本我。21 天养成投资好习惯！多次巨亏或者倾家荡产的痛苦后，让我们慢慢将那些正确的量化交易规则变成我们自然而然的交易习惯，进入我们的骨髓中，内化于心，形成我们的条件反射与肢体反应，那么，投资领域的知行合一就自然而然地做到了。

当然，我们的掷骰子模拟投资游戏不能让大家真的像江老师我当年那样用真金白银去体验多次倾家荡产，谁都受不了，那真的是暗无天日；而且用真钱体验，很容易产生另一个可怕的本我——鸵鸟效应，未来你将恐惧投资，在骨子里拒绝投资，如果那样的话，你的这一生将与投资无缘。我们投资心学是用掷骰子的方法模拟真实的投资场景，让你用三四个月的模拟游戏时间，去领悟江老师四次倾家荡产的痛苦经历，以及巴菲特五六十年的复利增长过程，模拟投资游戏将你未来一生的投资过程先行完整地复现出来，暴涨的、暴跌的、开心的、悲伤的、无聊的、有趣的，一幕幕地都展现出来，而且重复几十次，你慢慢地会对投资见多识广，正确的投资认知、理念、思维方式与量化交易习惯等等潜移默化地进入了你的骨髓中，内化于心，成了你的条件反射、肢体反应与潜意识，随后，你的心理承受能力、战胜心魔的能力等等都会得到迅速的提高。这样，在未来实盘交易时，知行合一就变成了一件水到渠成、自然而然的事情了。迅迅投资能力三角形 C 角的内功心法，你只需训练三四个月，就能快速增加至少 15 年的功力。

| 5 |

（二）内功心法的最大好处：快速地、轻松地、大幅地提高投资绩效

刚才课间休息的时候，有同学问了我两个很好的问题，这里分享给大家。

第一个问题：提高内功心法，需要违背人性，需要养成新的习惯，我们才能知行合一地做到，这要花费投资者很多时间与精力，提高内功心法到底能得到什么好处呢？

这个问题很好，人是很现实的动物，为了减少损失而去提高内功心法，多数人是提不起兴趣的；然而，内功心法提高的最大好处并不仅仅是为了减少亏损提高收益，强大的内功心法可以快速地、大幅地提高我们的投资绩效！其实，这些我在《投资绩效轻松翻倍的魔法石》这一章就讲过了，只是大家缺少感性认识，没有在实战中使用过，所以很快就忘记了。这里我再举一个例子。这次我们来选基金，二选一。在今后的在线课程中，我们还会讲述基金的量化投资方法，这里我们先预热一下，顺便看看大家处于什么样的投资水平。

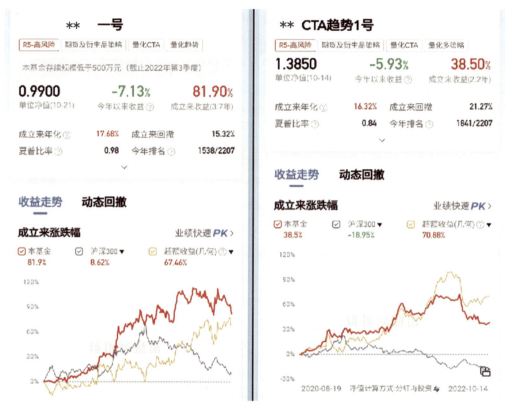

图 1910：两只基金的资金曲线与量化数据

大家请看图 1910 的两只基金的资金曲线与量化数据，如果是二选一，你会选择哪一个基金呢？提醒一下，大家要动脑筋地看，不能只看净值，有的基金是分了红的，净值会降低。

有些同学说一个都不会选，因为图中的两个基金今年都是亏钱的。哈哈，上节课讲的东西，大家转头就忘记了，看样子你们的内功心法需要马上训练啊！图 1910 中的基金，2022 年回撤才十几个点，多吗？昆哥基金、兰姐基金都回撤了百分之四十多，另外，图 0907 上的那些之前的明星基金，今年普遍也都回撤了百分之二三十。当然，你们现在一定能找到今年几个赚钱的基金，但是，你能马上购买吗？一买，你就又犯了我们第七章讲的输在起跑线上的错误，你不怕是幸存者偏差吗？几千上万家的基金，每年总有几只跑得好的，它们有两端留痕吗？它们有长期的资金曲线与大数据吗？就算有，上节课我们也才讲过，要买也要等资金曲线掉到接近底部才能买啊，掉到底部的时候同样也是在基金回撤与亏钱的时候啊。大家再去复习一下图 1908，看看我上节课讲的内容。

图 1910 的两家基金现在就是在底部啊，就是几个月前从资金曲线的顶部回撤下来的，而且回撤幅度不算大，整体可控。怎么，曲线掉下来大家又不敢买了是吧？你现在不敢买图 1910 上的基金，那么，那些在今年赚钱的基金产品，等到它们的资金曲线掉下来的时候，你又敢买吗？肯定也不会买。到时，你们肯定又会选那个时候资金曲线涨得好的、在顶部的基金。同学们，知易行难啊！内功心法不行，知道了正确的投资方法你也做不到啊，可怕的本我！资金曲线掉到底部的时候，你恐惧的本我已经启用，根本就无法理性判断。但是，当资金曲线掉下来的时候，在我们这些经过内功心法训练的职业交易员的眼中，不但不恐惧，反而认为是一个建仓进场的好时机。各位同学，如果你看到图 1910，一个都不敢选的话，那说明你的投资还处于初级水平，要加油哦。

什么？还有同学觉得他选择的今年赚钱的基金产品的资金曲线未来肯定不会掉下来？真有这样的同学吗？如果真有，我前面的课全都白讲了，那说明你现在处于投资的菜鸟水平，你就是来投资市场送钱的，还是赶紧远离投资市场吧。

图 1910 的基金尽管在回撤期，其实没有啥问题，也没有什么好怕的，而且它们有三年上千笔交易的记录，穿越过多次的牛熊市。另外，大家看它们资金曲线的形态，有涨有跌，富有节奏感，每次回撤后都能创新高，且资金曲线的底部逐渐抬高。这些都满足我们前面讲过的基金选择条件。总之，没有问题，大家大胆地二选一。

很好，又有同学说，这两只基金的年化收益率差不多，一个 16%，一个 17%，证明它们的数学期望为正，可以长期稳定盈利。最终决定买年化收益率高的。不错，那些不担心回撤，敢在资金曲线的底部准备进场购买基金，且能认识到数学期望为正这一步的同学，你们处于投资的中级水平。

还有同学说，左边的基金好，因为它的收益风险比大一些，数值是 1.15，即冒一份风险赚 1.15 份的利润；右边的基金则收益风险比是 0.77，即冒一份风险赚 0.77 份的利润，因此选择左边的基金。能注意到收益风险比这个量化指标的同学，则处于投资的中高级水平。

答案的确应该是选择左边的基金，不过，左边基金真正厉害的地方还不仅仅是因为它的年化收益率与收益风险比大一些，还有其他的重要原因。另外，它的年化收益率也不只是 17.68%。大家知道为什么吗？

5 分钟后，大家讨论了一番，还是我来公布答案吧。如果你能想到这个答案，你就是投资的高级水平。

我们上节课说过，任何一个投资技术、策略战法、交易系统、投顾盘手或者基金产品，如果我们想深度介入，必须事先知道它们长期的量化指标：胜率、赔率、数学期望、最大收益率、平均年化收益率、最大回撤、最长回撤时间、收益风险比等等。不过还有一个量化指标也很重要，就是平均仓位（或叫收益仓位）比。这个指标很隐蔽，一般都不会在明显的地方公布（图 1910 上就没有），你要进基金网站详细查找才能找到。这个指标为什么很重要呢？

经过我们详细查找，发现图 1910 左边基金的平均仓位是 20%，而右边基金的平均仓位是 50%（由于期货自带杠杆，所以期货的仓位一般都不能超过 60%，否则就有爆仓的风险）。左边基金的平均年化是 17.68%，平均仓位是 20%，右边基金的平均年化是16.32%，平均仓位是 50%。关于年化收益，大家要记住一句很重要的原则：做投资只比较短期的年化收益率不行，更要比较长期年化收益率，还需要比较收益风险比（长期年化／最大回撤），还要比较收益仓位比（长期年化／平均仓位）！

左边的基金是靠 20% 的平均仓位就赚到了 17.68% 的年化，而右边基金靠的是 50%的平均仓位赚到了 16.32% 的年化，大家并不在同一起跑线上。如果我们将左边基金的平均仓位也放大到 50%（即放大到 2.5 倍），那么左边基金的年化收益率将变成：17.68%×2.5=44.2%，这才是左边基金真实的年化收益。（当然，我们也可以将右边基金的年化收益率缩小 2.5 倍与左边基金做比较，总之确保大家都是在同一条起跑线上来比较业绩）。因此我们应该选择左边的基金，它的交易策略明显要好过右边的基金。

不过，我们还要考虑另外一个量化指标，那就是最大回撤。如果说平均仓位（收益仓位比）给我们提供了一个投资业绩轻松翻倍的可能性，那么将此可能性最终实现的因素并不在基金本身而在我们自己！我们自己的内功心法！我们的风险偏好！

平均仓位提供业绩翻倍的可能性，内功心法负责具体实现！

图 1910 左边基金，如果我们将它的平均仓位放大，在年化收益率放大的同时，最大回撤肯定也会相应地放大到 2.5 倍，左边基金的最大回撤值是 15.32%，那么，左边基金的年化收益率变成 17.68%×2.5=44.2% 的同时，其最大回撤同时也被放大到15.32%×2.5=38.3%。此时，你自己的内功心法就显得格外重要了！你能扛得住 38.3%的最大回撤吗？扛得住，你就能获得 44.2% 的年化收益率；如果你扛不住，那你能扛多少？扛 30% 回撤的话，那你的仓位就不能放大 2.5 倍，只能放大 2 倍，你将以 40% 的仓位和 30.64% 的最大回撤，去获得 35.36% 的年化收益率，以此类推。当然，如果你的内功心法太弱，只能扛住百分之五的回撤，那么年化收益只能缩小了。图 1910 左边基金，如果最大回撤降低到 5% 左右（15.32%/3），那么其最终的年化收益率也会缩小到17.68/3=5.89%。

我们最终的投资收益由我们自己的内功心法决定。内功心法强大的人，可以快速地、大幅地提高投资绩效。

我们投资心学关于投资有一句话：当投资技术与策略确定之后，内功心法就是决定因素！

我们再啰唆一下前面再三强调的天道。大家不要嫌江老师啰唆，我也不想啰唆，但是逆人性、改认知、改常识、改思维方式，不重复啰唆是没有效果的，同学们一离开课堂，一放下书本，转头就忘。唐僧为什么啰唆，父母为什么啰唆，也是这个原因，外加对你们深深的爱！像图 1910，很多同学因为恐惧，刚刚就说"一个基金都不会选"，完全忘记了资金曲线底部进场的投资原则，这还是在课堂上呢。

天道决定，如果你的内功心法弱小（比如只能扛 5% 的回撤），却幻想着较高的投资收益（超过 40% 以上的年化收益），你想让马儿跑，又想让马儿不吃草，这是不可能完成的任务！这经不再是投资的问题，而是你的世界观、价值观出了问题，你还生活在童话世界里，注定会掉入选择性偏差与幸存者偏差的陷阱中。你不要买股票了，还是去买彩票吧。

我们要评估一个投资技术、策略战法、交易系统、投顾盘手或者基金产品时，最重要的是前面四个步骤：

1. 看看它们是否有 2 年 100 笔以上的连续不间断的交易记录与资金曲线，排除选择性偏差与幸存者偏差。如果不满足上述条件，不要选。如果一定要选，也只能取行业的平均值，不能单独看峰值。

2. 资金曲线的形态有涨有跌，富有节奏感，穿越过最好 2 次以上的（至少 1 次）的牛熊轮回。每次最大回撤后，资金曲线都能创新高，且曲线的底部逐渐抬高。

3. 三个重要的量化指标要一起综合对比看：长期平均年化收益率、平均仓位、最大回撤。同一起跑线上，根据平均仓位计算出真实的年化收益率，并且对应看此时的最大回撤值。

4. 如果此时最大回撤值符合投资者自己的风险偏好，能扛得住，那么这个年化收益率就是你最终的年化收益率；如果不符合自己的风险偏好，扛不住，则有两个办法：要么调低年化收益率以满足自己的风险偏好，要么训练自己的内功心法（来）调高自己的风险偏好以获得（满足）较高的年化收益率。

另外，我还要说明一下：可能很多同学认为 15%～30% 的年化收益率太少了，就算我们靠强大的内功心法翻上个 2.5 倍到 44.2% 还是太少了。我可以告诉大家的是，44.2% 的年化已经是世界最顶尖的了，绝对不少了！我们这里说的年化收益率是长期平均年化收益率，不是短期的，也不是一年 N 倍的峰值年化收益率。巴菲特投资某只股票尽管可以翻上个几百倍，但是他的总资产的长期的年化收益率只有 25% 左右。中国所有基金经理中的第一名（长达 10 年以上绩效）的长期平均年化收益率也就在 20% 左右，你还能超过这个人吗？对此，大家可以再去复习一下我们课程的第十五章《复利爆发》。

长期平均年化收益率本来就不高，最多就巴菲特的 25% 左右，正常情况之下，你靠投资技术、交易策略去提高一点（比如从 10% 到 15% 吧），难度相当大。根据我多年的大数据，投资领域一个很一般的投资策略与一个顶级的投资策略，在长期平均年化收益率上的差距也就在 5% 之内，最多 10%，而且顶级策略需要你花费大量的人力、物力与研发成本，事倍功半。而上例中，我们靠强大的内功心法，轻轻松松地就将一个 17.68% 的年化收益变成了 44.2%（增加了 26.52%），事半功倍。5% 与 26.52% 相比较，相差了 5 倍，即：靠内功心法提高业绩比靠投资技术提高业绩，效果要高出 5 倍。这些足以说明了内功心法的重要性，它可以快速、轻松、大幅地提高投资绩效。

平均仓位，这个量化指标决定了一个投资技术、交易策略的业绩是否有靠内功心法轻松翻倍的可能性，它非常重要也非常隐蔽，几乎没有人会留意它，甚至很多人之前就没有听说过这个词。听完了这节课，至少我们投资心学的学生必须重视起来。

一般来说，纯股票多头型的基金，平时基本上都是满仓（100% 左右的平均仓位）在操作，它们公布的年化收益率就是最后的年化收益率，对应的最大回撤也是最后的最大回撤值。

一般来说，管理期货 CTA 策略性的基金，它们公布的年化收益率不一定是最后真实的年化收益率，需要将平均仓位调整在同一起跑线上进行比较。

一些经常将风险敞口关闭或者部分关闭的基金（比如市场中性策略、套利策略、横截面多空对冲策略、期权卖方策略、债券固收类策略等），由于关闭风险的同时，其收益率也被同时关闭了很多（天道使然）。然而低的收益率吸引不了投资者，因此，部分这样的基金采取了投资本金额外放杠杆的办法来间接提高年化收益率。比如 4% 的真实年化收益，1 倍杠杆变成 8%，2 倍杠杆变成 12%，10 倍杠杆则变成了 44%；本金放杠杆，其实本质上就是提高了平均仓位，1 倍杠杆相当于 200% 的仓位（原仓位 100%），2 倍杠杆则变成 300% 的仓位，10 倍杠杆则变成 1100% 的仓位（请对比之前案例中用 50% 的仓位获得 44.2% 的收益）。之前讲过的美国长期资本公司就是这样做的，最多的时候将本金通过杠杆放大了 60 倍（其实，如果你知道了平均仓位这个量化指标，你就会知道长期资本以 2000% 二十倍杠杆的平均仓位获得一个年化 40% 左右的年化，根本就不算什么本事，可惜绝大多数人都不懂，所以长期资本忽悠了包括索罗斯在内得很多投资界的大佬与金融机构）。长期资本公司以为反正自己的策略在理论上没有回撤或者回撤很小，可以随心所欲地放杠杆，殊不知天道制约，风险与回撤并没有消失，只是换了一种显现方式而已。市场波动风险换成了信用风险或者流动性风险，最终会以混沌黑天鹅爆仓的方式进行大幅回撤。这种投资方式的关键不在于你之前赚了多少钱，而在于最后一把你如何跑？

当然我并不是说本金不能放杠杆，而是要把握好"度"，不能让贪欲迷住了双眼，肆无忌惮。不过我们投资心学认为靠内功心法提高投资绩效比本金放杠杆提高绩效要安全，也更长久，最主要的原因是，前者回撤的幅度与节奏，我们能事先大致预判与把控，而后者的黑天鹅式的大幅回撤的关键节点，我们很难事先预判，所以我们做不到准确地提前离场，这就像我们人类还无法有效规避意外事件一样。

综上所述，大家选择基金产品的时候，千万不能只以收益率排名来仓促地选择基金，因为公示的年化收益率是有很大水分的。我们要结合长期资金曲线与多个量化指标进行综合分析，对此大家还可以回去复习一下图0802，看看专业机构是如何选择盘手的，也可以参看本课程的其他部分。

对了，刚才有同学问到，很多可以全国展示资金曲线的网站上并没有看到平均仓位这个量化指标。其实它们是有的，只不过它们将平均仓位这个指标换了一个名字来称呼，叫风险度，有些网站还给出了风险度的曲线图（如下）。

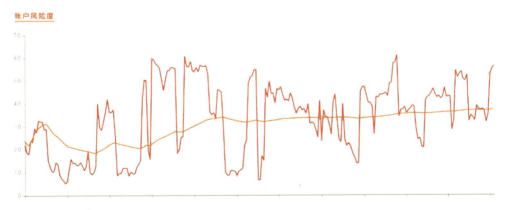

图1911：风险度（平均仓位）的曲线图

上图1911就是某网站的每日风险度与平均风险度的曲线图。我们要看的就是那个比较平缓的平均风险度（平均仓位，图中黄线）的数值。

好了，我们来说另外一个课间休息时的问题，这个问题提得也很好：为了提高内功心法，除了掷骰子模拟投资游戏以外，还有没有其他的方法？

答案是有的。江老师我为了提高自己以及学生们的内功心法，十几年来，想了很多种方法，典型的还有两种，这里利用这个机会也给大家简略讲一下。

一个是去寺庙修行打坐。这个方法的优点是比较彻底与有效。缺点是时间需要很久，至少要十年以上的苦修。另外，"度"的把握有点难。我们去寺庙修行打坐的初心是提高投资的内功心法，而不是像其他人那样去明心见性。如果修行太过，你很有可能看破红尘，出家为僧，到那个时候万事都看破了，你对投资还能有兴趣吗？

二是以毒攻毒。投资本质上属于概率类游戏，而概率类的游戏，内功心法都是相通的。因此，我们可以通过其他一些概率类的游戏来加强自己的内功心法，比如搓麻将、打得州、斗地主等等，当然我们不提倡赌博，而是玩小一点可以从失败中吸取教训。不过这个方法的缺点也很明显，这些游戏，基本上都属于数学期望为负的游戏，长期玩一定输。而我们做投资想要长期稳定盈利，必须是一个数学期望值为正的概率游戏，因此两者之间模拟的效果不是太好。另外，这些游戏还容易上瘾，所以一定要控制好，不要投资的内功心法还没有练出来，却沾染上了不好的陋习。

因此，我建议大家，有缘的话，还是通过掷骰子模拟投资游戏来训练自己的内功心法。

关于迅迅投资能力三角形的地基下面的内功心法 C 角，我补充的第三点是：

（三）投资必须逆人性！在投资市场，你是来赚钱的还是来爽的？

我先来问大家一个问题：如果我们今天课程结束后，大家一起去聚餐吃饭，现场氛围很好，推杯换盏，好不热闹，就一个字"爽"。聚餐完毕后，我们一定会去做一件天经地义的事情——买单，不管是一个同学请客，还是每个同学 AA 制，总之，吃饭的饭钱还是要支付的。那我问一下各位同学，会不会出现这样的一种情况：我们聚餐完毕，不用支付饭钱就可以离开呢？

多数同学回答不可能，也有同学回答偶尔有可能，比如江老师很有名气，饭店的老板恰好就是江老师的学生，请江老师与同学们吃了一个饭。

那我再请问一下，那会不会出现这样的情况：我们聚餐完毕，不但不用支付饭钱，饭店的老板还倒给我们钱呢？

这次大家都回答：绝对没有可能！就算真的有这样的傻老板，他倒给的钱，我们也不敢要啊！怕是陷阱，也怕有报应。

好的，我们换一个类似的场景，再问大家一个问题：如果我们今天课程结束后，大家一起去酒馆喝酒，现场氛围很好，推杯换盏，好不热闹，就一个字"爽"。喝酒完毕后，我们一定会去做一件天经地义的事情——买单，不管是一个同学请客，还是每个同学 AA 制，总之，喝酒的酒钱还是要支付的。那我问一下各位同学会不会出现这样的一种情况：我们喝酒完毕，不用支付酒钱就可以离开呢？

多数同学回答不可能，也有同学回答偶尔有可能，比如江老师很有名气，酒馆的老板恰好就是江老师的学生，请江老师与同学们喝一顿小酒。

那我再请问一下，那会不会出现这样的情况：我们喝酒完毕，不但不用支付酒钱，酒馆的老板还倒给我们钱呢？

大家都回答：绝对没有可能！不过有一个同学认为喝酒不要钱还能挣钱，有很小的可能，比如啤酒大赛，我们的某个同学恰好特别能喝，得了冠军，所以酒钱全免，还获得了奖金。

这个同学的回答很有创意，那我再请问一下，那会不会出现这样的情况：我们经常去喝酒，喝酒完毕，我们每次都不用支付酒钱，每次我们都能挣钱呢？

这次所有的同学都回答不可能了。就算真的有这样的傻老板，他倒给的钱，我们也不敢要啊！怕是陷阱，也怕有报应。

这样的例子很多，抽烟、喝茶、美容、K歌、旅游等，我就不再一一地列举了，其实，我们从这些例子中可以得到一个重要的结论：

所有能满足我们生活需求和欲望的，所有能让我们"爽"的东西，我们都是需要花钱的！这是一个常识，天经地义，也符合天道！

好的，那江老师我现在命令大家，必须给我找出一个方法，在吃饭、喝酒、抽烟、喝茶、美容、K歌、旅游的时候，不但不花钱，而且还能挣钱，而且还能长期稳定地挣钱。

一段很长的思考后，大家还是悄无声息。为什么大家都不说话了？我从大家的眼神中就能知道，你们现在肯定在埋怨江老师甚至在暗自骂江老师：怎么可能找到这样的方法呢？自己"爽"了，不但不花钱，还能挣钱，而且还能长期稳定地挣钱。这个世界上根本就不存在这样的方法！我怎样去找呢？

我们不是找不出一个吃饭、喝酒、抽烟、喝茶、美容、K歌、旅游等等让自己"爽"的方法，而是在这个世界上，我们找不出一个既能"爽"又能赚钱还能长期稳定地赚钱的方法。

这个世界上，爽和赚钱不能兼得！爽都是要花钱的！想赚钱就不能爽！

这是鱼和熊掌不能兼得的道理，是社会的经济学法则！

大家同意这个观点吧？

好的，我看大家都举手同意了，那么我请问大家：为什么在投资市场上，我们却一直都在苦苦寻找一个既能让自己"爽"又能赚钱还能长期稳定地赚钱的投资方法与秘籍呢？大家觉得我们能找得到吗？

吃饭、喝酒、抽烟、喝茶、美容、K 歌、旅游等，你找不到，那为什么你却觉得股票、期货、期权、虚拟货币、P2P、彩票等等，你能找到呢？

可能我们能找到一个既爽又偶尔赚钱的方法，比如刚才说的啤酒大赛、彩票中奖、守株待兔、2010 棉花期货、2006 年股票暴涨行情，但是我们永远找不到一个既爽又能长期稳定赚钱的方法！

天道决定了：我们可以找到一个让自己"爽"的办法，但是一定是要花钱，要亏钱的！

天道决定了：我们也可以找到一个让自己长期稳定盈利的办法，但是一定是不爽的、痛苦的、逆人性的！

关于这点，各位投资者和读者朋友一定要有清醒的认知。

其实，投资想长期稳定赚钱，必须逆人性，必须不爽，这点不但是由天道决定的，也是由投资这个游戏本身决定的。

让我们站在更高的维度来看：股票、期货、期权、虚拟货币、P2P、彩票等，这些概率游戏本身是一个零和游戏，甚至多数都是负和游戏。股票虽说有些时候多数人能赚钱，那是在国家经济比较好的时候并配合有股票大行情，然而这样的情形并不多见，而且多数人赚的是刚入市的新股民的钱，那些晚进入的人肯定亏钱，所以股票多数时候还是零和游戏。零和游戏的本质决定了多数参与者必须是亏钱的，只有少数人能在这类游戏中稳定盈利。一个零和或者负和游戏，如果多数人都能赚钱，那么谁来支付税收、手续费、滑点、办公设备费、人员工资和奖金呢？一个零和或者负和游戏，如果多数人都能赚钱，那谁在亏钱呢？多数人赚少数人的钱，这个游戏本身将很快玩不下去，这些游戏的开设方，例如交易所、券商、海外赌场等等都要关门大吉了。另外，由于绝大多数的投资者对投资技术、交易策略很有兴趣，而且投资技术也不是什么很高深莫测的东西，多数人都是可以研究出来的。因此，我们可以推论出：如果做投资只靠技术，那么投资市场上多数人都可以赚钱，这与零和游戏的本质特点相悖，是做不到的，因此做投资只靠所谓的技术秘籍肯定不能长久成功！只能短暂辉煌，只能是幸存者偏差。投资市场是少数人赚多数人的钱，这才是本质特点，决定了我们必须在多数投资者不喜欢、不愿意去的地方寻找长期稳定盈利的方法！在哪里呢？就在逆人性、人不爽的地方啊！

所以再教大家能快速判定一种投资技术或者交易策略是否长期有效的办法——这个办法就是逆人性！一种投资方法使用起来很不爽，那么这个方法才有可能是一个长期有效的投资方法！顺人性的投资技术一定是昙花一现。

马丁基、满仓梭哈、不设止损、浮盈加仓、抄底摸顶、策略复杂花哨、频繁优化参数等等做法都是顺人性的，使用时一定要小心谨慎；而画资金曲线、投资组合、轻仓分散、量化投资、坚决止损、底部进场、高位出场、扛大回撤、熬时间、策略简单等都是逆人性的，绝大多数投资者使用起来完全不爽，知道也做不到，它们才是长期有效的投资方法。正是因为知道做不到，所以理查德·丹尼斯才会愿意将自己的海龟交易法刊登在《华尔街日报》上。

去年我在接受期货行业知名媒体采访的时候，有一个问题非常好，这里分享给大家：

如果你在投资市场上不能做到长期稳定盈利，我强烈建议你先不要急着又去搞什么复杂的投资技术，而是在夜深人静自己独处的时候，平静地问自己一个问题：你做投资是以交易为生，还是以交易为乐？

多数人肯定马上会说，我做投资就是为了赚钱，肯定是以交易为生的，而不是图一时乐趣的。

不过，根据我做投资三十多年遇到的形形色色的上千名投资者的统计数据，我发现 90% 以上的投资者来投资市场，表面上是为了赚钱，但在骨子里和潜意识中，他们都是以交易为乐的！他们来投资市场是来找"爽"的感觉，找赚钱的这种快感，并不是真正来赚钱的。真正赚钱的这帮人目标坚定，悄无声息，忍着孤独，扛着痛苦，逆反人性，闷声发财不炫耀。

这个结论，大家肯定不信，以前我也不信，但是后来发现，的确如此，而且现在我越来越信。

你搓麻将都是为了赚钱吗？你打扑克都是为了赚钱吗？如果是，那你回忆一下，你们家的车贷、房贷、孩子教育等等，哪一项是打麻将与扑克这里面赚出的钱？

你买彩票都是为了赚钱吗？如果是，你买彩票几十年了，都没有中过什么大奖，你为什么还会买呢？你打工或上班，假如你三个月拿不到工资，你还会继续干吗？

又比如，去逛赌场，其实多数人都知道肯定会输钱的，但是大家为什么还是前呼后拥一定要去呢？他们去拉斯维加斯不是以赌博为生的，而是以赌博为乐的！很多人实际上是去"嗨"的，是去释放平时工作压力的，否则如果他们纯粹为了赚钱，这个世界上是不会存在赌场的，因为大家都知道，久赌必输，去赌场久了，人人都是亏钱的（除了赌场老板）。但是你去赌场，玩高兴了，你很爽，你很喜欢这种感觉，哪怕赌输了，你还津津乐道这个输的经历。

在投资领域上，也是如此。其实多数人来投资市场，实际上并不是来赚钱的，他们买股票、炒期货、期权，就是来找"爽"这种感觉的，释放压力是一种"爽"，兴奋刺激是一种"爽"，有赚钱希望也是一种"爽"，投资市场里有各种"爽"。那种"爽"劲，本质上就是多巴胺分泌的感觉，股票、期货、期权赚钱的爽劲可以超越任何事情，但也是短暂的、不满足的。当你重仓做了一个投资标的品种之后，你会感到非常爽和刺激，时间也过得很快，特别是当这次赚钱了，你又找到了成就感的"爽"，那你就更爽了，感觉自己天生就是做交易的天才，你享受了自己就是世界投资之王的那种"爽"，直至后来你爆仓后才能清醒。

现在你还说来投资市场是以交易为生的吗？不，90%以上的人都是以交易为乐的人，只有10%的人才是以交易为生的人。

刚才我们分析了，投资必须逆人性，因此市场上90%以上的人都是亏钱的，他们亏钱的原因不是因为技术不好，而是他们到投资市场是寻"爽"的，而这个世界上所有"爽"的东西都是要花钱的，因此以交易为乐的人，亏钱没有什么好埋怨的，因为你花钱买到了"爽"。如果你想以交易为生，你想投资赚钱，首要工作并不是去研究什么投资技术与交易策略，而是要改变你的认知，改变你的价值观与投资理念，要将投资的"爽"改为"不爽"，你才能长期稳定地赚钱。

比如，你将原来的手动、主观、感觉交易改为做量化交易，可以长期稳定盈利，但是原来做交易的那种"爽"劲就不再有了，因为是计算机下单，而且你还要进行多品种的分散组合投资，一次成功赚不了多少钱，你只能赚"赚一赔"的钱，而且你还要做风控或者让别人来风控你，你的投资从此就没有了"爽"与"嗨"的感觉，身体里的多巴胺也不再分泌。你只需要按部就班，按流程一步一步地执行就好了，交易结果都是事先大概率计算好的，赚与亏都没有什么感觉，甚至你赚钱都不开心。

如果此时，你仍然愿意这样做量化交易，那么就证明你是以交易为生的；如果你厌倦这样的按部就班的量化工作，那就证明你是以交易为乐的人。

实际上很多人是受不了这种流程化、标准化、系统化、制约化的投资行为。特别是如果再碰到量化交易策略的回撤期（像2015、2017年、2022年）。本来平时做量化交易就没啥成就感，本来就不怎么爽，加上又碰到很长的不创新高的较大回撤期，那就更不爽了。这个时候，你还能扛得住最大回撤吗？你还敢在回撤期的资金曲线底部进场吗？所以针对量化投资，如果你不是以交易为生，如果你没有坚定的信仰，你是做不了多久的，哪怕你知道它是一个赚钱的交易系统，你都会半途放弃。

想要做好投资，想要长期稳定盈利，你必须以交易为生，要逆人性，要不爽！这可不是嘴上说说而已，而是要进入你的潜意识中，进入骨子里，并将其上升到信仰级别。

而那些以交易为乐的人，建议千万不要长期流连于投资市场中，偶尔搞几把，找找乐就算了，长期玩，必输！

我们可以再说俗一点：这个世界上，所有消费很爽的东西都是要花钱的，凭什么做投资你又能爽又能赚钱呢？做投资最苦恼的一件事情，并不是找不到正确的投资方法，而是经过了很多年的探索，你发现正确的投资方法却是逆人性的，是不爽的。这与我们当初进入投资市场的初心相悖，我们当初之所以选择股票、期货、期权等等，就是想赚快钱、赚大钱，初心是顺人性的，是爽的。正确的投资方法与初心相悖，我们不服气，继续在投资市场苦苦寻找赚快钱赚大钱又能爽的技术秘籍，为此花费了不少的时间、精力、学费，等等。但是，正如我们不可能找到一个既能吃喝嫖赌又能赚钱的方法一样，我们最终也不可能找到一个既能爽又能长期有效的投资方法。这时，多数人放弃了，转而又到其他行业去寻找所谓的既爽又赚钱秘籍（不过他们最终能找得到吗）；还有少数一些人，在屡战屡败的投资经历中慢慢觉醒，深刻反思，开始认识到真正的有效的投资方法必须是逆人性的，他们开始调整自己的初心，将赚快钱、赚大钱的不切实际的投资认知转为复利增长、守正出奇、量化交易、投资组合等等正确的投资理念。

境随心转，涅槃重生。认知变了，一切马上都变，投资也变得容易了，赚钱也成为一件水到渠成、顺理成章的事情。不做欲望的奴隶，在投资市场逆人性做不爽的事情，不去追求赚快钱赚大钱，反而最后你能赚到大钱。不争为争，天下莫能与之争。

不过，还有很多人，他们不懂潜意识，也不懂潜意识与显意识的差别，他们以为潜意识与显意识是一样的，都认为来投资市场肯定是来赚钱的，肯定是以交易为生的。这些投资者想长期稳定盈利非常困难，因为他们是潜意识上的认知错误，既隐蔽又难改变，潜意识会一直促使他们去寻找那些既能"爽"又能长期赚钱的所谓投资秘籍。

投资市场上，江老师可以保证你"爽"，也可以保证你赚钱。

但是，江老师永远保证不了你既"爽"又赚钱。任何人都不能！

| 6 |

好了，讲到这里，迅迅投资能力三角形的地基下面的天道 B 角与内功心法 C 角，我们基本上就总结得差不多了。让我们再复习一遍图 1901 吧，此时，大家肯定对投资、对稳定盈利有了更为深刻的认识。

在开始讲量化技术 A 角之前，我再强调一下：投资市场，想要长期稳定盈利，必须是量化交易技术、天道、内功心法三者同步发展，迅迅投资能力三角形的三角都要抓，三角都要硬！偏废一方，投资必然会出问题，只是来早与来迟的区别。特别是处于地平线之下的天道与内功心法，普通投资者平时没有留意，特别容易被忽视。而且它们又是逆人性、逆投资初心的，多数投资者哪怕知道了，也不一定能做到。

天道、内功心法，如果这两个能力欠缺，将支撑不起你单靠技术盖起来的投资高楼，

"楼塌"将成为必然。你之前掌握的很优秀的投资技术、策略战法、交易秘籍等，都将变成"如有"！

天道、内功心法，如果这两个能力优秀，那么，就算你的投资技术、交易策略粗糙一般，但它们不会变成"如有"，你照样能长期稳定盈利。虽然开始的时候，你赚得少一些，你建楼的速度慢一些，楼矮一些，但是"乌龟"与"兔子"赛跑，"乌龟"笑到了最后，盖的"投资高楼"永远都不会坍塌。

投资本质上就是一个"以交易为生的人"去赚"以交易为乐的人"的钱的一种游戏！

投资本质上就是一个"不爽"的人去赚"爽"的人的钱的一种游戏！

爽聚财散，爽散财聚！

其实评估一个投资技术、策略战法、交易系统等是否能够长期稳定盈利的一个最简单的办法就是看它使用起来爽不爽。不爽——长期有效；爽——很快失效。

然而，多数人来投资市场的初心就是以交易为乐的，他们是来"爽"的，因此就算投资者知道了天道与内功心法，但是由于使用起来"不爽"，他们知道也很难做到。而且特别遗憾的是，很多人在潜意识里是以交易为乐，而在面子上、嘴上还是以交易为生的，那就更加不会重视，更加麻烦了。

鉴于天道与内功心法的重要性以及执行起来的困难性，我们在打好地基，通过掷骰子模拟投资游戏训练内功心法与天道的同时，还要双管齐下，建立一套投资的监督与风控机制。

"权力必须关进笼子中"，尤其是交易的权力更需要被监督与制约。

很多人有一个误区，他们以为投资机构、市场主力、基金公司等专业人士的投资技术、交易策略非常厉害，超过普通投资者一大截。其实，就像我前面刚说的那样，在投资市场上，只要是数学期望为正，那么最一般的技术与最厉害的技术，在长期平均年化收益率上面的差别最多只有 5%～10%。专业机构厉害的地方并不是在投资技术上面，而是他们有一套完整的风控与权力制约机制。举个简单的例子：他们的基金经理只负责研究投资策略与交易系统，并不执行交易策略；而具体的下单与交易过程交给专门的交易员负责执行，交易员必须严格按照事先制定好的量化交易系统发出的交易信号执行交易，但是交易员并不知道为什么要这样做；另外，公司还会设置其他的风控人员复核与监督交易员的交易行为。基金经理、交易员、风控人员，三位一体的组织架构确保了公司量化交易系统可以严格、准确、流程化、标准化地执行到位。因为互相制约、互相监督，因此在交易过程中，基金经理、交易员、风控人员都没有办法去"爽"，大家都是按部就班地工作，没啥开心的，一点都"不爽"。"不爽"就对了。这才是专业机构比散户

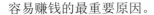

容易赚钱的最重要原因。

当然，专业机构也有专业机构的问题，老天爷是公平的。专业机构最大的问题是迅迅三角形的天道 B 角的问题。专业机构，自恃技术不错，内功心法由于有组织架构的制约也相对较好，因此容易骄傲自满，恃才放旷，从而造成自信心爆棚，贪欲横流。当专业机构被贪欲迷失双眼的时候，他们往往忘记了天道的循环与制约，他们会产生幻觉，认为在小资金上面稳定盈利的投资技术、交易策略可以平移到大资金上直接使用，例如今年 1000 万元有年化 40%，明年 10 亿元也可以达到年化 40%，他们不懂投资心学天道公式，只知道拼命地做加法，由于专业机构管理的资金规模较大，容易引起流动性风险，因此很容易触发黑天鹅事件。

对专业机构而言，我们的建议是在机构内部，像设置风控经理岗位那样，去设置一个天道经理（有点像古代的钦天监），负责观察天道运行，把控公司或产品的兴衰起伏节奏、匹配策略（低位进场）与资金规模（并非越大越好），制约老板与高管的贪欲，等等。不要小看这个岗位，他一个人的作用可能就会远远超过整个研发团队和技术团队（再牛的研发团队也就多赚 5% 左右的平均年化收益率）。当年，如果美国长期资本公司设置这样一个岗位，何至于被清盘。

现阶段的情况却是：绝大多数专业机构并没有设置这样的岗位，天道经理的工作，都交给了公司的老板与高管，然而老板与高管的内心都是希望公司或产品的规模越大越好，赚得越多越好，他们只会重视做加法，并没有减法的需求，更不可能自己去制约自己的贪欲，因此让老板与高管自己去掌控兴衰进退之道是不现实的。

作为普通投资者、中小散户，迅迅投资能力三角形的天道 B 角，你用到的时候并不多，主要是在守正出奇的出奇阶段，以及遇到大行情，赚了很多钱的时候要特别小心，此时贪欲的本我很容易启用，千万不要重仓下注或者随意浮盈加仓，也不要随意增加交易频率，严格在投资心学天道公式限定的范围之内做交易，突破天道边界，极易触发黑天鹅事件，而将之前辛辛苦苦赚到的利润付之东流。

作为普通投资者、中小散户，迅迅投资能力三角形的内功心法的 C 角则是我们需要关注的重点，我们在通过投资心学掷骰子模拟投资游戏来训练自己内功心法的同时，也应该学习专业机构的做法，主动制约自己的交易权力，靠制度来约束自己，主动让自己"不爽"。其实我们骨子里、潜意识中都喜欢自己说了算，不喜欢听反对意见，不喜欢被约束，不喜欢权力被制约，更别说主动放权去让别人、让制度来制约自己了。但是，如果我们想长期稳定盈利，就必须这样做。根据天道与系统动力学原理，一个只有增强回路没有调节回路的封闭系统，时间一长必然内部分崩离析，这不以人的意志为转移，甚至增强得越快，崩盘的可能性也越大。

对此，我们投资者一定要有清醒的认识。其实主动制约权力，不是给别人优惠，收益最大的也不是别人，而是自己，保障我们的长治久安。当然，普通投资者没有实力聘请员工来执行这项工作，但是我们也有很多折中的办法。例如：我们应该尽快学习量化与程序化交易，将自己原来的投资技术或交易策略进行量化编程，然后让计算机来自动执行交易，这就相当于我们聘请了一个交易员帮我们工作，而我们自己在交易时间并不看盘，只在收盘的时间进行交易信号的复核工作，我们自己充当了风控人员或者基金经理的角色。再比如：我们投资心学的学生，大家理念相同，可以两两配对，在操作自己账户的同时，请另外一个同学作为风控人员，复核进出场交易信号、查验开仓数量等等，互相监督、互相进步。另外，我还要求我们投资心学的学生必须将实盘的资金曲线在专业的网站上进行全国展示，将自己的交易情况进行公开曝光，权力必须在阳光之下运行，确保公平、公正、公开。其实，如果你想评估一个投资者、盘手、投顾、交易员、基金经理是否能长期稳定盈利，不用搞那么复杂，让他天天将资金曲线或者交易记录发给你，凡是不敢发或者不能坚持发的人，一律 PASS 掉。

作为普通投资者，我们既训练自己的天道与内功心法，又建立标准化的交易制度，这样才能保证我们的交易事业长盛不衰，长期稳定盈利。毕竟投资的复利增长之路很漫长，几十年，好的，坏的，千奇百怪的，什么事情都会遇到。任重道远，我们必须慎重前行。

讲到这里，迅迅投资能力三角形的天道与内功心法部分，我们暂时就总结到这里。地基打好了，现在我们要讲一下迅迅投资能力三角形的量化技术 A 角部分，也就是投资大厦的楼面工程。

具体的量化技术，比如进场、出场、止损、止盈、加减仓与资金管理等等，我们会留到量化实操课上详细讲解，这里我先提前讲两个关于投资技术的理念上的问题。

（一）为什么我们必须走量化技术之路

1. 投资技术、交易策略有很多很多种，主要分为主观技术与客观技术（量化技术）。为什么我们投资心学鼓励普通投资者最好学习量化技术走量化交易之路？不是因为主观交易不好，而是主观交易成功的概率很小，可能要到投资大师这样的级别，你才能成功。比如巴菲特是很厉害，但是在华尔街与中国的投资市场上，你又能找到多少个成功的"巴菲特"呢？　与之相对应的是，在华尔街与中国的投资市场上，做量化交易成功的人，数量却很多。我的投资心学学生，只要认真学完我传授的量化交易课程，基本上都能稳定盈利，在全国展示网站上都能找到他们的身影。

2. 量化交易对人的内功心法要求稍低，而且可以让计算机自动执行交易信号，既方便，又可以制约投资者的权力，而且投资者还有大量的悠闲时间可以出去旅游，比较契合我们最早选择做投资的初心。

3. 未来不可预测！其实，针对未来到底能不能预测，公说公有理，婆说婆有理，这也是主观交易与量化交易的最核心的区别。主观交易者，不管他使用什么方法，其本质上都是认为未来可以预测的。我们投资心学的观点是未来不可预测或者说未来大概率不能准确预测，所以我们只能做量化交易。前面几章，我已经用了大量篇幅去论证未来不可预测这个观点，还用了一个 10 倍牛股游戏详加说明，大家可以看到很多风险根本就是无法提前预测的。鉴于其重要性，这里我还要再补充说几句。

未来真的不可预测！甚至连特别厉害、特别能干的人也预测不了。各位同学，你们觉得自己的聪明才智比得上秦始皇与曹操吗？比不过吧。如果未来可以预测，秦始皇就不会留下赵高，曹操就不会留下司马懿。对了，不要说预测几年，你预测明天试试？

大家选股的时候特别喜欢预测，根据历史业绩、财务报表、估值、行业、宏观面等等来进行预测，仿佛只要掌握了这些投资技术，我们就能选出一只未来肯定大涨的股票。其实根据这些方法预测选出来的股票，经常都是错误的。所以，我不主张预测。

2022 年初的时候，中国最有名最有实力的一家金融机构做出了 2022 年金融市场的十大预测，结果怎么样呢？结果到了 2022 年底发现，十个预测就只对了一个，预测成功的概率只有 10%，各位同学和朋友，难道你的投资技术与金融学理论比某金公司的一群金融投资专家还要厉害吗？

喜欢预测的朋友，我再问你一个问题，你先不要去预测其他公司，你就预测一下你自己拥有的或者正在上班的公司，自己的公司肯定最了解吧，请问你能准确预测你公司未来三年的情况吗？自己公司都预测不了，还兴冲冲地预测别人公司？

有一个数据特别能说明这个问题。中国新开公司三年后的存活率只有 10%，什么意思？这些新开公司的老板，在开设公司的时候肯定也在预测，他们肯定预测自己公司有发展前景才会去注册新公司啊，如果预测自己公司会失败，谁会去开办公司呢？预测结果怎么样？90% 的人预测自己公司都是错误的！能开办公司的人，应该算是社会上比较能干的人吧。这个数据充分说明了未来基本上是不可预测的，你靠预测来购买股票和期货，至少有七八成以上的错误概率。

还有一个数据也可以充分说明这个问题。大家可以去查一下那些知名的股权投资公司、PE、VC 等，看看他们的成功概率，要不你去查一个最为有名的投资人——孙正义，看看他投资的公司胜率是多少？应该都不到 10% 吧。

既然预测未来大概率是错误的，那为什么还是有很多投资者喜欢预测呢？

还是因为人性！还是因为我们骨子里太喜欢预测了。儿时起我们就喜欢问爸爸妈妈十万个为什么并一直延续到现在。我们喜欢神秘的东西，我们喜欢探寻个究竟，我们喜欢预测准了以后的那个成就感，那个"爽"劲。随缘适变，喜欢预测对做实业、科研来说可能没有问题，但对投资来说就是灾难，长期来看，投资市场，凡是"爽"的都是要花钱的。

还有一个原因造成了投资者喜欢预测，那就是幸存者偏差，有预测成功的样板。如果所有的投资者靠预测都要亏钱，那么，所有人很快就都不敢去预测了。然而，我们在投资市场上大家经常会看到有些人靠预测某只股票或者某个板块或者某个期货品种等等赚到了大钱，我们大学毕业，学历又不差，地位又不低，凭什么他们预测行，我们预测不行呢？殊不知那些靠预测成功的案例只是幸存者偏差而已，与买彩票中大奖本质是一样的，只是概率大了一点而已。就以2019—2020年白酒等消费类的股票基金为例，那两年这类股票基金风光无限，而且成功后的理论分享也是头头是道：价值、赛道、护城河、时间的朋友，一堆概念出来，那么2022年又如何呢？大家看看现在贵州茅台多少钱啦。现在咋没有人说话了呢？2022年咋没听说有人要做时间的朋友呢？股票市场，二百多个行业赛道、几千只股票、几亿股民、成千上万家基金，每年有那么几个成功的案例，奇怪吗？一点都不奇怪啊！他们的理论多数都是靠运气成功，然后再找的理论依据自圆其说（有本事的话两端留痕啊），不是幸存者偏差又是什么呢？福彩中心领奖大厅，你去采访那些中了大奖的人，他也可以给你分享一套买彩票的理论与秘籍，你会使用吗？

其实这些，孙正义、巴菲特、专业金融机构等等都是知道的，心里都明白。不过他们在对外宣传，接受采访的时候，为了名气、为了宣传，肯定是多数投资者喜欢听什么他们就讲什么，他们表面说的与实际做的是不一样的。

做投资不要预测，一是预测不准！二是不用预测我们照样能赚钱！我们干吗还要花费大量的时间与精力去预测呢？难道仅仅就是满足我们的本我，难道仅仅就是满足我们的好奇心，难道仅仅就是让我们自己"爽"吗？我们赚到钱后拿钱去别的地方"爽"，不行吗？难道非要在投资市场上"爽"吗？

我们只需要将我们的投资技术、交易策略等进行量化处理，然后建立一套适合自己偏好的、均值为正的、符合天道的量化交易系统，然后靠强大的内功心法，坚持就好啦，坚持就可以成功。

只要是数学期望为正，哪怕是胜率很低，我们照样能赚钱。股权投资公司、PE、

VC 等等，他们的胜率只有不到 10%，靠高赔率不是照样可以赚钱吗？我们做投资，真正赚钱靠赔率，靠数学期望，而不是靠胜率赚钱。高胜率的作用只是让投资者拿来"爽"的。既然低胜率照样能赚钱，我们干吗还要去预测呢？

我们应该学习赌场老板那样，不预测单次下注的结果，不去赚"赚"的钱，而是去赚"赚－赔"的钱，去赚"赚－赔"合计数的钱，积少成多，厚积薄发，前面虽然慢点，但是后面会越来越快，最终等到复利爆发的那一天！

当然，为了熬过枯燥无聊的复利爆发的等待期，我们也可以守正出奇，拿一个小账户去捕捉台风大行情，靠出奇策略去赚上个几倍、几十倍的收益，不过，哪怕是出奇的策略，也应该是按部就班的标准化的量化交易出奇策略，不能随心所欲地胡乱搞，而且出奇的投资标的，需要由我们守正的大账户在事前、自动、大概率、低成本、非遗漏、可复制地提供，否则出奇的收益很可能就会被我们后面的瞎操作给稀释掉。

4. 走量化交易之路，才能确保长期稳定盈利。既然我们是赚"赚－赔"的钱，我们就必须保证我们的投资技术、交易策略在大数据的情况下拥有概率优势，这样才能长期稳定盈利。当然未来无法预测，但是我们至少要保证在历史大数据的情况之下我们能够做到长期稳定盈利，这样，我们才能够在未来大概率地长期稳定盈利。历史都不能赚钱，还谈什么未来赚钱？我们必须在历史大数据之中，任意抽取时间段数据、任意挑选品种等等进行无差别的随机检验，确保交易系统的数学期望为正，确保均值赚钱，确保长期平均年化收益率在同行业中是领先的。这些工作必须靠量化才能完成，而以前的主观交易是无法胜任的。那些相关的量化指标，例如：胜率、赔率、数学期望、最大收益率、平均年化收益率、最大回撤、最长回撤时间、收益风险比、收益仓位比等等，也必须靠计算机进行统计，单靠人工手动是无法完成的。另外，策略的选取、参数的合理优化、画资金曲线等等工作，没有计算机的参与也是不可能轻易实现的。

前面上课，我们已经举了一些量化交易的案例与图表，不过都是择时方面的，都是时间序列 K 线图上的技术分析，这里我们再举一个案例，是关于量化选股的，让我们从另一个维度看一下量化交易的重要性。

课讲到这里，请问各位同学，你们现在的选股方法是什么？我先抛砖引玉一下，20 世纪 90 年代，我最早选股靠的是内幕消息，我当年是做计算机系统集成的，可以看到证券营业部的后台数据，谁做得好，就跟着谁买。好了，各位同学，请大家各自将选股方法写在纸上交给我。

10 分钟后，我看到各位同学的选股方法了，百花齐放，什么都有：有跟着朋友、同事以及隔壁老王一起做的，他们买啥自己就买啥；有根据布林线选股的，布林线突破上沿就买；有根据热门行业追龙头股的，龙1龙2龙3；有根据K线形态选股的，出现潜龙出海等形态就买；有根据净资产收益率选股的；有波浪理论的，3浪启动就买；有根据销售毛利率选股的；还有按照PE值选股的，选择PE值小的股票；也有价值投资给股票估值的，买入价格低于估值的股票；也有涨停敢死队的，前一天涨停，今天又即将涨停就追买等等。

好了，大家都回答完了，现在请大家讨论一下：谁的选股方法最好？选票说了算。谁第一名，今晚AA制吃饭他不用出钱。

对了，把江老师的选股方法也加进去一起讨论。大家知道江老师我现在选股的方法是什么？我看谁喝可乐，如果一个公司的老总、董事长喜欢喝可口可乐，我就买入这家公司的股票。

排完名后，我先请问大家，为什么我的可口可乐选股方法排名最后呢？

哈哈，有同学说我的选股方法——喝可乐很不靠谱，理由呢？你有什么理由说我的选股方法不靠谱呢？而你的内幕消息或技术分析或基本面的选股方法又靠谱呢？我需要一个理由！

我看了一下价值投资选股的技术排名靠前，我们应该买入价格低于估值的股票。那请问大家，为什么这个选股方法就比江老师看谁喝可乐的选股方法好呢？有什么数据支持你的观点吗？

有同学说那是因为巴菲特的缘故，巴菲特就是这样选股的。那我又请问，你怎么知道巴菲特的这个选股方法不是幸存者偏差呢？世界上有几十亿的股民，出现一个巴菲特很正常啊。再说了，我的喝可口可乐的选股方法也和巴菲特有关系啊。世界上有一个很厉害的公司，名叫伯克希尔哈撒韦公司，在1965—2021年，这个公司市值增长了26000倍，折合长期平均年化收益率为25%左右。巴菲特就是伯克希尔哈撒韦公司的老板，

图1912：爱喝可乐的巴菲特

而巴菲特就是长年累月喝可口可乐的啊！用喝可口可乐的选股方法，选出来的股票能翻近3万倍哦！

同学们，同样都是关于巴菲特的东西，凭什么说喝可口可乐的选股方法就比价值投资选股方法的效果差呢？

怎么样？驳不倒江老师

的观点了吧。你们的选股方法还没有论据做支撑，江老师我的选股方法可是有论据的哦！有图有真相。哈哈哈。再讨论一下吧。

5分钟后，看到大家一脸蒙的样子，还是我来公布一下正式的答案吧：看谁喝可口可乐选股的方法，的确是我开玩笑的，不靠谱的，巴菲特的价值投资方法的确比喝可乐选股方法好。我用这个玩笑，只是想点醒大家，想让大家记忆深刻。

不过，大家需要深思的是：为什么你驳不倒这么一个很搞笑的选股方法呢？

那些看起来不搞笑似乎很有道理的选股方法，你又如何评判优劣呢？

江老师的喝可口可乐的选股方法不靠谱，那如何证明你的价值选股、形态选股、波浪选股、财务数据选股、缠论选股、基本面选股等复杂花哨的方法靠谱呢？仅仅因为它们复杂花哨吗？人的潜意识中都是认为复杂的东西好过简单的东西，事实真的是这样的吗？你有证据证明你的观点吗？

如果不深思这些问题，大家肯定还会走上靠内幕消息、靠隔壁老王、靠选择性偏差与幸存者偏差等等炒股的老路上去。

我看到大家选出来的排名，排在第一位的是技术分析的布林线选股，第二名是PE市盈率选股，那请问PE市盈率选股真的比布林线选股差吗？PE选股的同学，与布林线选股的同学，你们辩论一下呗……

听完了双方的辩论，大家有什么看法？

双方的同学，都用了同一个套路在辩论：大家各自找出了各自成功的案例，然后比较谁的声音大。这方说靠PE选股选出的某某股票翻了10倍，另一方说靠布林线选出的某某股票翻了20倍。请问你们这样的论证方法正确吗？这与江老师我刚才喝可口可乐的选股方法没啥区别嘛。我选出的伯克希尔哈撒韦公司还翻了26000倍，远远超过了你们。其实，大家（包括我看谁喝可乐选股）使用的都是选择性偏差与幸存者偏差在辩论，都是事后诸葛亮，都是靠运气成功，然后找理论依据，没有两端留痕，与福利彩票中大奖的那些选号的方法没有什么区别！不管是PE选股，还是布林线选股，还是价值投资选股，还是缠论选股抑或是喝可口可乐选股等等，其实我们既能找出成功的案例，也能找出很多失败的案例。靠选择性偏差与幸存者偏差，只谈成功的案例是没有用的，做宣传吸引流量可以，拿真金白银做真实的投资根本就不行。

我们必须将成功与失败一起考虑，我们要在历史大数据中任意无差别地抽取时间、任意无差别地抽取股票（不是事后茅台大涨后再用自己的方法去套哦），进行随机的数据回测，找到这个选股方法的年化收益、最大回撤等等量化指标，然后才能评判其优劣，一切要用数据说话。

各位同学，在投资市场上，大家一定要养成一切用数据说话的习惯，大家要记住，只要你一开口，就要提前准备好数据，没有量化数据的支持，请不要信口开河，不要轻易下结论，更不要轻易上实盘。当然，宣传特厉害以吸引关注可以理解，但这只是面子，一定要看里子，否则不投钱。投钱，就要量化大数据、就要长期资金曲线，否则容易掉进人家宣传的陷阱里。

这里，我们就以布林线选股与 PE 市盈率选股为例，在历史大数据上用量化的办法去评判一下它们到底孰优孰劣？大家请看下图：

图 1913：布林线选股与 PE 市盈率选股

布林线与 PE 市盈率都是选股方法，也叫选股因子，图中左边，我们已经将它们加载到股票量化交易软件中，准备进行历史大数据的量化分析。我们时间有限，图中的 TTM、取极值、标准化等等的含义，未来我们会在量化实操课上去讲解。这里，我们先建立起正确的量化选股理念就可以。我们用大数据说话，去评判选股方法的优劣。

那我们如何正确评判两个选股因子的优劣呢，肯定不能像大家刚才那样，用几个选择性偏差或者幸存者偏差的成功案例来说事，否则真的可能要喝可口可乐来选股了。

正确的方法是评判这两个因子的有效性，得到它们的年化收益率与最大回撤值等量化指标。这些工作都是在无差别的历史大数据的随机回测中完成的。这样得出的结论才靠谱！

首先必须是回测时间上的无差别大数据，我们要选取股票十年以上的历史数据，我们不能选择特定的时间段进行数据回测（比如我们不能只选取 2014—2015 年、2019—2020 年这些有股票大行情的时段），我们无差别地每年每个月都使用选股因子去筛选一次股票。

其次，我们应该无差别地选取所有的股票。我们不能事后诸葛亮式的只选取像贵州茅台、宁德时代、片仔癀等等最近几年有行情的股票。除了 ST 与停牌的股票以外，所有股票我们都应该无差别地一起进行数据回测。第一个月我们从所有的股票中根据选股因子选出排名靠前的 20 只股票进行模拟购买，第二个月我们再用这个选股因子筛选出另外 20 只股票。如果前一个月购买的股票还在本月选出的 20 只股票池中，那么我们继续持仓；如果不在了，我们就平仓，然后买入新筛选出来的股票。如此重复。我们每个月调仓 1 次，每年 12 次，10 年共计 120 次。我们假设每个月平均有 3 只股票不一样，那么 10 年我们一共做了 380 只左右的股票，这个方法不预测行业赛道，不赌股票也不赌消息，所有股票无差别，一视同仁地公平选择。

当然，买卖的过程由计算机模拟执行，然后计算机给出这样的选股方法与模拟买卖操作的量化结果与数据。我们看下图：

图 1914：布林线选股数据回测后的各种量化指标以及十年的资金曲线

上图是技术分析的布林线这个选股因子的历史大数据随机回测后的各种量化指标以及十年的资金曲线图。图中我们可以看到，用布林线选股的这个办法，十年的长期平均年化收益率为 6.33%，最大回撤是 70.21%，收益风险比（夏普比率）为 0.08，这个结果好于我们直接买沪深 300 指数型基金，因为我们对标的沪深 300 指数的年化收益率只有 4.67%，我们的市盈率选股方法有了 1.59% 的年化超额收益。

那让我们看看下图 1915，它是 PE 市盈率这个选股因子的历史大数据随机回测后的各种量化指标以及十年的资金曲线图。图中我们可以看到，用 PE 市盈率选股的这个办法，十年的长期平均年化收益率为 10.63%，最大回撤是 49.96%，收益风险比（夏普比率）为 0.24，这个结果也好于我们直接买沪深 300 指数型基金，因为我们对标的沪深 300 指数的年化收益率只有 4.67%，我们市盈率选股方法有了 5.70% 的年化超额收益。

图1915：PE市盈率选股数据回测后的各种量化指标以及十年的资金曲线

从图1914与图1915的对比中，我们现在可以得出结论了：PE市盈率选股的方法要明显好于技术分析的布林线选股。

怎么样，大家看一下，这样的评判办法，是不是比你们之前分享的那种选择性偏差与幸存者偏差成功案例要科学得多。我们只有根据无差别的历史大数据进行随机回测，才能得出正确的结果，才有说服力，未来在实盘上才敢使用。其实刚才大家认为布林线选股好于PE市盈率选股，完全是拍脑袋想的，或者根据选择性偏差或幸存者偏差，并没有大数据做支撑。

有同学举手说不管是PE市盈率选股还是布林线选股，它们的年化收益率还是有点低了，基本上在10%左右。是的，那是因为PE市盈率选股与布林线选股并不是最好的选股因子。市场上，特别是专业金融机构有很多选股因子，数量有上千个之多。同学们也可以自己研发选股因子，学习量化交易，有了量化软件可以进行大数据回测之后，这个工作就比较容易开展。另外，未来做实盘，我们的选股也不可能只有一个因子，我们也要做选股因子的投资组合——多因子选股策略，那个时候，我们的年化收益率也会得到很大的提升。大家请看图1916。

图1916就是8个选股因子的一个组合回测数据。8个因子中有价值类因子、成长类因子、盈利类因子、动量类的因子等等。图中我们可以看到，组合因子的十年的长期平均年化收益率为21.08%，最大回撤是43.03%，收益风险比（夏普比率）为0.63，这个结果远远好于刚才的单因子选股，也远好于我们对标的沪深300指数，我们的多因子

选股方法有了 15.68% 的年化超额收益。

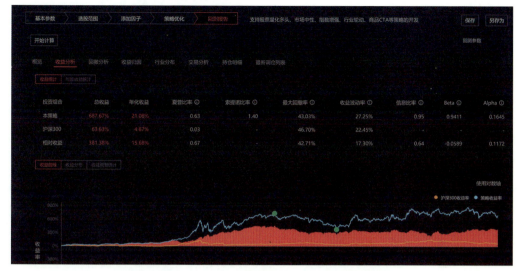

图 1916：8 个选股因子的一个组合回测数据

又有同学举手说这个年化收益率还是低了一点。那请你回去再复习一下我们前面的课程。21.08% 可是十年的长期平均年化收益率，可以去追巴菲特了，连中国顶级的基金经理，全国冠军，他的十年长期平均年化收益率也就基本上是这个水平了。当然他们管理的资金规模要大一些。

不过这个多因子选股策略的最大回撤 43.03% 还是有点大了，不过今年的股票多头基金很多的确也回撤了这么多。我们倒是可以想办法减少一些回撤，不过单凭多因子选股策略是搞不定的，因为它们平时都是满仓在干（哪怕股票大盘不好）。另外，市场上股票多头策略基金多数都是不择时的，都是在一个固定的时间（比如每月第一天）一起调仓，哪怕这只股票还在下降通道。

要想减少最大回撤，必须择时，择时就需要时间序列 K 线图上的技术分析。我们投资心学的股票系统就是专门拿来择时用的。上例中，靠多因子选股之后，如果再使用我们投资心学的股票交易系统进行择时处理（进场、出场、止损、止盈、资金管理等等），那么我们可以降低大约三分之一到二分之一的最大回撤值，而且长期平均年化收益率还可以提升 5% 左右，这些我们留到股票量化实操课上再详细讲述。

对了，这里顺便说一下，技术分析方法，不管是简单的诸如单均线、双均线、布林线，还是复杂的比如 K 线形态理论、波浪理论还是缠论等，拿来当作选股因子去选股，效果是不好的，刚才的布林线我们已经验证过了。如果大家还不信的话，可以将自己的技术分析策略进行量化编程后在刚才那个股票量化软件上大数据回测一下就知道了。我们应该在多因子选股策略选出股票之后再择时使用上述技术分析方法去处理进场、出场、止损、止盈与资金管理等问题，这样效果才好。请大家尽量不要直接拿技术分析方法去当选股因子使用。刚才大家各自写在纸上的选股方法，只要是技术分析的，基本上都是有点问题的。

当然，在期货上（包括股指期货）直接使用技术分析是没有问题的，与之相对的是在期货行业，多因子策略选期货品种的方法，效果不是太好，而直接使用技术分析的效果更好一些。随缘适变，股票与期货的玩法是不一样的。股票，以多因子选股策略为主，辅助技术分析 K 线图择时进出场，甚至可以不用择时，我们刚才说的案例就没有择时（固定每月第一天调仓建平仓），多数的股票基金经理买卖股票不择时甚至就不懂择时；期货，技术分析择时为主，辅助多因子策略选品种，甚至可以不用因子选品种，如果你钱多则所有期货品种都做，钱少则根据技术分析直接选品种做就行，当然辅助使用多因子策略选品种效果更优。如果我们是基民，多因子选股策略与技术分析择时策略都不太懂，那我们直接买相关的基金产品就好了。不过，我们还是需要懂一些最基本的择时分析的，因为我们需要在基金产品的资金曲线的底部进场。本课程的最后，我们会讲一下基金的量化交易方法。

又有同学举手问：那股票如何守正出奇呢？这个问题很好，我们这里先简略讲一下。

我们刚才讲的都是股票大账户的守正做法，其实，股票也可以出奇，不过，一般来说，股票出奇需要用到技术分析择时。大家前面已经学习了出奇的关键是什么，股票的出奇也是一样的。股票出奇的关键也是在事前、自动、大概率、低成本、非遗漏、可复制地找到哪只股票大概率会来台风，然后我们用小账户出奇买入。不过，还是那句话：出奇的关键不在出奇，而在守正！我们必须依靠发觉术而不是转化术，而股票的发觉术就是我们守正的多因子量化选股策略。图 1916 中，我们的策略除了自己本身在以 21.08% 的年化在增长以外（十年总增长了 687.67%），还有另外一个重要的作用，就是事前、自动、大概率、低成本、非遗漏、可复制地去找台风股票。我们每个月第 1 天都要调仓，都要买入、卖出股票。在这里面，凡是最近涨幅大的股票，我们在持仓列表里都很容易观察到，这些股票都是未来有可能来台风大行情的股票。我们将这些准台风股票另外又加入出奇小账户的股票池中，然后使用技术分析择时的办法，比如我们投资心学的股票系统，进行二次过滤，最终确定准备出奇的股票。接着我们按照股票系统的进场、出场、止损、止盈、加仓、减仓、资金管理等标准流程进行台风股票的建平仓操作，截断亏损，让利润奔跑，最终去赚取台风股票的超额大收益。

另外，针对一些觉得技术分析有点难的投资者，还有一个简单的办法，就是当我们将准台风股票选出以后，我们先去判定这些股票属于哪一个行业与赛道，然后直接去买相应的赛道基金。比如前些年，我们发现守正的泸州老窖股票的前期涨幅较大，我们先判定一下泸州老窖属于哪个行业与赛道，然后在出奇的小账户上直接买入白酒类的基金而不是使用技术分析方法买入泸州老窖股票。这个方法的优点是简单，风险分散，缺点是超额收益就会相应少一些。对了，啰唆一句，我们的守正大账户不建议直接买入行业或赛道基金，除非你自己对该赛道有深入的研究或者情有独钟。大账户直接买赛道基金，有很大的赌运气成分，赌对了当然收益大，但是赌错了呢？二百多个行业，未来哪一个会来行情呢？几百分之一的概率，就算你的基本面、宏微观面分析很厉害，这个概率也高不了多少，就算你提高了十倍，至少也是二三十分之一（选赛道的行业轮动策略也可以用刚才的股票量化软件进行验证）。不要太相信那些赛道明星基金的事后分享，那多半是选择性偏差或幸存者偏差，也属于先运气成功后找理论论据的没有两端留痕的事后诸葛亮。我前面多次强调了，做投资不要预测！真有预测的本事请说一下明年会涨的赛道，而不要事后去分析、去评说今年已经涨了的赛道。其实，大的基金公司，每个赛道都配有基金经理与研究员，几十、上百个基金经理，每年总要赌对一两个赛道，出一两个明星经理。这种做法对大的基金公司来说很正常，属于守正出奇；而对我们散户来说，重仓买入赛道基金属于只出奇不守正，"出奇不守正则邪"。因此，我们散户还是应该只在出奇的时候才买赛道基金。

在股票历史大数据检验的过程中，我们还可以发现，10年，每月1次筛选股票，在沪深几千只股票中进行无差别地筛选与模拟买卖，这些工作，我们用量化的方法，依靠计算机几分钟就能完成，换作以前靠人工来检验，这基本上是不可能完成的任务。各位同学，大家现在体会到量化交易的重要性了吗？没有量化交易，没有大数据检验，你之前的选股方法还没有江老师开玩笑的喝可口可乐选股的方法好呢！所以大家一定要将你之前的投资技术、策略战法等等进行量化编程，将普通技术变成量化技术。前面的课程中我们都做过10倍牛股游戏，给你一只确定涨10倍的牛股，多数人都不能稳定盈利，现在如果不做量化交易，选出的多数股票很垃圾，只靠选择性偏差与幸存者偏差博运气，那你还怎样长期稳定盈利呢？

（二）量化交易之路

通过前面的学习以及10倍牛股游戏，我们已经树立起了正确的投资认知与交易理念，也知道了量化交易的重要性与必要性。

建立量化交易系统的目的其实就是因为我们无法长期地准确地预测未来。投资想要长期稳定盈利，我们应该学习赌场老板，积少成多、复利增长去赚"赚一赔"的钱，而不是像赌徒那样靠预测的方法去单次、重仓下注直接赚"赚"的钱。这个世界上，只有长期稳定盈利的赌场老板，从来没有长期稳定盈利的赌徒！我们想要学习赌场老板去赚"赚一赔"的钱，就要保证我们投资方法的数学期望值为正，保证我们是均值赚钱而不是峰值赚钱，最终在成千上万次交易的情况下我们是必然赚钱的。

投资本质上属于第二类概率游戏，第二类概率游戏的难度很大，连赌场老板一般都不愿意亲自参与，而我们为了生活、为了赚钱养家必须参与其中，此时，我们最重要的工作是：保持投资方法与交易策略的一致性从而保证概率优势（而不是搞一些复杂花哨的所谓秘籍）。有概率优势就是赌场老板，没有概率优势就是赌徒。我们要保证我们的投资方法能前后一致性地选股，前后一致性地进场、出场、止损、止盈、加仓、减仓、资金管理、执行与控制等等。没有一致性，就得不到胜率、赔率、收益率、长期平均年化收益率、最大回撤、最长回撤时间、收益风险比、收益仓位比等等量化指标，就不知道我们的数学期望是否为正，自然就不知道我们是否拥有概率优势。一致性保证了我们交易系统的重复性与可复制性，保证了我们第 1 次交易与第 N 次交易一样，随着时间的推移与交易次数的增加，我们可以做到长期地稳定地盈利，最终靠复利增长去暴增财富。

那怎样才能保证交易的一致性呢？主观交易很难做到，因为人很容易受到情绪的干扰，内功心法欠缺，交易过程容易发生混乱，而且主观交易无法进行历史大数据回测，主观策略是否数学期望为正？是否真正有效？无法证伪，全靠人说了算，似乎谁说话大声谁有权威谁就有效。然而，当事人因为面子原因或者私下原因，常常报喜不报忧，很容易出现选择性偏差与幸存者偏差！如果这个世界上选择性偏差或者幸存者偏差真的有效的话，那你应该用喝可乐的方法去做投资。不管你使用什么样的投资技术与交易策略，你选的那只股票永远都赶不上我看谁喝可口可乐选的那只翻 26000 倍的股票。

上上个月我去参加了一个晚宴，宴会上几个基金销售人员围着一个据说是涨停板战法的股票高手推杯换盏，催促他赶紧发行属于自己的私募基金产品，而这些销售人员就能帮着销售，卖几亿元没有问题。据说这位高手已经连续几年靠股票涨停战法赚了大钱。晚宴途中上洗手间的时候，这位股票高手私下问我：江老师，我看到你全程无语，低头吃饭，你觉得我是否需要发行私募基金产品呢？刚才餐桌上，那些年轻的帅哥美女基金销售员的话，我还是有点不放心。

我回答道：忠言逆耳，真话有点难听与扫兴哦。首先，我听你刚才说，你有很多个账户做涨停战法，为什么你就展示其中一个账户的业绩呢？这里面有选择性偏差的嫌疑；其次，就算你展示的这个账户，其业绩可能也有问题，不是它不好，而是太好了，10% 的回撤，900% 的年化收益，90.0 的收益风险比，但是展示的时间太短，不到两年，你最好将你的涨停战法做量化处理，在股票历史大数据中任抽时间段，任抽股票进行数据检验，排除运气与幸存者偏差的嫌疑（全国有几十万人做涨停战法，出几个涨十倍、几十倍的账户是很正常的一件事情）；第三，做单账户与发行基金产品完全是两回事，单账户，从几十、几百万做到上千万是有可能的，但是基金产品账户，几千万、上亿的资金规模，你还能仅靠涨停战法一年翻十倍吗？有很大的流动性风险。而且你做的标的物主要还是小盘股，而且你基本上每次都是满仓在操作。另外。基金产品都是正规化运作的，大资金的涨停敢死队搞法，有很大的被监管的可能性，我们要注意天道的制约，否则容易出现操作股价的违法嫌疑。现阶段可能你最重要的工作不是扩大规模，而是成功找外因失败找内因，头脑冷静，居安思危，考虑做点减法为好。一点拙见，仅供参考。

我的话也不知道这位盘手后来听进去没有？此时高光时刻的他估计很难。

我们做投资，应该将自己的基本面分析、价值分析、财务分析、量价分析、宏微观分析、消息面分析、技术形态分析等等投资分析方法进行量化编程，建立规范的、标准的期望收益为正的量化交易系统，并加上一个底层逻辑永远都不会发生漂移的哪怕很简单的技术分析方法作为我们交易系统的内核。

另外，量化交易系统的执行也应该保持一致性。进场、出场以及资金仓位管理的执行过程也可以统一交由计算机处理。投资赚的是赔率的钱不是胜率的钱，截断亏损，让利润奔跑很关键，计算机没有任何人类情绪干扰，它止损时坚决果断，止盈时又可以避免小富即安、患得患失的心理，计算机容易做到执行过程的标准化与流程化，从而确保交易的前后一致性。还有，量化交易很容易在历史大数据中进行无差别的随机检验，几十年的数据回测，可能十几秒钟就能完成，你的投资技术与交易策略非常容易证伪，防止认知偏差的出现。是骡子是马，人说了不算，数据说了才算。

其实，迅迅投资能力三角形的地基部分的内功心法（C 角），也是为了确保我们投资过程的一致性。一个量化交易系统就算建立好了，甚至执行也交由计算机自动执行，但是如果投资者的内功心法不行，量化交易系统在回撤的时候，投资者会因为恐惧而频繁修改交易参数甚至关掉计算机，从而造成量化交易系统无法前后一致性地运行。

其实，迅迅投资能力三角形的地基部分的天道（B 角），也是为了确保我们投资过程的一致性。一个量化交易系统就算建立好了，甚至执行也交由计算机自动执行，但是如果这个交易系统的设计本身就违反了天道运行的规律，贪婪妄为（比如增长率过快、投资本金过大、迭代次数过多等），最终都会触发黑天鹅事件，造成信用风险或者流动性危机，破产爆仓，一夜回到从前，从而打破了原来的复利增长节奏，使量化交易系统无法一致性地运行。

再强调一次，一句话的投资秘籍：建立一套均值赚钱，且适合自己偏好，又符合天道的量化交易系统，然后靠强大的内功心法，坚持、坚持、再坚持！

量化交易系统是否能够有效地建立，投资者的量化交易之路是否走得顺利，最为关键的还是投资者的认知。

弱水三千只取一瓢，是中国古人的大智慧！前面案例中的黄总、老魏以及曾国藩等人，都是这方面我们学习的楷模，他们都能做到适可而止、过犹不及。弱水三千只取一瓢决定了量化交易的本质不是去赚行情的钱，而是去赚量化交易系统的钱！

这个投资认知非常重要！然而普通投资者原来的投资认知却是：去预测行情，去赚行情的钱，去赚股票的钱，去赚期货的钱，去赚赛道行业的钱，唯独没有去赚交易系统的钱。投资者原来的错误的投资认知根深蒂固，很难一下子彻底改变，甚至连已经初步建立了量化交易系统的投资者，都会犯这样的错误，因为习惯的力量真的很强大。比如他们会问：江老师我的量化交易系统最近没有抓住 ** 股票或者 ** 期货，是不是需要优化参数了；江老师今天我们的股票量化交易系统选出来了两只股票是地产股，是不是地产股快有行情了；江老师我的期货量化交易系统焦炭等黑色系赚了不少钱，您看一下黑色系行情还能走多远？江老师，为什么这次我的波浪、缠论、价值分析等等投资理论选出来的股票就不来行情呢？

如果我们对量化交易系统产生了错误认知，认为我们是靠量化交易系统去赚行情的钱，那么在一段行情结束以后，如果我们的交易系统运行良好，抓住了这段行情或者抓住了某些股票与期货品种，我们就会兴高采烈，认为我们的交易系统很牛，无所不能，然后你就迫不及待地想重仓去使用；当一段行情结束以后，如果我们的交易系统没有抓住，我们又会无比沮丧，认为自己的交易系统一无是处，赶紧优化参数修改策略妄想去适应所有的行情，捉住所有的品种。结果是猴子掰苞谷，你永远跟在行情的尾巴后面在撵，却永远都撵不上或者刚一撵上行情就结束了。你妄想成为一个骑墙者，能够八面玲珑，左右逢源，结果往往适得其反。比如，震荡行情时，你想使用震荡交易系统，可惜你一用，震荡行情结束了，变成了趋势行情；趋势行情好的时候，你又想使用趋势交易系统，可惜你一用，趋势行情结束了，变成了震荡行情。你的做法造成你永远都是在一个交易系统的资金曲线的顶部进场（资金曲线不在顶部，你也发现不了它的光环），结果往往是你一进场这个交易系统就开始回撤。本来你固守一个交易系统只需要回撤一次，现在你骑墙，在震荡交易系统你回撤一次，在趋势交易系统你又回撤一次，最大回撤被你自己错误的认知放大了两倍，失败是必然的。

这里说的虽是期货，股票也一样，你一会儿追逐白酒赛道，一会儿追逐医疗赛道，一会儿追逐军工赛道，一会儿追逐小盘股，一会儿追逐大盘蓝筹股，哪一个热门你就追逐哪一个，你永远都在热门股票、热门行业后面撵，却永远都撵不上。其实，如果大家不相信的话，未来在股票量化实操课上，大家可以将自己追逐热门赛道、热门板块的思路量化成股票行业轮动因子，然后在我们前面介绍的股票量化软件上进行历史大数据随机验证，大家就知道其效果并不好。

如果我们对量化交易系统的认知是正确的，量化交易的本质不是去赚行情的钱，而是去赚量化交易系统的钱，那情况就不一样了。做趋势跟踪量化交易系统的，老老实实做好趋势交易系统，趋势来的时候赚大钱，趋势走了，震荡行情来的时候，趋势交易系统本来就应该回撤，我们愉快地接受回撤，控制好最大回撤，不要超过历史最大回撤值就可以了，甚至可以在回撤的时候加仓。做震荡、多空对冲、套利、期权卖方等量化交易系统的，老老实实做好自己的交易系统，震荡行情来的时候赚钱，趋势行情来的时候，震荡交易系统本来就应该回撤，我们愉快地接受回撤，控制好最大回撤，不要超过历史最大回撤值就可以了，甚至可以在回撤的时候加仓。同样道理，做白酒赛道的深耕做好你的白酒赛道，做医疗赛道的深耕做好你的医疗赛道，做军工赛道的深耕做好你的军工赛道，做小盘股的深耕做好你的小盘股，做大盘蓝筹股的深耕做好你的大盘蓝筹股。弱水三千只取一瓢，不要这山望着那山高。

前面我们还用钓鱼与老鼠笼子的比喻形容了交易系统的本质不是去赚行情的钱，而是去赚我们交易系统的钱。这个认知非常重要，否则，哪怕你的投资技术与交易策略再好，你都无法有效地建立起自己的量化交易系统，就算建立了你也无法有效地执行。

这里我再举个例子说明一下。

同学们都知道江老师我最早的时候在华强北路赛格广场开档口经营计算机网络产品与系统集成生意。大家不要看不起曾经开柜台做档口生意的人哦，中国还有一个非常有名的开档口的老板，那就是京东的刘强东，他是在 1998 年靠在北京中关村开档口卖光碟起家的。我们现在假设自己回到了 1998 年，你怀揣辛辛苦苦攒下的一两万元，在北京中关村电脑大卖场租下了一节柜台，紧接着的一个重要问题就是你该卖什么计算机产品？计算机大卖场里面，各类电脑产品五花八门，整机、主板、CPU、内存条、硬盘、机箱、电源、路由器、打印机、光碟、墨盒、软件等，你现在有两种做法，一是市面上最近什么产品好卖，什么品牌出名，流行什么你就卖什么，CPU 好卖你就追卖 CPU，内存条涨价你就囤内存条，U 盘开始流行你马上转行卖 U 盘。二是不管外面流行什么，不管市场什么好卖，只管自己有什么优势，自己擅长什么，自己有什么好的货源渠道，然后你就专心布置好柜台，经营好自己最擅长的产品，静等客户上门。各位在座的同学，两种做法，你们开柜台会选择哪一种呢？我相信绝大多数人都会理性地选择第二种方法。当年江老师我专做系统集成生意，刘强东专卖光碟，也都是这样选择的，我在赛格广场看到的经营好的档口也全部都是这样选择的，我从来就没有见过能靠第一种模式发财的骑墙的档口老板。做生意需要沉淀，做投资也是一样，中关村、赛格广场相当于就是整个投资市场，你开的档口就是你的交易系统，你赚的哪里是行情的钱，你赚的就是你交易系统档口的钱啊。不管外面风吹浪打，你自守好柜台（交易系统）闲庭信步。这些道理，其实理性的时候，人人都懂，但是面对物欲横流的投资市场，多数投资者一扎进去，就利令智昏，情不自禁地选择了第一种方法，跟在行情的屁股后面撵，而且还形成了根深蒂固的认知习惯，认为做投资天经地义就应该这样，这也是多数投资者无法做好交易的重要原因。

我再举一个类似的人人都经历过的事情，那就是结婚誓言。

"我愿意娶 *** 作为我的妻子。从今时起直到永远，无论顺境还是逆境、富裕还是贫穷、健康还是疾病、快乐还是忧愁，我都爱你、珍惜你，对你忠诚，直到永永远远！"

类似的结婚誓言，大家在自己的婚礼上一定都朗读过、承诺过。

一个女人，你娶了她，但是你只喜欢她的年轻、漂亮与身材，享受美妆后的浪漫时刻，然而当她生病的时候，当她需要帮助的时候，当她生完孩子身材变形的时候，你就翻脸不喜欢了，你转身马上又去追逐其他的漂亮女人，来回折腾，这样的婚姻观，你一生能长久幸福吗？

一个男人，你嫁给了他，但是你只喜欢他的金钱、地位、身世，然而当他生意失败的时候，当他降薪降职的时候，当他的家族家道中落的时候，你就翻脸不喜欢，你转身马上又去追逐其他有钱有势的男人，来回折腾，这样的婚姻观，你一生能长久幸福吗？

同样的道理：一个量化交易系统，你在投资市场上使用它，但是你只喜欢它帮你赚钱的时候，当它回撤的时候，你就翻脸不喜欢了，你转身马上又去追逐其他的交易系统，十几个交易系统来回折腾，这样的投资理念与认知，你的交易人生能长久幸福吗？

当男主有钱，当女主有貌，婚姻幸福的时候，结婚誓词无关紧要；但是当男主破产贫穷，当女主才貌全无，婚姻处于逆境时，结婚誓词就变得举足轻重了。

同样道理：当我们的量化交易系统初步建立，长期平均年化收益率、最大回撤、最长回撤时间、收益风险比、收益仓位比等量化指标已经确定，准备正式上线之前，为了未来可能遇到的投资逆境，为了扛住最大回撤，为了熬过最长等待时间，为了量化交易系统一致性有效执行，我们有必要也搞一个宣誓仪式，朗读量化交易系统誓词，从而建立起量化交易的信仰。

结婚的情景，大家一定参与过。现在请同学们将结婚时的爱人想象成你的量化交易系统，你和它一起携手走进投资市场，前途是光明的，但道路是曲折的，你们既会遇到顺境，也会在逆境中砥砺前行。请大家起立，朗读量化交易系统誓词：

"我愿意使用 ** 量化交易系统。从今时起直到永远，无论顺境还是逆境、赚钱还是亏钱、上涨还是回撤、快乐还是忧愁，我都爱你、珍惜你，对你忠诚，直到永永远远！"

量化交易之路漫漫而修远！同学们，读完量化交易系统誓词后，请大家看看自己到了量化交易的哪一步了？

（三）量化交易之路（从菜鸟到大咖）

L01：菜鸟，无任何投资技术与交易策略，完全靠别人的消息与自己的感觉随意下注投资，喜欢听一夜暴富的传奇故事。

L02：开始研究宏微观经济以及股票期货的基本面信息，对消息面可以进行一些分析与筛选，对各类媒体上关于股票期货的信息非常感兴趣，期盼自己能找到一只翻10倍的台风牛股然后重仓下注。

L03：开始研究技术分析，对进场信号情有独钟，期盼找到一个复杂、漂亮且胜率极高的投资技术策略战法然后去重仓下注。

L04：技术分析水平提高，开始研究出场技术，开始懂得止损止盈（以及赔率）的重要性，让利润奔跑。但骨子里还是确定性的思维方式，喜欢预测品种行情，期盼一次完美的交易就能咸鱼翻身光宗耀祖。忌讳谈风险与失败，喜欢易经、风水、命理来加持自己的投资。

L05：接受不确定性与人生的不完美，明白未来不可能准确预测，有了胜率、赔率、数学期望、年化收益的概念，有了一致性与概率优势的需求，开始重视资金曲线，开始建立自己的量化交易系统，但是仍然追求超高的年化收益率与盈亏比，期盼研究出一个风险超小而收益超大的量化交易系统，然后重仓使用，为此频繁优化参数，更换策略。

L06：开始研究资金管理与分散投资，明白了风险与仓位控制的重要性，知道了哪怕是数学期望为正的交易系统重仓也有破产风险，鸡蛋不敢放在一个篮子里。学习了凯利公式和几个资金管理的方法：等资金下注与等风险下注等等，明白了单次风险度的概念，能以损定量反推计算出开仓数量。

L07：开始重视最大回撤与最长回撤时间等风险量化指标，开始多谈风险少谈收益，资金曲线喜欢看底部而较少再看顶部，底部靠本事，顶部靠命运，不再羡慕一条直线上涨的资金曲线，知道了那是选择性偏差或幸存者偏差，一定不长久。量化交易策略重点关注收益风险比（夏普比率、卡玛比率）而不是短期的收益率。

L08：开始明白了天道循环与兴衰起伏的道理，喜欢看道德经与佛经。做事从复杂到简单，追求理性的长期平均年化收益率，对超过 30% 以上的年化收益率没有了兴趣。充分了解盈亏同源，对那些马儿跑马儿又不吃草的投资技术有了免疫力，不再一味做加法，开始做减法，只追求收益风险比 2.0 以下的量化交易方法，开始关注资金曲线一涨一跌的节奏感。

L09：开始研究相关性、投资组合等现代金融理论，知道资产配置的重要性，明白了投资组合可以有效降低投资风险与量化交易系统的最大回撤值从而为间接提高收益率提供了可能。知道了收益仓位比的重要性。大道至简，将量化交易系统的研究重点从完美的进、出场信号转移到如何量化选股或期货品种，以及各个品种之间的权重分配。

L10：心内求法，将研究投资的注意力从外界的客观世界转向自己的内心世界，明白了当一个量化交易系统的长期平均年化收益率、收益风险比、收益仓位比等量化指标确定以后，提高最终收益率的办法只在内不在外。注重提升自己扛最大回撤的能力，领悟了一分耕耘一分收获，明白了靠一味提升量化交易系统的量化指标去增加投资绩效的道路是走不通的（心外求法），而靠量化交易系统通过自己冒较大的回撤去获得较大的收益才是真正的投资绩效翻倍的魔法石。

L11：重视个人道德（德行的）修养与内功心法的训练，不争为争，开市期间不再关注行情 K 线、交易策略甚至资金曲线（而是重点关注自己的"心电图曲线"）。看住自己的这颗做交易的容易躁动的心，使量化交易系统可以长期一致性地执行，成为重中之重。能初步战胜投资道路上的各种心魔，扛回撤能力较强，开始研究如何在复利增长的过程中增强自己熬枯燥无聊（复利增长）的耐心与等待力。

L12：天下为公，光明磊落，不侥幸投资、不操纵市场、不偷奸耍滑、不耍小聪明、不走捷径，不争为争，靠内功心法与复利增长去赚堂堂正正的钱。敬畏天道，严格在天道边界范围之内挣应挣之钱，并能以利他之心做投资，达能兼济天下，热衷慈善，传播正确的投资认知与理念以帮助更多的迷途投资者，靠德行与润运长期纵横投资市场。长期来看，投资市场正大光明，且容易证伪，人有正念天必佑之，人有邪念天必谴之。

| 7 |

同学们，前面我们用了一整章的篇幅总结了本书的全部内容，我们用迅迅投资能力三角形完整概括了一个专业投资者必须具备的完整的投资能力。

如果你掌握了进场技术（不管再多再复杂再花哨），你具备了 5% 左右的专业水平。

如果你又掌握了出场技术（不管再多再复杂再花哨），你具备了 15% 左右的专业水平。

如果你又掌握了资金管理与投资组合理论，你具备了 30% 左右的专业水平。

如果你又将上述的投资技术进行了量化处理，形成一套完整的量化交易系统，那么你具备了 50% 左右的专业水平。

如果你又掌握了天道运行与兴衰起伏的规律，并将其融入你的量化交易系统，那么你具备了 70% 左右的专业水平。

如果最终你又重视自身的德行修养与内功心法训练，在量化交易系统的执行与控制过程中融会贯通，那么你才真正具备了一个专业投资者的 100% 左右的全部能力。

我相信此时，大家应该和江老师我十几年以前那样，突然明白了为什么在投资市场上，有些人仅仅凭一条单均线就能驰骋天下，笑傲江湖几十年的原因了。

投资市场上的量化技术、天道、内功心法的关系，很像在武林界的招式、武德、内功三者之间的关系，三者必须同步发展，三者都要抓，三者都要硬。偏废一方，必然会出问题，你盖的"投资大厦"必然很快坍塌，那是因为你的投资没有地基，你的交易没有灵魂！

让我们将前面图 1001、图 1901 并排放在一起，大家可以去感受一下。

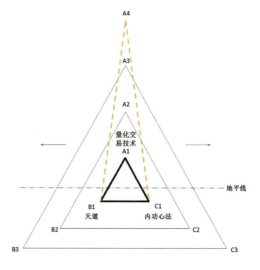

图 1917：盖楼地基与迅迅能力三角相似对比图

量化技术、天道、内功心法，三位一体，三者同步发展，三者都要抓，三者都要硬。不过，我们也要随缘适变，在投资的不同阶段，侧重点也有所不同。

如果你只是一个以交易为乐的人，到投资市场只是来"爽"的，那么，量化技术、天道、内功心法这三个能力你可能都不需要，随便学一个简单的投机技术、指标、战法就可以了，因为一个没有经过量化处理与大数据随机检验的投资技术，其数学期望基本上肯定为负，长期玩一定是亏钱的，与彩票、赌场没有任何区别，你只能靠运气去博幸存者偏差。这个阶段人们最大的错误是：不敢大胆承认自己是来"爽"的！虽然自己骨子里、潜意识中是来找"爽"的，但是显意识、口中与面子上却说自己是来赚钱的。这两种认知，决定了投资市场非常重要的仓位与资金管理。如果你真心认识到自己就是来投资市场"爽"的，那么你的投资行为就是一种消费行为，消费的本质就是要花钱的，花钱就要量入为出，就像你抽烟、喝酒、吃饭、买衣服等等，你的消费必须有一个"度"，否则就有入不敷出的可能。

以交易为乐的人，千万不要丢掉了你的本职工作或者实业（你会为消费行为而抛弃工作吗），你在投资市场上的投入是消费金，最多不能超过总收入/总资产的5%~10%，亏了也无伤大雅。如果你明明是来投资市场找"爽"的，却说自己是来找钱的，特别是在披着一件堂而皇之地"为这个家好"的外衣，那么你必然会重仓下注，资金规模肯定远远超过家庭收入的10%，特别是当你偶尔因为运气好成为幸存者偏差而赚到了一些钱以后，你贪婪的本我/心魔必然启用，此时，你一定会追加资金，甚至还会借贷、配资、挪用、压上房产与养老钱，时间一长，均值回归后，你必然掉到万劫不复的境地。就像很多人买车，表面上是为了方便、快捷，但是骨子里却是为了面子，为了体验受人仰慕的那种"爽"的感觉，两种方式决定了你投入资金的不同，前者十几二十万就够了，后者则需要投入几十万、上百万。其实，以交易为乐并不丢人，平时实业工作压力大，用点小钱"爽"一下，放松放松，是可以的。但是，如果你明明是来"爽"的，却说是来赚钱的，甚至违反天道，妄想既"爽"又想长期稳定赚钱，那就是你的错了。最终，你不但赚不到钱，而且还有很大可能会被别人兜售既爽又赚钱的方法再被赚一次钱。

如果你确定自己是一个以交易为生的人，当你处于投资的初级阶段，你还是一个投资的小白与韭菜，不懂任何交易技术，追涨杀跌，人云亦云，那么你投资的数学期望大概率为负。此时，天道与内功心法的作用还不是很大，不过你至少要会辨别选择性偏差与幸存者偏差。现阶段，投资小白最重要的工作就是要学习量化投资技术，并尽快建立一套适合自己的均值赚钱的量化交易系统，找到它的胜率、赔率、长期平均年化收益率、最大回撤、最长回撤时间、收益风险比、收益仓位比等等量化指标。如果没有这些量化指标，那你还是一个以交易为乐的人。这个阶段的人最大的错误是：没有建立概率思维，将投资技术当作一个预测工具，妄想找到一个确定赚钱的方法或者台风机会，然后重仓下注去一夜暴富。这种做法必然违反天道并掉到选择性偏差与幸存者偏差陷阱中。我们做交易赚的是交易系统的钱，不是赚行情的钱。这就像是去钓鱼，正确的做法是掌握一套适合自己的钓鱼方法, 而不是让别人直接告诉你在哪个地方钓鱼好, 更不是让别人直接给你一条钓上来的鱼。

　　当你处于投资的中级阶段, 已经初步建立了自己的量化交易系统, 其长期的平均年化收益率已经达到 10% 左右、长期收益风险比 0.3 左右, 此时你工作的重心应该马上要从投资技术、交易策略的研究转为提高自己的内功心法以及对天道循环的把控上面。投资中级阶段的最大错误是: 峰值比较执念与投资技术执念。由于你不懂边界效应递减原理与近因效应, 你以为之前的投资小成功是靠投资技术, 那么未来投资的大成功也应该全部靠投资技术。你以为之前的年化收益为 10%, 收益风险比 0.3, 如果自己再多掌握几门投资技术, 多优化交易策略, 那么年化收益率就会同步变成 20%、30%……100%、200%, 收益风险比就会同步变成 2.0、3.0……8.0、10.0 等等。殊不知, 投资市场, 只要是数学期望为正, 很一般的投资技术与最厉害的投资技术之间在长期年化收益率上的差距只有 5%～10%, 而且为了提升这么一点差距, 你将付出巨大的时间、精力与投研成本, 投入产出比很不划算, 完全是事倍功半。大家都懂得 "二八法则", 我们应该将自己 80% 的资源用在最重要的 20% 的事情上面, 因此我们在投资的中级阶段应该将自己宝贵的时间与精力放在内功心法和天道上面。然而在投资领域, 多数人由于贪欲等本我时时刻刻充斥在心中, 让他们失去了理智, 看不清本质, 经常在干 "倒二八法则" 的事情, 在投资中级阶段仍然执着于投资技术。他们表面上已经建立了量化交易系统, 表面上处于了投资的中级阶段, 其实, 在骨子里仍然不懂复利增长, 没有剔除干净那些投资初级阶段的赚快钱、赚大钱思想, 只是将一夜暴富改成了超高的收益率与超高的收益风险比。

　　任何一个收益率都是由三部分组成的: 本事收益率、运气收益率、风险收益率。其中本事收益率的天花板就是巴菲特的 25% 年化以及国内十年以上基金经理冠军 20% 的年化收益率, 凡是超出这个范围的收益率, 其实都是靠运气收益率或者风险收益率。绝大多数投资者(包括学历、资历都很厉害的技术高手, 也包括很多的金融机构投资者)却经常将三者混淆在一起, 他们苦苦探寻的所谓的超高收益率, 其实根本就不是本事收益率, 而是不可复制的运气收益率, 只是因为他们自己已经被人性本我迷失了双眼, 看不清而已。比如当我们选定一个交易策略或者基金产品之后, 如果出现了行情, 我们赚钱之后, 欣喜之余, 贪欲本我启用, 必然会情不自禁地要和最近表现最好的其他的交易策略或者基金产品相比较: "虽然我最近赚钱了, 为什么我选的基金在全国基金排名榜上没有夺冠? 为什么其他人的交易策略赚的钱比我的策略还多? 我的投资策略是不是哪里还有需要改进的地方?" 典型的这山望着那山高。奇怪的是, 投资技术越好的人越不服气, 越喜欢这样比较和折腾。其实我们投资心学并不反对横向比较, 但是要看和谁比？我们可以和行业的均值相比较，不能和峰值相比较，行业均值大概率代表着本事收益率，而峰值里面却往往含有大量的运气收益率。本事收益率永远都比不上峰值的运气收益率，这是不争的事实，本事收益率封顶就是长期年化25%了，而运气收益率则是短期的，其数值完全可能高达50%、100%、200%，等等。这就像一个学生的平均成绩永远比不上他最好的成绩、一个业务员的平均收入永远比不上他最走运时的收入。如果你喜欢和峰值相比较，那么，你就是在自寻烦恼，投资市场参与的人多了，总有运气好的人会超过我们均值的本事收益率，他们只是一些没有两端留痕的幸存者偏差而已，你五心不定，被他们带节奏，自乱了阵脚，这完全是内功心法不强的表现。

2021年年初的时候，一名基金经理找我咨询投资问题，他将他的量化交易系统给我演示了一遍，问我有没有进一步提升业绩的技术方法。我问他2020年的收益如何？他说还可以，全国一万多只基金产品中，他管理的基金排名在前10%，1000名左右的位置。我问他：你的业绩已经非常优秀了，你为什么还想提升业绩呢？他告诉我，2020年他的收益率只有百分之几十，而别人的基金产品很多超过了百分之百，他想再努力一把，争取进入全国前十位，能得个冠军就更好啦。我听完后明确地告诉他：你的投资技术、交易策略没有问题，你现在迫切需要提升的不是投资技术而是内功心法与天道。这位基金经理已经被贪欲迷住了眼睛。

各位同学，能全国排名前10%的基金经理，其技术水平应该都是很好的了，大家在本事收益率上的差别都不大。而且2020年之所以这位基金经理的收益能有百分之几十，那也是因为2020年的行情比较好，老天爷赏饭吃，他的长期的平均年化收益率绝对没有这么高（大概率低于20%）。这名基金经理不但没有深刻认识到自己较高的收益率也含有很多运气成分，反而经常想去和运气更好的人（收益率超100%以上的人）去比较，这种自找幸存者偏差的做法是很危险的，而且概率也是非常低的，甚至低于福利彩票特等奖的概率。我们就算他峰值比较3次，3次都对的概率为1000名的3次方分之一，即10亿分之一（彩票双色球特等奖的概率为1600万分之一），哪怕峰值比较1次也是千分之一的概率（即他想从本事收益率都比较好的人群之中拔得头筹的概率只有1/1000）。这名基金经理可是金融学博士啊，肯定是懂概率论与数理统计的，为什么此时这么简单的一个概率他就想不清楚呢？他表面上是想去拼技术实际上却是在拼运气。如果真想这样做，那还不如基金产品下面专门另外开设一个彩票账户，拿出一小部分钱专门去赌彩票，其概率可能还要大一些。

这名基金经理的想法会为此带来很多严重后果，他会将自己本来能稳定盈利的一套量化交易系统，针对每一次的横向峰值比较而改得面目全非，或者将组合投资改为赌赛道投资，或者加重仓位进行下注，人为地将一个稳定赚钱的交易系统变成了"如有"。那些全国排名冠军的基金本来就含有很大的运气成分，我们在十一章已经展示过了，基本上所有的冠军在第二年、第三年都会掉到百位、千位之后（平均掉到1112位），有什么好比较的呢？要比也要和他们的均值相比较。其实，任何投资类的比赛或者排名，如果是比较本事收益率的话，那么10%左右的位置才是最好的，而在包括冠亚季军在内的前10%的选手中则含有大量的幸存者偏差或者人为的选择性偏差（一个交易主体多个账户参赛），其光环耀眼的收益率中包括了大量的不可复制的运气收益率。可惜这名基金经理没有看清这一点，当然绝大多数人也没有看清这一点。

所以说，在人性面前，在本我启用之后，不管是普通人还是金融学博士、专业机构，还是技术大咖、专家、教授、科学家（甚至包括牛顿、凯恩斯等大师），其实都是一样的，此时他们贪欲上脑，哪里还有什么理智？然而他们此时却坚定地认为自己是理智的，他们会一直做加法，会投入更多的人力、物力、投研成本去研究更多的所谓投资技术与交易秘籍，以追赶别人表面上看起来更高的收益率。甚至那些哪怕已经是冠亚季军排名最靠前的选手，此时也还是想做加法：今年收益是150%，冠军了，为什么明年不可以收益250%，继续保持冠军呢？（尽管连续3次冠亚季军或者连续3次150%收益率的概率要远远小于福利彩票中大奖的概率）。他们表面是搞技术投入，实质上搞的是彩票赌运气的投入。

贪欲是相当可怕的，尤其是横向峰值攀比贪欲，导致失去理智，并且持续时间很长，短则数月，长则数年。股市、期市行情很短，等行情结束了，台风彻底走了，你才能慢慢冷静下来，不再发飘，才能慢慢恢复理性，明白原来自己之前的高收益率，其实多数都是行情给的，是运气使然，上帝给的机会，自己的技术与本事只占了很少的一部分。哪怕后面投入再多的资源，哪怕把人工智能、AI算法也加进去，都没有可持续性，自己的高排名必然会被后面运气更好的人超越，自己再高的收益率必然会均值回归到25%以下的收益率，这是天道使然，并不以人的意志为转移。关于这点，2019—2020年的价值投资理论的使用者，经过了2年的冷静期，在2022年年底的时候最有感触。

峰值比较执念与投资技术执念，表面看很聪明，似乎也代表着当事人在追求上进，此时，外人还不好说什么，无法劝阻与反驳，毕竟是想进一步提升绩效嘛，无可厚非，天经地义。这种现象在投资的中级阶段非常普遍，比比皆是。比如每家基金公司开会的时候经常会出现这样的场景：公司领导批评基金经理："你的交易策略是不是要进行技术改进了，为什么最近会回撤？你看其他的某某基金公司，他们这段时间就没有回撤嘛，还在赚钱。"

追求峰值表面上看是追求进步、追求极致的想法，其实却是老天爷执行天道均贫富的一种手段，也属于一种黑天鹅事件。老天爷靠启用当事人的贪婪本我、恐惧本我、侥幸本我等等，将当事人的脑袋搞混沌，让其自乱节奏、自我折腾、自废武功。可惜此时，当事人却还在自以为聪明。我看过太多的投资技术高手，都会经常出现这样的执念，我本人也犯了十几年的这类错误，三番五次被打脸。

当然，我并没有说投入资源去进一步研究投资技术不好，人工智能、AI 算法等等也都是很好的东西，江老师我也经常研究。但是，我们要随缘适变，要注意时间的先后顺序与轻重缓急，在投资的现阶段，应该将主要的精力放在该放的地方。当你初步建立起自己的量化系统，其长期的平均年化收益率已经达到 10% 左右（特别是 15% 以上）、长期收益风险比 0.3 左右（特别是 1.0 以上）之后，此时你工作的重心应该马上要从投资技术、交易策略的研究转为提高自己的内功心法以及对天道循环的把控上面。此阶段就算我们想提高收益率，也必须运用二八法则去抓主要矛盾，暂时不靠投资技术去提高本事收益率（因为最多只有 5% 左右的提升空间，而且边界效应递减，需要耗费大量的投研成本），也不刻意去追求那些可遇不可求的运气收益率（因为概率太小，有可能小于彩票各种玩法的概率），而是要增强自己的内功心法，提高自己扛最大回撤的能力以及低位进场高位出场的能力，运用好收益风险比这个绩效翻倍的魔法石，这才是事半功倍的正确做法。

我们应该牢记迅迅投资能力三角形，我们不能一味去提高三角形的 A 角，我们要打牢地基后再去盖技术高楼。如果我们的天道水平 B 角与内功心法 C 角的能力一般，不够优秀，自己却贪得无厌只想盖高楼而盲目将大楼的高度从 A1 直接提升到 A2、A3、A4 甚至更高，迅迅投资三角形最终变成了 A4-B1-C1（图 1901 中的黄色虚线三角形部分），那么，投资的大楼必定会头重脚轻，如同无根之木，必然不能长久，空中楼阁尽管华丽炫目但最终一定会轰然倒地。真心希望那些前辈技术高手犯的错误，后来之人不会再犯。未来，当我们的迅迅投资能力三角形 A-B-C 同步发展到 A2-B2-C2 或者 A3-B3-C3 以后，我们再去进一步提高 A4 的量化技术，逐级递进，螺旋发展，稳步上升。

天道真的很奇妙，当你的技术执念、峰值比较执念越来越弱的时候，当你成功找外因失败找内因的时候，当你随缘、谦和、不强求的时候，当你心不随外境所转，静下心来踏踏实实打好地基"不争"的时候，最后获得高收益率的人反而大概率就是你。

北宋贤相吕蒙正《寒窑赋》："人道我贵，非我之能也，此乃时也、运也、命也。人生在世，贫贱不可自欺，富贵不可尽用，听由天地循环，周而复始焉！"

第二十章：投资的终极问题

→

庐山烟雨浙江潮，未到千般恨不消。
到得还来别无事，庐山烟雨浙江潮。

这节课是我们投资心学理念课的最后一节课，如果说我们前面花了大量的篇幅，讲的都是苏东坡这首诗的前面两句，那么这节课讲的就是这首诗的后面两句。

苏东坡悟到：到得还来别无事。德国的大哲学家叔本华也说：人生就像钟摆一样，在痛苦和无聊之间来回摇摆，得不到痛苦，得到了无聊。未来做投资，当大家真正能够做到长期稳定盈利之后，一定能体会到"赚钱不开心"那种无聊的感觉。其实，上节课我们已经学习了量化交易之路，在座的一些道行比较高的同学，可能已经开始有了无聊的感觉。赚钱不开心、无聊、不爽等等这些本我／心魔，将是阻止我们走向长期稳定盈利的最后一块绊脚石，它将打断我们交易一致性的复利增长节奏。

前面的课程，大家已经知道投资的终极问题就是——"如何打发闲暇时间，熬过枯燥无聊复利增长的等待期"。换个高大上的说法就是——"如何心安一处，以度时间？"

宋代著名词人辛弃疾有一首词："少年不识愁滋味，爱上层楼。爱上层楼，为赋新词强说愁。而今识尽愁滋味，欲说还休。欲说还休，却道天凉好个秋。"真正体验到人生的苦与愁的人，反而没有什么好说的了；而能说出来的人，其实还没有真正悟到人生的真谛。同样道理，没有领悟投资的真谛，不能长期稳定盈利的方法，可以说得天花乱坠、复杂花哨；而真正掌握了投资秘籍能长期稳定盈利的人，其方法是没有什么好说的。这就像在赌场，只有赌徒才经常喋喋不休、高谈阔论他们所谓的下注秘籍、赚钱秘籍，而赌场老板却在一旁顾左右而言他，闷声发大财。

投资不过就是找到一个适合自己偏好的、符合天道的、期望收益为正的量化交易系统（哪怕再简单），然后靠强大的内功心法，坚持、坚持、再坚持就好！投资的本质上就是靠一致性去"熬"复利增长！靠时间的积累去赚钱有什么好说的呢？一切都是自然而然、水到渠成的。甚至那些表面上看可以大书特书的出奇的交易方法，诸如：十倍牛股、全梭哈、期权、劣后等等，也会在我们漫长的复利增长的道路上，逐渐转化角色，从赚快钱大钱转化成为帮助我们"熬"复利增长的工具。前面我们已经为普通投资者归纳总结了很多打发闲暇时间熬复利增长的方法，大家世俗一点的还可以选择吃饭喝酒，K 歌打牌，高大上的可以玩高尔夫、琴棋书画、品香鉴宝等活动。对了，实在无聊的，大家可以学习陶侃搬砖，甚至回农村种田种菜都可以。正所谓"耐得住寂寞守得住繁华，熬得住孤独等得到花开"。平平淡淡才是真，但如何才能度过平平淡淡的最后的交易人生呢？大家仁者见仁智者见智。

本章最重要，但是最短，因为真谛其实没有什么好说的。真正的投资靠修不靠说，哪里都是道场，投资也是修行。当你发现你下单的键盘声变成了敲木鱼的声音的时候，你的投资就达到高级水平。

"易"以等为要，民以食为天！按照绝对数量来说，道行高的人，都在家做饭养儿弄孙呢。所以我们选择一个使用范围最广的熬时间的方法来讲一下，那就是厨艺。大家不要小瞧厨艺，当你的投资水平达到一定级别以后，你会发现：厨艺也是一种修行。厨艺技术可能比你的投资技术、交易策略还有用，甚至是你在投资市场上的核心竞争力，因为它可以让你心安。我给大家介绍一道清蒸武昌鱼的做法，简单实用，它既是厨艺秘籍，也是投资秘籍，比诸多的投资技术还好用哦，大家一起来领悟：

【菜谱：清蒸武昌鱼】

用料：鳊鱼（武昌鱼）1 条，姜 40 克，细葱 40 克，油 30 克，生抽 30 克，盐少许。

步骤 1：切好姜丝。细葱切成小段，并剖开细葱。

步骤 2：武昌鱼清洗干净，鱼身抹盐，并划上 4 刀，将姜丝填入其中。

步骤 3：将武昌鱼放在碟中然后一起放入蒸锅，水烧开后，计时 8 分 20 秒左右。

步骤 4：将装有武昌鱼的碟子拿出，倒掉碟中的少许腥水，然后再次放入蒸锅。

步骤 5：盖上锅盖，上汽后继续蒸 1 分 20 秒。

步骤 6：武昌鱼出锅，撒上细葱，淋上滚油，再倒上生抽。大功告成。

至道无难，唯嫌拣择，但莫爱憎，洞然明泊。

后　记

　　本书写作历时近四年，投资跨度 32 年。三十年磨一剑，其间，我的投资历经了无数的艰难困苦与 4 次倾家荡产。一路走来，与我同时进入投资市场成百上千的同事、领导、朋友、客户、亲人、学生、弟子以及当年的百万、千万甚至亿万富翁，现在除了极个别能稳定盈利的外，绝大多数均已经烟消云散，或者黯然离开了金融市场，更有一些人为此付出了鲜血与生命的代价，令人唏嘘的是这些人的投资技术与交易策略普遍都不差，甚至不乏金融行业的技术高手。在这里，我真心感谢他们为本书提供了非常多的真实案例与写作素材，同时也感谢上苍让我能屡败屡战，每到投资绝境与走投无路之时，就会有一个投资大机会或一段台风行情，让我绝境逢生，似乎老天爷也想让我先历经磨难，然后写成书以帮助更多的人。

　　借此机会，在本书成书的过程中，我还要大力感谢北京舵手证券图书郑健总策划、编辑李家晔、山西人民出版社的编辑老师，对本书提出了很多宝贵的修改意见与建议。

　　能够十年以上长期稳定盈利的真正有效的投资技术、交易策略一定是逆常识、逆认知与逆人性的！所以常人探索投资秘籍之路异常艰辛与曲折，而且如果没有经过专门的内功心法训练，就算知道了也很难做到。本书列举了十几个需要特别关注与改变的常识、认知和投资本我／心魔供读者阅读了解，阻止我们长期稳定盈利的正是这些而非投资技术！这其中，投资者可能最难理解的是：为什么我们不能靠技术直接去投资市场赚大钱与快钱，而是应该先转一个弯，守正出奇，先建立一个均值为正的量化交易系统去赚长期年化收益率为 25% 左右的守正钱，然后在这个基础上，我们才能出奇去随缘适变，赚几倍几十倍的暴利。其实，这种表面看起来麻烦的做法正是为了呵护广大投资者想赚大钱、快钱的那颗投资初心！

　　本书完稿时已是 2022 年的年末。每年年末的时候，总有些人会发表这么一类文章（今年也不例外），他们会站在上帝的视角告诉广大投资者，如果我们从每年的 1 月开始，每月捉住一只牛股，经过 12 个月的迭代，1 万元就可以变成 2 亿元，文章还会图文并茂地将这些股票的名字与进出场的时间、价格都罗列出来，似乎在告诉大家做股票赚大钱、快钱很容易，之所以我们还没赚到的原因是我们的投资技术还不够厉害。殊不知，这类文章完全是在博取眼球，吸引流量，根本就没有任何实战意义，它们只是后端留痕的幸存者偏差。每个月抓住最牛的股票，连续 12 个月都捉住，大家知道这件事情的概率有多小吗？我们可以计算一下，A 股按照 4500 只股票计算，其概率为：4500 的 12 次方分之一。大家可能对这个数字没有什么概念，我们类比一下，连续 12 次捉住牛股的概率比我们从整个宇宙里面所有的碎石、沙粒中抓中一粒指定沙子的概率还要小。

可能有人会说，我们公司的股票投研能力很强，不用在所有股票中去选牛股。那好，假设我们已经掌握了世界上最好的投资技术与交易策略，我们每个月不用从 4500 只股票中选牛股，我们每月靠自己强大的投研能力先研究出 10 只准牛股，然后我们只需要从这 10 只股票里抽牛股，选股范围缩小为 450 分之一。但是，大家知道这个概率又是多少吗？连续选对 12 次的概率为 10 的 12 次方分之一，这个概率虽然比前面一个大了很多，然而照样还是非常小的，甚至比中国福利彩票双色球中大奖的概率还要小很多！这不是幸存者偏差又是什么呢？如果真要玩幸存者偏差，我们还这么麻烦学投资技术与理念干什么？我们不用买股票了，直接买彩票不好吗？

可能又有人会说，我不需要连续选对 12 只股票，我只要一年选对 2~3 只股票赚点小钱就行了，不用赚 2 亿元那么多。但是，这个概率也不大啊。从 10 只股票中选对 1 只的概率 1/10，选对 2 只股票的概率 1/100，选对 3 只股票的概率则只有 1/1000。另外，还需要说明的是，以上这些只是选股的概率，还没有考虑准确的进出场时间与买卖价格的概率呢（实战则一定要考虑进去），如果放在一起考虑的话，其成功的概率就更小。

因此，我们说靠投资技术、交易秘籍直接去选牛股，去重仓下注赚大钱，这种投资认知是极其错误的，其概率太小了，只是我们平时没有仔细去计算罢了。而且，这还只是外因，其实，影响我们投资的另外一个更重要的因素是自己的内功心法。上例，在我们做股票的过程中，如果连续失败几次，特别是重仓失败 3 次的话（与之相应：哪怕世上最好的投资技术直接选中 1 次牛股的概率也不会到 1/10），投资者的鸵鸟效应中的本我/心魔就会启用，它会自动地让投资者从此厌恶交易，心发慌，脚发软，下单手都发抖。鸵鸟效应比巴菲特提到的贪婪与恐惧的本我还可怕，贪婪与恐惧只是让你亏钱，但是鸵鸟效应一旦启用，你将彻底与投资无缘！因为此时，你的骨子里、潜意识中已经不再喜欢投资，你压力山大，抗拒交易，甚至都不喜欢别人提到股票或者期货这几个字。

这种现象一旦出现，未来股票即使有天大的台风行情都与你没有任何关系了，你最初进入投资市场的那颗想赚大钱、快钱的投资初心已经灰飞烟灭，你将心灰意冷地黯然离场。其进锐，其退速！阻止你投资发财的最大阻力，恰恰就是你自己这颗想快速发大财的心！因此本书特别重视投资者心内求法的重要性，并研发出了专门的训练投资者内功心法的模拟投资游戏。

这还不算完，就算你偶尔选对了一两次牛股又能怎么样？你确保就能稳定赚钱吗？不能！本书还提供了我们原创的 10 倍牛股游戏，将一只确定涨 10 倍的牛股送给大家，相当于你选牛股的胜率为 100%，天下第一！然而，随后的数据表明，绝大多数投资者因为认知不够或者内功心法不强，选股胜率就算 100%，照样还是赚不到钱，甚至还有很大的可能亏钱，因为在股票的拉升过程中我们还会遇到各种不可预测的投资风险。

我们不能靠预测下注的方法直接去投资市场赚大钱、赚快钱，而是应该转一个弯，先建立一个均值为正的量化交易系统，去赚长期年化收益率为 25% 左右的守正收益，然后静等一个出奇的台风大机会。第一，守正的量化交易系统可以事前、自动、大概率、低成本、非遗漏、可复制地捕捉台风机会，使我们出奇的成功概率大幅提高（单次胜率可以提升 5～10 倍），且选出的品种大概率处于三浪阶段。第二，股票市场四千多只股票、二百多个行业赛道，期货期权几十、几百个交易品种，只靠人力怎么可能盯得过来？必须靠计算机自动盯盘自动筛选品种，才能确保不会遗漏台风机会，否则只能靠赌，我们不能将自己的投资命运交给运气。第三，守正的量化交易系统因为轻仓与组合的原因，可以确保我们不会因为多次试错而产生鸵鸟效应，可以让我们一直"活"在投资市场去慢慢耕耘与等待。第四，量化交易系统可以确保我们一旦发现了牛股后就能稳定地将行情转化成我们口袋里的利润，不会因为交易毫无章法胡乱下注从而浪费良机。第五，出奇不能出奇，守正才能出奇！我们必须在长期年化收益率 25% 左右的守正的基础上，去出奇赚几倍几十倍的超额暴利。弱水三千，只取一瓢，投资的本质是赚我们自己的交易系统的钱，并不是靠预测的方法去赚股票或期货行情的钱。能捉住台风牛股的暴利机会更好，没有捉住也没关系，我们也有守正收益，我们能随遇而安，心安才能出奇，我们有强大的耐心、定力与等待力，能像鳄鱼那样静等下一次出奇机会的来临。

另外，本书也证明了一个不带预测性质的投资组合的量化交易系统带来 25% 的长期年化收益率一点也不低，巴菲特也才这么高，我们真正投资赚的大钱是复利爆发以后的收益，它远远高于我们现在因为自己内功心法欠缺妄想马上拿结果而去追求的眼前的短期收益。7年以上长期来看，我们根本没有必要靠准确预测牛股这种方法去赚大钱，因为不去预测我们照样能赚大钱。

另外，本书还用我们原创的天道公式证明了25%的长期年化收益率基本上已经是天道的边界了（尤其是大资金），我们一旦恃才放旷、贪得无厌，越过了投资收益的天道边界，那么百分之百会触发黑天鹅事件（根本不是传统金融学根据正态分布理论计算出来的那个小概率事件），必然会发生爆仓、破产、跑路、脑袋短路、内讧、伤病、意外等等事情，使我们一夜清零，之前辛辛苦苦赚来的投资收益瞬间付之东流。

最曲折的路才是最近的路，转个弯，以不争为争，此乃投资长久成功之道！

最后，再次借用《教父》里面的一句话："那些一秒钟就看透事物本质的人，和花了一辈子都看不懂本质的人，注定有着截然不同的人生！"

希望本书有助于投资者快速看透投资的本质！

祝大家投资顺利！

江涛

2022年12月

《投资心学》进阶学习路线图
为投资筑基，为交易铸魂

你，是否是投资世界的新生力量，期待收获财富的密码？

你，是否曾被贪婪、恐惧、侥幸的心魔困扰，步履蹒跚？

你，是否渴望握住每一个台风机会，高效转化为 N 倍暴利？

微信扫一扫
开启天道之旅

在《喷薄欲出：投资破冰之旅》训练营，江涛老师为你揭示投资暴利的内在机制，教你如何提高台风机会的转化效率，教你如何做到暴利收益与风险的动态平衡，教你如何避免股票、期货的长期被套以及如何规避暴雷与垃圾投资标的。我们将为你开启"出奇"的量化投资之门，包括全梭哈暴风战法、自造期权案例、期权买方策略、劣后投资战法等等，帮你揭开一个月 20 倍，二个月 1000 倍的投资奥秘！

《喷薄欲出：投资破冰之旅》训练营，是你冲破初级投资者困境，步入专业投资者之路的起点。让我们一同掌舵，破冰前行，向着投资成功的彼岸，奋勇航行！

你，是否是那个在投资市场厮杀十年，
靠技术杀出重围的勇士？

你，是否渴望掌握高胜率的投资技术并踏准每一波行情？

你，是否期待在每次行业轮动、热点、风口中掌控先机？

微信扫一扫
开启天道之旅

在《技术烈焰：投资出奇制胜之旅》训练营，江涛老师将引导你洞悉投资市场，把握机会、量化风险，确保每一步都能稳健前行。

在这里，我们与你一起研学：

天字一号股票量化交易系统，胜率高达 95%；

期货短线波段量化交易系统，提供超高的收益风险比与收益仓位比；

期权买方量化交易系统，让你把握每一个翻 N 倍的投资机会。

《技术烈焰：投资出奇制胜之旅》训练营，是你股票、期货、期权出奇量化交易的好伙伴，也是让你在历史性投资大机会中，洞悉市场、捕捉机会的有力武器。加入我们，成就你的投资英雄梦。

《量化智库：投资组合与守正之旅》训练营

——掌握量化与投资组合奥秘，跨越投资之谜，握住稳定收益的金钥匙

你，是否虽精通各种投资技术与交易策略，
却仍不能长期稳定盈利？

你，是否虽掌握了投资出奇制胜的方法，
但苦于出奇的台风大机会太少？

你，是否曾在复杂的专业技术与实盘操作细节中迷失，
时常僭越天道边界，触发混沌黑天鹅事件，遭遇清盘爆仓？

微信扫一扫
开启天道之旅

在《量化智库：投资组合与守正之旅》训练营，江涛老师将传授投资心学的多因子量化选股系统、股票进出场量化择时系统、期货全品种投资组合量化交易系统、股指期货量化交易系统与市场中性策略、基金的量化交易方法、期权卖方策略等等，实现年化 25% 左右的长期稳定收益。与此同时，守正的系统还能自动、低成本、可复制、大概率、非遗漏、源源不断地提供台风机会。

在这里，我们与你共同跨越投资的瓶颈，以量化的守正策略以及投资组合的智慧，实现稳定收益。如巴菲特一般，靠复利的力量积累财富，开启你的投资旅程，掌握长期稳定盈利的秘籍。

《涅槃重生：投资天道与心法秘笈之旅》训练营

**——领略投资天道，铸就强大内心，
掌握投资"顿悟渐修"之法门，真正实现财富自由。**

你，是否是金融科班出身，学术功底深厚，
却仍在实盘交易中迷茫前行？无法做到知行合一。

你，是否在交易过程中，患得患失，压力山大？
没有机会时追涨杀跌胡乱操作；有机会时却心生恐惧，
畏缩不前。甚至出现鸵鸟效应，放弃投资。

你，是否渴望有懂兴衰、明进退的阅历和不争为争、术道兼修的大
智慧，明白稳定盈利的真正秘诀在内心，而非外在的技术策略？

微信扫一扫
开启天道之旅

　　在《涅槃重生：投资天道与心法秘笈之旅》训练营中，江涛老师将结合守正与出奇的投资心学，引导你构建稳健的投资能力三角。通过掷骰子模拟投资游戏复现未来几十年的投资阅历，树立正确的价值观与投资认知，培养投资者控制情绪与战胜心魔的能力，并将其内化于心、内敛于神，形成潜意识与习惯，做到真正的知行合一！

　　江涛老师将陪你度过投资低谷期，逆转交易中的气运，修炼混沌理论、系统动力学、相对论、量子力学以及西方金融经济学理论。与我们一同走过这段旅程，你将修炼到概率思维、抗压定力、忍耐韧性、抗诱惑力、看透本质力、暴利胆识，等等。

　　《涅槃重生：投资天道与心法秘笈之旅》训练营，就是这样一种力量，让你在享受诗与远方的同时，还能够安心赚钱。让我们一同步入投资赚钱的新时代，以投资心学，躺赚未来！